Konzepte der Humanwissenschaften

W. H. Ittelson, H. M. Proshansky,
L. G. Rivlin und G. H. Winkel
Unter Mitwirkung von D. Dempsey

Einführung
in die Umweltpsychologie

Klett – Cotta
Stuttgart

Die amerikanische Originalausgabe erschien unter dem Titel
"An Introduction to Environmental Psychology"
© 1974 by Holt, Rinehart and Winston, Inc., New York
Die Übersetzung aus dem Amerikanischen besorgte Hainer Kober, Lübeck

CIP-Kurztitelaufnahme der Deutschen Bibliothek

Einführung in die Umweltpsychologie / W. H. Ittelson . . . Unter Mitw. von
D. Dempsey. – 1. Aufl. – Stuttgart: Klett-Cotta, 1977.
   (Konzepte der Humanwissenschaften)
   Einheitssacht.: An introduction to environmental psychology <dt.>
   ISBN 3-12-924180-9
NE: Ittelson, William H. [Mitarb.]; EST

1. Auflage 1977
Verlagsgemeinschaft Ernst Klett – J. G. Cotta'sche Buchhandlung
Nachfolger GmbH
Copyright © für die deutsche Ausgabe Ernst Klett, Stuttgart
Fotomechanische Wiedergabe nur mit Genehmigung des Verlages
Printed in Germany
Einbandgestaltung und Typographie: Heinz Edelmann
Satz und Druck: W. Röck, Weinsberg

Inhalt

Obgleich die Vorbereitung dieses Buch ungefähr zwei Jahre in Anspruch nahm, hat es eine weit längere Geschichte. Tatsächlich gehen seine Anfänge auf das Jahr 1958 zurück, als ein Stipendium des National Institute of Mental Health es einigen der Autoren ermöglichte, sich an einer Untersuchungsreihe zu beteiligen, in der ermittelt werden sollte, wie sich die Anlage psychiatrischer Stationen auf das Verhalten der Patienten auswirkt. Im Verlaufe unserer Forschungsarbeit entwickelte sich

Vorwort

ein Interesse, das über die spezifische psychologische Aufgabenstellung der Forscher und die Frage psychiatrischer Architektur hinauszugehen schien: Es wurde später als Umweltpsychologie definiert. Daraufhin begann das Interesse an diesem Gebiet zuzunehmen. Im Rahmen von Ausbildungskursen für Fortgeschrittene fand das Spezialgebiet Umweltpsychologie Eingang in das Programm für Doktoranden der Psychologie an der City University of New York. Vor die Notwendigkeit gestellt, sowohl in der Forschung als auch in der Lehre interdisziplinär zu arbeiten, wurde äußerst unterschiedliches Material zusammengetragen. Dies führte zur Vorbereitung eines Readers „Environmental Psychology: Man and His Physical Setting", einer vorläufigen Maßnahme im Bemühen, einige der vielfältigen Bedingungen zu organisieren, die unser Gebiet zu definieren schienen.

Obwohl wir die wesentlichen Probleme und Themen des Gebietes im lückenhaften Material des Readers kurz erörtert haben, sind wir im Laufe der Jahre zu der Überzeugung gelangt, daß eine detailliertere Darlegung nötig sei, die die Umweltpsychologie, wie sie uns erscheint, theoretisch zu erfassen sucht.

So verfolgt dieses Buch einen dreifachen Zweck. Erstens wollten wir ein Bezugssystem der verschiedenen Bereiche schaffen, auf denen die Umweltpsychologie beruht. Dieses Bestreben ist darauf gerichtet, die täglich wachsende Zahl von Informationen zu organisieren, die alle von großer Wichtigkeit für die Untersuchung der die Beziehung Mensch/Umwelt betreffenden Fragen sind. Außerdem wollten wir unseren theoretischen Versuch für die wachsende Zahl von Umweltkursen verfügbar machen, die im Vorstudium (undergraduate) und Hauptstudium (graduate) durchgeführt werden. Diese Kurse haben sehr verschiedene Namen und finden in sehr verschiedenen Fachbereichen statt, sie gruppieren sich jedoch alle um einen Kern gemeinsamer Themen, die die Beziehung Mensch/Umwelt betreffen. Schließlich geht unser Ziel auch noch über die Darstellung, Kategorisierung und Organisation einer großen Zahl von Informationen hinaus. Wir haben versucht, zum Ausdruck zu bringen, welche

Begriffsbildung und Methodologie unserer Ansicht nach sinnvoll sei. Mit dem vorgelegten Buch sollen diese Gedanken einem breiteren Publikum zur Kenntnis gebracht werden.

Ungeachtet der Tatsache, daß das Gebiet der Umweltpsychologie neu ist, meinen wir, daß ein Buch wie dieses Gelegenheit bietet, ihre Belange zu definieren und das interdisziplinäre Material zu organisieren, auf dem sie beruht. Da sie einen ersten Versuch darstellen, müssen einige unserer Formulierungen als vorläufig betrachtet werden. Wir sind überzeugt, daß die Umweltpsychologie nicht auf einen Korpus unabhängig definierter Variablen warten kann. Die im Rückgriff auf andere Wissensgebiete gewonnenen Variablen werden im Laufe der Jahre sicherlich einem Selektionsprozeß unterworfen werden. Dergestalt wird hoffentlich eine Theorie des Umwelteinflusses entwickelt werden. Aber dies muß der Zukunft überlassen bleiben. Obwohl spezifische Ausschnitte aus Theorien, die in der Psychologie und anderen Disziplinen entwickelt wurden, helfen können, kann unseres Erachtens keine gegenwärtig vorhandene Theorie in ihrer Ganzheit zugrundegelegt werden. Das Bezugssystem dieses Buches orientiert sich vielmehr an unserer eigenen Arbeit auf diesem Gebiet und stellt Bereiche dar, die sich nach unserer Erfahrung beim Nachdenken über Fragen der Umwelt als dienlich erwiesen haben.

Es sollte kurz auf die Frage eingegangen werden, was die in diesem Buch behandelten Gegenstände mit der Umwelt zu tun haben. Viele dieser Themen sind genauso soziale Themen. Dem stimmen wir ohne Einschränkungen zu. Tatsächlich haben wir es zu vermeiden versucht, eine scharfe Unterscheidung zwischen sozialen und den materiellen Aspekten einer Umgebung zu treffen. Wir sind nämlich schlicht der Meinung, daß dies unmöglich sei, wenn man unsere Auffassung von Umwelt zugrunde legt und bedenkt, in welch frühem Entwicklungsstadium sich diese Art von Forschung befindet.

Die Autoren haben die Richtlinien des Buches gemeinsam festgelegt. Jedes Kapitel entstand aber in der Verantwortung eines Einzelnen. Während der Abfassung wurden die Texte ausgetauscht und ohne Rücksicht kritisiert. Die schwierige – wenn nicht unmögliche – Aufgabe, die voneinander abweichenden Schreibweisen von vier verschiedenen Personen auf einen Nenner zu bringen, oblag David Dempsey, der an dem Buch sowohl als Herausgeber wie auch als Autor mitgewirkt hat. Die Namen der Autoren werden alphabetisch aufgeführt.

In den Jahren, die der Arbeit an Fragen der Umwelt gewidmet waren, haben viele Menschen in unterschiedlicher Weise zum Fortschritt unserer Arbeit beigetragen. Unseren Kollegen Maxine Wolfe, Irwin Mussen und Susan Saegert, sowie allen Studenten, die an unserem Programm teilgenommen haben, verdanken wir viele anregende Gedanken. Spezifische bibliographische Beiträge machten D. Geoffrey Hayward, Joel Kameron, Emilie O'Mara, Marilyn Rothenberg und Sheree West. Beth Maritt, die Verwaltungsassistentin des Umweltpsychologie-Programms, hat die Manuskripte nicht nur geschrieben und für die Veröffentlichung vorbereitet, sondern war an dem gesamten Arbeitsprozeß schöpferisch beteiligt. Bei dieser Aufgabe halfen ihr Elizabeth Gay, Beatrice Dellapietro, Lillian Mandelbaum und Lynn Kadison.

Unsere Forschungsarbeit wurde durch die Zusammenarbeit vieler Menschen und Institutionen gefördert, in erster Linie jedoch durch eine Reihe von Stipendien des National Institute of Mental Health. Wesentliche Unterstützung fanden unsere Versuche, die Grenzen unserer Arbeit zu erweitern, bei James T. Cumiskey, Coryl L. Jones, Clyde Dorsett und ihren Mitarbeitern.

Viele Menschen haben uns in all diesen Jahren unsere Arbeit erleichtert. Zu ihnen gehören E. Richard Feinberg, John Melser und Herbert Shapiro. Ihnen und vielen anderen, die bereits mit uns zusammenarbeiteten, als Umweltstudien weder in Mode waren noch als legitimer akademischer Interessenbereich anerkannt wurden, wissen wir aufrichtigen Dank. Wir möchten die Anregung von William Michelson und Lance K. Canon dankend erwähnen, die eine frühere Fassung des Buches lasen. Unseren besonderen Dank möchten wir Debby Doty, unserem Psychological Editor und Brian Heald, dem Senior Project Editor, dafür abstatten, daß sie uns mit Beistand, Geduld und Ermutigung halfen, als wir dies nötig hatten.

Die Verantwortung für den gesamten Text liegt bei uns.

New York City

W. H. I.   H. M. P.
L. G. R.   G. H. W.

1

Der Umwelt-Mensch

Umweltpsychologie:
Wie es anfing

Designer und Architekten wissen seit langem, daß die Form und Erscheinung eines Gebäudes gewisse Verhaltensweisen beeinflussen, die sich in seinen Mauern entwickeln. In der Geschichte der Architektur läßt sich nachlesen, daß die menschlichen Wohnorte eines jeden Landes die soziokulturellen Werte einer Zeit und geographischen Lage wiederspiegeln, indem sie Bedürfnisse zum Ausdruck bringen, die über die nach materieller Unterkunft und materiellem Komfort hinausgehen – die psychologischen Bedürfnisse nach Identität, Kreativität und Harmonie mit der Welt. Wenn Menschen Häuser bauen, schaffen sie sich nicht nur eine materielle Umwelt, sondern auch eine psychologische Umwelt von Bedeutung, eine symbolische Welt, die ein besonderes Schema von Vorlieben und Werten verstärkt. Jedoch erst in jüngerer Zeit hat man systematische Anstrengungen unternommen, die empirische Beschaffenheit dieser Beziehung aufzudecken und über solche allgemeinen Bemerkungen hinsichtlich der Wechselwirkung zwischen psychologischen Aspekten des Menschen und seiner materiellen Umwelt hinauszugelangen. Der Terminus „Umweltpsychologie" selbst wird erst in jüngster Zeit in einem eindeutig definierten Sinne verwendet.

In den Jahren 1958/59 begannen drei der Autoren des vorliegenden Buches mit ersten Forschungsarbeiten über die Frage, inwiefern die Anlage der psychiatrischen Stationen das Verhalten der Patienten beeinflußt. Daraus erwuchs eine Untersuchungsreihe, die sich mit der materiellen Umwelt als Teil des therapeutischen Gesamtzusammenhanges befaßte. Andere (Izumi; Osmond; Sommer) arbeiteten unabhängig davon in ähnlicher Richtung. Der Forschungsrahmen wurde allgemein auch auf Milieus von nicht-institutionellem Charakter ausgedehnt. Bis 1969 zählte der Personenkreis, der sich von Berufs wegen für diese Beziehung zwischen Mensch und Umwelt interessierte, bereits über 600 Mitglieder (Research and Design Institute, 1969). Bis zu diesem Zeitpunkt hatte die Umweltpsychologie jedoch wenig theoretische Grundlagen aufzuweisen, um ihre empirischen Beobachtungen abzusichern. Auch wurde sie von den akademischen Institutionen kaum akzeptiert.

Immerhin waren die Fragen gestellt und die Wegweiser errichtet. Mit der Finanzhilfe des National Institute of Mental Health entwickelte sich das eigene Projekt der Autoren zu einer breit angelegten Untersuchung über die Wirkung dauerhafter materieller Umgebungen auf verschiedene Verhaltensaspekte.

Hier kristallisierte sich ein Gebiet heraus, das weder eindeutig soziologischer noch eindeutig psychologischer Natur war, noch zur Architektur oder Stadtplanung gehörte. Die Planungsberufe nahmen Anteil, wie auch – auf „strategischer" Ebene – die Anthropologie und Geographie. Die Zeit war reif, um die verschiedenen Disziplinen zu integrieren, die bislang ihre eigenen Wege gingen, um dem neuerwachten Interesse an der Beziehung zwischen der materiellen Umwelt des Menschen und seiner Reaktion auf sie nachzukommen. 1968 richtete das Graduate Center der City University of New York ein separates Spezialgebiet innerhalb des Psychologie-Programms ein. Zum Teil ist dieses Buch ein Ergebnis der Kurse, die im Fachbereich entwickelt wurden, und der Forschungsarbeiten, die von Lehrern und Studenten durchgeführt wurden. Seit dieser Zeit wußte der Gegenstand viele Studenten und nicht wenige Gelehrte und Forscher zu interessieren. Andere Universitäten haben Fachbereiche für Umweltpsychologie eingerichtet; Architekturschulen haben umweltpsychologische Kurse in ihr reguläres Curriculum aufgenommen; Architekturfirmen beschäftigen Verhaltenswissenschaftler, die den beruflichen Planern assistieren. In den Sozial- und Naturwissenschaften werden die Anregungen der Umweltpsychologie aufgegriffen; es werden vernachlässigte Bereiche der Mensch/Umwelt-Beziehung untersucht, die nun als relevante Bedingungen begriffen werden. Obzwar die Forschungsliteratur einen beträchtlichen Umfang angenommen hat und einige theoretische Positionen sich bereits abzeichnen, ist dieses Material recht verstreut und für den Studenten nicht leicht greifbar. Bücher, die sich mit diesem Gegenstand befassen, behandeln größtenteils Spezialgebiete (zum Beispiel „Personal Space" von Sommer; „The Hidden Dimension" von Hall; „The Spatial Behavior of Older People" von Pastalan und Carson). Bis zu diesem Zeitpunkt liegt noch kein allgemeines Lehrbuch vor, das alle wichtigen Komponenten des Studiums der Umweltpsychologie erfaßt. Es ist unsere Absicht, mit dem vorliegenden Buch eine solche umfassende und zugleich einführende Darstellung des interdisziplinären Gegenstandsbereichs zu liefern.

Da die Umweltpsychologie eine neue Disziplin mit vielen noch unerforschten und ungelösten Problemen ist, macht unser Text keinen Versuch, dem strengen wissenschaftlichen Verfahren nachzueifern, das die traditionelleren Disziplinen kennzeichnet. Es gibt nämlich noch keinen offiziellen Kanon der Umweltpsychologie; vorerst geht es in diesem in der Entwicklung begriffenen Forschungsgebiet darum, die Theorien und Konstrukte zu formulieren, die, wenn nicht einen Kanon, doch zumindest eine wissenschaftlich begründete Charta liefern werden.

Unsere Darstellung unterscheidet sich von der vieler Lehrbücher in mindestens zwei Hinsichten. Weil unser Anliegen darin besteht, das Material aus sehr unterschiedlichen Bereichen zu integrieren, machen wir keinen Versuch, uns der technischen Sprache irgendeiner dieser Disziplinen zu bedienen. Der Student wird hier ein Minimum an Jargon und, hoffentlich, ein Maximum an Verständlichkeit vorfinden. Die Umweltpsychologie braucht sich weder pedantisch noch esoterisch zu geben. Gleichzeitig wird die Literatur, die sich auf unser Gebiet bezieht, nur in soweit erörtert, als sie spezifische Themen, die gerade betrachtet werden, betrifft; unsere Literaturhinweise sind selektiv. Wir haben keinen Versuch gemacht, all die speziellen Berichte und Forschungsarbeiten einzubeziehen, die auf dem Gebiet der Umweltpsychologie vorliegen, nur um der Vollständigkeit zu genügen. Unsere Literaturhinweise repräsentieren jedoch nach unserer Auffassung die wichtigsten Forschungstendenzen. Unser Bestreben war es, eine einigermaßen zusammenhängende Beschreibung der verschiedenen Ergebnisse und Theorien zu liefern, die auf den vielen Wissensgebieten vorliegen und die uns helfen können, das Phänomen Mensch/Umwelt zu verstehen.

Woraus erklärt sich das um sich greifende Interesse der Umweltpsychologie? Zwei Gründe bieten sich von selbst an. Einer ist die aktuelle Beschäftigung mit dem Städteproblem – die künstliche Umwelt, die für viele von uns als Lebenskontext immer unangemessener wird. Die Bevölkerungsdichte, der Verfall der Stadtzentren, Umweltverschmutzung, Entfremdung – dies sind nur einige der Umweltbelastungen, denen der Stadtmensch ausgesetzt ist. Neue Städte, städtische Versuchsprogramme und eine zunehmende Beschäftigung der Stadtplanung zeugen von dem Nachdruck, mit dem wir nach einer empirisch fundierteren Analyse der Beziehung zwischen dem Verhalten des Menschen und seinen Städten suchen.

Unsere zweite Sorge richtet sich auf die natürliche Umwelt: vom Menschen geschaffene Umweltverschmutzung, Ausbeutung der natürlichen Ressourcen, Rückgang unberührter Naturzonen und Gefahr einer ökologischen Katastrophe. Wenn der Mensch als Teil der natürlichen Ordnung der Dinge in Einklang mit sich selber leben will, muß ein besseres Gleichgewicht zwischen der Unantastbarkeit dieser Umwelt und ihrer zerstörerischen Ausbeutung gefunden werden. Die tiefe Sorge, die die Welt heute angesichts der Umwelt erfüllt, ist im wesentlichen der Erkenntnis zu verdanken, daß die Menschheit die Ressourcen dieser Erde nicht länger nach Belieben angreifen darf.

Daß sich hier tatsächlich Grenzen zeigen, erklärt den Eifer, mit dem wir versucht haben, den Trend umzukehren. Tiefer als diese unmittelbare Sorge liegt noch eine andere Realität, die uns erst jetzt bewußt wird. Die „unnatürliche", vom Menschen geschaffene Welt, die anstelle der „Natur" den Rahmen unseres täglichen Lebens bildet, trennt den Menschen von einem großen Teil seiner biologischen Vergangenheit. Das jahrhundertealte Gleichgewicht zwischen menschlicher und natürlicher Umwelt – die materielle und psychische Akkommodation zwischen dem Menschen und seiner Außenwelt, die ihm gestattet, sich im Universum frei zu bewegen – schwindet unter dem Einfluß einer um sich greifenden Technologie. Was wir heute also eigentlich suchen, ist eine Beziehung zur Umwelt, die nicht nur erhält, was wir haben, sondern sogar helfen könnte, wiederzugewinnen, was wir verloren haben.

Evolution und Veränderung

Wenn der Mensch sich bemüht, seine Umgebung zu verändern, verfährt er in einer Weise, die für alle Tierarten charakteristisch ist. Drei Züge seiner Wechselbeziehung mit der Umwelt sind jedoch spezifisch menschlich: erstens ihr *Ausmaß;* zweitens ihre *intentionale und bewußte Art;* und drittens ihre *Komplexität.* Die evolutionäre Nische, die der Mensch auf der phylogenetischen Skala besetzt, ist vor allem durch seine Fähigkeit gekennzeichnet, die Umwelt so zu modifizieren, daß sie einem großen Teil der menschlichen Bedürfnisse dient. Dadurch unterscheidet er sich beträchtlich von anderen Tieren, die sich in viel stärkerem Maße an die Umwelt anpassen, um sich größere Annehmlichkeit zu verschaffen oder um zu überleben.

Unter der weitgespannten Perspektive der biologischen Evolution ist das Ausmaß dieser Wechselwirkung wahrscheinlich der wichtigste Aspekt. Seit der frühesten Steinzeit hat der Mensch allmählich das Angesicht der Erde umgestaltet, bis zu unserer Zeit hin, da wir bereits in den Entfernungen des Weltraumes unsere Zeichen hinterlassen. Wir sprechen stolz von der Eroberung der Natur; doch eben diese Eroberung belastet den Menschen – ganz abgesehen von dem, was sie der Natur selbst angetan hat – mit einem unerhörten Maß an Anpassung, das sowohl die Spannweite der Veränderung wie auch das ständig wachsende Tempo betrifft. Es ist, als ob ein Sturm tobte, vor dem wir keine Zuflucht finden können. Die moderne Technologie hat sich verselbständigt. Manchmal scheint es so, als entglitte der Veränderungsprozeß unserer Kontrolle und als dienten die Industriegesellschaften nicht mehr den wahren Bedürfnissen der Menschen.

Als Umweltpsychologen beschäftigen wir uns nicht nur mit den wirtschaftlichen und kulturellen Bedeutungen dieses Phänomens, sondern auch mit dem Ausmaß, in dem der Mensch durch die Technologie, die dieser Erscheinung zugrunde liegt, psychologisch mißbraucht und zur Karikatur entstellt wird. Viele von uns haben nämlich unabweislich das Gefühl, daß mit einer Welt etwas nicht in Ordnung sein kann, die uns mit so vielerlei Dingen im materiellen Sinne versorgt und uns doch in einer vagen Weise mit unserem Leben unzufrieden beläßt. Durch eine einfache Veränderung unserer Umwelt werden unsere Überlebenschancen also nicht unbedingt besser werden. Die Veränderung muß sich an den langfristig für die Menschheit absehbaren Konsequenzen ausrichten.

Diesem Gedanken entspricht das zweitgenannte Merkmal der Wechselbeziehung zwischen Mensch und Umwelt. Von allen Lebewesen ist allein der Mensch imstande, solche Veränderungen intentional und bewußt vorzunehmen. Dies geschieht überdies im Bezugssystem einer geschlossenen, mitteilbaren Kultur, über die andere Arten nicht verfügen.

Die Unterscheidung ist wichtig, weil der Mensch seine Welt in einem Maße kontrolliert, zu dem keine andere Art fähig ist. Außerdem ergibt sich daraus die Möglichkeit, die Richtung und die Wirkung solcher Veränderungen zu planen, wodurch das Individuum die Freiheit gewinnt, sich durch diesen Akt der Umweltmodifikation genauer zu definieren und vor allem sich eine Welt zu schaffen, die mit seinen philosophischen und ethischen Maximen übereinstimmt. Die eigene Umwelt zu kontrollieren, bedeutet weitgehend, über die eigene Zukunft zu entscheiden.

So wichtig diese Aspekte auch für die Reaktion des Menschen auf seine materielle Umwelt sind, ist es doch das dritte Merkmal unserer Triade – die Komplexität der menschlichen Reaktion – die den Hintergrund und die Motivation dieses Buches ausmacht. Sicherlich ist diese Wechselbeziehung auch auf der physikalischen und biologischen Ebene komplex (wie uns die Naturwissenschaft lehrt), doch konzentriert sich unser Interesse auf die psychologische und soziale Analyse. Über diese Bereiche weiß man weniger als über die in größerem Umfange empirisch erforschten Eigenschaften der physikalischen und biologischen Welt. Von unserem Standpunkt aus betrachtet ist allerdings die Tatsache von größerer Wichtigkeit, daß die psychologische Umwelt des Menschen weitgehend seine eigene Schöpfung ist. Eben weil er in hohem Maße von seinem eigenen Produkt beeinflußt wird, ist die Untersuchung dieser Beziehung so entscheidend.

Die psychologische Wirkung der selbstgeschaffenen Umwelt auf den Menschen kann sich als der Kernpunkt des „Ökologie"-Problems erweisen. Im langen Zeitraum der Geschichte hat sich das Produkt zum Herrn gemacht. Bei der Modifikation seiner Umwelt hat der Mensch Entwicklungen in Gang gesetzt, die sich nur durch eine bewußte und entschlossene Anstrengung noch umkehren oder zurückführen lassen. Solch einer Anstrengung kann nur Erfolg beschieden sein, wenn die Bedeutungen der Beziehungen zwischen Mensch und Umwelt wirklich verstanden worden sind. Das grundsätzliche Ziel dieses Buches liegt deshalb darin, festzustellen, in welcher Weise diese Beziehungen menschliches Verhalten beeinflussen und verändern.

Es ist darauf hinzuweisen, daß die Umweltpsychologie keine deterministische Theorie ist. Sie betrachtet den Menschen nicht als ein passives Produkt seiner Umwelt, sondern als ein zielgerichtetes Wesen, das auf seine Umwelt einwirkt und das seinerseits von ihr beeinflußt wird. Wenn der Mensch seine Welt verändert, verändert er sich selbst. Ein Leitprinzip auf diesem Gebiet ist das, was wir die *dynamische Wechselwirkung* zwischen dem Menschen und seiner Umwelt genannt haben. Die traditionelle Konzeption einer invariablen Umwelt, an die sich die Organismen anpassen müssen, wenn sie nicht untergehen wollen, wird durch die ökologische Perspektive ersetzt, in der die Rolle der Organismen betont wird, die sie bei der Erschaffung ihrer eigenen Umwelt spielen.

Ein anderer wichtiger Zug der Umweltpsychologie betrifft die Methoden, die sie verwendet, um Verhalten zu erforschen. Der traditionelle Psychologe untersucht den Menschen, indem er ihn von seinem Alltagsmilieu isoliert, um zur Beschreibung diskreter und quantifizierbarer Verhaltenseinheiten zu gelangen. Dies geschieht gewöhnlich in Laboratorien oder in anderen experimentellen und kontrollierten Versuchsanordnungen.

Ohne leugnen zu wollen, daß solche Methoden eine wichtige Aufgabe bei der Erforschung bestimmter Verhaltensattribute erfüllen, untersucht die Umweltpsychologie die Menschen doch lieber in ihrer eigentlichen, intakten Umgebung. Gewöhnlich isoliert und arrangiert sie das Verhalten nicht, wie es der Interessenausrichtung des Psychologen entspricht, sondern betrachtet das Verhalten, wie es ist, wobei die Umwelt eine wesentliche Rolle in diesem Prozeß übernimmt. Unser zweiter Interessenpunkt ist also die Untersuchung des Menschen als Teil seines Milieus.

Ein drittes Merkmal des Verfahrens der Umweltpsychologie ist sein interdisziplinärer Charakter. Wir bemühen uns, die relevanten Aspekte zahlreicher wissenschaftlicher Disziplinen zu vereinen, deren Ausrichtung dem Verständnis des menschlichen Verhaltens in seiner Beziehung zu spezifischen Umwelten entspricht und dient. Wir beziehen unsere Daten nicht nur von der Psychologie, sondern genauso von der Soziologie und Anthropologie. Außerdem hilft uns die Arbeit von Architekten, Städteplanern, Ökologen, Designern und anderen, die sich mit der materiellen Umwelt befassen, die der Umweltpsychologie eigenen Grenzen zu definieren. Wir bemühen uns in diesem Buch, den verschiedenen Daten und Theorien aus anderen Wissensgebieten, die uns beim Verständnis des Phänomens Mensch/Umwelt helfen können, eine gewisse deskriptive Kohärenz zu verleihen.

Die Umweltpsychologie beschäftigt sich auch mit sozialen Problemen. Sie orientiert sich humanitär, indem sie die Tatsache anerkennt, daß der Mensch, wenn er seine Umwelt gestaltet, nicht nur auf die Erde einwirkt, auf der er lebt, sondern auch auf andere, die sie mit ihm teilen. Einerseits erforschen wir die Verhaltensbedingungen städtischen Lebens, seine Beziehung zu Wohnformen, Ballung, Streßfaktoren und sozialer Identität. Andererseits untersuchen wir die natürliche Umwelt als einen Problembereich, in dem sowohl ihre Zerstörung wie auch ihre Funktion für bestimmte Erholungs- und psychologische Bedürfnisse berücksichtigt werden. In diesem Zusammenhange postulieren wir eine Umweltethik, die ein bestimmtes Verhalten und eine bestimmte ökologische Einstellung der Natur gegenüber voraussetzt.

Auf einer mehr theoretischen Ebene untersucht die Umweltpsychologie einige grundlegende psychologische Prozesse. Ein Kernpunkt unseres Verfahrens ist die Rolle der *Wahrnehmung*, die wir für ein wesentliches Element in der Mensch/Umwelt-Wechselbeziehung sehen. Damit ist gemeint, daß jedes Individuum die Welt, von der es umgeben ist, in individueller und einzigartiger Weise wahrnimmt oder erfährt. Die wahrgenommene Realität steuert, genauso wie die objektive, sein Handeln und bestimmt, ob das Individuum die Befriedigungen, die es sucht, erlangt. Eine wichtige Rolle kommt in diesem Prozeß der *Erkenntnis* zu, also dem Sinn den wir der noch unfertigen Umwelt um uns herum verleihen. In diesem Zusammenhang interessieren wir uns für die *Reize*, die auf die Wahrnehmung einwirken, für die *räumlichen* Eigenschaften der Umwelt, die die Verhaltensweisen beeinflussen, für die *Kontingenzen* der „realen Welt", zu denen der Mensch eine angemessene Beziehung gewinnen muß, und für die *sozialen Beziehungen*, die durch die Art und Weise gebahnt werden, in der der Mensch den Raum verwendet. Es wird betrachtet, wie sich die Umwelt als Faktor für das *Wachstum* und die *Entwicklung* auswirkt und welche Rolle sie für das *Lernen* spielt. Vorbedingung für das Verständnis all dieser Prozesse ist die Kenntnis der Werte, Einstellungen und der sozialen und kulturellen Normen, die der Mensch seiner Umwelt entgegenbringt. Schließlich beschäftigen wir uns mit dem Menschen als Baumeister, mit dem Problem, eine Umwelt zu planen und zu entwerfen, die im praktischen Sinne funktional ist und zugleich menschlich befriedigt. Ein wachsender Trend der Umweltpsychologie richtet sich also auf die unmittelbare Lebensumwelt des Individuums; außerdem sind, wie wir in späteren Kapiteln sehen werden, einige Anstrengungen gemacht worden, überzeugende theoretische Modelle zu entwerfen, nach denen sich die Forschungsarbeiten auf diesem Gebiet ausrichten können.

Zudem versuchen wir, die subtileren Eigenschaften der Umwelt zu isolieren, die sich auf unser tägliches Leben auswirken. Ist es so, wie Izumi (1969) glaubt, daß die Nachahmung von Holz, Metall, Leder, Stoff und selbst Pflanzen durch Plastikmaterial ein Element des Zweifels in unseren sensorischen Rezeptoren einrichtet, das inkonsistent ist mit dem, was wir instinktiv von der Umwelt verlangen, und auf diese Weise eine unbewußte Spannung in unsere Beziehung zur neuen Technologie bringt? Erklären glänzende, aus Glas errichtete Schulen und Bürogebäude die „existentielle Angst", die in den Industrienationen so verbreitet ist, weil sie uns von dem vertrauten menschlichen Milieu unserer Kindheit trennen? Izumi meint, daß die Monotonie des Dekors, die endlosen Flure in den großen Bürogebäuden, die Reihen der Schreibtische in einem Büro die Vorstellung der Tretmühle heraufbeschwören und deshalb unser Gefühl „angenehmer psychischer Zeit" beeinträchtigen. Flößen uns solche zeitlosen Umwelten Angst ein, weil wir nicht mehr in der Lage sind, uns eine Zukunft vorzustellen? Izumi ist davon überzeugt.

Wie sieht die Rolle der Umwelt dann aber aus, wenn sie uns mit einem Empfinden für die Zukunft – oder in diesem Zusammenhang auch für die Vergangenheit – versorgt? Möchten wir Ordnung in unserer Welt haben? Mehrdeutigkeit? Neuheit? Welches ist die angemessene Umwelt, die nach Ansicht vieler Biologen jeder Organismus sucht? Nicht unbedingt eine bequeme, da zahllose Menschen auf der Welt unter unbequemen materiellen Bedingungen leben, und dies ganz freiwillig. Es ist nicht immer eine Frage wirtschaftlicher Notwendigkeit; ein widerspenstiger Boden, ein staubiges Tal, eine sturmgepeitschte Meeresküste tragen dazu bei, daß ihre Bewohner aus ihrer Umwelt das Gefühl ihres Selbstwerts ziehen, und befriedigen auf diese Weise eines der tiefsten psychologischen Bedürfnisse des Menschen.

In unserem Kampf gegen die Umwelt prüfen wir uns täglich und bestätigen (oder verwerfen) folglich gewisse Werte, die sich nicht leicht in anderer Weise überprüfen lassen. Teilweise ist dies eine Frage der Auflehnung gegen die neue Technologie, die Kunststoffwelt, den verbreiteten Verfall der Städte; teilweise ist es eine Bedingung der Umweltveränderung. Die materielle Welt verändert sich. Allein die Bevölkerungsdichte macht erforderlich, daß die Beziehung der Menschen zueinander und zu ihrer Umwelt in völlig neuer Weise gestaltet wird. In einem Ausmaß ohne Beispiel stellen solche Veränderungen neue Anforderungen an unsere Wahrnehmung der Welt. Doch scheint es, als ließe sich mittels solcher Wahrnehmung eine geeignetere Umwelt – eine Überlebensumwelt, wenn man will – schaffen.

Das Erwachen des Umwelt-Menschen

Aus dem Vorhergehenden sollte deutlich geworden sein, daß der Terminus *Umwelt* viele Gesichtspunkte umfaßt: Wie wir sie in psychologischer Weise wahrnehmen und erfahren; wie wir sie modifizieren und verwenden, um unseren Bedürfnissen zu entsprechen; und schließlich, wie wir unser Verhalten einem sich ständig verändernden Ökosystem akkommodieren können. Bevor wir einige der Annahmen und Gegenstände kurz erörtern, die in diesem Text behandelt werden, könnte es sinnvoll sein, die Umwelt unter einer anderen Perspektive zu betrachten. Diese ließe sich als Umweltbewußtheit bezeichnen; sie bedeutet schlicht, daß wir unsere Rolle gegenüber der Umwelt für Studien- und Forschungszwecke in einer Weise verstehen, die sich von allen vorher bestehenden Standpunkten gänzlich unterscheidet. Aus dieser Bewußtheit ergibt sich ein neues System von Einstellungen und Werten. Die Weise, in der wir die Umwelt bewerten – den Raum und seine Verwendung, den sozialen Prozeß, der durch architektonische Formen ausgelöst wird, die ökologische Botschaft, die die Natur für uns bereithält, die Wirkung der Bevölkerungsdichte, den Einfluß kultureller Normen auf unser territoriales Empfinden, die Bedeutung der Städteplanung und nicht zuletzt unseren Begriff von der Umwelt als dem Ursprung der Identität – all dieses heißt, in einer neuen Weise über den Menschen nachzudenken. Es konfrontiert uns sogar mit einem neuen Menschen, dem Umweltmenschen, dessen Beziehung zu seiner Welt völlig anders ist, als die all seiner Vorgänger in der Geschichte.

In jeder Epoche befand sich der Mensch in einer spezifischen funktionellen Beziehung zur Gesellschaft, die darüber entschied, wie er über sich selber dachte. Das heißt, daß er ein Produkt der Entwicklungserfordernisse seiner Zeit ist. Wie er sich verhält, ist letztlich auf die Frage bezogen, was er tun muß, um zu überleben. Wie wir wissen, waren in früheren Zeiten diese Erfordernisse weitgehend materieller Natur; für den primitiven Menschen war sein Existenzkampf eine Auseinandersetzung mit der Natur. Glücklicherweise – wenn man vom Standpunkt moderner Einsicht aus urteilt – besaß er weder die Fähigkeit noch die Bevölkerungsdichte, um das ökologische Gleichgewicht zu stören. In der Rückschau war er das, was man den *natürlichen Menschen* genannt hat, der von der Natur selbst in seinen übernatürlichen Glaubensinhalten abhing.

Solche Etikettierungen mögen allzu einfach sein, aber sie dienen unserem Vorhaben, jene Aspekte einer gesellschaftlichen Evolution in den Blick zu rücken, die eine Epoche von der anderen unterscheiden. Sie machen jene Gesichtspunkte kenntlich, die die Menschen in ihrem Leben für sehr real hielten. Im Mittelalter nahm die Mensch-Umwelt-Gleichung einige neue Werte auf. Die Natur war nicht mehr der einzige Spiegel, in dem der Mensch sich wahrnehmen konnte. Die Welt wurde zunehmend sozial und begrifflich bestimmt; die Ideen spielten eine größere Rolle bei der Definition des Selbst, und die Idee, die in Europa vorherrschte, war die Gottes, das Ergebnis einer mehr als tausend Jahre alten jüdisch-christlichen Tradition. Die geschlossene mittelalterliche Welt mit ihrer strengen sozialen Hierarchie und ihrem Gehorsam gegenüber der christlichen Doktrin förderte eine Vorstellung vom Ort des Menschen im Universum, die jeden Aspekt des Lebens durchtränkte. Daß solch eine Position nicht leicht in Frage gestellt werden kann, wird in der großen Glaubenskrise sichtbar, in die diese Welt durch die Entdeckungen von Galilei und Kopernikus gestürzt wurde.

Mit dem Aufkommen der Renaissance begann ein allmählicher Verfall des christlichen Menschenbilds, der seinen Höhepunkt in der Vorstellung vom rationalen Menschen fand, dem Ideal des 18. Jahrhunderts. Diese Gegenbewegung wurde wesentlich durch die wissenschaftlichen Entdeckungen beschleunigt, die den Menschen eine größere Kontrolle über ihr Leben ermöglichten. Im 19. Jahrhundert mündete diese Entwicklung in eine Fabriktechnologie, die eine zunehmend größer werdende Zahl von Menschen erfaßte – Arbeitgeber und Arbeiter bildeten in diesem Sinne den ökonomischen Menschen, beide unauflöslich an die industrielle Lebensweise gebunden. Diese Individuen konnten noch an Gott oder sogar an die Natur glauben, aber der Ton wurde von der Maschine angegeben.

Neben der vorherrschenden Selbstauffassung einer jeden Epoche war jedoch immer ein humanes Fühlen und Denken vorhanden, das essentielle Verhalten des Menschen. Was jüngere Zeiten charakterisiert, ist eine neue Bewußtheit dieses essentiellen Selbst; der Identitätsbegriff wurde grundlegend für die Psychologie. Freud hat den psychologischen Menschen geschaffen und Freuds Erbe bestimmt unsere Konzeption des Menschen heute, der sich selbst in zunehmendem Maße in seiner Existenz sucht, in der Endlichkeit eines Lebens, das von den transzendenten oder religiösen Werten losgelöst ist, die das Verhalten in der Vergangenheit in so hohem Maße formten. Anstelle dieser Werte konnte noch kein lebensfähiger Ersatz gefunden werden, mit Ausnahme vielleicht der Idee des Menschen selbst als psychologisch völlig autonomes Wesen. Diese Perspektive ist der eigentliche Ansatzpunkt unserer Untersuchung der Umwelt und des Verhaltens. Denn wenn der psychologische Mensch eine Funktion seines Zeitalters ist, ist er dies häufig in dem negativen Sinne, daß er von ihm entfremdet ist; von der sozialen Umwelt und den Institutionen, die eher von der Technologie bestimmt werden als von den tieferen und dauerhafteren menschlichen Bedürfnissen selbst. Die Gefahr liegt nicht darin, daß wir nicht in der Lage wären, uns an unsere neue Umwelt anzupassen, sondern daß wir uns zu gut an sie anpassen. René Dubos (1968) wies darauf hin, daß seine Anpassungsfähigkeit dem Menschen ermögliche, sich Bedingungen zu akkommodieren, die die ihn als Menschen charakterisierenden Werte zu zerstören drohten. Die „soziale Beschleunigung", von der Margaret Mead (1970) schreibt, zeigt, welche Anpassungsfähigkeit die Menschheit gegenüber der neuen Technologie besitzt; Prozesse, die früher Generationen beschäftigten, werden heute innerhalb weniger Jahre in unsere Kultur assimiliert – wenn dafür auch ein hoher Preis gezahlt wird. In seiner populärwissenschaftlichen Veröffentlichung „Der Zukunftsschock" beschreibt Alvin Toffler dieses Phänomen als unseren Kampf, einen *Modus vivendi* den Veränderungen gegenüber zu erlangen, die erst noch kommen sollen; wenn der Autor dies auch richtig als psychologisches Problem erkennt, ist seine Lösung doch im Grunde gesellschaftlicher Art.

In diesem Zusammenhang muß darauf hingewiesen werden, daß soziale Beziehungen sich in einer Umwelt entwickeln, die ihrerseits ein dynamischer Bestandteil des Veränderungsprozesses ist. Institutionen – Schulen, Kirchen, Krankenhäuser – sind in dieser Hinsicht von außerordentlicher Bedeutung, nicht nur durch ihre materielle Form, die gewisse Aktivitätstypen einschränken oder ermutigen können, sondern auch durch die soziale Botschaft, die uns diese Form übermittelt. Genauer gesagt können solche Milieus das Verhalten auf kurze Sicht einfach dadurch beeinflussen, daß sie die Wahlmöglichkeiten einschränken. Aber eine Umwelt kann diese Wahlfreiheit auch erweitern. Dadurch, daß der offene Klassenraum den Akzent von einer strukturierten auf eine nicht strukturierte Umwelt verlagert, ermutigt er Kinder, in einem individuell sinnvollen Tempo und in größerer Übereinstimmung mit ihren eigenen Interessen und Fähigkeiten zu lernen. Um eine vergleichbare Situation anzuführen: Forschungsarbeiten zum Patientenverhalten im Solarium eines Krankenhauses zeigen, daß sich durch das bloße Umstellen der Möbel erstaunliche Veränderungen in der Verwendung des Solariums erreichen lassen, die nicht ohne therapeutische Bedeutung für die Patienten sind.

Wir verwenden eine Umwelttheorie, die das Individuum aus der materiellen Isolation befreit, in der es gewöhnlich untersucht wurde. Dies bedeutet schon an sich einen wichtigen Fortschritt für das Verständnis menschlichen Verhaltens. Darüberhinaus bietet die Theorie den Individuen aber auch eine neue Rolle in ihrer Beziehung zur Umwelt an, die zum Bezugsrahmen eines neuen Humanismus wird, der sich nicht mehr allein auf die zwischenmenschlichen Beziehungen beschränkt. Es ist ein Humanismus, der sich wieder den Dingen zuwendet, die sich von uns unterscheiden, und der psychologischen Beschäftigung mit dem Selbst ein Ende setzt, die nach den Worten von Paul Shepherd und Daniel McKinley (1969) „nicht zur Entdeckung, sondern zu einem völligen Verlust der Identität führt. Es scheint so, als ließe sich das Selbst nur in seinem Verlust entdecken und als sei es nicht ohne ein intensives Empfinden für die Umwelt zu identifizieren" (S. 139).

Wenn dies wahr ist, gewinnt die Art von Umwelt, die wir schaffen, eine außerordentliche Bedeutung. Shepard (1969) schreibt: „Der menschliche Aspekt der Ökologie liegt darin, daß das Dilemma der sich abzeichnenden weltweiten ökologischen Krise...zumindest teilweise eine Frage der Werte und Ideen ist. Sie spaltet die Menschen weniger aufgrund ihrer Berufe in Parteien, als vielmehr aufgrund des Komplexes von Persönlichkeit und Erfahrung, der ihre Gefühle gegenüber anderen Menschen und der Welt im allgemeinen prägt" (S. 8).

22

In diesem Sinne wird nicht nur die Umwelt sondern auch ein Ethos bewahrt. Denn das Ausmaß, in dem wir unsere Identität in der Umwelt finden, wird nicht nur durch die Vorsicht bestimmt, mit der wir von ihr Gebrauch machen, sondern auch durch die humanen Werte, die wir durch unsere Bereitschaft zum Ausdruck bringen, sie nach einer ethisch bestimmten Zielvorstellung zu gestalten. Wir entdecken unsere Umwelt, weil wir Gefahr laufen, sie zu verlieren. Der Umweltmensch hat ein kritisches Bewußtsein nicht nur für das Ökosystem, sondern auch für das eigene Selbst.

Planung und Verhalten

Unsere These ist, daß wir die wünschenswerte Veränderung unserer Umwelt nur erreichen können, wenn wir verstehen, in welcher Beziehung individuelles und Gruppenverhalten zur Umwelt im ganzen stehen. Die Feststellung, daß unsere materielle Umwelt sich heute leichter verändern läßt als jemals zuvor – daß jene Kräfte, die für die Umgestaltung verantwortlich sind, sich positiven ebenso wie destruktiven Zwecken dienstbar machen lassen – bleibt unverbindlich, wenn der Mensch nicht erkennt, welche Verhaltensrolle ihm in diesem Kontinuum zufällt. Die Architektur hat schon immer die Psychologie materieller Strukturen berücksichtigt, aber es war im wesentlichen eine angewandte Psychologie, die den Bewohnern dieser Strukturen passive Rollen zuwies. Wände von bestimmter Farbe sind warm oder kalt. Zeitgenössische Häuser verleihen das Gefühl von „Freiheit" (durch die minimale Verwendung von Unterteilungen und eine Vielzahl großer Fenster). In den Schulen fördert viel Helligkeit das Lernen. Komfort und Bequemlichkeit werden für psychologische Attribute gehalten. Man hat aber nur geringere Anstrengungen unternommen, die kulturelle, ökonomische und ethnische Herkunft der Benutzer zu berücksichtigen. Architekten neigen also dazu, die psychischen Bedürfnisse ihrer Kunden mit ihrem Bedürfnis nach Bequemlichkeit zu verwechseln, wenngleich beide oft zusammenfallen. Da Architekten sich eher am Verhalten orientieren, werden die Unzulänglichkeiten der vorhandenen Strukturen offensichtlich. Form und Funktion dominieren nicht mehr; in seiner idealen Form wird das Gebäude zu einer Umgebung, in der wir nach Amos Rapoport (1967) „unsere eigene Bedeutung finden".

Dieses Verhaltensbedürfnis ist nicht einfach eines der Bequemlichkeit oder des Komforts. Zuviel Bequemlichkeit kann unsere Entfremdung von einer gegebenen Umwelt einfach dadurch erklären, daß wir Schwierigkeiten haben, uns mit ihr in irgendeiner sinnvollen Weise zu befassen. Wenn uns eine materielle Umgebung zur Teilnahme herausfordern soll, muß sie nach Rapoport (1967) sowohl Komplexität wie auch Mehrdeutigkeit besitzen. Wenn diese Elemente fehlen, versuchen wir, unsere eigene Bedeutung in sie zu projezieren; daher erkärt sich der passive Widerstand vieler Büroangestellter in einigen der neuen und sehr „funktionalen" Wolkenkratzern, die ihre Insassen dazu zwingen, nach den Gesetzen des Gebäudes zu leben.

Als die Menschen noch ihre eigenen Häuser planten und bauten, wie behelfsmäßig dies auch immer geschah, paßten sie sie intuitiv an ihre Verhaltenserfordernissen an. Der Architekt als Häuserplaner betrat die Szene erst zu einem späten Zeitpunkt, als das Haus selbst bereits einem Funktionswandel unterworfen war, der es der Kleinfamilie akkommodieren sollte, wie sie sich im Unterschied zur Großfamilie früherer Generationen herausgebildet hat. Dies ist einfach eine Fortführung der Veränderungen, die mehr als ein Jahrhundert zuvor begannen, als die Industrialisierung die Berufswelt des Menschen von seinen Wohnverhältnissen abtrennte. Schuster, Ladeninhaber, Kürschner, Handschuhmacher, nahezu alle diese Kaufleute und Handwerker verdienten ihren Lebensunterhalt zu Hause. Das Haus beherbergte die Familienmitglieder sowohl als Bewohner wie als Warenproduzenten; es war ein umfassender Lebensrahmen, an dem die Insassen teilhaben konnten und es auch tatsächlich im eigentlichen Sinne des Wortes taten. In dem Maße, in dem solche Stätten funktional waren, waren sie auch psychologisch befriedigend, trotz der Tatsache, daß das Leben oft hart und die Hütten wirklich Hütten waren.

Sicherlich war die Identität des vorindustriellen Menschen nur teilweise das Ergebnis seiner Stellung in der Umwelt. Er hatte außerdem seine Position im Schema der religiösen und sozialen Werte seiner Zeit; darüber hinaus bedingte die außerordentliche Verwurzeltheit dieser Menschen – ihre Landschaftsgebundenheit – eine sehr enge Lebensschau. Doch wie begrenzt auch dieses Milieu immer gewesen sein mag, der Mensch gehörte ihm in einer Weise an, die weitgehend geschwunden ist. Die Ursachen dieser Entfremdung lassen sich auf das rasche Tempo der Industrialisierung zu Anfang des 19. Jahrhunderts zurückführen. Die Sorge um die offensichtlicheren Begleiterscheinungen dieser Industrialisierung stellt einen der geschichtlichen Vorläufer der Umweltpsychologie dar. Die Abwanderung einer großen Zahl von Menschen vom Lande in die Stadt und die daraus resultierende Konzentration in Slums, die außerordentlich lange Arbeitszeit, die Tatsache, daß häufig die ganze Familie in der Fabrik beschäftigt war, um ihren Lebensunterhalt zu verdienen: diese Faktoren waren offensichtlich mit einer Sozialpathologie verknüpft, deren Kennzeichen ein schlechter Gesundheitszustand, Kriminalität, hohe Sterblichkeitsraten und Alkoholismus waren. Obwohl die Bemühungen der Sozialreformer eine große Bandbreite hatten, galt ihre Hauptsorge der Wohnumwelt derjenigen, die in den hochindustrialisierten Gebieten arbeiteten. Viele dieser Aktionen beruhten unglücklicherweise auf Versuch und Irrtum, und in vielen Fällen machte man sich nicht genügend Gedanken über die Art und Weise, in der die materielle Umwelt die Indikatoren der Sozialpathologie hervorrief. Dies ist immer noch eine offene Frage, obwohl seither eine umfangreiche Literatur zu der Frage vorliegt, in welcher Beziehung die soziale Umgebung und die Pathologie zueinander stehen.

Hier stellt sich die Frage nach der Bevölkerungsdichte und deren Wirkung auf das Verhalten. Der Soziologe Georg Simmel (siehe Wolff 1950) spricht in seinen Studien über das Chicago der Jahrhundertwende von einer Erhaltung der psychischen Energie bei den Stadtbewohnern: Sie verwenden diesen Mechanismus dazu, sich mit einer großen Zahl von Menschen zu messen; sie kennen deshalb einen weit geringeren Teil ihrer Nachbarn, als es bei den Landbewohnern oder Kleinstädtern der Fall ist. Bei den Bauern fordert die räumliche Isolierung dazu auf, sie zu überwinden. Sie haben weniger Nachbarn, unter denen sie wählen können und neigen dazu, sich weniger selektiv zu verhalten.

Es ließe sich fragen, warum dann, abgesehen von den offensichtlichen wirtschaftlichen Gründen, die Menschen in Städten leben, die so häufig eine Belastung darstellen? In den 70 Jahren, die seit Simmels Studien vergangen sind, haben wir sehr viel mehr über die Verhaltensreaktionen auf städtische Umwelten erfahren. Wir wissen, daß man eine Stadt – oder irgendeine andere Umwelt – nicht erklären kann, solange man nicht die Menschen versteht, die in ihr leben: ihren ethnischen und sozialen Hintergrund, ihre kulturellen Gewohnheiten, ihr Einkommensniveau und ihr allgemeines Wertsystem.

Eine der interessantesten Entdeckungen der Soziologen, die sich mit der Stadtsanierung in den Vereinigten Staaten beschäftigt haben, ist die Hartnäckigkeit, mit der sich Slumbewohner der Überführung in „bessere" Wohngebiete widersetzen. In seiner Studie über das West End von Boston wies Herbert Gans (1962) darauf hin, daß die Bewohner eines Slums diesen zwar unter Umständen nicht als einen unter materiellem Gesichtspunkt wünschenswerten Platz zum Leben betrachten – auf defekte Rohrleitungen und Schlaglöcher legen selbst die Armen selten Wert – ihn aber doch als zu ihrem Lebensstil passend empfinden; er ist ihnen unentbehrlich als ein Ort, von dem sie eine feste Vorstellung haben. Außerdem gibt es dort eine soziale Zusammengehörigkeit zu beobachten – ein Unterschied zu den generellen Erfahrungen in den besseren Wohngebieten und den Vorstädten –, es gibt dauerhafte Freundschaftsbeziehungen, die sich auf wirtschaftliche, kulturelle und ethnische Homogenität gründen und als Schutz gegen die größere, abstraktere Umwelt der Gesamtstadt dienen.

In ähnlicher Weise ist eines der Merkmale des Lebens im Negerghetto oder im puertorikanischen *barrio* die überfüllte und gewöhnlich verfallene Wohnung, die ihre Bewohner in die belebende, sympathischere und als geringere Strafe empfundene Umwelt der Straße hinaustreibt. Daß diese Aktivität ihren Wert für die Betroffenen besitzt, zeigt sich in der Tatsache, daß sie sich häufig dagegen sperren, diese Lebensweise mit der materiell verbesserten, aber möglicherweise sterilen Existenz in einem Wohnprojekt zu vertauschen. Doch ist hier die Gefahr gegeben, daß man das Phänomen allzu romantisch interpretiert.

Einige grundlegende Annahmen

In diesem Kapitel haben wir – als Voraussetzung für das Verständnis dieses Veränderungsprozesses – den Begriff des Umweltmenschen eingeführt. Diesem Begriff liegt die Idee zugrunde, daß der Mensch nicht ein passiver Reizempfänger, auch nicht ein psychologisch autonomes Wesen ist, sondern in einer dialektischen Spannung zu seiner Umwelt steht, mit ihr interagiert, sie formt und von ihr geformt wird. Die Grenzen dieses Begriffes sind sehr weit gesteckt und umfassen Stadtplanung, die Planung von Büro- und Wohngebäuden, die Erhaltung der natürlichen Ressourcen und die Errichtung öffentlicher Gebäude, wie Schulen und Krankenhäuser, die als Umwelt unmittelbar auf den Erziehungs- oder Therapieprozeß, dem sie dienen, zu beziehen sind. Diese Aspekte der Umweltpsychologie werden im Zusammenhang mit theoretischen Verfahren, die methodologisch ausgerichtet sind und Wahrnehmungs- und Erkenntnismodelle verwenden, in späteren Kapiteln behandelt werden. An dieser Stelle kann es jedoch ganz nützlich sein, einige unserer wichtigsten Annahmen über die Umwelt und die Frage, wie sie sich auswirkt, vorwegzunehmen. Wir führen unten acht Merkmale auf, die für das Verständnis dieses Prozesses grundlegend sind.

Die Umwelt wird als ein einheitliches Feld erfahren. Obgleich wir die Umwelt in Form diskreter Reize wahrnehmen – als Bild, Ton, Geschmack, Geruch, Berührung –, bestimmt die totale Reizkonstellation, wie wir auf sie reagieren. Die Komplexität konstituiert die materielle Umgebung, in der Menschen über längere Zeiträume hinweg leben und interagieren. Solche Zeiträume sind auch in Betracht zu ziehen, wenn man den Einfluß der Umwelt auf das menschliche Verhalten beurteilen will.

Die Person hat sowohl Eigenschaften, die der Umwelt entstammen, als auch solche individuell psychologischer Art. Sie selbst ist ein Bestandteil der Umwelt, und die Art und Weise, in der sie mit ihrer Umgebung interagiert, hilft die Beschaffenheit dieser Umgebung und ihren Effekt auf das Handeln der Personen zu bestimmen. Dieser zyklische Feedback-Prozeß ist entscheidend für die Messung menschlichen Verhaltens in einem gegebenen materiellen Milieu. Die Beziehung des Individuums zu seiner Umwelt ist deshalb dynamisch.

26

Es gibt keine materielle Umwelt, die nicht in ein soziales System eingebettet ist und in engster Beziehung zu ihm steht. Wir können auf eine Umwelt nicht unabhängig von unserer Rolle als soziale Wesen reagieren. Selbst eine vereinsamte Person reagiert auf ihre Umgebung auf der Grundlage ihrer Isolierung. Die Beschaffenheit einer Umwelt wird sich auf die Gruppenfunktionen auswirken, ob diese Umwelt nun eine Stadt oder ein Klassenzimmer ist. Die räumliche Anordnung macht gewisse Beziehungstypen möglich und hemmt andere. Keine kleine Vis-à-vis-Gruppe kann beispielsweise angemessen funktionieren und folglich ihre Ziele erreichen, wenn die materielle Umgebung normale soziale Interaktionen zwischen ihren Mitgliedern ausschließt. Die Menschendichte allein in einem Raum wird zu einer Umweltkomponente, die das Verhalten beeinflußt.

Das Ausmaß des Einflusses der materiellen Umwelt auf das Verhalten variiert mit dem betrachteten Verhalten. Kultur und Kontext sind reziprok; aber wo man an den Werten festhält, wird der Kontext, in dem sie zum Ausdruck gebracht werden, verhältnismäßig unbedeutend für die Verhaltenskontrolle. Schöne Kirchen verwandeln keinen Atheisten in einen Gläubigen, genausowenig wie schöne Schulen Dumme klug machen. In solchen Fällen kann sich das Milieu auf ein bereits festliegendes Verhaltensmuster als positiver oder negativer Verstärker auswirken, aber es ist nicht zu erwarten, daß es die zugrundeliegende Verhaltensrichtung verändert.

Je komplexer die Erfahrung ist, um so wahrscheinlicher ist es, daß sie von einer Vielzahl von Faktoren beeinflußt wird, und um so unwahrscheinlicher ist es, daß die materielle Umwelt einer der Hauptfaktoren in dieser Hinsicht ist. Eine ererbte kulturelle Tradition wird viel wirksamer eine gegebene Aktion bestimmen, als das unmittelbare Umfeld, in dem diese Aktion sich vollzieht, obgleich man nicht übersehen darf, daß wir unsere Umwelt so formen, daß sie solche Traditionen verstärkt.

Die Umwelt wirkt sich häufig unterhalb der Bewußtseinsebene aus. Erst wenn unsere Umwelt sich verändert, nehmen wir sie zur Kenntnis, weil wir uns erst dann ihr bewußt anzupassen beginnen. Meistens nehmen wir unsere Umwelt als gegeben hin, und wenn wir uns auch unseres Affektes bewußt sein mögen – dessen, was wir empfinden, wenn wir uns in einem gegebenen Milieu bewegen – kann doch der Effekt dieser Tatsache auf unser Handeln völlig subliminal sein. Territoriales Verhalten ist in Individuen beispielsweise fest angelegt und zeigt sich für alle praktischen Zwecke automatisch (siehe S. 186 ff.). In dem Maße, in dem die Form oder Größe eines Raumes Gruppenverhalten beeinflußt, ist dieses Verhalten fast niemals „vorbedacht". Erst später, wenn wir unser Handeln analysieren (oder es von anderen analysiert wird), entdecken wir die diesem Verhalten zugrundeliegenden Ursachen.

Die „beobachtete" Umwelt ist nicht unbedingt die „reale" Umwelt. Was wir sehen und was existiert, kann ganz verschieden sein. Daraus erklärt sich, warum nicht zwei Menschen dasselbe Milieu in genau derselben Weise erfahren. Aufgrund unserer Persönlichkeit, unserer ethnischen Herkunft, unseres religiösen Bekenntnisses oder einfach unserer vorübergehenden Stimmung kann unsere Wahrnehmung eine Verzerrung der objektiven Welt sein. Wir alle erblicken doch von Zeit zu Zeit die Umwelt im Zerrspiegel des Ärgers, des Verdrusses oder der Frustration, und diese Tatsache kann unser Handeln in größerem Maße modifizieren als die materiellen Eigenschaften dieser Umwelt. Wir verhalten uns so, als sei die Umwelt in einer bestimmten Weise strukturiert, obgleich sie es möglicherweise in Wirklichkeit nicht ist. Wir reagieren genauso auf die wahrgenommene wie auf die reale Welt.

Solche Wahrnehmungen werden häufig durch frühere Erfahrungen beeinflußt, die man mit einer Umwelt gemacht hat. Als Studenten der Ohio State University aufgefordert wurden, die Entfernung der Universität von verschiedenen Punkten in Columbus aus abzuschätzen, trafen die Vermutungen der Neuankömmlinge in überraschendem Maße zu, während Studenten, die mit der Stadt vertraut waren, die Entfernung zu den zentralen Geschäftsvierteln erheblich überschätzten. Die Geduldprobe an Verkehrsampeln und Stopschildern und der aufreibende Stadtverkehr hatten die Entfernungen größer erscheinen lassen, als sie es waren (Golledge 1973).

Die Umwelt wird als eine Anordnung von Vorstellungsbildern erkannt. Sowohl die Wahrnehmungsverzerrung wie die Erwartungen, die wir der Umwelt entgegenbringen, wirken sich auf die Rolle aus, die wir in ihr spielen. Die Menschen entwickeln selektive und individuelle Konzeptionen der Städte, in denen sie leben, von ihren Schulen und Krankenhäusern, dem Weg, den sie zur Arbeit nehmen; dies wiederum beeinflußt die Weise, in der sie den Raum verwenden, sich in ihm bewegen und in der sie ihn empfinden. Abhängig von der kulturellen Herkunft, dem Alter, Geschlecht, der sozialen Klasse, dem Beruf und anderen Faktoren wird diese kognitive Umwelt von Person zu Person und von Gruppe zu Gruppe variieren. Sie ist von gleicher Bedeutung wie die geographische Umwelt, weil die Vorstellungsbilder eine Vorentscheidung über die Art und Weise treffen, in der wir mit der tatsächlichen materiellen Umgebung interagieren.

Diese kognitive Strukturierung der Umwelt befähigt uns, unsere Welt so zu organisieren, daß wir sie erkennen und mit ihr fertigwerden können. Wenn wir nicht in der Lage wären, die Umwelt mittels der Vorstellungsbilder zu schematisieren, dürften wir kaum wagen, irgendwelche Vorhersagen zu machen, die sich auf sie beziehen, obgleich es ganz offensichtlich ist, daß wir unsere Verzerrungen ständig anhand der Wirklichkeit korrigieren müssen. Aber selbst mit diesen eingebauten Fehlern können wir sie nur deshalb konkret bewältigen, weil wir die wahrgenommene Information phänomenologisch – d. h. in einem mentalen Rahmen – kodieren, strukturieren und speichern können. Diese internalisierte Umwelt verleiht der sichtbaren Welt Gestalt.

Die Umwelt hat Symbolwert. Die Bedeutung, die die Umwelt für uns in der buchstäblichen Wahrnehmung gewinnt – sei sie nun kohärent, von ästhetischem Interesse, verworren – und die Bedeutung, die sie als Wert oder Funktion annimmt, sind nicht immer dieselben. Ein Thron unterscheidet sich von einem Hocker, obgleich beide Objekte sind, auf denen man sitzt. Bestimmte Orientierungspunkte helfen uns dabei, uns in einer Stadt zurechtzufinden, auch ohne daß wir deren eigentlichen Verwendungszweck als Gebäude oder Parks in Betracht ziehen. Symbolische Kommunikation ist den meisten Umgebungen implizit, insofern sie uns mitteilen, was wir von einem bestimmten Umfeld zu erwarten haben und wie wir uns selbst in Beziehung zu ihm einzuschätzen haben. Burnette (1971) hat diese Rolle der Umwelt ein „fundamentales Bezugssystem" genannt, mit dessen Hilfe wir die Bedeutung einer Umgebung einschätzen. „Wir ‚lesen' die Bedeutung von eisernen Gitterstäben oder offenen Gartentoren…und verstehen einen Menschen, wenn wir bei ihm zu Hause sind…" (S. 68).

Diese Qualität der Umwelt versorgt den Menschen mit jenem Empfinden der „Ortsidentität", das ihm hilft, die Rolle zu definieren, die er in der Gesellschaft spielt. Zeisel (1971) hat über die Tendenz vieler Frauen berichtet, ihre Küchen nicht einfach als einen Ort zu betrachten, in dem sie kochen, sondern weit mehr noch als ein Mittel anzusehen, mit dessen Hilfe sie beweisen, daß sie ihre Aufgabe in der Gesellschaft zufriedenstellend erfüllen. Die Umwelten im großen Maßstab erfüllen diese selbe Symbolfunktion für Gruppen, indem sie ein Gefühl der sozialen Identität ermöglichen, wie wir es im Zusammenhang mit dem Bewohner städtischer Slums erwähnt haben, der in seiner Umwelt ein Zugehörigkeitsgefühl findet, das die materiellen Nachteile baufälliger Häuser und schmutziger Straßen aufwiegt. Die sogenannten negativen Aspekte einer gegebenen Umwelt können sogar diejenigen sein, die am meisten zu einer positiven Einstellung ihr gegenüber beitragen. Eine Umfrage unter Farmern, die in den staubigen Tälern des mittleren Westens angesiedelt sind und von denen sich viele einer Umsiedlung widersetzten, als sich eine solche Möglichkeit bot, zeigte, daß bei 88% der Befragten das Element des Konflikts, des Risikos und der Ungewißheit in ihrer Lebensweise von grundlegender Bedeutung für ihr Selbstbild war. Der Stolz auf die Fähigkeit, „es durchzustehen", überwog die Unwirtlichkeit der Umwelt, die ihrerseits den Stolz gerade bedingte (Saarinen 1966).

In diesem Sinne hat der Eskimo in der Arktis und der Beduine in der Wüste seine Heimat. Die Umwelt sorgt für die Verwurzelung, nicht nur in der unmittelbaren Gegenwart, sondern auch in einer unbestimmten kulturellen Vergangenheit. Dies zeigt sich heute am deutlichsten im Fall der Juden, die sich im Staate Israel eine Heimat geschaffen haben, die ihre kulturelle und ethnische Vergangenheit einschließen soll. Dieser Wüstenfleck ist nicht bloß ein Territorium, das von wenigen kolonisiert wurde, sondern ein Land, das für viele reich ist an symbolischer Bedeutung.

„Die Landschaft dient im allgemeinen als ein umfängliches mnemotechnisches System zur Bewahrung der Geschichte und der Ideale einer Gruppe", hat der Urbanologe Lynch (1960) geschrieben. Deshalb überrascht es nicht, daß Gruppen wie Individuen ihre Welt immer in völlig unterschiedlicher Weise gesehen haben, weil sie zwischen sich und die Realität eine symbolische Umwelt gestellt haben, die aus ihrem kulturellen Erbe stammt. Wie diese Einstellungen sich historisch in Beziehung zu der natürlichen Umwelt entwickelt haben und wie der Mensch im Laufe der Zeit auf diese Umwelt reagiert hat, wird in den folgenden Kapiteln untersucht werden.

Literaturnachweise

Burnette, C. The mental image of architecture. In *Architecture for human behavior: Collected papers from a mini-conference*. Philadelphia: Philadelphia Chapter/The American Institute of Architects, 1971. S. 65–73.

Dubos, R. *So human an animal*. New York: Scribner, 1968.

Gans, H. *The urban villagers*. New York: Free Press, 1962.

Golledge, R. G., & Zannaras, G. Cognitive approaches to the analysis of human spatial behavior. In W. H. Ittelson (Hrsg.), *Environment and cognition*. New York: Seminar Press, 1973.

Hall, E. T. *The hidden dimension*. Garden City, N. Y.: Doubleday, 1966.

Izumi, K. Some psycho-social considerations of environmental design. Two lectures given at the University of Waterloo, Waterloo, Ontario, November 13 and December 11, 1969.

Lynch, K. *The image of the city*. Cambridge, Mass.: The M.I.T. Press, 1960. (Deutsch: *Das Bild der Stadt*. Braunschweig: Vieweg, 1971)

Mead, M. *Culture and commitment*. Garden City, N. Y.: Natural History Press, 1970.

Pastalan, L. A., & Carson, D. H. (Hrsg.), *Spatial behavior of older people*. Ann Arbor, Mich.: University of Michigan Press, 1970.

Rapoport, A. Whose meaning in architecture? *Interbuild/Arena*, 1967, *83*, S. 44–46.

Saarinen, T. *Perception of the drought hazard on the Great Plains*. Chicago: Department of Geography, University of Chicago, 1966.

Shepherd, P. Introduction: Ecology and man – A new viewpoint. In P. Shepherd und D. McKinley (Hrsg.), *The subversive science: Essays toward an ecology of man*. Boston: Houghton Mifflin, 1969. S. 1–10.

Shepherd, P., & McKinley, D. *The subversive science: Essays toward an ecology of man.*
Boston: Houghton Mifflin, 1969.
Sommer, R. *Personal space.* Englewood Cliffs, N.J.: Prentice-Hall, 1969.
Toffler, A. *Future shock.* New York: Random House, 1970. (Deutsch: *Der Zukunfts-schock.* München: Droemer, 1973)
Wolff, K. H. (Hrsg.), *The sociology of Georg Simmel.* New York: Free Press, 1950.
Zeisel, J. Fundamental values in planning with the non-paying client. In *Architecture for human behavior: Collected papers from a mini-conference.* Philadelphia: Philadelphia Chapter/The American Institute of Architects, 1971. S. 23–30.

Literaturempfehlungen

Kepes, G. (Hrsg.) *Arts of the environment.* New York: Braziller, 1972.
Smithsonian Annual II: The fitness of man's environment. Washington, D.C.: Smithsonian Institute Press, 1968.
Wagner, P. *The human use of the earth.* New York: Free Press, 1960.

2

Historische Einstellungen gegenüber der natürlichen Umwelt

Nenne mir die Landschaft, in der Du lebst, und ich werde Dir sagen, wer Du bist.

Ortega y Gassett

Im ersten Kapitel wurde festgestellt, daß alle Umwelten neben ihren unmittelbaren Reizeigenschaften eine Reihe von Bedeutungen haben, die sie durch ihre spezifischen sozialen, kulturellen oder wirtschaftlichen Attribute erworben haben. Diese Bedeutungen werden vom Individuum mittels seiner eigenen Wahrnehmungen und Werte erkannt. Wir können ein Weizenfeld wegen seiner Schönheit bewundern, aber wir wissen, daß sein Zweck ist, Nahrung zu produzieren. Neben dieser manifesten Funktion kann es eine Ursache der Macht und Ansehen für den Besitzer darstellen. Es repräsentiert seine Fähigkeit, zu kaufen, zu verkaufen und Einfluß in der Gemeinde auszüüben. Dies ist seine latente Bedeutung. Schließlich ist es mit Hilfe progressiver und zeitgemäßer Methoden bebaut worden, es läßt sich also von ihm sagen, daß es die moderne Landwirtschaft symbolisiert. Auf diese Umweltbedeutungen – ästhetischer, utilitaristischer, latenter und symbolischer Art – wird in gewissem Ausmaße reagiert.

Sie sind jedoch keine statische Bedeutung. Wo immer der Mensch die Erde bewohnt, wird die Umwelt in dramatischer Weise verändert; selbst natürliche Bereiche, die der menschlichen Aktivität nicht ausgesetzt sind, verändern sich ökologisch unter dem Einfluß natürlicher Kräfte – wie es beispielsweise die Erosion von Küstenlinien durch die Gezeiten oder die Zerstörung des Pflanzenlebens durch Hurricane zeigt. In dem Maße, in dem das menschliche Verhalten modifiziert wird, neue Entdeckungen über die Beschaffenheit der Realität gemacht werden und neue Lebensphilosophien sich entwickeln, verändert sich auch unsere Einstellung gegenüber der Welt, in der diese Bedeutungen eingebettet sind. In diesem Kapitel soll gezeigt werden, wie diese begrifflichen Einstellungen gegenüber der natürlichen Welt sich im Laufe der Zeit entwickelt haben, und einige der Kräfte benannt werden, die diese Veränderungen bewirken.

Der moderne Mensch hat einen völlig anderen Begriff von dem, was in seiner Umwelt bedeutsam ist, als der primitive Mensch, und sowohl die alten wie auch die modernen Einstellungen unterscheiden sich beträchtlich von denen der heidnischen Griechen und später denen der mittelalterlichen Theologen. Und keine dieser Interpretationen hat viel Ähnlichkeit mit der Philosophie von der natürlichen Welt, die sich im Fernen Osten entwickelt hatte. Zum einen lassen sich diese Unterschiede dadurch erklären, daß man sagt, die Einstellung des Menschen gegenüber seiner Umwelt spiegle sein Bedürfnis, in ihr einen sicheren und sinnvollen Platz für sich selbst zu finden. In der westlichen Welt hat dies zu einer anthropozentrischen Weltsicht geführt, einer Sicht, die den Menschen von der Natur getrennt hat, indem sie ihn nach Platos Wort zum „Maß aller Dinge" gemacht hat. Unter einer solchen Perspektive können wir uns zwar ein Universum vorstellen, das vor unserer Ankunft auf der Erde da war, und eines, das sicherlich fortbestehen wird, wenn eines Tages das menschliche Leben verschwunden sein sollte; die alltägliche Umwelt jedoch, in der wir leben, gewinnt ihren Wert nur in dem Maße, in dem wir ihr menschliche Bedeutung verleihen. Dies mag wie eine ziemlich banale Feststellung klingen, doch der abendländische Mensch war immer dazu geneigt, die natürliche Umwelt als eine gegebene Erscheinung hinzunehmen, die zwar der menschlichen Kontrolle unterworfen, aber nichtsdestoweniger von der menschlichen Existenz unabhängig ist. Wir finden einen Ort in der Natur, aber nicht unbedingt als Teil der natürlichen Ordnung. Wir neigen eher dazu, die Welt an uns anzupassen, als umgekehrt zu verfahren. Diese abendländische, wissenschaftlich orientierte Tradition beruht auf Vorhersage und Kontrolle und ist an der Nutzanwendung ausgerichtet. Die Umwelt ist sozusagen ihren Preis wert.

Nach der Vorstellung der östlichen Kulturen hingegen ist der Mensch nicht ein Lebewesen, das von seiner Welt getrennt ist, sondern ein Teil des organischen Ganzen der Natur, ein Wesen, das seine Sinne anstrengt, um die natürliche Welt unmittelbar zu erfahren, ohne wissenschaftlicher Modelle zu ihrer Erklärung zu bedürfen. Dieses östliche Empfinden des Einsseins mit der Natur als dem göttlichen Grund, in dem ein übernatürliches Sein seine Gegenwart manifestiert, sieht in der Beziehung des Menschen zur natürlichen Ordnung den Ursprung der letzten Werte. Solch eine Einstellung wird sich erheblich vom jüdisch-christlichen Begriff von einer Natur unterscheiden, die gänzlich außerhalb des Menschen bleibt und sich um sein Wohlergehen nicht kümmert.

Die symbolische Landschaft

Alle Kulturen betrachten, beschreiben und bezeichnen ihre Umwelten verschieden. Im Laufe der Geschichte haben bildende Künstler unterschiedliche Weisen gelehrt, die Natur zu sehen, und Schriftsteller unterschiedliche Weisen, über sie nachzudenken. Eine Wirkung dieser Tatsache hat darin bestanden, daß man die Natur dazu brachte, die Kunst nachzuahmen, daß man eine geordnete und bedeutungsvolle Umwelt aus einer natürlichen und chaotischen schuf. Im Grunde stellt die Kunst eine Art von Feedback-System dar, ein Mittel, durch das Menschen sich selber Botschaften über die Beschaffenheit der Realität übermitteln.

Sicherlich ist es zum Teil eine Frage des Geschmacks, welcher Art diese Botschaften sind. Im England des 18. und 19. Jahrhunderts war die ideale Landschaft eine Hirtenszene. Große Teile des englischen Landes wurden in der Landschaftsmalerei abgebildet, wobei man in der Manier von Salvatore Rosa, Claude Lorrain und anderen verfuhr. Diese wiederum gehörten jener Tradition an, die ihre Welt nach dem Bilde der arkadischen Landschaft von Vergil und Ovid gestalteten. Daß es solch ein goldenes Zeitalter niemals wirklich gegeben hat, war nicht von Bedeutung; es zählte nur die Tatsache, daß die Menschen daran glaubten und entsprechend malten.

Auf einer tieferen Ebene gestalten die Menschen ihre Landschaften nach ihrer religiösen Auffassung. Im mittelalterlichen Deutschland wurden die Wälder von christlichen Missionaren zerstört – interessanterweise geschah dies nicht, weil sie auf die Waldgottheiten eifersüchtig waren, sondern weil sie beweisen wollten, daß die Wildnis entgegen dem alten Glauben nicht heilig war, daß demjenigen, der sie zerstörte, nichts Schreckliches zustieß. Wenn die Wildnis trotzdem ein Ort der Strafe blieb (wie es der Fall war), dann deshalb, weil sich der Mensch dort den Werken seiner Mitmenschen fern wußte, die im Angesicht Gottes vollbracht wurden. Daß diese teutonische Einstellung im säkulären Bereich weitergelebt hat, zeigen Grimms Märchen, wo der Wald der unheimliche Aufenthaltsort von Hexen, wilden Tieren und Menschenfressern bleibt. Viel später, als die Vorstellung von der natürlichen Umwelt erhebliche Veränderungen erfahren hatte, wurde unsere eigene amerikanische Wildnis als ein Ort des Abenteuers und ein Refugium vor den Krankheiten der städtischen Zivilisation wahrgenommen. Dieser romantische Standpunkt herrscht in James Fenimore Coopers Lederstrumpf vor, er läßt sich aber auch noch in unserer rückwärts gewandten Haltung gegenüber dem Wilden Westen erkennen. Unsere Vorstellung von der Wildnis ist entweder durch die Überzeugung geprägt, daß man sie zähmen oder daß sie einen Ausweg aus der vom Menschen gemachten Welt darstellen müsse.

Jedes Land sieht die Umwelt in einem gewissen Maße unter einer solchen literarischen Perspektive. Willa Cather zeigt uns einen ländlichen Mittelwesten, der wahrscheinlich ländlicher und mittelwestlicher ist, als er es in den Augen ihrer Zeitgenossen war. Im wesentlichen spricht uns die Umwelt an, wie sie das Leben ihrer Charaktere formt und deren Werte prägt. In den zahlreichen Romanen, die den Kampf des Menschen gegen die Natur zum Thema haben, wird die Umwelt zum eigentlichen Protagonisten. In anderen Romanen gewinnt das Handeln der Personen seine Bedeutung erst aus der natürlichen Umgebung. In den Wessex-Romanen von Thomas Hardy symbolisiert die bedrückende Landschaft den agnostischen Fatalismus und das unpersönliche Schicksal, das über dem Leben derer hängt, die in ihr gefangen sind. Viele ähnliche Beispiele lassen sich finden: die englischen Midlands von D. H. Lawrence und Arnold Bennett; das Seengebiet von Wordsworth; und das Dublin des Ulysses von James Joyce, von dem Joyce selbst sagte, daß die Stadt aus seinem Buch Straße um Straße wieder aufgebaut werden könne, wenn sie zerstört werden sollte. Und es ist wirklich, trotz aller Veränderungen, das Dublin von Joyce, das man heute besichtigt. Solche Schriftsteller schufen metaphorische Landschaften und Stadtlandschaften, die auch dann noch bestimmen, wie solche Umwelten wahrgenommen werden, wenn diese sich längst verändert haben. Dies sind sozusagen ererbte Landschaften, Nachbilder der Vorstellung, die aus der unmittelbaren Welt einen Speicher für Gedächtnisinhalte und Bedeutungen aus einer früheren Zeit machen.

Diese Fähigkeit früherer Generationen, ihre Naturordnung der gegenwärtigen aufzuzwingen, ist natürlich am sichtbarsten, wo ihr Eingriff in die Landschaft noch fortbesteht. Charles Madge (1950) hat festgestellt, daß die materielle Veränderung sowohl die Vergangenheit einer vorhandenen Kultur zum Ausdruck bringt, als auch der Konsolidierung eines sozialen Verhaltensmusters in der Gegenwart und in der Zukunft dient. Die relative Dauerhaftigkeit von Gebäuden, Straßen und Eisenbahnen bewirkt, daß späteren Generationen die Vorstellungen und Gewohnheiten ihrer Vorgänger aufgezwungen werden (S. 188 f.).

Es gibt viele ähnliche Einflüsse, die unsere Einstellungen gegenüber der Umwelt prägen – die Kraft der Gewohnheit, wirtschaftliche und soziale Konflikte, öffentlicher versus privater Landbesitz und legislative Praktiken. Beispielsweise wurde das Antlitz Englands im späten 18. und frühen 19. Jahrhundert tiefgreifend durch die parlamentarischen Enclosure Acts verändert, die beinahe das gesamte öffentliche Weideland zugunsten der ordentlichen, heckengefriedeten Felder beseitigten, die heute so typisch für das Land sind. In den Vereinigten Staaten hatten die verschiedenen Homestead Acts die Tendenz, ein Muster von quadratischen, hundertsechzig Morgen großen Farmen zu schaffen, die heute noch das Bild des mittleren Westens prägen.

Religiöse Verehrung der Natur

Einer der ältesten und beharrlichsten Faktoren, der sich auf die Wahrnehmung des Landes im weitesten Sinne des Wortes auswirkt, ist philosophisch zu nennen. Man vergleiche die animistische Naturanschauung des primitiven Menschen mit der des modernen Menschen, der sich an Newton oder sogar Einstein orientiert. Frühe Menschen verehrten viele Dinge in der Natur, in denen Gei-

35

ster wohnten oder die von Geistern belebt waren. Meeres-, Fluß-, Berg- und Feldgötter wurden durch religiöse Zeremonien und Opfer besänftigt. In einem allgemeinen Sinne verehrten diese Menschen die Natur als solche. Sie fanden ihre Götter innerhalb, nicht außerhalb der Welt. Bis weit in die Renaissance hinein läßt sich das Widerstreben der Christen feststellen, diesen Begriff aufzugeben: In der *anima mundi*, dem „Geist der Natur", drückte sich der Wille Gottes in der Welt der Dinge aus. Diese Vorstellung findet im Amerika des 19. Jahrhunderts ihre Entsprechung in der „Überseele" der Transzendentalisten, die eine ähnliche Rolle spielte.

Moderne wissenschaftliche Erklärungen räumen den Naturgeistern keinerlei Platz ein; das von Gesetzen beherrschte Universum wird gemessen und verstanden ohne Rekurs auf Zauberei oder Religion [1]. Doch selbst wenn wir diese verschiedenen Epochen vergleichen, läßt sich eine sehr merkwürdige Sache beobachten: Der Mensch verehrt die Natur noch immer auf seine eigene Weise. Wir sprechen davon, daß wir mit der Natur „Zwiesprache" halten, und reden von den Heilkräften der natürlichen Welt und von den „geistigen Werten", die sich in der unberührten Natur finden lassen. Prärien und Gebirge werden immer noch als „Gottesland" wahrgenommen. Wir schaffen sogar Umweltrefugien, die der menschlichen Ausbeutung entzogen werden. Man fragt sich, ob nicht der Bedeutungsverlust der Religion in unserer Zeit in eine Suche nach Transzendenz mündete, die sich im Kontext der Natur vollzieht. Gott mag tot sein, aber die Natur lebt und erfreut sich bester Gesundheit.

Ohne Zweifel repräsentiert diese beharrliche Tendenz sowohl ein psychologisches als auch ein geistiges Bedürfnis. Besonders heute finden wir Erleichterung darin, uns von einer vom Menschen geschaffenen Welt abzuwenden, die uns mit ihrem materialistischen Wertsystem zu erdrücken scheint, und uns einer unberührten Welt zuzuwenden – wo es sie noch gibt –, die uns seelische Erneuerung verspricht. Darüber hinaus hat uns die ökologische Krise dazu gezwungen, in apokalyptischen Begriffen über die natürliche Umwelt nachzudenken. Umweltschützer, Ökologen und Biologen sprechen mit beinahe der gleichen Dringlichkeit von dem drohenden Zusammenbruch des Ökosystems, wie gewisse orthodoxe Sekten das Ende der Welt vorhersagen.

Aus diesen Gründen wird der Mensch möglicherweise lernen, die Natur mehr als jemals zu achten. Wie in ältester Zeit ist es eine Überlebensfrage. Doch die Unterschiede sind bemerkenswert. In gewisser Weise war das Wissen des primitiven Menschen fortschrittlich genug, um ihn erkennen zu lassen, wie man von der Umwelt vernünftig Gebrauch zu machen hatte. Es war auch nicht einfach die Furcht vor Umweltkatastrophen oder vor erzürnten Göttern, die diese

---

[1] Es ist jedoch interessant, die animistischen Einstellungen bei Kleinkindern gegenüber den Dingen zu beobachten. Vergleiche Piaget (1926), *La représentation du monde chez l'enfant.*

Menschen bewegte; ihre religiösen Anschauungen ließen Raum für eine hohe und dankbare Feier der Naturgaben. Unser eigenes Bestreben, die Mensch-Umwelt-Krise zu bewältigen, ist rational, aber die Voraussetzung ist weitgehend dieselbe: Wir können der natürlichen Welt nicht gleichgültig gegenüberstehen.

In allerjüngster Zeit haben wir der Naturvorstellung ein wichtiges Element hinzugefügt. Wir wissen, daß die Umwelt nicht länger verstanden werden kann, wenn man nicht die Auswirkungen der menschlichen Intervention einbezieht. Diese Erkenntnis allein hat unsere Wahrnehmung der natürlichen Welt erheblich modifiziert. Ausgehend von einer strengen Ökologie im Darwinschen Sinne, die die hierarchischen und unerbittlichen Aspekte der evolutionären Anpassung betont, legen wir Wert auf die Begriffe des Gleichgewichtes und der Interdependenz. Das ist der Begriff des Ökosystems. Dieses Umweltsystem beruht nämlich auf den Interaktionen, die innerhalb und zwischen den organischen und anorganischen Systemen der Natur stattfinden, und es bezieht diese Systeme in einem kooperativ-kompetitiven Ganzen aufeinander, das sich in einer dynamischen Spannung befindet. Ein Ökosystem impliziert Homöostase oder Stabilität und Feedback. Das Klima, hydrologische Aspekte und Ernährungsfragen der Umwelt tragen alle zum Funktionieren des Systems bei, so daß ein ökologischer Schaden dann auftritt, wenn irgendeiner seiner Teile irreversibel verändert wird. Solche Veränderungen können menschlichen Ursprungs sein – und sie sind es häufig.

Eine Haltung, die in der Umwelt ein System erblickt, das erhalten werden muß, und nicht mehr ein Rohstofflager, das es auszubeuten gilt, bietet die nicht zu unterschätzende Möglichkeit, unsere Einstellung gegenüber der natürlichen Welt zu verändern, die auf diese Weise noch einmal zur zentralen Frage allen Lebens werden kann. Diese Veränderung mag sich einfach darin zeigen, daß weniger Bierdosen auf die Schnellstraßen geworfen werden, der Tagbau verboten wird, oder das abgeholzte Land aufgeforstet wird. Unglücklicherweise hat es den Anschein, als würde der Raubbau an unserer Umwelt, insofern er in die Katastrophe führt, eher dazu in der Lage sein, unsere Einstellungen zu ändern, als es positive Gefühle der Achtung vor der Umwelt könnten. Denn bevor eine Einstellungsänderung erreicht, unser Verhalten zu verändern, muß oft eine irrationale Veränderung vorausgegangen sein. Jedenfalls ist die Botschaft unmißverständlich und derjenigen bemerkenswert ähnlich, die die ältesten Menschen beeinflußte. In primitiver Vorzeit sagte die Natur zum Menschen: Wenn Du mich mißhandelst, werden die Götter Dich bestrafen. In der modernen Welt sagt die Natur zum Menschen: Wenn Du mich mißhandelst, wird die Natur Dich strafen. Unsere Aufgabe ist folglich, den Weg nachzuzeichnen, der vom Animismus zum Ökosystem führt.

Die animistische Naturschau, die einigen, aber keineswegs allen, primitiven Gesellschaften eigen war, führte im Laufe der Zeit zu den klassischen Mythologien, mit denen wir heute mehr oder weniger vertraut sind. Obgleich die mythologischen Götter eine übernatürliche Hierarchie darstellten, in die sich die Ereignisse der natürlichen Welt einfügen ließen, erklärten sie nicht selbst die Abläufe dieser Welt. Sie wurden nicht länger als den Dingen inhärent vorgestellt und führten ein Leben außerhalb, wenngleich natürlich nicht unabhängig von der natürlichen Umwelt, wobei sie ihre Aufmerksamkeit hauptsächlich darauf richteten, für das Wohlergehen der menschlichen Wesen zu sorgen, in deren Vorstellung sie (führt man die Analyse bis zum Ende) wirklich lebten. Darüber hinaus waren – wie wir wissen – viele vorchristliche Völker, angefangen bei den Babyloniern, nicht gänzlich abhängig von ihren Mythen und in der Lage, in isolierten Fällen die Beziehung von Ursache und Wirkung zu deduzieren, obwohl sorgfältige Beobachtung und experimentelles Verhalten in der Praxis äußerst selten waren. Das Ergebnis dieser primitiven Naturschau und ihre Wirkungsweise bestand nicht so sehr in einer Wissenschaft der Beziehungen (wie wir sie heute kennen), sondern in einer Philosophie der Dinge.

Das Hauptmerkmal dieser Philosophie, die ihren Gipfel bei den Griechen zur Zeit Platos und Aristoteles erreichte, war die Überzeugung, daß Dinge und Formen sich nicht verändern. Die natürliche Welt wurde als eine geordnete Hierarchie von Elementen gesehen, die ihren eigenen inneren Prinzipien gehorchten, statt der kontingenten Beziehung zu anderen Dingen. Diese Prinzipien wurden rationalen und logischen (statt empirischen) Erklärungen unterworfen. Die Griechen lebten in einer Welt der Notwendigkeit und Unwandelbarkeit, in der die moderne Idee einer dynamischen Bewegung – einer Veränderung aus sich selbst – fehlte.

Zwei wichtige Entwicklungen nahmen ihren Anfang in dieser Konzeption eines stabilen, unveränderlichen Universums. Eine von ihnen war der Glaube, daß Gegenstände sich am besten durch ihre individuelle Essenz oder die ihnen innewohnenden Eigenschaften erklären ließen. Diese Vorstellung liegt Platos Begriff der Idee zugrunde. Es war die „Ideehaftigkeit", die einer Gruppe von Gegenständen gemeinsam war, und nicht die „Dinghaftigkeit" des individuellen Gegenstandes, die der natürlichen Welt Bedeutung verlieh. Die Dinge wurden nicht danach klassifiziert, ob sie aufeinander in irgendeiner spezifischen Weise einwirkten, sondern danach, ob ihre Funktionen ähnlich waren. Wichtig war, welchen Zweck ein Ding hatte, und dieser Zweck konnte rational aus den formalen Strukturen abgeleitet werden. Die griechische Wissenschaft war folglich die Suche nach Essenzen. Ihre Grundlage war weit mehr die Logik als das Experiment.

Wenn wir dies feststellen, leugnen wir keineswegs die spekulative Begabung des griechischen Geistes. Die euklidische Geometrie allein mit ihrer logischen Behandlung der räumlichen Beziehungen war eine Errungenschaft, ohne die sich der galileische Durchbruch in der späten Renaissance nur schwerlich vorstellen läßt. Aber die Griechen besaßen beinahe keine analytischen Instrumente, mit deren Hilfe sie zu ihrer Umwelt durchbrechen konnten, um sie zu untersuchen – mit Sicherheit nicht die hochleistungsfähigen Teleskope, Zentrifugen, Spektroskope, Atomzertrümmerer und die anderen Ausrüstungsgegenstände des modernen Laboratoriums. Sie waren dazu gezwungen, das Funktionieren der Natur aus den oberflächlichen Erscheinungen zu deduzieren. Folglich war es nur logisch, daß die natürlichen Gegenstände die gleichen Bedeutungen erhielten wie die vom Menschen angefertigten Gegenstände. Beide schienen für einen spezifischen und einsehbaren Zweck geschaffen worden zu sein.

Diese Einstellung darf keinesfalls mit dem Animismus verwechselt werden. Obwohl sie an Mythen glaubten, waren die Griechen nicht ausgesprochen abergläubisch. Und genauso, wie viele christliche Theologen fähig sind, ihre übernatürliche Doktrin mit der modernen Wissenschaft zu versöhnen, existierten bei den Griechen nebeneinander eine Vielzahl persönlicher Götter und eine rationale Auffassung des Naturgeschehens. Für sie war die Frage eher „Welches ist der Zweck?" als „Woraus ist es?" oder „Wie funktioniert es?". Dieser Gedanke, daß die Dinge sich nicht auf Grund ihres mechanischen Funktionierens verstehen lassen, sondern nur aus der Kenntnis ihres Endzwecks, liegt dem zugrunde, was wir mit dem Begriff der Teleologie meinen.

Die zweite Entwicklung, die sich aus dem Begriff einer veränderungslosen und zweckhaften Welt ergab, spiegelt sich in der griechischen Anschauung von der Zeit. Tatsächlich war es eine Anschauung, die beinahe die gesamte zivilisierte Welt vor dem Zeitalter der alttestamentarischen Juden teilte. Obgleich die Zeit auf einer alltäglichen Erfahrungsebene in ihrem Ablauf erfaßt werden mochte, und die Tage und Monate selbst kalendarisch festgehalten wurden, wurde sie unter einer größeren Perspektive begrifflich als zyklisch, sich ewig wiederholend und deshalb vorhersagbar verstanden. Der Gedanke einer progressiven Ereignisfolge – eines Universums mit ungewisser Zukunft, das sich auf eine Struktur hin entwickelte, die sich von der jeweils wahrgenommenen unterscheidet – überschritt die Grenzen der griechischen Vorstellungskraft bei weitem. Die klassischen Philosophen hatten gewiß ein Empfinden für die Zeit, aber es war kreisförmig und beruhte auf der Wiederholung, nicht auf der Veränderung. Die zyklische Bewegung der Zeit ermöglichte es ihnen, Bedeutungen und sogar Antworten auf die großen Fragen der Welt in Form von Idealen zu finden, die in ein bereits strukturiertes Universum eingebettet waren. Daß jedoch diese Bedeutungen einander kontingent waren, konnten sie nicht begreifen, da die Beziehungen, obgleich sie nicht völlig unbeweglich waren, früher oder später ihre inhärente und intendierte Ordnung erweisen mußten. Wenn diese heidnische Weltsicht auch dort eine Ordnung wahrnahm, wo wir heute eher geneigt sind, ein existentielles Chaos zu sehen, fehlte es ihr jedoch nicht an einem klaren Begriff von Richtung und Kausalität. Dem antiken Menschen ging der historische Sinn ab, der so charakteristisch für unser eigenes Zeitalter ist. Natur und Zeit wurden als Gegebenheiten hingenommen, und der Mensch selbst, genauso wie seine Götter, war durch ihre Struktur weitgehend mitgegeben, wenngleich in einer merkwürdig passiven Weise. Auf einer Ebene findet diese Einstellung ihren Ausdruck in dem Polytheismus der griechisch-römischen Welt – der Vorstellung vieler Götter, die mit Naturerscheinungen identifiziert wurden. Andererseits erklärt sie aber auch jenen Aspekt des klassischen Humanismus, in dem der Mensch sich selber gleichermaßen als Zentrum des Universums und als untrennbar von ihm begreift. Man hat gesagt, daß die Griechen, obgleich sie an das Schicksal glaubten, als freie Menschen handelten. Sie waren frei, das heißt innerhalb eines Systems, und Vergeltung wurde an ihnen geübt, wenn sie in ihrem Stolz, oder ihrer Hybris, über sich selbst hinausgreifen wollten und die Rolle der Götter beanspruchten. Das war möglich, weil sich die Trennung – die in christlicher Zeit so klar definiert wird – zwischen dem Universum des Menschen und dem Gottes noch nicht herausgebildet hatte. Der Mensch hatte die Scheidung zwischen sich und der objektiven Welt noch nicht vollständig herbeigeführt.

Der christliche Glaube an die göttliche Schöpfung

Ursprünglich paßten die Christen den Aristotelismus Griechenlands an die Forderungen der Kirchenväter an. Gegen Ende des Mittelalters gaben sie diese Position auf und vertraten statt dessen die Auffassung, daß die Welt nicht dadurch zu verstehen sei, daß man die Natur der Dinge betrachte; Bedeutungen wurden statt dessen deduziert, indem man ihre Beziehungen untersuchte. Diese wurden in einem göttlichen Schöpfungsplan zum Ausdruck gebracht, in dem der außerordentlichen Komplexität der menschlichen Umwelt Ordnung und Zweck verliehen wurde und diese Umwelt dem Menschen gleichzeitig zur Verfügung gestellt wurde. Als das christliche Zeitalter in die Renaissance eintrat, nahm diese Erforschung der natürlichen Welt immer kontrolliertere und experimentellere Züge an. Zuletzt ließ sie Zweifel an dem Glauben aufkommen, daß das Universum tatsächlich Gottes Werk sei.
Es mag hergeholt erscheinen, die jüdisch-christliche Doktrin zu einer Untersuchung der Umwelt in Beziehung zu setzen. Es ist aber wirklich unmöglich, die

heutige Einstellung des abendländischen Menschen gegenüber der natürlichen Welt zu verstehen, ohne zu berücksichtigen, welche Veränderung sein Glaube in den letzten 2000 Jahren erfahren hat. *Eine* Überzeugung betraf den Dualismus von Mensch und Natur. Der Mensch war nicht einfach ein Teil in einem organischen Ganzen, er war nach göttlichem Willen zur Herrschaft über die natürliche Welt bestimmt. Folglich stand es ihm frei, die Natur ohne Furcht vor Strafe auszubeuten. Schließlich schenkte das Christentum dem Menschen eine lineare Auffassung von der Zeit. Es unterstützte den Fortschrittsgedanken und gab auf diese Weise den Blick auf eine Welt frei, die zur Veränderung fähig war. Wir wollen einen kurzen Blick auf diese drei Entwicklungen werfen: den Mensch-Umwelt-Dualismus; die ausbeuterische Einstellung gegenüber der Natur; und die Vorstellung, daß die Zeit linear verläuft, daß sie „sich irgendwohin bewegt".

Wenn wir sagen, daß die Christen die Natur ausbeuteten, meinen wir damit nicht, daß der primitive Mensch mit all seinen animistischen, magischen und mythologischen Vorstellungen weniger von der Umwelt abhing, um zu überleben. Ganz offensichtlich benutzte auch er die Natur für seine eigenen Zwecke. Fischen, Jagen, Sammeln, Holzfällen und die Ernte von Früchten sind Praktiken, die kaum gerechtfertigt werden müssen, noch sind sie unbedingt destruktiv. Das Christentum unterschied sich von dieser Einstellung, insofern es eine religiöse Rechtfertigung solcher Praktiken lieferte, die die Achtung des Menschen für die Naturkräfte modifizierte – für eine Natur, die bis dahin als relativ gütig und sogar heilig erlebt worden war.

Eine Rechtfertigung dieser neuen Einstellung wird zumindest metaphorisch in dem biblischen Bericht vom Sündenfall des Menschen zum Ausdruck gebracht. Als Adam und Eva aus dem Garten Eden vertrieben worden waren, waren sie gezwungen, in einer weitgehend feindlichen Welt für sich selbst zu sorgen. Und obgleich sie dadurch gesündigt hatten, daß sie sich Gottes Funktion anzueignen versucht hatten – indem sie zu entdecken versucht hatten, was nur Gott selbst wissen konnte –, blieben sie doch eher ein Spiegelbild Gottes als eines der Natur.

Die Griechen nannten diese stolze Herausforderung göttlicher Macht Hybris. Für die frühen Christen, die keine klare psychologische Konzeption hatten, war die entsprechende Idee ein Mangel an Demut. Gott war der „Schöpfer von Himmel und Erde", und doch zweifelten sie niemals daran, daß die Erde zum Nutzen des Menschen geschaffen war. Obgleich die Welt rational zu begreifen war, wurde solch Verstehen von der göttlichen Eingebung geleitet, wie sie von den Kirchenvätern verkündet wurde. Gerade der Versuch Adams, die Natur unmittelbar und sinnlich zu erfahren, hatte ja zur Vertreibung aus dem Garten Eden geführt.

Eine wichtige Folge dieser Einstellung bestand darin, daß die natürliche Welt nicht länger die Bedeutung besaß, die sie vor der Zeit der jüdisch-christlichen Propheten hatte. Lynn White Jr. (1969) faßt diese Veränderung zusammen, wenn er schreibt, daß man die Natur untersuchte, „um Gott besser zu verstehen... die Natur wurde primär als ein Symbolsystem verstanden, durch das Gott zu den Menschen spricht..." (S. 348). An und für sich hatte sie keinen großen Wert; die Schönheitsidee in der natürlichen Umwelt lenkte den Blick nur auf die übernatürliche Schönheit, die sich in der Idee Gottes ausdrückte. Und auf diese Idee, nicht auf die Natur selbst, bezogen sich die Menschen. Wenn man die Natur betrachtete, stellte man nur fest, daß Gott sich nirgends so deutlich spiegelte wie im Menschen selbst und in seinen Werken.

Die Malerei und die christliche Vision

Diese Spiegelung Gottes im Menschen – eigentlich ein Glaube an die Göttlichkeit des Menschen – ließ bei den christlichen Künstlern nur ein sekundäres Interesse an der natürlichen Welt aufkommen. Die Natur wurde nicht um ihrer selbst willen gemalt, sondern war Hintergrundillustration in Bildern, die religiöse Themen darstellten. Nicht die Erscheinungen sondern die moralische Absicht zählte. Hier sehen wir die Wechselbeziehung, in der Kunst und die sich ändernden Konzeptionen der natürlichen Umwelt stehen und die alle Gesellschaften, von der primitivsten bis hin zur höchstentwickelten, kennzeichnet. Der Maler ist ein Vorläufer der Stile, durch die die Menschen die Welt um sich herum wahrzunehmen lernen. Er lehrt die anderen, wie die Natur zu betrachten sei, und in seinen Arbeiten wird die Natur am lebhaftesten festgehalten. Wenn man sagt, „dies ist die Weise, in der sie der Künstler auffaßte", bedeutet das jedoch keineswegs, daß „sie wirklich notwendigerweise so war". Die Kunst hat immer ihre eigene Vision in die Realität projiziert; nur die Kamera zeigt uns die naive Welt.

Im Falle der frühchristlichen und mittelalterlichen Malerei stand diese Vision ganz im Zeichen der Didaktik. Die Kunst lehrte das beispielhafte Leben und trug zum höheren Ruhme Gottes bei; am allerwenigsten lag ihr an einer naturgetreuen Darstellung. Auch technisch fehlte dem Künstler die Fähigkeit, naturalistisch zu malen, besonders wenn er mit der Perspektive zu tun hatte, aber selbst wenn er diese Fähigkeit besessen hätte, hätte er keinen Antrieb verspürt, sie in den Dienst eines lebensnahen Porträts der Natur zu stellen. Das Christentum war nicht zu einer sinnlichen realistischen Wiedergabe der Welt bereit.

Woher kam das? Die Gefühlsverleugnung unter den frühen Christen, der Triumph des Logos, des göttlichen Wortes, über die empfindende Person, verlieh ihnen eine sehr maskuline Haltung gegenüber der Natur, die es schwierig machte, sich emphatisch auf sie zu beziehen. Dies erklärt sich aus der historischen Einstellung, die Gefühl und Emotionen als charakteristisch für das „geringere Behältnis", das heißt die Frau, ansah. In einer männlich bestimmten Religion wurde die Logik mit einem maskulinen Weltbezug assoziiert und das intuitive Fühlen als ein Mittel angesehen, das die Wahrheit nicht zuverlässig ermitteln konnte. Daraus resultierte eine Abwertung bestimmter Erkenntnishaltungen gegenüber der Welt und eine Abwertung derjenigen, die sich dieser „femininen" Erkenntnisweisen bedienten. Unempfänglich für eine unmittelbare Naturerfahrung und beherrscht von einem rationalen Modell, das ihm die Offenbarungsinhalte lieferten, nahm der biblische Mensch seine Umwelt eher abgetrennt von ihr wahr und kaum als ihr interagierender Bestandteil. Die Objekte wurden entsprechend der Zahl der Sinne, die sie reizten, als sündhaft angesehen. Da das Erdenleben überdies kurz war, bestand keine Notwendigkeit, der natürlichen Umgebung viel Aufmerksamkeit zuzuwenden; wichtig waren die geistigen Wahrheiten, die die christliche Suche nach Vollendung leiteten. In der Malerei des Hoch- und Spätmittelalters führte diese moralische Didaktik zu dem Phänomen, das Sir Kenneth Clark (1946) einen „symbolischen Stil" genannt hat. Die Natur selbst wurde lediglich dazu verwendet, der Szene ein gewisses Maß an Dekoration hinzuzufügen; natürliche Objekte wie Blumen oder Bäume wurden sehr stilisiert dargestellt, wodurch es zu fast abstrakten Mustern der Objekte kam. Das interessante an diesem Vorgang war die Tatsache, daß diese Muster die Künstler dazu veranlaßten, sich mit den ursprünglichen Objekten selbst näher zu beschäftigen. Die Symbole bewirkten, daß die Objekte, die symbolisiert werden sollten, genauer betrachtet wurden.

Ein Beispiel für die Weise, in der die Natur im Mittelalter durch ihre Symbole erfaßt wurde, war der Garten, der als ein Vorgeschmack des Paradieses gedeutet werden konnte. Paradiesgärten wurden außerordentlich beliebt bei den wohlhabenderen Klassen in Europa, und ihre Wiedergabe in der Malerei war vom 12. bis zum 15. Jahrhundert ein Gemeinplatz (siehe Tafel 1). Dieses wiederkehrende Thema versuchte die verstreuten Naturobjekte auf harmonische Weise an einem umfriedeten Ort zu vereinen. Obgleich die Wildnis selbst viel von ihrer alten Bedrohlichkeit behielt, bot die Gartenlandschaft den Betrachtern eine sinnliche Freude an der Natur im Rahmen des theologisch Gebilligten. Selbst heute noch werden Gärten vom Rest der Natur abgetrennt, als Symbole einer „angenehmen und geordneten Welt" wie McHarg (1966) geschrieben hat. Im Gegensatz zur Komplexität der Natur werden sie „auf eine einheitliche und verständliche Geometrie reduziert", in der „die Pflanzen wie Haustiere behandelt werden" (S. 527); eine Zähmung, könnte man anfügen, die dem biblischen Begriff vom Menschen als Herrn der Schöpfung entsprach.

43

Tafel 1: Meister von Flémalle und Schüler, „Madonna und Kind mit Heiligen im umfriedeten Garten", National Gallery of Art, Washington.

Oh, Wildnis!

Man vergleiche den Paradiesgarten mit Domenico Venezianos „Der heilige Johannes in der Wüste" (Tafel 2). Hier ist die Natur außerhalb des Gartens, und es ist eine groteske und verwirrende Natur. Wie in allen Landschaftspanoramen des frühen 15. Jahrhunderts sind die Berge fast ohne Vegetation; ihre schroffen Winkel symbolisierten unfruchtbare Plätze, was Teil einer künstlerischen Tradition ist, die bis in hellenistische Zeiten zurückreicht. Die menschliche Gestalt ist ganz offensichtlich nicht maßstabsgerecht dargestellt; das Mysterium herrscht vor. All das ist beabsichtigt. Doch es gab noch einen anderen Grund, warum diese gotischen Berge unrealistisch waren: der mittelalterliche Mensch erforschte sie nicht. Er war nicht nur uninteressiert, sondern mußte auch deshalb darauf verzichten, weil er die Begeisterung durch Naturanblicke, die der gezähmte Garten ihm nicht bot, als Sünde empfand. Petrarca – so bemerkt Clark (1946) – „war der erste Mensch, der einen Berg um seiner selbst willen bestieg, und um die Aussicht von seinem Gipfel aus zu genießen", obwohl er auf diesen Genuß verzichtete, „und mein inneres Auge auf mich selbst richtete" (S. 7). So wurde bis weit in die Renaissance hinein die ungebändigte Landschaft sowohl als Ort der Versuchung wie auch der Gefahr gesehen. Unter anderem erklärt diese Tatsache, warum das Christentum schon sehr früh eine städtische Bewegung wurde. Wir sollten an dieser Stelle betonen, daß wir von dem relativ kleinen Bevölkerungsanteil sprechen, der lesen und schreiben konnte – von denen also, die die Theologie der Kirche verstanden, also weitgehend von der Oberklasse. Diese Menschen waren nicht nur städtisch, sondern

Tafel 2: Domenico Veneziano, „Heiliger Johannes in der Wüste", National Gallery of Art, Washington.

45

sie scheuten auch den Kontakt mit der natürlichen Umwelt. Für sie war die Tatsache, ein Landbewohner zu sein, gleichbedeutend mit der, ein Heide zu sein. Nur in den Städten war man umgeben von den Geisteswerken, und diese waren ihrerseits Sinnbilder eines Schöpfertums in Gott, das die materielle Welt transzendierte und den Dingen einen höheren, geistigen Wert verlieh. Wie wir sehen werden, sollte dieser Trend weitgehende Folgen für die Entwicklung der Wissenschaft haben, da eine ernsthafte wissenschaftliche Untersuchung der Natur weitgehend nur in den Städten möglich war, wo es eine müßige Schicht gab, die dem Lernen Wert beimaß und die Möglichkeiten für Experimente hatte.

Noch ein anderer Punkt dieser jüdisch-christlichen Einstellung gegenüber der natürlichen Welt muß betont werden. Der Welt der Erscheinungen oder Erfahrungen lag eine verbale Realität, eine abstrakte Bedeutung zugrunde. „Am Anfang war das Wort." Menschen und Dinge waren eine Inkarnation des schöpferischen Logos, und die Wahrheit über die Natur konnte nur in der verbalen Rekonstruktion der Welt gefunden werden, von der man annahm, daß sie ein Gesetzessystem sei, das der Welt vorausging und ihr zugrunde lag. Der architektonische Stil des Christentums prägt sich nirgends deutlicher aus als in der Vorstellung von Gott, dem Schöpfer. Die Welt ist ein Artefakt, das in Übereinstimmung mit einem göttlichen Plan konstruiert ist; deshalb hat es einen Zweck und eine Erklärung. Anders als in den Religionen des Orients, die ihre Götter als im wesentlichen innerweltlich verstehen, als Mittler zwischen den Naturformen und dem eingeborenen ethischen Sinn des Menschen, ist der christliche Gott ein externes Wesen, das die Menschen von oben leitet und beurteilt.

Dieses mechanische Modell eines Universums, das der rationalen Erforschung offensteht, war eine notwendige Voraussetzung für die spätere wissenschaftliche Forschung. Aus diesem Modell folgt auch der hohe Wert, der Artefakten beigemessen wurde, und der Vorzug, den die geschaffenen gegenüber den natürlichen Dingen genossen. Denn die Natur selbst ließ sich nicht so leicht kontrollieren und erklären. In ihrem ungebändigten Zustand war sie das Böse, gefürchtet als der Verführer und Versucher, eine abgrundtiefe universelle Flut, die stets drohte, das Individuum zu verschlingen, ein Krebsgewächs, gegen das die menschlichen Werke mit ständiger Wachsamkeit verteidigt werden mußten. Unsere moderne Ambivalenz gegenüber unberührten Naturgebieten erklärt sich aus der Furcht und dem Mysterium, die sie in früheren Zeiten erweckten. Wir wissen heute noch nicht genau, ob wir die Wildnis verehren, sie für menschliche Zwecke erobern oder in irgendeiner Weise beides tun sollen, weil die christliche Lehre uns keine klare Richtschnur hinterlassen hat. Wahrscheinlich das auffälligste Merkmal der Wildnis in ihrer Eigenschaft als symbolische Umwelt ist wohl ihre jahrhundertealte Assoziation mit dem Bösen. In der Mythologie hausen die Drachen in den Wäldern und Sümpfen. Die Sphinx wartete vor den Toren Thebens auf ihren Tribut an Menschenfleisch und legte ihren Bann auf die Einwohner der Stadt. Der legendäre halb menschliche wilde Mann des Mittelalters, seine nackte, mit dickem Haar bedeckte Gestalt war ein häufiger Bewohner der Wildnis in der Bildenden Kunst und im Drama der Zeit. Ihm wurde in Mittel- und Nordeuropa die Vorstellung eines übernatürlichen Wesens beigemessen. In Deutschland glaubte man, wenn die Stürme heulten, daß die wilde Jagd mit einem Rudel bellender Hunde unterwegs sei. Und hier erschlug auch St. Georg den Drachen. Selbst in relativ fortschrittlichen Kulturen, wie zum Beispiel der griechisch-römischen, benutzten Satyre, ganz zu schweigen von dem Waldgott Pan, die Wildnis als einen Ort, in dem sie Unheil stifteten.

Die Bedeutung dieser die Zeit überdauernden Einstellung, mit ihren Darstellungen in der Mythologie, Bildenden Kunst und literarischen Werken wie dem *Beowulf*, zeigt sich in drei Punkten: Erstens war die wenig erforschte Wildnis wirklich geheimnisvoll und gefährlich. Es gab keine Straßen, und man betrat die tiefen Wälder selbst zur Jagd unter beträchtlicher Gefahr. Leicht blieb man verschollen. Die „Wildnis" war wirklich wild. Der Mensch hatte noch nicht wie heute die Mittel, um sie in seinen Griff zu zwingen.

Diese tatsächliche Gefahr baute eine zweite Wahrnehmungsebene auf, die man die symbolische Gefahr nennen kann. Da die Wildnis unbekannt und ungezähmt war, war es nur logisch, sie mit vorgestellten mythologischen Schrecknissen zu füllen. Die Menschen hielten sich einer solch unwirklichen Welt fern und unterschieden kaum zwischen wirklichen und imaginären Gefahren.

Man mag einer solchen Annahme an sich nicht mehr Bedeutung beimessen als der Furcht des Kindes vor der Dunkelheit. Viele moderne Gelehrte glauben tatsächlich, daß diese Reaktionen auf die Wildnis eine dritte und tiefere Beziehung verschleierten, die psychologischer Natur war. Danach werden die unbekannten Regionen nicht nur Orte objektiver Gefahren, sondern dienten auch als symbolischer Ausdruck für das Böse, das in des Menschen eigener Natur liegt. Die sogenannten verborgenen Tendenzen, die „tierischen", „wilden" und „dämonischen" Eigenschaften, die das „höhere Selbst" des Menschen beunruhigen, wurden alle nach außen projiziert; die dunklen Seiten des Menschen wurden mit den dunklen und unerforschten Orten der Natur identifiziert. Die Waldmythologie wird unter dieser Perspektive großenteils als ein Versuch angesehen, sich des inneren Dämons dadurch zu entledigen, daß man ihm eine externe Entsprechung schuf. Und für diesen Zweck war die Wildnis eine sehr brauchbare Umwelt.

Auch aus der Bibel wurden Einstellungen gegenüber der Wildnis bezogen, aber in diesem Fall konnte die Orientierung recht mehrdeutig sein. Gott schickte den Menschen zur Strafe in ein verfluchtes Land, das meist auch mit der Vorstellung fehlenden Wassers assoziiert war. Der Sündenfall des Menschen bedeutete in einer Hinsicht den Verlust des Paradieses, an dessen Stelle eine ungeordnete und barbarische Natur trat. Doch die biblische Anschauung ließ im Unterschied zu späteren Doktrinen in dieser Landschaft die Möglichkeit zur Zuflucht und Sühne offen. Die Juden fanden nach vierzig Jahren des Umherziehens in der Wüste Sinai einen Zufluchtsort vor ihren Verfolgern. Für Christus war die Wüste ein Ort der Sammlung, wo er Gott näher kommen konnte. Der Wert solcher isolierten und unzivilisierten Regionen lag eben in den Entbehrungen, die sie auferlegten; geläutert und demütig waren die Menschen für das gelobte Land bereit. Man benutzte die Wildnis als Mittel zur Wiedergeburt, wie wir sie ja noch heute in einem weltlicheren Sinne verwenden.

Diese Zwiespältigkeit gegenüber dem, was im wesentlichen geheimnisvoll und wild war, diese Konzeption der Wildnis als Ort des Bösen, der jedoch auch das Gute latent in sich barg, überdauerte das gesamte Mittelalter. Die Tatsache, daß sie vom Menschen nicht kontrolliert werden konnte, gehörte ganz offensichtlich nicht zu ihren Vorzügen. Die Erfahrung, daß heidnische Stämme in Nordeuropa ihre Riten in diesen geheiligten Wäldern begingen, war ein weiterer Grund, sie zu zerstören. Die große Ausnahme von dieser Überzeugung war der heilige Franz von Assisi, der glaubte, daß Tiere Seelen hätten, und eine demütige Haltung gegenüber der natürlichen Welt bezeugte. Doch das brachte ihn in die Nähe der Häresie – für die Kirche hing zuviel ab vom Begriff der Herrschaft des Menschen über die Natur. Darüber hinaus lehrte sie eine Weltfeindlichkeit, in der der Sinn für die Naturschönheit an sich wenig Raum hatte. Noch in der Renaissance hatten die Christen erhebliche Einwände gegen Bilder, in denen die Landschaft den Betrachter erfreuen sollte. Diese Freude war sündig – wie sie ja auch von den Puritanern 300 Jahre später verurteilt wurde. Der religiöse, wenn auch nicht nur um Puritanismus her erklärbare Einfluß auf die Wahrnehmung der Wildnis durch die Menschen wird durch nichts besser illustriert als durch die Besiedelung der Neuen Welt und den Zug der Pioniere nach Westen. Die Hoffnungen, einen zweiten Garten Eden zu finden, wurden rasch von der Wirklichkeit des Landes zunichte gemacht. William Bradford empfand Cape Cod als „wild und verlassen". Die Grenzbewohner benutzten Ausdrücke wie „heulend", „düster" und „schrecklich", um das Land zu beschreiben, das sie urbar machen mußten. Longfellows „unberührte Wälder", mit ihren „murmelnden Fichten und Tannen", spiegeln einen späteren, und in gewissem Sinne romantischen Standpunkt wider, den man eher aus der Retrospektive zu schätzen weiß. Tagebücher aus der Zeit berichten von der Wildnis als einem Feind, der von einer Armee von Pionieren erobert und unterworfen werden mußte.

An der Oberfläche sind solche Reaktionen leicht zu verstehen. Die Natur in ihrem ungebändigten Zustand bedroht den Menschen; in einem unbebauten Land, in ungerodeten Wäldern und mit Strömen, die über die Ufer traten, mußten die Pioniere ganz von vorn beginnen. Siedlerstätten wurden der Wildnis abgetrotzt. Und nicht nur die Natur beschwor Gefahren herauf, sondern auch die Indianer, die das Gebiet bewohnten. Die Eroberung der Wildnis war bis weit in das 17. Jahrhundert hinein das Hauptanliegen der Amerikaner.

Aber die Pioniere und Siedler zeigten auch eine tiefere Reaktion auf die Natur, als sie die physische Frustration darstellte; das unberührte Land stellte ein moralisches Vakuum, ein verfluchtes und chaotisches Brachland dar. Ihm zu unterliegen, hieß in ein barbarisches Stadium zurückzufallen. In ihrem Bestreben, die neue Welt zu erobern, waren die Kolonisten auch bemüht, das Böse im Menschen zu besiegen, so daß sich die Furcht des Puritaners vor der Wildnis zum Teil aus der Möglichkeit erklärte, die sie bot, den Zwängen der Zivilisation zu entkommen. Solcher Versuchung galt es zu widerstehen, und in großen Teilen der moralistischen Literatur des 17. und 18. Jahrhunderts finden wir zahlreiche Anspielungen auf die Wildnis als einen Ort der Gottlosigkei, eine Welt des Bösen, der gegenüber man sich im Namen des Guten als standhaft zu erweisen hatte. Seltsamerweise war es eben dieses Land, das den Puritanern selbst Zuflucht vor der Verfolgung bot.

Als selbsternannte Sendboten Gottes verstanden diese frühen Kolonisten ihre Mission als die Aufgabe, die Macht des Bösen zu besiegen. Bei ihrer Einstellung gegenüber der „barbarischen" Natur war es nicht überraschend, daß sie ihren Stolz in die Expansion nach Westen setzten; sie war nach allem ein Beweis von Gottes Segen. Selbst Nichtpuritaner wie Lewis Cass (1782–1866), Gouverneur des Territoriums von Michigan, und George R. Gilmer (1802–1844), Gouverneur von Georgia, zitierten Genesis 1,28, um die Einstellung zu rechtfertigen, das angemessene Verhalten gegenüber der wüsten Wildnis sei, sie zu unterwerfen. In späteren Zeiten empfand man die Notwendigkeit, eine religiöse Entschuldigung für das zu finden, was ganz offensichtlich getan werden mußte – das Schlagen der Wälder und die Umwandlung der Prärien in Farmland – nicht mehr so deutlich. Der Stolz auf das Geleistete genügte. In einem Handbuch für Siedler fand sich der Rat: „Man sieht sich um und sagt: ‚Ich habe diese Wildnis besiegt und dem Chaos den Stempel der Ordnung und Zivilisation aufgeprägt, und ich allein habe es vollbracht‘."

In den vorangegangenen Abschnitten haben wir auf die Einstellungen gegenüber der natürlichen Welt hingewiesen, die aus philosophischen und religiösen Überzeugungen erwuchsen. Eine andere wichtige Veränderung in der Weltsicht muß hier angefügt werden – die christliche Einstellung zur Zeit. Damit meinen wir, daß die Zeit in ihrer Abfolge erfahren ward und nicht mehr, wie bei den Griechen, als kreisförmige Bewegung. Sicher ließen sich Wiederholungen in der Natur beobachten – die Jahreszeiten, die Lebenszyklen von Pflanzen und Tieren, Ebbe und Flut der Gezeiten, die offensichtlichen Bewegungen des Sonnensystems – aber diese wurden als Phasen in einer lang angelegten Transformation des Universums betrachtet. Die zyklischen Wiederholungen führten den Menschen an den Ort zurück, wo er bereits gewesen war; die linearen Wiederholungen führten ihn vorwärts zu neuen Dingen.

In diesem Sinne gab die Christenheit der Welt einen Anfang (4004 v. Chr.) und sah auch ihr Ende voraus (die Wiederkehr Christi). Sie lieferte den Gläubigen eine Vergangenheit und eine Zukunft und verpflichtete sie dadurch dem Begriff der Veränderung. Der Gedanke einer gerichteten Zeit wurde am systematischsten von St. Augustinus (354–430) in seinem *Gottesstaat* entwickelt, doch mußte er bis zu einer wirklichen wissenschaftlichen Anwendung auf die Erfindung der mechanischen Uhr im 17. Jahrhundert warten. Dennoch wurden zwei Einstellungen, die aus diesem Begriff erwuchsen, für die christliche Metaphysik wichtig. Nach Ansicht von Langdon Gilkey (1965) transzendierte der Mensch „in gewissem Sinne die repetitive natürliche Ordnung", an der er teilhatte, „indem er sich der ihm allein eigenen Fähigkeit bewußt wurde, sich selbst zu steuern und Bedeutungen zu erfassen..." (S. 203).

Diese dynamische Anschauung machte ihrerseits die Überzeugung nötig, daß der Mensch auf seine Umwelt einwirken, sie verändern und seinen Zwecken gefügig machen könne, wie dies im göttlichen Plan festgelegt sei. Die meisten von uns empfinden heute die Zeit als linear, auch ohne sie auf einen göttlichen Plan zu beziehen. Die moderne Technologie – unsere bloße Fähigkeit, die Welt zu verändern – rechtfertigt sich selbst.

Natürlich wird die Welt nicht durch Überzeugungen allein verändert. Wenn die frühen Christen keine neuen Werkzeuge erfunden hätten, würde ihre Einstellung gegenüber der Natur kaum einen Unterschied bewirkt haben. Doch die Werkzeuge waren das Ergebnis einer empirischen Einstellung gegenüber der Welt. Als die Menschen die Natur untersuchten, um Gott besser zu verstehen, entdeckten sie auch Beziehungen, die zu einem besseren Verständnis der Natur führten. Im wesentlichen ergab sich dies aus der Beobachtung, daß die Dinge der natürlichen Welt sich nicht in Übereinstimmung mit einem festliegenden und unveränderlichen Prinzip verhalten, sondern in einer kontingenten Beziehung von „Ursache und Wirkung" stehen. Ein Ereignis kann abhängig von anderen Ereignissen, die auf dieses übergreifen, stattfinden oder nicht stattfinden; jedenfalls war die logische Notwendigkeit keine ausreichende Erklärung mehr für das Naturgeschehen.

Die Bedeutung der empirischen Anschauungsweise zeigt sich am auffälligsten in den theoretischen Entdeckungen von Galilei und Newton, aber bereits im frühen Mittelalter hatte eine elementare Technologie begonnen, die Beziehung der Menschen zu ihrer Umwelt zu verändern. Lynn White Jr. (1969) weist darauf hin, welche Auswirkung die Einführung des Pflugs mit vertikalem Messer im späten 7. Jahrhundert auf die landwirtschaftlichen Anbaumethoden hatte. Der ältere Kratzpflug wurde von einem einzigen Tier gezogen; der neue Vertikalpflug mußte von acht Ochsen gezogen werden und verlangte eine andere Arbeitsteilung. Die Größe der Felder mußte erweitert werden, und es ergab sich eine intensivere Bewirtschaftung. Wo immer der Mensch auch noch eine engere Beziehung zur Natur aus früheren Zeiten bewahrt hatte, begann sie sich in einer neuen technologischen Distanz zu lösen, in einer verstärkten Hinwendung zur Technik und Ausbeutung. „Der neue Fränkische Kalender, der wegweisend für das Mittelalter war...", so betont White, „zeigt die Menschen, wie sie die Welt um sich herum unterwerfen – pflügend, erntend, bäumeschlagend, schweineschlachtend" (S. 346).

Wenn die säkulare Kunst dieser Epoche auf die Interessen des Alltags zurückgriff, tat sie dies eher in der Absicht, die Betrachter zu unterhalten, als sie zu belehren. Aber es geschah dies vermittels einer ästhetischen Distanz; man stand neben dieser Arbeit, wie man sich aus religiösen Gründen von der Natur selbst fernhielt. Dennoch bedeuteten diese Darstellungen einen Schritt vorwärts. Die Menschen begannen die natürliche Welt um der ihr innewohnenden Schönheit willen wahrzunehmen, statt sie nur als eine Sammlung von Symbolen und dekorativen Abstraktionen zu begreifen. In zahlreichen Jagdszenen war ein engerer Kontakt mit der Natur möglich und erlaubt. Es sollte hinzugefügt werden, daß in diesen Bildern der Wald, so verschieden er vom Garten war, ihm nicht gänzlich unähnlich war und überhaupt nicht geheimnisvoll erschien. Paolo Ucellos „Nächtliche Jagd" (Tafel 3) verdeutlicht, in welcher Nähe zur menschlichen Aktivität die Konzeption dieser Waldwildnis sich befindet, und ist zugleich ein Beispiel für den relativen Naturalismus dieses Genres. Die Bäume sehen wie Bäume aus, obwohl sie nach wie vor nur als Hintergrund für die Darstellung der Menschen und ihrer Beschäftigung dienen.

Dieses Bildelement findet sich auch in der religiösen Malerei des Zeitalters, in der die Landschaft, die bis dahin eng an die Vordergrundfiguren gebunden war, sich plötzlich öffnet und die entfernten Einzelheiten des Himmels und der Felder einschließt. Anfang des 15. Jahrhunderts dient die Darstellung der Natur

Tafel 3: Paolo Ucello, „Nächtliche Jagd" (Ausschnitt), Ashmolean Museum, Oxford.

nicht länger rein didaktischen Zwecken. Im Werk Hubert Van Eycks findet sich beispielsweise eine neue Übereinstimmung zwischen der natürlichen Welt und ihrer Wahrnehmung durch den Maler; Gegenstände und Entfernungen beginnen den persönlichen Erfahrungen der Menschen zu ähneln, und die Stimmung der Szene – das Licht und der Raum, die sie umgeben – gewinnt eine eigene Realität. Erstmalig ist es möglich, die Welt nicht mehr als eine Anhäufung fragmentarischer und formaler Elemente zu sehen, die aufeinander bezogen werden, sondern als ein naturalistisches Ganzes, in dem der Betrachter selbst anwesend ist.

Bezeichnend ist, daß es diesem künstlerischen Durchbruch bei aller Neuheit nicht gelang, den fundamentalen Mensch/Natur-Dualismus zu verändern, auf dem die christliche Theologie beruhte. Hier mag es weiterhelfen, diese Einstellung gegenüber der natürlichen Welt mit der nicht-abendländischer Völker zu vergleichen, die in ihrer Geschichte das Selbst auf einer ganz anderen Achse zu Zeit und Raum anordneten. Der Mensch des Ostens gilt weder mehr noch weniger als andere Objekte in der natürlichen Welt; Gott ist nicht von der Welt

52

getrennt, sondern wird in ihr entdeckt, ist immanent und nicht transzendent. In einigen östlichen Kulturen, besonders dort, wo der Buddhismus und Hinduismus praktiziert werden, hat die Zeit zyklischen und repetitiven Charakter. Geschichte ist für diese Menschen, wie Joseph Needham (1969) es genannt hat, eine Folge von „Wiederholungshandlungen".

Der Weg des Tao

Die Religionen Indiens und Chinas hat man Ewigkeitsphilosophien genannt. Nach unserer Denkweise scheinen sie wirklich eher philosophischer als religiöser Natur zu sein. Der orientalische Geist unterscheidet nicht wie wir zwischen „natürlich" und „übernatürlich". Die Jünger Buddhas und Lao-tses überließen sich beispielsweise dem Naturablauf und erschlossen seine Bedeutungen durch unmittelbare und spontane Intuition. Die abendländische Betonung des Egos wird auf ein Mindestmaß beschränkt. Der Geist selbst und die Vorherrschaft der Ideen spielen eine bescheidene Rolle, wenn man sich selbst für die unmittelbare Erfahrung der Welt empfänglich macht. Ein rationales Modell des Universums ist überflüssig und Wörter – die Offenbarungswahrheiten des Christentums, die zwischen Mensch und Gott vermitteln – sind für sein Verständnis nicht notwendig. Der schöpferische Gott weicht der Vorstellung einer nicht gemachten, spontanen Schöpfung. Man nennt dies eine organische Naturanschauung. Die Dinge werden dadurch verstanden, daß man ein Teil von ihnen wird, anstatt daß man außerhalb ihrer steht und ihre Merkmale untersucht. Solch ein Verfahren wird durch die kontemplativen Praktiken vieler Asiaten ebenso erleichtert wie durch ihr subjektives Zeitempfinden.

Viel ist über den Fatalismus östlichen Denkens geschrieben worden. Wenn der Mensch nicht der Mittelpunkt des Universums ist, wird er wahrscheinlich seinen Platz in der Natur ohne Klage hinnehmen, damit zufrieden sein, sich an sie anzupassen, statt sie zu verändern, und sich in die Entbehrungen fügen, die sich zwangsläufig einstellen, wenn man der „Natur ihren Lauf läßt". Diese etwas vereinfachte Anschauung resultiert wahrscheinlich eher aus der wirtschaftlichen und sozialen Wirklichkeit Asiens als aus dem religiösen Bekenntnis. Außerdem steht die chinesische Zivilisation, wie Needham (1969) gezeigt hat, mit ihrem ausgeprägten Sinn für Geschichte und ihrer pragmatischen Naturbeherrschung in dieser Hinsicht dem Westen näher als Indien. Dennoch fehlt der Egozentrismus in allen östlichen Kulturen weitgehend. Die Menschen gewinnen ihre Würde und ihren Wert aus der emphatischen Beziehung zur Natur und nicht aus der Überlegenheit ihr gegenüber. Diese Anschauung stellt den Menschen in die Welt, die er sich selbst definiert hat, und unterwirft ihn dem Wissen, daß seine Existenz von anderen Existenzen untrennbar ist und daß er die Natur nur durch eine kollektive Erkenntnisweise erfassen kann, indem er sein Ego in die Totalität der Dinge eintauchen läßt. Die Dharmadhatu Lehre des Mahayana Buddhismus sieht, wie Alan Watts (1969) bemerkt, „das Universum (als) ein harmonisches System an, das von niemandem regiert wird, als einen integrierten Organismus, den jedoch niemand in seiner Obhut hat" (S. 147). So bezieht sich der Taoismus zwar auf eine Naturordnung, doch „niemand kann sagen, wo sie niedergelegt ist" (Huai Nan Tzu). Die Leitprinzipien des Universums galten für Mensch und Natur, die nach der Ethik untrennbar waren. Needham (1969) faßt einen Aspekt des Taoismus zusammen, wenn er schreibt: „Das harmonische Zusammenwirken aller Wesen erwuchs nicht aus den Anordnungen einer übergeordneten Autorität außerhalb ihrer, sondern aus der Tatsache, daß sie alle Teil einer Hierarchie von Ganzheiten waren, die ein kosmisches und organisches Muster bildeten, so daß sie nur der inneren Stimme ihrer eigenen Natur gehorchten" (S. 367).

Dies ist entschieden ein unwissenschaftliches und nicht zergliederndes Verfahren. Der Taoismus hinderte, wie Needham gezeigt hat, die Chinesen jedoch nicht daran, eine leistungsfähige Wissenschaft und eine hochentwickelte Technologie zu erwerben. Anders als die christliche Lehre nahm der Taoismus offensichtlich ein mechanisches Modell der Welt vorweg, ohne deshalb auf den modernen Begriff des Ego rekurieren zu müssen. Das Ego – das Ich – tauchte in die Natur ein. Dies wird im taoistischen Begriff des *Li*, oder des „Prinzips" sichtbar, ein Ausdruck, der ursprünglich im Jadehandel verwendet wurde. Der Mangel an Symmetrie, das Fließende und die Verschlungenheit der Muster, die beim chinesischen Künstler so beliebt waren, wurden die ideale Weise, alle Dinge zu verstehen. Dieses Muster ohne Muster bedeutete jedoch nicht Formlosigkeit, noch nicht einmal, daß es ein Muster ohne deutlich erkennbare Züge war.

Auch das *Li* ist durchaus zu erkennen. Der Künstler lernt die Behandlungsweise des Holzes oder der Jade nicht dadurch, daß er seine Ordnung (oder sein Ego) dem Material aufzwingt, sondern indem er dessen Erfordernissen folgt – der Maserung des Holzes und dem natürlichen Bau des Steins. Man sagt, daß er die seinem Medium innewohnende Ordnung nicht durch logische Analyse, sondern durch *Kuan* oder schweigende Kontemplation entdeckt. Er sucht nach einer spontanen Reaktion. *Kuan* heißt schweigend und unvoreingenommen beobachten, ohne irgendein bestimmtes Resultat zu erwarten. Die Dualität zwischen Betrachter und Betrachtetem ist aufgehoben; es gibt nur den Vorgang des Betrachtens. Dieses Verfahren wird in der taoistischen Lehre auf die gesamte Natur übertragen. Der Verlust des Ego bedeutet nicht den Verlust an Ordnung, sondern einfach die Erscheinung einer neuen Ordnung, die auf der Resonanz einer neuen Beziehung zwischen den Menschen und der Welt beruht.

Trotz dieser organischen Einstellung gegenüber der Natur war der Mensch des Ostens beileibe nicht weltfeindlich noch gebrach es ihm an wissenschaftlichen Leistungen. Needham (1969) zeigt, welche zentrale Rolle der mathematische, technische und astronomische Fortschritt in der chinesischen Zivilisation von 400 v. Chr. bis 1600 n. Chr. spielte.

Die Förderung durch eine weitsichtige Zentralregierung, das Fehlen religiösen Aberglaubens, der praktische Nutzen wissenschaftlichen Fortschritts für das ganze Land und das Prestige, das jene, die in der Forschung tätig waren, genossen, trugen zur Entwicklung einer bemerkenswerten wissenschaftlichen Tradition bei, lange bevor Europa ähnliche Leistungen zu verzeichnen hatte. Ein dekadisches Maßsystem (erstes Jahrhundert v. Chr.) und der Seismograph (180 n. Chr.) sind zwei frühe Beispiele. Man besaß im alten China einen hohen Erkenntnisstand auf dem Gebiet der Optik, der Akustik und des Magnetismus und beherrschte den Eisenguß etwa 15 Jahrhunderte vor seiner Entdeckung im Abendland. Im 12. Jahrhundert n. Chr. verfügte man über erhebliche Kenntnisse auf dem Gebiet mechanischer Uhrwerke, des Baus von an eisernen Ketten aufgehängten Brücken, der Seidenspinnerei und der Druckerkunst. [1]

Worin liegt dann der entscheidende Unterschied zwischen den beiden Traditionen? In China verliefen solche Entwicklungen weitgehend pragmatisch. Erfindungen standen kaum in Beziehung zur Weltanschauung; es gab keinen ausdrücklichen Versuch, eine wissenschaftliche Methodologie zu entwickeln. In den Schriften von Chuang Tse erscheint der ideale oder reine Mensch als ein Gefährte der Natur, der nicht versucht, die natürlichen Prozesse durch seine eigenen zu unterdrücken. Im Abendland diente die christliche Vorstellung von einem der Welt zugrundeliegenden Plan als ein Wertsystem, innerhalb dessen sich die Wissenschaft entwickeln konnte. Während der östliche Mensch sich selbst innerhalb der Natur erblickte, sich verändernd, wenn sie sich veränderte, glaubte der Abendländer, daß die natürliche Welt sich nur verändern könne, wenn der Mensch selbst sie änderte. Dieser aus einem göttlichen Schöpfungs-

---

[1] Wir sollten zwischen der Naturanschauung der Chinesen und der anderer östlicher Völker unterscheiden, besonders der der Buddhisten, für die die Welt wirklich weitgehend illusorischen Charakter besaß und die sie manchmal als im wesentlichen subjektive und zyklische Erscheinung betrachteten. Vor allem in Indien waren Technologie und wissenschaftliche Theorie so gut wie unbekannt, oder von anderen Nationen übernommen worden. Während die Inder sich in das unbekannte Noumenon des Universums versenkten – eine Welt, die die Erkenntnis überstieg – fand der Chinese einen sicheren Platz in der Welt der Phänomene, die unmittelbar und ohne Rückgriff auf einen externen Gott oder ein metaphysisches System verstanden werden konnte. Die Abendländer näherten sich, wie wir gesehen haben, der natürlichen Welt mit mehr Anmaßung.

plan hergeleitete und dem Selbst äußerliche Naturbegriff forderte zur systematischen Erforschung von Einzelbereichen auf. Das abendländische Experiment, das Antlitz der Natur zu verändern, hat also seine Wurzeln in der politischen Kosmologie des christlichen Glaubensbekenntnisses.

Historisch mag eine solche Anschauung merkwürdig erscheinen, wenn wir uns daran erinnern, daß die Kirchenväter häufig wissenschaftliche Erklärungen als Häresie verdammten, und daß Galilei zum Widerruf gezwungen wurde, als er eine Theorie der Erdbewegung vertrat, die sich nicht leicht mit der christlichen Lehre vereinen ließ. Dennoch ruhen die Fundamente der neuen Welt im Christentum gelegt. Forschungswege öffneten sich, als christliche Gelehrte die aristotelischen Begriffe der griechischen Wissenschaft in einer Form zu verwenden begannen, die sich mit der Kirchenlehre vertrug. Philosophen wie Albertus Magnus (1225–1274) sorgten für eine neue Einstellung zu den Naturgesetzen, die eine pragmatischere Beschäftigung mit der materiellen Umwelt ermöglichte. Es war jedoch immer noch eine Methode von vorwiegend metaphysischer Prägung.

Die Betonung des Experiments

Es sollte einem Franziskaner, Roger Bacon (1214?–1294) vorbehalten bleiben, diese Suche nach Erklärungen aus ihrem gänzlich metaphysischen Bezugsrahmen herauszuheben und das Argument zu vertreten, daß nur experimentelle Methoden in der Wissenschaft zur Gewißheit führen könnten. Männer wie Bacon meinten, daß in einer sich verändernden Welt die Naturgesetze nicht durch abstrakte Schlußfolgerungen zu entdecken seien, sondern durch sorgfältige Experimente. Nichts wurde als gesichert hingenommen. Es sollte jedoch hinzugefügt werden, daß die Experimente immer noch in Übereinstimmung mit dem christlichen Glauben innerhalb eines göttlichen Plans durchgeführt wurden. Galilei kam nicht zu Fall, weil er sich zu wissenschaftlich verhielt, sondern weil er zu sehr Theologe zu sein versuchte, indem er seine Theorie mit der Kirchenlehre zur Deckung brachte. In jedem Fall waren es die Bestandteile, nicht das universelle Schema der Dinge, die das Interesse der ersten Wissenschaftler in Anspruch nahmen.

Zwei wichtige Konsequenzen ergaben sich aus dieser Methode, insofern sie die Einstellung des Menschen gegenüber der natürlichen Umwelt betreffen. Eine von ihnen ist der Gedanke, daß die Dinge und Ereignisse in einer ursächlichen Beziehung zueinander stehen. Dies ist die Anschauung von der Kontingenz, die wir oben bereits erwähnten. Die Naturordnung war weder teleologisch, noch konnte sie intuitiv aus ihren Erscheinungsformen erschlossen werden.

Vielmehr mußte der Wissenschaftler die Natur manipulieren, messen und untersuchen, wenn er entdecken wollte, wie sie funktioniert. Es war notwendig, die Interpretation auf Sinneseindrücke zu stützen. Die Betonung lag nun mehr auf quantitativen als auf qualitativen Beziehungen.

Der zweite, aus dem ersten folgende Gedanke war die Überzeugung, daß die Dinge nacheinander betrachtet werden müßten. Solch eine Anschauung beruht auf der individuellen Aufmerksamkeit des einzelnen, der sich aus dem Wahrnehmungsfeld Brocken herausbricht, die er assimilieren kann. Einmal mehr trennte sich der abendländische Mensch in dieser Hinsicht von der Natur. Nicht nur befand er sich als Gläubiger der christlichen Lehre außerhalb von ihr, auch psychologisch, oder genauer perzeptorisch, stand er außerhalb der endlichen Welt. Er glaubte also nicht nur an die Dualität von Mensch und Natur, sondern erfuhr auch die Natur selbst als eine Ansammlung separater Dinge.

Dieser Empirismus des westlichen Denkens löste einen dynamischen Prozeß aus, der im Laufe der Zeit weit über die Grenzen hinausgehen sollte, die die Kirche gezogen hatte. Nichtsdestoweniger bildete der Glaube an ein universelles Naturgesetz, das sich auf einen monotheistischen Gott gründete, die Prämisse, von der aus die Wissenschaft seit dem 13. Jahrhundert ihre Entwicklung nahm. Da der göttliche Wille das menschliche Verstehen überschreitet, können wir nur empirisch erkennen, und die Entdeckung einer empirischen, kontingenten Welt führt zur Klassifizierung und Beschreibung von Objekten, wobei nicht nur ihre Verschiedenheit untereinander, sondern auch ihre Abgetrenntheit vom Wahrnehmenden betont wird. Der Mensch entfernt sich in diesem Sinne durch Wörter und Symbole von der Natur. Er muß eine Beziehung zur Natur herstellen, statt eine zu haben. Dies ist noch heute die vorherrschende Weise, in der wir Natur erfahren – ein „Nachdenken über" und „Einwirken auf" statt eines „Gefühls für" die natürliche Welt.

Bei der Erörterung von Bacons Annahme, daß das Experiment den einzigen Weg darstelle, zu sicheren Erkenntnissen in der Wissenschaft zu gelangen, sollte angemerkt werden, daß sie lange Zeit eine weitgehend theoretische Überzeugung blieb. Sie führte beispielsweise nicht zur unmittelbaren Übernahme eines experimentellen Verfahrens zur Problemlösung, mochte jedoch die eigene begriffliche Einstellung zur Natur beeinflussen. Solch eine Einstellung mußte auf die Entwicklung neuer Techniken zur Erforschung der Natur warten. Es sollte auch deutlich geworden sein, daß die Christenheit die wissenschaftliche Methode oder die technischen Errungenschaften nicht absichtlich erfunden hat, die in der späten Renaissance zu entstehen begannen. Während des Mittelalters waren die Scholastiker weit mehr damit beschäftigt, die metaphysische Bedeutung der Dinge zu ergründen als ihre materielle Beschaffenheit. Erst später entwickelte sich eine wirklich wissenschaftliche Haltung, und die Männer, die sie vorantrieben, wie die Theologen, hatten Mühe, die neuen Entwicklungen mit der christlichen Lehre zu vereinbaren. Newton selbst war ein Amateurtheologe, der mitnichten die Absicht hatte, den christlichen Glauben zu widerlegen. Obgleich sich nicht sagen läßt, daß er die Gravitätsgesetze formulierte, weil er ein Christ war, ist es andererseits völlig unwahrscheinlich, daß er dazu imstande gewesen wäre ohne das Zeitgefühl und das mechanische Weltmodell, das das Christentum ihm lieferte. Erst im 17. Jahrhundert eroberten die Wissenschaftler die Umwelt in einer völlig experimentellen Weise, und erst seit dem 18. Jahrhundert fühlten sich die Forscher frei genug, auf Gott als unentbehrliche Berufungsinstanz für ihre Erklärungen der Naturphänomene zu verzichten.

Auch die Malerei hatte mittlerweile begonnen, die Welt naturalistisch darzustellen und sollte zu einer ähnlich naturgetreuen Darstellung der beobachteten Ereignisse gelangen. Diese beiden Entwicklungen hatten ihre Wurzeln im 15. Jahrhundert. Es ist sinnvoll, sie getrennt zu betrachten, wobei wir mit der zunehmend realistischen Schilderung der Welt durch den bildenden Künstler beginnen und dann auf Wissenschaftler wie Descartes und Newton zurückkommen wollen, die sie in abstrakter Weise auf den Begriff gebracht haben.

Natur als Faktum

Wir haben bereits erwähnt, daß der bildende Künstler dem Menschen dabei hilft, die Natur in einer neuen Weise zu sehen. Gleichzeitig wird er selber durch jene beeinflußt, für die er malt. Während der Renaissance ging dieser Einfluß eher in Richtung einer realistischen als einer metaphysischen Einstellung zur Natur. Die Menschen bedurften einer Kunst, die diese fühlbar andere und „wiedergeborene" Welt darstellte. Das Hier und Jetzt gewann eine neue Bedeutung in dem Maße, in dem die jenseitigen Aspekte des Christentums an Bedeutung verloren. Außerdem schufen die Entdeckung neuer Kontinente und der zunehmende Handel zwischen allen Ländern eine mächtige Kaufmannsklasse, die ihre Werte eher in erkennbaren (profitabwerfenden) Dingen als in moralischen Ideen erblickte. Schließlich erfuhr die Malerei Veränderungen auch von innen heraus. Die Entdeckung der „wahren Perspektive", ein besseres Verständnis der physikalischen Wahrnehmung, der wissenschaftliche Sinn für Beziehung und Vergleich, eine Fähigkeit, das Licht fühlbar zu machen und ihm Bewegung zu verleihen, selbst Fortschritte in der Technik des Farbmischens und Farbauftrags – all diese Faktoren ermöglichten es dem Künstler, die natürliche Umwelt in einer unwiderstehlich neuen Weise darzustellen. In dem idealisierenden Sinne, der aller Kunst eigen ist, führte diese Bewegung zu einer

Landschaftsdarstellung, die alle Details der Natur sehr viel zuverlässiger wiedergab als irgendeine Malschule der Vergangenheit. In Holland wird dieses recht deutlich durch Ruisdaels „Waldszene" demonstriert (Tafel 4). Der bemerkenswerte Aspekt dieses Bildes, das durch eine sorgfältige Beachtung des natürlichen Details auffällt, ist sein äußerst moderner Eindruck. Einerseits liegt dies daran, daß das Licht nicht mehr einen gleichmäßigen Hintergrund bildet, sondern nach Intensitätsgraden abgestuft wird; Vordergrundobjekte sind hell beleuchtet, und die ganze Szene ist in eine freundliche Helle getaucht, die die Wildnis weniger bedrohlich erscheinen läßt. Die Natur ist wild, dunkel wo die Felsen schroff und die Schluchten tief sind, aber insgesamt ist sie im Begriff, domestiziert zu werden. Die menschlichen Gestalten, winzig im Kontrast zu ihrer Umgebung und völlig maßstabsgerecht, werden der größeren Welt immer noch untergeordnet und unterscheiden sich dadurch von jener italieni-

Tafel 4: Jacob van Ruisdael, „Waldlandschaft", National Gallery of Art, Washington.

schen Malerei, in der das menschliche Element vorherrscht. Hier ist die Gefahr verschwunden, jedoch noch nicht das Mysterium der Natur.

Die Bedeutung der Malerei liegt in der Tatsache, daß sie die Natur ohne Einbuße an Realismus humanisiert. Clark (1946) hat geschrieben, daß aus Fakten durch die Liebe, die sie auf eine höhere Ebene hebt, Kunst wird.

Diese Bewegung zum Naturalismus hin, die mit Hubert und Jan Van Eyck begann, entstand hauptsächlich in den Niederlanden. Licht, ob es sich nun in den goldenen und himmlischen Tönen Van Eycks, in der delikaten Perspektive Dürers oder in der Unendlichkeit Bellinis zeigte, wurde das Medium, in dem sich das Empfinden für die natürliche Welt erwärmte. Es ist kein bloßer Zufall, daß die Landschaftsmalerei in Holland in einem engen Zusammenhang mit dem wissenschaftlichen Interesse an der Botanik stand. Die Menschen genossen die Natur nicht einfach, sie wollten auch ihre Funktionen und Geheimnisse kennenlernen. Man glaubte, daß diese der Forschung zugänglich seien, und die Maler illustrierten diesen neuen Empirismus. Doch die naturalistische Schule, die mit dem strengeren wissenschaftlichen Verfahren der Florentiner im Streit lag, wurde niemals eine universelle Malweise und verschwand – oder besser, ging für 150 Jahre in den Untergrund.

Natur als Fantasie

Dies ist wahrscheinlich nur ein weiterer Beweis dafür, daß Künstler sich niemals länger als für den Zeitraum weniger Generationen darüber haben einigen können, wie die Natur zu betrachten sei. Denn dieselben Länder, die im 15. Jahrhundert ein naturalistisches Verfahren verwendeten, verformten die Realität im 16. Jahrhundert unter dem Diktat ihrer Fantasie. Dies wird am deutlichsten im Werk von Hieronymus Bosch (1450–1516) und seines Nachfolgers Pieter Brueghel (1525–1569), zweier Maler mit außerordentlicher Beobachtungsgabe, die der Natur nicht ihre heiteren und liebenswerten Seiten abgewannen, sondern alle diejenigen, die finster, verwirrend und unberechenbar sind. Brueghels Figuren, zum größten Teil Handwerker, werden von ihrer Umwelt erdrückt, wie es tatsächlich vielen Menschen in der Wirklichkeit erging. Der Kritiker Max J. Friedlander (1963) hat über Brueghel geschrieben, daß „die Naturkräfte das Handeln des Menschen ebenso bestimmen, wie die Physiognomie des Ortes... Das Land ist nicht mehr seine Heimat, sondern auch sein Schicksal, der Mensch ist eher der Sklave der Erde als ihr Herr... Brueghel nimmt die Aktivität der Naturkräfte wahr, nicht die Welt, auf die eingewirkt wird, sondern die Welt, die wirkt" (S. 76, 78).

Die fantastische Malerei war vor allem in Nordeuropa die vorherrschende Darstellungsweise im 17. Jahrhundert. In Männern wie Albrecht Altdorfer (etwa 1480 bis 1538) und Matthias Grünewald (etwa 1480 bis etwa 1530) schuf sie eine Naturanschauung, die primitiv war, in der der Mensch wieder um einen Halt kämpfte, und zugleich bewußt romantisch, voller fantastischer, knotiger Formen, glühender Himmel und schauriger Taten. Clark nennt diese Kunst „waldgeboren". Sie hängt mit der germanischen Auffassung von der Natur als einer ursprünglichen Bedrohung zusammen. Wir haben gesehen, in welchem Maße diese Einstellung auch für die puritanischen Siedler in Amerika charakteristisch war, die als Protestanten diese germanische Furcht vor der Wildnis teil-

Tafel 5: Matthias Grünewald, „Isenheimer Altar" (Ausschnitt), Museé d'Unterlinden, Colmar, Frankreich.

ten. Doch wie wir später sehen werden, sollte die amerikanische Malerei diesem ausgesprochen protestantischen Mißtrauen gegen die Natur Größe und Romantik hinzufügen.

Der fantastische Stil, wie er in unterschiedlichem Maße in den Landschaften von Giorgione, Dürer, Leonardo und El Greco (und bei vielen anderen) sichtbar wird, wollte unmittelbar auf die Emotionen einwirken. Die glühenden Himmel und gotischen Berge appellierten an die unbewußten und ursprünglichen Gefühlskräfte, indem sie die milderen Naturstimmungen unbeachtet ließen. Der Ausschnitt aus Grünewalds „Isenheimer Altar" (Tafel 5), ist beispielsweise weit entfernt von einem Naturalismus, wie er sich in der Waldszene Ruisdaels zeigt.

Gegen Ende des 16. Jahrhunderts führte das zu einem pittoresken und rhetorischen Stil, in dem das Empfinden für das eigenständige Leben der Natur der klassischen Distanz der Manieristen Platz machte. Die Unruhe blieb zwar durch das Zusammenspiel der Naturkräfte erhalten, aber dem Ergebnis fehlte es doch an Wahrhaftigkeit. Die Landschaft spiegelt nun nicht mehr die emotionale Teilnahme des Künstlers an der natürlichen Welt wider, sondern die geistige Ordnung, die er ihr verleiht.

Natur als Abstraktion

Im Laufe der Zeit hatte die Wissenschaft eine Entwicklung genommen, die eine Parallele zur geistigen Ordnung darstellte, der der Künstler die Natur unterwarf. Während der Künstler sich dem Sinnesappell der Natur entzog und einer eher rationalen Interpretation der Ereignisse zuneigte, erfaßte der Wissenschaftler die Realität mittels einer Reihe geometrischer Reduktionen. Bei Galilei mußten die alten scholastischen Substanzen einem atomistischen Begriff weichen, der die Kausalität der Ereignisse in Begriffen von Raum und Zeit erklärte. Die wirkliche Welt funktionierte mechanisch, obgleich der Mensch seinen teleologischen Platz in ihr behielt. Darüber hinaus war sie am besten mittels der Mathematik zu verstehen. Wurde Gott dadurch eliminiert? Noch nicht. Robert Boyle und andere stellten die Hypothese auf, daß das Universum einfach ein gigantisches Uhrwerk sei, das vom Schöpfer aufgezogen worden sei, und daß dieser keine andere Funktion habe, als für das reibungslose Funktionieren zu sorgen. Durch Descartes wird dieser Dualismus verschärft. Für den mittelalterlichen Scholastiker hatte die Welt zumindest noch in greifbarer Form existiert. Für den neuen Wissenschaftler, für Descartes insbesondere, existierte sie als ein Gewebe geometrischer Beziehungen. Der Mensch wurde auf einen kleinen Teil seines Gehirns reduziert. Die Veränderung, die dies im menschlichen Denken während des 17. und 18. Jahrhunderts herbeiführte, wird von E. A. Burtt (1954) zusammengefaßt:

„Der scholastische Wissenschaftler betrachtete die Welt der Natur, und sie erschien ihm als eine ganz freundliche und menschliche Welt. Sie besaß eine endliche Ausdehnung. Sie war geschaffen, um seine Bedürfnisse zu befriedigen. Sie war leicht und ohne Einschränkungen zu verstehen, weil sie den rationalen Kräften seines Geistes unmittelbar präsent war; sie setzte sich gänzlich aus jenen Qualitäten zusammen, die in seiner eigenen unmittelbaren Erfahrung am lebhaftesten und intensivsten vorhanden waren – Farbe, Ton, Schönheit, Freude, Hitze, Kälte, Duft und ihre Gefügigkeit gegenüber Zwecken und Ideen. Dies machte auch ihre Verständlichkeit aus. Nun war die Welt eine unendliche und monotone mathematische Maschine. Nicht nur hatte sie ihren hohen Rang in der kosmischen Teleologie verloren, sondern auch all jene Dinge, die die eigentlichen Substanzen der physikalischen Welt des Scholastikers waren – die Dinge, die sie lebendig und liebenswert und göttlich machten – wurden zusammengeballt und in die winzigen, fließenden und temporären Ausdehnungsgrößen hineingestopft, die wir als Nervensystem und Kreislauf des Menschen bezeichnen. Die metaphysisch konstruktiven Züge des Dualismus verlor man allmählich völlig aus dem Blick" (S. 123 f.).

Während die Wissenschaft versuchte, die christliche Teleologie innerhalb des neuen Uhrwerkuniversums beizubehalten, strebte die Malerei, für die die Natur realer war, als es bloße geometrische Formen sein konnten – und dies auch bis zum viel späteren Aufkommen des Kubismus blieb – eine Wiedergeburt der christlichen Botschaft innerhalb des ästhetischen Bezugssystems der klassischen Antike an. Descartes und seine Nachfolger unterteilten die Welt in immer kleinere Einheiten, wobei sie in diesem Prozeß den Menschen fast völlig eliminierten; Künstler wie Tizian zeigten die natürliche Umwelt im Bilde einer versunkenen Kultur, in der der Mensch immer noch der Mittelpunkt war. Vielleicht sind diese beiden unterschiedlichen Interpretationen der Realität nicht gänzlich ohne Beziehung zueinander. Seit 200 Jahren zerstörten die Wissenschaftler das, was „lebendig und liebenswert und göttlich" war, zugunsten des Unsichtbaren und Abstrakten. Jetzt stellten die Landschaftsmaler eine Idealschau der Dinge dar, eine ruhige und heitere Natur, die kulturellen Werte beschwörend, die sich in ruhigem Wasser, grasenden Schafen und ländlichen Freuden ausdrücken. Die Dinge unterlagen der Kontrolle des Menschen. Eine mühelose Harmonie bestand zwischen Mensch und Natur – eine mythische Harmonie im zwiefachen Sinne des Wortes. Denn die Künstler zogen ihre Inspiration aus den Werken Virgils und Ovids, und die Landschaft Virgils wurde eine Vision der Erde, wobei die Vision rückwärts gerichtet war anstatt nach vorne in die Zukunft. Die Natur erschien als eine Quelle der Freude, nicht so sehr als eine des Geheimnisses, indem sie ein Empfinden für die Fülle des Lebens und eine neue Einstellung zum Körper schuf. Denn vor allem entsprach sie den menschlichen Dimensionen. Sie stellte nicht einfach eine Zuflucht vor der äußeren Welt dar wie die Paradiesgärten, sondern öffnete sich in die Welt und symbolisierte alles, was gut in ihr war. Doch am wichtigsten war die Tatsache, daß die Natur gezähmt und geordnet war – den Bedürfnissen des Menschen diente. Diese Einstellung zur natürlichen Umwelt sollte das wichtigste Merkmal in den späteren Bemühungen der Kolonisten in Amerika werden, die ungebändigte Natur unter ihre Kontrolle zu bringen.

Diese Vision eines goldenen Zeitalters verbreitete sich in Italien, Frankreich und England. Zu ihren Verkündern gehörten Giorgione und seine Schüler, Tizian, Poussin, Claude Lorrain und später der englische Maler Constable. Wir führen hier (Tafel 6) ein Beispiel von Claude Lorrain an: „Das Urteil des Paris“. Als erstes fällt dem Betrachter die extreme Ruhe dieser Szene auf. Claude Lorrain, der unmittelbar nach der Natur arbeitete, hat die französische Landschaft zur Darstellung arkadischer Szenen benutzt. Künstlerisch bemerkenswert ist an dem Bild die sorgfältige Beobachtung des Naturdetails, seine Mühelosigkeit, sein Sinn für kompositorische Ausgewogenheit in der Natur verbunden mit einem spontanen Empfinden für ihre Schönheit.

Tafel 6: Claude Lorrain, „Urteil des Paris“, National Gallery of Art, Washington.

Eine gegensätzliche Stimmung findet sich bei Nicholas Poussin, der malte, was Clark (1946) die „heroische Landschaft" nannte. Die Reinheit und Sanftheit Giorgiones, die sinnliche Intensität Tizians, Claude Lorrains sehnsüchtige parkähnliche Szenerie werden durch eine strenge und geordnete Natur ersetzt; die Ordnung wird teilweise durch das Vorherrschen architektonischer Formen oder die Einführung eines Ensembles menschlicher Gestalten geschaffen. Die Szene wird, wie es der Zeit entsprach, eher durch den Geist als durch ihre eigene Notwendigkeit strukturiert. Aber es war deswegen nicht weniger ein irdisches Paradies. Dieser Stil sollte sich unter Landschaftsmalern halten, bis der Engländer Samuel Palmer die Bewegung in der ersten Hälfte des 19. Jahrhunderts beschloß.

Palmer war ein Bewunderer des Dichters und Mystikers William Blake und entwickelte eine unmittelbare religiöse Wahrnehmung in der Natur, wobei er Gottes Muster nach Clarks Worten „in jedem Grashalm und Blatt und Wolkenspiel..." fand. Die ländliche Einfachheit bedurfte jedoch nicht mehr des klassischen Rekurses, und Palmers Umgebung ist ganz englisch. Zu dieser Zeit hatte die industrielle Revolution jedoch bereits mit der Umwandlung der Landschaft begonnen, und Darwins Evolutionstheorie zog ihre Göttlichkeit in Zweifel. Palmers Welt sollte bald ebenso entrückt wirken wie Giorgiones Griechenland.

Naturalismus und Romantik

Bei unserer Erörterung der arkadischen Maler haben wir das Wiederaufleben des Naturalismus übergangen, das in Holland mit dem Auftreten von Meistern wie Rubens und van Ruisdael von 1625 an stattfand. Diese Malschule beeinflußte in der einen oder anderen Weise beinahe alle Landschaftskunst im England des 19. Jahrhunderts und, wenn auch in geringerem Maße, die französische dieser Zeit. Diese Entwicklung wollen wir uns nun etwas genauer betrachten.

Einleitend ist festzustellen, daß Europa in der Nachrenaissance zunehmend bürgerliche Züge annahm. Gewöhnliche Bürger wurden nun anstelle von Kirche oder Königtum die Auftraggeber der Künstler. Die Landschaft sollte wie die Porträts der Zeit die Welt widerspiegeln, die dem Menschen vertraut war, und sie sollte genauso angenehm sein. Der Mentalität des Städters verlangte es nicht nach beunruhigenden und fantastischen Visionen. Er bestand auf der naturgetreuen Wiedergabe der Dingwelt. Und Künstler wie Rembrandt lieferten ihm solche Wirklichkeit und etwas mehr – eine geordnete Bürgerwelt, die jedoch mittels der Vorstellungskraft des Malers offener und dramatischer wurde.

Doch die Idealisierung der Szene geschah niemals auf Kosten der Ähnlichkeit. Selbst wenn der Maler (wie Rubens) auf klassische Themen zurückgriff, behielt die Landschaft ihren holländischen Charakter. Nach Friedlanders (1963) Worten nahm Rubens „das Land wie ein Landedelmann, wie ein Jäger wahr – mit optimistischer Vitalität" (S. 102).

Auch andere Faktoren trugen zu dieser Erneuerung bei. Die Natur selbst war ein Gegenstand intensiver Forschung für die Botaniker geworden, wie wir bereits erwähnt haben. In England entdeckte Newton neue physikalische Gesetze; es wurde möglich, die Natur in den Begriffen ihrer faktischen Beziehungen zu erfassen; die theoretische Grundlage der dem Menschen sichtbaren objektiven Welt ließ sich nicht mehr verleugnen. So waren sie mit der Natur auf einer rationalen und einer sinnlichen Ebene vertraut. Schließlich herrschte nach den Schrecken der Religionskriege der Gegenreformation endlich Frieden in Holland. Die Landschaft wurde ein Symbol der Ruhe.

Sie war jedoch auch nicht bewegungslos. Das dominierende Element dieser holländischen Naturmalerei war der Himmel – wie er es wohl auch im Alltag gewesen ist. Hier beherrschte sichtlich die Topographie die Wahrnehmungsweise, weil man in Holland Kontraste erst in der Entfernung sieht. In einem gewissen Sinne ist der Himmel die Landschaft, weil alles erst gegen ihn Profil gewinnt und alle Bewegung erst durch seine Vermittlung entsteht. Licht überflutet diese Räume; sich ständig verschiebend, dramatisch, manchmal turbulent wirft der Himmel die irdischen Fakten auf eine neue Realitätsebene. Der Holländer lehrte die Menschen, wie sich eine sehr ebene Welt im verwandelnden Medium von Schatten und Sonnenlicht betrachten läßt. Em Ende des 17. Jahrhunderts hatte, wie Clark (1946) betont, diese Gabe „aufgehört, ein Akt der Liebe zu sein, und war ein Trick geworden... Die Landschaftsmalerei wurde zum bloßen Anfertigen von Bildern gemäß bestimmter Formeln..." S. 33.

Das Jahrhundert, das folgte, war in vieler Hinsicht eine paradoxe Zeit. Auf der einen Seite wies es die Vorstellung zurück, daß sich die Erhabenheit der Natur nur in einer wohlgeordneten Umwelt wahrnehmen lasse. Auch die Wildnis konnte Gefallen erwecken. Obgleich sie nicht weniger einsam, geheimnisvoll und chaotisch als vorher erschien, wurden diese Eigenschaften jetzt zu Vorzügen, zum Teil weil eben diese Komplexität der Natur, wie die Komplexität des Sonnensystems als Beweis für Gottes Wirken angesehen wurde; zum Teil, wie wir vermuten, weil das Jahrhundert unbewußt aus einem Uhrwerkuniversum zu entkommen suchte. Die Berge und Wälder waren der erhabene, und manchmal ungeordnete, Beweis dafür, daß Gott überall war. Besonders die Deisten erklärten diesen Aspekt zum Hauptpunkt ihres Glaubens. In der Wildnis sprach sich die Schöpferkraft des Allmächtigen am deutlichsten aus; die göttlichen Wahrheiten zeigten sich unverstellter in den ungebändigten als in den vom Menschen geschaffenen Umgebungen, und genau die obskuren und drohenden Elemente, die einst dazu angetan gewesen waren, den Menschen abzustoßen, beflügelten ihn jetzt.

Es sollte jedoch hinzugefügt werden, daß die unberührten Gebiete der Erde nicht weniger furchterregend waren als vorher; die Furcht hörte lediglich auf, für die Naturwahrnehmung verbindlich zu sein. Edmund Burke (1757; 1958) prägte den Begriff, daß der Schrecken angesichts einer unbekannten Wildnis in Wahrheit aus Frohlocken und Entzücken statt aus Grauen und Abscheu geboren wurde – eine prophetische Vorwegnahme der Psychologie der Emotionen, die von Kant in formaleren Begriffen erweitert werden sollte. In der Ästhetik leitete der Engländer William Gilpin (1792) das Pittoreske aus der Unebenheit, Unregelmäßigkeit und Kompliziertheit der Natur her (eine Vorform der Theorie der „Reizkomplexität", die heute von einigen Umweltpsychologen vertreten wird).

Bei all seinem Rationalismus nährte das 18. Jahrhundert also eine starke romantische Gegenbewegung. Die Städte und die sorgfältig kultivierten Gärten wie Versailles symbolisierten eine künstliche Lebensweise. Auch die Neue Welt unterstützte diese romantische Einstellung durch ihre „scène indéterminée des forêts", obgleich anzumerken ist, daß die wichtigsten sie aus der Perspektive des amerikanischen Pioniers erlebten. Als 1831 der Reisende Alexis de Tocqueville beschloß, die Wildnis zu seinem Vergnügen zu bereisen, hielten ihn die Grenzbewohner für verrückt.

Der vielleicht bemerkenswerteste Zug der Kunst dieser Epoche lag jedoch in der Tatsache, daß man allgemein an der Landschaft als Kunstform desinteressiert war. Es war das große Zeitalter des Porträts. Die Natur war dem Menschen untergeordnet, denn trotz der deistischen Einstellung zur Wildnis bei manchen war es eine Zeit fester Grenzen mit dem Menschen als Mittelpunkt. Man mußte ein Jahrhundert zurück zum Bravourstil eines Salvatore Rosa gehen, um jene Art von Landschaften zu finden, die die Gefühle von den intellektuellen Niedlichkeiten der Epoche befreiten. Und genau diese Rückwendung vollzogen zahlreiche Engländer, indem sie ihre Wände mit den Bildern Rosas bedeckten.

Wordsworth befreite dann seine Landsleute von einer Romantik aus zweiter Hand, indem er ihnen in den *Lyrical Ballads* (die er gemeinsam mit S. T. Coleridge 1798 schrieb) eine authentische Einstellung gegenüber der pastoralen Landschaft vor Augen führte. Sein entscheidender Gedanke „Laßt die Natur Euren Lehrer sein" faßt er in den folgenden Versen zusammen:

One impulse from the vernal wood
Will tell you more of man
Of moral evil and of good,
Than all the sages can [1].

Wordsworth setzte das Zeichen für eine neue Wertschätzung der natürlichen Umwelt im frühen 19. Jahrhundert in England. Aldous Huxley (1919) formulierte das wie folgt : „Für gute Wordsworthianer ist eine Woche auf dem Lande das Äquivalent für den Kirchgang..." (S. 7). Wälder, Felsen, Wolken, Wasserfälle und Klippen waren die Schriftzeichen, mittels derer die Menschen die Bedeutung des Universums entzifferten – eines deistischen Universums, das nach einem ganz persönlichen Maßstab angelegt war. Am Beispiel des englischen Malers Constable wird diese Bewegung deutlich, wenn er die moralische Vollendung durch die Darstellung vertrauter pastoraler Szenen illustriert. Er wollte die Fakten ihre eigene göttliche Botschaft aussprechen lassen. Obgleich er Abbilder schuf, hat er sich niemals mit dem bloßen Abschildern begnügt. Constable malte von einer philosophischen Position aus, die jedoch rasch unter dem Einfluß der von der industriellen Revolution geschaffenen technischen Veränderungen verfiel. Bis zu diesem Zeitpunkt hatte der menschliche Eingriff in die natürliche Umwelt nur wenige dauerhafte Beeinträchtigungen bewirkt. Zwar hatten die Holländer, als sie die Nordsee vor einigen tausend Jahren zurückgedrängt hatten, und die Ägypter, als sie 4000 v. Chr. die Ufer des unteren Nils eingedämmt hatten, der Natur einige irreversible Veränderungen beigebracht. Doch das unersättliche Bedürfnis der Industrien nach den Rohstoffen der Erde, das sich im 19. Jahrhundert einstellte, veränderte die materielle Landschaft nicht nur, sondern schuf eine Umwelt, in der die ökologische Harmonie zwischen Mensch und Natur zunehmend schwieriger wurde. Dies folgte aus der Vereinigung der theoretischen Naturanschauung, die das westliche Denken beherrschte, mit der neuerrungenen Fähigkeit des Menschen, die Natur auszubeuten.

Turner, der die englische Landschaftsmalerei in der zweiten Hälfte des 19. Jahrhunderts prägte, ordnete diese neue Maschinenwelt in eine Stimmung stürmischer Romantik ein, der er einen Sinn für das Heroische in der Natur hinzufügte, wobei er seine Kompositionen häufig an dramatischen Themen orientierte – an Sintfluten, brandenden Wogen, brennenden Schiffen. Die Landschaft wurde wiederum so erhaben, daß sie starke Gefühle einflößen konnte. Turners Natur trug eher das Siegel der Macht als das der Frömmigkeit und entsprach deshalb wohl mehr dem Bild, das sich die Engländer von ihrem Lande machten. Constables Landschaft war vielleicht doch ein wenig zu zahm für eine Nation, die die halbe Welt beherrschte.

---

[1] Ein Augenblick im Frühlingswald wird dir mehr über den Menschen, über das moralisch Böse und Gute mitteilen als all die Weisen können.

Wenn unsere Annahme über Turner zutreffend ist, dann besteht *eine* Weise der Naturbetrachtung darin, daß sie durch die Brille des Nationalstolzes gesehen wird. Es ist interessant, daß Constable von seinen Landsleuten kaum beachtet, in Frankreich aber sehr bewundert wurde, wo man sich an der natürlichen Umwelt wegen ihres häuslichen und pastoralen Charakters erfreute. Wenn wir aber das Amerika dieser oder einer unmittelbar vorhergehenden Zeit betrachten, stellen wir erneut fest, daß der Stolz die beherrschende Stimmung der Landschaftsmalerei ist; ein Stolz, der sich jedoch nicht auf politische Macht, sondern auf physische Widerstandsfähigkeit gründet, die wohl ein wichtiger und gewiß der offensichtlichste Aspekt des amerikanischen Erbes ist.

Natürlich hat jede Nation ihre patriotische Kunst. Aber im Amerika des 19. Jahrhunderts fand der Patriotismus eher seinen Ausdruck in der Großartigkeit der Natur als im Ruhm militärischer Siege. Als Nation hatte Amerika damals überhaupt keine Macht. In seiner Kultur zehrte es im wesentlichen von der Alten Welt. Aber als Volk hatten die Amerikaner Ebenen und Berge erobert. Ihre Landschaftsmalerei – selbst die verhältnismäßig gedämpften und freundlichen Werke der Hudson River Schule – hielten die Menschen zu einer Wertschätzung ihres Landes an, in dem sich zugleich eine vielfältige Schönheit und das Symbol eines einheitlichen amerikanischen Schicksals offenbarte. Das Mißtrauen, das der Puritaner im 17. Jahrhundert gegenüber der Wildnis empfunden hatte, wich der Tendenz, die Rolle zu unterstreichen, die sie bei der Herausbildung eines Nationalcharakters übernahm, der die Menschen veranlaßte, ihre Männlichkeit angesichts der Widerstände und Herausforderungen unter Beweis zu stellen. Darüber hinaus stellte die Großartigkeit der Natur in einem Land, das beinahe keine kulturelle Geschichte sein eigen nannte, eines der wenigen eigenen Kulturelemente dar. Wenn die Amerikaner auch nicht Gott in diesen unberührten Regionen entdeckten, fanden sie dort doch ein Empfinden für Macht und Schicksal, das den Ausmaßen eines Landes entsprach, das Gott zu ihrer Verfügung gestellt hatte.

Wichtig für das Verständnis dieser Landschaften ist das Wissen, daß sie größtenteils im Freien und nicht im Atelier entstanden – ein Verfahren, das in Europa durchaus nicht üblich war. Ob es sich um die stürmischen Meeresküsten von Winslow Homer oder um die weiten Ebenen von George Catlin handelt, man bemerkt, wie nahe der Künstler seiner Szenerie war. Männer wie Catlin lebten beispielsweise unter den Indianern und Büffeljägern, die sie zu ihrer Arbeit anregten. Der Realismus wurde der herrschende Stil, und es wurden kaum Anstrengungen unternommen, künstlich zu glorifizieren, was ohnehin schon großartig genug war. Diese Maltradition setzt sich in der pittoresken „Kalenderkunst" unserer Tage fort, aber wir müssen uns vergegenwärtigen, daß die frühen Maler den Westen mit unvoreingenommenen Augen sahen. Unsere heutige Sicht des unberührten Amerikas ist großenteils der Vergangenheit entlehnt. Das Land hat sich deutlich verändert, unsere Wahrnehmung nicht. Zugleich mit der künstlerischen Darstellung der amerikanischen Landschaft als einer Quelle der Schönheit und des Stolzes, entwickelte sich in der zweiten Hälfte des 19. Jahrhunderts ein pragmatisches Bestreben, die Wildnis in ihrem natürlichen Zustand zu bewahren. Die Bewegung wurde anfangs von kleinen Gruppen getragen, deren Anwälte, wie der Naturforscher John Muir, in der Natur die religiösen Werte fanden, die die Puritaner geleugnet hatten. Andere folgten eher Theodore Roosevelt, der die Wildnis als Ursprung der Männlichkeit und des Nationalcharakters pries. Verwandt mit gewissen Zügen des Transzendentalismus sowie der ,,Zurück-zur-Natur"-Philosophie von Thoreau und seinen Bewunderern, umfaßte die Bewegung auch ländliche Utopien und Kommunen, wie die Oneida-Kolonie, in der die Naturnähe als wesentlicher Faktor einer einfachen, selbstgenügsamen und moralischen Lebensweise gesehen wurde.

Obgleich der Transzendentalismus und die Kommunenbewegung sich überlebten, sahen nachfolgende Vereinigungen in der Natur ein Symbol für etwas Wertvolles in unserem Erbe, das in Gefahr war, zerstört zu werden: Holzwirtschaft, Bergbau und die Entwicklung des Grundstückmarktes schlugen Wunden, die nicht nur eine Gefahr für die Funktionsfähigkeit der Umwelt darstellten, sondern auch für die Werte, die unsere Vergangenheit des Pioniergeistes und des Selbstbewußtseins wachrief. Die Anfänge des Systems der Staats- und Nationalparks in der Mitte des 19. Jahrhunderts stellen gemeinsam mit dem Plan, Waldreservate einzurichten, die frühesten Bemühungen dar, bestimmte Teile der natürlichen Umwelt intakt zu halten. Diese im wesentlichen ,,museale" Einstellung bezog auch den wichtigen Begriff des öffentlichen Gebietes ein. Die Wildnis gehört dem Volk und muß vor zerstörerischem Gebrauch beschützt werden. Manche Umweltschützer, wie Gifford Pinchot, einstiger Gouverneur von Pennsylvania, vertraten diese Einstellung auf ambivalente Weise, indem sie den Naturschutz unter wirtschaftlichen Zielsetzungen betrieben. Der U.S. Forest Service vertritt im allgemeinen diesen Standpunkt.

Eine dritte und sehr wissenschaftlich orientierte Bewegung, die aus dieser Sorge um die natürliche Umwelt erwuchs, beschäftigte sich nicht so sehr mit der Erhaltung an sich, sondern mehr mit den ökologischen Wechselbeziehungen in der Natur. Ihr einflußreichster Sprecher war Aldo Leopold (1949), der als Professor an der University of Wisconsin und auch sonst auf die Wechselwirkung zwischen Wildnis und Kulturlandschaft hinwies. Die Natur war nicht einfach in den Wundern des Grand Canyon oder den Wäldern des Nordwestens zu sehen; zu ihr gehörten auch die landwirtschaftlichen Nutzflächen in der Prärie, die Bäche, die Wanderdünen, Hecken und die Gräben auf dem Lande – Dinge, die seit Thoreaus Zeiten von den Landschaftsschützern weitgehend vernachlässigt wurden. Neben dieser allgemeinen Landschaft berücksichtigte Leopold auch die Rolle einer jeden lebenden Kreatur in ihr. Sein großes Verdienst liegt darin, daß er den Blick auf die Interdependenz der ökologischen Details in der Natur lenkte, und obgleich sein Einfluß auf eine relativ kleine Gruppe professioneller Landschaftsschützer beschränkt blieb, beruhen die Fundamente der modernen Umweltbewegung auf den Beobachtungen, die von ihm und seinen Kollegen gemacht wurden.

Heute hat das Bewußtsein von der Interdependenz zwischen Mensch und Natur den größten Teil unserer Bevölkerung erfaßt. In diesem Prozeß wird die Natur als unmittelbar abhängig von dem Gebrauch wahrgenommen, den der Mensch von ihr macht, der seinerseits Teil des Ökosystems ist. Insofern dieses Bewußtsein dem Menschen eine neue Erfahrung von seinem Platz in der natürlichen Welt verschafft, ist es eine wichtige Dimension des hypothetischen Modells, das wir Umwelt genannt haben.

Die französischen Impressionisten und die innere Landschaft

Wenn man den Blick auf das Europa am Ende des 19. Jahrhunderts richtet, wird man einer ganz anderen Tendenz in der visuellen Reaktion des Menschen auf die natürliche Umwelt inne. Wir interessieren uns dabei für die Vision des bildenden Künstlers. Die Impressionisten sind in diesem Zusammenhang von besonderer Bedeutung, weil sie erkannten, daß die Wahrnehmung der Welt nicht von den Dingen, sondern von den Impressionen dieser Dinge abhängt. Was sie malten, war die Realität des Eindrucks, die unmittelbaren alltäglichen Offenbarungen, wie sie sich in einer Stimmung von Licht und Farbe ausdrückten. Die materielle Welt, *wie sie existierte,* und nicht, wie sie begrifflich erfaßt werden könnte, war verpflichtend. Die Impressionisten wollten die Kamera übertreffen, indem sie der Natur die fotografische Färbung und die Wahrhaftigkeit empfundener Realität verliehen. Sie waren Psychologen, die mit Farben arbeiteten. „Der Akzent wird auf die Passivität des visuellen Prozesses gelegt", schreibt Friedlander (1963). „Der Eindruck, den die Impressionisten einfangen, ist momentan und fließend; er mußte schnell und wie im Fluge festgehalten werden" (S. 122f.).

Diese „Malerei der Empfindung", wie Clark (1946) sie nennt, erhielt ihre vollendete Gestalt durch Renoir, der die Wahrheit mittels eines visuellen Eindrucks suchte, der der Welt der Erscheinungen so weit wie möglich entsprach. Daß diese Maler mehr darauf achteten, *wie* man sah, als darauf, was man sah, verlieh der impressionistischen Malerei ihre Wirklichkeitsähnlichkeit. Das „Wie" war häufig unklar und verschwommen, statt scharf umrissen – wie es die Wahrnehmung tatsächlich ist. Monet arbeitete häufig mit mehreren Leinwänden zugleich, um den sich verändernden Einfall des Sonnenlichts einzufangen. Die optische Erfahrung sollte durch den Maler weder Lügen gestraft noch imaginiert werden. Keinesfalls hatten die Impressionisten die Absicht, eine Welt visuell einzufangen, die für die Durchschnittsperson erkennbar war. Doch gleichzeitig wollten sie die Welt auch nicht einfach kopieren.

Mit der nachimpressionistischen Landschaft gab die Malerei jeden Anspruch auf naturalistische Darstellung auf; die Funktion der Kunst als öffentliches Kommunikationsmittel wurde zugunsten der individuell besonderen Vision aufgegeben. Wie kam es dazu? Clark vermutet, daß die Menschen „alles Vertrauen in die natürliche Ordnung der Dinge verloren hatten". Die religiöse Basis für die Wertschätzung der Natur und den Glauben an sie war geschwunden, und die Wissenschaft lieferte kein ästhetisches Äquivalent. Am Ende des 19. Jahrhunderts hatte das Fehlen eines gemeinsamen Glaubens die gemeinsame Landschaft zerstört.

Dies zeigt sich im Werk von Van Gogh, Gauguin und Cézanne. In ihrer Behandlungsweise wurde die Natur abermals symbolisch, wobei sie eher persönlichen als sozialen Bedeutungen verpflichtet war. Darin beweist sich das individuelle Bewußtsein für das neue Chaos. Es sollte auch an die Rolle der Kamera erinnert werden. Sie schuf bei den meisten von uns ein Verständnis der Welt an ihrer Oberfläche – und übernahm damit eine Rolle, die früher dem Maler vorbehalten war. Die Wissenschaft – nicht zuletzt durch das Mikroskop und den Zyklotron – hat der Welt, die wir mit unbewaffnetem Auge nicht sehen können, mehr bedrohliche Züge verliehen, als sie die Wildnis je besessen hat. Was abendländische Künstler im Licht und die Orientalen in der gesamten Natur erblickten – die Manifestation von Gottes immanenter Liebe – fehlt weitgehend; die natürliche Welt kann dieses Gefühl nicht mehr vermitteln, da Maler und Kamera es nicht erschaffen können. Die Natur ist damit zum Gegenstand privater Empfindungen geworden.

Bei den Surrealisten nimmt dies die Gestalt einer Traumlandschaft an, die die Realität entsprechend den Symbolen des Unbewußten verzerrt. Die objektive Natur wird durch die Psyche gefiltert, so daß die Bilder dieser Schule eher ein inneres als ein äußeres Bild der Dinge liefern. Die Tendenz zur Unverständlichkeit erreicht ihren Höhepunkt in den reinen Abstraktionen, ohne jede Ähnlichkeit mit dem Wirklichen. Von der Natur, wie sie sich als Produkt unseres Denkens darstellt, läßt sich nicht behaupten, daß sie überhaupt existiert. Sie wird auf die Reinheit der Linie und der geometrischen Form reduziert – eine zerebrale und sich selbst genügende Konzeptualisierung der objektiven Welt. Man kann diese Malerei bewundern, jedoch kaum noch die Natur erkennen, die sich hinter ihr verbirgt. Man wird allein auf seine emotionalen Reaktionen verwiesen. Symbole sind zur einzigen Realität geworden.

Die östliche Landschaft

Unsere Erörterung der Landschaftwahrnehmung möchten wir mit einer kurzen Zusammenfassung der Entwicklung in China abschließen. Eine solche Darstellung kann dem Leser das Verständnis der unterschiedlichen Reaktionsweisen östlicher und abendländischer Menschen gegenüber der Natur erleichtern. Diese Unterschiede wurden zwar bereits oben bei der Erörterung der Art und Weise genannt, in der der Mensch seine Stellung in der Natur begrifflich versteht, sie werden aber noch weit deutlicher durch die Naturdarstellung in der Kunst illustriert werden. Denn anders als in der westlichen Tradition, wo nur im 17. Jahrhundert die Natur um ihrer selbst willen abgebildet wurde, ist die reine Landschaftsmalerei tief in der chinesischen Kunst verwurzelt und erlebte ihre Blüte zwischen dem 3. und 10. Jahrhundert n. Chr. Die Techniken, die der orientalische Maler verwendet, haben wenig mit denen der abendländischen Kunst gemein. Die chinesische Malerei entwickelte sich aus der Kalligraphie und wurde auf Seide oder Pergament mit bunter oder einfarbiger Tinte ausgeführt. Öl und Leinwand wurden nicht verwendet. Die Vorstellung eines gerahmten Bildes war dem Künstler fremd, der auf tragbare Stoffstreifen, auf Tempel- und Palastwände oder auf lange Schriftrollen malte, die für Studienzwecke ausgerollt werden konnten.

Der Maler in China war eher ein Dichter oder Gelehrter, und sein Werk war vom Taoismus oder Buddhismus beeinflußt; in diesem Sinne machte er auch keinen klaren Unterschied zwischen der säkularen und der religiösen Kunst. Obgleich nur noch wenige Beispiele aus den frühen Dynastien erhalten sind, überliefern uns ausführliche Kataloge und Kritiken der Geschichtsschreiber des alten China eine vollständige Beschreibung darüber, wie die Künstler die Natur wahrnahmen und welche Techniken sie dazu benutzten, sie darzustellen.

Wie im Abendland änderten sich die Stile der chinesischen Meister im Laufe der Zeit. Die archaische und manierierte Technik der sechs Dynastien (211–589 n Chr.) wurde in der Tang-Dynastie (7.–10. Jahrhundert) durch ein geschmeidigeres Verfahren ersetzt und dann durch die fantastischen Formen, die Erhabenheit und die Bewegtheit der Sung-Dynastie (960–1279). Später machten sich die Künstler einen konkreteren und realistischeren Stil zu eigen. In allen Epochen verwendeten die einzelnen Maler ihre eigene unterscheidbare Manier anstelle irgendeiner strengen Konvention. Doch die Werte, die all ihren Werken gemeinsam sind, sind für ein Verständnis der östlichen Einstellung zur Natur von größerer Bedeutung als individuelle Unterschiede, da die Landschaft eine Wahrnehmung der natürlichen Welt zum Ausdruck bringt, die sich in 2000 Jahren kaum verändert hat. Zugleich ein Produkt künstlerischer und didaktischer Absichten, war sie ebenso Gegenstand der Meditation wie des Genusses. Wir können hier nicht mehr tun, als aus dieser langen Geschichte einige wichtige Merkmale benennen, die für unsere Erörterung der Beziehung zwischen Mensch und Natur von Wichtigkeit sind.

1. Die östliche Kunst spiegelt eine philosophische und religiöse Anschauung wider, die die Welt als einheitlich versteht. G. Rowley schreibt: „... in China war nicht der Mensch, sondern die Natur das Maß, und diese Natur wurde übereinstimmend als das Symbol des Universums verstanden" (Siehe Sickman & Soper, 1968, S. 105). Der Mensch ist nicht ein fremder Eindringling, sondern ein integrales Element im übergreifenden Naturgeschehen. Diese Beziehung ist jedoch organisch und nicht mechanisch. In einem gewissen Sinne „sah" der chinesische Betrachter ein Bild mit seinem ganzen Sein.

2. Obgleich die chinesische Landschaft oft ruhig ist, reflektiert diese Tatsache nicht eine statische Naturanschauung. Die Natur erschien vielmehr als dynamisch und veränderlich, von einer göttlichen Gegenwart belebt. Hier macht sich der Einfluß des Buddhismus deutlich bemerkbar; Gott lebt in der ganzen Schöpfung. Das Land gilt als heilig. Darüber hinaus lehrte Tao die Wechselbeziehung zwischen der Ordnung der Natur – ihren Hierarchien – und menschlichem Verhalten. Die materielle Welt war für den Chinesen sehr real, doch sie barg eine tiefere Realität, die nur mittels der Meditation erkannt werden konnte. Über die Natur meditieren, hieß ihre Veränderlichkeit erkennen.

3. Unseren Augen erscheint die klassische chinesische Landschaft zart, unwirklich und stilisiert – wie sie es tatsächlich auch ist. Während der früheren Dynastien konnten Maler ihre eigenen Empfindungen gegenüber der Natur nur in Übereinstimmung mit offiziell gebilligten Stilen ausdrücken. Sowohl in Japan wie in China mußten beispielsweise die Hofmaler bestimmte Regeln befolgen; es gab 16 Möglichkeiten, Berge zu malen; die Behandlung von Wasser, Bäumen und anderen Motiven war in ähnlicher Weise vorgeschrieben. Verglichen mit der abendländischen Haltung war die Wahrnehmung der Natur nur geringen Veränderungen unterworfen. Sie erreicht niemals den völligen Wirklichkeitszerfall, der die moderne abstrakte Kunst kennzeichnet. Es muß daran erinnert werden, daß das Land selbst während des größten Teils seiner Geschichte „zeitlos" und traditionsgebunden war, wodurch es dem Künstler von Generation zu Generation dasselbe Antlitz darbot.

4. Ein wichtiges Element in vielen Zeugnissen dieser Kunst ist die Verwendung einer umgekehrten Perspektive und die „veränderliche Bildschärfe". Die wissenschaftliche Perspektive abendländischer Kunst trennt den Betrachter da-

durch von der Landschaft, daß sie einen Fluchtpunkt einrichtet, der ihn auf Distanz hält. In der chinesischen Kunst wurde das Tiefenproblem anders behandelt. Dort wurde der Raum dazu verwendet, den Eindruck zu erwecken, als setze er sich über die Grenzen des Bildes hinweg fort. Die Szenen verlieren sich hinter halb verhangenen Felsmassiven und kaum erkennbaren Formen im nicht mehr Erkennbaren. Entfernungen werden eher angedeutet als berechnet. Die der abendländischen Naturanschauung eigenen endlichen Strukturen weichen einer Welt, die unbegrenzt und letztlich nicht zu erkennen ist. Der Betrachter steht nicht außerhalb des Bildes; er ist ein Teil von ihm.

Die Unterscheidung zwischen der natürlichen und der vom Menschen geschaffenen Welt wird durch eine Mischung beider verwischt. Viele chinesische Bilder bringen die Natur direkt in das Haus, wenn sie Bäume abbilden, die durch das Dach wachsen, wenn sie umschlossene Höfe, Quellen und Ströme darstellen, die sich in unmittelbarer Nähe des Lebensraumes befinden. Der Mensch lebt in großer Nähe zur Natur, die sein eigentliches Zuhause ist. Der Maler Mi Fei soll im 11. Jahrhundert den Lieblingsstein in seinem Garten „meinen älteren Bruder" genannt haben.

Die für die westliche Malerei so wichtige Trennung schließlich von Figuren und Hintergrund wird weniger betont; Menschen und Gegenstände fügen sich in ihre Umgebung ein, obgleich sie im Detail mit großer Genauigkeit abgebildet sein können. Dies läßt sich beispielsweise an der Wiedergabe der geologischen Strukturen von Felsformationen oder Erosionseffekten erkennen. Aber es ist die Felshaftigkeit, nicht der Fels, die abgebildet wird. In diesen Landschaften werden die „Dinge" als solche nicht in ihrer Isolation vorgestellt.

5. In der Wildnis östlicher Malerei spiegelt sich nicht die Gegenwart des Bösen. Nach chinesischer Anschauung befindet sich das Böse außerhalb der Natur. Die „ragenden Pfeiler der Felsgipfel, die stürzenden Bäche und dunklen Wasserfälle, die verschlungenen Massen der lautlosen, schlafenden Bäume und die einsamen Tempel, zu denen gewundene und schmale Pfade führten" (Sickman & Soper, 1968, S. 103), erweckten den Eindruck von Schönheit, Melancholie oder sogar Trauer, doch selten wirkte die Natur bedrohlich. Sie mochte der symbolische Ausdruck für den Rückzug in die Einsamkeit, für einen privaten Zufluchtsort oder für die Möglichkeit des Reisenden sein, Entdeckungen zu machen; aber durch nichts ist ein Berg geheimnisvoller als ein Stein; die Großartigkeit des Meeres unterscheidet sich nicht von der des Teiches. Alles ist eine Manifestation des göttlichen Grundes.

6. Der Grundsatz, daß „jede Wahrheit im Naturgeschehen enthalten ist", macht aus der natürlichen Welt ein Modell des menschlichen Lebens. Die Menschen sind nicht nur ein Teil der Natur, sondern sind auch ihrer Hierarchie, ihrem Schema einander zugeordneter Werte verpflichtet. Man vermag die wirklichen Vorgänge in dieser Welt nur dadurch zu erfassen, daß man sich nicht vom

Tafel 7: Ma Yüan (Sung Dynastie), „Hoher Berg", Museum of Fine Arts, Boston.

Tafel 8: Unbekannter Meister (Sung Dynastie), „Klares Wasser im Tal" (Ausschnitt), Museum of Fine Arts, Boston.

Augenblick ablenken läßt. Das Prinzip des *Li* verlangt, daß man sich den Formen und Konfigurationen eines Gegenstandes unterwirft; die Kontemplation wird die Voraussetzung für Spontaneität. Schüler der japanischen Pinselmalerei begannen zuerst mit Atemübungen; das Malen selbst mochte anfangs nur fünf Minuten in Anspruch nehmen. Indem er auf solche Weise die Natur verstehen lernte, lernte der Künstler sich selbst kontrollieren.

Dem westlichen Betrachter erscheint die östliche Wiedergabe des Menschen *in* der Natur fremdartig, ein wenig so, als ob er chinesischer Musik lausche. Die Wahrnehmung der Musik wie der bildenden Kunst ist in hohem Maße kulturell bedingt, worauf wir in Kapitel 5 ausführlich zurückkommen werden. Die Tafeln 7 und 8 illustrieren einige der Faktoren, die wir oben beschrieben haben. Die Landschaft von Ma Yüan „Hoher Berg" ist ein gutes Beispiel für die klassische chinesische Malerei. Die Stilisierung von Felsen und Bäumen beherrscht das Bild anstelle des naturalistischen Details. Tiefe und Perspektive werden nicht betont. Ein Gefühl der Unmittelbarkeit wird durch die Verkürzung der Distanz erreicht. Vordergrund und Hintergrund werden beinahe als Einheit wahrgenommen. Eine ganz andere Reaktion auf die Landschaft läßt sich in einer Wandmalerei auf Holz, dem „Klaren Wasser im Tal" (unbekannter Meister, 10. Jahrhundert) erkennen. Die Verschmelzung von Bergen und Himmel im Hintergrund verleiht der Szene ihre Grenzenlosigkeit, während die Beschaffenheit des Vordergrundes die genauen Einzelheiten des Pavillons und der menschlichen Figuren verbirgt, die sich beinahe in den Ausmaßen der Natur verlieren. In der östlichen Landschaftsmalerei werden häufig Handlung, Stil, Szenerie und die Menschen als eine Erscheinung wahrgenommen; es gibt genaugenommen kein Figur-Grund-Verhältnis.

Zusammenfassung und Schluß

Den Wert, den die Menschen der Natur zuerkennen, erwerben sie im Kontext von drei nicht immer übereinstimmenden Grundpositionen zur Welt. Eine ist die historische. Wir erben Einstellungen, die in unsere Kultur niedergelegt sind, so daß gegenwärtige Wahrnehmungen zum Teil durch Kräfte bedingt sind, die für die Umwelt früherer Zeiten formend und wertbestimmend waren. Insofern nehmen wir die Gegenwart mit den Augen der Vergangenheit wahr. Die zweite Reaktionsweise hängt mit unseren unmittelbaren Bedürfnissen und Präferenzen zusammen. In dieser funktionalistischen Betrachtungsweise wird die Natur der menschlichen Ausbeutung unterworfen, die ihre Grenzen nur in denen unserer technologischen Fähigkeiten findet, gesetzte Ziele zu erreichen. „Die Landschaft ist ihren Preis wert."

Schließlich betrachten wir die Umwelt unter dem Aspekt ihrer zukünftigen Entwicklung. Dies ist eine Anschauung, die von ästhetischen Rücksichten, dem Umweltschutzgedanken und der Sorge um das Überleben geprägt ist. Sie wurde die Grundlage der ökologischen Bewegung. Auf lange Sicht ist sie ein besserer Funktionalismus als der gegenwärtige Funktionalismus. Doch kann keine solche Bewegung von Erfolg gekrönt sein, wenn sie nicht die historischen Faktoren berücksichtigt, die sich auf die Einschätzung der natürlichen Welt durch die Menschen ausgewirkt haben. Mit dieser Perspektive beschäftigen wir uns im vorliegenden Abschnitt.

Zu Anfang des Kapitels haben wir uns die Frage gestellt: Wie ist die Naturanschauung des westlichen Menschen vom Animismus zum Ökosystem gelangt? Die primitiven Völker unterschieden kaum zwischen belebten und unbelebten Dingen – und merkwürdigerweise hatten sie – wenn man unsere gegenwärtige Überzeugung betrachtet, daß Materie einfach gebundene Energie sei –, wenn auch ohne es zu wissen, in überraschendem Maße recht. Die Primitiven waren abergläubisch. Wir sind rationalistisch und reduzieren die Natur nach dem Wort von Bertrand Russell auf die Elemente, die den physikalischen Gleichungen genügen. Vielleicht ist auch dieses Verfahren ein Aberglaube, insofern es zur Erklärung der Realität herhalten muß. In jedem Fall haben wir die Götter aus der Natur verbannt und durch Theorien ersetzt. Unsere Wahrnehmungen in der Welt haben sich entsprechend verändert.

Vier entscheidende Entwicklungen tragen zu einer Erklärung dieses Wandels bei, der sich über Jahrhunderte erstreckte. Eine war das Erscheinen der jüdisch-christlichen Lehre von einem geschaffenen Universum mit Gott als dem Schöpfer und dem Menschen als seinem Diener auf Erden. Diese Entwicklung führte allmählich zu einer Trennung des Menschen von der Natur. Er sah sich immer deutlicher außerhalb der Welt, die er zu erkennen suchte. Das Christentum verlieh dem Individuum ein ausgeprägtes Empfinden für seine Würde, seinen Selbstwert und (in Gestalt der Seele) für sein Ego. Als im wesentlichen städtische Religion betrachtete es die Wildnis mit Ambivalenz – als ein Heiligtum, in das der Mensch sich zurückzog, wenn er ungestört mit Gott kommunizieren wollte, oder als einen Ort des Geheimnisses und des Schreckens, wo die Menschen bestraft wurden. Die ungebändigte Natur wurde als eine mögliche Versuchung betrachtet. Man durfte sich nicht um ihrer selbst Willen an ihr erfreuen. Diese Anschauung überdauerte die Renaissance noch um geraume Zeit.

Hand in Hand mit diesem Mißtrauen gegenüber der natürlichen Welt ging eine Verleugnung der sinnlichen Aspekte des menschlichen Körpers. Dieser Aspekt des Christentums hat seine Wurzeln im Manichäismus, wurde von Augustin am elegantesten definiert und fand seine extremste Erscheinungsform im Calvinismus zur Zeit der Reformation. Das Ergebnis war eine Verschärfung des

79

Mensch/Natur-Dualismus; man mißtraute der Natur nicht nur, die physischen Sinne des Individuums wurden auch im Namen eines höheren, das heißt religiösen Guten unterdrückt. Inhaltlich und formal diente die Landschaftsmalerei zur Verdeutlichung religiöser Themen. Erst vom 17. Jahrhundert an war der sinnliche Genuß an der Natur selbst gestattet, und erst im 18. und 19. Jahrhundert diente sie als unmittelbare Inspirationsquelle religiöser Werte.

Als dritter Faktor trug zur Veräußerlichung der Natur das lineare Zeitverständnis des Christentums bei, die Vorstellung, daß die Ereignisse sich eher vorwärts als kreisförmig bewegten. Dadurch kam es zu dem Begriff, daß Veränderung auf kontingenten Beziehungen zwischen den Dingen beruhe, statt sich aus ihrer je eigenen Beschaffenheit zu ergeben. Die griechische Überzeugung, daß die Gegenstände im wesentlichen stabil seien und von ihnen innewohnenden Zwecken bestimmt würden, führte zu der Vorstellung, daß das Verhalten der physikalischen Welt durch die Beziehung von Ursache und Wirkung erklärt werden könne. Bis zum 18. Jahrhundert glaubte man, daß diese ursächlichen Beziehungen von einem Naturgesetz regiert würden, das seinem Ursprung nach eigentlich übernatürlich war.

Die vierte wichtige Entwicklung, die wahrscheinlich nicht ohne den christlichen Glauben an Zeit und Veränderung stattgefunden hätte, war die wissenschaftliche Revolution, die in der späten Renaissance begann. Auf einer theoretischen Ebene wurde dadurch eine Welt geschaffen, die ganz und gar zu erklären war und in der der Mensch allmählich Gott als den höchsten erkennenden und schöpferischen Geist ersetzte. Auf einer praktischen Ebene lieferten die wissenschaftlichen Entdeckungen das Fundament für eine empirische Manipulation der Umwelt. Diese Entwicklung mündete in die technologischen und kybernetischen Revolutionen unserer Tage. Gleichzeitig haben die theoretischen Begriffe die Natur in immer kleinere und unterscheidbarere Einheiten zerlegt, so daß wir unsere Umwelt eher als eine Vielzahl von Fragmenten, statt als ein einheitliches und erfahrbares Ganzes wahrnehmen. Das Generalthema dieses langen Prozesses wird durch die Wendung „Die Eroberung der Natur durch den Menschen" zum Ausdruck gebracht.

So verheerend auch die Ausbeutung der Umwelt erscheinen mag, erst im theoretischen Feld werden wir die tieferen, wenn auch weniger sichtbaren Auswirkungen der modernen Wissenschaft erkennen können. Die Aussage, daß die Wissenschaft Gott als Erklärungssystem des Universums ersetzt hat, ist ein Gemeinplatz. Die Natur läßt sich nicht mehr in ein theologisches Glaubenssystem einordnen. Prinzipiell fordert die Wissenschaft uns auf, die Welt als eine Schöpfung aus sich selbst zu begreifen. Der Primat der Natur läßt sich jedoch nur verstehen, wenn man sie in immer kleinere und kleinere Elemente zerlegt. Letztlich wird die Natur unsichtbar; auf das Vorhandensein von Partikeln, die kleiner als Atome sind, können wir nur aus ihrem Wirken in Zyklotronen schließen.

In diesem Sinne stellt die moderne Wissenschaft ein schönes Beispiel für eine selektive Wahrnehmung dar; sie ist analytisch und abstrakt ausgerichtet. Noch wichtiger ist die Tatsache, daß sich in der wissenschaftlichen Methodologie ein Bruch mit ihrem technologischen Ursprung anbahnt, denn erst im 20. Jahrhundert haben Wissenschaftler die Erkenntnis gewonnen, daß die Naturgesetze nicht präexistent waren und entdeckt wurden, sondern daß der Wissenschaftler selbst sie erfunden hatte. Die Beziehungen zwischen den Objekten sind nicht deterministisch sondern deskriptiv. Eigentlich versucht die Wissenschaft also, die Welt in den holistischen Vorstellungsbildern eines Universums „zusammenzufügen", das der Mensch und nicht Gott geschaffen hat.

Unsere Einstellungen gegenüber der natürlichen Welt werden immer noch von der Fiktion einer Wissenschaft bestimmt, die uns gestattet, bestimmte Ziele zu realisieren. Wenn die Wahrheit auch identisch sein mag mit dem, was wirkt, so sorgen wir doch auch dafür, daß Wahrheit wird, was wirkt. Aber während unsere Umwelt zunehmend fragmentarisiert und reduziert wurde, wurde auch deutlich, daß die Natur sich nicht länger bruchstückhaft kontrollieren läßt. Viele Umweltexperten sehen darin die eigentliche Aufgabe der Ökologie. Wir benötigen ein Naturverständnis, das sich nicht das Ziel setzt, innerhalb eines unübersehbar komplexen Systems von Wechselwirkungen eine mechanische Kontrolle auszuüben, sondern eine moralische Antwort auf die „Gesetze" zu finden, die die Wissenschaft geschaffen hat. Dies würde bedeuten, daß die technologisch-wissenschaftliche Wahrnehmung der Welt mit einer moralisch-humanen Wahrnehmung zu versöhnen wäre. Wenn nämlich der Mensch die Welt erfunden hat, in der er lebt – wenn sie nicht nur Gottes Werk ist – dann ist der Mensch auch für das verantwortlich, was er geschaffen hat.

Als wir die oben dargestellte Einschätzung der Umwelt erörterten, verglichen wir die Einstellungen der abendländischen Kultur mit jenen des Ostens, besonders Chinas. Wir wollten eine Haltung zeigen, die zwar gleichfalls in der religiösen Orientierung wurzelt, doch gänzlich verschieden ist. Der östliche Mensch findet seinen psychologischen Ort innerhalb der natürlichen Welt und sucht nicht mittels abstrakter Begriffsbildung die Trennung von ihr. Er nimmt die Natur unmittelbar und organisch wahr. Sein Verhalten paßt sich der natürlichen Ordnung ideal an und strebt nach der Harmonie mit ihr.

Solch ein Vergleich soll nicht zeigen, daß entweder der Osten oder der Westen die höherstehende Kultur erreicht hätte. Darüber mögen andere befinden. Wir wollen hier nur darlegen, wie sich die Haltungen gegenüber der Natur in zwei verschiedenen Teilen der Welt entwickelt haben; und wir wollen uns fragen, ob es uns möglich ist, aus den östlichen Einstellungen etwas zu lernen, was uns bei der Lösung unserer eigenen Umweltprobleme helfen kann. Wir müssen hinzufügen, daß der Osten sehr viel von uns gelernt hat. Ohne unsere naturwissenschaftlichen Entdeckungen hätte man dort nicht die Krankheiten besiegen, die landwirtschaftlichen Erträge steigern, mühselige Arbeitsmethoden überflüssig machen und den Lebensstandard für Millionen von Menschen heben können. In Kapitel 10 werden wir uns wieder mit der Natur beschäftigen, doch dann etwas genauer und auf einer eher verhaltenswissenschaftlichen Ebene. In welchem Maße wirkt sich das kulturelle Milieu auf die alltägliche Wahrnehmung der natürlichen Umwelt durch das Individuum aus? Wie beeinflussen solche Wahrnehmungen ihrerseits die Wahl der Wohngegend, die wirtschaftliche Nutzung der Rohstoffe, die Akklimatisierung an die Umweltgefahren, die ästhetische Bewertung der Natur und die Sorge um die Erhaltung der Umwelt? Wie sind solche Urteile auf Persönlichkeitszüge, Beruf und sozioökonomische Schicht zu beziehen? Welche Faktoren spielen bei Entscheidungen hinsichtlich der Umwelt eine wichtige Rolle? Wie kann die Kenntnis dieser Dinge schließlich verwendet werden, um eine Umweltmoral zu formulieren – um eine Mensch/Umwelt-Beziehung zu entwerfen, die über den gegenwärtigen „Stand der Dinge" hinausgeht?

Zum Schluß dieses Kapitels wollen wir einige allgemeine Bestimmungsfaktoren vorschlagen, die eine solche moralische Position begründen können – Faktoren, die möglicherweise die Einstellungen gegenüber der natürlichen Umwelt in den kommenden Jahrzehnten bestimmen könnten.

1. Die Umweltkrise wird uns (wie sie es ja bereits tut) zu einem radikalen Umdenken in unserer Beziehung zur Natur zwingen. Erschöpfung der Rohstoffquellen, Bevölkerungswachstum, Umweltverschmutzung, ästhetische Entstellung der Landschaft – diese Erscheinungen sind für uns alle von entscheidender Bedeutung. Der Mensch wird nicht mehr so leicht bereit sein, der Natur ein bestimmtes Schema aufzuzwingen, ohne die ökologischen Konsequenzen seines Handelns zu berücksichtigen.

2. Eine Minorität der abendländischen Menschheit wird sich an östlichen Einstellungen orientieren – wird versuchen, Person und Natur in einer neuen Weise gefühlsmäßig und gedanklich zu erfassen. Diese Menschen werden die Welt am besten durch Meditation und persönliche Sensitivität verstehen. Nach den Worten von George B. Leonard (1972), einem der Fürsprecher dieser Erkenntnisweise, „findet die leblose Welt zum Leben zurück", wenn die Menschen jenen abstrakten und allgemeinen Begriffen weniger Bedeutung beimessen, die „hypnotische Macht über unsere Wahrnehmungen" ausüben (S. 45). Obwohl diese Gruppe noch nicht viele Mitglieder zählt, weiß sie sich Gehör zu verschaffen, ist einflußreich und wächst.

3. Bei den meisten von uns wird sich eine anthropozentrische Haltung durchsetzen, aber wir werden doch in unserem Umgang mit der Natur bescheidener werden müssen. Glacken (1966) hat bemerkt, daß die Anschauung, die den Menschen in den Mittelpunkt stellt, nicht unbedingt mit einem „selbstgefälligen Utilitarismus" gleichgesetzt werden müsse, sondern auch „umfassenderen

Vorstellungen Raum geben" könne (S. 364). Die Werte, die wir in der Natur erblicken werden, werden menschliche Werte sein, obwohl unsere Einstellung ihr gegenüber nach wie vor eher rational als organisch sein wird. Die Technologie, die uns die Macht verlieh, die Umwelt auszubeuten, wird als ein Mittel erkannt werden, sie zu bewahren. Diese Haltung wird im Begriffsrahmen des Umweltmenschen oder, in einem allgemeineren Sinne, in dem des Ökosystems fußen. Der Mensch wird der bewußte Entscheidungsträger innerhalb dieses Systems sein, der die natürlichen Prozesse nach einem Plan lenkt, dessen Ziel ein besseres ökologisches Gleichgewicht zwischen Natur und Menschen ist. 4. Wie läßt sich dies unter praktischem Gesichtspunkt erreichen? Wir können damit beginnen, daß wir ein Begriffssystem als Denkhilfe zur Verfügung stellen. Denn man sollte sich klarmachen, daß die scheinbare Komplexität der Natur nicht innewohnt, sondern eine Folge der Instrumente ist, die wir verwenden, um sie zu manipulieren, zu messen und zu klassifizieren. Beispielsweise ist nichts am Gehen, Atmen oder an der Blutzirkulation sehr komplex; die Komplexität entsteht erst dadurch, daß wir diese Prozesse zu beschreiben versuchen. Ein menschliches Wesen ist nur in dem Maße kompliziert, in dem wir es mittels einander wechselseitig bedingender biologischer Funktionen „mechanisieren". Im Alltag reagieren wir auf die ganze Person, auf das Individuum, das in der Gesamtheit seiner biologischen, sozialen und kulturellen Komponenten erscheint.

Das ist denn auch das Thema dieses Buches. Kapitel 3 wird die Entwicklung einer Reihe allgemeiner Theorien über die Umwelt nachzeichnen, die zu dieser holistischen Betrachtungsweise der Beziehungen zwischen Mensch und Milieu beigetragen haben.

Literaturnachweise

Burtt, E. A. *The metaphysical foundations of modern science*. New York: Anchor Books, 1954.

Burke, E. *Philosophical inquiry into the origin of our ideas of the Sublime and Beautiful* (1757). Herausgegeben von J. Boulton. London: Routledge and Kagan Paul, 1958.

Clark, K. *Landscape into art*. Boston: Beacon Press, 1946.

Friedlander, M. J. *Landscape, portrait, still-life*. New York: Schocken Books, 1963.

Gilkey, L. *Maker of heaven and earth*. New York: Anchor Books, 1965.

Gilpin, W. *Three essays: On picturesque beauty; on picturesque travel and on landscape painting*. London: Routledge and Kagan Paul, 1792.

Glacken, C. Reflections on the man-nature theme as a subject for study. In F. Darling & J. Milton (Hrsg.), *The future environments of North America*. Garden City, N.Y.: Natural History Press, 1966.

Huxley, A. *Do what you will*. London: Chatto & Windus, 1919.

Leonard, G. B. *The transformation*. New York: Delacorte Press, 1972.

Leopold, A. *A sand county almanac*. New York: Oxford University Press, 1949.

McHarg, I. Ecological determinism. In F. Darling & J. Milton (Hrsg.), *The future environments of North America*. Garden City, N.Y.: Natural History Press, 1966.

Madge, C. Private and public spaces. *Human Relations*, 1950, 3, 187–199.

Needham, J. *The grand titration*. London: Allen & Unwin, 1969.

Piaget, J. *The child's conception of the world*. New York: Harcourt Brace, 1929.

Sickman, L. C., & A. Soper. *The art and architecture of China*. Baltimore: Penguin Books, 1968.

Watts, A. The individual as man/world. In P. Shepherd & D. McKinley (Hrsg.), *The subversive science: Essays toward an ecology of man*. Boston: Houghton Mifflin, 1969.

White, L. Jr. The historical roots of our ecologic crisis. In P. Shepherd & D. McKinley (Hrsg.), *The subversive science: Essays toward an ecology of man*. Boston: Houghton Mifflin, 1969.

Literaturempfehlungen

Caldwell, L. *Environment: A challenge for modern society*. Garden City, N.Y.: Natural History Press, 1970.

Clark, K. *Landscape into art*. Boston: Beacon Press, 1946.

Glacken, C. *Traces on the Rhodian shore*. Berkeley, Calif.: University of California Press, 1967.

Nash, R. *Wilderness and the American mind*. New Haven: Yale University Press, 1967.

Needham, J. *The grand titration*. London: Allen & Unwin, 1969.

Im vorigen Kapitel wurde eingehend erörtert, wie sich die Einstellungen des Menschen gegenüber der Umwelt als eine Funktion der Geschichte und des kulturellen Umfeldes darstellen. Unser Blickfeld und unsere Zielsetzung werden beträchtlich enger, wenn wir uns vom kulturellen Ethos dem wissenschaftlichen Denken zuwenden, soweit es die menschliche Umwelt betrifft, von zeitbedingten Überzeugungen und Einstellungen zu systematischen Versuchen und theoretischen Entwürfen.

3

Die Suche nach der Umwelttheorie

Wenn der Leser der Erörterung bisher aufmerksam gefolgt ist, dann sollte er zu zwei Schlußfolgerungen über die Beziehung der Wissenschaft zum Umweltverständnis und zum Umweltprozeß gelangt sein: erstens, daß die Wissenschaft selbst eine Einstellung und ein Mittel ist, die Umwelt zu betrachten, zu verstehen und sich auf sie zu beziehen; und zweitens, daß sie tief in jenen Umweltüberzeugungen und -einstellungen der abendländischen Menschheit verwurzelt ist, die entstanden, als der mittelalterliche Glaube, daß die Erde der Mittelpunkt des Universums sei, aufgegeben wurde.

Am Anfang stand die Überzeugung, daß der Mensch von der materiellen Welt getrennt sei; daß er, da er nicht mehr der Mittelpunkt des Universums sei, außerhalb der eigenen Welt stehen, sie betrachten und sie objektiv untersuchen könne; am Ende konnte er sie manipulieren, verändern und sie seinen Zwecken dienstbar machen. Dies war und ist das Kredo der modernen Wissenschaft. Ihr unermüdliches Erkenntnisstreben ist nicht darauf gerichtet, die Ereignisse zu verstehen, sondern sie zu kontrollieren und zu bestimmen; insbesondere geht es ihr um jene Ereignisse, die sich vom Menschen selbst unterscheiden, um Umweltereignisse also. Wenn das Heil des Menschen in Gott zu finden war, dann sollte ihn die Wissenschaft vor dem schrecklichen, unvorhersagbaren und häufig katastrophenartigen Charakter dieser Ereignisse bewahren.

Unter diesen Umständen war, wie nicht anders zu erwarten, die Voraussetzung für das Entstehen der modernen Wissenschaft die Untersuchung der physikalischen und natürlichen Umgebung des Menschen. Im 19. Jahrhundert war man sich der Effizienz einer empirischen Wissenschaft, die sich die Erkenntnis der Umweltphänomene zur Aufgabe gemacht hatte, nicht nur sicher, man feierte sie auch überschwenglich. Kein Wunder also, daß in dieser Zeit auch erste Versuche unternommen wurden, das Verhalten des Menschen selbst als ein Umweltereignis zu behandeln und es denselben wissenschaftlichen oder systematisch-empirischen Untersuchungsmethoden zu unterwerfen, die auf andere Ereignisse der materiellen Welt angewendet worden waren. Schließlich war auch er ein Teil der Natur, und es gab keinen Grund, warum man ihn nicht distanziert und objektiv betrachten können sollte. So wurden die allgemeiner gehaltenen Versuche von Philosophen und Theologen, solche Fragen wie den Dualismus von Geist und Körper, die Beschaffenheit des menschlichen Denkens und der menschlichen Wahrnehmung und das Problem der Willensfreiheit zu lösen, in genaueren und empirischen Termini von Physiologen, Ärzten und einer kleinen, aber wachsenden Gruppe von „Psychologen" wieder aufgenommen. Je nach dem zugrunde gelegten Verfahren und dem Definitionsbereich der neuen Wissenschaft wurden spezielle Probleme formuliert und untersucht, um im einzelnen oder allgemeinen Antwort auf die Frage zu finden, wie Menschen lernen, denken, fühlen, sehen, hören, sich erregen und komplexe Verhaltensweisen ausbilden.

In unserer Erörterung werden wir nicht systematisch auf diese „psychologischen Schulen" eingehen, sondern zunächst einige der wichtigeren Versuche betrachten, die Umwelt begrifflich zu erfassen, insbesondere die materielle Umwelt in ihrer Beziehung zum menschlichen Verhalten. Detailliertere und umfassendere Darstellungen dieser verschiedenen Verfahren, die das Fundament für die moderne psychologische Theorie und Forschung legten, sind – einschließlich einiger Entwicklungen in der Umweltpsychologie – bei Heidbreder (1933), Boring (1942), Wolman (1968) und Woodworth (1948) zu finden. Natürlich entstand keine dieser Schulen oder keines dieser psychologischen Verfahren aus dem Nichts. Ihre Ursprünge lassen sich nicht nur bis zu den Entwicklungen zurückverfolgen, die am Anfang der modernen Wissenschaft standen, sondern bis zu jenen philosophischen, theologischen, wirtschaftlichen und politischen Konzeptionen von der Natur des Menschen und des Universums, die in griechischer Zeit oder sogar noch früher entworfen wurden.

Vom Standpunkt der Umweltpsychologie aus wird der Student, der sich mit diesen verschiedenen psychologischen Schulen beschäftigt, eine ihnen allen gemeinsame Eigenschaft erkennen. Sie liegt ganz einfach darin, daß keine von ihnen die Umwelt an sich systematisch in Begriffe faßte oder ein theoretisches Bezugssystem für ihre Beschreibung und Analyse schuf. Verhalten und Erfahrung des Menschen bildeten anstelle ihres Umfeldes den Gegenstand des Interesses. Es ergaben sich manchmal unmittelbar – wenngleich in eher allgemeinen als genauen Begriffen – doch weit häufiger mittelbar aus diesen Verfahren, das Verhalten und die Erfahrung des Menschen zu untersuchen, Implikationen hinsichtlich des Umweltrahmens. Im allgemeinen wurde dieses Umfeld als gegeben hingenommen, und folglich wurde es für theoretische oder Verfahrenszwecke weit häufiger implizit als explizit definiert.

Der Grund für diese Vernachlässigung der Umwelt ist leicht zu verstehen. Der Gegenstand einer Wissenschaft der Psychologie war der Mensch und nicht seine Umwelt. Die entscheidende Aufgabe bestand darin, die metaphysischen, sowie die anderen philosophischen und theologischen Konzeptionen des Menschen durch empirische Beschreibungen und Analysen in einem logischen Bezugsrahmen oder in theoretischen Schemata zu ersetzen. Aber es gab viel subtilere und wichtigere Gründe dafür, daß der Kontext der Umwelt in seiner Beziehung zum Verhalten und der Erfahrung des Menschen nicht in diesem Begriffssystem erfaßt wurde.

Die Psychologie beschäftigte sich nicht nur beinahe ausschließlich mit dem Verhalten der Person, sondern betrachtete – wie in Kapitel 2 dargelegt – die Person nicht in dem Maße als Teil ihrer Umwelt wie zum Beispiel ein Objekt in dieser Umwelt. Zudem wurde diese Umwelt als materielles und nicht als soziales Problem untersucht. Zu einem Umweltverständnis war man nämlich durch die neu gegründeten Naturwissenschaften gelangt, insbesondere durch die Physik, der es leichtfiel, die Beschaffenheiten und Einzelheiten vieler relevanter Aspekte der physikalischen Welt näher zu bestimmen.

Natürlich gab es eine Vielzahl komplexer Umweltereignisse – sozialer und materieller Art – die von diesen Wissenschaften nicht betrachtet wurden, die jedoch sicherlich von gleicher Bedeutung für das Verständnis menschlichen Verhaltens in natürlichen Umgebungen waren. Die Naturwissenschaften der Zeit ließen ein solches Verfahren nicht zu. Wenn der Mensch von der Umwelt getrennt war und wenn letztere ausschließlich ein materielles Problem war, dann durften alle Umweltereignisse sozialer Natur getrost außer acht gelassen werden.

Es ist jedoch auch ein anderer Gesichtspunkt zu betonen. Für die Anfänge der Psychologie war es eine lebenswichtige Frage, diese komplexen materiellen und sozialen Ereignisse als Interessengegenstand einer Wissenschaft vom Menschen abzulehnen. Und dies geschah dann auch. Eine Wissenschaft zu sein – den methodologischen und rationalen Verfahren der bereits etablierten Naturwissenschaften zu folgen – hieß, die menschlichen Probleme und ihre Untersuchung so zu definieren, daß diese Erkenntnisweisen auch wirklich verwendet werden konnten. Die Umwelt mußte in einfachen, objektiven und verifizierbaren Begriffen erfaßt werden, eine Aufgabe, der sich schon in großem Umfang die Naturwissenschaften angenommen hatten. In dieser Zeit versuchte man die Art und Weise, wie menschliche Wesen lernen, dadurch zu untersuchen, daß man ihnen reine Lerneinheiten (unsinnige Silben) präsentierte, wobei man ihnen eine jede nach einem genauen Zeitintervall darbot und alle anderen meßbaren Umweltbedingungen im Raum konstant hielt. Die materielle Umwelt wurde atomistisch und additiv behandelt. Man betrachtete also spezifische Umweltobjekte, und die Umwelt im allgemeinen war die Summe all jener Objekte, die aufgezählt und gemessen werden konnten. Erst seit relativ kurzer Zeit beginnen die Naturwissenschaftler allmählich die Umwelt als ein

Netzwerk oder System von Wechselbeziehungen zu begreifen, in dem jede Teilstruktur oder Strukturebene, die man untersucht, in ihrer Beschaffenheit und Funktion von der Beschaffenheit und Funktion aller anderen Teile oder Strukturen der Umwelt bestimmt wird, in die sie eingebettet ist. Genauso übt sie auch ihren Einfluß auf die anderen Teile oder Strukturen aus. Wenn man den menschlichen Körper unter dem Gesichtspunkt des Ursprungs, der Beschaffenheit und der Funktion irgendeines seiner Teile, beispielsweise des Herzens, betrachtet, erkennt man, was es mit diesem holistischen oder systematischen wissenschaftlichen Erkenntnisverfahren auf sich hat.

Psychologische Perspektiven: Psychoanalytische Theorie, Behaviorismus und Gestalttheorie

Unsere Erörterung beginnt mit drei sehr verschiedenen theoretischen Betrachtungsweisen des Menschen: der psychoanalytischen Theorie, dem Behaviorismus und der Gestaltpsychologie. Jede dieser Theorien bedeutet einen historischen Wendepunkt, von dem aus die Entwicklung wieder anderer Positionen ihren Anfang nahm. Man findet sogar Beispiele für moderne theoretische Positionen, die ausgewählte Aspekte von zumindest zweien dieser unterschiedlichen Haltungen, wenn nicht von allen dreien, integriert haben. Zum besseren Verständnis kann sich der Leser diese Theorien als die drei Punkte eines Dreiecks vorstellen. Die später integrierten Theorien sind zwischen den Punkten den Dreiecks anzuordnen oder irgendwo innerhalb des Dreiecks, wenn alle drei Theorien miteinander verbunden wurden.

Psychoanalytische Theorie

War die Umwelt für Freuds Menschenbild wichtig? Fraglos war dies der Fall. Hat er für diese Umwelt ein Begriffsschema entwickelt? Diese zweite Frage läßt sich nicht einfach mit „Nein" beantworten, sondern man müßte sagen, daß er keines brauchte. Denn Freud (1933) warf alle seine theoretischen Probleme sozusagen in einen Topf. Er verstand den Menschen – und alle Ereignisse, die sich aus dieser extremen Position auf dem Scheitelpunkt der phylogenetischen Skala ergaben – als verwurzelt in einer Reihe ererbter instinktmäßiger Triebe, dem Lebenstrieb (Eros) und dem Todestrieb (Thanatos). Diese Triebe waren universell, untrennbar mit einer irreversiblen Entwicklungssequenz verbunden und letztlich die Basis jedes menschlichen Verhaltens und aller menschlichen Erfahrung. Der Ausgangspunkt des Freudschen Systems war der Begriff der intrapsychischen Konflikte, beispielsweise des Ödipuskomplex, deren besondere Erscheinungsformen, Unterdrückung und Konsequenzen von den Erfahrungen abhingen, die das Individuum während seiner Sozialisation machte. Die Abwehrmechanismen machten es in beträchtlichem Umfange erforderlich, diese Konflikte zu kontrollieren, wodurch die wahre Bedeutung dessen, was das Individuum dachte, tat und fühlte, auf einer unbewußten Ebene blieb. Auf dieser Ebene nahm Freud die bewußteren und realitätsnäheren Triebe und Einstellungen wahr, die er *Ego* nannte und die die Ansprüche der instinktmäßigen Triebe (des *Es*) mit den materiellen, sozialen und kulturellen Normen einer organisierten Gesellschaft in Einklang zu bringen hatten.

Freud war insofern ein Umweltpsychologe, als er glaubte, daß die soziale und zwischenmenschliche Umwelt die Erscheinungsformen und Konsequenzen der Lebens- und Todesstrebungen der Person bestimmte. Eine ererbte psychosexuelle Stadienfolge, die mit der Geburt beginnt und in die frühe Adoleszenz hineinreicht, entfaltet sich unter dem Einfluß bestimmter Menschen (beispielsweise der Eltern, der Geschwister, der Freunde und der Lehrer), bei denen die Verantwortung für die Beaufsichtigung der ersten Erfahrungen und Aktivitäten des Kindes (Essen, Spielen, Schlafen, Lernen, Defäkation usw.) in vorgegebenen menschlichen Umgebungen liegt (zu Hause, Spielplatz, Schule usw.). Diese Menschen schaffen in diesen Umgebungen die spezifische Erscheinungsform und den spezifischen Inhalt der Erfahrungen und Aktivitäten. Sie bestimmen, auf welcher Ebene, in welchem Muster und letztlich mit welchen Konsequenzen für das Erwachsenenalter dieser psychosexuelle Entwicklungsprozeß verläuft. In diesem Sinne kann Freud als der vollendete Reduktionist bezeichnet werden. Alle menschlichen Ereignisse, Aktivitäten, Erscheinungsformen und Begriffe, ob sie die Person, die Gruppe oder die Gesellschaft im ganzen betrafen, waren Manifestationen und Ausdruck des psychosexuellen Systems und seiner Enwicklung, und ließen sich deshalb auf dieser Grundlage erklären.

Welche Erkenntnisse lassen sich dann überhaupt aus Freuds psychoanalytischer Theorie über die Beschaffenheit und die Bedeutung der materiellen Umwelt gewinnen? Zumindest lassen sich drei grundlegende Erkenntnisse benennen. Erstens kommt der materiellen Umgebung mehr Bedeutung zu, als daß sie nur in irgendeinem objektiven Sinne Gegenstand der Beobachtung oder der Reaktion wäre. Wenn in allem Verhalten und aller Erfahrung des Menschen wirklich die Ego-Es-Beziehung und die intrapsychischen Konflikte in irgendeiner modifizierten und verborgenen Form zum Ausdruck kommen, dann folgt daraus, daß die Umwelt des Individuums selbst als Bedeutung, Signifikanz und Funktion in dem zugrundeliegenden intrapsychischen System verwurzelt sein muß. Diese Erkenntnis führt uns zu einer weiteren. Materielle Umwelten, ihre Erscheinungsform, ihr Inhalt und ihre Bedeutung drücken die unbewußten Bedürfnisse, Werte und Konflikte der Person aus. In Freuds Sy-

stem reflektiert der häufig angeführte Symbolismus in der vom Menschen geschaffenen Umwelt weniger das zugrundeliegende Wertsystem der Kultur als
vielmehr die zugrundeliegende Psychodynamik des Verhaltens und der Erfahrung des Individuums. Die kulturellen, sozialen und materiellen Systeme des
Menschen bringen also eine universell zugrundegelegte Persönlichkeitsstruktur zum Ausdruck, die in den Konflikten zwischen den instinktmäßigen Trie-
ben und in ihrer Befriedigung begründet ist.

Viele Elemente des Freudschen Systems der psychosexuellen Entwicklung ha-
ben Bedeutung für die Planung und Verwendung materieller Umgebungen.
Die Fütterungs- und Sauberkeitserziehung des Kindes, die sexuellen Beziehungen der Eltern, die sozialen Interaktionen der Geschwister und viele andere
Aspekte dieser Entwicklungsperspektive hängen nicht nur von den beteiligten
Menschen, sondern auch von den Umfeldern ab, in denen diese Aktivitäten
stattfinden. Bei der zentralen Bedeutung des Ödipus- und Elektrakomplexes in
Freuds Theorie ist beispielsweise die Heimlichkeit ein entscheidendes Element
in der sexuellen Beziehung der Eltern. Wenn der kleine Junge eine starke sexuelle Bindung an die Mutter verspürt, dann ist alles von Bedeutung, was er sehen
und hören kann, wenn seine Eltern irgendeiner Form der „Liebe und Romantik" entweder im Schlafzimmer oder außerhalb nachgehen. Bei der Bedeutung
der Reinlichkeitserziehung in Freuds Theorie ist nicht nur entscheidend, wie
und durch wen das Kind erzogen wird, sondern auch wo. Die Anlage des Badezimmers, besonders inwieweit es als Intimbereich erkennbar ist, spielt dabei
eine wichtige Rolle. Zu ähnlichen Schlüssen kann man bei der Planung von Küchen kommen, wenn man sie im Lichte von Freuds Theorie des oralen Stadiums beim Kinde und der Bedeutung der Fütterung betrachtet.

Freuds Ansatz geht jedoch weit über diese spezifischen Implikationen hinaus.
Die Logik der vom Menschen geschaffenen Umwelt spiegelt – unabhängig von
kulturellen Unterschieden – seine unbewußten Wünsche, seine Versuche, diese
Wünsche zu definieren, und die Weise wider, in der er seine instinktmäßigen
Triebe befriedigt und zügelt. Im weitesten Sinne und in sehr präziser Weise ist
Freuds Theorie in der Lage, die der modernen Technologie „zugrundeliegenden" Bedeutungen und Zwecke zu benennen, beispielsweise der des Autos
oder des Düsenjets, unabhängig davon, in welchem Tempo sie dem Bestreben
des Menschen dient, seine materielle Umwelt zu meistern.

Behaviorismus

Seinem Ursprung und seiner Entwicklung nach kontrastiert der Behaviorismus
deutlich mit Freuds psychoanalytischer Theorie. Sein Rahmen war das akademische Tierlaboratorium und nicht der psychiatrische Behandlungsraum. An-

ders als Freuds Theorie, ging es dem Behaviorismus ebenso sehr darum, die Grundlagen einer Wissenschaft vom menschlichen Verhalten zu legen, wie den Menschen selbst zu verstehen. Die Anspielung nämlich, die wir oben auf eine „beginnende wissenschaftliche Psychologie" machten, die die Methodologie der Naturwissenschaften zu ihrem Vorbild nahm, beschreibt ein Gewand wissenschaftlicher Achtbarkeit, das von den Behavioristen mit mehr Stolz und Selbstgerechtigkeit angelegt wurde, als von irgendeiner anderen Gruppe von Psychologen. Doch gründet sich der Erfolg des Behaviorismus als eine wesentliche Kraft in der Entwicklung der amerikanischen Psychologie auf mehr als nur die Verwendung dieses Modells. Er lehnte sich eng an den Pragmatismus von Charles Pierce und William James an, und dieser stand seinerseits in direktem Zusammenhang mit der technokratischen und utilitaristischen Einstellung der Amerikaner gegenüber ihrer Umwelt, insbesondere während der zwanziger Jahre dieses Jahrhunderts.

Obwohl der klassische Behaviorismus im Laufe der letzten fünfzig oder sechzig Jahre erheblich abgeändert wurde, sind seine Grundthesen dieselben geblieben. Die Wissenschaft – so fordert er – ist definitionsgemäß ein Erkenntnisverfahren, in dem die Objektivität jederzeit die empirische Analyse erzwingen müsse. Soweit es das menschliche Verhalten betrifft, dürfen nur jene Ereignisse, die beobachtet und empirisch erfaßt werden können, von einer Wissenschaft vom Menschen berücksichtigt werden. Die Analyseeinheit ist deshalb die S-R-oder Reiz-Reaktionsbeziehung, in der beobachtbare Verhaltensweisen durch gleichfalls beobachtbare und meßbare Reize hervorgerufen werden. Einige grundlegende S-R-Einheiten sind biologisch bestimmt und in der Erbanlage verankert; alles andere Verhalten beruht auf diesen grundsätzlichen Reaktionssystemen und wird mittels eines Prozesses erlernt, in dem sich neue S-R-Beziehungen ausbilden. Wann immer Problemsituationen auftreten, in denen die verfügbaren S-R-Einheiten keine angemessene Lösung für das Problem mehr darstellen, werden neue Reaktionen hervorgerufen und diejenigen, die zu einer Befriedigung für den Organismus führen, werden als neue S-R-Einheiten etabliert. Solche Befriedigungen können entweder Reaktionen sein, die sich auf triebbezogene Objekte richten, zum Beispiel Nahrung oder Wasser, die einen immanenten Befriedigungswert für den Organismus besitzen (positive Verstärker oder Belohnungen) oder die sich aus Reaktionen ergeben, mit deren Hilfe sich Objekte, Situationen oder Ereignisse vermeiden lassen, die der Organismus als bedrohlich oder schmerzhaft empfindet (negative Verstärker oder Bestrafungen). Mit einem entschlossenen Schnitt eliminierte der Behaviorismus Bewußtsein, kognitive Aktivität und, allgemeiner formuliert, das „innere Leben" der Person als legitime Interessengegenstände des Psychologen. Die Behavioristen leugneten nicht, daß es interne Prozesse gab; sie waren aber der Ansicht, daß es zur Untersuchung und zum Verständnis dieser Prozesse notwendig war, sie in beobachtbare Reaktionen zu übersetzen. Diese Erscheinungsformen von beobachtetem Verhalten bezogen beispielsweise einfache Verbalisationen ein, die an genauso definierte und beobachtbare Reizsituationen gebunden waren. Das Individuum wird damit zu einer „black box", aber einer Schachtel (box), die sich als ein Aggregat von habituellen Reaktionen (S-R) auf sich wiederholende oder ähnliche Situationen darstellt. Ob es sich dabei um Essen, Bedürfnis nach Zurückgezogenheit, aggressives Verhalten, Sympathiegefühle, Machtstreben, Voyeurismus oder die Wahl der Republikaner handelte, immer wurden diese Aktivitäten als habituelle Reaktionen auf S-R-bezogene Reize oder Reizsituationen betrachtet. Wörter wie „Bedürfnis", „Gefühle" und „Wunsch" wurden als mentalistisch abgestempelt und deshalb weder für notwendig noch nützlich gehalten.

Es sollte deutlich geworden sein, daß die Umwelt – die materielle, soziale oder kulturelle – eine entscheidende Rolle für den Behavioristen spielt. Der Behaviorismus erfaßt die Umwelt wirklich in Begriffen, die denen des Naturwissenschaftlers sehr nahe kommen, was mit anderen Worten bedeutet, daß sie für den Behavioristen wirklich, meßbar und unabhängig existent ist. Aber für das Verständnis des Verhaltens spielt die Bedeutung der Umwelt als solche keine Rolle. Die besonderen Objekte, Dinge oder Menschen, die in das Verhalten einbezogen sind, interessieren nicht. Die Bedeutung ist insofern strukturell, als die Umwelt unabhängig von ihrer Beschaffenheit oder Komplexität in einfachsten Termini beschrieben werden kann, das heißt als ein Reiz oder als Reize, die das Verhalten hervorrufen. Wenn diejenigen, die für die Entwicklung oder Veränderung im Verhalten anderer verantwortlich sind (Lehrer und Meister zum Beispiel), den Prozeß menschlichen Verhaltens oder Lernens in dieser Weise verstehen würden, würden sie per definitionem wissen, welches die geeigneten Aktivitäten, Verhaltensweisen oder Reaktionen sind, die gelernt werden müssen, und würden sogar die Bedingungen herstellen können, die notwendig sind, um sie zu erlernen.

Die Umwelten, die die Menschen sich schaffen, sind einfach von der Frage abhängig, welche Umwelten, oder welche Objekte in den Umwelten, zu positiven oder negativen Verstärkungen führen. Die Umwelten sind nicht nur Reizanordnungen, sondern diese Reize bestimmen auch, wann, wie, wo und mit wem wir uns verhalten werden. Selbst in dieser Hinsicht blieb der Begriff des Behaviorismus von der Umwelt – oder von den Reizen, aus denen sie sich zusammensetzten – weit hinter dem zurück, was not tat. Beinahe die ganze Aufmerksamkeit war auf die Reaktionsseite der S-R-„Gleichung" gerichtet. Am ehesten nähert sich einer expliziten Beschäftigung mit der Umwelt die Konzeption der „setting events" an, was heißt, daß gewisse Reize (theoretisch kann jeder Reiz dazu dienen) Signale für das Erscheinen oder Nichterscheinen eines Verstärkers werden. In diesem Sinne schafft der Reiz die Gelegenheit für die

Reaktion. Die Umwelt ist also eine komplexe Anordnung unterscheidbarer Reize, die signalisieren, welche Verstärkungen dort möglicherweise auftreten können. In Kapitel 5 werden wir betrachten, welche Grenzen solch ein objektorientiertes oder reizorientiertes Verfahren der Wahrnehmung der Umwelt setzt.

Der führende Sprecher des Behaviorismus ist heute B. F. Skinner (1953), dessen Hauptbeitrag in den Studien zum operanten Verhalten besteht, in denen Umweltreize Reaktionen hervorrufen, die zu positiven oder negativen Verstärkern führen. Wenn beispielsweise ein Kind konsistent Süßigkeiten oder irgendeine andere Belohnung dafür bekommt, daß es zu Hause leise spricht, dann wird es nach Skinners Theorie ein ruhiges Mitglied des Haushaltes werden. Nach Skinner sollen Umwelten häufig „Bedeutung" oder „Wert" als Folge sekundärer Verstärkung erwerben. Der eben beschriebene ruhige Haushalt nimmt eine unabhängige Belohnungsbedeutung an. Die operanten Behavioristen haben auf dem Verstärkungsbegriff eine eindrucksvolle Theorie der Kultur errichtet, in der sie die demokratischen und liberalen Gesellschaften als im wesentlichen positive (belohnende) Verstärker und die autoritären als „bestrafend" darstellen. Skinner selbst, der privat ein Utopist ist (Skinner, 1971), ist in seinem Verfahren ein entschiedener Positivist, obgleich er dadurch in Bereiche der Sozialtechnik geraten ist, die viele Anwälte der Demokratie für unvereinbar mit deren Begriff halten.

Gestalt-Theorie

Unser Dreieck der wichtigsten theoretischen Verfahren wird durch die Gestaltpsychologie vervollständigt. Wie beim Behaviorismus liegen ihre Ursprünge in den akademischen Forschungslaboratorien, doch damit endet auch jede Ähnlichkeit zwischen den beiden Schulen. Gestaltpsychologie und Behaviorismus stehen einander vielmehr als Antithesen hinsichtlich der Zielsetzung, des theoretischen Verfahrens und des späteren Einflusses auf die Entwicklung der Psychologie als Wissenschaft gegenüber. Die Gestaltpsychologie interessierte sich ursprünglich nicht für das Verhalten, sondern für die menschliche Wahrnehmung und andere kognitive Prozesse, und ihr Untersuchungsrahmen waren die akademischen Forschungslaboratorien der deutschen Universitäten, wo als erstes Problem die visuelle Wahrnehmung von Bewegung betrachtet wurde. Ihre Hauptvertreter wie Köhler (1929) und Koffka (1935) wandten sich vor allem gegen jede Form des analytischen Reduktionismus, der versuchte, komplexe psychologische Prozesse des Menschen dadurch zu verstehen, daß er ihre irreduziblen Grundelemente ermittelte. Im Falle des Behaviorismus, der sich in Konkurrenz zur Gestaltpsychologie entwickelte, war die

S-R-Einheit ein solches Grundelement. In ihrem experimentellen Verfahren hatten die Psychophysiker einige Zeit zuvor – sie besaßen aber noch viel Einfluß, als die Gestaltpsychologie entstand – versucht, funktionale Beziehungen zwischen meßbaren Reizeigenschaften (der Intensität des Lichtes beispielsweise) und diskreten psychologischen Reaktionen (subjektiven Urteilen über die Helligkeit des Lichtes zum Beispiel) herzustellen (Boring 1942). Ein weiteres experimentelles Verfahren, gegen das sich die Gestaltpsychologen aussprachen, war die deutsche, englische und amerikanische Erscheinungsform der Assoziationspsychologie (in Amerika der Strukturalismus). Hier lag die Betonung auf dem Bewußtsein und den Erfahrungen des Menschen, wobei man mittels einer systematischen Selbstbeobachtung versuchte, die grundlegenden und irreduziblen Einheiten der kognitiven und affektiven Reaktionen (Empfindung) des Menschen aufzustellen. All diese analytisch-reduktiven Verfahren, die nach den Grundeinheiten des Verhaltens und/oder der Erfahrung des Menschen in ihren Beziehungen zu meßbaren und definierbaren Reizeigenschaften suchten, gingen von der Voraussetzung aus, daß die scheinbare Komplexität des psychologischen Prozesses und des menschlichen Verhaltens leicht zu beschreiben und zu verstehen sei, sobald diese Beziehungen ermittelt worden seien (Heidbreder 1933; Woodworth 1948).

Wenn sich die Gestaltpsychologie in einer so unversöhnlichen Opposition zu dieser Form reduktionistischer Analyse befand, wofür trat sie dann ein? Der Terminus *Gestalt* ist ganz offensichtlich der Schlüssel. Das Wort bedeutet soviel wie „Form" oder „Konfiguration". Die entscheidende Idee besteht jedoch darin, daß immer das Ganze wahrgenommen wird, ob es sich um ein Objekt, eine Person, ein Ereignis oder eine materielle Anordnung handelt. Wenn man eine solche Erscheinung durch die Betrachtung ihrer Teile analysieren und untersuchen will, als ob sie sich zu einem Ganzen summieren ließen, verletzt man dadurch die Integrität des Untersuchungsgegenstandes. Jedes Ereignis, Objekt, Verhalten oder jede Erfahrung besteht aus dem Beziehungsmuster zwischen den verschiedenen Teilen. Die heute so berühmte Aussage der Gestaltpsychologie, daß „das Ganze mehr ist als die Summe seiner Teile" ist nicht geheimnisvoller als die Überzeugung, daß aufgrund des Beziehungsmusters zwischen den Teilen Eigenschaften auftreten, die nicht in den Teilen selbst zu finden sind.

Um ein modernes Beispiel anzuführen: Man kann nicht verstehen, wie eine Großstadt funktioniert, wenn man sich ihre Wohnhäuser, Bürogebäude und Fabriken, ihr Transportsystem, ihre Theater und andere Freizeitzentren, ihre Schulen und Krankenhäuser einzeln ansieht, das heißt als unterschiedene und nicht aufeinander bezogene Institutionen. Erst wenn man jede dieser Einrichtungen in ihrer Wechselwirkung mit den anderen betrachtet, gibt der Begriff der Großstadt einen Sinn. Erst die totale Realität der Großstadt erklärt die

Funktionsweise jeder ihrer spezifischen Einrichtungen. In einem späteren Kapitel werden wir den Begriff Ambiente (ambience) einführen, um einen Aspekt solcher groß dimensionierten Umwelten zu beschreiben. In gewissen Sinne hilft dieser Begriff, die verschiedenen Bestandteile psychologisch zu integrieren, deren ständige Interaktion eine „Großstadt" ausmachen.

Die theoretischen Formulierungen der Gestaltpsychologie umfassen trotz des besonderen Interesses für die Wahrnehmung und andere kognitive Prozesse die Untersuchung des gesamten Menschen. Wir wollen uns hier jedoch auf die spezielle Bedeutung der Gestaltpsychologie für die Untersuchung des Menschen in seiner Beziehung zur materiellen Umgebung beschränken. Mindestens drei ihrer Grundannahmen haben entscheidende Bedeutung für die Umweltpsychologie. Ob man sie nun akzeptiert oder nicht, man ändert dadurch nichts an ihrer Bedeutung. Denn indem man sie akzeptiert oder zurückweist, entscheidet man sich zwischen sehr verschiedenen Perspektiven auf diesem neuen Gebiet.

Anders als der Behaviorismus war die Gestaltpsychologie nicht im amerikanischen Pragmatismus, sondern in der deutschen Phänomenologie verwurzelt. Heidbreder (1933) schreibt, daß der Gestaltpsychologe „versucht, zur naiven Wahrnehmung, zur unmittelbaren, ,vom Lernen noch unverdorbenen' Erfahrung zurückzugelangen; und (er) ist fest davon überzeugt, daß (er) diese nicht in Sammlungen von Elementen, sondern in einheitlichen Ganzheiten, nicht in vielen Einzelwahrnehmungen, sondern in Bäumen, Wolken und Himmel findet". In diesem Sinne unterscheidet Koffka (1935) zwischen der geographischen Umwelt – der Umwelt, wie sie wirklich existiert – und der Verhaltensumwelt oder der Umwelt, wie sie die Person erfährt. Und in der letzteren erblickt Koffka die Determinanten für das Verhalten des Individuums. Er nimmt an, daß in manchen Fällen das, was tatsächlich vorhanden ist, und das, was wir als vorhanden wahrnehmen, sich sehr unterscheiden kann. (Wir werden diese Unterscheidung in Kapitel 5 noch ausführlicher betrachten müssen.) Doch waren die Gestaltpsychologen der Meinung, daß die Eigenschaften der geographischen Umwelten unter normalen Umständen Teil der Verhaltensumwelt würden, die das Individuum erfahre; außerdem führt die Wahrnehmung der geographischen Umwelten, obgleich jedes Individuum sie im Prinzip für sich selber wahrnimmt, zu Gemeinsamkeiten in den Verhaltensumwelten verschiedener Menschen. Dies liegt daran, daß die Menschen gemeinsame neurologische Mechanismen ererben und ihnen gemeinsame Sozialisationserfahrungen auferlegt werden.

Schließlich machte das Verfahren der Gestaltpsychologie explizit geltend, daß das Verhalten in kognitiven Prozessen verwurzelt sei. Es wird danach nicht durch Reize bestimmt, sondern ergibt sich aus der Bedeutung oder den Konzeptionen, die aus der Wahrnehmung einer Anordnung, eines Objektes, einer

Person oder eines Ereignisses entstehen, und wirkt sich seinerseits auf diese Bedeutung aus. Insofern haben Umwelten nicht nur ihre Struktur, sondern auch ihr besonderes Wesen. Verschiedene Umwelten – oder dieselbe Umwelt zu verschiedenen Zeiten – können nämlich ihre Bedeutung verändern und dadurch entsprechende Verhaltensveränderungen hervorrufen.

Lewins Feldtheorie

Vielleicht hat kein anderer Theoretiker einen so vielfältigen Einfluß auf die Psychologie ausgeübt wie Kurt Lewin (1935). Obgleich auch er ein Gestaltpsychologe war, erweiterte und vertiefte er dieses Verfahren dadurch, daß er sich Fragen zuwandte, die von den klassischen Gestaltpsychologen kaum beachtet worden waren, etwa der kindlichen Entwicklung, der Persönlichkeitsstruktur und dem Persönlichkeitsprozeß, der Dynamik der Gruppenfunktionen, dem Intergroup-Konflikt, der Forschungsmethodologie für die Untersuchung des Menschen. Außerdem schuf er ein sehr allgemeines Verfahren und ein vorläufiges Begriffssystem zur Erfassung der Umwelt. Im großen und ganzen lieferte er eine breit angelegte methodologische Strategie zur Formulierung und Analyse von Problemen, die das Verhalten und die Erfahrung des Menschen betrafen. Dort waren dann die theoretischen und empirischen Details einzufügen, die eine fortwährende systematische Forschungsarbeit zu beschaffen hatte. In dieser begrenzten Übersicht können wir nur einige der Aspekte von Lewins Verfahren berühren, die für unsere Darstellung der Versuche relevant sind, die Umwelt des Individuums begrifflich zu erfassen.

Während der Begriff des Verhaltensumfelds in Lewins Verfahren nicht deutlicher wird als in dem irgendeines anderen Gestaltpsychologen, interessierten ihn doch die kognitiven Prozesse nicht an sich, sondern vielmehr ihre Rolle bei der Verhaltenskontrolle. Lewins Feldtheorie stellt den formalen Versuch dar, Analyseinstrumente verfügbar zu machen, die alle verhaltensbestimmenden Faktoren berücksichtigen können (1951). Im wesentlichen glaubte Lewin, daß der Strom von Aktivitäten, den wir menschliches Verhalten nennen, sich ergebe aus der fortgesetzten Interaktion von Faktoren innerhalb der Person, zum Beispiel Bedürfnissen, Werten, Gefühlen und Prädispositionen, mit anderen externen Faktoren, die in einem gegebenen Verhaltensumfeld wahrzunehmen sind. Nach seiner Überzeugung bestimmten also weder Bedürfnisse noch Reizobjekte wie, wann und in welcher Weise eine Person sich verhält, sondern die Konstellation oder das Muster innerer und äußerer Einflüsse, die sie erfährt. Diese Annahme hing mit Lewins Begriff des *Lebensraumes* zusammen, den er als V = f (PU) definierte, wobei das Verhalten (V) als Funktion (f) der

Interaktionen von Persönlichkeit und anderen individuellen Faktoren (P) und der wahrgenommenen Umwelt des Individuums (U) angesehen wird. Obgleich Lewin der materiellen Welt keine besondere Aufmerksamkeit schenkte, schließt sein Begriff des Lebensraums ohne Zweifel mehr als nur soziale und kulturelle Umwelten ein. In diesem Zusammenhang sind einige der Termini von Wichtigkeit, die er verwendete, um die Umwelt im allgemeinen zu beschreiben. So können Objekte, Situationen oder andere Menschen im Lebensraum der Person über positive oder negative *Valenzen* verfügen. Dies hängt von ihrer Fähigkeit ab, die Bedürfnisse oder Intentionen zu reduzieren, bzw. zu intensivieren. *Lokomotion*, die sozial, begrifflich oder materiell sein kann, bedeutet eine Positionsveränderung hinsichtlich irgendeiner Zielregion. Der durstige Mann, der die Straße überquert, um aus einem Wasserspender im Park zu trinken, verwendet eine materielle Lokomotion in Richtung auf die Zielregion „Wasserspender". Auch der junge Mann, der während einer ersten Verabredung versucht, seine nicht so interessierte weibliche Partnerin zu beeindrucken, bemüht sich, in Richtung auf das sozial erstrebenswerte Ziel, ihre Gunst zu gewinnen, zu lokomotieren. Eine *Barriere* ist eine Grenze im Lebensraum der Person, die der Lokomotion Widerstand entgegensetzt. Es kann sich um eine materielle Barriere handeln, wenn das Tor zum Park geschlossen ist, oder um eine soziale Barriere, wenn der junge Mann seine Partnerin für älter und erfahrener hält.

Wir haben dem umfangreichen theoretischen Bezugssystem keine Gerechtigkeit widerfahren lassen, das von Lewin in dem Bemühen entwickelt wurde, Inhalt, Struktur und Dynamik (Motivationskräfte) im Lebensraum begrifflich zu fassen. Es sei aber zum Schluß noch darauf hingewiesen, daß Lewin den Lebensraum, oder die von einer Person erfahrene Welt, in ihrer Beziehung zum Verhalten niemals so absolut setzte, daß die Wirklichkeit und nichtbewußte Ereignisse (zum Beispiel eine Mauer, die die Person nicht bemerkt hat) in diesem Ansatz keinen Platz gefunden hätten. So wies er darauf hin, daß das Bewußtsein, oder die Dinge, deren die Person tatsächlich inne wird, nicht als Kriterium für die Entscheidung darüber verwendet werden dürfte, was psychologisch existiert. „Es ist beispielsweise keine Frage, daß für eine Person, die sich in einem ihr bekannten Raum befindet, der Teil der Wand, der sich hinter ihr befindet, zu ihrer augenblicklichen Umwelt gehört" (1936, S. 18). Und wir möchten hinzufügen, ob sie sich dieser Mauer bewußt ist oder nicht. In diesem Sinne meinte Lewin, daß alles, was Wirkung habe, real sei und deshalb in den Lebensraum einzubeziehen sei. Lewin war sich sehr wohl der Tatsache bewußt, daß neben den Faktoren, die von der Person nicht bemerkt werden, auch andere Faktoren, die sich außerhalb des Lebensraums befinden und deshalb nicht Gegenstand psychologischer Gesetze sind, das Verhalten beeinflussen. Lewin hat in seinen Formulierungen den Einfluß dieses Bereiches der Realität nicht geleugnet. So wurde die *äußere Hülle des Lebensraums* definiert als „Fakten, die zwar nicht psychologischen Gesetzen unterworfen sind, aber den Zustand des Lebensraums beeinflussen" (S. 206). Wenn unser durstiger Mann am Wasserspender feststellt, daß das Wasser verfärbt und schmutzig ist, weil die Stadt versäumt hat, seinen Behälter zu säubern, können wir sicher sein, daß er es nicht trinken wird. Die Handlung – oder besser gesagt die Nichthandlung des Wasseramtes – wirkt sich ohne jeden Zweifel auf sein Verhalten aus.

Barkers ökologische Psychologie

Roger Barker (1963 a, 1963 b, 1968), ein Kollege von Lewin, ging auch aus der Schule der Gestaltpsychologie hervor. Barker formulierte jedoch das Problem des menschlichen Verhaltens in ganz anderen Termini. Seine „ökologische Psychologie" läßt sich als Psychologie der Umwelt oder, wie er es nennt, eines „Verhaltensumfeldes" (behavior setting) definieren. Ein Verhaltensumfeld ist nach Raum und Zeit begrenzt und besitzt eine Struktur, die eine Wechselbeziehung materieller, sozialer und kultureller Eigenschaften umfaßt, so daß sie gemeinsame oder regulär verlaufende Verhaltensweisen hervorruft. Barker setzte sich das Ziel, die Beziehungen zu bestimmen zwischen dem, was er das extraindividuelle Verhaltensmuster nannte – das heißt das Verhalten, das alle Menschen in einem Verhaltensumfeld zeigen –, und den strukturellen Eigenschaften dieses Umfeldes. Jedes institutionalisierte Umfeld, wie eine Kirche, eine Schule, eine Hotelterrasse, eine Cocktailbar oder ein Spielplatz, sind für den ökologischen Psychologen von Bedeutung. Um das Beispiel der Hotelterrasse zu nehmen: Es würde insofern als ein Verhaltensumfeld anzusehen sein, als seine materiellen Eigenschaften (Anordnung der Stühle, der kleinen Tische, des Geländers und so fort) zusammen mit ihrem impliziten Zweck (Entspannung, Konversation, Trinken, Kartenspiel usw.) denen, die die Terrasse betreten, eine explizite Verhaltensweise aufzwingen. All diejenigen, die bestimmte Verhaltensumfelder und ihre Objekte verwenden, werden in relativ großem Umfange sozial definiert.

Fraglos geht aus Barkers Ansatz hervor, daß die Umwelt, von der er spricht, ihre eigene Realität besitzt. Dies ist die objektive und nicht die psychologische Umwelt, welch letztere den Kern von Lewins Lebensraum ausmacht. Doch wenn wir genau hinsehen, dann scheint es nur so, als besitze diese Umwelt ihre eigene Realität, denn Barker setzt sich nicht mit den sozialen Definitionen auseinander, die auf die verschiedenen Räume angewendet werden. Obwohl er von den Verhaltensumfeldern als Räumen und Orten spricht, ist begrifflich viel mehr als nur ein materielles Umfeld im Spiel. Er betont die Tatsache, daß

98

„Verhaltensepisoden" in ein materielles Bezugssystem eingebettet sind – „kräftige, sehr sichtbare Züge der ökologischen Umwelt" –; doch weit mehr Wichtigkeit besitzt die Tatsache, daß das materielle Umfeld selbst über eine soziale und kulturelle Definition verfügt, die sich aus den beabsichtigten Zwekken des Umfeldes, der Art von Menschen, die es benutzen werden, und daraus herleiten, welche Aktivitäten und unmitelbaren Ergebnisse sich in ihm zeigen werden. Ein Verhaltensumfeld ist nicht einfach ein Raum mit bestimmten Grenzen und einer zufälligen Ansammlung von Objekten. Seine materiellen Dimensionen, die Beschaffenheit seiner Objekte, wo und wie sie placiert werden und so weiter, werden alle vom sozial definierten Charakter der Situation bestimmt.

Unter Berücksichtigung seines Interesses für die Beziehung zwischen Verhaltensumfeldern und ihren gemeinsamen Verhaltensweisen, könnte man Barkers Verfahren irrtümlich als behavioristisch oder als der S-R-Theorie zugehörig verstehen. Das wäre eine unzulässige Annahme, weil der Gegenstand seines theoretischen Interesses nicht die Psychologie des individuellen Verhaltens ist, sondern augenblickliche Ansammlungen von Menschen, die auf materielle Umfelder reagieren; so hofft er zu ermitteln, wie nichtpsychologische Faktoren der Umwelt sich auf typische Verhaltensweisen in typischen Verhaltensumfeldern auswirken. Wenn er diese Beziehungen sucht, läßt er natürlich die inneren individuellen Prozesse außer acht, die definitionsgemäß alles Verhalten und alle Erfahrungen des Menschen bestimmen.

Kernpunkt der Art und Weise, in der Barker das Verhaltensumfeld definiert, ist ein sozialer Zweck oder eine soziale Bedeutung, zu der eine Reihe sozialer Regeln gehören, die in einem geordneten System zusammenfassen oder integrieren, was Menschen tun, wie sie es tun, mit wem sie es tun, und wann und für welche Zeitabschnitte sie es tun. Wenn wir uns ein Baseballspiel, einen Collegeball, ein Begräbnis oder einen Klassenraum vorstellen, wird uns die volle Bedeutung der ökologischen Verhaltenstheorie von Barker klar. Ohne Frage gelangt man zu dem Schluß, daß Barkers Umwelt kaum die geographische Umwelt ist, wie Koffka sie definiert. Ihre Realität wird nicht materiell, sondern sozial definiert.

Barkers ökologische Psychologie verlangt ihre eigene Methodologie, und es ist sicherlich nicht die des Laboratoriums oder irgendeiner anderen Art manipulierter menschlicher Umfelder. Verhalten muß in alltäglichen, gewöhnlichen Situationen beobachtet werden. Es muß unter völlig freien Bedingungen aufgezeichnet werden. „Die Psychologie hat das Verhalten ihrer Versuchspersonen so eifrig Selektionen, Zwängen und Transformationen unterworfen", schreibt Barker, „daß man bis in jüngste Zeit versäumt hat, die eigene Struktur des Verhaltens zur Kenntnis zu nehmen, wenn es nicht durch Tests, Experimente, Fragebogen und Interviews beeinträchtigt wird" (1963, S. 24). Es mag so erscheinen, als sei Barkers Vorschlag trivial. Wir haben die Zwecke verschiedener Verhaltensumfelder durch die Verhaltensweisen definiert, die notwendig sind, um diesen Zwecken zu genügen. Dies mag richtig sein, doch es trifft auch zu, daß wir neben den offensichtlich angemessenen Verhaltensweisen (daß Menschen beispielsweise in Eßzimmern essen) wenig über diese Umfelder wissen, weil wir sie kaum untersucht haben. Viele Fragen bleiben offen: Welche nicht angemessenen Verhaltensweisen treten auf? Was passiert, wenn Verhaltensumfelder, die gleichen Zwecken dienen, sich hinsichtlich ihrer materiellen Ausmaße oder in anderer Weise unterscheiden? Welche Konsequenzen hat die Aktivität in einem Verhaltensumfeld auf die Ereignisse in einem anderen, das zu diesem ersten in einer zeitlichen und/oder räumlichen Beziehung steht? Was geschieht, wenn die stabile Struktur eines Verhaltensumfeldes nur teilweise erhalten bleibt (manchmal ist zum Beispiel die Musikbox im Imbißraum der örtlichen Schule in Betrieb und manchmal nicht)? Wir müssen sogar nach den Eigenschaften der gemeinsamen Verhaltensweisen fragen, die sich in bestimmten Verhaltensumfeldern zeigen. In diesem Zusammenhang lohnt es sich, Barkers eigene Äußerung wiederzugeben:

„Wissenschaft und Gesellschaft fragen mit größerer Dringlichkeit als jemals zuvor: Wie sind Umwelten beschaffen?... Wie selegieren und formen Umwelten die Menschen, von denen sie bewohnt werden? An welche strukturellen und dynamischen Eigenschaften der Umwelten müssen sich die Menschen anpassen? Dies sind Fragen an die ökologische Psychologie, und insbesondere sind sie ein Bestandteil der ökologischen Umwelt und ihrer Konsequenzen für den Menschen" (1968, S. 3 f.).

Barkers Methoden, mit deren Hilfe er die ökologische Beziehung zwischen dem Individuum und ihrem soziokulturellen Umfeld beobachtet, werden in Kapitel acht erörtert. Die Bedeutung seiner Erkenntnisse wird anhand einer umfassenden Schulstudie dargelegt, in der er zeigen konnte, daß Schüler, die kleinere Schulen besuchen, in einem Maße gefördert werden, das sich an großen Schulen, wo die Wahrscheinlichkeit größer ist, daß die Schüler eher als Zuschauer statt als Teilnehmer fungieren, nicht realisieren läßt. Kleinere Schulen bieten eine bessere Möglichkeit zur Teilnahme an freiwilligen Aktivitäten, und da der Teil der Schüler, der sich nicht beteiligt, viele der vorzeitigen Schulabgänger stellt, kann die Größe der Institution ein entscheidender Faktor für die Frage sein, ob jemand seinen Abschluß macht oder nicht.

Einige mikrotheoretische Ansätze

Bei der Erörterung der wichtigen psychologischen Theorien des menschlichen Verhaltens stießen wir auf zumindest zwei Fragen hinsichtlich der Umwelt.

Wie ist die Umwelt beschaffen, und wie erkennen wir die Umwelt? Einige Theoretiker haben versucht, die eine oder beide Fragen in spezifischen oder direkten Termini zu beantworten. In diesem Zusammenhang kommt der Arbeit von Brunswik (1949, 1956) Bedeutung zu, der sich in erster Linie mit dem Wahrnehmen oder „Erkennen" der Umwelt beschäftigte. Obwohl Brunswik sich an der Gestalttheorie orientierte, war sein Begriff von der psychologischen Umwelt des Individuums gänzlich verschieden von der einfachen Unterscheidung zwischen geographischer und Verhaltensumwelt, die Lewin und Koffka vornahmen. Brunswik beschäftigte sich mit Reizen, die er aber nicht als Reizquelle, sondern als Träger von *Informationen* aus und über die Umwelt ansah. Seine Perspektive ist einfach genug: Die Hinweise und andere Formen der Information, die ein Objekt, eine Konstellation von Objekten oder auch eine großdimensionierte Umwelt liefern, sind zahlreich und vielfältig. Deshalb ist die Information, die das Individuum von diesen Objekten erhält, niemals in völligem Einklang mit ihrer Quelle, das heißt, gewisse Informationen sind gültiger als andere. Wir müssen also bei dem Prozeß, durch den wir Informationen aus der Umwelt beschaffen, auch über die Wahrscheinlichkeit befinden, die für ihre Richtigkeit spricht, wir müssen entscheiden, ob es sich um zutreffende Informationen handelt.

So spricht Brunswik von „ökologischen Hinweisvaliditäten" und „Umweltwahrscheinlichkeiten", was schlicht bedeutet, daß der Wahrnehmende Teil des Wahrnehmungsprozesses wird; bei der Komplexität und der Mehrdeutigkeit seiner Umwelt beurteilt er sie oder verleiht ihr Bedeutung, indem er einem Teil der Hinweise mehr Validität zuspricht als dem anderen. Angesichts dieser „anerzogenen Mutmaßungen" oder Wahrscheinlichkeiten verhält sich dann das Individuum in einer Weise, die ihnen konsistent ist. In dem Maße, in dem diese Handlungen die Richtigkeit seiner Wahrnehmungen bestätigen, trifft er hinsichtlich seiner Umwelt bestimmte Wahrscheinlichkeitsvoraussagen, die seine Wahrnehmungsurteile in späteren Auseinandersetzungen mit der Umwelt steuern. Wenn sich jedoch die Umwelt ständig verändert, sind die Wahrscheinlichkeitshypothesen, die wir in der Vergangenheit verwendet haben, nicht immer zutreffend; und wenn der Organismus nicht zugrunde gehen will, muß er zu neuen Hypothesen kommen. Der Lernprozeß, ob er nun im Wahrnehmungssystem oder im Mittel-Zweck-System stattfindet, beruht auf dem Erwerb neuer Hypothesen.

Obzwar Gibson (1950, 1966) sich ebenfalls mit den Reizen als Trägern von Information über die Umwelt beschäftigte, war er gänzlich anderer Ansicht darüber, wie wir sie wahrnehmen. So unterscheidet er zwischen naturgetreuer Wahrnehmung und schematischer Wahrnehmung. Die naturgetreue Wahrnehmung betrifft die unmittelbare Erfahrung der Umweltreize, die wir alle machen, weil wir in den grundlegenden sensorischen Strukturen und menschlichen Prozessen verwurzelt sind. Die schematische Wahrnehmung definiert er dagegen als „die Welt der nützlichen und bedeutsamen Dinge, der wir gewöhnlich unsere Aufmerksamkeit zuwenden". In diesem Fall wird die Umwelt nicht nur als bedeutungsvolles Universum empfunden, sondern ist auch als ein solches organisiert. Bei dieser Wahrnehmungsweise reagieren wir nicht einfach auf Empfindungen, sondern auf Stimmungen, Einstellungen, Werte und Wünsche, die uns durch verschiedene Reize induziert werden. So werden sich heiße und kalte Temperaturen, ein blendendes Licht, ein salziger Geschmack und ein angenehmer Duft auf fast alle Menschen in weitgehend gleicher Weise auswirken. Aber das umgebende Milieu, in dem wir diese Empfindungen erfahren, kann sehr verschieden wahrgenommen werden, was von Faktoren abhängt, die in keiner Beziehung zu den unmittelbaren und naturgetreuen Reizen stehen. Vier Faktoren, die nach Auffassung Gibsons die schematische Wahrnehmung beeinflussen, seien genannt: die frühere Erfahrung oder die Wahrnehmungseinstellung, persönliche Bedürfnisse, Werte und Haltungen sowie sozialer Konsens. Der letzte Faktor bezieht sich auf die Tatsache, daß unsere Umwelten geordnet oder sinnvoll sind, weil wir ihnen einen solchen Sinn oder eine solche Ordnung aufgestülpt haben. Durch sozialen Konsens bringen wir bestimmte Objekte zusammen, geben wir ihnen Namen, verwenden diese Namen und verhalten uns entsprechend, wenn wir mit den Objekten konfrontiert werden. Es ist erforderlich, daß wir die Welt, in der wir uns bewegen, nicht nur von einem Tag auf den anderen als dieselbe erkennen, sondern daß wir auch wissen, daß andere diese selbe Welt bewohnen. Die Fragen, die diese Theoretiker aufgeworfen haben, werden uns im einzelnen in Kapitel fünf beschäftigen. Wieder andere Theoretiker haben unsere Aufmerksamkeit weniger auf die Frage gelenkt, wie wir unsere Welt wahrnehmen, sondern wie unsere Umwelt beschaffen ist. Aus Platzgründen sehen wir uns dazu gezwungen, uns auf diese Theoretiker als Gruppe zu beziehen, anstatt ihre Ansichten im einzelnen zu betrachten. So haben sich Sells (1966), Fiske und Maddi (1961) und Berlyne (1960) mit der Reizbeschaffenheit hinsichtlich ihres Einflusses auf solche Faktoren wie die Persönlichkeitsentwicklung, Lernfähigkeit und Sozialkompetenz beschäftigt. Wieder andere wie Wohlwill (1968) untersuchen die Umwelt als Ursache von Affekten und Einstellungen, die die Gefühle der Lust und Aufregung, der Aversion und Langeweile hervorrufen. Diese werden als Funktion gewisser Reizeigenschaften wie der Komplexität, Inkongruenz, Neuheit, Vertrautheit und Vielfältigkeit gesehen, auf die der Organismus entweder in Form von Erregung oder von exploratorischer Aktivität reagiert. Rapoport und Kantor (1967) betonen den positiven Wert der Mehrdeutigkeit und Ungewißheit für die „Beteiligung" des Individuums an seiner Umwelt, und Wohlwill (1968) hat der Neuheit, Inkongruenz und Überraschung besondere Bedeutung zugeschrieben, wenn diese Reaktionen durch Züge in der materiellen Umwelt hervorgerufen werden. Fiske und Maddi (1961) weisen schließlich auf die Bedeutung hin, die (internen und externen) Reizen dabei zukommt, den Organismus neuropsychisch zu erregen.

Zwei andere Theoretiker, Murray (1938) und Chein (1954), haben unter dem generellen Einfluß von Lewin, Freud und der Gestalttheorie einen vorläufigen Versuch unternommen, die Umwelt der Person begrifflich zu erfassen. Murray verstand die Gegenstände und die Situationen in der Umwelt als positive und negative „Zwänge", je nachdem ob sie das Erreichen des Ziels, bzw. die Bedürfnisbefriedigung erleichtern oder behindern. Die Umwelt, mit der er sich beschäftigt, ist Lewins psychologische Umwelt. So werden die erstrebenswerten und die nicht erstrebenswerten Zielobjekte der Umwelt als positive und negative Valenzen identifiziert. Chein (1954) weist in seinem Artikel „The Environment as a Determinant of Behavior" auf die „relative Vernachlässigung der Umwelt durch viele der einflußreichsten theoretischen Ansätze" hin. Er glaubt, daß es wichtig sei, ein Schema aufzustellen, das ein angemessenes Mittel zur begrifflichen Erfassung der Umwelt darstelle. Interessanterweise orientiert er sich in seinem eigenen vorläufigen Versuch eher an Koffkas geographischer Umwelt als an der Verhaltensumwelt Lewins, wobei er zwei Gründe für diese Entscheidung nennt. Erstens ist er der Meinung, daß das gegenwärtige Wissen des Psychologen über die Person nicht ausreiche, um die Verhaltensumwelt begrifflich zu erfassen, da diese Umwelt uns nichts darüber mitteilt, wie die objektive Umwelt das Verhalten beeinflußt. Zweitens betont Chein die Tatsache, daß Dinge in der objektiven Umwelt das Verhalten beeinflussen, obwohl sie nicht in der Verhaltensumwelt, wie Koffka sie versteht, vorhanden sind; das heißt, das materielle Umfeld enthält Objekte, Räume und Qualitäten, deren die Person gewöhnlich nicht gewahr wird. Wie wir bereits oben erwähnt haben, berücksichtigte Lewin gerade dieses Problem bei der Entwicklung des Lebensraumes, obwohl er sich mit der objektiven Umwelt niemals in systematischer Weise auseinandergesetzt hat.

Nach eigener Formulierung definiert Chein Reize als all jene Erscheinungen, „die in der Lage sind, eine Veränderung in dem Strom der Aktivität hervorzurufen". Dies kann eine Lichtquelle oder eine komplexe soziale Situation sein. Nach seiner Meinung können jedoch Reize jeden Komplexitätsgrades auch andere Funktionen haben als nur die eines „Enthemmungs- oder Auslösungsmechanismus". Sie können auch in der Rolle eines *Zieles* auftreten, als etwas, was befriedigt, oder als eine *Noxe*, als etwas, was Unlust oder Schmerz erzeugt; sie können als Hilfen wirken, insofern bestimmte Züge der Umwelt bestimmte Verhaltensweisen bahnen, während *Beschränkungen* solches Verhalten entweder ausschließen oder es weniger wahrscheinlich machen. Schließlich können sie als Steuerungselemente auftreten, die als Eigenschaften der Umwelt definiert werden, denen „die Tendenz eigen ist, spezifische Verhaltensrichtungen zu induzieren". Chein differenziert jeden dieser allgemeinen Reiztypen weiter und macht schließlich einige Dimensionen verfügbar, in denen sich die allgemeinen Züge einer Umwelt beschreiben lassen. Umwelten können sich danach hinsichtlich ihres *Organisationsgrades*, ihres *Stabilitätsgrades* und schließlich der *Freiheitsgrade* unterscheiden, die sie der Person verfügbar machen.

Die Perspektive anderer Disziplinen

Die Theorie der materiellen Umwelt hat so vielfältige Implikationen, daß sie nicht dem Psychologen allein überlassen bleiben kann. Viele andere Berufe und viele andere Bereiche der Verhaltenswissenschaft haben ihre eigenen Theorien über die Beschaffenheit der materiellen Umwelt und über die menschlichen Reaktionen auf sie entwickelt. Natürlich waren wir in diesem Kapitel fast ausschließlich damit beschäftigt, die Perspektiven der theoretischen Psychologen zu erörtern, weil die Psychologen, zumindest im Kontext einer wissenschaftlichen Theorie, entweder explizit oder implizit am meisten über die materielle Umwelt in ihrer Beziehung zur Erfahrung und dem Verhalten des Menschen zu sagen haben. Die Soziologen widmen sich zwar per definitionem einem umweltbezogenen Begriffsfeld, doch gilt ihre Aufmerksamkeit fast ausschließlich der sozialen Umwelt des Menschen. Immerhin aber war es der Soziologe Robert E. Park (1952), der, wie Michelson (1970) bemerkt, als erster mit der Untersuchung der menschlichen Ökologie begann, oder doch zumindest jenen soziologischen Forschungsbereich schuf, der sich mit den Beziehungen zwischen einer Gemeinschaft oder Gruppe von Individuen und deren materiellen Umgebungen beschäftigte. Doch bei allen guten Absichten – und Michelson bemüht sich, auf sie zu verweisen – war die menschliche Ökologie weit mehr eine Methode als eine Theorie, und die Forschungsarbeiten, die entstanden, hatten die Tendenz, die sozialen Eigenschaften eines gegebenen Bereiches auf die Verhaltensmerkmale der verschiedenen beteiligten Menschengruppen zu beziehen. Die Beziehungen zwischen den materiellen Eigenschaften der städtischen Umfelder und der korrespondierenden sozialen Eigenschaften dieser Umfelder, oder zwischen den städtischen Umfeldern und dem Verhalten der Menschen, die in ihnen leben, wurden weitgehend außer acht gelassen. Andererseits haben sich einige Soziologen, etwa Gutman und Gans, für die Beziehungen zwischen der Planung materieller Umfelder – insbesondere im Wohnungsbau – und dem Verhalten von Individuen und Gruppen interessiert. Gutman (1966) hat sich generell mit dem Problem beschäftigt, in welcher Weise soziologisches Denken zur Architektur und den Bedürfnissen der Architekten beitragen kann. Gans (1962) hat die Anlage und Organisation von städtischen Gemeinden in ihrer Beziehung zum Verhalten und den Beziehungen der Menschengruppen betrachtet, die in diesen Gemeinden leben. Seine Untersuchungen des Bostoner West Ends werden in Kapitel acht und neun erörtert. In jüngerer Zeit hat Michelson (1970) einen Ansatz vorgeschlagen, den er „Theorie der Systemkongruenz" nennt. Darin geht er davon aus, daß materielle Umfelder an sich das Verhalten nicht bestimmen, daß sie jedoch, wenn sie den Zwecken und Zielen der Individuen entsprechen, die sich in diesen Umfeldern aufhalten, die Verhaltensweisen fördern, die erforderlich sind, um diese Ziele und Zwecke zu realisieren. Ein Wohnprojekt für niedrige Einkommensklassen zum Beispiel, das schön und aussagefähig entworfen wird, aber ohne Kommunikationszentren angelegt ist und dem „Wunsch nach gegenseitiger Hilfe" seiner Bewohner nicht Rechnung trägt, wird den Bedürfnissen dieser Menschen nicht entsprechen.

Auch die Anthropologen haben ihr Interesse materiellen Umfeldern zugewandt, insofern diese zu einem Verständnis der soziokulturellen Eigenschaften der besonderen Menschengruppe führten, die in ihnen leben. Bei der Beschäftigung mit primitiven Kulturen mußte der materielle Kontext beschrieben und auf die Verhaltensweisen und Erfahrungen der Mitglieder dieser Kulturen bezogen werden. Mit anderen Worten galt die Aufmerksamkeit der Art und Weise, wie diese Menschen sich an ihre materielle Umwelt anpaßten. Es entstand jedoch nicht nur keine Umwelttheorie, sondern in den meisten Fällen verlagerte sich die Aufmerksamkeit von der materiellen Umwelt selbst auf die psychologischen Eigenschaften der materiellen Umfelder; man untersuchte also die Überzeugungen, Gefühle oder Werte gegenüber dem materiellen Umfeld und die Art und Weise, wie sich diese Reaktionen auf die vorhandenen Verhaltensmuster und Gewohnheiten der Gruppen bezogen. Die materielle Umwelt als solche wurde Hintergrund, anstatt Interessengegenstand zu sein. Ein Anthropologe jedoch, Edward Hall (1966), hat sich fast ausschließlich mit der Frage nach nationalen und kulturellen Unterschieden in der Organisation und der Verwendung des Raumes beschäftigt, insbesondere hinsichtlich der psychologisch relevanten räumlichen Beziehungen zwischen Individuen bei sozialen Interaktionen. Sein Verfahren heißt „Proxemik" und wird genauer in Kapitel 6 erörtert.

In jüngeren Jahren wurde der verhaltenswissenschaftliche Ansatz auch auf dem Gebiet der Geographie übernommen. Diese Interessenrichtung hat vielfältige Gestalt angenommen. Eine der wichtigsten Fragen betrifft die Weise, wie Bodenbeschaffenheit und andere geographische Faktoren das Verhalten und die Erfahrung vieler Menschen beeinflussen. Die Frage wird auch umgekehrt: wie beeinflußt der Mensch sein geographisches Umfeld? Aber auch hier gab es mehr Diskussion als Fortschritt bei der begrifflichen Erfassung der materiellen Umwelt. In den folgenden Kapiteln dieses Buches wird der Leser Gelegenheit haben, einiges über die Theorie und die Forschungsarbeit dieser Geographen zu erfahren.

Aber die Architekten, Designer und Planer, die mit dem Einfluß der natürlichen und baulichen Umwelt auf das Verhalten und die Erfahrung beschäftigt sind, haben nicht auf entsprechende Entwicklungen in den Verhaltenswissenschaften gewartet. Das sollten sie auch nicht tun, weil der zurückgelegte Weg lang war und der vor uns liegende es nicht minder sein wird. Außerdem ist die Umweltpsychologie, wie wir bereits vorgebracht haben, ein interdisziplinäres Gebiet, das nicht nur die Integration der Ansätze verschiedener Verhaltenswissenschaften, sondern auch derjenigen der Architekten, Designer und Planer erfordert.

Wie nicht anders zu erwarten, haben einige Architekten, Designer und Planer ihre eigenen Mikrotheorien der Umwelt formuliert; doch diese sind eher Orientierungshilfen in bezug auf die Probleme der materiellen Umfelder als wirkliche Theorien. In diesem Zusammenhang ist an die Arbeit von Architekten wie Kevin Lynch (1960) und Constance Perin (1970), der gleichzeitig Psychologe war, zu erinnern. Bei unseren Erörterungen in den Kapiteln über Methodologie (Kapitel 8), des städtischen Umfeldes (Kapitel 9) und der baulichen Umwelt (Kapitel 11) und an anderem Ort in diesem Band werden ihre spezifischen Ansichten erörtert werden. So entscheidet sich Lynch (1960) in dem „Bild der Stadt" für eine kognitive Perspektive der Umwelt, wenn er versucht, die visuellen Qualitäten der amerikanischen Stadt zu erfassen. Unter visueller Qualität versteht er in erster Linie die „Lesbarkeit" der Stadt, das heißt die Leichtigkeit, mit der die Teile einer Stadt erkannt und in einem sinnvollen oder kohärenten Muster organisiert werden können, das wir als Vorstellungsbild aufnehmen können.

Sein Kollege Carr (1967) hat diese vorgestellte Stadtgestalt die „geistige Stadt" genannt. Wir tragen ein Bild der Stadt (oder der Landschaft) in uns, das unabhängig von unserer unmittelbaren Wahrnehmung oder jenseits unserer Wahrnehmungsgrenzen liegt. Obwohl dieses Bild in vielerlei Hinsicht eine Verzerrung der tatsächlichen Umwelt sein mag, auf die es sich gründet, kann es doch als genaue Karte für unsere alltägliche Orientierung dienen. Dieser kognitive Gesichtspunkt bei der Stadtplanung ist neben den traditionellen Überlegungen zu berücksichtigen, wie der wirtschaftlichen Raumnutzung, der ästhetischen Qualität, den Verkehrsproblemen und anderem. Lynchs Arbeit wird in den Kapiteln 5, 8 und 9 ausführlicher erörtert.

Alexander (1964) beschäftigte sich mehr mit dem Planungsprozeß als mit der Umwelt an sich und vertrat die Ansicht, daß die Umweltgestalt funktionsbestimmt sei. Genauer gesagt, bringt er vor, daß wir nur dadurch, daß wir die funktionalen Erfordernisse der menschlichen Bedürfnisse und Aktivitäten berücksichtigen, die Formen (die Lösungen der Probleme, die sich bei der Planung baulicher Umwelten stellen) finden können, die dem Kontext angemessen sind (dem Problem – Bedürfnis, Aktivität usw. – des Menschen). Insofern folgt seine Ansicht Köhlers Konzeption der „guten Gestalt", worunter ein Objekt, Umfeld oder Ereignis der Umwelt zu verstehen ist, das so entworfen ist, daß es sich in sinnvollster oder angemessenster Weise auf eine Aktivität, Funktion oder ein Bedürfnis des Menschen bezieht. Wir werden uns Alexanders Ansicht wieder zuwenden, wenn wir an späterer Stelle dieses Bandes die erbaute Umwelt erörtern.

Keiner der in diesem Kapitel wiedergegebenen theoretischen Standpunkte vermag eine definitive Richtung zu weisen. Dennoch ergibt sich zumindest ein wichtiges Leitprinzip. Jeder der Ansätze erfaßt einen Aspekt eines übergreifenden Problems. Dieses ist, kurz gesagt, das Problem, wie die Umwelt des Menschen in ihrer Beziehung zu der Tatsache begrifflich zu erfassen ist, daß er sich in ihr verhält und sie erfährt. Unsere Theorien sind sinnvoll im Rahmen ihrer speziellen Interessenrichtung. Wir brauchen nun ein theoretisches Verfahren, das insofern eklektisch ist, als es alle diese Gesichtspunkte zu integrieren vermag.

Tatsache ist, daß es eine objektive Welt gibt, die in sehr ähnlicher Weise von allen Menschen erfahren wird. Andererseits ist nicht weniger wahr, daß es eine subjektive Umwelt gibt, die bei allen Gemeinsamkeiten der Erfahrung nicht nur Unterschiede in den Werten, Interessen und früheren Erfahrungen der Menschen widerspiegeln, sondern auch die Einzigartigkeit, die in den Fantasien der privaten Welt eines jeden Individuums liegt. Denn wir interpretieren unsere besonderen materiellen Umwelten, beschäftigen uns in unserer Fantasie mit ihnen und verleihen ihnen besondere Bedeutungen. Irgendwo zwischen diesen beiden Extremen liegt eine „konstruierte objektive Welt". Wie immer die reine Information über die Umwelt beschaffen sein mag, die jedes physiologische Sinnessystem liefert: Die Integration all dieser Informationen im Gehirn – durch motivationale und andere Steuerungseinflüsse – führt zweifellos zu einer „konstruierten" Anschauung der Umwelt. Außerdem müssen wir noch die Tatsache berücksichtigen, daß das Verhalten der Person selbst eben jene Umwelt verändert, die zum Teil das Verhalten produziert hat.

Unter dem Gesichtspunkt einer systematischen und sinnvollen Begriffsbildung bleibt die Umwelt materiell oder in anderer Gestalt so lange weitgehend unbekannt, bis wir in der Lage sind, eine brauchbare Theorie des Verhaltens und der Erfahrung des Menschen aufzustellen. Andererseits sollte es möglich sein, aus einigen der theoretischen Positionen, die wir oben erörtert haben, zumindest einige Arbeitshypothesen über die Umwelt zu gewinnen, denen wir bei der Erforschung und Analyse der Probleme folgen können. Wie der Leser jetzt weiß, muß jede Theorie der Umwelt mit einer Theorie des Verhaltens und der Erfahrung des Menschen verbunden und konsistent sein. Unsere erste

Aufgabe wird also im nächsten Kapitel sein, einige grundlegende Annahmen über die Natur des Menschen zu skizzieren.

Literaturnachweise

Alexander, C. *Notes on the synthesis of form*. Cambridge, Mass.: Harvard University Press, 1964.

Barker, R. G. On the nature of the environment. *Journal of Social Issues*, 1963 a, *19*, 17–23.

Barker, R. G. *The stream of behavior*. New York: Appleton, 1963 b.

Barker, R. G. *Ecological psychology: Concepts and methods for studying the environment of behavior*. Stanford, Calif.: Stanford University Press, 1968.

Berlyne, D. E. *Conflict, arousal and curiosity*. New York: McGraw-Hill, 1960 (Deutsch: *Konflikt, Erregung, Neugier*. Stuttgart: Klett, 1974).

Boring, E. G. *Sensation and perception in the history of experimental psychology*. New York: Appleton, 1942.

Brunswik, E. *Systematic and representative design of psychology experiments*. Berkeley, Calif.: University of California Press, 1949.

Brunswik, E. *Perception and the representative design of psychology experiments*. Berkeley, Calif.: University of California Press, 1956.

Carr, S. The city of the mind. In W. R. Ewald, Jr. (Hrsg.), *Environment for man: The next fifty years*. Bloomington, Ind.: Indiana University Press, 1967.

Chein, I. The environment as a determinant of behavior. *Journal of Social Psychology*, 1954, *39*, 115–127.

Fiske, D. & Maddi, S. *Functions of varied experience*. Homewood, Ill.: Dorsey Press, 1961.

Freud, S. *New introductory lectures on psycho-analysis*. New York: Norton, 1933. *(Neue Folge der Vorlesungen zur Einführung in die Psychoanalyse*. Ges. Werke Bd. 15. Frankfurt/M.: Fischer 1933.)

Gans, H. *The urban villagers*. New York: Free Press, 1962.

Gibson, J. J. *The perception of the visual world*. Boston: Houghton Mifflin, 1950.

Gibson, J. J. *The senses considered as perceptual systems*. Boston: Houghton Mifflin, 1966.

Gutman, R. Site planning and social behavior. *Journal of Social Issues*, 1966, *22*, 103–115.

Hall, E. T. *The hidden dimension*. New York: Doubleday, 1966.

Heidbreder, E. *Seven psychologies*. New York: Appleton, 1933.

Koffka, K. *Principles of gestalt psychology*. New York: Harcourt Brace Jovanovich, 1935.

Köhler, W. *Gestalt psychology*. New York: Liveright, 1929.

Lewin, K. A *dynamic theory of personality*. New York: McGraw-Hill, 1935.

Lewin, K. *Principles of topological psychology*. New York: McGraw-Hill, 1936. (Deutsch: *Grundzüge der Topologischen Psychologie*. Bern: Huber, 1969).

Lewin, K. *Field theory in social science*. New York: Harper & Row, 1951. (Deutsch: *Feldtheorie in den Sozialwissenschaften*. Bern: Huber, 1963).

Lynch, K. *The image of the city*. Cambridge, Mass.: The M. I. T. Press, 1960.

Michelson, W. *Man and his urban environment: A sociological approach*. Reading, Mass.: Addison-Wesley, 1970.

Murray, H. A. *Explorations in personality*. New York: Oxford, 1938.

Park, R. E. *Human communities*. New York: Free Press, 1952.

Perin, C. *With man in mind: An interdisciplinary prospectus for environmental design*. Cambridge, Mass.: The M. I. T. Press. 1970.

Rapoport. A. & Kantor, R. E. Complexity and ambiguity in environmental design. *Journal of American Institute of Planners*, 1967, 23, 210–221.

Sells, S. B. Ecology and the science of psychology. *Multivariate Behavioral Research*, 1966, 1, 133–144.

Skinner, B. F. *Science and human behavior*. New York: Macmillan 1953. (Deutsch: *Wissenschaft und menschliches Verhalten*. München: Kindler, 1973)

Skinner B. F. *Beyond freedom and dignity*. New York: Knopf, 1971. (Deutsch: *Jenseits von Freiheit und Würde*. Reinbek: Rowohlt, 1973).

Wohlwill, J. F. Amount of stimulus exploration and preference as differential functions of stimulus complexity. *Perception and Psychophysics*, 1968, 4, 307–312.

Wolman, B. S. (Hrsg.) *Historical roots of contemporary psychology*. New York: Harper & Row, 1968.

Woodworth, R. S. *Contemporary schools of psychology*. New York: Ronald, 1948.

Literaturempfehlungen

Boring, E. G. *Sensation and perception in the history of experimental psychology*. New York: Appleton, 1942.

Heidbreder, E. *Seven psychologies*. New York: Appleton, 1933.

Wolman, B. S. (Hrsg.) *Historical roots of contemporary psychology*. New York: Harper & Row, 1968.

Woodworth, R. S. *Contemporary schools of psychology*. New York: Ronald, 1948.

4

**Wechselbeziehung zwischen
Mensch und Umwelt:
Einige grundlegende
Annahmen***

Im vorigen Kapitel entwarfen wir einen Stammbaum der Umwelttheorie, der unser gegenwärtiges Wissen unter der Perspektive seiner historischen Entwicklung darstellt. Es wurde dargelegt, daß das objektive Verfahren, das sich aus der experimentellen Psychophysik und dem Behaviorismus von Watson herleitet, die materielle Welt in einzelne quantifizierbare Reize zerlegt und nach ihrer besonderen funktionalen Beziehung zur Erfahrung und zum Verhalten sucht.

Etwa zur selben Zeit bildete sich der entgegengesetzte Ansatz der Gestaltpsychologie aus. Ihre Umweltkonzeption war völlig verschieden. Die Umwelt wurde als ein komplexes Reizfeld begriffen, dessen Eigenschaften von der Organisation und den Wechselbeziehungen seiner Bestandteile gebildet und bestimmt werden. Die Person reagiert nicht vom Umfeld isoliert auf ein Objekt, sondern auf die feldgerechten Eigenschaften dieses Objektes, die von dem Umfeldkontext geschaffen werden, dem es angehört.

Nur in dieser Weise ließ sich das Verhalten und die Erfahrung des Individuums in seiner Reaktion auf seine Umwelt verstehen. Doch die Gestaltpsychologen weisen auch darauf hin, daß man zwischen einer wirklichen Welt und einer wahrgenommenen unterscheiden müsse. In Koffkas Terminologie ist die „geographische" Umwelt das externe Umfeld, das unabhängig von dem existiert, der es wahrnimmt; die „Verhaltens"-Umwelt ist jenes Umfeld, das aus den Interpretationen und Bedeutungen, die der jeweilige Beobachter ihr verleiht, nachgeschaffen wird. Die Person selbst ist Teil beider Umwelten, und ihr Verhalten und ihre Erfahrung spiegelt das Gleichgewicht der Einflüsse wider, die sich aus der Wechselwirkung dieser beiden Welten ergeben, der Welt, wie sie ist, und der Welt, wie sie wahrgenommen wird.

Je nachdem, ob sie als geographische oder Verhaltensumwelten wahrgenommen werden, variieren die Umwelten für die Person hinsichtlich des Umfanges, der Komplexität und vor allem der Bedeutung, wenn wir bedenken, daß der Begriff von so großdimensionierten Teilumwelten oder Umfeldern wie Städten, Umgebungen oder sogar Regionen, bis zu den sehr viel begrenzteren der Nachbarschaft, Schule, des Hospitals, des Parks, des Bürogebäudes und ähnli-

---

* Einige Teile dieses Kapitels sind aus Unterlagen zusammengestellt worden, die bereits in „Environmental Psychology: Man and His Physical Setting" (Holt, Rinehart and Winston, 1970), S. 27–37, veröffentlicht wurden.

chen institutionalen Kontexten reicht; und sogar noch zu weit begrenzteren Umfeldern wie einem Klassenraum, einem Schlafzimmer, einem Büro, einem Spielplatz, einer Krankenhausstation und einem U-Bahnabteil. Aus der folgenden Erörterung wird deutlich werden, daß es sich hierbei nicht um bloße materielle Umfelder handelt, sondern daß sie genauso soziale, kulturelle und organisationelle Systeme sind. Der fortwährende Sozialisationsprozeß, der bereits den neugeborenen Säugling erfaßt, beruht ebenso auf einer Definition der Bedeutungen und Zwecke der materiellen Umfelder, die seine Existenz umgrenzen, wie auf der Definition und Bedeutung seiner Beziehung zu all den Menschen, die für diesen Prozeß verantwortlich sind.

In der Geschichte der modernen Psychologie, und weitgehend auch in der der modernen Philosophie und Soziologie, kreiste das Denken immer mehr um den Menschen als um seine Umwelt. Deshalb sind viele der Umwelttheorien, die wir im vorhergehenden Kapitel erörtert haben, eher implizit als explizit. Die Experimentalisten und die Behavioristen Watsonscher Prägung waren beispielsweise weit mehr mit der Natur des Menschen als mit der Beschaffenheit seiner Umwelt beschäftigt. Wie sonst ließe sich ihre einfache aber beinahe elegant zu nennende Anschauung erklären, daß Umwelten – unabhängig von ihrem Umfang, ihrer Komplexität oder ihrer Funktion – nichts als eine Anhäufung diskreter Reize seien? Wenn wir die Grenzen des einfachen Reiz-Reaktions-Modells des Verhaltens überschreiten und uns anderen Versuchen, den Menschen zu erklären, zuwenden, scheint man sich mit drei Arten von Fragen beschäftigt zu haben. Als erstes gilt das Interesse den *grundlegenden Motivationen*, der sogenannten Natur menschlicher Lebewesen. Ist Macht, Gier, Sexualität, Altruismus, Lust bzw. Schmerz, Wettbewerb, Geselligkeitsbedürfnis oder Liebe das zugrundeliegende Verbindungsglied ihrer Wünsche, Interessen und Leistungen? Viele, wenn nicht alle dieser Konzeptionen des Menschen spielten – und spielen immer noch – eine Rolle bei dem Versuch, menschliches Verhalten zu verstehen und zu erklären. Die zweite Frage gilt dem Problem, ob das Verhalten, die Motive, die Wünsche und andere Eigenschaften des Menschen erbbestimmt oder weitgehend ein Ergebnis des sozialen und kulturellen Lernens sind. Sind Aggressionen und Altruismus beim Menschen instinktmäßig, das heißt von der Erbanlage bestimmt? Oder sind sie das Ergebnis von Lernen und Erfahrung, oder beides – und wenn sie beides sind, in welchem Maße sind dann die beiden Bereiche an dem Ergebnis beteiligt? Die dritte der aufgeworfenen Fragen reflektiert die Theorien, die wir im vorhergehenden Kapitel erörtert haben, reflektiert aber auch andere Theorien, die in der weiter zurückliegenden Geschichte der Psychologie entwickelt wurden. Hier gilt die Betonung nicht so sehr dem Inhalt (welches sind die grundlegenden Motivationen aller Menschen?) oder dem Ursprung (erlernt oder angeboren) der menschlichen Tendenzen, sondern der Beschaffenheit der Prozesse, die solchen Tendenzen zugrunde liegen. Welche psychologischen Funktionen haben die Menschen? Wie nehmen sie wahr, fühlen sie, streben sie, bewegen sie sich, leisten sie etwas, lösen sie Probleme, denken sie und verhalten sie sich? Um diese Fragen generell beantworten zu können, sind implizit oder explizit Modelle des Menschen entwickelt worden, die als Grundlage zur Beschreibung und Erklärung seines Funktionierens dienten. Augenblicklich nehmen solche Modelle einen breiten Raum ein im Forschungsbereich Mensch. Man beschäftigt sich mit ihnen viel häufiger als mit dem Versuch, entscheidende Begriffe und Prinzipien zu finden, die erklären, welche Funktionen individuelle Menschen an den Tag legen, wie sie leben und wie sie sich in spezifischen Situationen verhalten.

Auch die Autoren dieses Buches orientierten sich an einem Modell des Menschen. Wie der Leser bald bemerken wird, steht es in weit engerer Beziehung zum Verfahren der Gestaltpsychologie als zum Reizreaktions- oder „Maschinenmodell" der Behavioristen. Unser Modell repräsentiert jedoch lediglich eine Reihe allgemeiner Vermutungen darüber, wie der Mensch beschaffen ist, was er für Funktionen hat und wie er folglich untersucht werden muß. Erneut zu betonen ist die Tatsache, daß unser Modell des Menschen lediglich als ein sehr allgemeiner Ansatz dienen kann und keinesfalls als eine Theorie des Menschen zu werten ist, die als ein System von Verhaltensprinzipien und Verhaltensbegriffen verstanden werden dürfte. Wenn man diesen Ansatz jedoch vor dem Hintergrund der Probleme sieht, die den Umweltpsychologen betreffen – das heißt im Zusammenhang mit dem Verhalten und der Erfahrung in ihrer Beziehung zur Planung, Organisation und anderen Eigenschaften der materiellen Umfelder – hat er unzweifelhaft bestimmte Implikationen für die Art und Weise, in der die Umwelt begrifflich erfaßt oder definiert werden muß.

In der folgenden Erörterung werden wir zwei Gruppen von Annahmen betrachten, die im wesentlichen unseren Mensch/Umwelt-Ansatz darstellen. Eine Reihe verschiedener psychologischer Denkschulen haben zu diesen Annahmen ihren Beitrag geleistet, besonders die Arbeiten von Lewin (1936), Koffka (1935), Brunswik (1949), Köhler (1929), Barker (1963), Krech und Crutchfield (1948), Murphy (1947) und Murray (1938). Wenn wir uns auf diese Autoren stützen, so sollten wir jedoch deutlich machen, daß sie nicht unbedingt über alle Aspekte des Verhaltens die gleichen Ansichten haben. Die meisten von ihnen neigten dazu, jeweils den Verhaltensaspekt zu betonen, an dessen Untersuchung sie interessiert waren. So nehmen wir aus ihren Verfahren die Bausteine, die wir für unser eigenes Modell menschlichen Verhaltens am besten verwenden können, ein Modell, das uns die Antwort auf die Frage erleichtern soll, warum das menschliche Handeln in der Umwelt dynamisch ist und nicht eine einfache Reaktion auf einen Reiz darstellt. Nachdem wir eine solche Anschauung des Menschen modellhaft entworfen haben, kommen wir zu eher speziellen Annahmen über die Beschaffenheit seines Verhaltens, wie es sich konsistent in spezifischen Umweltkontexten zeigt.

Der Mensch als ein dynamisch organisiertes System

Shakespeare faßt seine dichterische Anschauung vom Menschen und der menschlichen Natur in folgenden berühmten Sätzen Hamlets zusammen:

,,Welch ein Meisterwerk ist der Mensch! Wie edel durch Vernunft! Wie unbegrenzt an Fähigkeiten! In Gestalt und Bewegung wie bedeutend und wunderwürdig! Im Handeln wie ähnlich einem Engel! Im Begreifen wie ähnlich einem Gott! Die Zierde der Welt! Das Vorbild der Lebendigen! . . . "

In gewissem Sinne sind die Erkenntnisse Hamlets – oder besser Shakespeares – hinsichtlich des Geheimnisses und der Komplexität des Menschen unvollständig. Denn die ungewöhnliche und einzigartige Natur des Menschen liegt nicht darin, daß er die Fähigkeit besitzt, zu denken, zu fühlen, zu empfinden, zu deuten, zu handeln und sich fortzubewegen, sondern in der Tatsache, daß all diese Funktionen und Prozesse wechselseitig aufeinander bezogen sind. Die erste Konzeption unseres Ansatzes besteht also in der Feststellung, daß der Mensch ein *dynamisch organisiertes System* ist, dessen Verhalten und Erfahrung stets die wechselseitigen Konsequenzen dieser Prozesse und Funktionen zum Ausdruck bringen.

Man braucht nur irgendein gerade stattfindendes Verhalten irgendeines Individuums in irgendeiner materiellen Umgebung zu beobachten, um die auf der Hand liegende Annahme bestätigt zu finden, daß sein Verhalten und seine Erfahrung ganzheitliche und integrierte Erscheinungen sind. Läßt sich ein besseres Beispiel für Integration und Ganzheitlichkeit finden als die Synchronisation von Bewegung, Wahrnehmungen, emotionalem Ausdruck und bloßem Wunsch bei einem – sagen wir – müden Vorstadtpendler, der sich nach einem langen Bürotag jetzt rasch einen Weg zu einem freien Sitzplatz in seinem täglichen Abendzug bahnt? Er läuft den Gang förmlich hinunter, während er sich ständig vergewissert, daß niemand anders, der den Zug betritt, ihm den Platz vor der Nase wegnehmen kann. Nicht leicht läßt sich die Freude vergessen, die er empfindet, wenn er sich müde niederläßt.

Unsere hier gewählte Analyseeinheit ist nicht eine isolierte Reiz-Reaktion-Sequenz, sondern das nichtmanipulierte Individuum, wie es sich im Kontext eines besonderen gegebenen materiellen Umfeldes verhält und wie es dieses erfährt. Zum Verständnis dieses komplexen Ereignisses, worin primär das Ziel des Umweltpsychologen zu sehen ist, ist es erforderlich, bestimmte psychologische Funktionen und Prozesse (zum Beispiel die suchenden Wahrnehmungen des Pendlers beim Betreten des Zuges) gesondert zu untersuchen, doch kann dies niemals dadurch geschehen, daß man sie von ihrer Beziehung zu anderen psychologischen Funktionen und Prozessen trennt oder isoliert. Die meisten Psychologen, die menschliches Verhalten in dieser Weise verstehen, stimmen im großen und ganzen darin überein, daß der *zielgerichtete* Charakter eines solchen Verhaltens die Aktivität und Erfahrung des Menschen zusammenzuhalten und zu integrieren scheint. Diese Annahme ist für unseren Ansatz von entscheidender Bedeutung, da sie nämlich in Abrede stellt, daß menschliches Verhalten einfach durch entsprechende Reize hervorgerufen wird oder daß es sich einfach in der Weise von Reflexreaktionen oder automatischen biologischen Reaktionen wie der Verdauung, dem Atmen usw. entfaltet. Das Verhalten unseres müden Pendlers bringt, wenn es überhaupt etwas mitteilt, seine Absicht und seinen Wunsch zum Ausdruck, den letzten freien Sitzplatz zu ergattern. Natürlich können wir auch unmittelbarere Auskunft über seine Motive oder seine Zielrichtung einholen. Wenn wir ihn, sobald er sich hingesetzt hat, fragen, warum er sich so rasch in diese bestimmte Richtung bewegt hat, wird er uns höchstwahrscheinlich sagen: „Ich bin heute abend so müde, daß ich wohl jeden niedergetreten hätte, der sich mir bei dem Versuch, den Platz zu bekommen, in den Weg gestellt hätte. Ich hätte den Gedanken, den ganzen Weg bis nach Hause zu stehen, nicht ertragen!"

Verhaltenswissenschaftler verwenden Termini wie „Motive", „Wünsche" und „Triebe", um die zielgerichtete Natur menschlichen Verhaltens zu beschreiben. Um Verwechslungen zu vermeiden, werden wir den Terminus *Bedürfnis* wählen, um uns auf all jene beteiligten inneren Zustände zu beziehen, die in der Lage sind, Handlungen in Richtungen und auf Zweck hin in Bewegung zu setzen und zu lenken, die das Individuum möglicherweise befriedigen werden. Dabei können Hunger, Durst, Sexualität, Ausscheidung oder andere organisch bedingte Verhaltensimpulse beteiligt sein. Es können auch komplexere und sozial bezogene Bedürfnisse gemeint sein, wie Anerkennung, Macht, Geselligkeitsbedürfnis, Leistung, Unabhängigkeit, Abgrenzung, Wunsch nach Zurückgezogenheit, Selbstachtung und Erfolg. Schließlich können sie relativ einfach und mit den unmittelbar gegebenen Situationen verknüpft sein, wenn der Vorortpendler beispielsweise den letzten Sitz ergattert, oder sie können sehr viel komplexer sein und bestimmte Situationen transzendieren, wobei für ihre Befriedigung die Befriedigung einer großen Zahl eher instrumenteller Bedürfnisse erforderlich ist. Der brennende Wunsch eines jungen Studenten im Vorklinikum, ein erfolgreicher Arzt zu werden, gilt einem langfristigen Ziel, das zu seiner Realisierung die Befriedigung anderer Bedürfnisse verlangt, wie zum Beispiel ein gutes Abschneiden in den Kursen, die Aufnahme in einer hervorragenden Medical School, und eine Medizinalassistentenzeit und fachärztliche Ausbildung in den besten Krankenhäusern.

An dieser Stelle mag der Leser die Überzeugung gewonnen haben, daß nicht die Reize, sondern Bedürfnisse das Verhalten bestimmen. Es kann nicht genügend darauf hingewiesen werden, daß beide Anschauungen unzutreffend sind. Psychoanalytisch orientierte Verhaltenstheorien haben sowohl bei Verhaltenswissenschaftlern wie bei Laien die Anschauung bestärkt, daß man nur den „inneren Menschen" – seine Bedürfnisse oder Wünsche – kennen müsse, um in der Lage zu sein, sein Verhalten vorherzusagen. Dieser Ansicht liegt der „Isolationsfehler" zugrunde, der von der Auffassung ausgeht, daß jede menschliche Funktion in irgendeiner Weise isoliert operiere, das heißt von den anderen psychologischen Prozessen abgesondert sei. Wenn aber das Individuum als ein dynamisch organisiertes System zu verstehen ist, kann nichts von der Wahrheit weiter entfernt sein.

Um die menschliche Motivation oder die zielgerichtete Natur des menschlichen Verhaltens zu verstehen, müssen wir seine wesentlichen Komponenten identifizieren. Die Verhaltensinitiation wird nicht allein davon abhängen, daß ein Bedürfnis vorhanden ist, sondern vom Grad der Aktivierung dieses Bedürfnisses. Die Aktivierung kann sich von Faktoren innerhalb der Person oder von Ereignissen und Reizen in der Umwelt herleiten. Um wieder zum Beispiel unseres Vorortpendlers zurückzukehren, sein Bedürfnis nach einem Sitz kann schon aktiviert gewesen sein, als er den Zug bestieg, weil er sich schrecklich müde fühlte und weil ihn der Gedanke erschreckte, den ganzen Weg nach Hause stehen zu müssen. Er kann aber auch der Tatsache, wie müde er war, gar nicht inne geworden sein, bis er den Zug bestiegen und sich klargemacht hatte, daß er würde stehen müssen, wenn es ihm nicht gelänge, den letzten freien Sitz zu ergattern. Doch selbst wenn er sich bereits der Tatsache bewußt war, daß er schrecklich müde war, als er den Zug bestieg, und das Bedürfnis bereits aktiviert war, hätte er sich zweifellos nicht in Bewegung gesetzt, um einen Sitz zu erlangen, wenn er gesehen hätte, daß kein Sitz mehr frei war. Möglicherweise wäre er sofort wieder aus dem Zug ausgestiegen, um auf den nächsten zu warten. Wir wissen jetzt also, daß das Auftreten eines aktuellen Verhaltens nicht nur von der Aktivierung des *Bedürfnisses,* sondern auch von der Verfügbarkeit eines geeigneten *Zielobjektes* abhängt.

Nun wollen wir annehmen, daß ein Sitz frei war, als er einstieg, und daß keiner der Mitfahrenden ihm diesen streitig machte. Wir wollen jedoch gleichfalls annehmen, daß das Polster des Sitzes zerrissen war und die Sprungfedern herausragten. Jeder, der ihn würde benutzen wollen, würde sich auf eine höchst unbequeme Fahrt gefaßt machen müssen. Daraus folgt, daß das Verhalten auch vom *Wert* des verfügbaren Zielobjektes abhängen wird. Ohne Zweifel würde selbst unser müder Vorstadtpendler sich in einer weniger entschiedenen Weise verhalten, um diesen Sitz zu erobern. Wenn er auf ihm Platz nähme, würde ihm diese Tatsache nicht nur Unbequemlichkeit und möglicherweise zerrissene Kleider eintragen, sondern ihn auch in Verlegenheit bringen, weil er sich auf einem nicht verwendbaren Sitz befände. Doch wenn der Sitz verwendbar ist, unser Pendler aber beim Betreten des Zuges sogleich sieht, daß er sich am anderen Ende des Abteil befindet und daß ein Reisender, der den Zug an diesem Ende besteigt, ihn sehr wahrscheinlich erreichen wird, was dann? Unter diesen Umständen wäre mit einiger Sicherheit zu erwarten, daß unser Held wenig, wenn nicht kein offenes Verhalten in dieser Richtung zeigen würde. Die wahrgenommene *Erfolgswahrscheinlichkeit* der Zielerreichung ist also wieder eine andere Komponente des Motivationsprozesses, der bestimmt, ob ein Bedürfnis ein Verhalten tatsächlich auslösen wird.

Aus unseren Darlegungen geht hervor, daß die Aktivierung des Bedürfnisses eine notwendige aber beileibe nicht hinreichende Bedingung der Verhaltensdeterminierung ist. Alle anderen oben angeführten Bedingungen – Verfügbarkeit des Ziels, Wert des Ziels, Erfolgswahrscheinlichkeit, Erreichen des Ziels – läßt sich in die allgemeinere Feststellung überführen, daß Verhalten auch durch den weiteren sozialen Kontext beeinflußt und determiniert wird, in dem unsere Beziehungen zu anderen Menschen, soziale Zwänge, Gelegenheiten, das Maß unserer Fertigkeit und Begabung und die Beschaffenheit der materiellen Umgebung eine Rolle spielen. Es ist wahrscheinlich, daß unser Vorstadtpendler, selbst wenn er sich in der Nähe des freien Platzes befunden hätte, diesen nicht besetzt hätte, wenn der einzige andere stehende Mitreisende eine offensichtlich schwangere Frau oder ein Blinder gewesen wäre.

Nun können wir eine weitere grundsätzliche Annahme in unsere Konzeption des Verhaltens und der Erfahrung aufnehmen. Der Mensch ist ein *kognitives* Tier. Er tut weit mehr als sehen, hören, fühlen, berühren, schmecken, wenn er seine Umwelt „aufnimmt". Er interpretiert sie, zieht Schlüsse aus ihr, träumt von ihr, beurteilt sie, stellt sie sich vor und wendet auf sie noch andere Weisen des menschlichen Erkennens an.

All diese Erkenntnisweisen erlauben dem Individuum eine Vergangenheit zu akkumulieren, die Gegenwart ins Denken zu heben und die Zukunft zu antizipieren. Die „Poesie" dieses menschlichen Prozesses liegt darin, daß eine „innere Realität" von Worten, Vorstellungsbildern, Ideen, Gefühlen und anderen Symbolen und Repräsentationen eine „äußere Realität" von Formen, Größen, Objekten, Bewegungen, Tönen, Strukturen und anderen Eigenschaften der Umwelt ersetzt.

Wenn der Leser seinen Blick wieder dem müden Vorstadtpendler zuwenden will, der verzweifelt hofft und versucht, einen Sitz zu ergattern, wird die Wechselbeziehung der psychologischen Prozesse des Menschen ganz offensichtlich.

In jeder Phase während der motivationalen Episode, die wir beschrieben haben – der Aktivierung des Bedürfnisses, der Verfügbarkeit eines Sitzes, der Verwendungsfähigkeit des Sitzes, der Möglichkeit, ihn zu ergattern, der Aktivierung eines konkurrierenden Bedürfnisses (den Sitz einem blinden Mitreisenden anzubieten) – waren kognitive Prozesse in der Form von Sehen, Urteilen, Entscheiden, Schlußfolgern usw. beteiligt. Bedürfnisaktivierung und kognitiver Prozeß beeinflussen sich gegenseitig und haben Konsequenzen füreinander, die miteinander in Wechselwirkung stehen.

Die emergente Natur der Erfahrung

Für den Umweltpsychologen ergibt sich eine wichtige Folgerung aus der Annahme, daß der Mensch ein kognitives Tier sei. Ob er einen Gegenstand betrachtet, beurteilt, interpretiert oder einschätzt, die sich daraus ergebenden Wahrnehmungsinhalte (oder Urteile, Interpretationen usw.) sind emergent. Damit meinen wir, daß sich in ihnen die Wechselwirkung zwischen den Eigenschaften des wahrgenommenen Objektes, Ortes oder Ereignisses einerseits und den Verhaltensmerkmalen des Wahrnehmenden andererseits ausdrückt. Solche Merkmale sind zum Beispiel, wo der Wahrnehmende zufällig steht, und wie seine frühere Erfahrung, seine Einstellungen, seine Werte, Interessen und andere dauerhafte Tendenzen zur Wirkung kommen. Man kann sagen, daß die Eigenschaften des „Dinges außerhalb" und diejenigen der Person sich wechselseitig Einschränkungen auferlegen. Umgekehrt kann aus der Wechselwirkung von Person und Ort eine vollkommen neue, eben emergente, Erfahrungsweise entstehen, die von der immanenten Beschaffenheit der in Wechselbeziehung stehenden Elemente gänzlich verschieden ist. So wissen wir, daß in der Chemie durch die Verbindung von zwei Teilen Wasserstoff und einem Teil Sauerstoff eine neue Substanz geschaffen wird, das Wasser. Natürlich ist die menschliche Wahrnehmung nicht so klar umrissen und vorhersagbar; dennoch geschieht – metaphorisch gesprochen – etwas ähnliches in der Wechselbeziehung von Mensch und Umwelt, wenn ein affektives Bedürfnis so stark aktiviert ist, daß die rationalere Seite unserer Natur überwunden und unterdrückt wird. Wüstenhalluzinationen können zwar manchmal auf Verzerrungen durch atmosphärische Erscheinungen zurückzuführen sein, es können aber auch Illusionen und Fantasien des verdurstenden Menschen sein, die sich kaum auf die Realität gründen. Ein näherliegendes Beispiel ist das des Stadtstreichers, der in Regen und Sturm einen trockenen Torweg zuerst als so angenehm wie ein weiches Bett im besten Hotel betrachtet. Sobald er sich auf der kalten Erde niedergelegt hat, wird er den Ort wahrscheinlich als nicht mehr so angenehm empfin-

117

den. Die Fantasie kann in solchen Fällen die Realität mildern, verschönern, umformen oder sich sogar über sie hinwegsetzen. Aber auch für die Wirklichkeit kommt die Zeit, wo sie unsere Fantasiewelt fadenscheiniger macht, schwächt, in sie eindringt oder sie sogar gänzlich auflöst.

In vielen Forschungsarbeiten haben sich Psychologen mit den emergenten Eigenschaften der Wahrnehmung und anderen kognitiven Prozessen beschäftigt. Besonders zu erwähnen wäre die allgemein akzeptierte Annahme, je größer Mehrdeutigkeit, Strukturmangel oder Deutlichkeit des beobachteten Objektes, Ortes oder Ereignisses seien, desto größer sei auch der Einfluß der Verhaltensdeterminanten auf die emergierenden Perzepte. Die Beschaffenheit des kognitiven Prozesses, wie wir ihn hier beschrieben haben, ist hinsichtlich der Umweltwahrnehmung weitgehend belegt. Die Untersuchungen verschiedener Forscher über die Wirkung früherer Erfahrung, von Belohnung und Bestrafung, von Persönlichkeitsfaktoren und kulturellen Faktoren werden von Proshansky, Ittelson und Rivlin (1970) im zweiten Teil ihres Buches „Basic Psychological Process and the Environment" dargestellt.

Die Kognition, verstanden als ein emergenter oder transaktionaler Prozeß, der auf der Interaktion der Persönlichkeitsmerkmale mit den Merkmalen des wahrgenommenen Ereignisses beruht, lenkt unsere Aufmerksamkeit auf die Umwelt zurück. Der Leser fürchtet jetzt vielleicht, daß, wenn die Wahrnehmung eine emergenter Prozeß ist, der ebensosehr von inneren wie von äußeren Faktoren bestimmt wird, adaptives und sinnvolles Verhalten gegenüber der realen oder objektiven Umwelt zumindest schwierig sein dürfte.

Aber jeder weiß aus eigener Erfahrung, daß es uns zweifellos gelingt, uns angesichts einer sich verändernden Umwelt adaptiv und sinnvoll zu verhalten. Der Einfluß der Verhaltensfaktoren, die wir erörtern, bestimmt nicht nur, *wie* wir die uns betreffenden Objekte und Ereignisse wahrnehmen, sondern auch, *was* wir wahrnehmen. Als unabhängige, sich wandelnde komplexe Systeme müssen und werden die Umwelten, denen sich der zielgerichtete Mensch gegenübersieht, selektiv wahrgenommen werden. Wenn sich unser Vorortpendler also angemessen und sinnvoll verhalten will, muß er zuerst einen leeren Sitz finden und dann auf ihn zugehen. Er kann nicht gleichzeitig die Anzeigen lesen, nach einem Freund suchen oder die Sicherheitsvorkehrungen des Vorortzuges prüfen – wenn er sich Hoffnungen auf einen Sitz machen will.

Doch was ist mit den Verzerrungen, die wir möglicherweise in unsere Bedeutungen, Definitionen oder Interpretationen der Ereignisse und Objekte in der Umwelt aufnehmen? Viele Faktoren lassen darauf schließen, daß die beiden Umwelten, die geographische und die des Verhaltens, nicht ernsthaft divergieren oder sich nicht zur Deckung bringen ließen. Erstens sind die meisten Objekte und Situationen, denen das Individuum begegnet, wenn es die Welt erfährt, weder mehrdeutig noch unstrukturiert; in diesen Fällen wird die Genauigkeit der Wahrnehmung nicht zum Problem. Selbst wenn die Merkmale des Objekts oder Umfeldes, wie es „ist", nicht vollständig zu denen seiner „Erscheinung" passen wollen, muß der Unterschied nicht so entscheidend sein, daß er das Verhalten ausschließt, das erforderlich ist, um ein bestimmtes Bedürfnis zu befriedigen. Verzerrungen in der Kognition werden nur dann folgenreich sein, wenn sie in einem Umfange auftreten, das zu fehlangepaßtem Verhalten führt. Schließlich ist als vielleicht wichtigste Tatsache noch zu erwähnen, daß die Wirklichkeit – wie bereits dargestellt – Mittel und Wege findet, in die Fantasie oder die durch innere Faktoren bestimmten Konzeptionen einzudringen. Wahrnehmungsverzerrungen, die zu fehlangepaßtem Verhalten führen und von Schmerz und Frustration begleitet sind, rufen rasch den Versuch des Individuums auf den Plan, die Übereinstimmung zwischen Objekt oder Ereignis einerseits und dem daraus folgenden Wahrnehmungsinhalt, der mit ihm assoziiert wird, andererseits zu verbessern. Wir eignen uns sogar einen gewissen Genauigkeitsgrad unserer Wahrnehmung oder Erkenntnis durch Lernen an, und in der relativen Stabilität alltäglicher Umgebungen führen genaue Wahrnehmungen zur Routine und angemessenen Verhaltensweisen bei periodisch aktivierten zielgerichteten Individuen. Nichts erscheint so routiniert, synchronisiert, „unbewußt" und völlig angepaßt wie die Art und Weise, in der das Individuum den Raum in den verschiedenen materiellen Umfeldern wahrnimmt und verwendet, in denen seine alltäglichen Erfahrungen stattfinden.

Affektive Verhaltensdeterminanten

Wenn wir noch einmal die Ansicht Shakespeares vom Menschen betrachten, die Hamlet zum Ausdruck bringt, fällt darin auf, daß jeder Hinweis auf die *emotionale* oder *affektive* Seite des Menschen fehlt. Von seiner Fähigkeit zum schlußfolgernden Denken beeindruckt, läßt Shakespeare ihm in erster Linie als rationales Wesen Ehre zuteil werden. Doch Menschen sind nicht deshalb weniger Menschen, weil sie physiologische und bewußte Empfindungen haben, die gewöhnlich als Liebe, Ärger, Haß, Sympathie, Mitleid, Schuld, Scham, Ekel oder anderes definiert werden. Für unseren Gedankengang ist die Tatsache wichtig, daß die verschiedenen Emotionen die Qualität von Bedürfniszuständen haben. Sie können Verhalten auslösen und steuern. Sie sind nicht bloße Epiphänomene, die anders motivierte Zustände begleiten, sondern als Reaktionen auf die eigene Person, auf andere oder auf materielle Umgebungen und ihre Objekte steuern sie das Verhalten in Beziehung zu bestimmten Zielen oder Zwecken.

119

Räume und Orte können nicht weniger als Menschen intensive emotionale Reaktionen hervorrufen. Räume, Wohngegenden und Städte können „freundlich", „bedrohlich", „frustrierend", „abscheulich" sein; sie können Haß, Liebe, Furcht, Begehren und andere affektive Zustände induzieren. Doch das Individuum empfindet diese Zustände nicht nur; es kann auch dazu bewegt werden, auf sie einzuwirken. Es kann entweder wünschen, diese Gefühle zu reduzieren oder sie zu bestärken, und muß dabei adäquate und relevante Reaktionen auf seine Umwelt zeigen. Ein Unlust hervorrufender Raum wird vermieden werden; ein Weg durch ein Ghetto kann in der Dämmerung zu einem beschleunigten Tempo führen. Natürlich ist die Beziehung zwischen Gefühlen und Orten reziprok. Orte können bestimmte Gefühle hervorrufen, und bereits bestehende Gefühle können der Art und Weise, wie das Individuum Orte wahrnimmt, eine bestimmte Färbung geben. Die Erschöpfung unseres Freundes, des Vorortpendlers, war unzweifelhaft von ein wenig Schmerz und Elend begleitet, als er den Wagen bestieg. Doch stellen wir uns seine Freude vor, als er den einzigen freien Sitz entdeckte, eine Freude, die ihn zweifellos den Gang hinab trieb, um den Platz zu ergattern, bevor jemand anders es tun konnte.

Lernen und Verhalten

Als letztes haben wir bei unserer Betrachtung des Verhaltens und der Erfahrung des Menschen die Frage nach ihrem Ursprung und nach ihrer Entwicklung zu berücksichtigen, eine Frage, die seit dem Beginn geschichtlicher Überlieferung gestellt wurde. Was ein Mensch ist und was er in irgendeinem seiner Lebensabsabschnitte wird, erklärt sich wie bei allen anderen lebenden Organismen in einem gewissen Maße aus seiner Position in der phylogenetischen Skala. Sein Unterschied zu anderen Spezies gründet sich sowohl auf seine einzigartigen biologischen Verhaltenseigenschaften wie auf seine ungewöhnliche Lernfähigkeit; mit Lernen meinen wir die Möglichkeit, das Verhalten in Reaktion auf eine sich verändernde Umwelt zu modifizieren. Alle komplexen Organismen lernen in einem gewissen Maße, doch die Beschaffenheit und das Niveau seiner Lernfähigkeit sichern dem Menschen eine Sonderstellung gegenüber allen anderen Tierarten. Sein Vermögen zu lernen hat ihm in Verbindung mit anderen kognitiven Prozessen ermöglicht, sich eine eigene Umwelt zu schaffen und seine natürliche Umwelt wirksam zu modifizieren und zu kontrollieren. Jede neue Umwelt, die er schafft, ruft neue Reaktionen hervor, neue menschliche Interaktionen und neue Probleme, die ihn dazu veranlassen, wieder andere, komplizierte, wenn nicht sogar fortschrittlichere Umwelten zu erbauen.

Wieder sehen wir uns dem Wirkungsgefüge und der Wechselbeziehung zwischen den psychologischen Funktionen und Prozessen des Menschen gegenüber. Lernen ist ein Prozeß, der bei Menschen vielerlei Gestalt annimmt. Es kann zufällig, zweckbestimmt, kognitiv oder reflektorisch, einfach oder komplex sein. In den meisten Fällen beruht es auf integrierten motivationalen, kognitiven und affektiven Prozessen und vollzieht sich so, daß die menschlichen Verhaltensweisen und Erfahrungen sich in Beziehung zu Umweltfeldern adaptiv und befriedigend verändern. Wenn das, was die Person sieht, tut, fühlt und wonach sie strebt, die Basis menschlichen Lernens ist, dann ist nicht weniger wahr, daß die Frage, was und wie sie lernt, sich anschließend auf all diese psychologischen Prozesse auswirkt.

Noch eine Frage bleibt zu klären. Wie können wir bei der Integriertheit und Wechselbeziehung der psychologischen Prozesse des Menschen diese „Ganzheit" oder „Einheit" der Person kennzeichnen? Psychologisch gesprochen stellt das Individuum ein dynamisches System dar, das sowohl durch Veränderung wie durch relative Stabilität charakterisiert ist. In jedem wachen Augenblick – und in geringerem Maße während des Schlafes – bewegt sich die Person, denkt, sieht, fühlt sie, verrichtet sie Aktivitäten, befriedigt sie Bedürfnisse, erlebt sie Frustrationen, ohne darin jemals zu einem Ende zu kommen. Doch diese Reaktionen erfolgen weder zufällig noch unorganisiert, sondern werden teilweise determiniert und gesteuert durch eine Reihe relativ stabiler und überdauernder psychologischer Strukturen, die bestimmte Individuen, Gruppen von Individuen oder auch Mitglieder verschiedener Kulturen und Subkulturen voneinander unterscheiden. Diese Strukturen verleihen dem menschlichen Verhalten nicht nur Konsistenz und Vorhersagbarkeit, sondern sie versehen auch die implizit in der fortwährenden Modifizierung der genetischen und anderen biologischen Tendenzen vorliegende Erfahrung mit Kontinuität.

Aus der fortwährenden Wechselwirkung der Wahrnehmungen, Bedürfniszustände und Gefühle folgen also mehr oder weniger überdauernde psychologische Strukturen höherer Ordnung in Gestalt von Einstellungen, Werten, Interessen, Selbstbildern, Persönlichkeitszügen, Fähigkeiten und Eignungen. Dies weist auf einen letzten Aspekt im Verhalten unseres Vorstadtpendlers hin – auf die Werte, Einstellungen und andere Verhaltensdispositionen, die er mitbringt. Solche Tendenzen oder Dispositionen sind eine Konsequenz seiner frühesten kulturellen und sozialen Erfahrungen, die seine bei seiner Geburt einzig vorhandenen biologischen und physischen Tendenzen überlagert haben. So mag einer von Natur aus aggressiven Person beigebracht worden sein, daß es „ungehörig" sei, sich um einen Sitz zu balgen, oder daß ein solches Verhalten das Selbstbild eines würdevollen Menschen beeinträchtigen würde. „Gutgekleidete, wohlerzogene Menschen meiner Herkunft handeln nicht in dieser Weise." Der Arbeiter hingegen, der um seinen Lebensunterhalt kämpfen muß, empfin-

121

det da vielleicht anders. Die Aussage, daß eine Person eine Reihe bestimmter Werte oder Einstellungen hat, zeigt sein wahrscheinliches Verhalten in einer bestimmten Situation unter einer anderen Perspektive.

Bis jetzt sind sich die Psychologen zwar noch uneins, ob man alle die analytischen Instrumentarien braucht, die wir beschrieben haben, oder ob sogar noch mehr erforderlich sind, um menschliches Verhalten zu verstehen. Dies soll uns hier nicht beschäftigen. Für unsere Erörterung ist lediglich die Anschauung wichtig, daß psychologische Strukturen dieser Art tatsächlich vorhanden sind und teilweise dem Verhalten und der Erfahrung einer Person in einer gegebenen Situation zugrunde liegen. Es ist allerdings noch einmal nachdrücklich darauf hinzuweisen, daß diese Strukturen solches Verhalten und solche Erfahrung nicht alleine determinieren. Jede von ihnen ist nur eine Bedingung unter vielen anderen – wie die Konkurrenz anderer innerer Zustände, die Beschaffenheit der materiellen Umgebung, die Beziehung zu anderen, Verhaltensbarrieren, mögliche Konsequenzen des Verhaltens usw. –, die festlegen, wann, wie, wo und warum die Person handelt.

Dies ist unsere Anschauung vom psychologischen Menschen. Es ist jetzt an der Zeit zu fragen: Wie ist die Umwelt beschaffen? Wie verstehen wir sie? Abermals werden wir bestimmte Vermutungen äußern, um die allgemeinen Merkmale unseres Umweltansatzes zu definieren und zu begründen. Diese Vermutungen werden theoretisch und logisch konsistent mit der psychologischen Konzeption des Menschen sein, die wir oben umrissen haben.

Wir haben bereits zwischen der beobachteten und der realen Umwelt unterschieden, eine Anschauung, die sich theoretisch aus unserer Konzeption des Menschen als kognitivem und zielgerichtetem Wesen ergibt. Die Wechselbeziehung dieser und anderer psychologischer Funktionen und das Vermögen der Realität, in die Fantasie einzudringen, sowie der umgekehrte Prozeß, wiederlegen ohne Zweifel die allzu sehr vereinfachende Vorstellung, daß die Erscheinungswelt der Person eine armselige und unangemessene Kopie der geographischen Umwelt sei. Diese innere Welt wird nicht nur ständig von der Realität kontrolliert, sondern ihre Konsequenzen für das auf Zielerreichung und emotionale Befriedigung bezogene Verhalten fördern den Aufbau strukturierter Formen des Denkens, Meinens, Handelns, Fühlens und Tuns, die in den meisten Fällen die Effizienz dieser inneren Welt bei dem Prozeß beweisen, die Person auf eine sich wandelnde Umwelt einzustellen. Wie wir oben erwähnt haben, sind diese psychologischen Strukturen – Wünsche, Einstellungen, Werte, Selbstbilder, Interessen und andere – nicht nur überdauernd, sondern statten das Verhalten und die Erfahrung der Person auch mit Konsistenz aus.

Was aus dieser Überzeugung folgt und tatsächlich durch unsere frühere Raum-verwendungsforschung (Ittelson, Proshansky & Rivlin 1970) und die Arbeiten anderer Forscher bestätigt wurde, ist die Tatsache, daß menschliches Verhalten in Beziehung zu einer materiellen Umgebung konsistent ist und Zeit und Situation überdauert. Folglich lassen sich die für dieses Umfeld charakteristischen Verhaltensmuster identifizieren. Materielle Umfelder – wie Büchereien, Schlafzimmer, Bahnsteige, Klassenzimmer, zahnärztliche Sprechzimmer und andere – definieren und strukturieren nämlich genauso wie Individuen bestimmte Verhaltensmuster. Unsere Erörterung der Verhaltensumfeldtheorie von Barker im vorhergehenden Kapitel betraf diesen Punkt, obwohl wir uns vergegenwärtigen sollten, daß Barker sich fast ausschließlich mit dem sozialen Aspekt des Umfeldes, statt mit seinen materiellen Merkmalen beschäftigt. Wir möchten hier betonen, daß der „Aufforderungscharakter" einer Umwelt mehr als die Summe der sozialen Aktivitäten ist, die sich in ihm vollziehen. Individuen werden als Mitglieder größerer sozialer Gruppen nicht zu einem beliebigen Verhalten sozialisiert, sondern dazu, sich in Beziehung zu relevanten materiellen Umfeldern angemessen zu verhalten. Dabei beziehen sie sich nicht nur auf die unmittelbaren sensorischen Reize des Umfeldes, sondern ebenso auf seine symbolischen Qualitäten – die „Bedeutungen", die die äußere Erscheinung mitteilt.

Aus unserer ersten Annahme läßt sich eine Folgerung gewinnen: Wenn alle anderen Dinge gleich bleiben, werden unabhängig von den beteiligten Individuen die Verhaltensmuster beibehalten, die sich in Reaktion auf einen gegebenen Typus des materiellen Umfeldes zeigen. Doch sind zeitlich und räumlich bedingte Verhaltensunterschiede innerhalb dieses Musters ebenfalls ein wesentliches Merkmal der Umwelt. Umgebungen sind ihrerseits komplexe Systeme, die zu einem gegebenen Zeitpunkt das Verhalten vieler sich an unterschiedlichen Orten befindlicher Menschen umfassen. Die Forderung irgendeines institutionalisierten Umfeldes nach angemessenen Verhaltensweisen ist eher allgemein als speziell. Sie gestattet und verlangt Varianten und Veränderungen im Verhalten der fortwährend auf dieses Umfeld reagierenden Person. Dies bedeutet, daß materielle Umgebungen zwar angemessene und relevante Verhaltensweisen verlangen, aber nicht, weil sie Reizkomplexe wären, die den Individuen automatisch bestimmte Reaktionen abfordern (das Kredo des Behavioristen). Wenn der Mensch, wie wir annehmen, ein kognitives Wesen ist, besitzen die Umgebungen für den Wahrnehmenden Definitionen und Bedeutungen, die sich auf seine Rolle in ihnen und darauf beziehen, wie sie zu betrachten und zu verwenden sind, welche anderen Menschen einbezogen werden wollten, welche Aktivitäten sich in ihnen abwickeln sollten, wofür sie symbolisch stehen und so weiter. Dies trifft nicht nur für den Augenblick, sondern immer und für ähnliche materielle Umfelder zu.

Wir gehen dabei von der Annahme aus, daß sich die unabhängig von Zeit und Raum auftretende Regelmäßigkeit und Konsistenz des Verhaltens in gegebenen materiellen Umfeldern zeigt, weil solche Umfelder eng mit dem Gefüge sozialer, institutioneller und kultureller Systeme verwoben sind, die das Alltagsleben jeder Gruppe von Individuen definieren. Jede gegebene materielle Umwelt ist nämlich nicht nur eine Verhaltensumwelt, sondern auch eine soziale, institutionelle und kulturelle Umwelt.

Daraus folgt, daß ein materielles Umfeld, das irgendeine konkrete Situation definiert und strukturiert, kein geschlossenes System ist; seine Grenzen sind weder in der Zeit noch im Raum fixiert. Eine Krankenhausstation, ein Klassenraum, eine Familienwohnung oder irgendein anderes konkretes institutionelles Umfeld kann genau definierte materielle Grenzen haben, doch seine Organisation, die Aktivitäten, die sich in ihm vollziehen, die Zeit, zu der sie beginnen und enden, die Zahl der Menschen, die an ihnen beteiligt sind, und folglich selbst seine Eigenschaften als materielles Umfeld werden beeinflußt durch – und beeinflussen ihrerseits – das größere, umfassendere und mit ihm verbundene materielle und soziale System, dessen Teil es ist. Um nur ein Beispiel zu nennen: Der Verwaltungsbeschluß in einer großen städtischen Gemeinde, der zur Einsparung elektrischer Energie die Verwendung von Klimaanlagen und Ventilatoren während der heißen Sommermonate unterbindet, kann für das Familienleben in einer Wohnung insofern Konsequenzen haben, als er darüber entscheidet, wie, wo und wann während der heißesten Tage dieses Zeitraums die Familienmitglieder interagieren, schlafen, essen und andere Leute einladen.

Wenn ein materielles Umfeld ein offenes System ist, dessen Merkmal zugleich Veränderung und Stabilität ist, weil es in einer Wechselbeziehung zu korrespondierenden und umfassenderen sozialen, normativen und institutionellen Systemen steht, dann ist seine Organisation dynamisch. Eine Veränderung irgendeines Bestandteiles des Umfeldes wird sich in unterschiedlichem Maße auf all seine anderen Komponenten auswirken, wobei sich das charakteristische Verhaltensmuster des ganzen Umfeldes verändern wird. Die unerwartete Ankunft der Nachbarn kurz bevor sich die Familie zum Abendbrot setzt, kann beispielsweise das ganze Verhaltensmuster der Familie, das in der Vorbereitung, dem Essen und dem Abwaschen nach der Abendmahlzeit besteht, verändern, wenn diese Nachbarn eingeladen werden, zum Abendessen zu bleiben. Das übliche Muster, daß die Kinder im Eßzimmer während des Essens fernsehen und die älteren Familienmitglieder am anderen Ende des Tisches isoliert sind, kann dadurch ausgeschlossen werden. Die Kinder können nämlich bei den Gästen für das Abendessen entschuldigt werden, womit man ihnen zugleich erlaubt, in das Spielzimmer im Keller zu entkommen, wo sie ungestört essen und fernsehen können.

Erhaltung des Verhaltens

Im Verlaufe unserer Untersuchung, die das Verhalten von Angestellten und Patienten einer psychiatrischen Station zum Gegenstand hatte, bezeichneten wir solche dynamischen Effekte als die *Erhaltung des Verhaltens* (Ittelson, Proshansky & Rivlin 1970). Wenn eine Veränderung in einem materiellen Umfeld ein für dieses Umfeld charakteristisches Verhaltensmuster unterbindet, wird sich dieses gewöhnlich zu einer anderen Zeit oder an einem anderen Ort zeigen. Wichtig für diese dynamische Auffassung des materiellen Umfeldes ist außerdem, daß wir den für bestimmte Umfelder charakteristischen Verhaltensmustern dadurch Veränderungen induzieren könne, daß wir die materiellen, sozialen oder organisatorischen Systeme verändern, die das Umfeld definieren. Wenn im Spielzimmer unten im Hause kein zweiter Fernsehapparat wäre und wenn der im Eßzimmer nicht transportabel wäre, dann würde der Besuch der Nachbarn oder ein Ausfall der Zentralheizung oder ein heftiger Streit der Eltern oder irgendeine andere Veränderung möglicherweise dadurch zur Erhaltung des Fernsehverhaltens der Kinder führen, daß sie auf das Gerät eines in der Nähe wohnenden Freundes rekurrierten.

Ungeachtet der Dinge, die wir bis hierhin hinsichtlich materieller Umfelder festgelegt haben, sollte kein Zweifel darüber bestehen, daß unabhängig von solchen Beziehungen wie „materielle Umwelt", „soziale Umwelt", „Familie", „das Individuum" und so weiter es in Wirklichkeit nur die *Gesamtumwelt* gibt. Während die gesonderte Betrachtungsweise irgendeines dieser Umweltaspekte für Analyse- und Forschungszwecke möglich und nützlich ist, kann nicht genügend darauf hingewiesen werden, daß sie erstens nur verschiedene Weisen sind, dieselbe Situation zu analysieren, und daß zweitens jeder Aspekt nur in seiner Beziehung zu den anderen vorhanden ist und aus ihr seine Bedeutung gewinnt.

Wir wollen einen Augenblick zu unserem obigen Beispiel zurückkehren, in dem die Nachbarn gerade rechtzeitig bei der Familie eintreffen, um zum Abendessen eingeladen zu werden. Wenn wir die Szene zu irgendeinem Zeitpunkt während des Abendessens betrachten, wird deutlich, daß das Eßzimmer als materielles Umfeld nicht einfach ein materieller Raum mit unbelebten Objekten ist. Zu einem Eßzimmer wird er nur durch seine Beziehung zu anderen Räumen im Haus, durch die Menschen, die ihn benutzen, durch die Art und Weise, in der sie ihn benutzen, durch das, was in ihm passiert und was nicht in ihm passiert, und dadurch, wie, wo und durch wen die verschiedenen Objekte in ihm benutzt werden. Wir haben also Objekte, Menschen, Aktivitäten, Interaktionen, Beziehungen, räumliche Anordnungen, sowie weitere Komponenten, die miteinander in Wechselwirkung und Wechselbeziehung stehen. Die gesamte Umwelt ist also ein aktiver und kontinuierlicher Prozeß, dessen beteiligte Komponenten zu einem gegebenen Zeitpunkt und über längere Zeit die Art der zwischen ihnen bestehenden Wechselbeziehungen definieren und durch diese definiert werden.

Es versteht sich, daß in diesem aktiven und kontinuierlichen Umweltprozeß jede Komponente, die immer für Analyse- und Untersuchungszwecke herausgezogen wird, zugleich Ursache und Wirkung ist. Sie wirkt nicht nur auf die anderen Komponenten ein (und verändert sie dadurch), sondern bringt sich dadurch selber Veränderungen bei. Der Leser denke an die Nachbarn, die zur Abendbrotzeit auftauchen und von der Frau und Gastgeberin zum Bleiben aufgefordert werden. Durch die Einladung wird sie zur Ursache; aber sie verändert sich auch selbst durch die Konsequenzen ihrer Handlung. Sobald die Einladung zum Abendessen angenommen wurde, passieren die folgenden Dinge: Der Tisch wird anders gedeckt, die „angestammten Plätze" am Tisch werden verändert, die Kinder werden nach unten geschickt, der Fernsehapparat wird abgestellt, einige Dinge werden in das Wohnzimmer geräumt und als wichtigste Veränderung sieht sich die Frau und Mutter in der Rolle der „Gastgeberin von Gästen zum Abendessen". Ihre Rolle als Frau und Mutter wird sekundär, und andere Verhaltensweisen, die an ihre neue Rolle als Gastgeberin geknüpft sind, werden betont. Die als Ursache und Wirkung in Erscheinung tretenden Konsequenzen ihrer ursprünglichen Einladung an die Nachbarn sind evident.

Betrachten wir aber – wie es hier unser Vorhaben ist – die Umwelt ebenso unter dem Aspekt des Verhaltens wie unter dem ihrer geographischen Beschaffenheit, ergeben sich zahlreiche zusätzliche Annahmen hinsichtlich des Umweltprozesses. In unserer Eßzimmerszene wird deutlich, daß, gleichgültig von welchem Gesichtspunkt wir den Umweltprozeß untersuchen, dem des Gastgebers, der Gastgeberin, der Abendgäste oder irgendeiner anderen Person im Eßzimmer, wir eine Situation schaffen, die in die Dichotomie „des Teilnehmers" auf der einen Seite und aller anderen Umweltkomponenten des Prozesses auf der anderen Seite zerfällt. Wie ähnlich die Standpunkte eines jeden Teilnehmers auch sein mögen, es bleibt doch das Faktum, daß es ebenso viele Umgebungen gibt wie Personen, von deren Gesichtspunkt aus der Umweltprozeß untersucht werden kann. Der Platz, an dem jede Person im Eßzimmer sitzt, die etablierte Rolle, die sie einnimmt (Geschlecht, Beruf und so weiter), wer sie in dieser Situation ist (Gastgeber oder Gast) und die vielen, vielen anderen möglichen Faktoren individueller Unterschiede machen die Besonderheit der eigenen Umgebung für jede zu einer selbstverständlichen Voraussetzung. Selbst vom Standpunkt eines Außenseiters, der dort hineinsieht, ist in dem oben beschriebenen Prozeß die Umwelt zu jeder Zeit und an jedem Ort von besonderer Beschaffenheit. Ihre zeitüberdauernde Stabilität ist insofern bemerkenswert, als sie sich wie der Wirbel eines Strudels aus einem Prozeß ständiger Veränderungen heraushebt.

Wenn wir auf die am Umweltprozeß beteiligte Stabilität und Veränderung hinweisen, berühren wir einen häufig vernachlässigten oder nicht unbedeutenden Aspekt menschlicher Umfelder. Sie haben eine natürliche Verwendungsgeschichte und sind wie menschliche Wesen nicht einfach als isolierte Elemente in der Zeit zu betrachten, sondern müssen als zeitbezogene Phänomene begriffen werden, deren Eigenschaften sich teilweise aus der Reihenfolge und Wechselwirkung der Ereignisse ergeben, die im fortwährenden Gebrauch dieser Umfelder stattfinden. Die Verhaltensmuster eines gegebenen Umfeldes sind nicht nur in der Dynamik des unmittelbaren Umweltprozesses verankert, sondern auch in der Geschichte dieses Prozesses. Materielle Umfelder verändern sich ebenso sehr als Funktion ihrer fortwährenden Verwendung wie ihrer Position in einem sich wandelnden sozialen System, in dem technologische Erneuerungen, veränderte zwischenmenschliche Beziehungen und sich wandelnde Werte zugleich die Ursachen und Konsequenzen der Veränderungen in diesem System sind.

Bewußtheit und Anpassung

Schließlich sind noch zwei Ansichten über die Umwelt vom Standpunkt der Teilnehmer aus für den Umweltpsychologen sehr wichtig. Kehren wir in den Eisenbahnwaggon unseres Vorstadtpendlers oder in das Eßzimmer unserer Familie mit den unerwarteten Gästen zurück. Vom Gesichtspunkt irgendeines der Handelnden in der Situation sind die Umgebungen in jedem dieser Umfelder ausgesprochen neutral. Sie treten mit anderen Worten nur in das Bewußtsein, wenn sie von irgendeiner normativen oder adaptiven Ebene abweichen. Viele unserer Forschungsarbeiten, in denen wir uns mit Krankenhausstationen und anderen institutionellen Umfeldern beschäftigten, bestätigen die Tatsache, daß Menschen ihr gewöhnliches materielles Umfeld hinnehmen, wie es ist, und kaum irgendwelche Meinungen, klar umrissene Präferenzen, Überzeugungen oder Wünsche haben, die sie zu dessen Veränderung veranlassen. Unser Verhalten in einer Umwelt wird also offensichtlich von der Bewußtheit des Bedürfnisses beeinflußt, uns an sie anzupassen. Im Falle des Eßzimmers wird dies in weit geringerem Maße auf die Mutter zutreffen, die für seine Einrichtung verantwortlich war und deshalb viel besser mit dem Raum vertraut sein wird als ihre Gäste. Wenn unser Vorortpendler in einen neuen und modernen Eisenbahnwaggon gekommen wäre, den er noch niemals zuvor gesehen hätte, wäre seine Bewußtheit für das Umfeld aller Wahrscheinlichkeit nach so sehr erhöht worden, daß er für einen Moment seine Erschöpfung vergessen und nicht mehr nach dem freien Platz gesucht hätte. Dies wäre aber eben aus jenem Grunde geschehen, den wir oben genannt haben: Das Ereignis stellt eine Abweichung von einem bestimmten adaptiven oder normativen Niveau der vertrauten Umwelt dar. Wenn er mit der neuen Anordnung und Beschaffenheit des neues Eisenbahnwaggons vertraut wird, wird dieser auch in die Peripherie seiner Bewußtheit gerückt werden.

Unsere letzte Annahme betrifft die Zwänge, die ein Umfeld uns auferlegt, ob wir uns ihrer bewußt sind oder nicht. Wir können uns nämlich der Wände eines Raumes nicht bewußt sein, und dennoch werden diese bestimmen, wie weit wir in ihm gehen können. Die Höhe eines Tisches wird die Art und Weise bestimmen, in der wir an ihm sitzen; die Zahl der Menschen in einem Raum, wie wohl wir uns in ihm fühlen; der Geräuschpegel, wie viel wir verstehen. Alle diese Faktoren können unterhalb unserer Bewußtseinsschwelle bleiben, da wir wahrscheinlich mit anderen Dingen beschäftigt sind, und können sich doch nachdrücklich auf die Interaktionen zwischen Umwelt und Person auswirken. So können Menschen, die in der Nähe von Flughäfen leben, sich an den ständigen Fluglärm gewöhnen, ohne daß daraus folgt, daß der Lärm keine Konsequenzen für sie hätte. Er hält nicht nur möglicherweise ihre Freunde davon ab, sie zum Essen zu besuchen, sondern sie empfinden in ihrer Anpassung auch jenes Etwas an zusätzlicher Spannung, das die Lebensqualität ein wenig unter das wünschenswerte Maß absinken läßt.

Unten werden wir noch einmal zusammenfassen, welche Annahmen über die Mensch/Umwelt-Beziehung wir oben erörtert haben. Vorher wollen wir uns jedoch die Zeit nehmen, die methodologischen Implikationen des gewählten Verfahrens zu betrachten. Die Anschauung der Person als eines zielgerichteten kognitiven Organismus, der den gesamten Umweltprozeß, dessen Teil er ist, beeinflußt und von ihm beeinflußt wird, ist als Erklärung seines auf seine materielle Welt bezogenen Verhaltens eine scharfe Antithese zu jeder Form des *Umweltdeterminismus*. Weder die materiellen Eigenschaften seiner Umwelt noch der kognitive Prozeß, der ihnen Bedeutung verleiht, bestimmen an sich sein Verhalten und seine Erfahrung. Es ist das Wechselspiel aller objektiven und wahrgenommenen Ereignisse in einem totalen Umweltkontext, welches das besondere Verhalten und die besonderen Erfahrungen der Person erklärt. Unter methodischem Gesichtspunkt heißt dies erstens, daß die Beziehungen zwischen Mensch und Umwelt in ihren natürlichen Umfeldern und im Kontext des alltäglichen Lebens zu untersuchen sind; und zweitens, daß diese Untersuchungen solche Beziehungen dadurch herzustellen versuchen müssen, daß sie das Gefüge des Umweltprozesses auf die Verhaltensweisen, Erfahrungen und Aktivitäten der Person beziehen. Dies heißt nämlich, daß die traditionelleren auf einer experimentellen oder kausal-hypothetischen Perspektive beruhenden Versuche, in denen bestimmte unabhängige Variablen herausgelöst und als meßbare Ursachen gleichfalls meßbarer Verhaltensereignisse variiert wurden, im vorliegenden Verfahren keinerlei Gültigkeit besitzen. Bestimmte Variablen, die die Mensch/Umwelt-Beziehungen repräsentieren, herauszulösen und zu definieren, heißt anzunehmen, daß solche Beziehungen ihrer Struktur nach einfach und ihrer Beschaffenheit nach additiv sind. Nichts kann weniger wahr sein.

Die Komplexität des Umweltprozesses, wie sie in den obigen Annahmen evident wurde, ist die Realität, der sich die Umweltpsychologen zu stellen haben, ob ihnen das gefällt oder nicht. Ihr Forschungsansatz wird exploratorisch und deskriptiv sein müssen, sie werden versuchen müssen, Beziehungshypothesen aufzustellen und zu überprüfen, die die Eigenschaften einer bestimmten Umweltstruktur und ihre Wirkung auf jenen ihrer Teile berücksichtigen, der Person heißt. Wissenschaftliche Forschung und die Form, in der sie verläuft, muß eher vom Problem und seiner Formulierung her definiert werden als umgekehrt. Im Gegensatz zur Überzeugung mancher Menschen gibt es nicht eines sondern viele Modelle wissenschaftlicher Forschung, die die Unterschiede zwischen den wesentlichen Eigenschaften der Phänomene erfassen und die Art und Weise reflektieren, in der sie am besten zu verstehen sind. Quantitative Prinzipien zum Ordnen der Phänomene ermöglichen lediglich, einige Ereignisse in der Natur zu verstehen. Andere Ereignisse haben möglicherweise Eigenschaften, die auf anderen Niveaus und in anderer Form analysiert werden müssen, damit sie kodifiziert und verstanden werden können.

Zum Abschluß unserer Erörterung des Verhaltens und der Erfahrung in ihrer Beziehung zur materiellen Umwelt haben wir zehn Annahmen skizziert:

1. Menschliches Verhalten ist in seiner Beziehung zu irgendeinem materiellen Umfeld unabhängig von der Zeit und der Situation, überdauernd und konsistent. Dies ist eine andere Formulierung der Tatsache, daß Umwelten ihre Verwendungsweise definieren.
2. Als Reaktion auf ein Umfeld auftretende Verhaltensmuster werden unabhängig von den beteiligten Individuen beibehalten. Dieser Aufforderungscharakter ist jedoch allgemein. Innerhalb des Umfeldes variiert eine Person ihr Verhalten je nach Zeit und Ort.
3. Die Grenzen eines Umfeldes werden nicht nur durch die materiellen Eigenschaften des Umfeldes definiert, sondern auch durch seine Interaktionsbeziehungen zu anderen materiellen und sozialen Systemen. Die Umwelt ist ein offenes System.

4. Deshalb ist ihre Organisation dynamisch. Das für das ganze Umfeld charakteristische Verhaltensmuster wird durch eine Veränderung irgendeiner seiner Komponenten beeinflußt.
5. Wenn solche Veränderungen die charakteristischen Verhaltensmuster des Umfeldes unterbinden, wird dieses Verhalten beibehalten und zu einem anderen Zeitpunkt oder an einem anderen Ort in die Tat umgesetzt. Mit anderen Worten wird nach einem adäquaten Umfeld Ausschau gehalten.
6. Die Umwelt schließt nicht nur die präsenten materiellen Komponenten ein, sondern auch die sozialen und individuellen Verhaltensweisen, die sich in ihm zeigen. Insofern ist es ein Prozeß, der durch seine Teilnehmer und die Art ihrer Interaktion definiert wird.
7. Das Individuum wird die Umwelt jedoch in jedem Augenblick auf eine ganz besondere Weise wahrnehmen. Sein Blickwinkel und seine Rolle werden sich auf das Verhalten gegenüber dem Umfeld anders als bei anderen auswirken, die dieselbe Umwelt unter und wieder anderen besonderen Perspektiven wahrnehmen.
8. Umwelten haben ihre natürliche Verwendungsgeschichte, und wir sind Erben dieser Geschichte, wenn wir in ihnen als Teilnehmer fungieren. Diese Verwendung muß nicht mit der materiellen Beschaffenheit eines Umfeldes kongruent sein; der soziale Brauch kann uns vorschreiben, daß wir in Kirchen unsere Stimmen senken und sie bei öffentlichen Versammlungen heben.
9. Normalerweise sind Umwelten neutral. Wir werden uns ihrer Merkmale erst dann bewußt, wenn Veränderungen auftreten oder wenn wir einem uns unbekannten Umfeld begegnen.
10. Wie offen Umwelten auch als soziale Systeme sein mögen, haben sie doch materielle Grenzen. Sie können als Widerstände, Hilfen oder Bahnungen beschrieben werden. Auf das Verhalten im gesamten Umweltkontext werden sich immer die materiellen Möglichkeiten auswirken, die für den Ausdruck eines erstrebten Verhaltens vorhanden sind.

Nach der Darstellung unseres Bezugssystems für die Mensch/Umwelt-Beziehung wollen wir nun kurz seine Bedeutung für den *Verhaltensprozeß* betrachten, der aus ihm folgt. Damit meinen wir die spezifischen psychologischen Funktionen, durch die sich das Individuum auf sein materielles Umfeld bezieht. Wir fragen also danach, wie Individuen auf materielle Umfelder reagieren, insbesondere wenn wichtige Veränderungen in diesen Umfeldern stattfinden.

Wir wiesen oben darauf hin, daß die materielle Umwelt vom Standpunkt des Teilnehmers aus normalerweise neutral ist und in sein Bewußtsein erst eindringt, wenn es von einem gewissen Adaptionsniveau abweicht. Wir wollen uns deshalb einer nicht adaptiven Situation zuwenden, das heißt einer Situation, die von der erwarteten insofern abweicht, als das Individuum betroffen ist. Statt uns mit der Familie im Eßzimmer oder mit dem Vorortszug zu beschäftigen, wollen wir sehen, was geschieht, wenn ein Individuum in eine Wohnung in einer neuen städtischen Wohnumgebung zieht. Wie es den meisten von uns ergehen würde, ist sich das Individuum in diesem Situationstypus seiner neuen Umgebung bewußt. Das Unvertraute soll erst noch vertraut werden.

In Situationen dieses Typus treten sechs miteinander in Wechselbeziehung stehende Reaktionsarten auf: *Affekt, Orientierung, Kategorisierung, Systematisierung, Manipulation und Kodierung.* Wir können jedoch nicht deutlich genug darauf hinweisen, daß, obgleich wir jeden dieser sechs Typen (oder jede dieser Ebenen) von Reaktionen in der genannten Reihenfolge kurz erörtern werden, sie in der wirklichen Erfahrung nicht nur in gewissem Maße hinsichtlich ihrer Reihenfolge variieren, sondern daß ihre Wechselbeziehung so ausgeprägt ist, daß einer in den anderen übergeht. Man sollte deshalb nicht annehmen, daß das Vorgehen, das wir hier für Analysezwecke wählen, der wirklichen Erfahrung der Person entspricht.

Es ist unzweifelhaft richtig, daß der *Affekt* die erste Reaktion der Person sein kann, die sich in einer neuen Wohnumgebung befindet. Natürlich hängt es von vielen Faktoren ab, um was für einen Affekt es sich handelt. Zumindest wird die Emotion in einer erhöhten Bewußtheit oder einem höheren Spannungsniveau bestehen, das durch das Bedürfnis nach Erkenntnis, Vorhersage und nach dem Gefühl der Sicherheit in einem unbekannten Umfeld hervorgerufen wird. Neben dieser generellen Reaktion können andere Affekte auftreten, die sich aus besonderen Merkmalen des neuen Umfeldes erklären. Die plötzliche Entdeckung eines bequemen und allen Ansprüchen gerecht werdenden Einkaufszentrums kann Freude hervorrufen; ein Block verlassener Häuser Enttäuschung und Furcht; und der Lärm startender Flugzeuge eines nahen Flughafens Bestürzung und Ärger. Solche generellen und spezifischen affektiven Reaktionen können über die Richtung entscheiden, die die folgenden Beziehungen mit einer Umwelt einschlagen werden. Erste Impressionen (Gefühle) von Orten wie von Menschen können langfristige und andauernde Konsequenzen zeitigen.

Orientierung ist ein kognitiver Prozeß. In einem neuen Umfeld wird das Individuum aktiv versuchen, sich dieses Umfelds zu bemächtigen. Wahrscheinlich wird sich dieser Prozeß vor oder zumindest zugleich mit den affektiven Reaktionen auf das neue Umfeld ereignen. Zur Orientierung gehört es, sich umzusehen. Wo die Lebensmittelgeschäfte sind, wie man von der Wohnung zum Bahnhof kommt, welche Vorzüge die Gegend aufzuweisen hat (die von Bäumen umsäumten Häuserblocks) und welche Nachteile (die Reihe schäbig aussehender Bars). Orientierung findet auch in kleineren Umfeldern statt, in Büros, Theatern, Klassenzimmern, Krankenhausstationen und so weiter, wenn wir nicht mit ihnen vertraut sind. Orientierung bringt das Bestreben der Person zum Ausdruck, zu „wissen, wo sie ist", wo sie sich physisch in Beziehung zum Gesamtmilieu befindet.

In neuen Situationen zeigt das Individuum neben der Orientierung noch andere Reaktionen. So kategorisiert es. Es geht über die Identifikation und räumliche Aufteilung des neuen Umfeldes hinaus. Es bewertet seine verschiedenen

Aspekte und auferlegt ihm insofern seine eigenen Bedeutungen. Es gibt einen angenehmen Weg zum Bahnhof und einen unangenehmen; der Nachbar gegenüber ist freundlich und entgegenkommend, derjenige, der weiter hinten wohnt, ist verschlossen; am frühen Nachmittag findet man leicht Parkplätze und abends überhaupt keine. Im Fall der *Kategorisierung* eines materiellen Umfeldes erweitert das Individuum dessen Bedeutung dadurch, daß es seine verschiedenen Aspekte funktional auf die eigenen Bedürfnisse, Prädispositionen und Werte bezieht. Es ist nur halb so nützlich, einen Weg zu kennen, den man morgens mit dem Auto zur Bahnstation nehmen kann, wie zu wissen, welcher Weg der schnellste und angenehmste ist.

Obgleich es schwierig ist zu sagen, wo man die Ebene der Kategorisierung verläßt und diejenige der *Systematisierung* betritt, läßt sich immerhin feststellen, daß letztere einen differenzierten Prozeß in der Reaktion des Individuums auf ein neues materielles Umfeld darstellt. Die Person beginnt das, was sie identifiziert und kategorisiert hat, in komplexeren und bedeutungsvolleren Strukturen zu organisieren. Im Laufe der Zeit beginnt der Neuankömmling in dieser Wohngegend vielleicht damit, all seine positiven Erfahrungen (gute Einkaufsmöglichkeit, sichere Straßen, ein nettes Lokal, in dem man ein Bier trinken kann, eine Bücherei, aus der man sich Lesestoff besorgen kann und so weiter) miteinander in Beziehung zu setzen, so daß sich für ihn in einem subjektiven Sinne „seine Wohngegend" herausbildet. Sie mag vielleicht nicht einer einfachen Proximitäts-Distanz-Konzeption der Wohngegend korrespondieren. Oder er weiß möglicherweise nicht nur, wann es das beste Angebot und wann es das schlechteste Angebot an Parkplätzen gibt, sondern hat auch verstanden, daß dieses Faktum mit den Hauptandrangszeiten in einem nahe gelegenen Einkaufszentrum zusammenhängt. Neben dieser Systematisierung und Organisation der Objekte, Ereignisse, Menschen und Einrichtungen in der neuen Wohngegend erwirbt sich das Individuum gewisse Voraussetzungen dafür, sie zu ordnen und sie zu verstehen. Er kennt die Wohnumgebung nicht nur, sondern kann vorhersagen, was in ihr geschieht und sie zu seinem Nutzen verwenden.

Dies führt uns zum Begriff der *Manipulation* der Umwelt. Wenn die Systematisierung stattgefunden hat – oder einfacher, wenn die Person ihre Umwelt geordnet hat –, bedeutet dies in der Regel, daß sie sie manipulieren oder in einem gewissen Maße kontrollieren kann. Natürlich hängt das Maß, in dem sie die Umwelt manipulieren kann, nicht nur von ihrer Fähigkeit ab, sie zu ordnen, sondern auch davon, was die neue Wohnumgebung anzubieten hat. Wenn es keinen einfachen Weg zum Bahnhof gibt, das heißt, wenn die Umwelt selbst Wahlmöglichkeiten vermissen läßt oder wenn sie andererseits so komplex und wenig vorhersagbar ist, daß sie nur auf einem niedrigen Niveau zu ordnen ist, wird die Manipulation oder Kontrolle entsprechend gering bleiben. In dem

Maße, in dem die Person sich ihres neuen Umfeldes bemächtigt hat, kann sie sie nicht nur für ihre eigenen Zwecke einsetzen, sondern kann auch, wenn Teile des Umfeldes ausfallen (beispielsweise wenn der Bus zum Bahnhof nicht verkehrt), leichter Veränderungen herbeiführen oder das Umfeld so manipulieren, daß es sich wieder wirksam für ihre Zwecke einspannen läßt.

Wenn wir eine Umwelt entweder zum Zwecke der Orientierung oder zu dem der Manipulation systematisieren wollen, müssen wir schließlich hinsichtlich der Komponenten unserer Umwelt Übereinstimmung erzielen. Für den weitaus größeren Teil dieser Komponenten liegen die Bezeichnungen bereits vor: Baum, Straße, Tür, Laternenmast, Haus, Auto. Die Farben, Formen und Ausmaße solcher Gegenstände – ihre adjektivischen Eigenschaften – sind uns in ähnlicher Weise vorgeschrieben, so daß wir, wenn jemand sagt „großer Baum" oder „enge Straße" oder „grüner Wagen", eine ungefähre Vorstellung haben von dem, wovon er spricht. Dieser Prozeß, in dem Umweltobjekten Namen und Qualitäten verliehen werden, wird *soziale Kodierung* genannt und wird Gegenstand unseres Lernens, sobald wir sprechen können. Er befähigt den sozialen Menschen, mit seinesgleichen auf einer gemeinsamen Basis des Verständnisses umzugehen. Wie wir unten zeigen werden, muß diese Kodierung nicht in Form von Wörtern oder Bildern vonstatten gehen; sie kann sich auch in mathematischen Symbolen oder in einer musikalischen Umschrift vollziehen. Entscheidend ist jedoch die Tatsache, daß sie anderen (wie in der Musik) verständlich sein muß oder (wie in der Mathematik) erlernbar sein muß. Die Kodierung erlaubt uns, unsere Systematisierung und Manipulation kognitiv vorzunehmen, also über unsere Umwelt nachzudenken.

Die Rolle der Kognition

Der psychologische Prozeß des Menschen, der für die Mensch/Umwelt-Interaktion am wichtigsten ist und der allen von uns beschriebenen Reaktionsmerkmalen zugrunde liegt, ist der der Kognition. Diese intellektuelle Funktion und der Wahrnehmungsprozeß, mit dem sie verbunden ist, befähigen uns, die von unseren Sinnen erfaßte chaotische Außenwelt in eine kohärente innere Welt umzuformen, die wir bewältigen können. Von gleicher Bedeutung ist die Tatsache, daß die Kognition uns dies auch ermöglicht, *wenn die betreffende Umwelt nicht präsent ist.* Wir schaffen gewissermaßen eine „Geographie des Geistes", wenn wir unsere Umgebung so klassifizieren und kodieren, daß wir deren zukünftiges Verhalten vorhersagen und entsprechend mit ihr verfahren können. Denn ganz offensichtlich wäre es sehr unpraktisch, wenn wir eine Umwelt bei jeder neuen Begegnung mit ihr neu kennenlernen müßten. Kognition ist das Verfahren, das unser Geist an dem Rohmaterial der Realität vollzieht – nicht nur an den materiellen Bildern sondern an allen Informationen, die unsere Sinne erhalten.

Viele Autoren haben sich mit der Frage des Erkennens von Realität beschäftigt. In Kapitel neun und zehn wird beispielsweise anhand einer solchen Methode, „mentale Kartographie" genannt, beschrieben, wie wir im Geiste Vorstellungsbilder einer Umwelt bilden. Wir wollen hier einen etwas abstrakteren Ansatz erörtern. Nach ihm gelangen wir dadurch zu einem Verständnis der Welt, daß wir verschiedene sie vertretende Ersatzumwelten betrachten. Diese Ansicht wurde von Gerald Holton (1965) überzeugend vertreten, der die Übersetzung der wahrgenommenen Realität in kognitive Einheiten einen „kybernetischen Akt" nennt und hinzufügt, daß er das Mittel sei, durch das wir die noch ungeordnete Welt um uns herum erfassen, um darüber entscheiden zu können, in welcher Weise wir mit ihr verfahren wollen. Denn große Teile unserer Umwelt werden nicht unmittelbar sondern mittels eingeschobener, stellvertretender Umwelten erfahren, die als Repräsentationen der „Realität erster Ordnung" dienen. Um ein Beispiel anzuführen: Wenn wir den Grand Canyon nicht persönlich besichtigen können, können wir doch einen Film über ihn *sehen*. Wir können einen Vortrag über ihn *hören*. Wir können von seiner außergewöhnlichen Schönheit *lesen*. Wir können in einem Museum sein topographisches Modell *untersuchen*. Wir können ihn, wie in Grofes *Grand Canyon Suite*, als musikalisches Kunstwerk *hören*. All diese Darstellungsmedien sind Verfahren, etwas über eine Sache zu lernen, die wir nicht unmittelbar erfahren. Da sie auf der Intervention einer Ersatzumwelt (der Technik, mittels derer die Darstellung möglich wird) beruhen, unterliegen sie Verzerrungen.

Die Verzerrung kann infolge eines beabsichtigten Zweckes intentional sein. Der Vortragende mag beispielsweise nur die Aspekte der unberührten Natur im Canyon betonen wollen, der Film seine Schönheit, das Modell seine geologische Formation, die Musik seine Stimmung. Ein großer Teil unserer Information wird – wie Holton meint – in Form von Schriftstücken, Zeichnungen, Lichtbildern und Gesprächen kodiert und „ähnelt eher einer Partitur als der Aufführung des Musikstückes selbst". So können wir etwas über den Grand Canyon wissen, ohne jemals dort gewesen zu sein, und wenn dieses Wissen auch einfach in dem Wunsch besteht, ihn *nicht* kennenzulernen – das heißt, daß wir ihn aus unserem Bewußtsein ausgeblendet haben, weil wir uns nicht für ihn interessieren, usw.

Andererseits kann uns die kognitive Erfassung (in gewissen Fällen) intuitive Einsicht in die Umwelt ermöglichen, zu der wir nicht in der Lage wären, wenn wir sie unmittelbar betrachten würden. Nur durch die kumulative Wahrnehmung auf vielen Ebenen gewinnen die Umweltvariablen ein neues Beziehungsmuster, und nur durch sie kommt es zu jener blitzartigen Inspiration, die keine sichtbare Grundlage im logischen Denken hat. Dies geschah beispielsweise, als Newton das Gravitätsgesetz entdeckte. In all diesen Fällen kehren wir zur ursprünglichen Realität mit einer neuen Empfänglichkeit für sie zurück und sehen die wirkliche Welt mit anderen Augen, weil wir sie mit Hilfe von Bedeutungen anderer Ordnung erfaßt haben. Darüber hinaus brauchen wir ein Ereignis nicht wirklich zu erfahren, um zu wissen, wie unsere Reaktion aussehen wird, da wir unsere Reaktion auf dieses Ereignis auf der Grundlage unserer kognitiven Wahrnehmung vorhersagen können. Die meisten Dinge, die wir über die Umwelt wissen, wurden uns nämlich beigebracht.

Holton hat die Umweltrealität nach sieben Kategorien strukturiert:

1. Erfahrung – die „Phänomene und Erscheinungen in ihrem Gesamtkontext, inmitten ausgeprägter Komplexität, mit sekundären und tertiären ‚Neben'-Effekten beschwert, die nicht fortgelassen oder vergessen werden..."
2. Didaktik – die arrangierte Wirklichkeit des Hörsaals.
3. Abbild – Filme, Fernsehen, Fotos und so fort. Sie sind häufig Repräsentationen im Dienste der Didaktik.
4. Zeichnerische Darstellungen und Modelle. „Hier ist der Kontakt mit der Realität erster Ordnung eingestandenermaßen völlig aufgehoben. Die gezeigten Schemata funktionieren analog."
5. Komprimierte Kodierung – das geschriebene und gesprochene Wort, Grafiken, Lichtbilder und so weiter, die als Abkürzung der Erscheinung selbst fungieren.
6. Metasymbolismus – die „Sprache unmittelbarer Abstraktion", wie etwa physikalische Gesetze oder mathematische Aussagen.
7. Intuition – „unmittelbares Erfassen einer komplexen Situation in ihrer Ganzheit".

Holton schreibt:

„Das Verständnis wissenschaftlicher Gegenstände, und vielleicht jedes Verständnis überhaupt, beruht auf einem kybernetischen Akt, durch den man die erste Ebene, den Bereich der wahrgenommenen Erscheinung verläßt... und so rasch als möglich den inneren Dialog auf die niedrigsten Ebenen verlagert; die Entscheidungen, zu denen man dort gelangt ist, erlauben einem dann, sich wieder dem Feld der Phänomene zuzuwenden... Auf diese Art entdecken und lernen wir, entscheiden wir, auf welche Dinge wir im Chaos der Ereignisse unseren Blick richten müssen. Diese wollen wir Realität erster Ordnung nennen..." (1965, S. 58).

Wir fassen zusammen: Wir reagieren auf die Umwelt auf vielen Ebenen. Wir haben auf sechs dieser Ebenen hingewiesen, die von zentraler Bedeutung für die Mensch/Umwelt-Interaktion sind, wir haben betont, daß „Mensch" und „Umwelt" dynamische Systeme sind, die sich nachdrücklich auf den Interaktionsprozeß auswirken. Hier würden wir gerne auf einen Gesichtspunkt hinweisen, dem wir absichtlich nur geringe Aufmerksamkeit geschenkt haben: Keine unserer Reaktionen auf die Umwelt wäre von großer Bedeutung, wenn wir sie nicht in irgendeiner zuverlässigen Weise *wahrnehmen* würden – zuverlässig zumindest für uns selbst, wenn schon nicht immer für andere. Es ist nämlich zweifelhaft, ob wir den Wahrnehmungsprozeß von den erörterten Reaktionen trennen können, obwohl wir es zum Zwecke der Erklärung getan haben. Im folgenden Kapitel werden wir deshalb diese Reaktionen auf die Umwelt unter dem Gesichtspunkt der Wahrnehmung betrachten.

Literaturnachweise

Barker, R. G. *The stream of behavior*. New York: Appleton, 1963.

Brunswik, E. *Systematic and representative design of psychological experiments*. Berkeley, Calif.: University of California Press, 1949.

Holton, G. Conveying science by visual presentation. In G. Kepes (Hrsg.), *Education by vision*. New York: Braziller, 1965.

Ittelson, W. H., Proshansky, H. M. & Rivlin, L. G. The environmental psychology of the psychiatric ward. In H. M. Proshansky, W. H. Ittelson & L. G. Rivlin (Hrsg.), *Environmental psychology: Man and his physical setting*. New York: Holt, Rinehart and Winston, 1970.

Koffka, K. *Principles of gestalt psychology*. New York: Harcourt, 1935.

Köhler, W. *Gestalt psychology*. New York: Liveright, 1929.

Krech, D., & Crutchfield, R. S. *Theory and problems of social psychology*. New York: McGraw-Hill, 1948.

Lewin, K. *Principles of topological psychology*. New York: McGraw-Hill, 1936. (Deutsch: *Grundzüge der Topologischen Psychologie*. Bern: Huber, 1969).

Murphy, G. *Personality*. New York: Harper & Row, 1947.

Murray, H. A. *Explorations in personality*. New York: Oxford 1938.

Proshansky, H. M., Ittelson, W. H., & Rivlin, L. G. (Hrsg.), *Environmental psychology: Man and his physical setting*. New York: Holt, Rinehart and Winston, 1970. Teil II, S. 101–167.

Literaturempfehlungen

Cantril, H. *The "why" of man's experience*. New York: Macmillan, 1950.

Lowenthal, D. Geography, experience and imagination: Towards a geographical epistomology. *Annals of the Association of American Geographers*, 1961, *51*, 241–260.

Ittelson, W. H. (Hrsg.) *Environment and cognition*. New York: Seminar Press, 1973.

Proshansky, H. M., Ittelson, W. H., & Rivlin, L. G. The influence of the physical environment on behavior: Some basic assumptions. In H. M. Proshansky, W. H. Ittelson & L. G. Rivlin (Hrsg.), *Environmental psychology: Man and his physical setting*. New York: Holt, Rinehart and Winston, 1970.

Im vorigen Kapitel haben wir erörtert, welche grundlegenden Annahmen uns bei der Analyse von Problemen der Mensch/Umwelt-Beziehungen geleitet haben, und kurz eine bestimmte Auffassung der Wahrnehmung und anderer psychologischer Prozesse beschrieben. Diese allgemeine Auffassung soll hier im einzelnen entwickelt werden. In größerer Vollständigkeit werden wir nun ihre Implikationen für die Umweltwahrnehmung darlegen. Wir werden jedoch keinen Versuch unternehmen, das außerordentlich umfangreiche Wissen über Wahrnehmung zusammenzufassen oder zu erörtern, das im Laufe der Jahre von Philosophen und experimentellen Psychologen zusammengetragen wurde. Der hieran interessierte Leser sollte sich einige der allgemeinen Arbeiten über Wahrnehmung ansehen, die in den Literaturhinweisen und der empfohlenen Lektüre am Ende des Kapitels angegeben sind (Murch 1973; Gregory 1966; Dember 1960). Der Leser sei jedoch warnend darauf hingewiesen, daß er, sucht er in diesen oder anderen Standardwerken nach dem Thema „Umweltwahrnehmung", beinahe mit Sicherheit enttäuscht wird. Es ist ein merkwürdiges Faktum in der Geschichte der Psychologie, daß relativ wenig Anstrengungen gemacht wurden, herauszufinden, wie oder ob die Menschen überhaupt die Umwelten, in denen sie leben, in vollem Umfange wahrnehmen. Das Problem ist von nahezu allen, wenn nicht von allen, theoretischen Systemen in der Weise definiert worden, daß gefragt wurde, wie die Objekte „dort draußen" von einer Person erfahren werden, die nicht Teil des „dort" ist. Wenn der Leser die vorgeschlagene Literatur durchsieht, wird er feststellen, daß eigentlich nie erwähnt wird, wie Individuen einen Raum wahrnehmen, den sie gerade betreten, oder eine Stadt, eine Landschaft oder irgendein anderes großdimensioniertes Umfeld. Wir wollen uns in diesem Kapitel auf Formen der Erfahrung konzentrieren, die generell als Umweltwahrnehmung bezeichnet werden.

Natürlich sind auch Objekte Teil dieser Umwelten, doch das ist eine ganz andere Feststellung als diejenige, die man bei einigen Autoren von Werken über Wahrnehmung findet, nach der Umwelten lediglich Kollektionen von Objekten und Oberflächen sind. Statt daß wir die Wahrnehmung von Umwelten uns aus der Wahrnehmung von Objekten aufgebaut vorstellen, werden wir die Wahrnehmung von Objekten lediglich als einen Teil der Wahrnehmung von Umwelten behandeln, welch letztere ein viel umfangreicheres Untersuchungsgebiet darstellt. Wie wir in Kürze sehen werden, liefern Umwelten weit mehr Informationen, als für die Wahrnehmungen von Objekten und ihren räumlichen Beziehungen erforderlich wäre. Das Interesse an großdimensionierter oder Umweltwahrnehmung bedeutet deshalb nicht einfach, „die Grenzen der Erkenntnis zu erweitern". Jede Beschäftigung mit der materiellen Umwelt des Menschen und mit der Frage, wie das Individuum sie beeinflußt und wie es von ihr beeinflußt wird, ist von der Frage abhängig, wie es seine Umwelt als eine „Umwelt" wahrnimmt. Wie unsere Annahmen über die Umwelt im vorigen Kapitel nahelegen, ist das Verhalten und die Erfahrung eines jeden Individuums Teil eines umfassenden Umweltprozesses. Die Person beeinflußt als eine Komponente in diesem Prozeß kontinuierlich alle anderen Komponenten und wird ihrerseits durch jenes Muster anderer Komponenten beeinflußt, die es als „seine Umwelt" beschreibt und erfährt.

Wenn jedoch die traditionellen Wahrnehmungsauffassungen auch keine vollständige Antwort auf die Fragen hinsichtlich der Umweltwahrnehmung liefern, sind sie doch ohne Zweifel für dieses Problem relevant. Alles, was aus den traditionelleren Untersuchungsbereichen der Wahrnehmung bekannt ist, muß für das Fundament herangezogen werden, auf das sich ein adäquater Ansatz der Umweltwahrnehmung gründen muß. Leider müssen wir hier aus Platzgründen auf eine entsprechende Ausführung verzichten. Wieder sei der Leser gebeten, sich mit einem der Standardwerke über Wahrnehmung vertraut zu machen, um das in diesem Kapitel vorgelegte Material zu ergänzen. Er wird in diesen Arbeiten ein nahezu vollständiges und verständliches Bild der Wahrnehmung finden, in dem sie als ein psychologischer Prozeß, das heißt als eine Aktivität des Nervensystems eines bestimmten Individuums, erscheint. Er wird auf ihm vielleicht unvertraute Termini wie sensorische Registrierung, Kurzzeitgedächtnis, Langzeitgedächtnis, Kontrollprozesse, Kodierungsstrategien und Informationsprozeß stoßen und auf andere vertrautere Termini wie Figur-Grund-Beziehungen, räumliche Orientierung, Distanzhinweise, Größenkonstanz und andere. Wir werden uns in diesem Kapitel nicht mit solchen Aspekten der Wahrnehmung beschäftigen, sondern mit dem allgemeineren Problem, wie die Wahrnehmung dem Individuum in dem aktiven Prozeß des Umgangs mit Umweltkontexten dient. Murch (1973) hat geschrieben, daß Wahrnehmung „die Untersuchung der Art und Weise involviert, in der ein Beobachter sich auf seine Umwelt bezieht – die Art und Weise, in der Information zusammengetragen und interpretiert wird." Diesem allgemeinen Problem wollen wir uns hier zuwenden.

Wir haben die Umwelt bereits als ein System interagierender Komponenten definiert, zu denen das Individuum gehört, das wir als „den Wahrnehmenden" bezeichnen wollen. Bei diesem Ansatz ist zu berücksichtigen, daß die Unterscheidung, die zwischen der Person und ihrer Umwelt getroffen wird, nur für Analysezwecke geschaffen wird. Die Unterscheidung bezieht sich nicht auf präexistierende und unabhängige Ganzheiten. Wenn die Umwelt in dieser

Weise begriffen wird und wenn danach gefragt wird, wie das Individuum seine Umwelt als ein totales System wahrnimmt, dem es als Teil angehört, wird sofort deutlich, daß es grundlegende Unterschiede zwischen der Umweltwahrnehmung und der traditionelleren Objektwahrnehmung gibt.

Bis jetzt haben wir festgestellt, daß Objekte nicht Umwelten und Umwelten ebensowenig einfache Kollektionen von Objekten sind. Diese Unterscheidung ist wichtig für das Verständnis und die Erforschung der Umweltwahrnehmung. Aus diesem Grunde ist eine detaillierte Analyse dieses Unterschieds erforderlich, damit wir erkennen können, welche Art zusätzlicher Informationen Umwelten für den Wahrnehmungsprozeß beisteuern. Vielleicht ist der offensichtlichste Ausgangspunkt die Tatsache, daß Objekte definitionsgemäß Subjekte voraussetzen – die Subjekt-Objekt-Beziehung ist Teil des Objektbegriffs selbst. Man kann jedoch nicht das Subjekt einer Umwelt sein, man kann nur ihr Teilnehmer sein. Wenn wir von der Wahrnehmung einer Umwelt durch eine Person sprechen, wie es hier aus Gründen der Analyse und der Erörterung geschieht, implizieren wir eine Dichotomie, die keine faktische Grundlage hat. Es gibt nur die Gesamtumwelt, in der der Mensch eine Art von Komponente ist, die sich in einer bestimmten Beziehung zu anderen Arten von Komponenten befindet. Die eigentliche Unterscheidung zwischen Person und Nichtperson wird aufgehoben. Die Umwelt umgibt und umschließt, und kein Ding und keine Person kann isoliert und als außerhalb und neben ihr stehend identifiziert werden.

Umweltwahrnehmung liegt also niemals „an sich" vor. Sie läßt sich nur als Teil der Situation untersuchen, in der sie stattfindet. Die Komponenten, in die sich die Situation zerlegen läßt, werden durch die Situation bestimmt, in der wir ihnen begegnen. Wir verändern die Umwelt, wenn wir sie wahrnehmen, allein dadurch, daß wir der Welt um uns herum gewisse Aspekte unserer eigenen Erfahrung zuschreiben. Natürlich heißt dies nicht, daß wir alles, was wir wünschten, wahrnehmen, daß wir der Umwelt jedes beliebige Attribut zuschreiben dürften. Die Umwelt ist genausosehr Teil der Situation, wie wir es sind. Besondere Umwelten liefern – wie wir noch genauer sehen werden – besondere Arten der Information und eröffnen besondere Handlungsmöglichkeiten. Wir erfahren eine Umwelt weder unabhängig von unserer Rolle als Teilnehmer, noch uns selbst unabhängig von der Situation, an der wir teilnehmen, sondern wir erfahren uns in einer Umwelt und als zu ihr gehörig. Das Ereignis wird in seiner Totalität wahrgenommen.

Für die meisten von uns ist dieser Begriff nicht leicht zu erfassen. Er scheint dem zu widersprechen, was tatsächlich passiert, da wir die externe Welt ordnen, als ob sie unabhängig von uns existiere. Der gesunde Menschenverstand sagt uns nämlich, daß es häufig nützlich ist, von einer Vorstellung der Umwelt auszugehen, die ihre Eigenschaften von unserer Wahrnehmung absondert.

Wenn wir in unserer Welt effektiv handeln wollen, müssen wir sie häufig in unseren Gedanken so fassen, als wäre sie „dort draußen", abgesondert von uns. Diese Anschauung des gesunden Menschenverstandes kann jedoch zu Verzerrungen in unserem Verständnis der Umweltprozesse führen, wie beispielsweise im Begriff des Umweltdeterminismus, der behauptet, daß es bestimmte externe Umweltbedingungen gäbe, die bewirkten, daß wir in bestimmten Weisen wahrnähmen und uns in bestimmten Weisen verhielten. Wir wissen nun aber, daß wir weder Gefangene unserer Umwelt sind, noch daß wir uns außerhalb ihrer befinden, sondern daß wir sie statt dessen in aktiver Teilnahme erfahren und mit ihr in Berührung kommen.

Anders heißt dies, daß die Umwelt, die wir kennen, das Ergebnis und nicht der Ursprung der Wahrnehmung ist. Die so verstandene Wahrnehmung vollführt das Individuum aus der eigenen Position in Zeit und Raum, unter Berücksichtigung seiner Bedürfnisse und im Rückgriff auf eine Kombination seiner früheren Erfahrungen. In eben dieser Weise definieren Ökopsychologen die Wahrnehmung: den Prozeß, durch den eine bestimmte Person von ihrem besonderen Verhaltenszentrum aus ihrer unmittelbaren Umweltsituation Bedeutungen verleiht. Denn nur wenn wir uns selbst in den Prozeß einbeziehen, durch den wir unsere Welt ordnen, nur wenn wir zweckbestimmt mit ihr umgehen und nur wenn wir die Umwelt auf unsere Zwecke beziehen, nehmen wir sie wirklich wahr.

Umwelten als Informationsquellen

Der erste Schritt in der konventionellen Wahrnehmungsanalyse besteht in der Identifikation relevanter Aspekte der externen Situation. Welche Umweltmerkmale sind für die Umweltwahrnehmung wichtig? Diese Frage hat – wie wir bereits gesehen haben – eine künstliche Aufteilung der Situation in die Umwelt einerseits und den Wahrnehmenden andererseits zur Voraussetzung. Für Analysezwecke ist dieses Verfahren notwendig und üblich. Unsere Antworten auf die Frage werden jedoch nicht völlig konventionell sein, insofern wir uns eher nach umfassenden Kategorien des Informationsinhaltes umsehen, als nach besonderen materiellen Zügen der Umwelt. In welchem Maße der Informationsinhalt der Umwelt unmittelbar auf ihre materiellen Merkmale bezogen werden kann – und ob dies überhaupt geschehen darf – bleibt gemessen an der vorliegenden Erkenntnis eine offene Frage.

Wir werden sieben allgemeine Informationskategorien betrachten, die auf jede Umweltsituation zu beziehen und für jede Umweltwahrnehmung relevant sind: (1) Umwelten haben keine festen oder vorgegebenen Grenzen in Raum oder Zeit; (2) Umwelten liefern über alle Sinne Informationen; (3) Umwelten enthalten sowohl periphere als auch zentrale Information; (4) Umwelten umfassen weit mehr Information, als wir angemessen verarbeiten können; (5) Umwelten werden durch Handeln definiert und durch Handeln erfahren; (6) Umwelten haben symbolische Bedeutungen; und (7) die Umwelt nimmt in der Erfahrung immer die systematische Form eines kohärenten und vorhersagbaren Ganzen an. Es wird von Nutzen sein, diese Aspekte der Umweltwahrnehmung separat zu betrachten, obgleich sie in Wirklichkeit möglicherweise in unauflöslicher Beziehung zueinander stehen.

Der erste Aspekt wird negativ formuliert, um seinen Kontrast zur alltäglichen Erfahrung zu betonen. Wir nehmen unsere Umwelt normalerweise als begrenzt wahr, doch die Umwelt als solche gibt uns keinerlei Information über ihre räumlichen oder zeitlichen Grenzen. Dieselbe Aussage läßt sich positiv vorbringen, wenn wir feststellen, daß die wahrgenommenen Grenzen irgendeiner Umwelt ein Ergebnis der Information sind, die dem Wahrnehmenden nicht so sehr durch externe Bedingungen aufgedrungen wird, sondern vielmehr aus der Wechselbeziehung zwischen dem Wahrnehmenden und seiner Umgebung erwächst.

Wenn eine Person ihre unmittelbare Umgebung erkundet, ist diese Exploration weder ziellos noch vorherbestimmt. Die entdeckende Person selbst legt die Grenzen für die verschiedenen Umfelder ihrer Erfahrung fest. Ihre Zwecke und Aktionen interagieren ständig mit der Umweltinformation und den Handlungsmöglichkeiten, denen sie begegnet, wodurch die Grenzen verlagert werden, die die von ihr nacheinander wahrgenommenen Situationen definieren. In manchen Fällen, wie zum Beispiel in sehr leicht „vorstellbaren" Umwelten, kann es dazu kommen, daß die Umwelt ihre eigenen Grenzen festlegt, während im anderen Extrem nicht zwei Menschen genau die gleichen Grenzen erfahren. Wie in allen anderen Umweltsituationen liegt ein unablässiges Wechselspiel zwischen Umweltinformation und individuellen und kulturellen Definitionen vor.

Natürlich verändern sich die Umweltgrenzen in Zeit und Raum bei jeder Person unabhängig davon, ob sie mit anderen zusammen oder alleine ist. Aber in allen Fällen ist das Individuum selbst das Organisationszentrum seines Milieus. Die exploratorischen Aspekte seiner Wahrnehmung sind häufig von erheblicher räumlicher und zeitlicher Ausdehnung. Ganz offensichtlich ist dem so, wenn ein Reisender ein unbekanntes Land entdeckt; doch auch auf der Ebene alltäglicher Erfahrung suchen und schaffen wir ständig Grenzen, die unseren unmittelbaren Zwecken dienen. Eine solche Wahrnehmung bedient sich des Gedächtnisses und setzt sowohl einen Zweck wie auch die Fähigkeit voraus, zwischen qualitativen Unterschieden in der Umgebung zu unterscheiden. Die Entdeckung eines Umfeldes mittels der Wahrnehmung bedient sich aller

Sinnesorgane, über die die Umwelt mit einem Organismus in Beziehung tritt und zu seinem Verhalten beiträgt. Wir kommen so zu dem zweiten Merkmal von Umwelten, der Tatsache nämlich, daß sie Informationen über alle Sinne liefern. Insofern sind Umwelten *mehrgipflig;* die Sinne funktionieren sozusagen konzertiert. Es ist jedoch anzumerken, daß mehrgipflige Effekte – die Verwendung aller Sinne – und Wechselwirkungen – der Einfluß eines Sinnes auf einen anderen – verhältnismäßig wenig erforschte Gebiete der Psychologie sind, und daß noch viel zu tun bleibt, bis wir wissen, in welcher Weise sie in der Umweltwahrnehmung vorliegen. Wir wissen natürlich, daß in einem gegebenen Augenblick unsere Wahrnehmung von nur einer Modalität beherrscht scheinen kann. Ein ausgeprägter Geruch kann ausschließen, daß wir einen Raum als visuell attraktiv wahrnehmen; eine blinde Person lernt sich durch ihren Tastsinn und eine Art Radaranlage zurechtzufinden, die in enger Beziehung zu ihrem Gehörsinn steht.

Doch während des größten Teils unserer wachen Zeit erhalten die meisten von uns aus der Umwelt eine Informationsmischung, die von allen Sinnen gleichzeitig übermittelt wird.

Deshalb und wegen unserer Fähigkeit, qualitativ zwischen den Komponenten einer jeden Umwelt zu unterscheiden, wird der Hauptanteil der verfügbaren Information peripher zu unserem eigenen Interesse sein. Daß Information verfügbar ist, heißt nicht immer, daß sie nützlich ist. In einem gewissen Maße ist das Individuum fähig, seine Information anhand seiner Interessenrichtung auszuwählen; andererseits hat es aber immer mit der Informationsgesamtheit zu tun. Mag sie wichtig oder relativ nützlich sein, jedenfalls ist sie da, ob das Individuum es möchte oder nicht. Obwohl die periphere Information großenteils gar nicht bewußt zu werden braucht, sind ihre langfristigen Effekte meßbar und wichtig. Der Bereich hinter uns ist nicht weniger Teil der Umwelt als der vor uns. Wir setzen voraus, daß er existiert, und machen ihn zum Gegenstand von Vorhersagen, auf die wir unser Handeln gründen, obwohl wir über diesen Bereich nicht jederzeit und unmittelbar sensorisch unterrichtet werden. Umwelten übermitteln beinahe immer mehr Information als verarbeitet werden kann. Die Unterteilung in zentrale und periphere Information hängt von unserer Blickrichtung ab – unseren besonderen Zielen und Zwecken. Dessenungeachtet können die Informationsmischungen, von denen wir sprachen, auch redundant, mehrdeutig, konträr und widersprüchlich sein. Der gesamte Mechanismus des Informationsprozesses im Nervensystem, dem augenblicklich sehr viele Forschungsarbeiten gewidmet werden, ist beteiligt.

Sehr viele hypothetische Modelle sind zur Erklärung der Weise vorgeschlagen worden, in der der Wahrnehmende die Masse der eingehenden Information verarbeitet (Haber 1969; Neisser 1967). Außerdem wurden die spezifischen Konsequenzen einer Vielzahl von Informationsmerkmalen untersucht. Die wahrscheinlich bestbekannte Bedingung, obgleich man ihr außer unter sehr künstlichen Laborbedingungen kaum begegnet, ist die sensorische Deprivation (Zubek 1969), die Reduktion der eingehenden Information auf ein absolutes Minimum. Man hat zeigen können, daß sie tiefgehende psychologische Wirkungen erzeugt. Ihr genaues Gegenteil, die Informationsüberschwemmung, zwingt dagegen den Wahrnehmenden, immer größere Mengen möglicherweise disparater Informationen zusammenzufassen; schließlich kann Information nicht mehr verarbeitet werden, weil die Fülle der Informationen die Kapazität des Systems überfordert. Zwischen diesen beiden Extremen des Umgangs mit mehrdeutigen oder konträren Informationen ordnen sich die besonderen Probleme an, die sich zunehmender Beachtung in den Wahrnehmungsuntersuchungen erfreuen. Wenn wir auch noch viel zuwenig darüber wissen, wie der Wahrnehmende periphere, redundante, mehrdeutige oder konträre Information verarbeitet, ist die Tatsache nicht aus der Welt zu schaffen, daß die Umwelt, als Informationsquelle betrachtet, jeden von uns fortwährend mit Informationen versorgt, die genau diese Merkmale besitzt.

Wir wissen, daß das Individuum während des Prozesses der Umweltwahrnehmung niemals völlig passiv ist. Diese Erkenntnis führt uns zum fünften Merkmal der Umweltinformation: sie wird immer durch Handeln definiert und erfahren. Der Wahrnehmende handelt immer als eine Komponente der Situation, die er wahrnimmt. Er lernt, in welcher Form er intervenieren kann, und welche Konsequenzen daraus erwachsen. Dies bedeutet, daß er sich in seinem Umweltkontext nicht nur verhält, sondern daß er das auf seine Bedürfnisse und Zwecke bezogene Umweltfeedback auch aufnimmt. Diese Beziehung zwischen der wahrnehmenden und der handelnden Person liegt unserem Verständnis der Wahrnehmung von alltäglichen Umwelten zugrunde. In diesem Prozeß übernimmt die Umwelt eine Doppelrolle. Erstens stellt sie die Informationsquelle dar, auf die sich das Handeln gründet, sie liefert Information, die uns ermöglicht, die wahrscheinlichen Konsequenzen alternativer Geschehensabläufe vorherzusagen.

Zweitens ist die Umwelt der Schauplatz, auf dem die Handlungen tatsächlich stattfinden. Die aktuellen Konsequenzen dieser Handlungen sind weitgehend ein Produkt der Möglichkeiten und Beschränkungen, denen das handelnde Individuum in der Umwelt begegnet. Die Umwelt informiert also über die wahrscheinlichen Konsequenzen zukünftigen Handelns und über die aktuellen Konsequenzen früheren Handelns, die beide Eingang in den aktiven Prozeß der Umweltwahrnehmung finden.

Weiterhin beeinflussen Umwelten die in ihnen stattfindenden Verhaltensweisen durch ihre symbolischen Bedeutungen. Ganz vordergründig hat eine Umwelt symbolische Bedeutung, weil ihre Zwecke und die Aktivitäten, die sich in ihr vollziehen, sozial definiert wurden. Bei jedem Mitglied der amerikanischen

Gesellschaft wird ein Fußballplatz und ein ärztliches Sprechzimmer unmittelbare Vorstellungsinhalte darüber hervorrufen, was in jedem dieser Umfelder vonstatten gehen sollte, wer daran beteiligt sein wird und welche Ziele zu erreichen sind. Es ist sogar schwierig, sich eine Umwelt vorzustellen, die keine bestimmten Verhaltenserwartungen symbolisch übermitteln würde, um dadurch die Handlungsweisen zu definieren, die aller Wahrscheinlichkeit nach in ihr stattfinden werden. Die symbolischen Bedeutungen und motivationalen Botschaften, die von einer Umwelt ausgesandt werden, sind integrierender Bestandteil unserer Wahrnehmung von ihr. Jedes Umfeld induziert Gefühle, Assoziationen und Einstellungen im Wahrnehmenden, die als das *Ambiente* des Umfeldes beschrieben werden können. Während symbolische Bedeutungen im allgemeinen Träger kognitiver Information sind, bezieht sich das Ambiente auf die Art und Weise, in der wir eine Umwelt empfinden. Ein Umfeld kann exotisch, freundlich, düster oder friedvoll sein. Solche Gefühle können von vielen Individuen geteilt werden, oder nur bei einem anzutreffen sein. Wenn sie als Merkmal der Umwelt wahrgenommen werden, sind sie als ihr Ambiente zu bezeichnen. Der Leser mag sich selber die Kälte eines gekachelten ärztlichen Sprechzimmers, das feierliche Schweigen, in das sich eine Friedhofkapelle hüllt, die intime Atmosphäre eines in gedämpftes Licht getauchten Restaurants oder die warme Geborgenheit seines eigenen Zimmers oder seiner Arbeitsecke vorstellen. Jedes Umfeld schafft kraft seiner Menschen, der in ihm stattfindenden Tätigkeiten und der materiellen Züge eine eigene Atmosphäre, die sich schwer definieren läßt, doch ein integrierender Bestandteil der eigenen Wahrnehmung der Umwelt ist.

Ein verwandtes, aber gesondert zu betrachtendes Merkmal von Umwelten ist ihre ästhetische Qualität. Hier reagieren wir nicht einfach auf die Reize unserer Umgebungen, noch bewerten wir sie unter dem Gesichtspunkt von Verhaltensweisen, sondern beurteilen und erfahren ihnen innewohnende Schönheiten und Werte. Die ganze Frage der Ästhetik und der Werturteile ist – wenn man von wenigen Sozialwissenschaftlern absieht – bedauerlicherweise vernachlässigt worden. Unter dem Gesichtspunkt der Umweltwahrnehmung stellt sie sich jedoch unabweislich. Es ist zu hoffen, daß ihre Untersuchung rasche Fortschritte machen wird. Die Erfahrung der ästhetischen Qualität einer Umwelt spiegelt die komplexe Wechselbeziehung zwischen dem Wahrnehmenden und der Situation, deren Teil er ist, sehr deutlich wieder. Diese Erfahrung wird von einem Individuum zum anderen, von einer Zeit zur anderen und von einer Kultur zur anderen variieren, doch die Wahrnehmung einer jeden Umwelt bezieht notwendigerweise ein gewisses Maß an ästhetischer Bewußtheit ein. In den letzten Jahren hat man versucht, die Formen ästhetisch neutraler Objekte zu entwerfen, doch eine ästhetisch neutrale Umwelt ist undenkbar.

Das letzte für die Umweltwahrnehmung relevante Merkmal von Umwelten ist die Tatsache, daß sie systematisch sind, das heißt, daß sie sich in regelmäßig geordneten Beziehungen darbieten. Die verschiedenen Komponenten einer Umwelt beziehen sich in einer Weise aufeinander, die mehr als irgend etwas anderes die besondere wahrgenommene Umwelt kennzeichnet und definiert. Wie die Natur das Vakuum scheut der menschliche Beobachter den Zufall und das Chaos. Die scheinbar systematische Beschaffenheit der externen Welt ist in Wirklichkeit eine unserer grundlegendsten Reaktionen auf sie.

Wir werden uns ihrer ganz besonders bewußt, wenn wir die Ökologie natürlicher Umwelten untersuchen, wo die systematischen und dynamischen Interrelationen zwischen allen organischen und vielen inorganischen Aktivitäten zum Gegenstand eines sorgfältigen Studiums gemacht wurde. Die ökologischen Prinzipien natürlicher Umfelder sind im Laufe der Zeit recht genau ermittelt worden. In Anlehnung an diese Forschungsrichtung gibt es eine wachsende Tendenz, sich auf die „Ökologie der baulichen Umwelt" zu beziehen, obgleich es ziemlich wahrscheinlich ist, daß zwischen den beiden Umwelten grundlegende Unterschiede bestehen und daß die Ökologie natürlicher Gebiete möglicherweise keine unmittelbaren Konsequenzen für die Ökologie der baulichen Umwelt hat. In natürlichen Gebieten gibt es im allgemeinen eine enge Beziehung zwischen Veränderungen in der materiellen Umwelt und Veränderungen der verschiedenen Lebensformen, die dieses System enthält. Zum gegenwärtigen Zeitpunkt lassen sich Vergleiche mit der baulichen Umwelt nur durch Analogie herstellen.

Ob die bauliche Umwelt jedoch eine Ökologie im gleichen Sinne wie eine natürliche Umwelt hat oder nicht: es kann keine Frage sein, daß ihr ein eigenes System der *Kohärenz* innewohnt. In Städten gibt es ein mehr oder weniger geordnetes Muster von Straßen, Gehwegen und Gebäuden. Die Gebäude bestehen ihrerseits aus systematisch angeordneten Räumen, und die Räume enthalten funktionsgerecht gestellte Möbel. Der Stuhl wird im Geiste mit einer bestimmten Funktion verbunden. Und in all diesen Fällen wird unser Verhalten innerhalb der Umwelt systematisch auf die Umwelt bezogen, so daß vernünftige und angemessene Vorhersagen möglich werden. Natürlich sind nicht alle Beziehungen in der vom Menschen geschaffenen Umwelt das Ergebnis bewußter Planung; viele sind unbeabsichtigte und unerwartete Folgen des technologischen Wandels. Selbstbewußt sorgen wir in der von uns geschaffenen Umwelt für Ordnung und Vorhersagbarkeit und entdecken diese Eigenschaften nicht nur in unserer sondern auch in der natürlichen Welt, wodurch wir fähig werden, uns an beide anzupassen und in beiden zu leben. Der Zufall verträgt sich nicht mit dem Leben.

Damit haben wir alle wesentlichen Aspekte der Umwelt in ihrer Eigenschaft als externe Situation erfaßt. Der Katalog der für die Umweltwahrnehmung relevanten Merkmale ist vollständig. Die Umwelt liefert keine unmittelbare Information über ihre Grenzen in Raum oder Zeit; sie liefert Informationen über alle Sinnesmodalitäten; diese Information ist sehr komplexer Natur; Umweltinformation wird immer durch das Handeln des Wahrnehmenden erworben; die Information übermittelt unter anderem symbolische Bedeutungen, die kognitive, affektive und ästhetische Aspekte haben; und schließlich handelt es sich bei Umwelten aufgrund ihrer geordneten Wechselbeziehungen um Systeme.

Umweltwahrnehmung als Informationsverarbeitung

Diese Betrachtungsweise der Umweltinformation verlangt geradezu danach, daß man Wahrnehmung als ein informationsverarbeitendes System behandelt. Diese Auffassung kontrastiert mit dem Interesse in den konventionelleren Wahrnehmungsstudien, die sich mit der Rolle des Reizes befassen. Üblicherweise verstand man in der Psychologie unter dem Reizbegriff eine Veränderung in der materiellen Energie außerhalb des Organismus, die beim Übergriff auf den Organismus Prozesse auslöst, deren Endprodukt in einer Reaktion besteht, die aus der Beschaffenheit des Reizes restlos bestimmbar und vorhersagbar ist. Nach dieser Auffassung wurde der Reiz also als eine Reizquelle verstanden. Nach dem zweiten Weltkrieg entwickelte sich erst langsam, dann aber von einem wachsenden Interesse in Theorie und Forschung getragen, sehr rasch eine ganz andere Vorstellung vom Reiz. Er wurde nicht mehr als Reizquelle, sondern als Informationsquelle verstanden. Heute sprechen nur noch wenige Wahrnehmungsautoren von einer Reizenergie. Viel eher wählen sie die Formulierung der Reizinformation – ein Wandel in der Terminologie, der entscheidende Konsequenzen hat.

Obgleich die Auffassung, die sich auf die Informationsverarbeitung gründet, bereits vor einem Jahrhundert von Helmholtz (1962, ursprünglich 1866 veröffentlicht) formuliert wurde, war Egon Brunswik (1956) der erste zeitgenössische Psychologe, der einen Ansatz wählte, in dem er der Wahrnehmung die Auffassung des „Reizes als einer Informationsquelle" zugrundelegte. Seinen Begriff der ökologischen Hinweisvalidität haben wir bereits erwähnt. Brunswik geht davon aus, daß das Individuum ein Sample seiner Umwelt wahrnimmt und dann die Genauigkeit seiner Wahrnehmung dadurch testet, daß er die Umwelt durch sein Handeln erprobt. Seine Wahrnehmungen können nur so genau sein, wie die Samples aller möglichen Umwelten, über die er verfügt. Da nach Brunswiks Ansichten Umwelten untereinander niemals gänzlich reliabel sind oder über eine völlige interne Konsistenz verfügen und da die Samplebildung niemals vollständig sein kann, erhält das Individuum aus diesen Umwelten Botschaften, denen immer ein eher probabilistischer als absoluter Wert zukommt. Nach Brunswik schafft der Wahrnehmende die die Umwelt betreffenden Wahrscheinlichkeiten. Die ökologischen Hinweisvaliditäten werden als Wahrscheinlichkeitsaussagen zum Ausdruck gebracht. Wenn er mittels des Handelns die Genauigkeit des Wahrgenommenen testet, ist er dann in der Lage zu entscheiden, welche Hinweisreize ihm eine reliable Information über seine Umgebung und die Objekte in ihr zu liefern imstande sind.

Da wir uns nicht mit Sicherheit auf diese Steuerreize in der Umwelt verlassen können, nehmen wir in der Praxis eine wahrscheinliche Beziehung zwischen der Wahrnehmung und dem Hinweisreiz an, und testen anschließend ihre Genauigkeit. Brunswik drückt dies folgendermaßen aus: „Bestenfalls kann (das Individuum) zwischen den Hinweisreizen vermitteln, so daß seine Entscheidung sich als ‚günstigste Wette‘ auf alle Wahrscheinlichkeiten, die früher registrierten relativen Häufigkeiten oder die zusammengefaßten relevanten Interrelationen gründet" (Hammond 1966, S. 36).

Brunswik entwickelte ein „Linsenmodell" der Wahrnehmung, das von der Vorstellung ausgeht, daß die distale Umwelt ihre Reize ausstreut, während der Organismus sie wieder zusammenfaßt, wie eine Linse die Lichtstrahlen auffängt und sie auf einer einzigen Ebene vereinigt. Mit Brunswiks Worten: „Das generelle Muster der Vermittlungsstrategie des Organismus wird auf der Grundlage der begrenzten ökologischen Validität oder der Verläßlichkeit der Hinweisreize vorhergesagt... Dies zwingt den Organismus zu einer probabilistischen Strategie. Um seine Wette zu verbessern, muß er Hinweisreize akkommodieren und kombinieren" (Hammond 1966, S. 37).

Diese probabilistische Wahrnehmungsauffassung der „besten Wette" hat zahlreiche Wahrnehmungstheoretiker beeinflußt und wurde wahrscheinlich am ausführlichsten von Adalbert Ames, Jr., einem Zeitgenossen von Brunswik, entwickelt, wobei er unabhängig zu einem im wesentlichen gleichen Begriff kam (Ittelson 1952, 1960). Beide Theoretiker betonen die probabilistische Beschaffenheit der Umweltinformation und die Bedeutung, die der Tatsache zukommt, daß ein Sample aller möglichen Umwelten gebildet wird, um die Wahrnehmungsvalidität zu maximieren oder die Wahrscheinlichkeit der „besten Wette" zu erhöhen. Ames bedeutendster Beitrag zu diesem Ansatz besteht darin, daß er auf die Rolle des Handelns beim Aufbau von Wahrscheinlichkeiten hinwies und daß er betonte, welche Rolle das Individuum spielt, wenn es sich seine eigene Wahrscheinlichkeitsaussage schafft.

Wenn wir den bekannten und einfachen Distanzhinweis der *relativen Größe* als Beispiel nehmen, können wir deutlich machen, welchen Beitrag jeder der beiden Forscher geleistet hat. Einer allgemeinen Regel zufolge sind große Gegenstände (oder genauer, Gegenstände, die einen großen Gesichtswinkel einnehmen) uns nahe, während kleine Objekte entfernt sind. Aber wir wissen, daß dies nicht immer zutrifft. Die Regel läßt sich deshalb am besten nicht als Gewißheit, sondern als Wahrscheinlichkeit ausdrücken. Für Brunswik bestand die ökologische Validität des Hinweisreizes der relativen Größe genau darin – in einer Wahrscheinlichkeit, die innerhalb der internen Umweltsituation zu entdecken war. Im Prinzip bildete Brunswik in seinen Experimenten ein Sample aller Umwelten, zählte die Fälle, in denen die Regel zutraf, und die Fälle, in der sie sich als falsch erwies, und errechnete daraus die ökologische Validität des Hinweisreizes. Er nahm an, daß das Individuum durch sein Handeln in diesen Umwelten im wesentlichen das Gleiche tue, und entwickelte deshalb seinerseits denselben wahrscheinlichen Validitätswert für diesen Hinweisreiz. Wenn der Wahrnehmende in gleicher Weise bei allen anderen Distanzhinweisen verfährt, muß er zu einer Reihe von Wahrscheinlichkeitswerten gelangen, die er dann auf jede gegebene Situation anwenden kann. Dabei wägt er sie unbewußt gegeneinander ab, löst Konflikte zwischen ihnen und kommt schließlich zur günstigsten Wette.

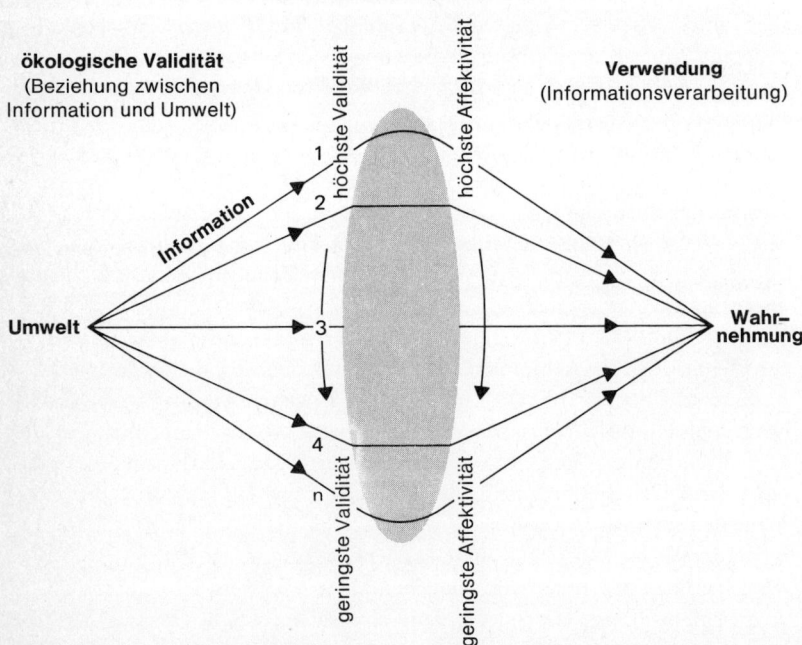

funktionale Validität
(Beziehung zwischen Wahrnehmung und Umwelt,
die im Handeln erprobt wird)

ökologische Validität
(Beziehung zwischen
Information und Umwelt)

höchste Validität

höchste Affektivität

Verwendung
(Informationsverarbeitung)

1

2

Information

Umwelt

3

**Wahr-
nehmung**

4

n

geringste Validität

geringste Affektivität

Abbildung 5.1: Brunswiks probabilistische Theorie zeigt eine Möglichkeit, wie die in der Umwelt verfügbare Information auf die Art und Weise zu beziehen ist, in der das Individuum diese Umwelt wahrnimmt.

Dieser Ansatz läßt sich anhand der Experimente von Brunswik verdeutlichen, in denen er eine Versuchsperson bei ihren gewöhnlichen, alltäglichen Beschäftigungen begleitete. In durch Zufallsverfahren festgelegten Zeitabständen forderte er die Versuchsperson auf, innezuhalten und die Größe und Distanzen von Objekten zu beurteilen, die sich bereits vor der Versuchsperson an jenem Ort befunden hatten. Auf diese Weise erhielt er eine repräsentative Stichprobe der alltäglichen Umwelten seiner Versuchsperson und außerdem ihre Urteile hinsichtlich der Größe und Distanz der verschiedensten Dinge, von Bleistiften bis zu Bergen. Außerdem vermaß er jeden Ort nach Größe und Entfernung und hielt ihn auf einer Fotografie fest. Anhand dieser Unterlagen konnte er ermitteln, welche visuelle Information seiner Versuchsperson zur Verfügung stand. Obgleich die Daten hinsichtlich ihrer Qualität beträchtlich variierten, war es ihm im Prinzip möglich, zumindest drei Arten von Maßen zu erhalten, die Auffassung der Versuchsperson von ihrer Umgebung, die visuelle Information oder die Hinweisreize, die die Umgebung lieferte, und die physikalischen Dimensionen dieser Umgebung. Diese Daten erwiesen, daß die Beziehung zwischen den physikalischen Maßen und den verschiedenen visuellen Hinweisreizen (der ökologischen Validität dieser Hinweisreize) variierte, jedoch ziemlich schwach war. Dennoch nahm die Versuchsperson die Objekte, von denen sie umgeben war, sehr genau wahr. Brunswik schloß daraus, daß es seiner Versuchsperson gelänge, ihre Welt dadurch sehr valide und funktionell zu erfassen, daß sie eine große Zahl von Teilinformationen mit relativ niedriger ökologischer Validität kombiniere, indem sie eine Art psychologisches Informationsverarbeitungssystem verwende.

Brunswiks Theorie war und ist von großer Bedeutung. Sie berücksichtigt die meisten, wenn auch nicht alle Arten von Umweltinformation, die wir oben erörtert haben. Und hier rundet Ames das Bild ab. Den objektiv determinierten Wahrscheinlichkeiten, die auch er für außerordentlich wichtig hielt, fügte Ames in seiner Terminologie „Sequenzsignifikanzen und Wertsignifikanzen" hinzu. Dadurch wollte er die Bedeutung systematischer und symbolischer Information und die Rolle des Handelns nicht nur für die Samplebildung von Umwelten, sondern auch für die Realisierung von Zielen und Zwecken betonen. Aus Brunswiks „ökologischer Validität", einem Maß für eine objektive Umweltbedingung, wurde Ames „Umweltsignifikanz", ein Maß, das sich auf die übergeordnete Fähigkeit des Individuums bezieht, seine Ziele in einem bestimmten Umweltkontext zu erreichen. Im Wechselspiel ihrer beiden Theorien markieren diese beiden Forscher also den Weg zu einem umfassenden Verständnis der Umweltwahrnehmung.

Wir wollen jedoch festhalten, daß nicht alle Theoretiker der Umweltwahrnehmung mit allen Einzelheiten der eben umrissenen Position übereinstimmen. So ist zum Beispiel ein wichtiger und einflußreicher Psychologe, J. J.

Gibson (1966), der Überzeugung, Umweltinformation sei eher absolut als probabilistisch – obgleich auch er die Umweltwahrnehmungen als ein Informationsverarbeitungssystem sieht. Seiner Ansicht nach ist alle Information, die für die Umweltwahrnehmung erforderlich ist, unmittelbar in dem physischen Energiemuster enthalten, das sich auf unsere Sinnesorgane auswirkt. Die Verwendung dieser Information verlangt jedoch mehr als die bloße Reaktion auf die sensorische Erregung oder ihre Interpretation. Das Individuum muß vielmehr seine Umwelt in Zeit und Raum erforschen und die invarianten Aspekte aus dem ständig wechselnden Muster der eingehenden Information gewinnen. Dadurch erwirbt es ein zunehmend genaues und zutreffendes Bild seiner Umwelt, wie sie wirklich ist. Insofern befindet Gibson sich im Widerspruch zu jenen, die einen probabilistischen Standpunkt einnehmen, und alle Unterschiede in den Einzelheiten seiner Theorie leiten sich unmittelbar von seiner Prämisse her, die Beschaffenheit der Umweltinformation sei absolut. Es gibt noch andere Theoretiker der Umweltwahrnehmung und es gibt viele Detailunterschiede in ihren Überzeugungen, doch für den Leser, der sehr allgemein daran interessiert ist herauszufinden, wie die Wahrnehmungen unserer Umwelt entstehen, sind ihre Übereinstimmungen von größerer Bedeutung als ihre Unterschiede. Alle sind sich darin einig, daß die Umweltwahrnehmung sich auf ein Informationsverarbeitungssystem gründet, in dem das Individuum seine Umgebung aktiv erforscht und die Information durch eine ständige Interaktion mit seiner Umwelt gewinnt und verwendet. Es muß späteren Untersuchungen, die hoffentlich in zunehmendem Maße in Angriff genommen werden, überlassen bleiben, den genauen Verlauf und die Einzelheiten dieses Prozesses zu beschreiben.

Unsere eigene, hier dargestellte Anschauung nimmt ganz offensichtlich sehr stark auf den Ansatz von Brunswik und Ames Bezug, der – wie wir glauben – am ehesten zu den verfügbaren Fakten paßt. Danach erfährt das Individuum seine Umwelt nicht als gänzlich extern, mit festliegenden, unabhängigen Eigenschaften, sondern erfaßt sie als Sample, testet sie, verleiht ihr eine individuelle Bedeutung und begreift sie anders, als andere sie sehen. Die Umweltwahrnehmung leitet sich nicht unmittelbar aus den objektiven Eigenschaften der Außenwelt ab, sondern eher aus jener Welt, die durch einen wahrnehmenden und erkennenden Organismus in eine psychologische Umwelt umgeformt wurde. In einer sehr allgemeinen Bedeutung des Wortes handelt es sich um einen im wesentlichen kreativen Prozeß, den das in die Wahrnehmungssituation verwickelte Individuum aktiv ausführt. Die Angemessenheit dieser Wahrnehmungen wird nicht dadurch beurteilt, daß man sie mit irgendeiner hypothetisch unabhängigen Umwelt vergleicht, sondern dadurch, daß das Individuum überprüft, inwieweit sie dienlich sind, seine eigenen persönlichen und sozialen Ziele zu erreichen.

Die Umweltwahrnehmung ist also ein Ergebnis des aktiven Austausches mit der Umwelt. Die Wahrnehmung einer Umwelt durch das Individuum und sein Handeln in ihr sind unauflöslich aufeinander bezogene Prozesse. Wie wir uns in einem Umfeld verhalten, ist eine Funktion der Weise, in der wir es wahrnehmen, aber diese Wahrnehmungen hängen ihrerseits von der Information ab, die wir durch unser eigenes Handeln in diesem Umfeld gewinnen. Wie eine Person eine Umwelt wahrnimmt, hängt sowohl davon ab, was sie in einem besonderen Umfeld tut, wie auch davon, was das Umfeld ihr mittels der verfügbaren Information anzubieten hat.

Daraus folgt also, daß unterschiedliche Menschen oder Zusammenschlüsse von Menschen „dieselbe" Umwelt unterschiedlich wahrnehmen können und daß dieselbe Person ganz anders wahrnehmen würde, wenn sie in einer anderen Umwelt gelebt hätte. Das heißt, verschiedene Menschen werden aus derselben Umwelt verschiedene Information gewinnen und verschiedene Umwelten bieten derselben Person unterschiedliche Arten von Information. Die erste Aussage ist in der psychologischen Literatur vielfach belegt, und insbesondere die Sozial- und Persönlichkeitspsychologie haben sich ausführlich mit individuellen Wahrnehmungsunterschieden beschäftigt.

Neben solchen eher dynamisch oder psychologisch bedingten Unterschieden gibt es andere Unterschiede in der eingehenden Umweltinformation. Sie beruhen nicht auf Umweltunterschieden, sondern auf der Tatsache, daß das Individuum gewisse Aspekte der Umwelt auswählt und andere vernachlässigt. Gewisse Berufe verlangen beispielsweise ein hohes Maß an visueller Vorstellungskraft und diejenigen, die sie ausüben, wie Architekten und bildende Künstler, sehen ganz wörtlich „besser" – oder zumindest anders – als die meisten Menschen. Wir sagen vom Künstler, daß er ein geübtes Auge hat; der Beleuchtungstechniker reagiert auf winzige Unterschiede in der Beleuchtung; Musiker bemerken tonale Nuancen, die Nichtmusikern entgehen; der blinde Mensch muß seinen Gehör-, Tast- und Gleichgewichtssinn weit mehr in Anspruch nehmen als der Sehende. Es gibt eine lange Liste faszinierender Berichte über blindgeborene Menschen, denen das Augenlicht operativ zurückgegeben wurde. Die Umwelt versorgt sie plötzlich mit einer ganz neuen Klasse von Informationen. Der Ansturm ist so überwältigend, daß diese Menschen beträchtliche Zeit benötigen, um diese neue Welt den Formen zu assimilieren, in denen sie die Umweltinformation gewöhnlich bewältigen, oder um möglicherweise die visuelle Information in einer Weise zu verwenden, die der normal sehender Menschen ähnelt. Ohne uns um weitere Beweise bemühen zu müssen, können wir davon ausgehen, daß zweifellos die individuellen Unterschiede in der

151

Wahrnehmung, die auf der dem Individuum eigenen Weise beruhen, mit der Umwelt umzugehen, eine große Rolle spielen. Die Rolle der Umweltunterschiede beim Aufbau von Wahrnehmungsunterschieden, die sich nicht individuellen Eigenschaften in der oben beschriebenen Art zuschreiben lassen, ist weniger leicht nachzuweisen. Die Untersuchung der Effekte, die auf das Leben in verschiedenen Umwelten zurückzuführen sind, stellt ein schwieriges praktisches Problem dar, mit dem man auf zwei sehr allgemeine Arten fertigzuwerden versucht. Beispielsweise ist es möglich, künstliche Umwelten zu schaffen, die sich voneinander und der gewöhnlichen Umwelt eines bestimmten Individuums unterscheiden. Wenn das Individuum dann aufgefordert wird, eine Zeit lang in dieser Umwelt zu leben, ist es möglich, sich über die Effekte auf seine perzeptiven und anderen kognitiven Prozesse klarzuwerden. Ein anderes Verfahren besteht darin, natürlich vorkommende Umwelten zu finden, die sich nachdrücklich voneinander unterscheiden, und die Wahrnehmungsmerkmale von Menschen zu untersuchen, die in diesen Umwelten leben. Es sind buchstäblich Hunderte von Untersuchungen dieser Art im Laufe der Jahre durchgeführt worden, und die generellen Schlüsse, die sie erlauben, bestätigen die Position, die wir hier vertreten. Der Umwelttypus, in dem eine Person lebt, beeinflußt die Art und Weise, in der sie die Umwelt in Beziehung zu dem wahrnimmt, was sie selbst tut, wenn sie ihren Beschäftigungen dort nachgeht.

Experimentell besteht der leichteste Weg, die visuelle Umwelt zu verändern, darin, eine Verzerrungsbrille aufzusetzen, die die das Auge erreichenden Lichtstrahlen in der einen oder anderen Weise verändert. Die visuelle Information hat sich gewandelt, während alle anderen Aspekte der Umwelt, insbesondere die Beziehung des Handlungsfeedbacks, die gleichen geblieben sind. Der Psychologe stellt dann die Frage: „Führt die Veränderung der aus der Umwelt empfangenen visuellen Information möglicherweise zu Veränderungen in der Weise, in der die Person diese Information verwendet, das heißt, zu einer Veränderung ihrer visuellen Wahrnehmung?" Aus zahlreichen Untersuchungen, in denen mit einer Vielzahl von Verzerrungslinsen gearbeitet wurde, scheint sich eine positive Antwort zu ergeben (Rock 1966; Epstein 1967).

Tatsächlich hat jeder, der eine Brille trägt, dieses Experiment im kleinen ausgeführt. Es ist eine beinahe universelle Erfahrung, daß eine neue Brille verlangt, daß man sich „an sie gewöhnt". Die dazu benötigte Zeit kann sich von einigen Minuten über mehrere Tage auf Wochen erstrecken, was von der Art und dem Umfang der Korrektur abhängt. Ob der Zeitraum jedoch lang oder kurz ist, in ihm findet die Assimilation der neuen visuellen Information an das vorherige Wahrnehmungsmuster statt, so daß ein neues und stabiles Verfahren der Informationsverarbeitung hergestellt wird.

Natürlich sind die Verzerrungen, die durch verzerrende Linsen herbeigeführt werden, weit extremer als diejenigen, die eine neue Brille schafft. Historisch ist das erste und immer noch das dramatischste Beispiel die Inversionslinse, die das empfangene Bild auf den Kopf stellt. Anfangs ist die Person, die diese Linsen trägt, völlig desorientiert; sie ist buchstäblich nicht in der Lage, zu sagen, wo oben und wo unten ist. Die bemerkenswerteste Tatsache liegt jedoch darin, daß sie sich, wenn sie die Brille über einen längeren Zeitraum, sagen wir etwa einen Monat lang, getragen hat, recht gut bei ihren alltäglichen Beschäftigungen zurechtfindet und sogar so komplexe Fertigkeiten ausführen kann, wie sie das Lenken eines Fahrrads darstellt. Sie kann sogar möglicherweise die Tatsache aus dem Bewußtsein verlieren, daß ihre visuelle Welt auf dem Kopf steht. Eine Anekdote aus einer der Untersuchungen mit Inversionslinsen belegt dies sehr deutlich (Snyder und Pronko 1952). Die Versuchsperson, die die Inversionslinsen trug, und der Psychologe, der die Untersuchung durchführte, standen eines Abends beisammen und beobachteten einen besonders schönen Sonnenuntergang. Nachdem sie sich eine Zeitlang wechselseitig in Ausrufen des Staunens und der Bewunderung ergangen waren, kam dem Psychologen ein bestimmter Gedanke, und er wandte sich seiner Versuchsperson zu und fragte sie, ob es ihr nichts ausmache, daß der Sonnenuntergang auf dem Kopf stehe. Die Versuchsperson wandte sich ärgerlich um und sagte, daß die Frage ihr den Sonnenuntergang verdorben habe. Bis zu diesem Augenblick war er – in die Schönheit des Schauspiels vertieft – sich nicht bewußt gewesen, daß irgend etwas nicht in Ordnung war. Sobald ihm die Frage gestellt wurde, stellte sich die Welt beinahe wörtlich auf den Kopf, und er konnte die Schönheit, die er vor sich sah, nicht länger genießen. Hier – und es wäre ihm mit jeder anderen Art von Verzerrungslinsen ähnlich ergangen – hatte das Individuum nach einem gewissen Zeitraum jedes Bewußtsein der Verzerrungen verloren, doch konnte es sie sich wieder bewußtmachen. Jedoch nur in sehr wenigen Fällen wurden diese Brillen länger als für die Dauer eines Monats getragen, so daß die eigentlichen Langzeiteffekte unbekannt blieben. Doch selbst auf dieser schmalen Basis ist der generelle Effekt universell wiederholbar. Die Person, die Verzerrungslinsen trägt, erwirbt und verwendet im Laufe der Zeit ein neues Ensemble von Beziehungen zwischen der Umweltinformation und der Umweltaktion.

Ein anderer Weg, die Wirkungen experimentell zu untersuchen, die das Leben in unterschiedlichen Umwelten mit sich bringt, besteht darin, eine fremde Umwelt künstlich zu schaffen, die sich in bestimmter Hinsicht von der gewöhnlichen Umwelt einer Person unterscheidet. Man kann sie dann als Versuchsperson für eine gewisse Zeit in diese Umwelt setzen und untersuchen, wie sich diese Maßnahme auf die Wahrnehmungsprozesse auswirkt. Natürlich ist die Konstruktion fremder Umwelten unter technischem Gesichtspunkt schwierig und teuer. Die meisten dieser Studien waren insofern einfach und primitiv angelegt, als sie der Versuchsperson nur eine Reihe begrenzter Erfahrungen erlaubten (Ittelson 1970; Nahemow 1971). Wahrscheinlich eines der bestbekannten Experimente dieser Art bedient sich der schiefen Kammer, die Adelbert Ames Jr. entwickelt hat. Dieser Raum hat trapezförmige Seiten unterschiedlicher Größe. Betrachtet man ihn jedoch unter einem bestimmten Gesichtswinkel, erscheint er in normaler rechteckiger Form. In einem wichtigen Experiment ließ Kilpatrick (1954) seine Versuchspersonen bestimmte Tätigkeiten wie das Werfen von Bällen und die Berührung bestimmter Teile des Raums mit einem Stock ausführen, während sie den Raum von diesem Punkt aus sahen. Er fand heraus, daß die Versuchspersonen den verzerrten Raum nach gewisser Zeit nicht nur in seinen Verzerrungen sahen, sondern – was noch wichtiger war – einen ähnlichen, aber diesmal wirklich rechteckigen Raum als verzerrt und nicht rechteckig erblickten.

Diese Untersuchung unterstreicht die entscheidende Rolle, die dem Handeln in der Umwelt für das Feedback des Wahrnehmenden zukommt. Sie gibt auch zu der Annahme Anlaß, daß die Wahrnehmenden die Validität der Hinweisreize in Frage zu stellen begannen, die ihnen der bloße Augenschein lieferte. Natürlich kann man auch neben den künstlich geschaffenen Umwelten andere finden, die sich erheblich voneinander unterscheiden. Natürliche Umwelten kontrastieren auffällig, Wüsten mit Wäldern, Ebenen mit Gebirgen; und auch die vom Menschen geschaffenen Umwelten unterscheiden sich merklich voneinander, wenn auch vielleicht nicht in so deutlichem Maße. Außerdem haben bereits bestehende Umwelten den zusätzlichen Vorteil, daß sie meistens Menschen enthalten, die bereits in ihnen leben, und daß man folglich in dem natürlichen Umfeld eine Felduntersuchung durchführen kann, ohne daß man irgendein künstliches Element introduzieren müßte.

Zwei bekannte Untersuchungen können diesen Verfahrenstypus verdeutlichen. Beide beschäftigen sich mit den Effekten des Lebens in einer „gezimmerten Welt", das heißt einer Welt mit geraden Linien und rechten Winkeln, die als Gegensatz zu einer nicht gezimmerten Welt zu verstehen ist. Bei den Zulus gibt es beispielsweise kein Wort und keinen eigentlichen Begriff für Quadrat und Rechteck. Sie leben in einer Welt mit runden Türen und Fenstern und in Dörfern, die kreisförmig angelegt sind. Sie „verstehen" Rechtwinkligkeit nicht in dem gleichen Sinne wie Menschen, die in der gezimmerten Welt leben, weil sie dieser Welt niemals ausgesetzt waren. Allport und Pettigrew (1957) haben aus diesem Grunde Zulus als Versuchspersonen gewählt, wobei sie eine auf geraden Linien und rechten Winkeln beruhende Illusion verwendeten, das „trapezförmige Fenster" von Ames. In dieser Täuschung scheint ein Trapez hin und her zu schwingen, obgleich es tatsächlich rotiert. Im Vergleich zu westlichen Menschen empfanden die Zulus die Täuschung als (relativ) wenig zwingend. Einem ähnlichen Gedanken folgten Segall und seine Mitarbeiter (1966), als sie

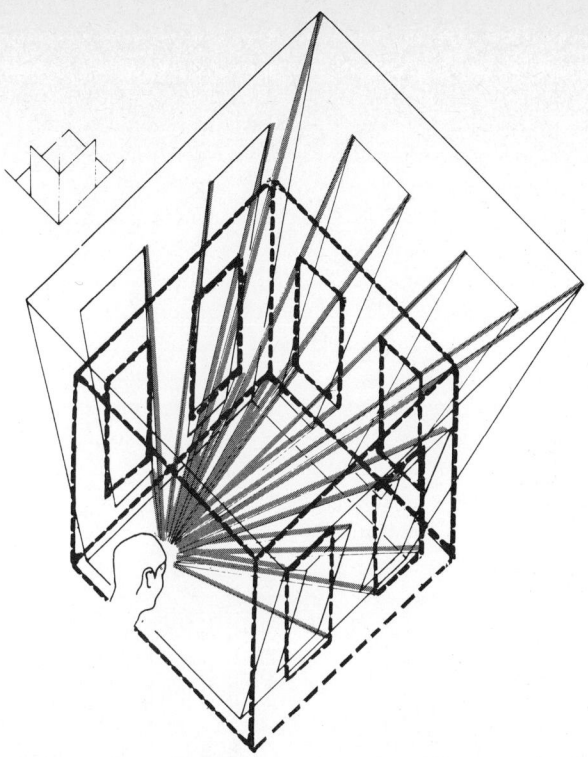

Abbildung 5.2: a) Die schiefe Kammer von Ames wurde häufig als eine künstliche Umwelt verwendet, die vielfältige und ungewöhnliche Erfahrungen bewirkt. (Aus Ittelson 1952–1968; mit Erlaubnis der Hafner Publishing Co.)
b) Einer der visuellen Effekte, die sich in der schiefen Kammer von Ames ergeben. (Mit Erlaubnis von Irving Fitzig, Brooklyn College.)

nicht die vom Menschen geschaffenen gezimmerten Welten aussuchten, sondern natürliche Umwelten, sie sich hinsichtlich der Häufigkeit in ihnen enthaltener gerader und vertikaler Objekte unterscheiden. In einer umfangreichen und sorgfältig kontrollierten Untersuchung wurden zahlreichen Personengruppen in der ganzen Welt zwei Gesichtstäuschungen vorgelegt: Die Müller-Lyer'sche Täuschung, die auf der Wirkung von Winkeln auf die scheinbare Länge einer horizontalen Linie beruht, und die Überschätzung der Senkrechten, in der eine vertikale Linie länger als eine horizontale erscheint. Es stellte sich heraus, daß hierbei das Maß der Überschätzung der Senkrechten systematisch mit dem Umfang variierte, in dem in der natürlichen Umwelt gerade Linien, rechte Winkel und klar definierte Vertikalen und Horizontale vorkommen. Dies sind nur zwei Beispiele, in denen noch dazu verhältnismäßig einfache Maße verwendet werden, doch sie zeigen, daß die interkulturellen Untersuchungen für das Verständnis der Umweltwahrnehmungen einen recht wichtigen Beitrag leisten können.

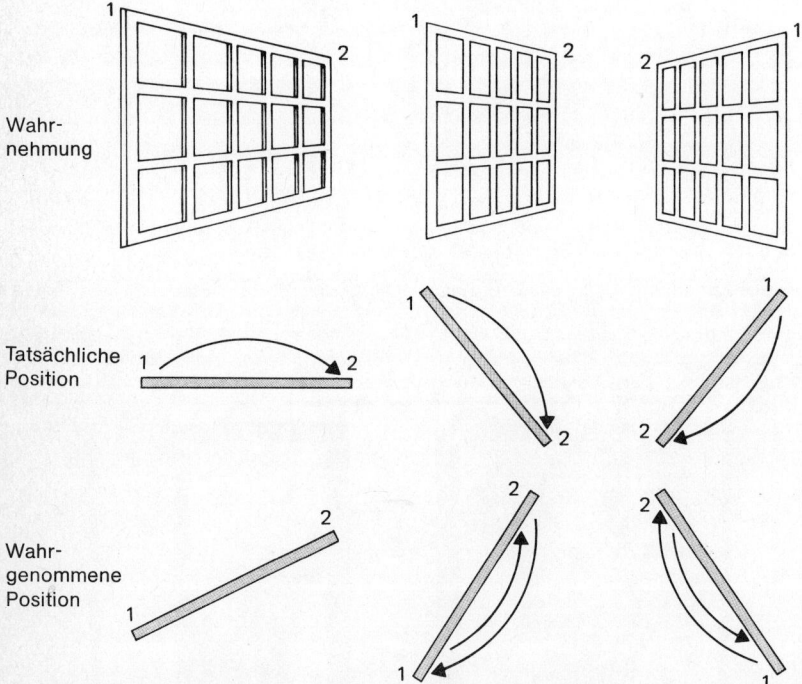

Abbildung 5.3: Das trapezförmige Fenster sieht rechtwinklig aus und scheint hin und her zu schwingen, obgleich es tatsächlich routiert. Die Wirkung ist zwingender für Menschen, die in „gezimmerten" Umwelten leben. (Nach Ames 1951)

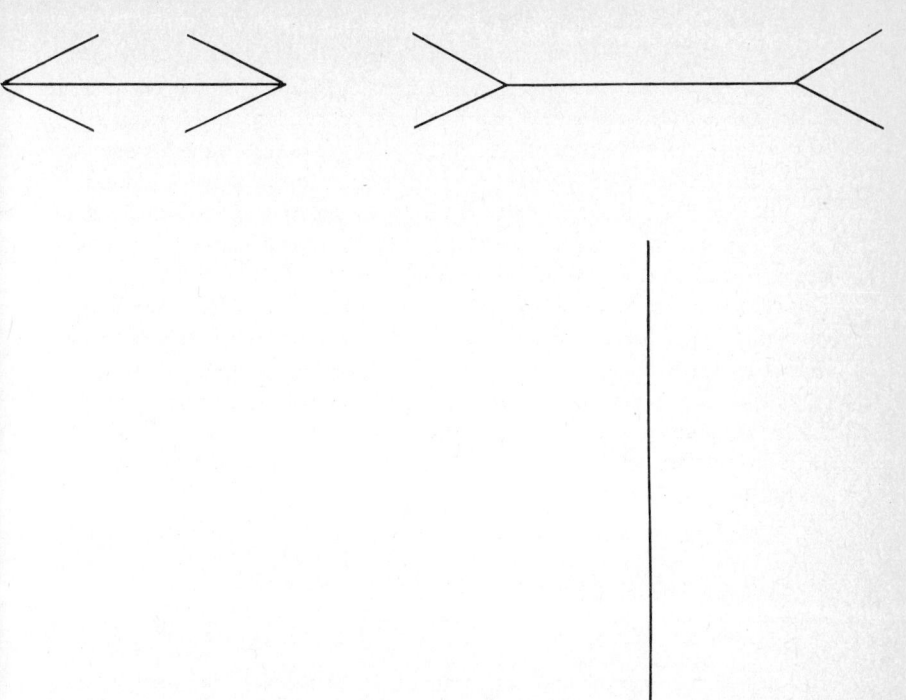

Abbildung 5.4: Die Müller-Lyer'sche Täuschung und die Überschätzung der Senkrechten werden verwendet, um die kulturellen und umweltbedingten Einflüsse auf die Wahrnehmung zu untersuchen.

Wir haben uns mit diesen verschiedenen Beispielen der Wirkungsweise von unterschiedlichen Arten der Umweltinformation befaßt, weil sie vielleicht deutlicher als irgendein anderes Verfahren die Kompliziertheit und Komplexität der Umweltwahrnehmung demonstrieren. Dennoch sind die verfügbaren Studien alle noch recht eng gefaßt. So beschäftigen sie sich alle in erster Linie mit der visuellen Wahrnehmung. Doch die anderen Modalitäten dürfen im Interesse eines vollständigen Verständnisses der Umweltwahrnehmung nicht vernachlässigt werden. Obgleich Menschen dazu neigen, an die Umwelt im Modus visueller Erfassung zu denken, spielen das Gehör und das Riechen beispielsweise eine ähnlich bedeutende Rolle. Stadtbewohner sehen üblicherweise die Geräusche und Gerüche in der Umwelt als die Hauptursache für Belästigung und Verschmutzung an, obgleich gezeigt werden konnte, daß Gehör- und Geruchsinformation auch im städtischen Umfeld wichtige Information übermitteln. Man ist in der natürlichen Umwelt sogar noch abhängiger von der Gesamtheit aller Sinne. Der Landwirt „riecht" das Wetter, der Seemann „schmeckt" es.

Waldbewohner gewinnen wichtige Information aus den mannigfaltigen Geräuschen, die sie allein deuten können. Die Beispiele ließen sich fortsetzen, doch kommt ihnen größtenteils nur anekdotischer Wert zu. Die systematische Untersuchung der Umweltinformation, die durch andere Sinne als den Gesichtssinn geliefert wird, befindet sich noch in einem primitiven Stadium. Die allgemeine Schlußfolgerung, zu der man aus diesem kurzen Überblick der Forschungsergebnisse zur Umweltwahrnehmung in verschiedenen Umwelten gelangt, ist die, daß verschiedene Umwelten dem Wahrnehmenden verschiedene Mengen und Arten von Information liefern, verschiedene Handlungskontexte bereitstellen und ihm verschiedene Beziehungen zwischen den Konsequenzen seines Handelns und der Umweltinformation rückmelden. Dieser allgemeinen Darstellung der Umweltwahrnehmung zufolge läßt sich erwarten, daß Menschen, die in verschiedenen Umwelten leben, unterschiedliche Weisen entwickeln, diese Information aufzunehmen, zu verarbeiten und auf ihrer Grundlage zu handeln.

Was wahrgenommen wird

Bis hierher haben wir die relevanten Merkmale der Umwelt als einer externen Informationsquelle betrachtet und untersucht, in welcher Weise diese Information in den Wahrnehmungsprozeß Eingang findet. Wir wenden uns nun den Inhalten der Umweltwahrnehmung zu, also dem, was wahrgenommen wird. Im Falle der Objektwahrnehmung gibt diese Frage keine großen Schwierigkeiten auf. In den meisten Fällen werden die dem üblichen Verständnis zugänglichen Eigenschaften der Objekte wahrgenommen, wie es bei dem Buch der Fall ist, das Sie gerade lesen. Sie können seine Größe, Form, sein Gewicht, seine Farbe, seine räumliche Anordnung, seine Entfernung und seine Position Ihnen gegenüber wahrnehmen. Sie können das Material der Seiten fühlen, sie rascheln hören, wenn Sie sie umwenden, und vielleicht den Einband riechen. In jedem Fall können Sie es als ein besonderes Objekt, ein Buch eben, identifizieren. All diese Wahrnehmungseigenschaften treffen auch auf Makro-Umwelten zu. Aber dort müssen wir andere wichtige Eigenschaften berücksichtigen, die über die traditionellen Eigenschaften hinausgehen, wie sie in Objektstudien entwickelt wurden, und bis jetzt läßt sich überhaupt noch kein vollständiger Katalog der Umweltwahrnehmung aufstellen. Die systematische Untersuchung der Umweltwahrnehmung ist so neu, daß bis jetzt ständig neue Variablen auftreten, wenn eine neue Untersuchung erscheint und wenn neue Forscher sich für das Gebiet zu interessieren beginnen. Vernünftigerweise läßt sich annehmen, daß die relevante Umweltinformation, von der wir gesprochen haben, auf eine

Reihe wahrscheinlicher Züge zu beziehen ist, die in der Umwelt wahrgenommen werden können. Beispielsweise wurde darauf hingewiesen, daß Umwelten an sich keine fertigen, extern definierten Grenzen besitzen, obgleich sie immer als begrenzt wahrgenommen werden. Die in Raum und Zeit wahrgenommenen Grenzen von Umwelten sind eine wichtige Variable für Forschungsarbeiten.

Außerdem bemerkten wir, daß Umwelten Informationen liefern, die miteinander in Konflikt stehen; der Prozeß der Konfliktlösung und die Konsequenz dieses Prozesses für die Erfahrung der Umwelt bietet sich als fruchtbares Untersuchungsgebiet an. In ähnlicher Weise sind wir kurz auf Umweltsymbole zu sprechen gekommen. Die ganze Frage der Umweltästhetik ist eigentlich noch unentdeckt und ist bis jetzt primär nur in Form von Neigungen und Abneigungen, beziehungsweise als Präferenz einer Umweltsituation gegenüber einer anderen behandelt worden. Dieser Katalog tatsächlicher und möglicher Variablen ließe sich ins uferlose fortsetzen. Statt jedoch hier eine abstrakte Liste dieser Art vorzulegen, werden wir immer dann, wenn spezielle, systematisch untersuchte Aspekte der Umweltwahrnehmung für bestimmte Gegenstände in verschiedenen Kapiteln dieses Buches relevant werden, eine detaillierte Erörterung vornehmen. Die Wahrnehmung der Umweltgrenzen wird beispielsweise genau beschrieben werden, wenn in Kapitel neun, das sich mit der städtischen Umwelt beschäftigt, kognitive Karten betrachtet werden. Umweltästhetik und Umweltpräferenzen werden bei der Erörterung der natürlichen und der baulichen Umwelt berücksichtigt werden. Ebenso werden andere spezielle Gegenstandsbereiche ihren angemessenen Platz an anderen Stellen des Textes finden.

Umweltwahrnehmung und andere psychologische Prozesse

Die Beziehung zwischen der Wahrnehmung und anderen psychologischen Prozessen ist ein häufig wiederkehrendes Problem in theoretischen und experimentellen Wahrnehmungsstudien. Besonders im Falle der Umweltwahrnehmung werden Unterscheidungen zwischen Wahrnehmung, Kognition und Gedächtnis manchmal bedeutungslos. Die Tatsache, daß Umwelten über beträchtliche räumliche und zeitliche Ausdehnung verfügen, macht die Mitwirkung des Gedächtnisses unentbehrlich, so daß die Wahrnehmung einer großdimensionierten Umwelt so kognitiv ist wie irgendein anderer Prozeß (Ittelson 1973). Eigentlich sollte die Verwendung dieser Wörter wohl vermieden werden, nur daß sie eben soviel Bedeutung transportieren und der allgemeinen Verständigung so dienlich sind.
Traditionsverhaftete Psychologen würden wahrscheinlich an dieser Stelle be-

reits voller Verzweiflung die Hände über dem Kopf zusammenschlagen und behaupten, daß ein großer Teil dessen, was wir bis jetzt gesagt haben, nicht eigentlich Gegenstand einer Wahrnehmungsstudie sein könne. Die klassische Psychologie steckte die psychologischen Prozesse in Kategorien wie in Schubfächer. Sie hatten ihre klar definierten Grenzen und waren sorgfältig gegeneinander abgesetzt. Wahrnehmung, Kognition und Gedächtnis klebten als Etikette auf dreien der sakrosanktesten Schubfächer in der Geschicht der Psychologie. Nach diesem Gedankenschema konnte etwas, das zur Kognition gehörte, nicht gut der Wahrnehmung zugeordnet werden, und ein gleiches galt für die anderen Kategorien. Die zeitgenössische Psychologie erkennt den Wert einer solchen Auffächerung jedoch nicht an und macht sich so lange an den angenommenen theoretischen Grenzen zu schaffen, bis sie beinahe nicht mehr zu erkennen sind.

Nehmen Sie als Beispiel die Wahrnehmung des Raumes, in dem Sie sich befinden, Ihrer Wohnung und der Stadt, in der Sie leben. Die Beispiele entfernen sich immer weiter von der unmittelbaren sensorischen Eingabe, obwohl sie alle unzweifelhaft derselben allgemeinen Erfahrungskategorie angehören. Es läßt sich kein Punkt bestimmen, an den wir uns auf ein anderes Gebiet begeben hätten. In jedem Beispiel wird Information verwendet, die in unserem Gedächtnissystem aufgezeichnet und gespeichert wurde. Jede ist reich an kognitiven Bedeutungen, Gefühlen und Werten. Diese und andere Aspekte können nicht als separate Elemente herausgelöst und dann in irgendeiner Weise wieder zusammengefügt werden, so daß dann Ihre Wahrnehmung des Zimmers, der Wohnung oder der Stadt entstünde. Wahrnehmung, Kognition, Gedächtnis und andere psychologische Prozesse wirken in einer Weise zusammen, die alle Versuche vereitelt, sie als separat und unabhängig voneinander zu behandeln. Der Begriff der mentalen oder kognitiven Karten belegt diesen komplexen Charakter der Umweltwahrnehmung. Er stellt einen Weg dar, die Wahrnehmung Ihres Zimmers, Ihrer Wohnung oder Ihrer Stadt zu erfassen. Wir alle besitzen eine mentale Karte unserer Umgebung, und dieser Karte kommt häufig mehr Bedeutung dabei zu, unsere Orientierung hinsichtlich einer bestimmten Umwelt zu determinieren, als irgendeinem bestimmten Zug oder irgendeiner bestimmten Gruppe von Zügen, die in dieser Situation möglicherweise vorhanden sind. Die kognitive Karte einer Umwelt ist also unser internalisiertes Bild von dieser Umwelt. Es muß nicht unbedingt eine zutreffende und genaue Repräsentation sein.

Unter praktischem Gesichtspunkt sind mentale Karten ein Verfahren zur Ordnung von Umwelten, die sonst möglicherweise chaotisch oder bedeutungslos wären. Aus diesem Grund sind sie insbesondere bei der Untersuchung von Städten berücksichtigt worden, wo das Umfeld augenscheinlich die Tendenz zeigt, mit verfügbarer Information überfrachtet zu sein. Wir müssen all die zahllosen Aspekte der Stadt – die Gebäude, Straßen, Parks, Gehwege und Kreuzungen – in eine Art Muster sortieren, das unserer Verwendung dieser Aspekte korrespondiert. Wie Lynch (1960) gezeigt hat, können bestimmte Einzelheiten einer gegebenen Umwelt dazu dienen, ihre Vorstellbarkeit zu erhöhen oder zu reduzieren. Diese Vorstellbarkeit ist ebenfalls erheblichen Entstellungen unterworfen. Zwei Menschen werden ein und dieselbe Wohngegend kartographisch sehr unterschiedlich aufnehmen. Gebäude werden als größer oder kürzer wahrgenommen werden, als sie wirklich sind; geschätzte Entfernungen bis zu einem bestimmten Punkt werden je nach der subjektiven Erfahrung variieren, die die Personen auf dem Weg zu diesem Ort gemacht haben; persönliche Bedürfnisse, Vorurteile, Erwartungen, Ziele und frühere Erfahrung wirken alle bei der Bestimmung der Karte mit, die wir von einer bestimmten Umwelt mit uns herumtragen.

Vorstellbarkeit meint nicht einfach, wie wir ein einzelnes Umfeld wahrnehmen oder auch wie wir die Wahrnehmungen einer Varietät von Umfeldern kombinieren, sondern ein Gesamtbild der funktionellen Verwendbarkeit der besonderen Umwelt, mit der wir es zu tun haben. Trotz der Anfälligkeit für eine weitreichende subjektive Entstellung besitzen mentale Karten einen hohen praktischen Wert. Sie liefern die Grundlage für das Bewußtsein von unserer Umgebung, und in sozialer Hinsicht stellen sie mittels gemeinsamer Vorstellungsbilder ein gemeinsames Kommunikations- und Gedächtnismittel bereit. Der Architekt Charles Burnette (1971) hat geschrieben:

„Menschen sind in der Lage, sich gegenüber ihrer näheren und weiteren Umwelt angemessen zu verhalten, weil sie in ihrer Vorstellung über irgendeinen Plan, irgendein Programm verfügen, das ihr Verhalten leitet und es den Situationen anpaßt, denen sie begegnen... Ein Vorstellungsbild der Umwelt, die wir im Interesse unseres Handelns antizipieren, ist ein notwendiger Bestandteil der Fähigkeit, unser Verhalten zu planen" (S. 65).

Vorstellbarkeit muß nicht visueller Natur sein. Töne tragen zum räumlichen Empfinden und zur räumlichen Orientierung bei; Kirchenglocken sind Teil des Schallbildes einer Stadt, genauso wie Schiffssirenen, Verkehrslärm, plätschernde Fontänen, Straßenmusikanten und Glockenspiele. In ähnlicher Weise verfügen viele Städte über starke Geruchselemente – offene Märkte, Fischstände, Nahrungsmittelindustrie, Erntegerüche – die alle als Bezugspunkte für die begriffliche Erfassung unserer Umwelt dienen. Wenn man sie alle zusammenfaßt, erhält man die eigene kognitive Karte des besonderen Umweltkontextes. Es versteht sich von selbst, daß diese Karte weder reine Wahrnehmung, noch reine Kognition, noch reines Gedächtnis in der klassischen Bedeutung dieser Termini ist; die Karte bedient sich vielmehr all dieser Prozesse. Sie erscheint in unserer Vorstellung, wenn wir uns irgendeine besondere Umweltsituation vor Augen führen wollen.

Wie alle Wahrnehmungsprozesse spielt die Umweltwahrnehmung eine Doppelrolle in unserem Leben. Erstens ist sie die Quelle unserer phänomenalen Erfahrung in der Welt; all ihre Anblicke und Töne und Gerüche, all ihre einfachen und subtilen Bedeutungen, all ihre Häßlichkeit und ihre Schönheit, all ihr Wert kommt durch den Wahrnehmungsprozeß zu uns. Zweitens leitet die Wahrnehmung unser Handeln in der Umwelt, sie liefert uns sowohl den Schauplatz, in dem dieses Handeln stattfindet, als auch die Fähigkeit, die Konsequenzen dieses Handelns zu registrieren und aufzuzeichnen. Umweltwahrnehmung liefert uns insbesondere eine Orientierung in unserer Umgebung. Sie versorgt uns mit Information über die systematischen Beziehungen zwischen den Komponenten unserer Welt und sie ist das Mittel, durch das wir uns zielstrebig auf die Umwelt beziehen können, in der wir leben. Die Umweltwahrnehmung ordnet also unsere Welt, wobei wir selbst ein Teil des Ordnungsprozesses sind. In diesem Sinne läßt sich sagen, daß die Umwelt nur insofern für uns existiert, als sie für uns bedeutungsvoll ist.

Umweltsignifikanz ist jedoch nicht selbstverständlich. Der erste Schritt, solche Bedeutungen zu ermitteln, wird in der Erforschung und Orientierung mittels der Umweltwahrnehmung getan. Exploratorische und manchmal scheinbar zufällige Wahrnehmung ist in Wirklichkeit das Ergebnis des Bedürfnisses, die Umwelt als ein Muster bedeutungsvoller Beziehungen zu erkennen und zu erfahren, und des Bedürfnisses, bestimmte Ziele und Zwecke zu realisieren. Diese Informationssuche ist ein charakteristischer Zug unserer Beziehung zu einer externen Welt, die nicht in ihrem Zustand verharrt, sondern die sich fortwährend wandelt. Der Wandel ist zum Teil auf die Tatsache zurückzuführen, daß die Anwesenheit des Individuums selbst in der Situation auf die Informationen einwirkt, die aus ihr zu beziehen sind.

Wenn wir in einer Umwelt handeln, um unsere Zwecke zu erreichen, setzt dies voraus, daß unsere Wahrnehmungen reliabel und genau sind, daß unsere Annahme hinsichtlich dessen, was passieren wird, dank der Art, in der wir die Situation wahrnehmen, in Erfüllung gehen wird. Die Validierungsfunktion der Umweltwahrnehmung geht Hand in Hand mit der Erforschung der Welt und der Orientierung in ihr. Mittels dieses Prozesses extrahieren und überprüfen wir die systematische Ordnung der Umgebung. Ohne den Glauben daran, daß wir die Dinge in irgendeiner vorhersagbaren und verifizierbaren Beziehung sehen, könnten wir überhaupt nicht funktionieren. Die Brücke, die den Fluß überspannt, muß uns auf die andere Seite bringen; der Ball, der in unsere Richtung fliegt, wird uns treffen, wenn wir uns nicht bewegen; um die Blume wird ein Wohlgeruch sein, wenn wir an ihr riechen. Natürlich wissen wir, daß sich die Umwelt in vielen Fällen anders verhält. Größen-, Raum- und Distanzurteile, um nur einige wenige Beispiele zu nennen, sind Gegenstand erheblicher Verzerrung. „Der Augenschein täuscht", die Wahrnehmung ist selten, wenn überhaupt, genau. Angesichts dieser Tatsache sind wir fortwährend bestrebt, die Verzerrungswahrscheinlichkeit auf akzeptierbare Grenzen zu reduzieren. Meistens sagt uns unsere Erfahrung mit früheren Situationen in ähnlichen Umgebungen, was sich wahrscheinlich in dieser ereignen wird. Wir lernen, in der Umwelt die relevanten Beziehungen zu erkennen, die ähnlichen Beziehungen in anderen Umwelten korrespondieren. In dieser Weise bauen wir uns ein Gefüge vorhersagbarer Beziehungen auf.

Der Begriff der Vorhersagbarkeit führt uns dazu, die Umweltwahrnehmung als die Schaffung von Gewißheit aus Ungewißheit oder Wahrscheinlichkeit zu behandeln. Dies ist möglich, weil die erfahrenen Konsequenzen des Handelns als Prüfung der Wahrnehmung Vorhersagen dienen, auf die sich das Handeln gründete. Wenn wir uns nicht ducken, wenn der Ball naht, entdecken wir auf recht unerfreuliche Weise, daß unsere Annahme zutraf. Jede konkrete Situation schließt potentiell das Element der Wahl ein, und wir treffen die richtige Wahl nur, wenn wir uns auf die Vorhersagegenauigkeit unserer Wahrnehmungen verlassen können. Die Vorhersagegenauigkeit ist ihrerseits für uns nur in ihrer Beziehung zu unseren Absichten von Bedeutung. Die Validität unserer Wahrnehmungen, ob sie zutreffen oder nicht, bedeuten uns nur insoweit etwas, als sie uns helfen, unsere Zwecke zu realisieren, uns jene besonderen Befriedigungen des Lebens zu verschaffen, nach denen jeder von uns strebt.

Die entscheidende Funktion der Umweltwahrnehmung besteht folglich nicht darin, uns die gegenwärtige Realität zu enthüllen oder uns die vergangene Realität in Erinnerung zu rufen, sondern darin, die Zukunft vorherzusagen. Wahrnehmung hat antizipatorischen Charakter. Nach Ames' Worten sind „Wahrnehmungen prognostische Maßgaben des Handelns". Die Umweltwahrnehmung ist das Mittel, mit dem wir unseren Zwecken dienliche Umwelten einrichten, die sich der Gruppe von Verhaltensweisen akkommodieren, die wir in die Tat umsetzen wollen, und die uns am ehesten jene Handlungskonsequenzen liefern werden, die wir antizipieren. Dieser Prozeß, in dem durch das Handeln die antizipierten Konsequenzen unseres Verhaltens überprüft werden, liefert uns den Schlüssel zum Verständnis der Umweltwahrnehmung.

Die Antizipation ist nicht möglich ohne unsere Erfahrung früherer Umwelten. Objektiv liefert die aufgezeichnete und verifizierte Beziehung eine zuverlässige Anleitung zukünftigen Handelns. Subjektiv ermöglicht uns die symbolische und wertbezogene Ordnung einer Umwelt, ihre Beziehung zu unseren eigenen Zielen und Werten vorherzusagen. Die Gesamtsumme der Annahmen, die ein Individuum hinsichtlich der Beschaffenheit und der Signifikanz der externen Welt trifft, konstituiert die Welt, die ihm bekannt ist. Die Umweltwahrnehmung vereint die Welt, die wir täglich aufs neue erfahren, mit der Welt, die wir bereits kennengelernt haben. Indem wir das, was wir wahrnehmen, zu dem in Beziehung setzen, was wir auf der Grundlage früherer Wahrnehmung vermuten, werden wir in die Lage versetzt, eine stabile Umwelt zu schaffen und am Leben zu erhalten.

Literaturnachweise

Allport, G. & Pettigrew, T. Cultural influence on the perception of movement: The trapezoidal illusion among the Zulus. *Journal of Abnormal and Social Psychology,* 1957, *55,* 104–113.

Ames, A., Jr. Visual perception and the rotating trapezoidal window. *Psychological Monographs,* 1951, *65,* Nr. 324.

Brunswik, E. *Perception and the representative design of psychological experiments.* Berkeley und Los Angeles: University of California Press, 1956. (Deutsch: *Wahrnehmung und Gegenstandswelt. Grundlegung einer Psychologie vom Gegenstand her.* Berlin: Deuticke, 1934.)

Burnette, C. The mental image of architecture. In *Architecture for human behavior: Collected papers from a mini-conference.* Philadelphia: Chapter/The American Institute of Architects, 1971. S. 65–73.

Dember, W. N. *The psychology of perception.* New York: Holt, Rinehart and Winston, 1960.

Epstein, W. *Varieties of perceptual learning.* New York: McGraw-Hill, 1967.

Gibson, J. J. *The senses considered as perceptual systems.* Boston: Houghton Mifflin, 1966.

Gregory, R. L. *Eye and brain.* London: Weidenfeld and Nicholson, 1966.

Haber, R. N. *Informational processing approaches to perception.* New York: Holt, Rinehart and Winston, 1969.

Hammond, K. R. (Hrsg.) *The psychology of Egon Brunswik.* New York: Holt, Rinehart and Winston, 1966.

Helmholtz, H. L. F. von *Helmholtz's treatise on physiological optics.* Übersetzung der 3. deutschen Auflage. J. P. C. Southall. New York: Dover, 1962. (Original German edition, 1866.)

Ittelson, W. H. *Visual space perception.* New York: Springer, 1960.

Ittelson, W. H. *The Ames demonstrations in perception.* Princeton, N. J.: Princeton University Press, 1952. (Nachdruck bei Hafner Publishing Company, 1968.)

Ittelson, W. H. Perception of the large-scale environment. *Transactions of the New York Academy of Sciences,* 1970, *32,* 807–815.

Ittelson, W. H. (Hrsg.) *Environment and cognition.* New York: Seminar Press, 1973.

Kilpatrick, F. P. Two processes of perceptual learning. *Journal of Experimental Psychology,* 1954, *47,* 362–370. (Nachgedruckt in H. M. Proshansky et al. (Hrsg.) *Environmental psychology: Man and his physical setting.* New York: Holt, Rinehart and Winston, 1970, S. 104–112.)

Lynch, K. *The image of the city.* Cambridge, Mass.: The M. I. T. Press, 1960. (Deutsch: *Das Bild der Stadt.* Braunschweig: Vieweg 1971)

Murch, G. M. *Visual and auditory perception.* Indianapolis, Ind.: Bobbs-Merrill. 1973.

Nahemow, L. Research in a novel environment. *Environment and Behavior,* 1971, *3,* 81–102.

Neisser, U. *Cognitive psychology*. New York: Appleton, 1967. (Deutsch: *Kognitive Psychologie*. Stuttgart: Klett, 1974).

Rock, I. *The nature of perceptual adaptation*. New York: Basic Books, 1966.

Segall, M. H., Campbell, D. T., & Herskovits, M. J. *The influence of culture on visual perception*. Indianapolis, Ind.: Bobbs-Merrill, 1966.

Snyder, F. W., & Pronko, N. H. *Vision with spatial inversion*. Wichita, Kan.: University of Wichita Press, 1952.

Vernon, M. D. *The psychology of perception*. Baltimore, Md.: Pelican Books, 1962.

Zubek, J. (Hrsg.) *Sensory deprivation: Fifteen years of research*. New York: Appleton, 1969.

Literaturempfehlungen

Brunswik, E. *Perception and the representative design of psychological experiments*. Berkeley and Los Angeles: University of California Press, 1956. (Deutsch: *Wahrnehmung und Gegenstandswelt. Grundlegung einer Psychologie vom Gegenstand her*. Berlin: Deuticke, 1934.)

Gibson, J. J. *The senses considered as perceptual systems*. Boston: Houghton Mifflin, 1966.

Gregory, R. L. *Eye and brain*. London: Weidenfeld and Nicholson, 1966.

Haber, R. N. *Information processing approaches to perception*. New York: Holt, Rinehart and Winston, 1969.

Ittelson, W. H. *Visual space perception*. New York: Springer, 1960.

Segall, M. H., Campbell, D. T., & Herskovitz, M. J. *The influence of culture on visual perception*. Indianapolis, Ind.: Bobbs-Merrill, 1966.

6
Umwelt
und soziale Interaktion

In Kapitel 4 wurden einige allgemeine Annahmen zum individuellen Verhalten des Menschen in seiner Beziehung zur materiellen Umwelt vorgelegt. Nun verlagern wir unser Interesse auf die sozialen Prozesse und Interaktionen in spezifischen Umfeldern. Dabei wird die Umwelt als eine Komponente der Interaktion des Menschen mit anderen Personen in seiner Umgebung betrachtet werden – eine Komponente, die in sozialen Interaktionsprozessen häufig gar nicht oder zuwenig berücksichtigt wird. Wir haben den Menschen in Kapitel 4 im wesentlichen als ein dynamisch organisiertes System betrachtet, fähig zu lernen, in der Lage, sein Verhalten in Reaktion auf Veränderungen in seiner Umwelt zu modifizieren, aber ausgestattet mit einer Gruppe überdauernder psychologischer Strukturen – den Einstellungen, Werten, Interessen und Persönlichkeitszügen, die seine soziokulturelle Herkunft widerspiegeln.

Als Mitglied verschiedener Gruppen und Institutionen ist der Mensch durch seine Sozialisation befähigt, sich in Beziehung zu spezifischen materiellen Umfeldern angemessen zu verhalten. Er reagiert also nicht einfach auf isolierte Reize, sondern stellt ebenso die symbolischen Bedeutungen von Umfeldern in Rechnung. Obzwar wir die materiellen und sozialen Komponenten einer Umwelt isolieren können, gibt es in Wirklichkeit nur eine Gesamtumwelt. Unsere Isolation der sozialen Komponente in diesem Kapitel ist keineswegs der Versuch, die dynamische Natur der menschlichen Reaktionen in Abrede zu stellen, sondern schafft nur einen etwas anderen Bezugsrahmen für die Analyse des Umweltverhaltens.

Eine Grundfrage ist die Bedeutung sozialer Interaktion. Ziemlich vereinfacht ist sie als das Verhalten und die Reaktionen anzusehen, die Individuen einander induzieren. Interaktion erwächst aus den Rollen, die wir spielen, aus den definierten Beziehungen, in die wir in den verschiedenen Gruppen eingebunden sind. Einige dieser Rollen beziehen unmittelbare Kontakte ein, wie die Rolle von Bruder und Schwester, eines Elternteils, des Vorgesetzten oder Lehrers. Andere betreffen größere Zusammenschlüsse, in denen wir mit vielen anderen interagieren. In allen Fällen sind irgendwelche Kommunikationsformen betei-

Teile der Ausführungen auf den Seiten 186–211 dieses Kapitels sind eine Überarbeitung von Darlegungen, die bereits in „Environmental Psychology: Man and His Physical Setting" (Holt, Rinehart und Winston 1970, S. 173–183) veröffentlicht wurden.

ligt, ob es sich nun um Sprechen, Körperhaltungen, Gesten oder andere „Körpersprachen" handelt. In allen Fällen besitzt die Interaktion auch eine Ortsdefinition, deren Merkmale wesentliche Elemente des Interaktionsprozesses sind.

Die die Person betreffenden Komponenten dieses Prozesses können sich auf das Individuum allein, auf Vis-à-vis-Gruppen und auf soziale Aggregate beziehen. Es mag unlogisch erscheinen, die Implikationen der sozialen Umwelt für eine einzelne Person zu erörtern, doch tatsächlich sind Individuen niemals allein. Im Prozeß des Lebens und Lernens in der Gesellschaft werden Regeln und Steuerungsinstanzen erworben und internalisiert, die das Verhalten leiten, beeinflussen und modifizieren, ob andere anwesend sind oder nicht. Im wesentlichen verstehen wir dies unter der Aussage, daß eine Person sozialisiert wurde. Es bedeutet jedoch nicht, daß das Verhalten eines Individuums in Gegenwart anderer mit seinen in der Isolation gezeigten Aktivitäten identisch ist, sondern daß beide sich auf seine früheren Erfahrungen mit spezifischen Gruppen in spezifischen Umfeldern gründen.

Der zweite Teil dieses Kapitels beschäftigt sich im wesentlichen mit drei Fragen: Massierung, Territorialität und Privatsphäre. Obgleich damit nicht alle Gebiete erschöpfend behandelt werden, sollen sie als Beispiele der Art von Fragen erörtert werden, die sich für die Analyse der sozialen Implikationen menschlicher Umwelten als bedeutungsvoll erweisen. Sie beziehen Gruppen unterschiedlicher Größe ein, erfassen Personen mit unterschiedlichen Rollen in unterschiedlichen Umfeldern. In allen Fällen stellen die Konstrukte dynamische Kombinationen von Personen, Interaktionen und Umwelten dar.

Soziale Einflüsse und Umweltverhalten

Soziale Interaktion und soziale Prozesse

Die Aussage, daß ein Großteil menschlichen Verhaltens im materiellen Umfeld auf sozialen Prozessen beruht, erklärt, warum der Mensch in der Lage ist, sich darin zu bewegen, sich von ihm zu entfernen und bestimmte Positionen darin einzunehmen, ohne daß er über jeden Schritt, den er unternimmt, bewußt nachdenken muß. Die Aussage bedeutet zugleich, daß die Bewegungen des Menschen in Umfeldern von bestimmten Erwartungen über das Verhalten anderer begleitet werden. Reziprozität ist die Grundlage sozialisierter Verhaltensweisen. Ein Verstoß gegen dieses Prinzip würde eine ungeheure Zeitverschwendung und Ablenkung bedeuten. Ein Kind, das in den Vereinigten Staaten aufwächst, lernt rasch, daß Fahrzeuge „rechts fahren". Auf den Britischen Inseln lernt es jedoch, daß sie „links fahren". Solche Gewißheiten befähigen das Individuum, bestimmte Handlungen auszuführen, ohne daß es bei jedem neuen Akt auf eine neue Entscheidung angewiesen wäre.

Die meisten Normen in unserer Gesellschaft sind weit subtiler und komplexer als Verkehrsregeln, und sie sind meist nicht mit Gesetzeskraft ausgestattet. In einem sehr allgemeinen Sinne sind sie die während einer bestimmten Epoche in einer Kultur niedergelegten unsichtbaren Leitlinien oder Sanktionen, die das Verhalten, die Gedanken, die Gefühle und Einstellungen der Menschen in bestimmten Situationen beeinflussen. (Zur Normendiskussion siehe Brown 1965, S. 48–60.) Die Normen stellen die „Hausregeln" dar, durch die die Gesellschaft versucht, öffentliche Verhaltensweisen zu steuern. Diese Verhaltensweisen lernt man gewöhnlich in der Berührung mit einer bestimmten Gruppe – der Familie, einer Straßenbande, einem Klub oder der sozioökonomischen Klasse, zu der man gehört. Man lernt die angemessene Verhaltenseinstellung innerhalb des Kontextes einer kleineren Einheit, auf der Grundlage der Interaktion mit dieser Einheit, und die Verhaltensweisen entsprechen den Rollen innerhalb der Einheit. Die Mitglieder einer Familie pflegen beispielsweise einen engeren physischen Kontakt als Fremde. Im wesentlichen ist er aus dem verwandtschaftlichen Vertrauensverhältnis erwachsen, doch auch in bestimmten Gruppen wird eine ähnliche symbolische Familiarität zum Ausdruck gebracht. So ist es bei französischen Männern durchaus üblich, Küsse auszutauschen – ein Verhalten, das in den meisten westlichen Ländern ausgesprochen unüblich ist. In einer Reihe von Übungen haben der Soziologe Harold Garfinkel (1964) und seine Studenten absichtlich eine Reihe von Normen verletzt, unter denen sich auch die Norm angemessener Distanz befand. Im Erfahrungsbericht zeigt sich deutlich, daß diejenigen, die die Normverstöße ausführten, große Schwierigkeiten hatten, ihre unüblichen Rollen beizubehalten. Es war besonders unangenehm, anderen Personen zu nahe zu kommen, und das eigene Gesicht dem einer anderen Person anzunähern. Die die Norm verletzenden Personen schienen dabei mehr Unbehagen zu empfinden als diejenigen, die Gegenstand der Normverletzung waren.

In Sichtkontakt vorkommende Hinweisreize – Körperhaltungen, Gebärden, Äußerungen und Interaktionsdistanzen – sind grundlegende Eigenschaften des sozialen Diskurses. Sie werden beeinflußt vom Situationskontext. Solch ein Umweltkontext schließt die physische Realität des eigenen Körpers ein, die Eigenschaften des umgebenden Raumes, der Objekte und anderer Personen im Umfeld und die sozialen Regeln der eigenen Kultur. In einigen Kulturen fühlen sich Personen bemüßigt, sich so nahe wie möglich zu anderen Anwesenden zu setzen; in anderen Kulturen wählen Personen diejenige Position, die von Positionen anderer am weitesten entfernt ist.

Betrachten wir die Erfahrung des Betretens eines Raumes. Es ist wahrscheinlich, daß man gewisse Reaktionen zeigen wird, wenn der Raum leer ist, andere Reaktionen, wenn er teilweise besetzt ist, und wieder andere, wenn er überfüllt ist. Wir reagieren jedoch nicht allein auf die Zahl der Menschen; Größe, Ausstattung und Farbgebung sind ebenfalls von Bedeutung. Ist der Raum kahl oder voller Möbel, bequem oder unpersönlich? Die materiellen Eigenschaften können signalisieren, welche der verschiedenen möglichen Reaktionen angemessen sind. Physische Eigenschaften der Person interagieren mit der Anlage. Wir können nur bis zu einer gewissen Grenze sehen und hören. Die Sicht hängt von der Beleuchtung ab. Die Stühle können zu weich oder zu hart, zu niedrig oder zu hoch sein. Fügen wir noch den Geräuschpegel innen und außen hinzu. Es werden also zahlreiche, oft widersprüchliche Anforderungen an uns gestellt.

All diese Faktoren werden durch die früheren sozialen Erfahrungen vermittelt und vermitteln ihrerseits den sozialen Prozeß. Ihre Bedeutung für die Interaktion mit unmittelbarem Kontakt wird deutlich, wenn bis auf die verbalen Hinweisreize alle anderen eliminiert werden, wie es in einem Telefongespräch der Fall ist. Eine gemeinsame materielle Umwelt liegt nicht mehr vor, und wir können ein hohes Maß an Anonymität realisieren oder, wenn wir es wünschen, eine Intimität, die unter Umständen in der Gegenwart anderer nicht möglich ist. Wenn dagegen die sprachliche Kommunikation nicht genutzt wird, wird eine ganz andere Gruppe von Hinweisreizen erforderlich. Jeder, der einmal an einer Scharade teilgenommen hat, weiß, wie wirksam die nicht verbale Kommunikation sein kann. Gebärden, Zeichensprache, Körperhaltungen und Distanz nehmen den Platz von Worten ein. Man spricht mit dem ganzen Körper. Solche Bewegungen sind ein sehr übertriebenes Beispiel unserer alltäglicher Gesten. Doch auch hier wirken kulturelle Normen und die Rolle, die man in einem gegebenen Moment ausführt, auf die Weise ein, in der man diese Bewegung vollführt. Viele öffentliche Redner bedienen sich sehr ausholender Gesten, die man als höchst unangemessen in einem normalen Gespräch empfinden würde. Die Rede gewisser ethnischer Gruppen wird von lebhaften und ausdruckstarken Bewegungen begleitet, die bei weniger demonstrativen Gruppen nicht zu finden sind.

Wie sehr auch Normen unterschiedliche kulturelle Muster widerspiegeln mögen und für wie selbstverständlich man sie auch halten mag, sie werden nicht um ihrer selbst willen befolgt. Da das menschliche Verhalten zielgerichtet ist, werden mit normativen Verhaltensweisen auch kognitive, motivationale und affektive Ziele verfolgt. Aber es kann auch vorkommen, daß ein Ziel in Konflikt mit irgendeiner besonderen Norm geraten kann. Ein vertraulicher Kontakt mit einer andersgeschlechtlichen Person wird beispielsweise durch die Anwesenheit anderer unterbunden; der Wunsch – oder das Ziel – ist vorhanden, doch solche Zuneigungsbeweise in der Öffentlichkeit werden – zumindest in unserer Gesellschaft und junge Menschen ausgenommen – als unangemessen angesehen.

Ähnlich läßt das Vorhandensein räumlicher Normen nicht immer darauf schließen, daß dies vom Standpunkt des Individuums aus die beste oder gesündeste Verhaltensweise sei. Das auf Klassenunterscheidungen beruhende Distanzstreben ist meist ein Stein des Anstoßes für alle Parteien in demokratischen Gesellschaften, doch haben die Verhaltensweisen die Tendenz, als Überbleibsel älterer klassenbewußterer Epochen zu überdauern. Unbequemlichkeit ist gleichfalls ein Faktor für die eigene Akkommodierung an die Körperhaltung und Bewegung in Kulturen, die sich in dieser Hinsicht radikal von der eigenen unterscheiden. Es ist bei Japanern üblich, beim Essen mit gekreuzten Beinen an niedrigen Tischen zu sitzen, während dieses Verhaltens für Amerikaner ausgesprochen unüblich (und unbequem) ist. In einigen japanischen Restaurants ist das Problem (für Nicht-Japaner) dadurch gelöst worden, daß man den Boden mit Löchern für die Beine versehen hat.

Ein anderes Beispiel aus unserer eigenen Kultur ist die implizite Regel, daß die Anordnung von Möbeln in der Öffentlichkeit als unveränderlich anzusehen ist, ob sie nun zweckdienlich ist oder nicht. Dies hat oft stundenlange physische Unbequemlichkeit und Schwierigkeiten bei der Kommunikation zur Folge. Doch den meisten Menschen widerstrebte es, Stühle oder Tische umzustellen, die ihnen nicht gehören. Selbst in vertrauten Umfeldern ist die Ortsveränderung der verfügbaren Requisiten nicht üblich.

In all diesen Fällen sollte man sich aber vor Augen halten, daß die Umwelt selbst nur in dem Maße „normativ" ist, in dem sie dem Sozialagenten etwas Bestimmtes bedeutet; er führt die Normen ein und er kann sogar die Umwelt verändern, damit das normative Verhalten leichter Platz greifen kann. Sobald diese Veränderung durchgeführt wurde, kann es natürlich – im Falle des japanischen Restaurants z. B. – Schwierigkeiten bereiten, nicht mit dem besonderen, nahegelegten Verhalten zu antworten. Die ziemlich formelle Anordnung der Möbel in vielen Wohnzimmern oder Salons ist der Hinweisreiz eines bestimmten Typs höflicher Konversation, doch nur, wenn die Teilnehmer diesen Verhaltenstyp als normal akzeptieren.

Wir sind der Meinung, daß das sozio-räumliche Verhalten des Menschen von zwei Kräften geleitet wird, die beide aus seinem kulturellen Kontext stammen. Die erste besteht in den kulturellen Regeln, die seine Positionswahl im *Raum* steuern, die Distanzen, die er andern gegenüber einhält, die Körperorientierung, seine Körperstellung und seine nicht verbalen Kommunikationsweisen. Die zweite Kraft liegt in den kulturellen Symbolen, die die Verwendungsweise eines bestimmten *Ortes* signalisieren, in den Anordnungen, die Intimität oder Förmlichkeit, Sprechen oder Essen, Konversation oder Predigt nahelegen.

Diese Beispiele lehren uns vor allen Dingen die Tatsache, daß eine radikale Veränderung des Raumes nur selten das menschliche Raumverhalten verändern wird, wenn die Einstellungen und Normen, auf denen das Verhalten beruht, fest verankert sind. Es gibt offensichtlich kurzfristige Ausnahmen von dieser allgemeinen Regel – U-Bootfahrer und Astronauten lernen, ohne Zurückgezogenheit zurechtzukommen und in beschränkten räumlichen Verhältnissen zu leben – doch größtenteils werden Umwelten so gebaut, daß sie sich bestehenden Lebensweisen akkommodieren, unabhängig davon, wie hinderlich und inkongruent diese sein mögen. Die Angemessenheit der Umwelt läßt sich selten einfach dadurch erreichen, daß man sie verändert. Wenn wir Veränderungen in der Raumverwendung wünschen, stellt die Bereitstellung neuer Räume nur einen Teil des Problems dar. Es ist gleichfalls erforderlich, die Einstellungen der Menschen zueinander und zum Raum selbst zu verstehen und vielleicht auch zu verändern.

Individuum und materielle Umfelder

In den obenstehenden Beispielen ging es in der Erörterung vorwiegend um drei Variablen: (1) die Eigenschaften der Person (insbesondere jene, die auf kulturellen Normen beruhen); (2) die Natur der sozialen Interaktion; (3) das Umfeld, das sich auf das Individuum auswirkt und das von diesem beeinflußt wird. Solche interpersonalen Beziehungen beruhen ganz einfach auf dem bewußten Geben und Nehmen von Menschen, die an einer bestimmten Aktivität teilnehmen, ob es sich dabei um einen organisierten Gruppenprozeß oder einfach um eine zufällige Begegnung handelt. Es bleiben noch einige zusätzliche Faktoren zu betrachten, die die Reaktion des Individuums auf soziale Situationen beeinflussen, in denen die Umwelt eine Rolle spielt. Diese Faktoren schließen in der Regel Verhaltensweisen ein, die das Bedürfnis einer Person nach einem Minimum an sie umgebenden Raum zum Ausdruck bringen, ihre Reaktion auf Massierung, ihren territorialen Sinn und ihren Wunsch nach Privatsphäre. All diese Faktoren bezeichnen gleichermaßen physische wie psychische Bedürfnisse und sind ebenso in der biologischen Beschaffenheit des Menschen wie in seinen kulturell erworbenen Zügen verwurzelt. Alle verfügen über eine starke Umweltkomponente, insofern die Umfelder manipuliert werden müssen oder die Person ihre Reaktion in irgendeiner Form modifizieren muß, um den Erfordernissen des Umfeldes dahingehend zu entsprechen, daß es seine Ziele realisieren kann.

Eines der ersten dieser Konstrukte, die in Hinsicht des menschlichen Verhaltens erforscht wurden, war das des *persönlichen Raumes*. Der Soziologe Georg

Simmel beschrieb diesen Begriff zu Beginn des 20. Jahrhunderts (siehe Wolff 1950). Die Psychologen haben im Laufe der Jahre ihre Aufmerksamkeit darauf gerichtet. Neuerlich verwenden auch die Verhaltensforscher den Begriff für parallele Phänomene bei Tieren. Hediger (1968) verwendet den Ausdruck „persönliche Distanz", um die charakteristischen Distanzen zu beschreiben, die einzeln lebende Tierarten als Mittel physischen Schutzes einhalten. Wenn wir jedoch den Schutzbegriff nicht so weit ausdehnen wollen, daß er auch die Bewahrung intendierter Verhaltensweisen einbezieht, ist es schwierig, diesen physischen Selbsterhaltungsbegriff auf die komplexe Gruppe von Maßnahmen anzuwenden, deren sich der Mensch bedient. Zu einem gewissen Teil mag sich diese Erhaltung aus dem Empfinden des eigenen Selbst erklären – aus der eigenen Identität als besondere und separate Person. Andererseits mag das Verhalten auf bestimmte physische Variablen zurückzuführen sein – die Distanz, die erforderlich ist, um ein deutliches Bild von anderen und von den Gegenständen im eigenen Umfeld zu gewinnen. Großenteils beruht es auf Rollenverhalten – die angemessenen räumlichen Ausdehnungen, um bestimmte Rollen auszuführen, mit denen bestimmte Distanzen und Verhaltensweisen assoziiert sind. Hall, ein Anthropologe, hat den persönlichen Raum als eine „kleine Schutzzone oder Schutzblase" gekennzeichnet, „die ein Organismus zwischen sich und anderen einrichtet" (Hall 1966, S. 119). Hall hat die sensorischen Parameter dieser Distanzen analysiert, indem er die Rolle des Gesicht-, Gehör-, Geruch-, Tastsinns und der Wärmeempfindung für die Distanzwahrnehmung untersuchte und sie als unmittelbare Empfänger räumlicher Stimulation betrachtete (siehe die Kapitel vier, fünf und sechs in *The Hidden Dimension*). Das Auge erweist sich als ein leistungsfähiger Reizempfänger, der in der Lage ist, eine umfangreiche Informationsmenge aus der Umwelt in einer Distanz zu erfassen, die außerhalb der Reichweite der anderen Sinne liegt. Diese werden dagegen von der Stimulation unseres Umfeldes vernachlässigt. Hall (1966, S. 45) beschreibt die Amerikaner als, bezogen auf den Geruchssinn, „kulturell unterentwickelt". Sie seien von faden, geruchssterilen Räumen umgeben.

Wie Hall (1966) auf Grund von Untersuchungen in den Vereinigten Staaten darlegte, gehören zu den kulturell definierten Distanzen die *intime* der Liebes- und Zärtlichkeitsbeziehungen, die persönliche Distanz (die Schutzzone), die *soziale Distanz*, in der der größte Teil der interpersonalen und der Kleingruppenrede stattfindet und die ausgedehnteren *öffentlichen Distanzen*. Jede von ihnen hat eine nahe und eine weite Phase. Die persönliche Distanz zwischen menschlichen Wesen zeigt sich zum Beispiel in der Art und Weise, in der Menschen in der Öffentlichkeit ihre Positionen einnehmen. U-Bahnbenutzer lassen die Sitze zwischeneinander frei, bis sich die Waggons füllen. Wenn möglich vermeiden sie jeden Körperkontakt auf der Straße: wenn andere ungewöhnlich bedrohlich erscheinen, machen wir einen weiten Bogen um sie. Den Orten, an denen wir uns befinden, den Positionen, die wir innehaben, den Körperhaltungen, die wir einnehmen, ist die Erwartung inhärent, daß andere sich in einer reziproken Weise verhalten werden. Dies ist der Kern des Interaktionsprozesses, den wir in spezifischen Gruppen und spezifischen Kontexten erlernt haben.

Die Tatsache, daß Menschen nicht nur ihren eigenen persönlichen Raum schützen, sondern daß sie auch den Raum anderer respektieren, wird aus ihrer Tendenz ersichtlich, die Gesprächsdistanz auch dann beizubehalten, wenn kein Gespräch stattfindet. Mit Ausnahme körperlicher Angriffe werden Distanzen nur mit der ausdrücklichen oder stillschweigenden Erlaubnis der anderen Person verletzt, wie im Falle Liebender, oder, sagen wir, bei Männern, die im Umkleideraum herumalbern, wo die intime Distanz eher angebracht ist. Äußerlich gesehen scheint eine Raumverletzung in überfüllten Fahrstühlen und in ähnlichen Situationen stattzufinden, doch in diesen Fällen wird der Raum symbolisch dadurch beibehalten, daß man den Augenkontakt absichtlich vermeidet, daß man einander mit den Oberkörpern ausweicht und so weiter.

Das Widerstreben, in den Raum anderer einzudringen (was zugleich das Eindringen des anderen in den eigenen Nahraum bedeutet) ist empirisch getestet worden. In einem Experiment von Horowitz, Duff und Stratton (1964) wurde das Distanzverhalten von diagnostisch festgestellten schizophrenen und normalen männlichen Versuchspersonen untersucht. Unter dem Vorwand, daß ihr Gleichgewicht getestet werden sollte, wurden die Versuchspersonen aufgefordert, sich (a) einem Garderobenständer zu nähern, an dem ein Mantel hing, und (b) einem der Mitarbeiter vom gleichen Geschlecht wie die Versuchsperson. In allen Fällen näherten sich die Versuchspersonen dem Objekt bedeutend weiter an als der Versuchsperson. Die mittlere Distanz der Schizophrenen vom Objekt war bedeutend größer als bei der normalen Gruppe, wohingegen hinsichtlich der Distanz zu Menschen kein Unterschied evident wurde. In anderen Untersuchungen wies Horowitz hingegen nach, daß Schizophrene tatsächlich größere Distanzen zu Menschen einhalten als es Normale tun. Als eine Variation des Experiments mit einer Gruppe normaler männlicher Versuchspersonen wiederholt wurde, wobei die Anweisung zu befolgen war, sich einer männlichen und einer weiblichen Zielperson zu nähern, bis man die Nähe als unangenehm zu empfinden begann, hielten die Versuchspersonen mehr Distanz vom Mann als von der Frau. Sowohl bei dem Mann wie bei der Frau näherte man sich von hinten weiter an als von vorne. In diesen Untersuchungen verwendet Horowitz den Terminus „Körperpufferzone", den er als den eine Person charakteristisch umgebenden Raum definiert, der als eine Erweiterung des Körperbildes angesehen wird. Diese Zone ist weitgehend mit Halls Schutzblase identisch. Viele Forscher haben angemerkt, daß die Verteidigung gegen das Eindringen in diese Sphäre oft von verschiedenen Gebärden, Augenbewegungen, Körperhaltungen und ähnlichen Verhaltensweisen begleitet wird, die als Markierungen der Raumgrenzen dienen. Argyle und Dean (1965) haben beispielsweise nachgewiesen, daß wachsender Nähe eine Abnahme des Augenkontaktes folgt. Der Leser sei aufgefordert, in den persönlichen Raum eines nichtsahnenden Fremden einzudringen, um die Vielfältigkeit der körperlichen Reaktionsweisen kennenzulernen. Augen werden abgewendet werden; das Gewicht wird sich verlagern; der andere wird möglicherweise nervöse Bewegungen machen, sich von dem Eindringling fortbiegen oder vielleicht den Körperperimeter verringern. Manchmal werden die Arme abwehrend gehoben; wenn der Angriff allzu zudringlich ist, wird sich die Zielperson unter Umständen zurückziehen. In ausgesprochen bedrohlichen oder unangenehmen Situationen wird der Kontakt dadurch minimalisiert werden, daß der Atem ganz flach gehalten wird. Dieses sind physische und symbolische Techniken zur Beibehaltung der Distanz.

Obwohl viele dieser Reaktionen möglicherweise irgendwelche biologischen Wurzeln haben (Flucht oder Kampf), sollte man sich davor hüten, das räumliche Verhalten mit Hilfe tierischer Modelle zu erklären. Hall weist darauf hin, daß solch proxemisches Verhalten kulturell determiniert wird. Gesellschaften zeigen unterschiedliche Raumnormen. Außerdem wirken sich Faktoren wie Alter, Geschlecht, Rolle, Status, kulturelle Herkunft, Rasse und Umweltbedingungen wie Lärm (siehe Canon und Mathews 1973) als Variablen in einem gegebenen Milieu aus.

In einem Überblick über Fragen und Forschungsarbeiten, die den persönlichen Raum betreffen, nennt Leibman (1970) ein geläufiges Beispiel für die Art und Weise, wie Rollen und ihre vorgeschriebenen Verhaltensweisen den persönlichen Raum erhalten. Die Beziehung des Arztes und des Patienten verlangt die körperliche Nähe. Sie wird hingenommen, wenn die Distanz durch ein Verhalten bewahrt wird, das in seiner beruflichen Unpersönlichkeit den Rollen entspricht. Wenn jedoch Patient oder Arzt durch ihr Verhalten in irgendeiner Weise Nähe symbolisieren, sei es durch übermäßigen Augenkontakt, unangebrachte persönliche Bemerkungen oder ähnliche Verhaltensweisen, wird die erwartete Rollenbeziehung in Frage gestellt und der persönliche Raum verletzt.

Hinsichtlich geschlechtsspezifischer Unterschiede im Raumverhalten gibt es einigen Anlaß zu der Vermutung, daß Frauen die Tendenz haben, eine größere Nähe zueinander als gegenüber Männern einzunehmen (zum Beispiel Lott & Sommer 1967; Leibman 1970). Kinder nähern sich sowohl Objekten wie Menschen in größerem Maße als Erwachsene an (Argyle & Dean 1965). Sie kommen auch einander näher als Erwachsene, doch Erwachsene berühren Kinder häufiger als einander. Außerdem variieren Distanzen auch in Übereinstimmung mit der Stimmung des Individuums oder der Beschaffenheit des Umfeldes. Wir halten einem Fremden gegenüber Abstand und kommen ihm näher, wenn wir besser mit ihm bekannt werden. Parteien fördern eine Geselligkeit, in der die Raumblase leicht zerstochen wird. Wenn man Kindern Gruselgeschichten erzählt, kann dies – wie Feshback und Feshback (1963) herausfanden – leicht die Größe des Kreises verringern, in dem sie sitzen. Das andere Extrem ist die wichtigste Person oder „der große Mann", dessen persönlicher Raum gewöhnlich viel unverletzlicher als bei normalen Menschen ist. Simmel hat geschrieben:

„Beim ‚bedeutenden' (das heißt ‚großen') Menschen sagt uns eine innere Stimme, uns in einer gewissen Distanz zu halten. Sie schweigt selbst dann nicht, wenn wir auf gutem Fuße mit ihm stehen. Der einzige Typus, für den es diese Distanz nicht gibt, ist das Individuum, das kein Wahrnehmungsorgan für die Distanz besitzt…" (siehe Lyman & Scott 1967, S. 242).

Leibman (1970) zählt einige Faktoren auf, die Normen und Verhaltensweisen beeinflussen, soweit sie den persönlichen Raum betreffen: Dazu gehören: (1) Merkmale der materiellen Umwelt (zum Beispiel die Zahl der Beteiligten, die Tischform, das verfügbare Mobiliar, die Anordnung der Beteiligten); (2) Merkmale des Individuums (zum Beispiel Persönlichkeitszüge, Alter, Geschlecht, Gefühle); (3) Merkmale der Aufgabe oder der Beziehung zwischen den Individuen (zum Beispiel Kooperation, Freundschaft, Gespräch); (4) Merkmale des anderen Individuums (zum Beispiel Führerschaft, Anziehung, Stigma). Für jeden Fall liegen eine Reihe empirischer Untersuchungen vor, zu denen auch Leibmans Arbeit über Geschlechtsnormen, Rassennormen und persönlichen Raum gehört.

Einige der ausführlichsten Untersuchungen des persönlichen Raums wurden von Robert Sommer und seinen Mitarbeitern durchgeführt. Zwei dieser Untersuchungen (Felipe & Sommer 1966) verdienen Erwähnung an dieser Stelle. Obgleich sie in sehr verschiedenen Umfeldern mit sehr kontrastierenden Menschentypen durchgeführt wurden, zeigen sie an, daß der Widerstand gegen das Eindringen in den eigenen persönlichen Raum in unserer Kultur eine recht verbreitete Reaktion ist.

Die erste Untersuchung fand in einer 1500 Betten umfassenden staatlichen psychiatrischen Anstalt in Kalifornien statt. Ein männlicher Versuchsleiter drang in den persönlichen Raum männlicher Patienten ein, die alleine saßen und nicht anderweitig beschäftigt waren, indem er sich in einem Abstand von 15 cm neben sie setzte. Wenn der Patient fortrückte, folgte ihm der Versuchsleiter, um die nahe Distanz einzuhalten. In einer Versuchsbedingung machte der Untersuchungsleiter sich Notizen über die Reaktionen des Patienten, schüttelte gelegentlich seine Schlüssel und versuchte in den Blicken, die er auf den Patienten richtete, seine Dominanz zum Ausdruck zu bringen. In der zweiten Versuchsbedingung beschränkte er sich darauf, die Schlüssel zu schütteln. Jede der 64 Einzelsitzungen mit verschiedenen Patienten dauerte maximal 20 Minuten. Gleichzeitig wurde zu Vergleichszwecken das Verhalten einer Kontrollgruppe – andere Patienten aus gleicher Nähe – beobachtet. Ziel der Untersuchung war, herauszufinden, wie lange jeder Patient sitzenblieb, bis er vor dem Eindringling floh. Die Ergebnisse zeigten, daß 36% der Versuchspersonen in den Experimentalgruppen innerhalb von zwei Minuten flohen, während zu diesem Zeitpunkt alle Kontrollpersonen noch saßen. Die Hälfte der „Opfer" verließen ihren Platz innerhalb von neun Minuten gegenüber 8% der Versuchspersonen in der Kontrollgruppe. Am Ende der 20minütigen Sitzung hatten 64% der Versuchspersonen, deren persönlicher Raum verletzt wurde, ihren Platz verlassen, doch nur 33% der Kontrollgruppe.

Die Autoren fügen jedoch hinzu, daß im Tagesraum einer Station, auf der die Patienten ein extrem territoriales Verhalten an den Tag legten und Tag für Tag dieselben Stühle wählten, der Versuch, in den persönlichen Räumen von fünf dieser Patienten einzudringen, nur bei einem von ihnen wenige Minuten nach der Invasion dazu führte, daß er sich woanders hinsetzte. In zwei Fällen „war es so, als wollte man versuchen, den Felsen von Gibraltar von der Stelle zu rükken".

Das Gegenexperiment wurde im Lesesaal einer Universitätsbibliothek durchgeführt. Als Versuchspersonen wurden weibliche Benutzerinnen gewählt, die an einem der vierzehn großen Tische allein saßen. In ihren persönlichen Raum drang eine andere Frau ein, die sich neben sie setzte und dabei Distanzen wählte, die von sehr nahe (der Stuhl neben der Besuchsperson wurde auf ungefähr 8 cm an den Stuhl der Versuchsperson herangerückt) bis zu einer Position reichten, bei der zwei Stühle zwischen der Invasorin und der Versuchsperson leer blieben. Die Versuchsleiterin ließ sich auch unmittelbar gegenüber der Versuchsperson nieder. Die Kontrollpersonen wurden an anderen Tischen zu Vergleichszwecken beobachtet. Die Ergebnisse zeigten, daß die in ihrem persönlichen Raum verletzte Person im allgemeinen kaum eine Reaktion zeigte, wenn sich zwischen ihr und dem Eindringling andere Stühle oder der Tisch selbst befanden. Wenn die Versuchsleiterin sich jedoch direkt neben die Versuchsperson setzte und ihren Stuhl auf Kontaktnähe heranrückte, zeigten sich bei den Versuchspersonen entweder ausgesprochene Fluchtreaktionen oder „subtilere Anzeichen für das Unbehagen des Opfers". Am Ende der dreißigminütigen Sitzung blieben nur 30% der Versuchspersonen gegenüber 87% der Kontrollpersonen am Tisch.

Felipe und Sommer weisen darauf hin, daß in beiden Untersuchungen auf die Verletzungen des persönlichen Raumes oder der „Gesprächsdistanz" zuerst verschiedene Akkommodationen oder Versuche erfolgten, mit der Situation „zu leben". Die Flucht stellt im allgemeinen den letzten Ausweg dar. Die eigene Erfahrung in Bussen, U-Bahnen und Fahrstühlen zeigt, daß Menschen Invasionen dulden, wenn es keine Alternative gibt, doch daß sie sich dabei auch vom Eindringling „abwenden" und symbolische Distanz schaffen. Offensichtlich sind Invasionen bei dieser Art von Umfeldern normal. Im allgemeinen scheinen die Menschen das Eindringen in den persönlichen Raum auch als unangenehm zu empfinden. Es wird eine Vielfalt von Abwehrtechniken – Körperhaltung, Gebärden, der Versuch, eine neue Distanz zu schaffen, die Verwendung von Körperteilen oder Lesestoff, um die Nähe aufzufangen – ins Spiel gebracht. Wo Tiere fauchen und ihre Zähne zeigen würden, neigen Menschen dazu, subtilere und indirektere Vermeidungsmuster zu verwenden; erst wenn sie sich allzu bedrängt fühlen, pflegen sie zu fliehen.

Welche Erwartung wir auch immer hinsichtlich der Raumverwendung hegen, dieser Raum kann unter bestimmten Umständen anderen überlassen werden. Dies wird besonders deutlich, wenn man Altersunterschiede berücksichtigt. Die „Rechte" von Kleinkindern auf persönlichen Raum existieren entweder gar nicht oder nur in sehr beschränktem Maße. Man denkt sich nichts dabei, wenn man sich einem Kleinkind bis auf eine sehr geringe Distanz nähert, selbst wenn einem das Kind unbekannt ist; im allgemeinen lernen Kindern die Zärtlichkeiten und das Tätscheln bewundernder Fremder zu tolerieren, wenn nicht sogar als angenehm zu empfinden. Im gewissen Sinne hängen solche Invasionen eng mit dem Recht von Kindern auf Zurückgezogenheit zusammen, das gleichfalls sehr eingeschränkt ist. Umgekehrt genießt das Kind größere Freiheit im Umgang mit Distanzen gegenüber anderen. Eine experimentelle Studie von Fry und Willis (1971) verdeutlicht diesen Punkt. In den persönlichen Raum von sechzig Frauen und sechzig Männern, die vor einem Kino warteten, drangen fünf-, acht- und zehnjährige Kinder ein, die die Anweisung hatten, sich Eingang in die Schlange zu verschaffen und sich so nahe wie möglich an die Versuchspersonen heranzustellen, ohne sie wirklich zu berühren. Das Geschlecht von Versuchspersonen und Eindringlingen wurde variiert. Die Reaktionen zeigten deutlich, daß sich die Invasionstoleranz nach dem Alter der Invasoren richtete. So lächelten die Versuchspersonen viel häufiger Mitglieder der beiden jüngeren Gruppen an. Sie wandten sich am häufigsten den Fünfjährigen zu, um mit ihnen zu sprechen. In größerem Maße als irgendeine andere Gruppe riefen die Achtjährigen überhaupt keine Reaktion hervor. Bei den Zehnjährigen zeigten die Versuchspersonen jedoch die Tendenz, wegzurükken.

Die Studie zeigt, welche Beschaffenheit die Normen des persönlichen Raumes unter der Perspektive der Entwicklung gewinnen. Ob es nun die Größe und/ oder die Bekleidung der Kinder war – wie die Autoren vermuten: die Hinweisreize, die die Kinder aussandten, riefen jedenfalls andere Reaktionen hervor, als die von Erwachsenen stammenden Hinweisreize.

Neben den Altersunterschieden sind Rasse, Status oder „Kaste" fraglos von Bedeutung für das Distanzverhalten. Dies läßt sich beobachten, wenn man die Annäherungsdistanz anstelle der Invasion des persönlichen Raumes zum Maßstab der Verletzung macht. In einer Kastenstudie, die sich mit der Positions- und Distanzwahl in Nordindien beschäftigt, erfaßt Grant (1971) das räumliche Verhalten von Mitglieder einer „hohen" (Brahmanen) und „niedrigen" (Harijanen) Kaste in verschiedenen Städten. Das Verhalten, das sich in ihren Versuchsbedingungen zeigte, entsprach weitgehend den Erwartungen. In einem Raum, der teilweise als Wartezimmer hergerichtet war, spiegelte zum Beispiel der Sitzplatz, den eine Versuchsperson auf einer Bank mit einer anderen Person (die dort als Mitwirkende saß) wählte, großenteils die eigene und die dem Mitwirkenden zugeschriebene Kaste wider. Auch die Sitzebene wurde zur Distanzschaffung verwendet. Eine Versuchsperson aus niedriger Kaste (Harijane) wählte oft einen Sitzplatz auf dem Boden, um ihre Distanz zu dem Brahmanen auf der Bank zu vergrößern. Unberührbare, obwohl sie in Indien gesetzlich als Kaste abgeschafft sind, stellen ein extremes Beispiel für die das Verhalten steuernden tatsächlichen und symbolischen räumlichen Normen dar. In all diesen Beispielen wird die materielle Distanz dazu verwendet, die soziale Distanz zu regulieren. Wir könnten zu der spekulativen Annahme kommen, daß die materielle Form der indischen Häuser und Städte die sozialen Werte und Einstellungen der Menschen zu den Kasten reflektieren. Dies wäre vielleicht die eigentliche Bedeutung solcher Studien für die Umweltpsychologie. Man kann sich über ähnliche Erfahrungen rassischer und ethnischer Natur in unserer eigenen Kultur Gedanken machen. Es wird weithin vermutet, daß zum Beispiel Weiße es vorziehen, eine größere Distanz zwischen sich und Schwarzen einzuhalten als gegenüber Angehörigen der eigenen Rasse. Es gibt einige empirische Anhaltspunkte, die diese Ansicht bestätigen. Sie beschäftigen sich mit dem Einfluß der Rasse auf Sprechdistanzen (Willis 1966) und andere Distanzverhaltensweisen (Kleck 1969). Leibmans Experimentalstudie (1970) in einem Büroumfeld konnte jedoch die in der Hypothese angenommenen Unterschiede in der Positionswahl weißer weiblicher Versuchspersonen gegenüber schwarzen und weißen Mitwirkenden nicht bestätigen. Leibman nimmt an, daß es im sicheren natürlichen Umfeld eines Büros, wo jedermann als Kollege angesehen wird, unangemessen und überflüssig erscheinen würde, rassisch beeinflußtes Verhalten zu manifestieren.

Aiello und Jones (1971) führten eine Untersuchung mit einer gemischten Population von Schulkindern der ersten und zweiten Klasse durch, die sie auf Schulspielplätzen in New York City beobachteten. Dabei kamen sie zu dem Schluß, daß rassisch bedingte Verhaltensunterschiede möglicherweise darauf beruhen, daß Weiße gegenüber allen Menschen bestimmte Distanzen vorziehen. Als die Forscher die Distanzen zwischen interagierenden Paaren aufzeichneten, ermittelten sie, daß weiße Kinder einander im freien Spiel ferner bleiben, als es schwarze oder puertorikanische Kinder taten. Diese Distanznahme prägte sich deutlicher bei Jungen als bei Mädchen aus, während die geschlechtsspezifischen Unterschiede bei Schwarzen und Puertorikanern minimal bleiben.

Eine jüngere Variation dieser Studie (Jones und Aiello 1973) dehnte die Vergleiche auf Erst-, Zweit- und Fünftkläßler aus. Zwei Schulen wurden ausgewählt, von denen die eine vorwiegend von Schwarzen und die andere von Schülern aus der weißen Mittelklasse besucht wurde. Der Lehrer brachte Mitglieder einer jeden Klasse paarweise mit Personen des gleichen Geschlechtes zusammen, mit denen die ausgesuchten Kinder auch normalerweise gesprochen und gespielt hätten. Die Versuchsleiter führten dann zwei Paare gleichzeitig in einen Raum, wo sie angewiesen wurden, über die Fernsehwerbung zu sprechen. Während sie sprachen, hielt der Beobachter ihre Körperhaltungen fest, zu denen auch die Orientierung ihrer Körper gerechnet wurde – der Grad, in dem die Schultern des Paares einander zugewandt waren. Die Vergleiche ergaben keine signifikanten Distanzunterschiede bei schwarzen und weißen Paaren. (Ein signifikanter Unterschied in der ersten Klasse, demzufolge Schwarze einander näher waren als Weiße, verschwand im Laufe der Zeit. Die Ergebnisse der ersten Klasse sind also mit der früheren Untersuchung des Autors konsistent.) Hinsichtlich der Körperhaltung ergaben sich geschlechts- und gruppenspezifische Unterschiede, denen zufolge schwarze Kinder und Jungen in der Regel weniger dazu tendieren, sich einander zuzuwenden. Diese Untersuchung legt die Vermutung nahe, daß sich der graduelle Erwerb der räumlichen Normen der beiden Bezugsgruppen in der Berührung mit Mittelklassewerten und mit den unmittelbareren Sozialisationserfahrungen innerhalb einer besonderen Gruppe (der Schwarzen oder Puertorikaner) vollzieht. Ohne Zweifel mißt die soziale Herkunft dem Distanzverhalten unterschiedlichen Wert bei, doch die Kinder brauchen ein gewisses Maß an schulischen und anderen Erfahrungen, um die dominierenden Muster der größeren Kulturgruppe zu erwerben.

Unsere Ausführungen zum Problem der Normen und des räumlichen Verhaltens lassen sich wie folgt zusammenfassen: Unter bestimmten Umständen hat der Mensch ein gewisses Bedürfnis nach bloßer körperlicher Absonderung von anderen. Unterschiede in der Absonderung und im Distanzverhalten, das Menschen unterschiedlicher kultureller Herkunft an den Tag legen, legt die Vermutung nahe, daß diesem Verhalten für bestimmte Gruppen innerhalb der Kultur normativer Wert zukommt und daß es sowohl einem sozial-symbolischen wie auch einem funktionalen Zweck dient. Auf die Raumnormen wirken auch Unterschiede des Alters, des Geschlechtes, des sozialen Status und der ethnischen Herkunft ein.

Ein großer Teil der vorstehenden Ausführungen ist den normativen Aspekten der Mensch/Umwelt-Interaktion gewidmet. Es wäre falsch, wenn dieser Akzent als ein Argument im Sinne des Behaviorismus oder irgendeiner anderen Form des Umweltdeterminismus verstanden würde. In welchem Kontext Menschen auch immer agieren, sie dürfen nicht als von ihren Normen eindeutig programmierte Automaten verstanden werden, die hilflos in ihre „Raumblasen" eingeschlossen sind oder von ihren Persönlichkeitseigenschaften bei der Ausübung ihrer Rollen kontrolliert werden. Sie werden auch nicht von ihrer Umwelt manipuliert. Dennoch ist die Tatsache, daß das materielle Umfeld an der sozialen Interaktion beteiligt ist, daß es Art und Weise mitbestimmt, in der sich die Menschen nicht nur ihrer Umwelt sondern auch einander gegenüber verhalten, ein häufig übersehener Faktor.

Nehmen wir ein geläufiges Beispiel. Fast jeder, der schon einmal in einem Ausschuß gesessen hat, wird nicht in Frage stellen, daß dem materiellen Umfeld der Gruppe eine außerordentliche Bedeutung zukommt. Die Bequemlichkeit des Raumes wird teilweise der in ihm herrschenden Temperatur, der Härte der Sitzgelegenheiten, der Beschaffenheit der Lichtquelle zuzuschreiben sein. Diese Bedingungen werden sicherlich darüber mitentscheiden, ob die Teilnehmer den Raum müde und mürrisch oder entspannt und aufgeräumt verlassen. Es liegt auf der Hand, daß sich der Inhalt des Treffens auf das Ausmaß der Zufriedenheit auswirkt. Leicht wird dagegen der Beitrag der Umwelt vernachlässigt. Die Forschung macht es wahrscheinlich, daß die materielle Anordnung des Umfeldes auf den aktuellen Gruppenprozeß einwirken kann. Es liegt auf der Hand, daß die Bereitschaft zum Kompromiß, die Fähigkeit, andere Standpunkte in Betracht zu ziehen, in gewissem Maße von dem Gefühl abhängt, daß man die gleiche Chance hat und daß man diejenigen, deren Ansichten man zu teilen bemüht ist, sehen kann.

Vielleicht tritt diese Reziprozität nirgends deutlicher als bei Gruppenfunktionen zutage. Ein Hinweis läßt sich der Sprechfolge der Teilnehmer entnehmen, die so häufig allein von ihrer Sitzordnung abhängt. Einer der frühesten Beweise für die Tatsache, daß Sitzordnungen die Interaktion wirklich beeinflussen, lieferte Steinzor (1950), der in seinen Experimenten mit zehnköpfigen Kreisgruppen arbeitete. Er fand heraus, daß nach dem Ende des Beitrags irgendeiner der Personen eher jemand sprach, der dieser Person gegenüber saß, als jemand, der neben ihr saß. Nach Steinzor ist die Erklärung dafür darin zu sehen, daß die „Gegenüber" körperlich und expressiv gegenwärtiger als die „Nebenleute" sind. Ob aus diesem oder einem anderen Grund, die Sitzordnungen fördern jedenfalls bestimmte Interaktionsmuster. Ein entscheidendes Wort ist natürlich

„fördern" – da Sitzordnungen an und für sich Kommunikation weder verursachen noch schaffen können.

Eine spätere Studie von Hearn (1957) ging das Problem unter dem Gesichtspunkt der Anwesenheit oder Abwesenheit eines Gruppenführers an. Bei der Verwendung eines sechsköpfigen U-förmigen Musters ermittelte Hearn, daß sich in Gruppen mit mimimaler Führerschaft der „Steinzor-Effekt" insofern auszuwirken schien, als die Gesprächsbeiträge bevorzugt an die Adresse der Gegenüber gingen. Bei strenger Leitung durch einen Führer zeigten die Gesprächsbeiträge jedoch die Tendenz, sich an die seitlichen Nachbarn zu richten. Hearn vermutet, daß andere als räumliche Faktoren die Richtung der Gesprächsbeiträge beeinflußten, wenn die Gruppenmitglieder und der Führer sich gemeinsam an der Diskussion beteiligten.

Einen anderen Einfluß auf informelle Gruppen übt die Form des Tisches aus. Vielen Menschen bedeutet ein runder Tisch das Geben und Nehmen unter Gleichgestellten. Obgleich die Teilnehmer unter Umständen nicht über gleiche Qualifikationen verfügen, läßt sich dies aufgrund der Tischform schwer bestimmen. Rechteckige Tische dagegen weisen den Menschen eher ihren Platz zu; das „Kopfende des Tisches" ist nicht nur dem Namen nach der Kopf, da es Macht symbolisiert. Zur Zeit des Feudalismus saßen die Gemeinen „unterhalb des Salzes" in respektvoller Entfernung von den Vornehmen, die das „Kopf"-Ende des Tisches beanspruchten. In vielen Familien ist dieser Platz heute noch dem Vater vorbehalten und wird als Autoritätsausweis angesehen. Außerdem hat man festgestellt, daß der Platz am Kopfende im allgemeinen von Personen eingenommen wird, die bereit sind, die Macht zu übernehmen. Unter anderem läßt sich von dort aus die Gruppe visuell dominieren. So bezogen Strodtbeck und seine Mitarbeiter (1958, 1961) in ihren Untersuchungen von Scheingerichtsverhandlungen Sozialstatus, Position am Tisch, Führerschaft und die Ergebnisse der Verhandlungen aufeinander. Sie verwendeten reguläre Urteilssammlungen, schufen zum Schein Geschworenengerichte und spielten wirkliche Gerichtsverhandlungen nach. Nach der Beratung fällten die Geschworenen die Urteile. Sorgfältige Aufzeichnungen wurden über die Einzelheiten des Prozesses und über die Teilnehmer angefertigt. Die Ergebnisse erbrachten, daß die Person, die zum Vorsitzenden gewählt wurde, im allgemeinen ein Mann von höherem beruflichen Status als die anderen war. Es stellte sich heraus, daß der Vorsitzende einen großen Einfluß auf die Form der endgültigen Entscheidungen hatte. Unter umweltanalytischem Gesichtspunkt war die Tatsache am wichtigsten, daß die Geschworenen im allgemeinen die Person zum Vorsitzenden wählten, die bereits am Kopfende saß. Es schien bei Menschen höheren Status die Tendenz vorzuliegen, einen der Stühle am Kopfende zu wählen. Diese am Kopfende placierten Teilnehmer zeigten in der Diskussion mehr Aktivität. Ihre Beiträge hatten die Tendenz, von den anderen Geschworenen höher bewertet zu werden.

Studien dieses Typus sind nur dann wirklich bedeutungsvoll, wenn die unabhängige Variable (Anordnung von Stühlen und Tischen) zu Vergleichszwecken verändert wird. In diesem Falle geschah das nicht. Wir würden nämlich gerne wissen, ob ein nicht rechteckiger Tisch grundsätzlich andere Resultate erbracht hätte. Etwas ähnliches wurde von Harold J. Leavitt (1951) berücksichtigt, der die räumliche Verteilung der Mitglieder innerhalb der Gruppe und die Kommunikationsmuster in ihrer Beziehung zur Leistung und persönlichen Befriedigung bei der Aufgabe untersuchte. Wo die Verteilung dem Umfeld kontingent ist (wie es häufig der Fall ist), bestimmt das Umfeld mit, wie gut die Gruppe funktioniert. Leavitt ordnete fünfköpfige Gruppen nach den folgenden Mustern an:

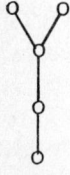 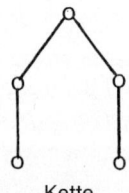  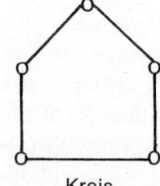

"Y"   Kette   Rad   Kreis

Die Aufgabe einer jeden Gruppe bestand darin, ein gemeinsames Problem zu lösen. Dies war nur durch einen Informationsaustausch innerhalb der Gruppe möglich, da kein einzelnes Mitglied über genügend Information verfügte, das Problem allein zu lösen. Die Struktur des Musters war deshalb wichtig für die relative Leichtigkeit, mit der die Information ausgetauscht werden konnte.

Der Leser wird bemerken, daß ein entscheidender Zug von zweien der Muster (des „Y" und des Rades) eine zentrale oder Achsen-Position ist, durch die die Botschaften hindurchgelangen müssen, um alle fünf Mitglieder der Gruppe zu erreichen. Bei der Kette und dem Kreis gibt es eine solche Zentralposition nicht. Zwei Faktoren wurden gemessen: (1) die Zeit, die die vier Gruppen im Vergleich brauchten, um ihre Aufgaben zu erfüllen; (2) die subjektive Befriedigung, die die einzelnen Mitglieder bei ihrer Arbeit empfanden und die im Hinblick auf das Muster betrachtet wurden, dem sie angehörten.

Leavitts Ergebnisse offenbaren eine sich verstärkende Effizienzabnahme (gemessen an der Zahl der Botschaften, die zur Lösung des Problems erforderlich waren) vom Rad über das „Y" und die Kette zum Kreis. Der Kreis erwies sich als die uneffizienteste, das Rad als die effizienteste Anordnung. Die letzte wurde jedoch zugleich als diejenige Anordnung angesehen, die ihren Mitgliedern die geringste Befriedigung verschaffte. Kreismitglieder empfanden ihre Rolle als hochbefriedigend, obgleich ihnen ein "Führer" fehlte.

Welche gesellschaftsrelevanten Schlüsse lassen sich aus diesem Experiment gewinnen? Umfelder, die durch ihre materielle Struktur die Wahrscheinlichkeit außerordentlich peripherer Aktivitäten in einer Gruppe schaffen, werden die Zufriedenheit ihrer Mitglieder verringern. Periphere Teilnehmer werden von dem Führer abhängig, der den Prozeß nahezu allein kontrolliert. Hierzu Leavitt: „In unserer Kultur, in der sich das Bedürfnis nach Autonomie, Anerkennung und Leistung stark ausprägt, werden Positionen, die die Handlungsunabhängigkeit einschränken (periphere Positionen), wahrscheinlich unbefriedigend sein" (S. 48).

Dabei erinnern wir uns an ein Beispiel für die Bedeutung der Tischform aus der jüngeren Geschichte: Die acht Monate währenden Beratungen, die 1969 den Pariser Friedensgesprächen über Vietnam vorangingen, beschäftigten sich im wesentlichen mit der Frage, welche Form der für die Verhandlungen bestimmte Tisch haben solle. Es ist unwahrscheinlich, daß die Form, auf die man sich schließlich einigte, diejenigen Dinge in irgendeiner nachweisbaren Form beeinflußte, die sich am Ende in den Sitzungen ergaben, obgleich ein runder Tisch mit Tischen anderer Formen ohne Zweifel in vielerlei Hinsicht kontrastiert – in der Kommunikationsförderlichkeit, dem Augenkontakt, der Möglichkeit, Unterlagen auszutauschen, der Gelegenheit zu informellen Gesprächen und der symbolischen Bedeutung. Es muß ausdrücklich wiederholt werden, daß in diesem Fall und in den anderen zitierten experimentellen Forschungen das materielle Umfeld nicht die Verhaltensdeterminante ist. Die Frage des Determinismus wird ausführlicher im Kapitel über die bauliche Umwelt erörtert werden. Sie macht sich aber als eine Art Warnzeichen an dieser Stelle bemerkbar, wo es um die Bewertung des Beitrags geht, den irgendein materielles Umfeld zu einem komplizierten sozialen Interaktionsprozeß beisteuert.

Es läßt sich die Frage stellen, in welchem Maße die abstrakten von Leavitt untersuchten Anordnungen für die Erfahrungen repräsentativ sind, die Arbeiter in der wirklichen Welt machen. Die Möglichkeit, daß materielle Anordnungen tatsächlich eine Rolle spielen können, zeigt sich in den jüngsten Bemühungen der schwedischen Saab-Autowerke, das traditionelle lineare Fließband durch Gruppenpartizipation zu ersetzen, wobei man von der Überlegung ausgig, daß die Arbeiter nicht nur von dem Gefühl, an ihrem Produkt schöpferisch beteiligt zu sein, entfremdet worden seien, sondern auch den notwendigen sozialen Kontakt mit ihren Kollegen vermißten. In gewissem Maße wird die Abwesenheitsrate, von der die Automobilindustrie in den Vereinigten Staaten betroffen war, auf eine Revolte gegen die psychologische Isolation des Fließbandes zurückgeführt. Dieses Gefüge stellt in der Tat eine präexistente Befehlskette dar, in der vom Individuum nicht erwartet wird, daß es an dem Prozeß der Entscheidungsfindung teilnimmt.

In einem ganz anderen Umfeld hat sich herausgestellt, daß die Lage der Wohnung in Wohnprojekten die Bildung von Freundschaften unter Nachbarn stark beeinflußt. In der klassischen Studie, die Festinger und seine Mitarbeiter (1950) in einer Wohnsiedlung für verheiratete Studenten nach dem zweiten Weltkrieg durchführten, zeigte sich, daß die größte Zahl der Freundschaften zwischen unmittelbaren Nachbarn geschlossen worden waren. Unter den Merkmalen des Gebäudes, die Vorkommen oder Fehlen sozialer Interaktionen zu beeinflussen schienen, erwies sich die Möglichkeit, Kontakt aufzunehmen, als das Entscheidende. Insbesondere schienen die Distanzen wichtig zu sein. Festinger betrachtete die ökologische Grundlage der Freundschaften unter dem Gesichtspunkt zweier Distanzformen, der *physikalischen* – das heißt der gemessenen Distanz in der Luftlinie – und der *funktionalen* – der Distanz, die man zurücklegen muß, um von der eigenen Tür zum Eingang, der Auffahrt oder dem Hof des Nachbarn zu gelangen. Obwohl beide Distanzen die Zahl möglicher Kontakte zwischen Menschen beeinflussen, wirken sie nicht immer zusammen. Physikalische Proximität wird nicht zum Kontakt führen, wenn gemeinsame Wege fehlen. Wenn zwei Familien in großer physikalischer Proximität mit der Rückseite ihrer Häuser zueinander gelegen sind, ohne daß sie einander naheliegende Türen oder einen gemeinsamen Hinterhof besitzen, findet unter Umständen wenig oder keine Interaktion zwischen ihnen statt. Festingers Untersuchung befaßte sich jedoch mit Bewohnern, deren Interessen und Herkunft ziemlich homogen waren, wodurch die Möglichkeit gefördert wurde, daß Kontakte zu Freundschaften führen würden. Die Studenten, die fern von ihrem ständigen Wohnsitz in diesem akademischen Umfeld zusammengewürfelt lebten, waren mit großer Wahrscheinlichkeit aufeinander angewiesen, wenn sie Freundschaften schließen wollten. Proximität ist sicherlich kein sicherer Weg zu Freundschaften, wie jedes Appartementhaus beweist. Selbst wenn es nur ein gemeinsames Foyer, einen einzigen Fahrstuhl oder ein einziges Treppenhaus gibt, kann die Anonymität des Stadtbewohners auf Jahre hin gewahrt bleiben.

Unter dem Gesichtspunkt sozialer Interaktion bei Menschen ist die funktionale Mittelpunktslage eines Ortes nur der erste Schritt in Richtung auf Interaktionen mit unmittelbarem Kontakt. Sie ist noch nicht die Interaktion selbst. Zumindest drei Faktoren beeinflussen die Möglichkeit, daß es zu nennenswerten Kontakten kommt (Proshansky 1971). Eine ist schlicht in der Zeitdauer zu erblicken, die Menschen in einem gegebenen Bereich verbringen. Wenn der Zeitraum kurz ist, wie beim Weg durch ein Foyer oder durch einen Korridor, muß es nicht unbedingt zur Interaktion kommen. Ein anderer Faktor ist die Frequenz, in der der Bewohner den Bereich benutzt. Wenn wir davon ausgehen, daß eine hohe Verwendungsfrequenz vorliegt und daß in diesem Bereich eine entsprechende Zeit verbracht wird, spielt der dritte Faktor eine entscheidende Rolle. Ist die Größe des Raumes der beabsichtigten Verwendung angemessen? Fördert oder hindert die Sitzordnung den unmittelbaren Kontakt? In diesem Zusammenhang kann es nützlich sein, Humphry Osmonds (1957) Unterscheidung zwischen *soziopetalen* und *soziofugalen* Räumen zu betrachten. Soziofugale Räume unterbinden Interaktion, indem sie die Menschen voneinander absondern. Soziopetale Räume unterstützen dagegen die Interaktion. Auf einer Station einer psychiatrischen Anstalt, in der die Autoren eine Untersuchung durchführten, wurde ein Solarium, das eigentlich hätte attraktiv sein müssen, großenteils deshalb kaum benutzt, weil die aus einer langen harten Bank bestehende Sitzmöglichkeit soziofugal war und wie ein Warteraum wirkte. Andererseits können soziopetale öffentliche Räume nicht dafür garantieren, daß Freundschaften geschlossen werden. Sie können jedoch ein Bereich von Begegnungen werden, die zu Freundschaften führen.

Wo dies nicht der Fall ist, kann die Proximität zwischen verschiedenen Personen sehr wenig bedeuten und sogar soziale Interaktion einschränken. Beispielsweise wird allgemein angenommen, daß die Häufigkeit der Kontakte von der Anzahl der Personen abhängt, die man in die einzelnen Zimmer einweist. Doch in einer Studie über die Schlafzimmergröße und ihre Verwendung in psychiatrischen Anstalten (Ittelson u. a. 1970 a, b) stellte sich genau das Gegenteil heraus. In Zimmern, die ein bis sechs Betten enthielten, traf man gewöhnlich nicht mehr als einen Patienten an. Nur in den größeren Zimmern (sechs Betten) zeigten die Patienten die Tendenz, sich in ihnen zu zweit oder mehr aufzuhalten. Unabhängig von der Größe wurden die Schlafzimmer im übrigen eher als Einzelzimmer angesehen und für isolierte Verhaltensformen verwendet. In den kleineren Räumen, besonders in den Einzelzimmern, waren die lebhaftesten und weitest verzweigten Aktivitäten anzutreffen. Ohne Frage fühlten sich die Bewohner größerer Zimmer in ihrer Handlungsfreiheit durch die Anwesenheit oder potentielle Anwesenheit anderer eingeschränkt.

Ähnliche Studien haben sich mit Proximitätsbeziehungen in Wohngebäuden, Büros und Schulen beschäftigt, in denen der Sozialstatus als Variable auftritt. Diese Frage ist beispielsweise in Deutsch und Collins (1951) Studie über die Effekte gemischtrassigen Wohnens von hervorragender Bedeutung, wo sich günstige Einstellungen als Ergebnis gemischtrassiger Kontakte gemeinhin unter der Bedingung eines gleichen Sozialstatus zeigte. Doch mußten bestimmte Vorbedingungen erfüllt sein, wie zum Beispiel die, daß die Minorität nicht den vorherrschenden rassischen Stereotypen entsprach. Die Majoritätsgruppe ihrerseits mußte in ihren Werten und in den Erfahrungen, denen sie sich öffnete, von Vorurteilen unabhängig sein. Bloßer Kontakt reicht natürlich nicht aus, um einen unmittelbaren Wandel der Anschauung herbeizuführen, doch scheint dem Kontakt eine wichtige, wenn nicht wesentliche Rolle als Mechanismus der Einstellungsveränderung bei ansonsten gleichen Bedingungen zu-

zukommen. Gans (1961) hat darauf in einer Gemeindestudie hingewiesen: in dieser Studie erwiesen sich Lebensstil und Status als wirksamere Faktoren für Nachbarschaftsbeziehungen als Lageplan und Nähe. In einer Untersuchung über die Komplexität der Freundschaftswahl fanden Athanasiou und Yoshioka (1973) heraus, daß die Nähe bei der Anknüpfung und Beibehaltung von Freundschaften zwischen Frauen mitwirken kann, die kaum anderes als ein bestimmtes Stadium im Lebenszyklus gemeinsam haben. Wenn Freundschaften über Distanzen hinweg beibehalten werden sollen, scheint die Zugehörigkeit zur selben sozialen Schicht entscheidend zu sein. Umfelder in diesem Sinne sind Begegnungszonen. Es sind Männer und Frauen und nicht „Bewohner" und „Nachbarn", die Freundschaften anknüpfen.

Einige Probleme der sozialen Umwelt

In diesem Abschnitt werden wir uns im einzelnen mit vier Begriffen beschäftigen: *Territorialität, Massierung, Privatsphäre* und *Wahlfreiheit.* Obwohl mit ihnen die Zahl möglicherweise brauchbarer Konstrukte nicht erschöpft ist, konzentrieren wir uns auf sie, weil sie sich für zahlreiche Fragen in der Umweltpsychologie als besonders relevant erweisen. Teilweise spiegelt sich in ihnen das Erbe aus der Tierforschung, das zu unserem ökologischen Wissen beigetragen hat, insbesondere bei der Untersuchung der Massierung und Territorialität. Und bei ihnen allen, aber vor allem bei der Privatsphäre gilt, daß sie sich auf viele Aspekte der Umweltplanung unmittelbar anwenden lassen. Diese Themen sind zugleich Bereiche, in denen die verfügbaren Forschungsergebnisse dem philosophischen Interesse entgegenkommen. Wenn in unserem Wissen Lücken existieren, macht allein schon diese Tatsache deren Erforschung zu einer entscheidenden Aufgabe.

Territorialität

Ein Weg, auf dem der Mensch den Sinn dafür erwirbt, sein Leben zu kontrollieren, liegt in der Fähigkeit, bedeutsame Verhaltensweisen in begrenzten Raumbereichen zu kontrollieren. In den letzten Jahren ist der Terminus *Territorialität* sehr in Mode gekommen. Er nimmt nachdrücklich auf die Arbeit von Biologen, Ornithologen, Tierpsychologen und Ethologen Bezug und setzt implizit voraus, daß auch der Mensch auf sein Territorium Anspruch erhebt – auf das Grundstück, das er gegen Eindringlinge verteidigen wird. Weil er es besetzt hält, hat er das Recht zu bestimmen, wer seinen materiellen Herrschaftsbereich betreten darf oder nicht darf.

Die Geschichte des Konstrukts Territorialität reicht bis in das 17. Jahrhundert zurück, in dem John Ray in seiner Untersuchung der Nachtigall (1678) ihren „freien Grundbesitz" beschrieb. Eine systematischere Beobachtung des territorialen Verhaltens nahm mit dem englischen Ornithologen H. E. Howard ihren Anfang, dessen „Territory in Bird Life" – 1920 publiziert – die komplizierten Weisen darlegte, in denen bestimmte Vogelarten einen gegebenen Bereich „abstecken" und ihn zugrunde legen, wenn sie die Nahrungsbeschaffung planen, sich fortpflanzen und eine soziale Hierarchie innerhalb des Schwarms einrichten. Howards Beobachtungen führten zu Forschungsarbeiten mit anderen Tierarten in ihrem natürlichen Habitat und in Gefangenschaft.

Es ist nicht notwendig, hier einen Überblick über die immer umfangreicher werdende Literatur zur Territorialität bei niederen Organismen zu geben. Der interessierte Leser sei auf die Bücher von Hediger (1964, 1968), Lorenz (1966), Ardrey (1966) und die Aufsätze von Leyhausen (1965) verwiesen. All diese Beiträge mehren die systematischen und die informellen Beweise dafür, daß gewisse nicht-menschliche Arten ein Territorium abstecken, das sie gegen Mitglieder ihrer eigenen Art verteidigen, wodurch sie das für die Erhaltung der Art erforderliche ökologische Gleichgewicht herstellen. Hediger (1964) gibt eine besonders ausführliche Beschreibung tierischer Territorien und zeigt dabei auch, daß sie als externe Hinweise auf ein festgelegtes Zeit-Raum-System zu betrachten sind. Dieses bestimmt, daß in regelmäßigen Zeitabständen spezifische Sektoren eines bestimmten Bereichs für verschiedene Zwecke verwendet werden. Die Ethologen kennzeichnen diesen Aspekt der Territorialität als das Ergebnis einer zugrundeliegenden „Achtung" für das erworbene Gebiet. Es zeigt sich in solch spezifischen Funktionen wie der Nahrungsaufnahme und der Exkretion, die gewöhnlich im Raum (und in der Zeit) getrennt vorkommen. Sie sorgt auch für die räumliche Verteilung der Art, wodurch dem Raubbau der Nahrungsmittel vorgebeugt wird. Die „Weisheit" dieses Geschehens liegt klar zutage. Es stellt sich bei der Erörterung des Territorialitätsbegriffs nur die Frage, wie der Mensch in dieses Bild paßt.

Der Mensch legt ohne Zweifel territoriales Verhalten an den Tag. Die Menschen definieren nicht anders als die niederen Organismen bestimmte Grenzen in ihrer materiellen Umwelt und beanspruchen das Recht zu bestimmen, wer diese Grenzen überschreiten darf und wer nicht. Ob die Rede ist von der Wohnung eines Menschen, seinem Büro, dem Hoheitsgebiet einer Straßengang oder den Spielecken von Kindergartenkindern, all diesen Orten wohnt offensichtlich eine territoriale Komponente inne. Andererseits stößt die Analogie mit dem Verhalten nicht-menschlicher Arten rasch an ihre Grenze. Es beginnt damit, daß – wie Roos (1968) betont – das territoriale Verhalten bei Tieren instinktiv ist. Beim Menschen ist es fakultativ. Vieles von dem, was menschliches Territorium genannt wird, beruht auf dem Begriff des Privateigentums. Die Annahme, daß dieses Verhalten beim Menschen den gleichen Funktionen diene wie bei niederen Organismen oder daß es in angeborenen determinierten Mechanismen verankert sei, nimmt schlicht die Eigenschaften nicht zur Kenntnis, die den Menschen von anderen Organismen unterscheiden. Welche der komplexen sozialen Verhaltensweisen man auch betrachtet, sie sind, unabhängig von ihren im wesentlichen biologischen Ursprüngen, in jedem Fall so unauflöslich mit der Sozialisation des Menschen und seinen weiteren kulturellen Erfahrungen verknüpft, daß die biologische oder tierische Analogie fallengelassen werden muß. Nach unserer Ansicht beweist das Konstrukt seine Nützlichkeit nicht so sehr als empirisch gezeigtes Verhalten, sondern als deskriptiver Terminus.

Eben haben wir den Begriff des Menschen zugleich als den eines lebenden Organismus und eines materiellen Objektes eingeführt. Um als Person überleben und von materieller Unbequemlichkeit frei sein zu können, benötigt er ein Minimum an Raum. Unter Bedingungen, die dieses Minimum aufzuheben oder zu reduzieren drohen, wird etwas ausgedrückt, das mit seinen territorialen Bedürfnissen in Beziehung steht. Angesichts ernsthafter räumlicher Restriktionen wird die Tendenz, andere fortzustoßen, unter Umständen ein grundlegendes territoriales Verfahren sein, um das Unbehagen zu reduzieren.

Das Individuum in der Fülle seiner Funktionen benötigt jedoch noch eine andere Form minimalen Raumes, um zu überleben. Es muß in der Lage sein, sich frei innerhalb und zwischen materiellen Umfeldern zu bewegen, um nicht nur seinen Hunger, Durst, seine Sexualität und ähnliche biologische Triebe zu befriedigen, sondern auch sein Bedürfnis nach Geselligkeit, nach Leistung, nach Erfolg und andere komplexe soziale Motive. Unter bestimmten Umständen wird das Individuum möglicherweise einen Raum abgrenzen müssen, der groß genug ist, um ihm die Befriedigung dieser Triebe und Motive zu gestatten, zu denen auch diejenigen sozio-räumlicher Natur gehören. Dies kann unter Umständen Beispiele territorialen Verhaltens in zwei sehr verschiedenen Umfeldern erklären. Bei der Untersuchung psychiatrischer Patienten einer Krankenhausstation ermittelten Esser und seine Mitarbeiter (1965) viele spezifische Beispiele von Territorialität. Einige Patienten beanspruchten bestimmte Bereiche der Station. Bei der zweiten Untersuchung, über die Altman und Haythorn (1967) berichten, wurden neun Paare von Marineangehörigen, die einander ursprünglich fremd waren, während eines Zeitraumes von zehn Tagen untersucht, wobei sie in kleinen Zimmern ohne Kontakt mit der Außenwelt lebten. Es wurde eine Kontrollgruppe zum Vergleich herangezogen, die ebenfalls aus Paaren bestand, die jedoch in normalen Gemeinschaftsunterkünften wohnten und lediglich in isolierten Bereichen arbeiteten. Gegen Ende der zehn Tage zeigten die Männer eine allmähliche Zunahme in ihrem territorialen Verhalten und eine Tendenz zur sozialen Absonderung. Am Anfang zeigte sich die Territorialität bei allen isolierten Versuchspersonen in Form ausschließlicher Verwendung bestimmter Betten; später erstreckte sie sich auf eine bestimmte Seite des Tisches und schließlich auf den beweglichen und weniger persönlichen Stuhl. Unter den Versuchspersonen der Kontrollgruppe war die Territorialität von Stuhl und Tisch anfangs sehr ausgeprägt und nahm dann ab. Die Bettenterritorialität begann mit einem niedrigen Wert und stieg dann bis zum Niveau der isolierten Versuchspersonen an.

Territorialität dieser Art wurde strenger von jenen Paaren eingehalten, bei denen beide Marineangehörige entweder über stark oder wenig ausgeprägte Dominanzcharakteristika verfügten, als von jenen Paaren, die in dieser Hinsicht kompatibel waren, das heißt mit einer Person von hoher und einer Person von niedriger Dominanz. In der Untersuchung von Esser und seinen Mitarbeitern (1965) zeigte sich auch, daß Dominanztendenzen Territorialität beeinflussen, doch in diesem Fall spiegelte und erhielt die Territorialität eine relativ stabile Dominanzhierarchie. Die dominierendsten Patienten waren nicht immer diejenigen, die Territorien besaßen. Es lag nämlich die Annahme nahe, daß sich für diese Menschen die ganze Station als eine Art Territorium darstellte. Die mittleren Gruppen hatten die Tendenz, Territorien mit großer Ausdehnung zu besitzen, während die wenig dominierenden Personen über abgelegene Flekken als Territorien verfügten.

Es sollte darauf hingewiesen werden, daß die Individuen in beiden Umfeldern auf einen einzigen Bereich (Zimmer oder Station) eingeschränkt und sozial von anderen Umfeldern und Menschengruppen isoliert waren. In diesem Bereich waren die Bedürfnisbefriedigungen aller Art – ob es sich nun um soziale oder biologische handelte – notwendigerweise auf die Möglichkeit begrenzt, die innerhalb seiner Grenzen vorhanden waren. Dominierend zu sein oder einen hohen Rang in der Dominanzhierarchie zu besitzen, hieß, über die potentielle Kontrolle dieser Möglichkeiten zu verfügen, deren Verwirklichung von der Garantie abhing, daß bestimmte Räume und Gegenstände den betreffenden Personen immer zur Verfügung standen. Ob Territorialität nun durch Dominanz, gegenseitige Übereinkunft, Aggression oder offizielle Autorität erworben wird, sie legt in jedem Falle fest, welche Individuen Zugang zu welchen Bereichen eines materiellen Umfeldes haben und folglich in welchem Umfange ihre Bedürfnisse befriedigt werden. Die Möglichkeiten weisen wieder darauf hin, wie grundsätzlich sich das territoriale Verhalten von Menschen von der Territorialität der Tiere unterscheidet.

Das Verhalten des Menschen ist nicht auf Situationen beschränkt, in denen er es mit einer materiellen Isolation und Begrenzung zu tun hat. Das territoriale Verhalten ist grundlegend für die Definition und Organisation verschiedener

Rollenbeziehungen. In vielen Fällen legt eine soziale oder eine berufliche Rolle fest, wer einen bestimmten Raum verwenden und kontrollieren kann, und wer dies nicht darf. Ärzte und Schwestern, aber keine Patienten haben zum Stationszimmer eines Krankenhauses Zugang; das Büro des Geschäftsleiters ist in seiner Abwesenheit für all diejenigen tabu, die in der Hierarchie unter ihm stehen, mit Ausnahme seiner Sekretärin und seines Assistenten; das Lehrerzimmer ist ein privilegierter Bereich, der Schülern, Eltern und möglicherweise sogar dem Direktor nicht offensteht.

Oben haben wir die Vermutung geäußert, daß das Identitätsgefühl einer Person durch die Orte und Dinge, die ihr wichtig sind, genährt wird. Der Verlust hochbewerteter Objekte oder Orte, auch die unfreiwillige Trennung von vertrauten Umfeldern über längere Zeiträume kann in gewissem Maße zu einer Unschärfe, wenn nicht sogar zum Verlust der Identität führen. In diesem Zusammenhang wird die Territorialität zu einem Mittel, das Empfinden für das Selbst herzustellen und zu erhalten. Zum Teil mag sich daraus erklären, warum territoriales Verhalten sich unter der Bedingung der Isolation manifestiert. Die Paare von Marineangehörigen in der Untersuchung von Altman und Haythorn (1967) haben möglicherweise auf bestimmte Orte, Betten und Stühle nicht nur Anspruch erhoben, um lediglich die Befriedigung biologischer und sozialer Bedürfnisse zu garantieren, sondern vielleicht auch, um dadurch ihr Empfinden für die persönliche Identität aufrechtzuerhalten oder zu bewahren. Aus ihrer alltäglichen materiellen Umgebung gelöst und auf ein einziges Umfeld eingeschränkt, das die soziale Interaktion nachdrücklich beschnitt, hat die konsistente Verwendung bestimmter Räume diesen Männern möglicherweise dabei geholfen, ihre unterschiedlichen Identitäten auseinanderzuhalten. Da man ihnen die anderen Ausdrucksmittel verstümmelte, wurde das Territorium mehr noch als sonst zu einer Erweiterung des Selbst.

Wie vielfältig sich dieses Verhalten in den verschiedenen Persönlichkeitsdimensionen ausprägt, verdeutlichen die Studien von Altman und Haythorn (1967) mit Marineangehörigen in Isolation. Ein Vergleich beschäftigte sich mit interpersonaler Kompatibilität und der Raumverwendung. Die rasch hergestellte „hohe Territorialität und hohe Sozialaktivität" dieser Gruppen wird als Beweis dafür angeführt, daß sie während des Untersuchungszeitraums den Raum mittels der vorhersagbaren Konsequenzen ihres isolierten „Zusammenseins" behandelten. Gruppen mit niedrigem Geselligkeitsbedürfnis zeigten die Tendenz, sich mit fortschreitender Zeit selbst zu isolieren, und offenbarten ausgeprägtes territoriales Verhalten; „wenig dominierende" Typen wurden – im Gegensatz zu dem, was man hätte erwarten mögen – zunehmend territorial in ihrer Raumverwendung. Altman vermutet, daß der Isolationsstreß bei diesen Menschen ein Bedürfnis nach territorialer Strukturierung schafft. In dieser

Situation ist es eher der Schwache (wenig Dominierende) als der Starke, der die emotionale Sicherheit des „Ortes" sucht.

Territoriales Verhalten läßt sich in sehr vielfältigen Kontexten beobachten. Bei sehr kleinen Kindern wird ein bestimmter Tisch oder Stuhl, ebenso wie ihre Spielecke sehr bedeutsam. An ihnen entzünden sich viele Kämpfe in Tagesstätten und Kindergärten. Bei Streß ziehen sich Vorschüler im allgemeinen an ihre „eigenen" Orte zurück und suchen bei diesen materiellen Stätten in gleicher Weise Trost wie bei schützenden Erwachsenen. Möglicherweise erinnern sie das Kind im Gruppenumfeld an seine Individualität. Auch innerhalb der Wohnung werden Orte in gegenseitigem Einverständnis als der Mutter, dem Vater oder einem der Kinder gehörend anerkannt. In einer Untersuchung der Lebensräume in städtischen Ghettos zeichneten Scheflen und seine Mitarbeiter (1971) die täglichen Beschäftigungen von Familien in ihren Wohnungen mit Videorekorder auf. Jede Familie schien deutlich entwickelte charakteristische Verwendungsmuster der verschiedenen Zimmer zu besitzen, wozu auch gehörte, daß bestimmte Orte von bestimmten Familienmitgliedern benutzt wurden. Manchmal schien ein Prioritätssystem die Frage zu entscheiden, wer wo war. Wenn der Vater zu Hause war, fiel ihm das Recht zu, die Couch und den Fernsehapparat zu verwenden, und die Kinder zogen sich häufig an den Rand des Zimmers zurück. Territorien wurden durch die Körperhaltung, die man in ihnen einnahm, und durch verbale Mittel verteidigt.

Die Daten unterstreichen, was wir aus unseren eigenen Familienerfahrungen wissen. Die Zahl der Hausbewohner, ihr Alter, ihr Status und ihre persönlichen Gewohnheiten steuern die Verwendung und die Inanspruchnahme von Räumen so, daß Konflikte möglichst ausgeschlossen werden. Der Lebensstil ist ein wichtiges Element und zu ihm gehören die kombinierten Faktoren der ethnischen Herkunft, des wirtschaftlichen Niveaus, der religiösen Observanz und des Stadiums im Lebenszyklus. Das territoriale Verhalten einer Familie mit Kleinkindern mag ganz verschieden von dem der Nachbarfamilie sein, deren Kinder Teenager sind, und beider territoriales Verhalten mag sich wiederum von dem des Ehepaares im Ruhestand ein Stück weiter in der Straße unterscheiden. Auch psychlogische Merkmale der einzelnen Mitglieder können darüber entscheiden, welche Zimmer ihnen zu welchen Zeiten „gehören". Der aggressive Teenager mag den Fernsehraum ihrer jüngeren Schwester streitig machen, die sich in ihr eigenes Zimmer zurückzieht. Ein älterer Bruder, der von der Arbeit nach Hause kommt, mag nun seinerseits dieses Territorium als das „seine" in Anspruch nehmen. Die hierarchische Raumverwendung ist auf der Familienebene sehr klar abgegrenzt und richtet sich oft nach der Macht und dem Status innerhalb der Familie.

Ein Typus zeitweiliger Territorialität liegt vor, wenn Orte für kurze Zeiträume im Zusammenhang mit irgendeiner bestimmten Beschäftigung personalisiert werden. Roos (1968) hat dies „Jurisdiktion" genannt. Er hat sie im Verlaufe einer Untersuchung des Bordlebens beobachtet, wo Seeleute auf bestimmte Arbeitsbereiche wie Kesselräume oder Vorratskammern Anspruch erhoben. Es bedurfte der Erlaubnis, um in diesen Raum „einzudringen". Besen und Putzlappen wurden zu Autoritätssymbolen. In diesen Fällen verband sich die Jurisdiktion mit dem territorialen Verhalten, um dem unpersönlichen und eingeschränkten Dasein den Anschein der Ordnung zu verleihen.

Obgleich zeitweiligen Territorien im Vergleich zu anderen ihnen nahegelegenen Orten eine besondere Bedeutung zukommt, ist die Bindung des Individuums an sie nur begrenzt, und begrenzt ist auch nur ihr „Überlebens"-Wert oder ihre Hilfe. In Untersuchungen von Sommer und Becker (1969) wurden Mitwirkende eingesetzt, um Stühle und Tische dadurch zu beanspruchen, daß sie sie als persönliches Eigentum markierten. Es sollte herausgefunden werden, ob sie sich in dieser Weise verteidigen ließen. In manchen Fällen wurde der markierte Bereich durch einen zweiten Mitwirkenden usurpiert. Die Markierungsmittel, die Dichte des Umfeldes und die Effekte, die sich auf die Interaktion mit einem Nachbarn ergaben, bevor man eine Markierung zurückließ, wurden unter anderen Dingen variiert. Nach Sommer und Becker sind vier Faktoren auf die Verteidigung zu beziehen: Die Kontaktaufnahme mit einem Nachbarn bevor man den Bereich verläßt, das Vorhandenseins eines „Usurpators", der den Nachbarn direkt fragt, ob der Sitz frei sei; die Zeitdauer, für die der Sitz verlassen wird; und die Verwendung von Markierungen.

Gruppenterritorialität

Eine territoriale Analyse von Wohnumgebungen, besonders in städtischen Gebieten, kann uns das Verständnis der einem bestimmten Bereich zugrundeliegenden Ordnung oder Unordnung erleichtern. Wie das territoriale Verhalten Konflikte reduziert und der Identität innerhalb der Wohnung förderlich ist, scheinen Territorien von Wohnumgebungen einer ähnlichen Gruppenfunktion zu dienen. Auch hier erweisen uns Analogien mit tierischen Territorien nur begrenzte Dienste. Während nichtmenschliche Lebewesen zum größten Teil in ihrer Raumverwendung biologisch motiviert sind, richtet sich die letzte Motivation bei Menschen auf irgendein primäres Ziel. In Städten repräsentieren die „Hoheitsgebiete" der Straßengangs und die ethnischen Enklaven, die vielen von uns so vertraut sind, Verfahren, um mit der Mehrdeutigkeit und dem Übermaß städtischen Lebens fertigzuwerden, in dem die Gewohnheiten, die Bekleidungen, die Körperhaltungen und Kommunikationsweisen der Menschen so fremdartig sind.

In einer Feldstudie des Addams Gebietes von Süd Chicago analysierte Suttles (1968) die vier ethnischen Gruppen, die dort leben: Italiener, Schwarze, Puertorikaner und Mexikaner. Suttles richtete seine Aufmerksamkeit auf die Strategien, die diese Gruppen innerhalb des Gesamtterritoriums verwendeten, um eine soziale Ordnung herzustellen. Er beschäftigte sich vor allem mit den Unterschieden zwischen den ethnischen Gruppen bei ihrem Versuch, ihre eigenen Wohnumgebungen zu „beanspruchen" und zu verwenden. Dadurch sicherten sich auf einer generellen Ebene die Mitglieder einer jeden Gruppe in einem bestimmten Sektor die Kontakte mit denjenigen, die sie am besten kannten. Untergruppen hielten wiederum besondere territoriale Einheiten innerhalb des größeren Raumes besetzt. Obgleich die Menschen diese unsichtbaren Unterteilungen zwischen den Territorien überquerten, zogen sie sich doch für den größten Teil ihrer Freizeitaktivitäten in ihre „eigenen" Bereiche zurück. Zusätzliche Demarkationslinien dienten dazu, in gewissem Maße unterschiedliche Altersgruppen, Gruppen unterschiedlichen Geschlechtes und Wohngruppierungen voneinander abzusondern. Jedes Territorium hatte seinen eigenen Charakter. Bei den Italienern blieb die jugendliche Straßengruppe im Erwachsenenalter als sozialer Sportverein zusammen. Bei den Schwarzen erhielten die Mädchen (anders als in den anderen Gruppen) weitgehend dieselbe Freiheit wie die Jungen, sich herumzutreiben und Straßengruppen zu bilden. Die mexikanischen Jungen und Mädchen hatten Gruppen mit eigenen Namen, doch operierten sie oft gemeinsam. Die Puertorikaner, die als letzte nach Addams gekommen waren, wenig an der Zahl waren und nur ein kleines Gebiet beanspruchten, hatten wieder andere Gruppen, die man weniger unter ihrer Bezeichnung als unter dem Namen individueller Mitglieder kannte.

Suttles interessierte sich mehr für das, was innerhalb, als für das, was zwischen benachbarten Territorien vorging, und er behauptete nicht, daß die territoriale Ordnung, die er beobachtet hatte, eine konfliktlose Raumordnung geschaffen hatte. Er merkt immerhin an, daß die Kohäsion innerhalb der Gruppen am stärksten war, wenn es Probleme mit der angrenzenden Nachbarschaft gab. Wir brauchen den Leser wohl kaum daran zu erinnern, daß dies das Thema der *West Side Story* ist. Es wird gleichfalls sehr deutlich von Piri Thomas in *Down These Mean Streets* (1967) illustriert. In einem Kapitel mit dem Titel „Alien Turf" (Fremdes Hoheitsgebiet einer Straßengang) beschreibt Thomas, was es für eine puertorikanische Familie bedeutet, aus einem puertorikanischen Block in einen italienischen Block nach Ost-Harlem in New York zu ziehen. Abgesehen von der Tatsache, daß sie sich von Menschen umgeben sahen, die anders agierten, gingen und sprachen als sie, war der Block das Territorium einer anderen Gang und die Ursache vielfältiger Konflikte. Da Thomas seine alten Freunde nicht dazu bewegen konnte, die Grenze zu überschreiten und gegen die Italiener zu kämpfen, mußte er sich dem Kampf allein stellen. Seinen Status erwarb er sich schließlich durch die Fähigkeit, einen Kampf auf sich zu nehmen, der beinahe mit seiner Erblindung geendet hätte.

Bei dem Menschen besitzt das Territorium selten absoluten Wert; was er mit ihm anfängt, unterliegt öffentlicher Billigung, wie jeder bald erfährt, der versucht, sein Haus durch einen Anbau zu erweitern. Andererseits gibt es, obgleich Tiere ihr Territorium manchmal verteidigen, keinen Beweis dafür, daß sie dieses als das „ihre" betrachten, gewiß nicht in dem Sinne, daß sie es einem anderen ihrer Art überlassen können. Für den Menschen bedeutet Eigentum nicht bloß Besitz, sondern auch das Recht des Eigentümers, damit nach seinen Wünschen verfahren zu können. Die Beziehung des Menschen im Raum ist fließend, wenn man ihn mit dem territorialen Säugetier vergleicht, das auf relativ festliegende Grenzen eingeschränkt ist; in gewissem Sinne wird es vom Raum beherrscht.

In letzter Analyse transzendieren die räumlichen Beziehungen des Menschen die materiellen Grenzen. J. B. Calhoun (1970) hält diesen begrifflichen Raum für ein Mittel, durch das die Menschen mittels moderner Telekommunikation den materiellen Raum beherrschen, ohne daß sie ihn in persönlichen Besitz zu nehmen brauchen. Das Reich von Howard Hughes ist nicht deshalb weniger ein Machtsymbol, weil große Teile von ihm niemals vom Eigner besichtigt worden sind. Schließlich wird der Ort, in dem territoriales Verhalten zum Ausdruck kommt, ständig verlagert. Zum einen Zeitpunkt halten wir unser Eigentum besetzt, zu anderen Zeitpunkten haben wir Rechte auf das Eigentum anderer (einen Theatersitz oder einen Restauranttisch). Öffentlicher Raum – ein Park oder der Teil eines Strandes – wird von vielen geteilt, kann jedoch auf der Grundlage des „Zuerstkommens" territorial mit Beschlag belegt werden. Das zeitliche Element wirkt gleichfalls auf die Raumkontrolle ein. In das Heiligtum eines Geschäftsmannes dringt zur Nachtzeit die Putzkolonne ein. Der Nachtwächter trägt die Verantwortung für das Gebäude, wenn die Eigentümer die Arbeit niederlegen. Kurzum, die Raumkontrolle ist nicht absolut; die Menschen halten zu verschiedenen Zeitpunkten so viele Arten von Orten besetzt, daß sie ihre territorialen Beziehungen ständig auf andere abstimmen müssen.

Massierung

Wie die Territorialität wurde auch die Massierung bei Tieren ausführlich untersucht. Vielleicht am besten bekannt sind Calhouns (1962, 1966) Experimentalserien mit norwegischen Ratten. Vier separate, aber miteinander verbundene Gehege waren so angeordnet, daß zwei von ihnen am häufigsten besetzt waren. Mittels einer kontrollierten Nahrungsversorgung in diesen beiden Gehegen schuf Calhoun die Bedingung starker Überfülle mit ziemlich auffälligen pathologischen Ergebnissen. Die männlichen Ratten wurden immer gewalttätiger; die Sterblichkeit der Neugeborenen nahm zu, da die Weibchen sich immer ungeschickter beim Nestbau anstellten; außerdem zeigten die Männchen die Tendenz zu sexueller Abweichung und zum Kannibalismus. Calhoun nannte diese Konvergenz in einem Bereich und die sie begleitenden pathologischen Verhaltensweisen „Verhaltensabbau".

Vergleichbare Erscheinungen wurden bei anderen Tierarten verzeichnet. Selbst unter natürlichen Bedingungen ist die Beziehung zwischen Massierung und Verhalten evident. Das vielleicht bestbekannte Beispiel ist der periodische, kopflose Exodus der Lemminge ins Meer. Während man einst glaubte, daß dieses Verhalten einen einzigartigen selbstmörderischen Drang darstelle, meint man heute, daß es eine ökologische „Ausdünnung" sei, die der Art das Überleben ermögliche. Ein ähnliches Absterben wurde unter Sikahirschen im Gebiet des Chesapeake Bay (siehe Christian u. a. 1960) beobachtet, deren Population sich von einem Tier pro Morgen auf eines auf drei Morgen verringerte, als die Nachkommensrate absank.

Paradoxerweise ist es kein Nahrungsmangel, der einen solchen „Bevölkerungsknick" erklärt, sondern eine offensichtliche Nahrungsüberversorgung, die zu vermehrter Nachkommenschaft und Überfülle führt. In gewissem Sinne ist dies eine Umkehrung der auf Menschen bezogenen Malthusianischen Lehre; die Nahrungsversorgung läuft der Bevölkerung davon und schafft eine unerträgliche Dichte innerhalb der Art. Ansonsten „gesunde" Tiere, die nach ihrem Fortsterben einer Autopsie unterzogen wurden, hatten erheblich vergrößerte Nebennierendrüsen, was für ein pathologisches Maß an Streß symptomatisch ist. Dieses – so wird angenommen – wurde durch allzu starke Massierung verursacht.

Abgesehen von ihrer zoologischen Bedeutung sind Tierstudien selten auf menschliche Prozesse anzuwenden. Der Terminus „Massierung" wird gewöhnlich verwendet, wenn die Zahl der Personen in einer gegebenen Raumeinheit den optimalen Standard überschreitet, der Behagen und normale Funktion garantiert. Bei Sozialwissenschaftlern, besonders bei jenen, die sich mit Epidemologie befassen, bezieht er sich gewöhnlich auf die Anzahl von Personen pro Lebenseinheit; in westlichen Ländern wird die Schwelle gewöhnlich bei 1,01 oder mehr Personen pro Zimmer angesetzt. Massierung wird manchmal von *Bevölkerungsdichte* und *Übervölkerung* unterschieden. Erstere wird durch die Personenzahl pro Morgen oder pro Zählfläche gemessen. Übervölkerung bezieht sich auf die Zahl oder den Umfang der Aktivitäten, die über die Kapazität eines Gebietes oder über die vorhandenen Möglichkeiten hinausgehen.

Ohne daß eine mathematische Formel vorliegt, anhand derer sich die optimale

Zahl von Individuen für einen bestimmten Raum bestimme ließe, läßt sich Massierung in der umfangreichen anekdotischen Literatur über das Leben in mexikanischen und puertorikanischen Slums (Lewis 1959, 1961, 1965) und aus den zahlreichen historischen Beispielen entnehmen, die Biderman und seine Mitarbeiter (1963) zitieren. Das letztere Werk ist eine deskriptive und analytische Untersuchung, die Beispiele aus vielen Zeiten zitiert, angefangen beim afrikanischen Sklavenhandel bis hin zu den japanisch-amerikanischen Umsiedlungslagern. Es wird eine erstaunliche Vielfalt statistischen Materials präsentiert. Die Familienunterkünfte der japanisch-amerikanischen Umsiedlungslager boten 437,5 Kubikfuß Raum. Die Amerikanische Gefängnisgesellschaft empfiehlt ein Minimum von 289 Kubikfuß, doch in der durchschnittlichen Gefängniszelle des Distrikts Columbia müssen sich zwei Personen in einem Raum von 145 Kubikfuß einrichten, der eigentlich für nur eine bestimmt ist. Das schwarze Loch von Kalkutta bot 22 Kubikfuß und die New Yorker Untergrundbahn bietet (bei maximaler legaler Kapazität) 20,8 Kubikfuß.

Bei so extremen Beispielen wie den Sklavenhandelsschiffen werden die potentiellen Gefahren unter Streß ersichtlich, die sich aus der schlechten Luft, den unbehaglichen Temperaturen, den unzureichenden sanitären Einrichtungen und den Haltungsschwierigkeiten beim Schlaf erklären. Selbst ohne eine genaue Definition dessen, was als optimaler Raum anzusehen ist, zeigen diese Beispiele ohne Zweifel das Phänomen der allzu großen Massierung. Sie offenbaren auch die Fähigkeit des Menschen, solche Bedingungen zumindest für begrenzte Zeit zu ertragen und zu überleben. Selbst unter weniger extremen Bedingungen übertrifft der Mensch andere Arten durch seine Fähigkeit, sich mit unterschiedlichen Verhaltensweisen auf die Massierung einzustellen. Eine Person kann auch dann das Gefühl haben, in einem überfüllten Raum zu sein, wenn nur wenige Menschen anwesend sind. Unter bestimmten Umständen kann er seine Freude daran haben, von Menschenmassen umgeben zu sein. Seine Fähigkeit zur Abstraktion kann ihm auch unter der Bedingung der Massierung gute Dienste leisten, wenn er sich mit anderen zusammentut, um bessere Bedingungen zu schaffen (eine Erklärung für die Fähigkeit einiger Menschen, die die extremen Massierungen überlebten, von denen Biderman berichtet). Er kann eine Zukunft planen, die über das spezifische überfüllte Umfeld hinausgeht. Er besitzt auch ein umfangreiches Repertoire von Verhaltensmaßnahmen, wie zum Beispiel die Abwendung des Blickes, flaches Atmen, den Rückzug in sein Inneres und seine Fantasie, obgleich diese Mittel möglicherweise bei akuter vorübergehender Massierung effektiver sind als in chronischen Situationen. In dem Maße, in dem die optimale Zahl von Individuen in einem materiellen Umfeld dadurch beibehalten oder erreicht werden kann, daß man den Raum erweitert oder neu aufteilt, lassen sich die unerfreulichen Wirkungen der Massierung vermindern. Unglücklicherweise werden auch die vergrößerten Räume oft zu eng, genauso wie die Anpassung an die Massierung eine letzte Schwelle erreicht.

Massierung bedeutet nicht unbedingt engen physischen Kontakt. Bei einem Gemeindezentrum, einem Klassenzimmer, einer Krankenhausstation oder ähnlichen institutionellen Umfeldern ist der optimale Raum danach zu beurteilen, welche Möglichkeiten und Dienste er bieten soll, und von welcher Personenzahl er verwendet wird. Die 30-Betten-Station, in der fünf zusätzliche Betten aufgestellt wurden, wird im allgemeinen als überfüllt empfunden, wenn auch vielleicht nur aufgrund der Tatsache, daß der Pflegedienst auf eine größere Patientenzahl ausgedehnt werden muß. Selbst wenn die Zahl der Individuen und der verfügbare Platz aufeinander abgestimmt werden, ist eher die Art der Beschäftigung als die Personenzahl an sich als der entscheidende Faktor anzusehen. Zehn Schreibtische mögen wohl in ein großes Büro hineingehen, doch wenn die Arbeit intensive Konzentration erfordert, können es zu viele für den Raum sein.

Unsere vorstehende Erörterung legt die Vermutung nahe, daß Massierung ebenso eine psychologische wie eine objektiv wahrnehmbare soziale Erscheinung ist. Ihre begriffliche Erfassung als Begleiterscheinung und als Folge des modernen Lebens geht über die Frage nach der Personenzahl in einem verfügbaren Raum hinaus. Wie ein Raum organisiert wird, für welchen Zweck und für welche Beschäftigung, sind Faktoren, die zur Phänomenologie der Massierung beitragen.

Massierung kann ebenso als lust- wie als peinvoll empfunden werden. Es gibt Menschen, die durch überfüllte Städte in freudige Erregung versetzt werden. Das überfüllte Theater, das überfüllte Stadion oder die überfüllte Party können diese Anlässe, wenn die Umstände entsprechend sind, positiv definieren. Natürlich werden überfüllte Bereiche, die positive Wirkungen zeitigen oder die als angenehm empfunden werden, weil sie überfüllt sind, selten als überfüllt beschrieben. In den meisten Fällen kann man davon ausgehen, daß materielle Umfelder, die vom Individuum als überfüllt empfunden werden, negative Bedeutungen haben, die unerfreulich oder sogar peinvoll sind und vermieden werden sollen. Unter welchen Umständen empfindet das Individuum dann Massierung? Viel hängt davon ab, was es in der Vergangenheit in ähnlichen Umfeldern erlebt hat und was es deshalb in der Gegenwart bereit ist hinzunehmen. Kulturelle und subkulturelle Unterschiede in der Verwendung und Organisation des Raumes können gleichfalls erklären, welche Menschendichte akzeptiert wird (Schmitt 1963; Hall 1966; Lucas 1964). Die Passagiere in der Tokioer Untergrundbahn tragen „schlüpfrige" Mäntel, um leichter zwischen den anderen Fahrgästen hindurchzukommen; offenbar ist das Spektrum normativer Anpassungen in der Realität sehr breit. Manchmal endet aber sogar die

Bereitschaft der Japaner, solche Bedingungen zu tolerieren. So fand 1973 ein Massenaufstand der Vorortpendler statt.

Wenn kulturell festgelegte Erwartungen hinsichtlich der Raumverwendung nicht bestätigt werden, kann auch dies das Gefühl der Massierung induzieren. Wenn Individuen einmal gelernt haben, eine Aufgabe in einem gegebenen Umfeld mit einer gegebenen Zahl von Menschen auszuführen, kann jede Zunahme dieser Zahl von jeder Person in der Situation als Massierung empfunden werden. Allerdings – so ist anzumerken – kann die Tatsache allein, daß normativen Erwartungen hinsichtlich des Raumes nicht entsprochen wird, nicht unabhängig von anderen Faktoren zum Gefühl der Massierung führen. Die Erfahrung, daß der Raum nicht so verwendet werden kann, wie man es erwartet, bedeutet für das Individuum mehr als nur die Enttäuschung einer Erwartung. Wenn eine Person zusätzlich in ein Privatbüro eingewiesen wird, bedeutet das noch viele andere Dinge für den ursprünglichen Insassen: daß er sich nicht mehr in genau derselben Weise verhalten kann; daß er seine Arbeitsgewohnheiten denen des anderen akkommodieren muß; und daß er wirklich das, was einst ihm gehörte, teilen muß.

Eine Phänomenologie der Massierung muß auch das bloße Unbehagen oder die Pein physischen Ursprungs berücksichtigen. Die vollgestopften Busse während der Hauptverkehrszeiten in vielen städtischen Zentren oder auch die überfüllten Einkaufszentren sind hier anzuführen. Obgleich diese Bedingungen eigentlich für diese Umfelder normal sind, wird dadurch nicht das Gefühl der Massierung verringert. Hinnahme ist die Form der Anpassung an negative Situationen, in der die Fähigkeit des Individuums, diese Situation zu verändern, neutralisiert ist, jedoch nicht seine Fähigkeit, die Pein und das Unbehagen, das sie verursachen, zu empfinden – obgleich über sehr lange Zeiträume sogar die Intensität dieser Gefühle reduziert werden kann. Umgekehrt kann die Antizipation von Massierung Menschen den Mut nehmen, sich in überfüllte Gebiete zu begeben, ob es sich nun um Einkaufszentren während der Vorweihnachtszeit oder um öffentliche Verkehrsmittel während der Hauptverkehrszeiten handelt. Sicherlich sind das keine unverletzlichen Regeln. Es gibt Zeiten, wo Menschen völlig unerwartet überfüllte Räume solchen vorziehen, die ihnen ebenso dienlich wären, aber weniger überfüllt sind. Winkel und Hayward (1971), die die Verwendung von Stehplätzen in Untergrundbahnen beobachteten, ermittelten die Tendenz, daß die Fahrgäste sich in der Nähe der Eingangstüren ballten, selbst wenn mehr Raum in einer geringen Distanz verfügbar war. Es blieb unklar, warum die Leute nicht weitergingen, selbst wenn sie genügend Zeit hatten. War es Gewohnheit, Energiemangel, Freude an der Fülle, Schutz durch andere? Es war unmöglich zu entscheiden. Was in dieser Situation deutlich wurde, war die Bereitschaft der Menschen, die Anwesenheit vieler anderer zu tolerieren.

198

Daraus scheint ganz offensichtlich zu folgen, daß Massierung als psychologisches Phänomen nur indirekt auf bloße Zahlen oder Dichten zu beziehen ist. Das entscheidende Element scheint die Tatsache zu sein, daß die Anwesenheit anderer das Individuum in der Realisierung irgendeines Zweckes frustriert. In einigen Fällen scheint eine Depersonalisation stattzufinden. Das Individuum verliert sein Identitätsempfinden, und die vielen anderen nehmen die Eigenschaften von Objekten an. Allerdings ist in Betracht zu ziehen, daß die Massierung selbst zu einem bestimmten Zweck notwendig sein oder in irgendeiner Weise mit ihm in Zusammenhang stehen kann. Unter solchen Umständen wird Frustration weniger wahrscheinlich. Die Menschen ziehen eine volle Tribüne einer nur sparsam besetzten bei Sportveranstaltungen vor, weil die Gegenwart anderer zur Aufregung beiträgt. Das Gebrüll der Menge ist ein Teil des Spaßes.

Experimentelle Untersuchungen

Zahlreiche Forscher haben versucht, die möglichen Effekte der Massierung auf solche Faktoren wie Aufgabenerfüllung, Urteil und psychologische Reaktion zu entdecken. Man sollte sich bei der Erörterung ihrer Arbeiten die Vielfalt der verwendeten Definitionen und das breite Spektrum der „Massierung" genannten Menschenansammlungen vor Augen halten.

In einem Experiment, das sich mit den Effekten von Hitze und Massierung beschäftigte, kamen Griffitt und Veitch (1971) zu dem Schluß, daß ein Fremder bei seinem Eintritt in einen Raum, in dem Dichte und Temperatur gleichermaßen hoch sind, wahrscheinlich mit mehr Feindseligkeit empfangen wird, als es der Fall wäre, wenn Massierung die einzige Variable wäre. Weniger schlüssige Ergebnisse fanden sich in einer Reihe von Experimenten von Freedman (ohne Zeitangabe). In einer Studie zeigten Männer in einer begrenzten, sehr dichten Umwelt ausgesprochene Zeichen von Aggressivität, während dies bei Frauen nicht der Fall war. Aufgefordert, „Urteilssprüche" zu fällen, die sie aus auf Band mitgeschnittenen Gerichtsverhandlungen ableiten sollten, kamen die Männer in einem kleinen, überfüllten Raum zu strengeren Urteilen als diejenigen in einem größeren und weniger vollen Raum. Die Urteile der Frauen unterschieden sich jedoch unter gleichen Experimentalbedingungen nicht. In jüngerer Zeit testeten Freedman, Klevansky und Ehrlich (1971) die einfache und komplexe Aufgabenerfüllung und ermittelten keinen signifikanten Unterschied zwischen den Bedingungen „Massierung" und „Nicht-Massierung". Individuen reagieren manchmal auf den Massierungsstreß dadurch, daß sie sich in sich selbst oder in einen „privaten" Raum zurückziehen. Ob es sich dabei um die zeitweilige Flucht aus einer überfüllten Wohnung oder von einer überfüllten Party handelt oder um den Rückzug des Kindergartenkindes in seine Spielecke oder um die Territorialisierung ihres Stationsraumes durch Essers

Patienten, um die Bedingungen institutionellen Lebens erträglicher zu machen – all diese Verhaltensweisen scheinen dem Zweck zu dienen, den Umfang der von Personen ausgehenden Reizeingabe unter Kontrolle zu halten. Dies konnte in einer Untersuchung von Hutt und Vaizey (1966) gezeigt werden, in der es um die Effekte von Gruppengrößen im Verhalten von Kindern ging. Normale, autistische und hirngeschädigte Kinder wurden im Umfeld eines Spielzimmers beobachtet. Obgleich die Zahlen in dieser Untersuchung nicht die hohen Niveaus der Massierung erreichten (die Gruppen bestanden aus sechs oder sieben bis hin zu elf oder zwölf Kindern) zeigten sich sehr spezifische Reaktionen. Wenn die Gruppengröße zunahm, wurden die hirngeschädigten Kinder aggressiver; die normalen Kinder zeigten die Tendenz, ihre sozialen Begegnungen zu reduzieren, und autistische Kinder verbrachten mehr Zeit an den Grenzen des Raumes. Die normalen Kinder zeigten zunehmende Aggressivität in der größten Gruppe. Die autistischen Kinder schienen mit einer vernachlässigenswerten Aggression zu reagieren, wenn die Gruppengröße zunahm, doch in der größten Gruppe vermehrten sich ihre Zusammenstöße mit Erwachsenen. Eine große Vielfalt von Streßsituationen zeigte sich neben den Verhaltensweisen, die für die Größe und Zusammensetzung der Gruppe typisch waren.

In einer Untersuchungsfolge, die dem Verfahren von Hutt und Vaizey ähnlich aber nicht völlig vergleichbar war, betrachtete McGrew (1972) die Dichteeffekte, die durch die Zahl der Kinder und durch den verfügbaren Raum hervorgerufen wurden. Diese Forschungsarbeit stützte sich auf die Beobachtung freien Spiels in einer Vielfalt von Kindergartenumfeldern und beschrieb eine Reihe von Veränderungen im Spiel, wenn die Bedingungen variiert wurden. Am interessantesten war das Ergebnis, daß soziale Dichte, das heißt eine Zunahme der Gruppengröße, eher zu Unterbrechungen führte als räumliche Dichte. Auf dem Niveau hoher Gruppendichte bestätigte diese Forschungsarbeit das Ergebnis von Hutt und Vaizey, demzufolge die nichtaggressiven sozialen Interaktionen eingeschränkt werden.

Dies gibt zu der Vermutung Anlaß, daß die möglichen Reaktionen auf Massierung eine große Variationsbreite zeigen, wobei die jeweilige Reaktion sich ebenso sehr nach dem psychologischen Status des Individuums wie nach seinen unmittelbaren Bedürfnissen und Zwecken richtet. Das überreizte Kind, das der Gegenwart der anderen entkommen möchte, kann sich in seinen eigenen Raum, zu einem Erwachsenen in seiner Nähe oder an die Peripherie des Zimmers zurückziehen, um sich selbst zu finden. Ein Erwachsener kann sich in eine große Gruppe einbetten, um seine sozial-emotionalen Bedürfnisse zu befriedigen. Cook (1963) spricht von der „produktiven Dichte" – die dem Individuum eine Varietät von Wahlmöglichkeiten anbietet, so daß er die ihm angenehmsten Interaktionen auswählen kann. Vielleicht darf Dichte in diesem

Sinne verstanden nicht Massierung genannt werden, da sie Wahlmöglichkeiten impliziert, wie sie die unfreiwillige oder erdrückende Menge nicht bereithält. Hierfür entscheidend scheint das Verständnis der Ziele der Person im Moment zu sein, da die produktive Dichte eines gegebenen Zeitpunktes die unerträgliche Massierung eines anderen sein kann.

Privatsphäre

Oberflächlich betrachtet kann es so scheinen, als sei die Privatsphäre das genaue Gegenteil der Massierung. Doch ist dieses Konstrukt vielleicht komplizierter. Privatsphäre und Massierung sind oft miteinander verbunden; das zeigt sich etwa in Bidermans Beschreibungen der Mißachtung von „Prinzipien der Privatsphäre und des Eigentums" bei Zwischendeckpassagieren der Einwanderungsschiffe (1963); es zeigt sich auch im Bedürfnis nach einem physischen oder psychischen Rückzug an irgendeinen privaten Ort, wo man unerwünschte Begegnungen vermeiden kann.

Die Privatsphäre läßt sich als die Freiheit eines Individuums definieren zu wählen, was es unter bestimmten Umständen über sich selbst mitteilen und wem es dies mitteilen möchte (siehe Proshansky u. a. 1970). Offensichtlich variieren die Bedingungen, unter denen man diese Wahlfreiheit erfährt, erheblich nach Situation und Zweck. Wie im Falle der Massierungsforschung gibt es für die Wichtigkeit der Privatsphäre in der Alltagsexistenz deskriptive Evidenz in Hülle und Fülle. Beschreibungen vom Mangel an Privatsphäre und seinen Konsequenzen bei Ghetto-Familien liefern Lewis (1959, 1961, 1965) und Schorr (1966). In seiner Untersuchung einer Wohneinheit in der Nähe von Coventry in England entdeckte Kuper (1953) viele Dinge, die mit dem Mangel an Privatsphäre bei den Bewohnern in Beziehung standen.

„Der achtjährige Junge der Burtons klagt darüber, daß er von dem kleinen Mädchen, das auf der anderen Straßenseite wohnt, in seinem Pyjama gesehen wurde ... Die Bewohner haben das Gefühl, daß die Nachbarn wissen, wann sie Anrufe bekommen ... Herr Dudley teilt uns mit, es gibt keine Privatsphäre hier ... Man sieht auf die Häuser dort gegenüber – die müssen das Gefühl haben, wir beobachten sie. Aus dem Schlafzimmerfenster sieht man in deren Schlafzimmer ... Wenn man nach Hause will und um die Ecke kommt, sind die Augen aller auf einen gerichtet ..." (S. 22 ff.).

Kuper spricht von der „Öffentlichkeit des Sehens". In einer Gesellschaft, die ein Empfinden für ihr Recht auf die Privatsphäre besitzt, hätte er es auch die Öffentlichkeit des Hörens nennen können. Die Nähe der untersuchten Häuser und die schlechte Isolierung sorgten für einen Zusammenbruch der Geräuschbarriere; wenig blieb der Vorstellungskraft überlassen. Bemerkenswert ist die

Tatsache, daß selbst innerhalb dieses einen Wohnprojektes die Standards der Privatsphäre variierten. Einige fühlten sich mehr als andere durch das materielle Umfeld gestört, und andere nahmen überhaupt keinen Anstoß an ihm. In vielen Situationen schafft Überfülle eine soziale Isolation, die ihrerseits das Gefühl hervorruft, die Zurückgezogenheit verloren zu haben. Vischer (1919) berichtet, daß Gegenstand der häufigsten Klagen französischer und deutscher Kriegsgefangener während des ersten Weltkriegs der Mangel an Privatsphäre war, der sich aus dem ständigen Kontakt mit anderen Gefangenen ergab. Aus Vischers Erklärung geht hervor, daß Reizbarkeit und Ressentiment, die sich in übermäßiger Nörgelei und Angeberei zeigten, den Versuch darstellten, die personale Identität angesichts eines völligen Verlustes an Privatsphäre im Alltagsdasein aufrechtzuerhalten. Weingarten (1955) berichtet über ein ganz anderes Umfeld, die genossenschaftliche Ansiedlung des *Kibbuz*. Er berichtet, daß einige der kleineren Ansiedlungen nicht überlebten, weil die gleichfalls kleine Zahl von Individuen nicht in der Lage war, das gemeinsame Leben mit anderen in einem isolierten Umfeld fortzusetzen. Es kann im öffentlichen Leben zu Frustration und Spannung kommen, wenn das ständige Bewußtsein von der Anwesenheit anderer Personen und das Gefühl, dauernd der öffentlichen Meinung ausgesetzt zu sein, die Möglichkeit aufheben, sich eine Privatsphäre zu sichern, wenn man sie wünscht.

Es mag vielleicht paradox erscheinen, daß die materielle Isolation bei anderen dagegen nicht immer das Gefühl hervorruft, über eine Privatsphäre zu verfügen. In einer Untersuchung in ziemlich abgelegenen arktischen Gemeinden fand Smith (1968) heraus, daß sich während des langen und dunklen Winters weniger „Nachbarschaftsaktivitäten" entfalteten, als man hätte erwarten können. Individuen und Familien nahmen keine tiefergehenden Beziehungen zueinander auf, und wenn Besuche stattfanden, zeigten sie die Tendenz, eher zwischen weiter voneinander entfernt wohnenden Personen als zwischen engen Nachbarn stattzufinden. Entsprach dies einem Bedürfnis, denjenigen gegenüber die Privatsphäre aufrechtzuerhalten, in deren Sichtweite man wohnte, einen Schutz vor Beziehungen, die möglicherweise zu intensiv und intrusiv werden konnten? Die Antwort ist recht schwierig, aber es scheint doch eine gewisse Verbindung zwischen relativer Isolation und der Privatsphäre zu bestehen, wie sie ja auch zwischen absoluter Isolation und Anomie vorliegt.

Die Privatsphäre ist jedoch nicht dasselbe wie die Isolation. Sie mögen ähnlich erscheinen, doch sie repräsentieren unterschiedliche Wahlmöglichkeiten für das Individuum. Mehrere Personen, die in einem Zimmer isoliert sind, werden wahrscheinlich nicht das Empfinden haben, über eine Privatsphäre zu verfügen. Aber auch die Isolation einer Person wird nicht das Empfinden einer Privatsphäre, sondern das der Anomie oder Entwurzelung hervorrufen.

Altmans und Haythorns (1967) Paare von Marineangehörigen erfuhren wenig

Privatsphäre, es sei denn in Form internalisierter Fantasie. In einem ihrer Experimente (Taylor, Wheeler & Altman 1968) wurde eine Anzahl von Variablen hinzugefügt, zu denen die der Privatsphäre gehörte. Während einer achttägigen Isolation erhielt die Hälfte der Gruppe ein Privatzimmer. Andere Variablen bestanden darin, daß man Stimulationsmaterial zur Verfügung stellte (Kurzfilme und so fort) und sie mit dem Fehlen von Stimulationen verglich und daß man zwei Versionen über die Dauer des Unternehmens verlauten ließ (die Mitteilung, es handle sich um vier Tage gegenüber der, es seien zwanzig Tage). Ohne die Ergebnisse im einzelnen wiederzugeben, können wir uns hier darauf beschränken, darzustellen, in welchem Maße die Umwelt zum Empfinden der Privatsphäre beitrug. Die Autoren legen Wert auf die Feststellung, daß jede Variable die Tendenz zeigte, mit anderen zusammenzuwirken. Der größte Streß schien sich in der Versuchsbedingung zu zeigen, in der von einer zwanzigtägigen Dauer *mit* Privatsphäre und keiner Stimulation ausgegangen wurde. Die kurze Dauer mit Stimulation, mit oder ohne Privatsphäre, führte zu dem geringsten Streß.

Die Autoren warnen vor einer allzu einfachen Auffassung der Rolle der materiellen Privatsphäre als einem streßreduzierenden Faktor, zumindest im Falle isolierter Gruppen. In dieser Untersuchung kann die Tatsache, daß man die Möglichkeit zur Privatsphäre anbot, die Entwicklung eines Systems zur Bewältigung des Stresses der Isolation und Einschränkung verhindert haben.

Theoretische Konzeptionen der Privatsphäre

Der Terminus „Privatsphäre" ruft viele Auffassungen hervor, die nicht alle unmittelbar mit der Planung und Organisation des materiellen Umfeldes zu tun haben. Aber auch bei den relevanten Konzeptionen zeigen sich immer noch Unterschiede im Akzent und im Ansatz. Dennoch wird über die Planung und Verwendung des Raumes entschieden, als ob die Bedeutung der Privatsphäre unzweifelhaft bestimmt wäre und man ihre Implikationen für Individuen und Gruppen fraglos verstünde.

Chermayeff und Alexander (1963) und Westin (1967) haben außerordentlich nützlich erscheinende Definitionen der Privatsphäre geliefert. Dabei treibt Westin seinen Versuch weiter voran, eine systematische Analyse der verschiedenen Zustände der Zurückgezogenheit und der ihr verwandten Funktionen vorzulegen. Aus seiner Definition wurde die oben angebotene abgeleitet. Westin (1967) definiert Privatsphäre wie folgt:

„...der Anspruch von Individuen, Gruppen oder Institutionen, allein darüber zu bestimmen, wann, wie und in welchem Umfange anderen Informationen über sie selbst zugänglich gemacht wird. Unter dem Gesichtspunkt der Beziehung des Individuums zur sozialen Partizipation ist die Privatsphäre der freiwillige und zeitweilige Rückzug einer

Person aus der allgemeinen Gesellschaft mittels physischer oder psychologischer Mittel, entweder in den Zustand der Einsamkeit oder der Kleingruppenintimität oder, wenn sie sich in größeren Gruppen befindet, in die Anonymität oder Reserviertheit" (S. 7).

Westin reflektiert in seiner Eigenschaft als Politologe die sich wandelnde Beschaffenheit der amerikanischen sozio-politischen Struktur und legt seine Definition in normativ-werthaften Termini nieder. Von der Privatsphäre als einem Recht des Individuums zu sprechen ist vor allen Dingen im Kontext einer demokratischen Gesellschaft sinnvoll. Doch dies wirft eine Vielzahl verwandter Fragen auf: In welchem Maße genießt das Individuum dieses Recht tatsächlich? Welche Faktoren innerhalb der amerikanischen Gesellschaft fördern seinen Ausdruck und welche Faktoren hemmen ihn? Für den Umweltpsychologen ist das Recht des Individuums, über seine Privatsphäre zu entscheiden, weniger wichtig als die Frage nach der Funktion der Privatsphäre für das Individuum. Welches sind seine Bedürfnisse hinsichtlich der Privatsphäre; und wie wünscht es sich seine materielle Welt im Lichte dieser Bedürfnisse? Schon die Alltagserfahrung sagt uns, daß kulturelle und subkulturelle Faktoren unzweifelhaft eine Rolle hinsichtlich dessen spielen, was Individuen sich bezüglich der Privatsphäre wünschen und erwarten. Eine weitere Aufgabe besteht darin, die Bedingungen näher zu bestimmen, unter denen solche Bedürfnisse erregt und befriedigt werden. Schließlich bleibt noch die entscheidende Frage nach den Konsequenzen, die sich aus der dauernden Frustration der menschlichen Bedürfnisse nach einer Privatsphäre ergeben; oder alternativ die Frage, ob es irgendwelche Bedingungen gibt, unter denen die Zurückgezogenheit ihre Bedeutung verliert.

Den Stellenwert dieser Fragen zeigt Westins Analyse der vier Grundzustände der Privatsphäre und ihrer verwandten Funktionen. Diese werden als Einsamkeit, Intimität, Anonymität und Reserviertheit definiert. Wir wollen sie nacheinander betrachten.

Einsamkeit ist ein Zustand der Zurückgezogenheit, in dem die Person allein und frei von jeder Beobachtung durch andere Menschen ist. Die Schlüsselwörter sind hier *Beobachtung durch andere Menschen*. Das Individuum ist nach wie vor auditiven, olfaktorischen und taktilen Reizen ebenso wie Schmerz, Hitze und Kälte ausgesetzt. Einsamkeit ist demnach ein Zustand vollständiger visueller Isolation und ähnelt – ohne jedoch ihre Vollständigkeit zu erreichen – der Definition der Privatsphäre, wie sie Chermayeff und Alexander (1963) beschreiben als „. . . diese herrliche Mischung aus Absonderung, Selbstvertrauen, Einsamkeit, Kontemplation und Konzentration"; oder Shils (1966) Kennzeichnung der Privatsphäre als eine „Null-Beziehung zwischen einer Gruppe und einer Person".

Intimität bezieht sich auf das Bedürfnis des Individuums nach Privatsphäre in seiner Eigenschaft als Mitglied eines Paares oder einer größeren Gruppe, die bestrebt sind, ein Maximum an persönlichen Beziehungen zwischen oder bei ihren Mitgliedern herzustellen, wie es zum Beispiel bei Eheleuten, in der Familie oder in der Gruppe der Gleichaltrigen der Fall ist. Hier geht die angestrebte Privatsphäre über die bloße Freiheit von visueller Überwachung hinaus. Man versucht, die sensorische Eingabe von jenseits der Grenzen eines angemessenen materiellen Umfeldes minimal zu halten.

Anonymität, Westins dritter Zustand der Privatsphäre, liegt vor, wenn das Individuum beim Aufenthalt in einem öffentlichen Umfeld die Freiheit von Identifikation und Überwachung anstrebt und erreicht. Dies kann der Fall sein, wenn es auf der Straße geht, in einem Park sitzt, mit der U-Bahn fährt oder eine kulturelle Veranstaltung besucht. Wenn man sich der Tatsache bewußt wird, daß man direkt und absichtlich in der Öffentlichkeit beobachtet wird, heißt dies, daß man das Empfinden der Unbeschwertheit und Entspanntheit verliert, die man häufig in einem solchen Umfeld sucht.

Reserviertheit ist der letzte Zustand der Privatsphäre bei Westin. Im gewissen Sinne ist sie unter dem Gesichtspunkt des psychologischen Bedürfnisses nicht nur der komplexeste der vier Zustände, sondern ihre Aktivierung und Befriedigung liegt mehr in der Beschaffenheit der interpersonalen Beziehungen als in der Organisation und Natur des materiellen Umfeldes. In einfachen Worten heißt dies, daß selbst in der intimsten Situation jede der beteiligten Personen ein Bedürfnis verspürt, anderen bestimmte Aspekte seiner selbst vorzuenthalten, die entweder zu persönlich, zu peinlich oder zu schändlich sind. Sie bedingt die psychologische Distanz, das psychische Äquivalent der sozialen Distanz. Um die Reserviertheit zu erlangen, müssen Individuen in Gruppensituationen sie alle für sich selbst in Anspruch nehmen und bei anderen respektieren.

Bei der Erörterung dieser Funktionen kommt Westin abermals zu einer viergeteilten Klassifizierung. Grundlegend ist das Bedürfnis nach *persönlicher Autonomie*: ein Sinn für Individualität und bewußter Wahl, durch die die Person ihre Umwelt so kontrolliert, daß sie über Privatsphäre verfügen kann, wann immer sie den Wunsch nach ihr verspürt. Privatsphäre mag als Einsamkeit, Intimität oder Anonymität auch die Funktion *emotionaler Entspannung* zukommen. Soziale und biologische Faktoren im Alltag schaffen Spannung; deshalb ist es im Sinne körperlicher und geistiger Gesundheit notwendig, eine gewisse Zeitspanne in der Privatsphäre zuzubringen, um emotionale Zustände abzubauen, die sich aufgrund der Bedingung und der Erfahrung der Massierung zeigen können.

Außerdem ist die Möglichkeit zur *Selbstbewertung* notwendig. Wenn man sich selbst angesichts eines permanenten Informationsflusses begreifen will, muß man von den Ereignissen Abstand nehmen, um diese Information integrieren und assimilieren zu können. Das Individuum verarbeitet die Information nämlich im Zustand der Einsamkeit oder in der Privatsphäre nicht nur, sondern entwirft auch Pläne, indem sie sie interpretiert, umformt und das weitere Verhalten antizipiert.

Schließlich übt die Privatsphäre nach Westin noch die Funktion einer *begrenzten und geschützten Kommunikation* aus, die ihrerseits zwei wichtigen Bedürfnissen des Individuums genügt. Erstens ermöglicht sie ihm, mit denen, die sein Vertrauen besitzen, im Verhältnis des Vertrauens und der Intimität zu leben; und zweitens stellt die beschränkte Kommunikation eine psychologische Distanz her, wenn das Individuum sie wünscht oder benötigt. Ganz ohne Zweifel ist in vielen Rollen psychologische Distanz oder beschränkte Kommunikation erforderlich und kann durch materielle Anordnungen wie private Büros oder Bereiche hergestellt werden, die den „Zutritt nur für Angestellte" gestatten.

Als erster Schritt ist Westins analytisches Schema der Privatsphäre zugleich provozierend und nützlich, auch wenn es nur dazu dienen würde, die entscheidenden Dimensionen des Begriffs abzustecken. Andererseits wirft es gewisse Fragen auf. Beispielsweise sind die vier Zustände der Privatsphäre begrifflich nicht immer deutlich oder konsistent miteinander. „Einsamkeit" beschreibt eher einen Zustand in der Beziehung des Individuums zu seinem materiellen Umfeld als seine *Erfahrung* der Einsamkeit. „Intimität" definiert eine sehr enge Beziehung zwischen zwei Menschen mittels der psychologischen Distanz, die durch die Absonderung von anderen erworben wird. Doch diese Klassifizierung vernachlässigt gewisse Kleingruppenformen, wie sie sich zum Beispiel bei Geschworenen findet, die sich nur aufgrund einer gemeinsamen Aufgabe in einer formellen Beziehung zueinander befinden und für die die Privatsphäre und Intimität eine ungern hingenommene Notwendigkeit darstellt. Ein weiteres Problem liegt darin, daß die Beziehungen zwischen den vier Zuständen nicht berücksichtigt werden. So könnte es nützlich sein, zwischen individuellen Zuständen der Privatsphäre (Einsamkeit und Anonymität) und Gruppenzuständen der Privatsphäre (Intimität und Reserviertheit) zu unterscheiden. Es liegt auch auf der Hand, daß Intimität und Reserviertheit in enger Beziehung zueinander stehen. Intimität wird von zwei oder mehr Individuen erworben, während Reserviertheit eine einschränkende Bedingung ist, die jener Privatsphäre von jedem der „intimen" Mitglieder der Gruppe auferlegt wird.

Westin definiert die Privatsphäre als das Recht des Individuums, zu bestimmen, wann er welche Information über sich selbst anderen zugänglich machen will. Diese Zustände der Privatsphäre bestimmen gewisse sozial vorgeschriebene Bedingungen näher, unter denen verschiedene Verhaltenstypen akzeptierbar werden. Obgleich diese Bedingungen ziemlich variieren, ist ihnen allen die Eigenschaft gemeinsam, die Wahlfreiheit des Individuums zu maximieren. Die Definition trägt außerdem der paradoxen Tatsache Rechnung, daß die Privatsphäre im wesentlichen ein soziales Phänomen ist und daß sie die Freiheit zu unterschiedlicher Kommunikation mit anderen Individuen und Gruppen einschließt. Nicht alle Aufgaben enthalten die gleichen Anforderungen an die Privatsphäre. Einige Aufgaben machen Kommunikation mit anderen erforderlich oder dulden sie zumindest. Eine schwierige Entscheidung, die Übermittlung einer wichtigen Botschaft oder die Bewertung der Arbeit eines Angestellten verlangen jeweils eine entsprechende Art von Privatheit. Mittels verbaler oder nicht verbaler Kommunikation signalisieren wir unsere Privatsphäre, selbst wenn wir uns in der Öffentlichkeit befinden. Die Absonderung, die intensive Konzentration entweder des Individuums oder der Kleingruppe sind Hinweisreize auf die psychologische Distanz, die Privatheit ermöglicht. Manchmal benötigen wir jedoch deutlichere Signale, materielle Distanz oder vielleicht eine Barriere. Die Geschworenen brauchen einen Raum, der sie von den anderen absondert, und ein gleiches gilt in beinahe allen Kulturen von Liebespaaren. In unserer Gesellschaft ist es üblich, daß eine Person, die über eine sie betreffende Tragödie informiert wird, sich von den anderen absondert. Ohne solchen Schutz oder solche Unterstützung der Umwelt läßt sich das Leid nicht überwinden.

Oben haben wir Westins Auffassung erörtert, daß die Privatsphäre den Interessen der *persönlichen Autonomie,* der Auffassung von uns selbst als voneinander unterscheidbaren Wesen dient. Einige Psychologen meinen, daß der Mensch, wenn er sich nicht als individuell „selbst gesteuert" begreift, Privatsphäre nicht wahrnehmen oder erfahren kann. Im weitesten Sinne ist Privatsphäre Macht – die Macht zu entscheiden, wer unser Handeln kontrollieren soll und wer nicht. Das Kind, das abwartet, bis die Erwachsenen ihm den Rükken kehren, um dann mit Streichhölzern zu spielen oder Süßigkeiten zu essen, übt die Macht über sich selbst aus, die es nur mit Hilfe der Privatsphäre gewinnt; in Kenntnis der Bereiche, in der Erwachsene ihm gegenüber Macht ausüben, ist es ihm gelungen, der Kontrolle anderer zu entkommen, gleichgültig, wie temporär diese Freiheit auch sein mag.

Diese Auffassung von der Privatsphäre ist auf die Autonomie zu beziehen, die aus territorialer Kontrolle erwächst; wir verwenden den Raum (unser Privatbüro, die Parkbank, die wir jeden Morgen „beanspruchen"), um das Empfinden für das eigene Selbst zu verstärken, das sich aus der Tatsache ergibt, daß wir über einen bestimmten Ort bestimmen können.

Eine *kreative Privatsphäre* ist für die meisten Menschen wichtig, die malen, schreiben, komponieren oder in der Forschung tätig sind. Sie erwächst aus dem Bedürfnis, die Eingabe aus der Außenwelt zu kontrollieren. Diese Eingabe mag in Form von Tönen, Gerüchen oder im möglichen Eindringen von Menschen mittels des Telefons oder persönlicher Kontakte vorliegen. Alle unsere Privatsphären sind darüber hinaus in irgendeiner Weise voneinander unterschieden. Im gleichen Maße, in dem die Ziele variieren, können sich die Hilfen der Umwelt unterscheiden. Für den schöpferischen Menschen mag eine absolute materielle Isolation notwendig sein. Eine Person in einem öffentlichen Umfeld, die sich psychologisch zurückzieht, mag von Reizen umgeben sein, ohne jedoch ihren Aufforderungscharakter zu empfinden.

In den letzten Jahrzehnten ist viel über die elektronische Invasion der Privatsphäre durch die Ausstattung von Zimmern und Telefonen mit „Wanzen" geschrieben worden. Zugleich wurde unser Privatleben durch Computer und Datenbanken „kybernetisiert". Es läßt sich kaum bezweifeln, daß der moderne Mensch der Industriegesellschaft durch solche Kräfte in seiner Freiheit eingeschränkt wird. Sie erschweren es ihm, zu wählen, was er anderen über seine Person mitteilen will oder nicht. Westin und Baker (1972) haben kürzlich eine Untersuchung beendet, in der sie 51 Organisationen (zu denen auch Regierungsinstitutionen gehörten) erfaßten, in denen Datenbanken in großem Umfange eingesetzt werden. Die Autoren kommen zu dem Schluß, daß der Mensch trotz der Argumente gegen die Verwendung solcher Maschinen immer noch ihr Meister ist und daß in jedem Falle das Zeitalter vor Einführung der Computer fälschlicherweise als eine Zeit der Privatsphäre romantisiert wird. Nicht die Maschine, sondern was der Mensch mit ihr anfängt, bewirkt den Unterschied.

Kulturen, in denen es überhaupt keine Privatsphäre gibt, sind kaum zu finden, obgleich die griechische Sprache interessanterweise – wie Sally Highman (1971) anmerkt – über kein Wort verfügt, das der „Privatsphäre" genau entspricht. Einige Gesellschaften scheinen das Bedürfnis sehr gering zu bewerten, während andere, zu denen auch die unsere gehört, großen Wert auf Privatsphäre legen. Selbst in Kommunen stellte sich heraus, daß sich trotz der gemeinsamen Wohnung der Wunsch nach einer Privatsphäre niemals gänzlich verliert. In einer Untersuchung von Hackett und Sun (1972) wird die Tendenz zu individuelleren privaten Behausungen wie Zelten, Wohnwagen und Hütten verzeichnet. Dies ist auch neuerdings in vielen israelischen Kibbuzim der Trend. Winkel und O'Mara (1973) beobachteten in ihrer Untersuchung städtischer Kommunen ähnliches. Das Bedürfnis nach Privatsphäre offenbarte sich in der Personalisierung von Lebensbereichen und dem nachdrücklich verbalisierten Gefühl dieses Bedürfnisses.

Die Arbeit in psychiatrischen Einrichtungen für Kinder und Erwachsene, ebenso wie gegenwärtig durchgeführte Studien in Schulen und Tagesstätten haben die Tatsache unterstrichen, daß Bedürfnisse und Normen der Privatsphäre auf dem ganzen Entwicklungskontinuum vorliegen. Das institutionelle Umfeld scheint als Ganzes oder in seinen Teilen das Bedürfnis nach Zurückgezogenheit zu steigern. Beobachtungen der Größe und Verwendung der Schlafzimmer auf einer psychiatrischen Station (Ittelson u. a. 1970 a, b) zeigten, daß eher die *kleineren*, privateren als die größeren Zimmer mit der größten Verhaltensvarietät verknüpft waren. Diese Verhaltensweisen zeigten eine große Spannbreite von den eher isolierten bis hin zu den sehr sozialen. Größere Schlafzimmer zeigten in ihrer Verwendung die Tendenz, eher isolierten und persönlichen Funktionen zu dienen. Wenn die Patienten die Möglichkeit hatten, sich die ihnen angenehmste Zimmergröße auszusuchen, entschieden sich die meisten für Doppel- oder Einzelzimmer.

Kinder zeigen ein gleiches Bewußtsein für ihr Bedürfnis nach einer Privatsphäre. Unglücklicherweise sind in unserer Kultur die Rechte des Kindes auf Zurückgezogenheit recht beschränkt. Man erwartet von ihnen, daß sie während des größten Teiles, wenn nicht während des ganzen Tages „in Sicht" sind, und wenn dies nicht der Fall ist, dann führt dies gewöhnlich automatisch zu der Vermutung, daß sich irgendein Unheil anbahnt. Interviews, die Laufer und Wolfe (1973) gerade durchführen, geben Aufschluß über den Begriff der Privatsphäre bei Kindern vom Kindergarten bis hin zu den Highschool-Jahren. Die Frage, was als privat angesehen wird und wo und wie man sich Privatsphäre verschafft, scheint entsprechend einer Entwicklungsfolge beantwortet zu werden. Sie beginnt offensichtlich damit, daß das Kind das Recht anderer, gemeinhin seiner Eltern, auf Privatsphäre zur Kenntnis nimmt. Diese vorläufigen Daten lassen die Vermutung zu, daß unsere Vorstellungen von den Bereichen, in denen wir uns Privatsphäre sichern können, von den Umfeldern, die sie unterstützen, und von den Techniken, mit deren Hilfe wir sie verstärken, durch die Beobachtung Erwachsener gelernt werden, und zwar im wesentlichen durch die Erfahrung, daß wir aus ihrem Leben ausgeschlossen werden. Unsere Interviews in einem psychiatrischen Krankenhaus für Kinder haben gleichfalls die Bedeutung des Rechtes auf Privatsphäre für Kinder bestätigt. Die Kinder haben die vielen Schwierigkeiten zum Ausdruck gebracht, auf die sie stießen, Plätze ausfindig zu machen, an denen sie für sich bleiben konnten. Die Frage, welche Veränderungsvorschläge sie hätten, wurde im allgemeinen damit beantwortet, daß ein Ort fern der anderen nötig sei; nicht das Isolierungszimmer mit seiner Straffunktion und Strafbedeutung, sondern ein Ort, wo sie sich hinsetzen, lesen oder auch Musik hören könnten, wenn sie es wünschten.

Beobachtungen von Tagesstätten und offenen Schulen scheinen diese Ansicht zu bestätigen. Die offene Schule oder der offene Klassenraum ist ein verblüffendes Beispiel. Es handelt sich um ein Feld, in dem verschiedene Grade materieller Offenheit individuelles Lernen ermöglichen sollen. Die Kinder bewegen sich durch die Räume, wählen sich ihre Lernmittel und einen Ort aus, an dem sie sie verwenden, und planen ihren Stundenplan mehr oder weniger selbst. Rothenbergs (1972) Interviews in einer dieser Schulen sind sehr aufschlußreich. Die Kinder sehnten sich danach, zumindest für einen Teil des Tages dem

Gewimmel, der Unruhe und der Stimulation der anderen zu entkommen. Viele dieser offenen Schulen haben damit begonnen, private Stellen in Form von Lesebereichen, erhöhten Plattformen oder provisorischen Unterteilungen innerhalb des Raumes zur Verfügung zu stellen. Wo sie nicht angeboten werden, lernen die Kinder, sie allein zu finden, ob es sich dabei um einen Garderobenraum, einen kleinen Schlupfwinkel zwischen Möbelstücken oder irgendeinen anderen abgegrenzten Platz handelt. Wir müssen daraus wohl die Lehre ziehen, daß Kinder wie Erwachsene im Laufe des Tages Geselligkeit und Privatheit in unterschiedlichem Maße und in unterschiedlicher Art benötigen werden. Doch diesen Bedürfnissen kann nur genügt werden, wenn die erforderlichen Umwelthilfen verfügbar sind.

Jourards (1966) Analyse der Psychologie der Privatsphäre läßt vermuten, daß unsere Architektur es sehr erschwert, „unverletzliche Privatsphäre" zu finden. Unsere Lebensbereiche werden seiner Meinung nach Gefängnissen oder Schlafsälen immer ähnlicher und erwecken in uns das Gefühl, daß wir zu unseren verschiedenen Rollen verurteilt sind.

Die Umwelt spielt eine entscheidende Rolle bei der Unterstützung des Bedürfnisses nach Zurückgezogenheit, sei es auf der Ebene des individuellen Wohnens, der Wohnumgebung oder der ganzen Stadt. Gewissen zeitgenössischen Häusern wird nachgesagt, daß sie den Bewohnern zu wenig Möglichkeiten anbieten, sich zurückzuziehen, weil sie nicht genügend unterteilt sind. Ein Block von Mietshäusern schneidet in dieser Hinsicht beim Vergleich mit einer ruhigen Wohnstraße ungünstig ab. In Großraumbüros fühlen sich die Angestellten durch die Gegenwart anderer, auch des Aufsichtspersonals, eingeengt; es liegt nicht in der Intention des Raumes, eine Privatsphäre anzubieten. Wenige Menschen wünschen sich immer Zurückgezogenheit. Das Bedürfnis nach Geselligkeit ist nämlich genauso ausgeprägt. Sein eigenes Handeln kontrollieren heißt, entscheiden können, wann und auf welcher Grundlage diese soziale Kommunikation stattfinden soll. In diesem Sinne sind Umwelthilfen wichtig. Das Sprichwort, daß gute Zäune gute Nachbarn machen, beschreibt die Privatsphäre auf der Grundlage materieller Grenzen. Obzwar diese weitgehend territoriale Anschauung das Problem in vieler Hinsicht vereinfacht, bringt sie einen Aspekt der Frage zum Ausdruck, der häufig übersehen wird. Soziale Interaktion läßt sich leichter herstellen, wenn die sozialen Bedürfnisse der Menschen sich durch ein auf die Privatsphäre gegründetes Gefühl individueller Autonomie im Gleichgewicht befinden. Die mehrdeutigen Räume, die weder öffentlich noch privat sind, haben die Tendenz, Interaktionen entgegenzuwirken, da das Individuum die Interaktion weniger nach seinen eigenen Wünschen gestalten kann. Dies mag ein Rückzug aus dem öffentlichen Leben sein; jedermanns Raum ist niemandes Raum. In den Krankenhausstudien von Ittelson und anderen (1970 a,b) zeigte sich die materielle Privatsphäre als eine Voraussetzung für reichhaltiges soziales Interaktionsverhalten, weil sie den Patienten ein Umfeld zur Verfügung stellte, das die Möglichkeiten persönlicher Wahl vermehrte. Michelson (1970) fand heraus, daß dies im gleichen Maße auf ein etwas größeres Umfeld zutraf. Bei der Untersuchung sozialer Interaktionen zwischen Bewohnern eines Wohnprojektes in einer Vorstadt von Toronto ermittelte er, daß Hausfrauen mit offenen Räumen, die sie als ihr Eigentum definierten, selbst wenn sie sie nicht wirklich besaßen, mehr Menschen kannten, als Frauen, die nicht über solche Räume verfügten. Frauen, deren Kontakte an Orten stattfanden, die Michelson als das „Niemandsland" von Foyers und Fluren beschrieb, benutzten diese mit geringerer Wahrscheinlichkeit als Möglichkeiten für Sozialkontakte. Familien, die sich in solche gemeinsamen Orte teilten, hielten mit größerer Wahrscheinlichkeit „Abstand voneinander".

Wir haben zwei Dimensionen der Privatsphäre genannt, die für die Umweltplanung relevant sind: Freiheit von unerwünschtem Eindringen und Freiheit, die Zeit und den Ort der Kommunikation zu bestimmen. Eine dritte Dimension betrifft die instrumentellen Ziele des Individuums. Die offene architektonische Umwelt, ob es die Schule oder ein Büro ist, läßt häufig als einzige Form der Privatsphäre die Fantasie gelten. Doch kann diese Form der Flucht manchmal mit den Berufs- oder Ausbildungszielen in Konflikt geraten. Wir haben erwähnt, daß einige Schulen dem Kind erziehungsrelevante Räume anbieten, in die es sich konkret zurückziehen kann und wo die Privatsphäre in Form von Zielen bedeutungsvoll wird. In Großraumbüros, wo die Beschäftigungen der Angestellten ständig aufeinander bezogen sind, mag eine Gruppe von Angestellten Aktenschränke und Regale so anordnen, daß sie einen Privatraum schaffen. Doch dies ist nur von geringer Bedeutung, wenn die Umordnung der Hilfsmittel dem Individuum oder der Gruppe nicht hilft, die Privatsphäre für ihre berufliche Leistung auszuwerten. Umgekehrt mag ein Mensch, der allein in einem Büro arbeitet, dieses kaum als seine Privatsphäre empfinden, wenn seine Stellung bedingt, daß andere ungehinderten Zugang zu ihm haben. Die „private" Einzelzelle in einem Gefängnis ist gewöhnlich für außerordentliche Bestrafungen gedacht. Hier, wie in vielen Fällen, schließt das Umfeld wirkliche Privatsphäre aus, die sich nur einstellt, wenn eine Wahl der Umwelten möglich ist. Unter der planerischen Perspektive, die vollständiger in Kapitel 11 erörtert werden wird, muß die Umwelt Wahlmöglichkeiten anbieten; der Mensch bestimmt, wie diese zu verwenden sind, damit das Gleichgewicht zwischen Privatsphäre und Kommunikation hergestellt wird, das zu einem bestimmten Zeitpunkt wünschenswert erscheint.

In diesem Kapitel wurde der soziale Interaktionsprozeß unter dem Gesichtspunkt der Umwelt erforscht. Zu diesem Zweck wurden vier Konstrukte ausführlich betrachtet: persönlicher Raum, Territorialität, Massierung und Privatsphäre. Sie sollen nicht an sich das Verhalten erklären. In unserem Zusammenhang sind sie deskriptiv und insofern für das Verständnis der Weise von Nutzen, in der bestimmte individuelle und kollektive Verhaltensformen von den materiellen Eigenschaften des Umfeldes und denjenigen Personen, die sich in ihm befinden, beeinflußt werden.

Vier Punkte können zu einer Erklärung dieser Beziehung beitragen: (1) Die individuellen Züge und die sozialen Erfahrungen, die die Person in ein Umfeld einbringt, beeinflussen seine Reaktion auf Umweltvariablen. Kurzum, der Mensch wird zu dem Zweck sozialisiert, sich in Beziehung zu bestimmten materiellen Umwelten und den Menschen in ihnen angemessen zu verhalten. Wir haben dieses Verhalten in der Terminologie soziokultureller Normen beschrieben. (2) Die oben erörterten Konstrukte stehen in einer weit verflochtenen Wechselbeziehung. Ein jedes beeinflußt in gewissem Maße die Art und Weise, wie die anderen erfahren werden. (3) In beträchtlichem Maße werden sie habituell, und im Laufe der Zeit scheinen sie „natürliche" Verhaltensweisen in bestimmten Situationen zu sein. Sie werden nämlich gewöhnlich durch häufigen Kontakt mit anderen erlernt. (4) Man bedient sich dieser Verhaltensweisen nicht einfach um ihrer selbst willen, sondern um seine *Wahlfreiheit* zu maximieren, die der Erreichung bestimmter Ziele dient (siehe Proshansky u. a. 1970). Insofern sind Räume und die Objekte in einem Umfeld zugleich Kontext und Mittel zu einem Zweck. Das Umfeld, das alternative Weisen bereithält, um primäre und Ersatzzwecke zu realisieren, bietet dem Individuum die größte Wahlfreiheit. In diesem Sinne können wir von dem ökologischen oder „räumlichen" Verhalten des Menschen in Beziehung zur Umwelt sprechen. Wahlfreiheit scheint ein wertvoller Begriff zu sein, der viele andere Termini und Verhaltensweisen zusammenfaßt, organisiert und klärt. Ob die Privatsphäre nun durch die Strukturierung der materiellen Umwelt oder durch die Weise erreicht wird, in der eine Person sich zu anderen, die ständig anwesend sind, in Beziehung setzt, ihre grundlegende Eigenschaft ist in der Möglichkeit zu sehen, die Wahlfreiheit des Individuums zu maximieren. Dieses Vermögen ist im Zusammenhang mit territorialem Verhalten nicht weniger evident. In dem Maße, in dem ein Individuum einen gegebenen räumlichen Bereich oder ein Objekt beanspruchen und sichern kann, maximiert es seine Wahlmöglichkeiten hinsichtlich dieses Bereiches oder Objektes. Wenn es die verfügbaren Alternativen kontrolliert, kann es sich Zurückgezogenheit sichern und andere relevante Bedürfnisse befriedigen. Eine Invasion seines Territoriums reduziert beispielsweise seine Wahlfreiheit. In ähnlicher Weise können Individuen in einem Umfeld so zahlreich werden, daß die Situation als Massierung empfunden wird, wobei nicht unbedingt bewußt wahrgenommen werden muß, daß die eigene Wahlfreiheit dadurch reduziert wird. Eine ähnliche Situation stellt die Isolation dar. Obwohl wir uns nicht systematisch mit der Isolation beschäftigt haben, dürfte doch klar sein, daß auch sie eine Bedingung reduzierter Wahlmöglichkeiten für das betroffene Individuum bedeutet. Ob es sich um den Marineangehörigen handelt, der sich in einem isolierten experimentellen Umfeld befindet, oder um Arktisbewohner, die einen langen Winter erleben, in jedem Falle wird die Wahlfreiheit eingeschränkt.

Mit solcher Freiheit wird jedoch mehr bezeichnet als nur die Eigenschaften des Umfeldes. Es lassen sich Umfelder vorstellen, die eine große Vielfalt von Bedürfnissen zu befriedigen scheinen, die jedoch eher stereotype und beschränkte Reaktionen bei den Insassen hervorrufen. Andere Menschen können in ihnen jedoch ein maximales Spektrum von Möglichkeiten wahrnehmen. Freiheit ist folglich zugleich eine Funktion des Umfeldes und der Eigenschaften der Person, die es befähigen, die potentielle Nützlichkeit dieses Umfeldes für die Befriedigung seiner Bedürfnisse wahrzunehmen – oder nicht wahrzunehmen. Dies bedeutet nicht, daß Umweltfreiheit ohne andere Verhaltensrestriktionen vorkommt – den formellen und informellen Regeln und Regulationen, die die Verwendung eines Ortes steuern. Dennoch ist gerade die *Umwelt*komponente der freien Wahl meist außer acht gelassen worden.

Wir haben uns hier mit dem Prozeß beschäftigt, mittels dessen Menschen sich selbst so in einem Umfeld placieren, daß sie es genau erkennen und sich frei in ihm bewegen können, um ihre Ziele erreichen zu können. Eine vertraute Umwelt, in der das Individuum routiniert bestimmte Bedürfnisse befriedigt, wird wahrscheinlich keine ständige Anpassung erfordern. Ein neues Umfeld dagegen oder ein vertrautes Umfeld, das sich verändert, wird den Versuch auslösen, die eigene Beziehung zum Umfeld derart zu reorganisieren, daß die Wahlfreiheit maximiert wird. Wenn dies nicht möglich ist, können die verschiedensten Probleme auftreten, Probleme, die im allgemeinen mehr mit anderen Menschen als mit der Umwelt zu tun haben.

Wenige Umwelten sind statisch. Veränderungen in Licht, Ton und Temperatur können das Bedürfnis nach Anpassung entweder heben oder senken und korrespondierend auf die Wahlfreiheit einwirken. Wenn ein Sitzungssaal unzulänglich beleuchtet ist, können die Teilnehmer unter Umständen nicht in der Lage sein, ihre Aufzeichnungen zu lesen; sie sind möglicherweise nicht fähig, die Expressionen und Gebärden anderer zu sehen, die für die nichtsprachliche Kommunikation konstituierend sind. Wenn viele Menschen zusätzlich in einen Raum hinein können, kann dies die Möglichkeit einschränken, eine bestimmte Beschäftigung weiterzuführen. Gleichzeitig können Änderungen vorgenommen werden, wenn die Struktur des Umfeldes ein erstrebtes Verhalten ausschließt. So wird die Spannweite verfügbarer Wahlmöglichkeiten vergrößert. Es ist jedoch anzumerken, daß jede Erweiterung der Möglichkeit durch Umweltmanipulation die Möglichkeit anderer Wahlen beschränkt. Optimale Freiheit in einem bestehenden Umfeld wird durch die Interaktion des Individuums mit anderen Personen, Orten und Dingen erreicht – Interaktionen, die impliziert werden durch die Begriffe des personalen Raumes, der territorialen Präferenzen, der Massierung und des Bedürfnisses nach Privatsphäre. Sowohl soziale Rollen wie individuelle Unterschiede wirken auf die Weise ein, in der jemand diesen Prozeß der Zielerreichung erfährt. Viele unterschiedliche Strategien und Pläne können bei dem Versuch, die Wahlmöglichkeiten zu maximieren, angewendet werden. Die generelle Aufgabe dieses Kapitels war, einen Überblick zu geben über die verschiedenen sozialen Beschränkungen, die die Freiheit eines Menschen in einem Umweltkontext erfahren kann.

Literaturnachweise

Aiello, J. R., & Jones, S. E. Field study of the proxemic behavior of young school children in three subcultural groups. *Journal of Personality and Social Psychology*, 1971, *19*, 351–356.

Altman, I., & Haythorn, W. The ecology of isolated groups. *Behavioral Science*, 1967, *12*, 169–181. (Nachgedruckt in H. M. Proshansky et al. [Hrsg.], *Environmental psychology: Man and his physical setting*. New York: Holt, Rinehart and Winston, 1970. S. 226–239.)

Ardrey, R. *The territorial imperative*. New York: Atheneum, 1966.

Argyle, M., & Dean, J. Eye contact, distance and affiliation. *Sociometry*, 1965, *28*, 289–304.

Athanasiou, R., & Yoshioka, G. A. The spatial character of friendship formation. *Environment and Behavior*, 1973, *5*, 43–65.

Bidermann, A. D., Louria, M., & Bacchus, J. *Historical incidents of extreme overcrowding*. Washington, D. C.: Bureau of Social Science Research, Inc., 1963.

Brown, R. *Social psychology*, New York: Free Press, 1965.

Calhoun, J. B. Population density and social pathology. *Scientific American*, 1962, *206*, 139–148.

Calhoun, J. B. The role of space in animal sociology. *Journal of Social Issues*, 1966, *22* (4), 46–59. (Nachgedruckt in H. M. Proshansky et al. [Hrsg.], *Environmental psychology: Man and his physical setting*. New York: Holt, Rinehart and Winston, 1970. S. 195–202.)

Calhoun, J. B. Space and the strategy of life. *Ekistics*, 1970, *29*, 425–437.

Canon, L. K., & Mathews, K. E., Jr. The influence of ambient noise level on the body buffer zone. Unveröffentl. Manuskript, University of New Hampshire, 1973.

Chermayeff, S., & Alexander, C. *Community and privacy: Toward a new architecture of humanism*. New York: Doubleday, 1963.

Christian, J. J., Flyger, V., & Davis, D. E. Factors in mass mortality of a herd of sika deer *(cervus nippon). Chesapeake Science,* 1960, *1,* 79–95.

Cook, D. A. Cultural innovation and disaster in the American city. In L. J. Duhl (Hrsg.), *The urban condition: People and policy in the metropolis.* New York: Basic Books, 1963. S. 87–93.

Deutsch, M., & Collins, M. E. *Interracial housing: A psychological evaluation of a social experiment.* Minneapolis, Minn.: University of Minnesota Press, 1951.

Esser, A. H., Chamberlain, A. S., Chapple, E. D. & Kline, N. S. Territoriality of patients on a research ward. In J. Wortis (Hrsg.), *Recent advances in biological psychiatry,* 1965, *7,* 36–44. (Nachgedruckt in H. M. Proshansky et al. [Hrsg.], *Environmental psychology: Man and his physical setting,* S. 208–214.)

Felipe, N. J., & Sommer, R. Invasion of personal space. *Social Problems,* 1966, *14,* 206–214.

Feshbach, S. & Feshbach, N. Influence of the stimulus object upon the complementary and supplementary projection of fear. *Journal of Abnormal and Social Psychology,* 1963, *66,* 498–502.

Festinger, L., Schachter, S., & Back, K. *Social pressures in informal groups: A study of human factors in housing.* Stanford, Calif.: Stanford University Press, 1950.

Freedman, J. L. The effect of crowding on human behavior. New Work: Unveröffentl. Manuskript, Columbia University, o. J.

Freedman, J. L., Klevansky. S., & Ehrlich, P. R. The effect of crowding on human task performance. *Journal of Applied Social Psychology,* 1971, *1,* 7–25.

Fry, A. M. & Willis, F. N. Invasion of personal space as a function of the age of the invader. *The Psychological Record,* 1971, *21,* 385–389.

Gans, H. The balanced community. *Journal of the American Institute of Planners,* 1961, *27,* 176–184.

Garfinkel, H. Studies of the routine grounds of everyday activities. *Social Problems,* 1964, *11,* 225–250.

Grant, S. S. Spatial behavior and caste membership in some North Indian villages. Unveröffentl. Dissertation, City University of New York, 1971.

Griffitt, W., & Veitch, R. Hot and crowded: Influences of population density and temperatures on interpersonal affective behavior. *Journal of Personality und Social Psychology,* 1971, *17,* 92–98.

Hackett, B., & Sun, A. Communal architecture and social structure. In W. J. Mitchell (Hrsg.), *Environmental design: Research and practice-Proceedings of the EDRA 3/AR 8 Conference.* Los Angeles: University of California Press, 1972.

Hall, E. T. *The hidden dimension.* Garden City, N. Y.: Doubleday, 1966.

Hearn, G. Leadership and the spatial factor in small groups. *Journal of Abnormal and Social Psychology,* 1957, *54,* 269–272.

Hediger, H. *Wild animals in captivity.* New York: Dover, 1964.

Hediger, H. *The psychology and behavior of animals in zoos and circuses.* New York: Dover, 1968. (Deutsch: *Beobachtungen zur Tierpsychologie im Zoo und im Zirkus.* Basel: Reinhardt, 1961.)

Higman, S. Level of living indexes: Five metropolitan case studies. *Ekistics,* 1971, *32,* 32–40.

Horowitz, M. J., Duff, D. F., & Stratton, L. O. Body buffer zone: Exploration of personal space. *Archives of General Psychiatry,* 1964, *11,* 651–656. Nachgedruckt als Personal space and the body-buffer zone. In H. M. Proshansky et al. (Hrsg.), *Environmental psychology: Man and his physical setting.* New York: Holt, Rinehart and Winston, 1970. S. 214–220.

Howard, H. E. *Territory in bird life.* London: J. Murray 1920.

Hutt, C. & Vaizey, M. J. Differential effects of group density on social behavior. *Nature,* 1966, *209,* 1371–1372.

Ittelson, W. H., Proshansky, H. M., & Rivlin, L. G. A study of bedroom use on two psychiatric wards. *Hospital and Community Psychiatry,* 1970a, *21,* 177–180.

Ittelson, W. H., Proshansky, H. M., & Rivlin, L. G. Bedroom size and social interaction of the psychiatric ward. *Environment and Behavior,* 1970b, *2,* 255–270.

Jones, S. E., & Aiello, J. R. Proxemic behavior of black and white first, third and fifth grade children. *Journal of Personality and Social Psychology,* 1973, *25,* 21–27.

Jourard, S. M. Some psychological aspects of privacy. *Law and Contemporary Problems,* 1966, *31,* 307–318.

Kleck, R. Physical stigma and task oriented interactions. *Human Relations,* 1969,*22,* 53–60.

Kuper, L. Neighbour on the hearth. In L. Kuper (Hrsg.), *Living in towns,* London: The Cresset Press, 1953.

Laufer, R. S., & Wolfe, M. Privacy as an age-related concept. Referat auf der Tagung der American Psychological Association, Montreal, August, 1973.

Leavitt, H. J. Some effects of certain communication patterns on group performance. *Journal of Abnormal Social Psychology,* 1951, *46,* 38–50.

Leibmann, M. The effects of sex and race norms on personal space. *Environment and Behavior,* 1970, *2,* 208–246.

Lewis, O. *Five families.* New York: Basic Books, 1959.

Lewis, O. *The children of Sanchez.* New York: Random House, 1961.

Lewis, O. *La vida.* New York: Random House, 1965. (Deutsch: *La Vida.* Düsseldorf: Econ, 1971.)

Leyhausen, P. The communal organization of solitary mammals. In *Symposium of the Zoological Society of London,* 1965, No. 14, 249–263. (Nachgedruckt in H. M. Proshansky et al. [Hrsg.], *Environmental psychology: Man and his physical setting.* New York: Holt, Rinehart and Winston, 1970. S. 183–195.)

Lorenz, K. *On aggression.* New York: Harcourt, 1966. (Deutsch: *Das sogenannte Böse.* München: Deutscher Taschenbuchverlag, 1974.)

Lott, D., & Sommer, R. Seating arrangements and status. *Journal of Personality and Social Psychology,* 1967, *7,* 90–95.

Lucas, R. C. User concepts of wilderness and their implications for resource management. In *Western Resources Conference Book-New horizons for resources research: Issues and methodology.* Boulder, Colo.: University of Colorado Press, 1964. (Nachgedruckt in H. M. Proshansky et al. [Hrsg.], *Environmental psychology: Man and his physical setting.* New York: Holt, Rinehart and Winston, 1970. S. 297–303.)

Lymann, S. M., & Scott, M. B. Territoriality: A neglected sociological dimension. *Social Problems,* 1967,*15,* 236–249. (Nachgedruckt in R. Gutman [Hrsg.], *People and buildings.* New York: Basic Books, 1972. S. 65–82.)

McGrew, W. C. *An ethological study of children's behavior.* New York: Academic Press, 1972.

Michelson, W. *Man and his urban environment: A sociological approach.* Reading, Mass.: Addison-Wesley, 1970.

Osmond, H. Function as the basis of psychiatric ward design. *Mental Hospitals* (Architectural Supplement), 1957, *8,* 23–29. (Nachgedruckt in H. M. Proshansky et al. [Hrsg.], *Environmental psychology: Man and his physical setting.* New York: Holt, Rinehart and Winston, 1970. S. 560–569.)

Proshansky, H. M., Ittelson, W. H., & Rivlin, L. G. Freedom of choice and behavior in a physical setting. In H. M. Proshansky, W. H. Ittelson & L. G. Rivlin (Hrsg.), *Environmental psychology: Man and his physical setting.* New York: Holt, Rinehart and Winston, 1970. S. 173–138.

Proshansky, H. M. Visual and spatial aspects of social interaction and group process. Vortrag vor der Society for Human Factors, New York, 1971.

Roos, P. D. Jurisdiction: An ecological concept. *Human Relations,* 1968, *21,* 75–84. (Nachgedruckt in H. M. Proshansky et al. [Hrsg.], *Environmental psychology: Man and his physical setting.* New York: Holt, Rinehart and Winston, 1970. S. 239–246.)

Rothenberg, M., and the children of P.S. 3. Planning at P.S. 3. Unveröffentl. Manuskript, City University of New York, 1972.

Scheflen, A. E. Living space in an urban ghetto. *Family Process,* 1971, *10,* 429–450.

Schmitt, R. C. Implications of density in Hong Kong. *Journal of the American Institute of Planners,* 1963, *24,* 210–217.

Schorr, A. L. *Slums and social insecurity.* Washington, D. C.: U. S. Department of H.E.W., Social Security Administration, 1966.

Shils, E. Privacy: Its constitution and vicissitudes. *Law and Contemporary Problems,* 1966, *31,* 281–306.

Smith, W. M. Interaction characteristics of an isolated community. Referat bei der Tagung der Western Psychological Assocation, 1968.

Sommer, R., & Becker, F. D. Territorial defense and the good neighbor. *Journal of Personality and Social Psychology,* 1969, *11,* 85–92.

Steinzor, B. The spatial factor in face-to-face discussion groups. *Journal of Abnormal Social Psychology,* 1950, *45,* 552–555.

Strodtbeck, F. L., James, R. M., & Hawkins, C. Social status in jury deliberations. In E. E. Maccoby, T. M. Newcomb & E. L. Hartley (Hrsg.), *Readings in social psychology.* (Hrsg.) New York: Holt, Rinehart and Winston, 1958.

Strodtbeck, F. L., & Hook, L. H. The social dimensions of a twelve man jury table. *Sociometry,* 1961, *24,* 397–415.

Suttles, G. *The social order of the slum: Ethnicity and territory in the inner city.* Chicago: University of Chicago Press, 1968.

Taylor, D. A., Wheeler, L., & Altman, I. Stress relations in socially isolated groups. *Journal of Personality and Social Psychology,* 1968, *9,* 369–376.

Thomas, P. *Down these mean streets.* New York: Knopf, 1967.

Vischer, A. L. *Barbed wire disease.* London: John Bale and Davidson, 1919.

Weingarten, M. *Life in a kibbutz.* New York: Reconstructionist Press, 1955.

Westin, A. F. *Privacy and freedom.* New York: Atheneum, 1967.

Westin, A. J., & Baker, M. A. *Databanks in a free society: Computers, recordkeeping and privacy.* New York: Quadrangle Books, 1972.

Willis, F. Initial speaking distance as a function of the speakers' relationship. *Psychonomic Science,* 1966, *5,* 221–222.

Winkel, G. H., & Hayward, D. G. Some major causes of congestion in subway stations. Unveröffentlichtes Manuskript, City University of New York, 1971.

Winkel, G. H., & O'Mara, E. Personal communication, 1973.

Wolff, K. H. (Hrsg.) *The sociology of Georg Simmel.* New York: Free Press, 1950.

Argyle, M. *Social interaction.* New York: Atherton, 1969. (Deutsch: *Soziale Interaktion.* Köln: Kiepenheuer & Witsch, 1972.)

Birdwhistell, R. L. *Kinesics and context: Essays on body communication.* Philadelphia: University of Pennsylvania Press, 1970.

Brown, R. *Social psychology.* New York: Free Press, 1965.

Goffman, E. *Behavior in public places: Notes on the social organization of gatherings.* New York: Free Press, 1963.

Goffman, E. *Strategic interaction.* Philadelphia: University of Pennsylvania Press, 1969. (Deutsch: *Interaktionsrituale.* Frankfurt: Suhrkamp, 1971).

Hall, E. T. *The silent language.* New York: Doubleday, 1959.

McBride, G. Theories of animal spacing: The role of flight, fight and social distance. In A. H. Esser (Hrsg.), *Behavior and environment: The use of space by animals and man.* New York: Plenum, 1971.

Ruesch, J., & Kees, W. *Nonverbal communication.* Berkeley and Los Angeles: University of California Press, 1964.

Sommer, R. *Personal space: The behavioral basis of design.* Englewood Cliffs, N. J.: Prentice-Hall, 1969.

Wir haben bis hierher vor allem das Verhalten und die Erfahrungen von Individuen und Zusammenschlüssen von Individuen in gegebenen Kontexten diskutiert. Wir fragten, welche Faktoren in der materiellen Umwelt man darauf beziehen müsse, wie eine Person in bestimmten Situationen zu bestimmten Zeitpunkten denkt, fühlt oder handelt. In Kapitel 4 stellten wir uns auf den Standpunkt, daß das Verhalten und die Erfahrung der Person in der Wechselwirkung einer Vielzahl innerer und äußerer Faktoren verwurzelt sei. Einige dieser Faktoren können, wie wir in Kapitel 6 gesehen haben, sozialer Natur sein und sich auf die Sozialisationserfahrungen innerhalb bestimmter Gruppen gründen.

7
Die Entwicklung des Individuums und die Umwelt

Unsere Aufmerksamkeit soll jetzt nicht mehr der Erklärung von Verhaltensweisen in gegebenen materiellen Umfeldern zu gegebenen Zeitpunkten in bestimmten Kulturen gelten, sondern wir wollen betrachten, wie diese Verhaltensweisen zunächst überhaupt möglich wurden. Die entscheidenden Voraussetzungen für die Antwort auf diese Frage sind die internen und externen Einflüsse, die sich im Laufe der Zeit auswirken und die das Verhalten und die Erfahrung zu einer bestimmten Identität zusammenfügen. In Kapitel 4 wurde darauf hingewiesen, daß viele der Faktoren, die das Verhalten in einer gegebenen Situation beeinflussen, überdauernde Tendenzen sind – Interessen, Werte, Einstellungen und Züge eines bestimmten Temperamentes. Die Person bringt sie in die jeweilige Situation ein. Hier wollen wir uns fragen, wie und in welchem Ausmaße diese überdauernden Tendenzen durch die kontinuierliche Interaktion des Menschen mit der Umwelt geformt werden.

Also selbst das „Verhaltensumfeld", das unsere Handlungen möglicherweise in Übereinstimmung mit den Erfordernissen eines bestimmten Milieus reguliert, kann die individuellen Unterschiede innerhalb des Umfeldes nicht erklären – warum manche Schüler schneller oder kooperativer als andere lernen; warum Bill beim Tanzabend des Country Clubs zuviel trinkt, während Bob ein Muster an Mäßigkeit ist; kurzum, warum verschiedene Personen das gleiche Umfeld in sehr unterschiedlicher Weise verwenden, wobei sie dennoch den vom Umfeld vorgeschriebenen Verhaltensmustern entsprechen. Offensichtlich gibt es für solche Unterschiede eine ganze Reihe von Erklärungen. Vielleicht fühlt sich Bob ganz einfach nicht wohl; andererseits kann seine Abstinenz auch prinzipielle Gründe haben. Wenn dem so ist, kann es der Tatsache zu verdanken sein, daß er in einem sehr strengen familiären Umfeld aufgewachsen ist, wo Trinken als Sünde angesehen wurde. In jeder Situation reflektiert unser Verhalten den Personentypus, den wir darstellen, und dieser beruht seinerseits auf der elterlichen Erziehung, der sozioökonomischen Klasse, zu der wir gehören, den Werten unserer Gesellschaften, unserer religiösen und ethnischen Herkunft, dem Einfluß bedeutender Persönlichkeiten auf unser Leben, den Zufällen des Schicksals, unseren Zielen für die nähere oder fernere Zukunft, der Ausbildung, die wir absolviert haben, den Normen der Gesellschaft, in der wir leben, und auf einer Reihe weiterer Faktoren. Sie alle sind in einem sehr allgemeinen Sinne Teile unserer Umwelt.

Solche Einflüsse wirken lange auf unsere Entwicklung ein, sie beginnen mit der Geburt und begleiten uns in vielen Fällen durch unser Leben. Wir rechnen diese Einflüsse der *Entwicklung* zu, weil sie lange Zeiten überdauern und zur Entwicklung der Gesamtperson beitragen, sowohl zu der des Individuums, das eine besondere genetische Begabung und erworbene Fertigkeiten und Eigenschaften hat, wie auch des sozialen Wesens, das mit anderen zusammenleben und zusammenarbeiten muß. Ob diese Faktoren nun einer organisierten oder institutionellen Umwelt (wie dem Zuhause oder der Schule) angehören oder ob sie in Form allgemein akzeptierter Sitten vorliegen, die wir einfach deshalb anerkennen, weil sie unsere besondere Kultur völlig durchdringen, in jedem Fall kommt ihrem Vorhandensein entscheidende Bedeutung für den Prozeß zu, in dem unsere Persönlichkeit, unser Charakter und unsere Identität als Individuum geformt wird.

Unser Interesse gilt hier jedoch nicht der Entwicklung des Individuums an sich. Anders als meist bei der Erörterung der Entwicklung werden wir uns in unserer Analyse eher den besonderen und gewöhnlich vernachlässigten Einflüssen der Eigenschaften materieller Umfelder zuwenden und uns weniger mit biologischen, sozialen, kulturellen und besonderen persönlichen Einflüssen beschäftigen. Natürlich werden auch diese letzteren Gesichtspunkte in unsere Erörterung einzubeziehen sein, weil materielle Umfelder – wie wir annehmen – durch soziale und kulturelle Systeme definiert werden, die dem Individuum ihre Bedeutung und ihre Zwecke präsentieren und damit seine Existenz umreißen. Doch wir werden uns weder mit diesen Systemen unmittelbar beschäftigen noch sie in irgendeiner ausführlichen Weise behandeln. Wir wollen nicht fragen, wie unterschiedliche elterliche Erziehungsstile die Entwicklung des Kindes beeinflussen, sondern wie Eltern Umwelten verwenden, um ihre Kinder zu disziplinieren und welche Rolle die Umwelt in dem Prozeß spielt. Hat ein Familienhaushalt, dessen Wohnstruktur die Bestrafung des Kindes zu einem öffentlichen Ereignis macht, andere Konsequenzen auf die Erziehung als ein Haushalt, der die Bestrafung als privates Ereignis ablaufen läßt? Wird die Umwelt von den Eltern dazu verwendet, Kontrolle auszuüben, verbannen sie das Kind zur Strafe in sein Zimmer oder dringen sie zur Überwachung in seine Privatsphäre ein?

Die Erörterung in den vorhergehenden Kapiteln veranlaßt uns, die Wirkungen materieller Umfelder in den aufeinanderfolgenden Stadien der individuellen Entwicklung gemäß dreier Einflußtypen zu gruppieren. Erstens beeinflussen materielle Umfelder, ihre räumlichen Eigenschaften, ihre organisatorischen Konfigurationen und andere verwandte Eigenschaften (Objekte, Farben, sich vollziehende Aktivitäten) das raumbezogene Verhalten und die raumbezogene Erfahrung der Person. Diese Eigenschaften haben also Bedeutung für die Arten von Dispositionen und Tendenzen, die das Individuum in der Erkenntnis, Verwendung und Erfahrung bestimmter materieller Umfelder entwickelt. Das Kleinkind, das beispielsweise in einer überfüllten Wohnung lebt, sein Schlafzimmer mit seinen Geschwistern teilt, wird wahrscheinlich anders auf den eingeschränkten und mit vielen geteilten Raum eines überfüllten Klassenzimmers reagieren als das Kind aus einem geräumigeren Haushalt.

Die Erfahrungen mit materiellen Umfeldern während des Sozialisationsprozesses haben nicht nur für die räumlichen Tendenzen und Merkmale einer Person Konsequenzen. Sie beeinflussen auch soziale, intellektuelle und temperamentmäßige Dispositionen, die über die Verwendung einer bestimmten Umwelt hinausgehen. Unser Beispiel, in dem das Haus ein Faktor im elterlichen Erziehungsstil, für die Reaktionen des Kindes und für sein Verhalten in der Schule war, gehört in diesen Zusammenhang.

Schließlich gibt es eine dritte Art der Einflußnahme. Eine unserer früher dargelegten Annahmen hinsichtlich der Beschaffenheit der Umwelt erfaßt das Individuum als eine Komponente der Umwelt, die auf sie einwirkt und auf die alle anderen Komponenten der Umwelt einwirken. Wenn die Menschen ihre Umfelder beeinflussen, wenn sie sie verändern, sorgen sie beispielsweise für die Rückmeldung möglicher Entwicklungskonsequenzen. Wenn so die frühe Lebenserfahrung das Bedürfnis nach einer bestimmten Form der Privatsphäre als überdauernde Tendenz fest verankert, ist es sehr wahrscheinlich, daß sie auf die Spiel- und Wohnumfelder übertragen wird, die es sich in seinem späteren Leben wählt oder schafft. Ein Nachbar sagte zu einem der Autoren: „Ich komme aus einem Hause, wo eine gewisse Privatsphäre selbst für die Kinder ein Recht und kein Privileg darstellte. Nun können Sie verstehen, warum ich soviel Wert darauf lege, daß hohe Hecken mein Haus umgeben."

Ein Bezugsrahmen

Nach der Natur und dem Prozeß individueller Entwicklung fragen, heißt, sich der Vielfalt und Komplexität menschlicher Existenz gegenüberzusehen. Bis hierher haben wir uns bemüht, unsere Aufgabe dadurch zu lösen, daß wir uns auf der Seite der Umwelt mit dem Einfluß materieller Umfelder und ihrer charakteristischen Eigenschaften beschäftigt haben; und auf der Seite der Personen haben wir die materiell orientierten Tendenzen und die sozial orientierten Einstellungen, Gefühle und Bedürfnisse gegenüber dem Selbst und anderen betrachtet. Es mag nützlich sein, die menschliche Entwicklung in anderer Weise zu beschreiben.

Die menschliche Entwicklung ist ein kontinuierlicher Prozeß. Üblicherweise stellt man sich diese Entwicklung als eine Folge sukzessiver Stadien vor, deren Bezeichnung sich gewöhnlich nach den bedeutsamen, kulturell verankerten Phasen in der Existenz eines jeden Individuums richtet. In unserem Zusammenhang werden wir besonderen Wert auf jene Phasen legen, die für unser vorrangiges Interesse am materiellen Umfeld relevant sind. Dabei wird man sicherlich unsere Meinung teilen, daß zwei Phasen im normalen Lebenslauf einer Person besonders bedeutsam sind, weil das Individuum in ihnen weniger Möglichkeiten hat, auf das materielle Umfeld zu reagieren und es zu verwenden: Säuglings- und Kleinkindalter und die Phase des „hohen Alters". In diesen beiden Phasen müssen die Individuen außerdem auf einen gewissen Teil ihrer Macht verzichten, ihre Umfelder zu kontrollieren. Deshalb werden die Umfelder des Säuglingsalters und des hohen Alters in diesem Kapitel ausführlicher behandelt werden. Diese Unterteilungen werden in erster Linie aus analytischen Gründen vorgenommen. Selbst während der späten Adoleszenz und während des frühen Erwachsenenalters entwickelt das Individuum weiterhin physische Fähigkeiten, die es befähigen, mit materiellen Umfeldern fertigzuwerden und ihnen seine Forderungen aufzuzwingen. Ähnlich ist es sehr wahrscheinlich, daß mit Ausnahme derer, die besondere Anstrengungen unternehmen, den ersten Anzeichen des Alterns entgegenzuwirken, die Personen, die die vierzig gerade überschritten haben, mehr Schwierigkeiten als in früheren Jahren empfinden werden, Treppen zu steigen oder in einem verrauchten Zimmer bzw. einer Stadt voller Smog zu arbeiten.

In der folgenden Erörterung werden wir uns mit vier Phasen in der Chronologie des menschlichens Lebens befassen: Säuglingsalter, Adoleszenz, reife Jahre und „hohes Alter", wobei wir uns allerdings besonders jenen Phasen zuwenden werden, für die umweltbezogene Evidenz und Daten verfügbar sind. Bevor wir uns jedoch an diese Aufgabe machen, ist das Bezugssystem der Entwicklung noch genauer auszuarbeiten. Auf der individuellen oder der Reaktionsseite unseres Bezugssystems haben wir bereits unser Interesse an der Entwicklung zweier Typen überdauernder menschlicher Tendenzen deutlich zum Ausdruck gebracht. Dabei handelt es sich (1) um die Bedürfnisse, Einstellungen, Werte und Verhaltensprädispositionen, die unmittelbar auf die Natur und die Verwendung materieller Umfelder zu beziehen sind, und (2) um die korrespondierenden Tendenzen, die sich auf das Selbst und andere richten, die sich also eher Menschen als Orten zuwenden. Überall in diesem Buch haben wir – gemessen an der Weise, in der der Mensch und seine Umwelt gewöhnlich erörtert werden – das Figur-Grund-Verhältnis umgedreht. Entsprechend unseren Zwecken ist die materielle Umwelt die Figur, ihren Hintergrund konstituieren die kulturellen, sozialen und psychologischen Systeme, die diese Umwelt etablieren, definieren und aufrechterhalten.

In unserer Analyse kann das materielle Umfeld in seiner Beziehung zur menschlichen Entwicklung zumindest auf zwei Ebenen betrachtet werden. Um größerer Klarheit willen unterscheiden wir zwischen den *Planeigenschaften* des Umfeldes und seinen *Bedeutungseigenschaften*. Als Planeigenschaften bezeichnen wir materielle Eigenschaften wie Länge, Größe, Form, Distanz, Objekte, Beziehungen zwischen diesen Eigenschaften und eine Reihe weiterer, Bedeutungseigenschaften sind Namen, Rollen, Menschen, Aktivitäten, Ereignisse, Vorstellungsinhalte, Zwecke, Gefühle, Überzeugungen, Werte und Einstellungen, die generell mit einem Umfeld assoziiert werden, das über bestimmte Planeigenschaften verfügt. In gewisser Hinsicht repräsentieren die Planeigenschaften die „geographische Umwelt", jene Aspekte des Umfeldes, die unabhängig von der wahrnehmenden Person im Unterschied zu jenen vorhanden sind, die nur aufgrund der ihnen durch den Menschen zugeschriebenen Bedeutungen existieren. Natürlich werden alle Eigenschaften eines Umfeldes, ob es sich um jene des Plans oder der Bedeutung handelt, notwendigerweise von dem Menschen als einem wahrnehmenden Organismus verarbeitet. Wie wir jedoch oben bereits vorausgesetzt haben, ähnelt sich das, was verarbeitet wird, und das, was „dort draußen" ist, weitgehend, wenn nicht ganz, weil die Dimensionen materieller Umfelder klar, offen zugänglich und objektiv sind. Überdies rufen bestimmte materielle Umfelder mit festgelegten Planeigenschaften häufig Bedeutungseigenschaften wach, die in meßbaren oder objektiven Merkmalen des Umfeldes verankert zu sein scheinen. Gemeinsame Erfahrungen, Zwecke und Verwendungen veranlassen uns, ein 15 cm langes Holzstück, das Zahlen und Markierungen in gleichen Abständen trägt, als ein Lineal wahrzunehmen, als wäre ihm diese „Bedeutungs"-Eigenschaft in der gleichen Weise inhärent wie die Tatsache, daß ein 15 cm langes Holzstück, das dünn und 1 1/2 cm breit ist, eher für länglich als für rund gehalten wird.

Die Wechselbeziehung zwischen Plan- und Bedeutungseigenschaften ist axiomatisch. Dennoch üben beide von sich aus unabhängige Macht und unabhängigen Einfluß aus. Wenn Bedeutungen – Interpretationen, Einstellungen und das innere Leben – das Verhalten und die Erfahrung der Person unabhängig von den „realen" oder Planeigenschaften eines Umfeldes beeinflussen können, hat nicht nur diese Einflußnahme ihre Grenzen, sondern die Planeigenschaften haben auch ihrerseits Folgen für die Erfahrung und das Verhalten der Person, wobei sie sich dessen manchmal bewußt ist und manchmal nicht. Es ist *eine* Sache, sich vorzustellen, daß man durch die Wand eines Zimmers geht, und eine andere Sache, es zu tun; und die Frage, wo, wie und mit wem wir in einem Zimmer sitzen, kann teilweise von einer Vielzahl von Planeigenschaften determiniert werden, deren wir uns nicht bewußt sind.

Diese Perspektive hilft uns, die Vielzahl von Einflüssen zu verstehen, die auf Menschen einwirken, die in radikal unterschiedlichen Umwelten aufwachsen – etwa in einem abgelegenen Dorf auf dem Land oder in der städtischen Metropole. Ganz offensichtlich erfährt das Farmkind nicht die gleiche Welt wie das Stadtkind; jedes von ihnen erwirbt eine bestimmte Ortsidentität, das Empfinden, daß es zu einer bestimmten Art von Örtlichkeit gehört. Diese erwirbt es auf der Grundlage dessen, was ihm die ländliche Umgebung oder die Stadtlandschaft mitteilt. Das aufwachsende Kind lernt aus der Begegnung mit der Kultur der Welt, die es umgibt. Die Beispiele erstrecken sich von der extremen Einfachheit des Angehörigen bestimmter Mennonitensekten mit ihrem Ethos harter Arbeit, Selbstverleugnung und Sparsamkeit bis hin zu dem demonstrativen Wohlstand der Vorstädte. Hieran sehen wir, daß das materielle Umfeld solche Werte nicht eigentlich schafft, sondern sie verstärkt. Menschen in der Umwelt – Eltern, Großeltern, Lehrer, Persönlichkeiten des öffentlichen Lebens – bestimmen, welches besondere Wertsystem jeweils in Anspruch genommen wird, und ein gut Teil dieses Wertsystems bezieht sich auf Aspekte der materiellen Umwelt. Doch es gibt einen Punkt, an dem diese Umwelt selbst zum Lehrer wird. Für die meisten Kinder spielt die Frage, welche Gelegenheit das Umfeld zur Verfügung stellt (oder welche in ihm fehlen), eine wichtige Rolle für ihre soziale und intellektuelle Entwicklung.

Wir können den Beweis hierfür in den zahlreichen Untersuchungen finden, die zur Schulleistung von Slumkindern vorliegen. In den meisten Fällen ist es sehr schwierig, wenn nicht sogar unmöglich, die sozialen und materiellen Aspekte des Umfeldes auseinanderzuhalten. Obgleich nicht bewiesen ist, daß die materiellen Elemente des Slums die primären Ursachen für schlechtere Leistung oder Versagen sind, ist es sehr gut möglich, daß das Aufwachsen inmitten verfallender Gebäude und abfallübersäter Straßen dem Kind von Anfang an das Gefühl des Versagens vermittelt. Der ständige Anblick solcher Bedingungen und die sozialpathologischen Erscheinungen, die sie oft begleiten, können ein Kind sehr wohl dazu veranlassen, sich selbst im wesentlichen genauso zu bewerten wie sein Umfeld. Die Folge kann darin bestehen, daß es seine Erwartungen hinsichtlich dessen einschränkt, was es erreichen kann (Schorr 1966; Irelan 1967). Versagen wird ansteckend; die materielle Umwelt spiegelt die soziale Umwelt wider und verstärkt sie, indem sie den sozialökonomischen Status der Insassen definiert und sie mit einer Ghettoidentität versieht, die – allgemein gesprochen – unglückliche Konsequenzen zeigt.

Auch die unmittelbare oder häusliche Umwelt ist aufgrund der Arten von Gelegenheiten, die sie anbietet oder vorenthält, für das Kind in der Entwicklung von entscheidender Bedeutung. Eine Untersuchung (New York Times, 13. September 1970) an 16 000 Kindern in England, Schottland und Wales stellte eine Verbindung zwischen schlechter Schulleistung – besonders im Lesen und Rechnen – und engen häuslichen Bedingungen fest. Die Soziologen Peter Wedge und Jane Petzing kamen zu dem Schluß, daß der Mangel an Komfort zu Hause, vor allem das Fehlen von heißem Wasser und Toiletten in der Wohnung, zum „Gefühl des Unbehagens oder der Entfremdung zwischen Eltern und Kindern" beitrage, das sich nachteilig auf die schulische Leistung auswirkt.

In dem Maße, in dem irgendeine Umwelt Anregungen oder Stimulationen liefert oder vorenthält, spielt sie eine entscheidende Rolle bei der Reifung des Individuums. Materielle Aspekte des Umfeldes wirken sich dabei nicht zuletzt als wichtige Faktoren aus, obgleich den abstrakten kulturellen Aspekten gemeinhin mehr Bedeutung zugeschrieben wird – zum Beispiel der intellektuellen Stimulation durch die Eltern. Auch Kultur schlägt sich im Umfeld nieder. Sie wird durch die Umwelt unterstützt. Sie präsentiert Bücher und einen ruhigen und gutbeleuchteten Ort, wo man sie lesen kann, Gemälde und Orte, wo sie betrachtet werden können, Platten, einen Plattenspieler und einen Ort, wo man Musik hören kann. Fehlen und Vorhandensein kultureller Anregung sind also relative Eigenschaften, die sich sowohl in materiellen als auch in interpersonalen Begriffen niederschlagen. Über das Zuhause hinaus kann kulturelle Anregung bedeuten, daß man über eine Vielzahl von Orten verfügt, um Erfahrungen zu sammeln: Ferienlager, Schulen, Gemeindezentren, Museen, lebendige Straßen oder zugängliche offene Räume.

Dabei findet fortwährend ein subtiler Vergleich statt. Während sich das Kind zu Hause und anderswo durch verschiedene Umfelder bewegt, lernt es gleichermaßen aus der Tatsache, daß es von manchen Umfeldern und Erfahrungen ausgeschlossen wird, wie aus den Umfeldern, die ihm offenstehen. Es lernt möglicherweise, daß das Wohnzimmer der Herrschaftsbereich seiner Eltern ist, daß der örtliche Spielplatz das Territorium einer Gang ist und daß der Tennisplatz der Bereich derjenigen ist, die sich den Beitrag leisten können.

Innerhalb dieser Umwelt versucht das Kind, seine eigenen Erfahrungen zu strukturieren; die Art des Umfeldes, innerhalb dessen es lebt, schränkt bestimmte Interaktionen ein und bietet Gelegenheit für andere. Wir brauchen nur die Erfahrungen von Huckleberry Finn mit seinem modernen Pendant „Manchild in the Promised Land" (Brown 1965) zu vergleichen, um zu sehen, wie die geographische und soziale Umwelt gemeinsam das Verhalten in äußerst unterschiedlicher Weise formen. Die Unterschiede lassen sich nicht allein anhand der Rassenzugehörigkeit erklären. In *Born Black* schreibt der schwarze Fotograf und Filmemacher Gordon Parks (1971), der in einer kleinen Stadt in

Kansas aufwuchs, von Erfahrungen, die denen von Huckleberry Finn viel verwandter als die von „Manchild" sind.

Fried und Gleicher (1961) beschreiben die Art und Weise, in der ein von ihnen untersuchtes städtisches Elendsviertel eine deutlich erkennbare soziale Identität verleiht, die auf engen Verwandtschaftsbanden, klar definierten Nachbarschaftsbeziehungen und darauf beruht, wie der materielle Raum in der Umgebung der Wohneinheit strukturiert ist. Sie kamen zu dem Ergebnis, daß die Bewohner eine stärkere Bindung oder ein stärkeres Gefühl der „Zugehörigkeit" gegenüber ihrem Gebiet empfinden, als es bei Mitgliedern der mobileren städtischen Mittelklasse der Fall ist, die in der Regel weniger Lokalpatriotismus für ihre Wohnumgebung aufbringt. Hier wird die Verwendung des Raumes zu einer wichtigen Norm für die Entwicklung von Einstellungen innerhalb der Gruppe.

Zusammenfassend können wir feststellen, daß die Arten von Umwelten, die die Entwicklung beeinflussen, die folgenden sind: Familie und Zuhause, soziale Klasse, ethnische Untergruppen, Schulen und Institutionen, die Gruppe der Gleichaltrigen und die Öffentlichkeit. *Sie alle sind in ein materielles Umfeld eingebettet und reflektieren es.* Durch die Interaktion mit diesen Umwelten macht das Kind kognitive, soziale und emotionale Fortschritte. In seinem Empfinden für das, „was es ist", erwirbt es mittels seiner Rollen als „Schüler", „ältester Sohn", „Pfadfinder" usw. Vorstellungen bestimmter Ortsidentitäten, die ihm durch das Haus, in dem es lebt, seine Wohnumgebung, die Beschaffenheit und die Größe seiner Gemeinde und durch seine sozioökonomische Schicht vermittelt werden. All diese Kräfte bestimmen mit, was für eine Person es wird.

Säuglingsalter und frühe Kindheit

Genaugenommen ist die erste Umwelt der Mutterleib. Die Entwicklung der Beziehung des Kindes zur Mutter verläuft nahezu ausschließlich räumlich, insofern die Gebärmutter einen Organismus beherbergt, der bereits eine lebende, wenngleich kaum eine menschliche Einheit mit einer Nervenorganisation und einer von der Mutter unabhängigen Blutversorgung ist. Im wesentlichen ist die Gebärmutter eine Raumkapsel, die einen genetisch kodierten Organismus mit Nahrung und, sozusagen, Wohnraum versorgt, bis er physisch in der Lage ist, allein in der Welt zurechtzukommen. Es ist leicht und vielleicht gefährlich, diese verhältnismäßig unbekannte Umwelt mit den verschiedensten Eigenschaften auszustatten. Es bedarf kaum des Hinweises, daß all dieses eine rein äußerliche Spekulation bleibt. Freud verstand die Gebärmutter als die Urgeborgenheit und behauptete, daß wir alle den Wunsch haben, in unserem späteren Leben dorthin zurückzukehren. Ob wir diese Meinung teilen oder nicht, es ist offensichtlich, daß die Gebärmutter das Symbol einer Zuflucht vor der äußeren Welt, die einzige ganz und gar menschliche Umwelt ist, die wir überhaupt kennen.

Für das Neugeborene wird seine Umwelt zur ersten Quelle, aus der es Lernerfahrungen über Objekte und Menschen bezieht. Für die meisten Kinder in den Vereinigten Staaten (in vielen anderen Ländern jedoch nicht) ist diese neue, externe Welt eine spezielle Institution – gewöhnlich das Krankenhaus. Diese Tatsache beschränkt und strukturiert die verfügbare Stimulation sofort. Der Säugling gerät aus der Gebärmutter in die professionelle Obhut Außenstehender, gewöhnlich aus den Händen des diensthabenden Arztes in die der Schwester, die es badet und für es sorgt, es als eines unter vielen in einem unpersönlichen Umfeld behandelt, wo individuellen Unterschieden kaum Rechnung getragen wird.

Die Wochenstation bedingt identische Akkommodationen und einen regelmäßigen Stundenplan fürs Füttern und Baden; normalerweise werden nur ungewöhnlich kleine Säuglinge oder solche mit besonderen Problemen abgesondert und unter modifizierten Bedingungen behandelt. Was an dieser Stelle entscheidend ist, ist nicht so sehr das emotionale Klima der Institution, sondern vielmehr die Tatsache, daß sie ein gleiches Umfeld für alle Säuglinge bereithält. Die Väter sehen ihre Kinder gewöhnlich durch die Glaswand der Säuglingstationen, die Mütter zu den Fütterungszeiten.

Wir können nur vermuten, welche Langzeiteffekte diese frühen Ordnungsmaßnahmen für das Neugeborene haben – vielleicht relativ wenige; möglicherweise wirkt sich diese Tatsache nämlich viel nachdrücklicher auf die Familienmitglieder aus, die die Gelegenheit hinausschieben müssen, etwas über ihr Neugeborenes als Individuum zu lernen. Es ist recht bemerkenswert, daß einige Wochenstationen heutzutage verschiedene Einquartierungsmöglichkeiten anbieten.

Wie immer auch die Umstände dieser Phase sein mögen, bald findet der Säugling Eingang in den Familienkontext, der seine Entwicklung während der nächsten Jahre formt. Er ist jedoch kein leeres Gefäß. Kinder werden mit einem umfangreichen Repertoire von Reflexhandlungen und individuellen Unterschieden geboren, zu denen auch eine beträchtliche Anregbarkeit durch externe Reize gehört.

Wenn Säuglinge nachdrücklich der Möglichkeit beraubt werden, ihre Welt zu entdecken, oder die sensomotorische Erfahrung dadurch zu strukturieren, daß sie die Objekte manipulieren, die sich in jeder kindlichen Umwelt normalerweise befinden, können ihnen daraus affektive, kognitive und soziale Nachteile erwachsen. Wir werden dies an anderer Stelle ausführlich erörtern. Hier möchten wir die „Ganzheit" oder „Einheit" dieser frühen Kind/Umwelt-Beziehung betonen. Dadurch daß der Säugling mittels seiner Bewegungen im Raum seine Welt manipuliert, lernt er seine Umwelt „als eine Sphäre der Bedeutungen und Beziehungen und nicht einfach als eine Ansammlung von Dingen" zu organisieren (Stone & Church 1969, S. 89). Doch es ist immer noch eine Welt, deren Mittelpunkt das Kind weitgehend bleibt und von der sich in seiner Vorstellung abzusondern das Kind erst allmählich lernt. Piaget nennt dieses Verhalten Egozentrismus. Wie Stone und Church anmerken (1968, S. 90) „... ist das Universum des Kindes auf dieses zentriert", ohne daß das Kind sich der Tatsache bewußt ist, daß es selbst den Mittelpunkt bildet.

Bis zum Alter von fünf Jahren unterscheidet es auch nicht zwischen verschiedenen Ebenen der Umweltrealität. *Alles* ist real, und dies in der gleichen Weise – Träume, Gefühle, materielle Objekte, Wörter, Bilder, Regeln, Menschen. Während der ersten Wochen im Leben eines Säuglings sind menschliche Wesen einfach andere Gegenstände in einer Welt von Gegenständen und Räumen, obgleich Menschen in einer Weise anregbar sind, die sie von der unbelebten Welt unterscheidet. Persönlichere Beziehungen entwickeln sich mit der Zeit und durch enge Kontakte.

Abgesehen davon, daß der Säugling sensorische Daten empfängt und auf sie reagiert, macht er sich auch aktiv auf die Suche nach Stimulation. Viele dieser Reizobjekte gruppieren sich um das Füttern und körperliche Annehmlichkeiten, so daß die Anregbarkeit mit den Grundbedürfnissen des Säuglings verknüpft ist. Daneben sucht er Stimulation aber auch um ihrer selbst willen. Wenn sich Objekte vor ihm bewegen macht er Anstrengungen, sie zu sehen, zu berühren, zu schmecken und zu bewegen. Erfahrungen belohnen, wenn vielleicht auch nicht unbedingt in Form bloßen materiellen Entgelts. Beispielsweise ist gezeigt worden, daß Kinder im Alter von ungefähr einem Jahr die Lage ihres Laufställchens zu verändern suchen, um teilweise verborgene Objekte sehen zu können (Smith & Smith 1962).

Solche Bestrebungen scheinen sich kaum auf die Erleichterung primärer Triebe wie Hunger und Durst zu beziehen. Auch sind sie nicht durch die Handlungen einer anderen Person motiviert, die die Neugier dadurch absichtlich anregt, daß sie die Umwelt selbst manipuliert (wie es oft der Fall ist, wenn Eltern mit Kindern spielen). In der aktiven Erforschung ihrer Umwelt freuen sich die Kinder einfach an ihren Leistungen. Kessen und seine Mitarbeiter (1970) berichten über Forschungsarbeiten zu zahlreichen für die frühe kognitive Entwicklung wichtigen Faktoren. Überraschung (siehe beispielsweise Charlesworth 1969) und Komplexität (siehe Berlyne 1960) sind beide auf die frühen Lernerfahrungen bezogen und ziehen die Aufmerksamkeit des Kindes auf sich. Wie Kessen und seine Mitarbeiter vermuten, „entsteht das Bild eines Säuglings", der neuen Ereignissen „hohe Priorität einräumt" (1970, S. 340). Der

Säugling wird, oft auch wenn Hindernisse vorhanden sind, eine Verhaltensweise wählen, die einen eigenen Belohnungswert hat.

Das Empfinden für das Selbst

Nur allmählich wird der Säugling der Tatsache inne, daß er und die Welt um ihn herum irgendwie nicht dieselben sind. In einer sehr begrenzten Weise und weil er allmählich lernt, sich auf seine Welt zu verlassen – nach Eriksons (1950) Ausdruck, ihr „zu vertrauen" – gelingen ihm die ersten Schritte in Richtung seiner Unabhängigkeit. Diese Tatsache und seine Fähigkeit, zu krabbeln und später die ersten unsicheren Schritte zu tun, sind ein Maßstab seiner wachsenden Selbstidentität. Er sucht sich seine eigenen Erfahrungen dadurch zu verschaffen, daß er auf die Umwelt zugeht – eine Umwelt, die einfach zu dem Zweck dazusein scheint, daß man in ihr krabbelt, klettert oder sie schlägt. Der Umfang der Erfahrungen, Stimulationen oder Orte wird ausgedehnt. Der Säugling lernt, den Raum und die Objekte im Raum zu identifizieren und zu verwenden – also eine gewisse Kontrolle über seine Umgebung auszuüben. Die Einzelheiten dieser Akkommodationsweisen sind keineswegs universell. Zwischen und selbst innerhalb sozialer Schichten gibt es große Unterschiede hinsichtlich dessen, was einem Säugling zugemutet oder erlaubt wird und was ihm verboten wird. In unserer eigenen Kultur hat das Umfeld die Tendenz, „vorgegeben" zu sein; seiner Manipulation wird entgegengewirkt. „Faß das nicht an!", „Beweg das nicht!", „Geh dort weg!" sind übliche Warnungen in vielen wenn nicht in den meisten Familien, und sie erfolgen nicht immer nur zur Sicherheit des Kindes. Die Vase darf nicht zerbrechen, das Wohnzimmer nicht in Unordnung geraten. Die Tatsache, daß es nun in unserem späteren Leben widerstrebt, das, was ist, zu verändern, kann sehr wohl einer Grundform zu verdanken sein, die in den frühen Jahren angelegt wird.

Eine wichtige Komponente in der frühen Erfahrung des Kindes ist die Stabilität der Umwelt während der Phase, in der es verschiedene soziale Rollen erlernt. Das stabile Umfeld, das dem Kind erlaubt, besondere materielle Attribute der Welt mit besonderen Gruppen von Verhaltenserwartungen zu assoziieren, fördert sehr wahrscheinlich das Rollenlernen. Es fördert auch die Entwicklung eines Ortssinnes, der so wichtig für die Erwerbung der Ortsidentität ist.

Kurzum die Gelegenheit, Raum, Objekte und ihre Eigenschaften und Beziehungen zu erforschen, ist entscheidend für die Entwicklung der Autonomie und der frühen Kognition. Das Kleinkind schenkt den winzigsten Einzelheiten der Welt genaueste Aufmerksamkeit; vor allem ist es neugierig. Es bemerkt die verlorenen Nadeln und Nägel und ist in der Lage, sie aufzuheben, doch genauso wahrscheinlich ist es fähig, den wertvollen zerbrechlichen Gegenstand zu erreichen, den man vermeintlich außerhalb seiner Reichweite aufgestellt hat. Es lernt, Objekte zu identifizieren und zu „benennen". Seine frühe sprachliche Entwicklung – das Ergebnis seiner Kommunikation mit anderen Menschen – wird ebenfalls seine Freiheit widerspiegeln, dieses sich ständig ausweitende Universum zu erforschen.

Bei den meisten Säuglingen geschieht dies im Familienkontext, der seinerseits innerhalb einer genau definierten räumlichen Dimension lokalisiert ist. Sie lernen durch die Erziehungspraktiken der Eltern. Diese Praktiken können liebevoll oder abweisend, diktatorisch oder nachgiebig, duldsam oder nachlässig (oder wie es oft der Fall ist, irgendwo zwischen diesen Extremen) sein. Madge (1950) merkt an, daß das Zuhause für das Kind, sobald es alt genug ist, um selbständig zu explorieren, einen „elterlichen Leib" darstellt, der sich zwischen sein Selbst und die Welt draußen schiebt – „eine Grenze zwischen dem, was vertraut, und dem, was fremd ist" (S. 193). Wir wollen uns kurz damit beschäftigen, wie sich das Fehlen eines solchen Familienkontextes auf die frühe Entwicklung auswirkt.

Effekte der Mutter- und Stimulationsdeprivation

Viele Studien haben sich in den letzten Jahren mit dem Einfluß des Entzugs oder der Abwesenheit mütterlicher Fürsorge auf Säuglinge beschäftigt. Dies sind die sogenannten „mutterdeprivierten" Säuglinge, die durch Schwestern oder ständig wechselnde Ersatzmütter in unpersönlichen und oft öden Waisenhäusern oder Krankenhäusern aufgezogen wurden. Eine Folge dieser Untersuchungen war die Tatsache, daß man den gesunden Säuglingen zumindest in diesem Land und in vielen anderen den Aufenthalt in solchen Institutionen nach Möglichkeit zu ersparen suchte. Man hat viele Anstrengungen unternommen, den Säuglingen, die keine natürliche Familie besaßen, so schnell wie möglich ein förderliches Zuhause zu besorgen. Ob es der Mangel an mütterlicher Betreuung, der Mangel an Stimulation oder beides war, die Kinder, selbst in freundlichen institutionellen Umfeldern, litten unter einer Reihe affektiver und intellektueller Nachteile, die bei andern Kindern nicht zu beobachten war. Die klassischen Arbeiten von Bowlby (1953), Goldfarb (1945) und Spitz (1945) dokumentieren ebenso wie spätere Arbeiten affektive Störungen, sprachliche Entwicklungsverzögerungen und andere intellektuelle Nachteile bei diesen Kindern. Einige der Probleme bei der Auslegung der frühen Ergebnisse von Spitz ergaben sich aus den chronischen Störungen des Gesundheitszustandes und der Ernährung der untersuchten Kinder. Es war sehr schwierig, die besonderen Effekte der Mutter- und Stimulusdeprivation von den physiologischen Bedingungen des Kindes zu trennen. Spätere Arbeiten von Provence und Lipton (1962) in Institutionen, wo die Gesundheits- und Ernährungsstandards vergleichbar waren, die Stimulation sich hingegen als minimal erwies, offenbarten ernsthafte Retardierungen in jenen Verhaltensweisen, für die die Interaktion mit Erwachsenen erforderlich ist. Es konnte jedoch gezeigt werden, daß die „Extra"-Betreuung durch eine Mutter, das heißt Stimulation durch einen Ersatz, die Auswirkungen institutionellen Lebens mildert, und daß in Fällen, in denen das Kind nach einer Zeit des Aufenthalts in Institutionen in einen normalen Haushalt zurückkehrte, die schwereren Symptome der Deprivation verschwinden.

Dies scheint zu der Vermutung Anlaß zu geben, daß eine Umwelt, deren Kennzeichen soziale Aufmerksamkeit und Stimulation ist, für die gesunde Frühentwicklung des Kindes notwendig ist. Diese Auffassung wird durch psychoanalytische Ergebnisse bekräftigt, die sich auf die Auswirkungen der Mutter-Kind-Beziehung auf die späteren Jahre beziehen. Neuerlich schenkt man jedoch anderen Faktoren in der Umwelt mehr Aufmerksamkeit, wobei man zu der Annahme kommt, daß eine Vielzahl materieller Reize gemeinsam mit Gelegenheiten zum Spiel und zur Interaktion von gleicher wenn nicht größerer Bedeutung sein können.

Das Findelhaus der Vergangenheit zeichnete sich durch ein notorisch strenges Regiment und durch „Reizarmut" aus. Wie groß die daraus resultierende emotionale Deprivation auch sein mag, die Wirkung auf die intellektuelle Entwicklung ist von gleicher Augenscheinlichkeit. Goldfarb (1945) verglich die geistige Entwicklung von Kindern, die nach dreijährigem Leben in Institutionen in förderliche Familienumgebungen übergeführt worden waren, mit Kindern, die seit ihrem frühen Säuglingsalter in günstigen Verhältnissen gelebt hatten. Obgleich die natürlichen Mütter der ersten Gruppen über einen höheren Intelligenzgrad als die Mütter der zweiten Gruppe verfügten, stellte sich heraus, daß noch im Alter der Pubertät und der frühen Adoleszenz die in Institutionen aufgewachsenen Kinder hinsichtlich der intellektuellen Fähigkeiten weit hinter ihren in günstigen Familien aufgewachsenen Altersgenossen zurückgeblieben waren. Goldfarb schrieb diesen Unterschied der Tatsache zu, daß die Gelegenheiten zur normalen sozialen Stimulation und für Wahrnehmungserfahrungen sich in der förderlichen Familienumgebung bieten, aber in der Institution fehlen.

Piaget hat bewiesen, daß die intellektuelle Entwicklung weitgehend von der Art und der Qualität der Reizeigenschaften in der frühen Umwelt des Kindes abhängt, insofern diese die Erfahrungen liefern, die für die Strukturierung des intellektuellen Wachstums erforderlich sind. „,... es ist nicht unbedingt das mütterliche Element, insofern es affektiv spezialisiert ist (im Sinne Freuds), das die Hauptrolle spielt, sondern das Fehlen stimulierender Interaktionen..." (Piaget & Inhelder 1972, S. 35). Escalona (1959, 1968) merkt an, daß die Untersuchung der ungünstigen Auswirkungen früher Aufenthalte in Institutionen offenbart, wie bedeutend die reichhaltige Wahrnehmungserfahrung – Spielzeuge, interessante Anblicke und Töne und die Gelegenheit, Aktivitäten entfalten zu können –, die dem Alter des Kindes angemessen sind, für die Überwindung des Deprivationssyndroms sind. Sie berichtet, daß in Ländern, in denen in Institutionen lebende Kinder große persönliche Zuwendung erfahren und wo die Umwelt reich an Wahrnehmungsstimulation ist, keine signifikanten Unterschiede im Vergleich mit in Familien aufwachsenden Kindern festzustellen sind.

Kagan (zitiert in New York Times, 27. Dezember 1972) verglich die intellektuelle Entwicklung von amerikanischen Mittelschichtkindern mit Kindern, die im landwirtschaftlich strukturierten Guatemala in Armut aufwuchsen, und fand heraus, daß sich der frühe Rückstand der guatemaltekischen Kinder im Laufe der Zeit bis zu ihrem elften Lebensalter verlor. Dies traf trotz der Tatsache zu, daß die guatemaltekischen Kinder aufgrund dörflicher Gewohnheiten und Furcht vor Krankheit die Hütten nicht verlassen durften, so daß sie ihre ersten Lebensjahre in diesen zubrachten. Außerdem hatten sie keine Spielzeuge, und obgleich die Säuglinge beträchtlichen physischen Kontakt mit den Müttern hatten, spielten und sprachen diese nicht mit ihnen. Gemessen an den Standards der Vereinigten Staaten waren diese Kinder am Ende ihres Säuglingsalters schwer retardiert. Ältere Kinder, die wahrscheinlich in der gleichen Weise aufgezogen worden waren, erwiesen sich als aktiv, interessiert und allem Anschein nach intelligent.

Das Bild, das sich aus diesen Untersuchungen ergibt, zeigt, daß „Mutterdeprivation" mehr als nur die Abwesenheit einer Mutterfigur ist (sie kann sogar auftreten, wenn die Mutter vorhanden ist – in Fällen schwerer Vernachlässigung) und daß mehr als nur Zuneigung und Fürsorge fehlte. Die Umwelt spielt eine wichtige Rolle. Die Grundlagen des Lernens – Trieb, Hinweisreize, Reaktion und Belohnung – sind unauflöslich mit den Gelegenheiten (oder ihrem Mangel) verbunden, für die das Umfeld verantwortlich ist. Eine an Wahrnehmungen reiche Umwelt im Säuglingsalter bereitet das Kind auf die Wahrnehmungskomplexitäten vor, denen es später begegnen wird. Das Kind erfaßt seine Umwelt begrifflich nicht nur dadurch, daß es sie „auseinandernimmt" (ihre Teile differenziert), sondern daß es sie „zusammenfügt" und Vorstellungsganzheiten aus ihren verwandten Teilen formt. Die Instrumente, mittels derer es dies zu tun lernt, ob es sich nun um einen „realen" oder um einen Wahrnehmungsakt handelt, werden zu den entscheidenden Elementen seines kognitiven Wachstums.

Vom Moment der Geburt an wird die Welt dem Kind durch die wichtigen Menschen in seiner Umgebung vermittelt. Die Umwelt entsteht im kombinierten Effekt der Menschen und des Umfeldes. Von den Zeiten des Schlafes möglicherweise abgesehen, beeinflußt sie sowohl den Ausdruck und die Befriedigung der physischen Triebe und Bedürfnisse wie die Integration des Individuums in die Gruppe, in die es hineingeboren wurde. Im Laufe vieler Jahre lernt das Kind in der Interaktion die seiner Gruppe angemessenen Verhaltensweisen. Das Nahrungsbedürfnis, der Hungertrieb wird also einerseits als physiologischer Druck, als gestörtes Gleichgewicht, das Sättigung verlangt, empfunden und andererseits als ein sozialer Druck. Der Fütterungsprozeß lehrt das Kind eine Vielzahl von Einzelheiten über die ihm nächste Institution, seine Familie, sowie über die größere Gruppe, zu der sie gehört. Im Prozeß der Befriedigung des Nahrungsbedürfnisses internalisiert das Kind ein gut Teil des Eßverhaltens, der Nahrungsmittelarten, die angemessen sind, der Eßsitten, der Haltung, die einzunehmen ist, der Instrumente, die beherrscht werden müssen – das heißt soziale und technologische Informationen in großem Umfange. In einigen Fällen ist das Umfeld förderlich und hilfreich, sind die Menschen freundlich und hilfsbereit. In anderen Fällen kann das Umfeld, das ja gewöhnlich auf die Bedürfnisse der Erwachsenen abgestimmt ist, also in Konstruktion und Anordnung der Bequemlichkeit ausgewachsener Personen dient, beträchtliche Schwierigkeiten bereithalten. Die Erwachsenen im Umfeld werden diese Schwierigkeiten nicht immer bemerken und sich damit kaum beschäftigen. Der Prozeß der Nahrungsaufnahme ist ein gutes Beispiel für die Wechselwirkung physiologischer Bedürfnisse, institutioneller Kräfte und des Umfangs der Umwelthilfen. Essen mag uns beim Säugling als passiver Vorgang erscheinen, doch mit der Brust oder Flasche werden zahlreiche andere Reize dargeboten. Erstens übermittelt das Ausmaß, in dem dem Ausdruck eines Nahrungsbedürfnisses von den Menschen draußen entsprochen wird, eine bedeutungsvolle Botschaft. Außerdem werden die Art und Weise, in der die Nahrung dargeboten wird, die begleitenden Geräusche und Berührungen mit der Nahrung selbst vereinigt. Sie teilen viel über die Außenwelt mit. Der Prozeß der Nahrungsaufnahme kann hastig oder entspannt sein, auf einer harten Fläche oder einer weichen stattfinden, leicht oder schwer zu veranlassen sein. Das Umfeld wird sich hinsichtlich seiner Komplexität und seiner symbolischen Bedeutungen unterschieden. Nehmen wir beispielsweise das Kind in einer Gesellschaft, wo das Mahl über einem offenen Feuer zubereitet wird. Dort sieht es, wie die Person das Rohmateriel vorbereitet, es in einen Kessel gibt und das Feuer entfacht. Das mag alles schwer zu verstehen sein, besonders der Begriff der Hitze und des Feuers, ist aber nicht so komplex und unklar wie der Prozeß, in dem das Essen des Kindes aus einem Glas mit Säuglingsnahrung kommt und geheimnisvoll auf einem elektrischen Säuglingsteller erhitzt wird. Im ersten Beispiel ist eine größere technologische Nähe zum Prozeß der Nahrungszubereitung gewahrt, und die vielen Schritte, die bis zum Essen des Mahles zurückzulegen sind, können ein Empfinden für die verschiedenen Rollen im Essensritual und für die Sitten übermitteln, die bei der Behandlung und Verarbeitung der Nahrung in dieser Gesellschaft befolgt werden.

Vorschulzeit und Kindheit

Die Kindheit beginnt gewöhnlich damit, daß der Säugling das Stadium der vollständigen Abhängigkeit hinter sich läßt und sich auf seinen eigenen Füßen in die Welt hinein bewegt. Welche Bedeutung für die Umwelt hat diese radikale Veränderung in der Lebensweise des Kindes? Zuerst einmal braucht es sich nicht mehr damit zufriedenzugeben, nur sein unmittelbares Umfeld zu erforschen. Es sucht neue Objekte und Bereiche, wobei es allmählich den Umfang seiner Kontakte und Stimulationen erweitert. Diese „schöne neue Welt" der Kindheit erhält zusätzlichen Auftrieb, wenn das Kind in das Programm einer Tagesstätte oder eines Kindergartens einbezogen wird, doch auch ohne solch ein formelles Umfeld ermöglichen ihm neue Freundschaften und erweiterte soziale Erfahrungen, unabhängiger und autonomer zu werden und Werten zu begegnen, die sich von denen seines Elternhauses unterscheiden.
Ein Großteil des Tages verbringt das Kind in den neuen Umwelten und zu Hause mit irgendeiner Form des Spiels. Die Spielerfahrung macht nämlich einen gut Teil der erweiterten Stimulation aus, die für seine Entwicklung in diesem Alter erforderlich ist. Es ist deshalb von Interesse zu betrachten, woraus dieser Prozeß im einzelnen besteht und worin seine Bedeutung liegt.

Spiel und Spielumfelder

Viele Theorien wurden entwickelt, um die Natur des Spiels zu erklären – warum Kinder (und was das anbetrifft auch Tiere und Erwachsene) dieses Verhalten manifestieren. Ganz offensichtlich läßt es sich nicht mit den Bedürfnisreduktions-Theorien des Hungers, Durstes und so weiter erklären, nach deren Auffassung der Organismus ausschließlich das Ziel der Ruhe verfolgt. Das Spiel dagegen ist ein Verhalten auf der Suche nach Aktivierung. Lowenfeld (1967) erörtert verschiedene Theorien zur Bedeutung des Spiels und zitiert den Philosophen Herbert Spencer, der das Spiel einfach als die Abfuhr überflüssiger Energien ansah. Der amerikanische Psychologe G. Stanley Hall äußerte die Idee, daß das Spiel die frühere Entwicklung der Art „rekapituliere". Jungen klettern also deshalb gerne auf Bäume, weil ihre Säugetierahnen dort lebten. Der Schweizer Philosoph Karl Goos glaubte, daß das Spiel das Individuum dazu befähige, die Fertigkeiten einzuüben, die für das Überleben im Erwachsenendasein notwendig seien. Diese und andere Theorien werden von zeitgenössischen Psychologen nicht mehr ernsthaft in Betracht gezogen, obgleich es dort Einzelheiten geben mag, die zum Verständnis des Spielverhaltens beitragen können. Unsere Verwendung des Oberbegriffs „Spiel" wird sich einfach auf diejenigen Verhaltensweisen und Beschäftigungen beziehen, die durch die Erfordernisse einer erteilten oder obligatorischen Aufgabe nicht völlig strukturiert oder umschrieben werden. Eine Hausaufgabe oder eine schwierige Arbeit an sich würden nicht als Spiel betrachtet werden, doch die in sie eingeschobenen Verhaltensweisen, die sich entweder in der Form freien Spiels oder bestimmter Spiele offenbaren, würden der Definition entsprechen. Das Kritzeln während der Hausarbeiten, das Abenteuer auf dem Nachhauseweg nach einer Besorgung – das heißt die eingeschobenen Aktivitäten – würden ebenso hierher gehören.

In Wirklichkeit wissen wir nicht mit Sicherheit, warum Menschen spielen. Was wir wissen, ist die Tatsache, daß das Spiel eine wesentliche Erfahrung während der kindlichen Entwicklung ist und daß es ganz offensichtlich innerhalb einer Umwelt stattfindet. Diese Umwelt kann das Spiel unterstützen, es hindern, es herausfordern oder vielleicht ein neutraler Hintergrund sein. In jedem Falle ist der Kontext ebensosehr Teil des Spielverhaltens wie irgendwelche Objekte, Spielzeuge oder Menschen, die daran teilnehmen. Die Planung sogenannter Spielumwelten, ob in Form von Kindergärten oder Spielplätzen, ist eine entscheidende Frage, der wir uns später widmen werden.

Auf der Vorschulebene beansprucht das Spiel die meisten wachen Stunden des Kindes. Dies ist ein universelles Phänomen und scheint darauf hinzudeuten, daß es sich um einen notwendigen Entwicklungsschritt zwischen der vollkommenen Hilflosigkeit des Säuglings und der relativen Unabhängigkeit des Schulkindes handelt. Aber selbst der Säugling tut Dinge, die häufig als Spiel identifiziert werden, ob es nun um die Erforschung seines Körpers, seines Bettchens oder der Objekte handelt, von denen er umgeben ist. Es scheint, als ob diese Verhaltensweisen am häufigsten auftreten, wenn die Grundbedürfnisse befriedigt sind und wenn der Säugling frei von Angst ist (White 1959). Der Säugling ist, anders als das ältere Kind, seinem Umfeld und den Dingen in ihm noch weitgehend ausgeliefert. Wenn das Kind zu krabbeln und später zu gehen beginnt, kann es eine gewisse Macht über die es umgebende Welt ausüben, wenn es sich durch die Umweltfelder hindurchbewegt, statt in sie hineingesetzt zu werden. Da das Spiel großenteils durch die Neugier angeregt wird, stellt es auch ein Verfahren dar, über die Umwelt und den eigenen Platz in ihr zu lernen. Der imitative Charakter vieler Aktivitäten („Vater und Mutter spielen", „Doktor spielen" und so fort) soll die Erwachsenenwelt – wenn sie vorstellbar ist – in überschaubare Dimensionen bringen, so daß das Kind mit ihr aus eigener Kraft fertigwerden kann. In einigen Fällen kann das Kind durch das Fantasiespiel mit bestimmten Problemen fertigwerden, indem es sie ins Handeln übersetzt und dadurch möglicherweise seine Ängste, Konflikte und Schwierigkeiten mit der Welt der Menschen löst. Das Spiel wird zu einem Mittel, durch das es Autonomie praktizieren kann. Und da seine Absonderung von der Welt immer noch unvollständig ist, kann es sich leicht in diesem Glauben wiegen.

Piaget (1970) betrachtete das Spiel als einen für das Intelligenzwachstum notwendigen Schritt; in diesem Sinne ist es natürlich kaum „interesselos". Wir werden uns mit Piagets Theorie des logischen Denkens später beschäftigen. Hier müssen wir jedoch eine der Hauptaussagen vorwegnehmen, auf die sich seine Theorien gründen: „...um die Objekte zu erkennen, muß das Subjekt handelnd auf sie einwirken und sie deshalb transformieren: Es muß ihren Ort verändern, sie verbinden, kombinieren, absondern und wieder zusammenlegen" (Piaget 1970, S. 704).

Piaget betrachtet das Lernen als einen Interaktionsprozeß zwischen dem Individuum und seiner Umwelt, der drei unterscheidbare Phasen umfaßt. Indem der Organismus Information assimiliert, macht er sie – sehr ähnlich der Weise, in der Nahrung verdaut wird – zu einem Teil seiner selbst; indem sich das Individuum der externen Welt akkommodiert, paßt es sein Handeln der Realität an; doch dies geschieht, um die Welt besser zu assimilieren. Wenn diese beiden Prozesse einander ausbalancieren oder sich im Gleichgewicht befinden, hat sich der Organismus seiner Umwelt angepaßt. Solche Anpassungen verändern sich ständig in Übereinstimmung mit den beteiligten Aktivitäten.

Nach Piagets Anschauung ist das Spiel eine Assimilation ohne Akkommodation; die Umwelt wird einfach dazu verwendet, die unmittelbaren Bedürfnisse des Kindes zu befriedigen. Wirklichkeit wird als ein Hintergrund wahrgenommen, an den man sich nicht wirklich anpassen muß. Sie ist dazu da, „um mit ihr zu spielen", obwohl wir wiederum betonen müssen, daß solch anscheinend kindliches Verhalten eine wichtige Funktion für das Lernen übernimmt (was dem Kind überhaupt nicht bewußt wird). In der Phase, mit der wir uns hier beschäftigen, ist das Spiel im wesentlichen Vorspiegelung oder – in Piagets Terminologie – *symbolisch*.

Im Säuglingsalter verwendet das Kind seine Umwelt weitgehend als sensomotorischen Übungsgegenstand (und spielt auch so mit ihr). Nach dem zweiten Lebensjahr, wenn die Umwelt mehr und mehr auf die Vorstellungsebene gehoben wird, das heißt, wenn sie in Form von Vorstellungsbildern im Geiste des

236

Kindes völlig unabhängig von ihrer unmittelbaren Gegenwart zu existieren beginnt – hilft das Spiel bei der Organisation seines Denkens. Die Realität wird im Spiel stark verzerrt, weil das Kind keinen klaren Begriff davon hat, was „Realität" ist, und noch weniger das Bedürfnis, sich ihr anzupassen. Dieser Aspekt des Spiels verschwindet allmählich, wenn das Kind älter wird, und wird von besser organisierten „Spielen" ersetzt, deren Kennzeichen Regeln und Wettbewerb sind. Die individuelle Fantasie macht einer Gruppenrealität Platz (die nach den Maßstäben Erwachsener immer noch „irreal" sein kann). Das Bedürfnis, die Realität zu verzerren oder Ersatzsymbole zu verwenden, wird geringer, weil das Kind selbst sich der wirklichen Natur der sozialen und materiellen Welt anzupassen beginnt.

Piagets Theorie beschäftigt sich vor allem mit der Rolle des Spiels bei der kognitiven Entwicklung und sieht sie als die Reaktion des Kindes auf den Mangel an Stimulation an. Leicht gelangweilt sucht das Kind nach Mitteln, um sich Stimulation zu verschaffen. Im Spiel schafft es Gelegenheiten, mit der Umwelt umzugehen und dadurch Macht über sie auszuüben. Daraus kann sich Lernen (Piaget) oder Kompetenz (White 1959) entwickeln. Ellis (1972) schreibt: „Die Menschen können den Mangel an Stimulation nicht ertragen. Man wird möglicherweise meinen, sie spielten, wenn sie ihre Interaktionen mit der Umwelt noch aufrechterhalten, obgleich sie für ihr unmittelbares Überleben bereits gesorgt haben. Das Spiel kann also als ein Verhaltenstypus angesehen werden, der Aktivierung sucht. Er bewahrt vor Langweile und verschafft die Informationsbasis, von der aus sich in der Umwelt operieren läßt" (S. 5–4–2).

Welche Gründe auch immer das Spiel haben mag, seine Umweltbedeutung für die Entwicklung des Kindes ist vielfältig. Es spendet sensorische Lust (so beim Schaukeln), verbessert bestimmte Fertigkeiten (beim Manipulieren materieller Objekte) und fördert die Kreativität (wie beim Malen und Modellieren). Das Kind teilt die Spielerfahrung natürlich nicht in solche didaktischen Kategorien ein. In seinen Augen ist es ein kontinuierlicher Prozeß mit unterschiedlichen Zielen oder Konsequenzen, von denen einige emotional, andere kognitiv sind und viele fließend ineinander übergehen. Obgleich das vielleicht unserer Aufmerksamkeit entgeht, lernt das Kind seine Geschlechtsrolle in der Welt dadurch, daß es in der richtigen oder falschen Weise durch das ihm zur Verfügung gestellte Spielmaterial, durch die Aktivitäten, bei denen es Billigung erfährt, und durch den Freiheitsgrad, der ihm bei der Exploration seiner Umwelt gewährt wird, in ihr bestärkt wird. In den angeführten Beispielen ist das Spiel in einem sehr viel weiteren Sinne Lernen als bei Piaget beschrieben, es ist ein für die gesamte (nicht nur für die kognitive) Entwicklung des Kindes integrierender Bestandteil.

Natürlich sind Spielumwelten nicht auf die organisierten Umfelder beschränkt, die Kindern und Erwachsenen zur Erholung bereitgestellt werden, obgleich ein großer Teil gegenwärtiger Forschungsarbeiten auf diesem Gebiet sich mit geplanten Spielbereichen, besonders für jüngere Kinder, beschäftigt. Das zeitgenössische Bewußtsein für die Unangemessenheit vieler vorhandener Spielmöglichkeiten, die Furcht, daß das Flächenwachstum der Städte viele Spielbereiche überwuchern könnte, die Tendenz, ausgesprochene Erholungsbereiche in neue Wohnprojekte und in die Sanierung alter einzubeziehen, hat zu einem neuen Spielbewußtsein und einem wachsenden Forschungsbestand geführt. Die meisten Planer und Forscher sind sich der Tatsache bewußt, daß zu diesem Zwecke hergerichtete Umfelder nur in geringem Maße zur gesamten kindlichen Spielerfahrung beitragen. Ein umfassenderer Begriff des Spiels schließt den Schulweg, das „Pferd-und-Reiter"-Spiel auf dem Schulhof oder auf den Stufen, den Umweg durch abgelegene Gassen bei Besorgungen und das in schulische und häusliche Aufgaben eingeschobene Spiel ein. Eine der wenigen umfassenden Analysen kindlichen Spielverhaltens wird gerade fertiggestellt. Es handelt sich um Harts (1973) Studie einer kleinen englischen Stadt, wo er Kindern durch ihren gesamten Tagesablauf folgt und ihre Spielverhaltensweisen und Spielumfelder dokumentiert.

Die Frage nach nichtgeplanten und geplanten Spielumfeldern führt zum Problem der Unterschiede zwischen städtischen und ländlichen Umwelten, auf die wir bereits oben hinwiesen. Offensichtlich variieren die Gelegenheiten, die dem Kind verfügbar sind, sehr stark in Funktion des Alters, der familiären Herkunft, des sozioökonomischen Status und – was in seiner Bedeutung nicht unterschätzt werden darf – des geographischen Ortes. Das Ghettokind wird über andere Örtlichkeiten zum Spielen verfügen als das Kind der mittleren oder höheren Schicht in Hochhauswohnungen, das wiederum über andere Spielmöglichkeiten verfügt als das Kind in der Vorstadt oder im ländlichen Umfeld. Jeder Bereich liefert ein eigenes Gefüge von Beschränkungen und Gelegenheiten.

Unter dem Gesichtspunkt der Umwelt gibt es zumindest zwei wichtige Eigenschaften bei Spielumfeldern und ihrer Ausrüstung. Diese sind Verfügbarkeit und Anregung. Viele Umfelder wie zum Beispiel traditionelle Spielplätze (mit Rutschen, Schaukeln, Wippen und ähnlichem) können verfügbar und dem Zuhause relativ nahe gelegen sein. Eltern betrachten sie häufig als sichere Orte zum Spielen, und die meisten Kinder halten sich gerne auf ihnen auf (Housing Development Directorate 1973). Doch daß sie besonders anregend wären, kann man wohl nicht behaupten. Weder nehmen sie das Kind in einer persönlichen oder reaktiven Weise in Anspruch, noch verleihen sie ihm das Gefühl, es könne Entdeckungen machen. Sand oder Erde können diese Anregung zwar vermitteln, doch in den meisten Fällen ist irgendein nahegelegener Platz oder die Straße selbst besser in der Lage, solche Anregung zu liefern. Doch man sollte deshalb nicht annehmen, daß alle Spielbereiche außerhalb des Spielplat-

238

zes oder der Stadt unbedingt in diesem Sinne anregend sind. Harts (1973) Studie gibt zu der Vermutung Anlaß, daß man den Mittelschichtkindern in der Vorstadt häufig nahelegt, in den Gärten ums Haus zu bleiben, die mit sorgfältig hergestellten, doch wenig anregenden Ausrüstungen und Spielzeug ausgestattet sind und daß auf diese Weise die Erforschung und Verwendung anregenderer Bereiche verhindert wird. Die Erkenntnis, daß die verfügbaren Spielräume besonders in städtischen Bereichen unter diesen Beschränkungen leiden, hat zur Entwicklung der „Abenteuer"- oder Altmaterialspielplätze geführt, deren Modell in den vierziger Jahren in Dänemark geschaffen wurde. Diese stellen ein stärker interaktives Umfeld dar als die traditionellen konfektionierten Spielplätze mit Schaukeln, Klettergerüsten und ähnlichem. Durch die Verwendung von Rohmaterialien wie Sand, Holz, Altmetall, Ziegelsteine und Gummireifen regen die Abenteuerspielplätze das Kind an, sich genau jenem Maße von Umweltkomplexität zu widmen, dem es gewachsen ist. Dies heißt nicht, daß Abenteuer und Altmaterial unbedingt Synonyme sind. Das Abenteuer scheint sich vielmehr in Nicholsons Terminologie aus „losen Teilen" (Nicholson 1971) zu ergeben, das heißt Variablen innerhalb der Umwelt, die zu Erfindungsreichtum, Kreativität und Entdeckung führen.

Diese Eigenschaften scheinen dem Abenteuerspielplatz inhärent zu sein, obgleich sie natürlich nicht auf ihn beschränkt sind. Viele dieser Umfelder simulieren einige Elemente des Straßenspiels von Ghettokindern und die Bedingungen, die Kinder auf den „freien Plätzen" in kleinen Städten vorfinden. Der Spielplatz isoliert das Kind und bietet ihm daher größere Zurückgezogenheit und Freiheit, nimmt ihm aber andererseits die Spielmöglichkeiten, die in der natürlichen Umwelt zur Verfügung stehen. Untersuchungen von Spielplätzen aller Art zeigen, daß sie bei weitem nicht ausgelastet werden (siehe Bangs & Mahler 1970; Dee & Liebman 1970; Gold 1972). Vor die Wahl gestellt, ziehen die meisten Kinder im Alter von sechs oder sieben Jahren die Komplexität der „realen Welt" vor, obgleich soziale Vorschriften und materielle Hindernisse hier für mehr Unbequemlichkeit sorgen.

Es darf jedoch nicht der Eindruck entstehen, daß man genügend über die Spielbedürfnisse von Kindern wüßte, um ein ideales Spielumfeld entwerfen zu können. Wir können vermuten, daß die Qualitäten der Verfügbarkeit und der Anregung von entscheidender Bedeutung sind; dies impliziert jedoch noch keine bestimmte planerische Lösung. Wir wissen aus der Beobachtung von Kindern, die in vielen Umfeldern spielten, daß sich bestimmte Spielplatztypen auf aggressive Verhaltensweisen, soziale Interaktion, Interesse, Isolation und so fort auszuwirken scheinen. Die planerischen Entsprechungen dieser Eigenschaften müssen jedoch noch entdeckt werden.

Eine Gruppe, die sich mit diesen Fragen beschäftigt, das Motor Performance and Play Research Laboratory am Children's Research Center der University

Abbildung 7.1: Zeitgenössischer Modellspielplatz, Paris. Konventionelle Ausrüstung, deren Formgebung sowohl ästhetischen wie funktionalen Interessen dient. *Unten:* Abenteuer- oder „Altmaterial"-Spielplatz, London. Die informelle Anlage des Umfeldes ist durch die Verwendung von Baumaterialien für den individuellen Gebrauch gekennzeichnet. Photographien von Leanne Rivlin.

of Illinois hat damit begonnen, empirische Daten zu sammeln. Ellis (1972) berichtet beispielsweise von Untersuchungen über die Präferenz von Kindern für fest umschlossene Räume, die anzeigen, daß die visuelle Isolation eine wesentliche Komponente der Räume ist, die Kinder sich wünschen. So wurden lichtdurchlässige, aber undurchsichtige Kisten durchsichtigen vorgezogen.

Eine jüngere Studie (Hayward u. a. 1973) über drei Spielplatztypen in New York City (die vollständiger in Kapitel acht beschrieben wird) verglich einen zeitgenössischen Modellspielplatz, einen traditionellen und einen Abenteuerspielplatz miteinander. Beobachtungen in den drei Einrichtungen und Interviews mit den Benutzern erwiesen, daß sie sich hinsichtlich der dort stattfindenden Aktivitäten und der Benutzertypen unterschieden, die sie anzogen. Die Forscher betonen, daß ihre Ergebnisse die Vermutung nahelegen, daß komplexe Interaktionen zwischen den Benutzern und dem Umfeld und zwischen dem Umfeld und der umgebenden Gemeinde vorliegen. In den Ergebnissen zeigte sich, daß der Abenteuerspielplatz als eine Art „Platz in der Nachbarschaft" erscheint, mit dem sich die in unmittelbarer Nähe wohnenden Kinder stark identifizieren. Die anderen Spielplätze dagegen zogen sowohl Bewohner des unmittelbaren Bereichs wie auch Passanten als Benutzer an.

Eine andere umfassende Untersuchung orthodoxer und unorthodoxer Spielbereiche in England machte gleichfalls die örtlich genauer bestimmten Bedürfnisse von Kindern deutlich (Housing Development Directorate 1973). Weiter entfernt wohnende Kinder besuchten die Abenteuerspielplätze kaum. Verfügbarkeit, zu der auch die formelle oder informelle Verwaltung oder Beaufsichtigung der Plätze durch Erwachsene gehört, wird zu einer entscheidenden Komponente der Freiheit, die Kinder dazu bewegen kann, Spielumfelder aufzusuchen.

Die Rolle der Schule

Ziemlich willkürlich geht man davon aus, daß Kinder in den Vereinigten Staaten ihre formelle Ausbildung mit ungefähr sechs Jahren beginnen. Für einen wachsenden Teil beginnt die „Schule" nämlich bereits mit ihrem ersten Jahr, wenn sie in irgendeiner Tagesstätte untergebracht werden, später wird sie mit dem Kindergarten fortgesetzt, dem häufig noch ein Jahr Vorschule folgt. Dieser Schulbesuch hat, wenn er auch nicht so reglementiert ist wie in späteren Jahren, bestimmte ihm eigene formale Elemente. Die Aktivitäten werden strukturiert, Regeln werden gelehrt (und verstärkt), und das Kind beginnt vielleicht zum ersten Mal eine institutionelle Rolle zu spielen, die es in der einen oder anderen Weise durch sein ganzes späteres Leben begleiten wird. Es ist auch interessant, daß man bei der Betrachtung der materiellen Gestalt von Ta-

241

gesstätten und Kindergärten feststellen kann, daß sie die Tendenz haben, Schulen zu ähneln. Sie führen dem Kind das erste materielle und soziale Modell der Schule vor Augen. Wir können hier an die oben dargelegte Konzeption der Rolle des Raums und seiner Plan- und Bedeutungseigenschaften erinnern, wenn wir beurteilen wollen, welche Bedeutung die Schulgestalt für das Kind hat. Dieser Frage kommt besondere Bedeutung zu; man denke nur an den jüngsten Trend, mit verschiedenen materiellen Formen von Klassenzimmern zu experimentieren.

Von der ersten Klasse an – partiell schon in den Tagesstätten – wird das Kind systematisch und formell unterrichtet, zusammen mit *anderen* Kindern. Die kognitiven Kräfte des Schülers werden gelenkt (durch Unterweisung, durch das Lesen- und Schreibenlernen und so weiter), während er die institutionelle Rolle des Schülers übernimmt. Diese zweite Entwicklung impliziert einen Typus der sozialen Akkommodation, der sich von alldem sehr unterscheidet, was das Kind zu Hause kennengelernt hat. In diesem Umfeld ist es umgeben von Altersgenossen, mit denen es verglichen werden kann, wenn es Anerkennung erwerben will. In der Terminologie der Umwelt muß es sich an ein Gruppenumfeld akkommodieren, in dem es möglicherweise über keinen stabilen Ort verfügt. Es muß lernen, sich in einer sehr persönlichen Weise auf eine neue Autoritätsfigur, den Lehrer, zu beziehen, dessen Persönlichkeit, dessen Werte, dessen disziplinarisches System und dessen Weise, sie mittels der Umwelt auszudrücken, sich möglicherweise von jenen der Familie des Kindes unterscheiden. Bestrafung zum Beispiel, die zu Hause vielleicht in Form eines scharfen Wortes erfolgte, kann nun in der Verbannung aus dem Klassenraum bestehen – oder das Umgekehrte mag zutreffen, daß nämlich nun verbale Kontrolle an die Stelle der Umweltkontrolle tritt.

Abgesehen hiervon verleiht die Schule eine institutionelle Identität, die die soziale Identität der Wohnumgebung und Gemeinde verstärkt. Ein Versuch, diesen Tatbestand zu ändern, wird in der Schaffung neuer und ziemlich sorgfältig geplanter Einrichtungen in Ghettogebieten gesehen. Es handelt sich dabei um einen Eingriff in die Umwelt, der möglicherweise nicht nur für (hoffentlich) „qualitativ" verbesserten Unterricht sorgt, sondern der ein völlig neues materielles Umfeld bereitstellt und der zu einem positiveren Selbstbild der Schüler beiträgt und ihnen das Gefühl gibt, daß sich auch andere um ihre Zukunft kümmern. Busing[1] stellt – auch wenn die Meinungen geteilt sind – eine andere Methode dar, aus erzieherischen Gründen in die Umwelt einzugreifen.

Schließlich macht die Schule unabhängig von ihrer besonderen Beschaffenheit das Individuum als Mitglied einer Gruppe zum Ziel vielfältiger Erwartungen.

---

[1] Beförderung der Kinder in Schulen außerhalb ihres Wohnbezirks, um so für ein Gleichgewicht der Rassen in den betroffenen Schulen zu sorgen. (Anm. d. Übers.)

Durch den Stundenplan, die materielle Lokalisation, die Aktivität und die Notwendigkeit, die Einrichtungen mit anderen zu teilen, wird die Wahlfreiheit des einzelnen zunehmend beschränkt. Sowohl das materielle Umfeld wie der Lehrplan oder das Curriculum schränken bestimmte Verhaltensweisen ein und fördern andere. Aber natürlich ist dies nur hinsichtlich des Ziels der Schule von Wichtigkeit – das darin besteht, die Schüler zu unterrichten oder zu „erziehen". Die Versuche moderner Erzieher, den Kindern mehr Wahlmöglichkeiten einzuräumen – wozu auch mehr Freiheit gehört, die Umwelt räumlich zu verwenden –, gründen sich auf die Vorstellung, daß die meisten normalen Kinder besser lernen, wenn ihnen zumindest in gewissem Maße erlaubt wird, ihre Erfahrungen weitgehend auf der Grundlage ihrer individuellen Interessen und ihres eigenen Lerntempos zu strukturieren.

Entscheidend ist hierbei die Interaktion zwischen dem Lehrplan, dem Umfeld und den Teilnehmenden. Nirgends wird dies so deutlich wie in den Versuchen mit dem offenen Klassenraum, wo auf die Strukturierung des Umfeldes verzichtet wird. Brunetti (1972) behauptet beispielsweise, daß in einem großen offenen Klassenraum in gewisser Weise mehr Zurückgezogenheit erlangt werden könne als in dem üblichen Klassenzimmer mit seinen „vier Wänden". Einige dieser Unterweisungsbereiche haben die Größe von dreißig Klassenzimmern; visuelle oder akustische Unterteilungen zwischen verschiedenen Klassen sind begrenzt oder gar nicht vorhanden. Dennoch zeigen die Ergebnisse (in den untersuchten Bereichen), daß dort weniger Lärm und Ablenkung vorliegen, als wenn Schüler in einem kleineren Raum dem Lehrer gegenüber in Reihen angeordnet werden. Außerdem scheint das konventionelle Klassenzimmer den Schülern weniger Möglichkeiten zu bieten, sich von den anderen abzusondern. Auf der anderen Seite haben einige Versuche mit offenen Klassenräumen, die sich traditioneller Räumlichkeiten bedienten, zeigen können, daß Schüler Schwierigkeiten haben, einen ruhigen und/oder privaten Bereich ausfindig zu machen.

Wie gut oder wie schlecht der offene Klassenraum dazu dient, die Erziehungsziele zu erreichen, ist schwer zu sagen. Die moderne Unterrichtstheorie beurteilt ihn positiv, zumindest insofern die Versuche mit offenen Klassenzimmern sich zunehmender Beliebtheit erfreuen. In jedem Falle wird das materielle Umfeld als Lehrbedingung und nicht nur als neutraler „Behälter" betrachtet, in dem das Lernen stattfindet. Eine ausführliche, gegenwärtig noch andauernde Untersuchung im gesamten städtischen Schulsystem von Toronto, in dem der offene Klassenraum eingeführt wurde, zeigt einige interessante Ergebnisse. Die Beobachtung in zwölf Schulen, darunter sowohl konventionelle wie auch offene, zeigte, daß die Aktivitätsmuster offen geplanter sich von denen in traditionellen Schulen unterschieden. In den experimentellen offenen Klassen gab es weniger räumliche Strukturierung, gingen die Lehrer persönlicher und in-

Abbildung 7.2: Zwei Ansichten eines offenen Klassenzimmers. *Oben:* Der Raum gestattet vielfältige Aktivitäten nach freier Wahl. *Unten:* Eine abgetrennte Ecke erlaubt den Rückzug aus dem größeren Umfeld in eine Art Privatsphäre. Photographien von Frances Buschke.

formeller mit den Schülern um, arbeiteten die Schüler häufiger in kleinen Gruppen oder alleine, und sie verwendeten mehr Lehrmittel (Durlak u. a. 1972, 1973). Sehr ergebnisreich war die Analyse des Aktivitätsniveaus, das heißt ein Index der Zahl der Brennpunkte im Raum, der Bewegungen innerhalb des Raumes, der Zahl der Studentengruppen und der Vielzahl der verwendeten Lernmittel. Diese Analyse scheint besser als die bloße Bezeichnung „offen" oder „traditionell" in der Lage zu sein, viele Unterschiede zwischen den Schulen zu belegen (Durlak u. a. 1973). Wir wissen von Wirkungen auf das Verhalten, doch ob diese zu größerer Kreativität, Initiative und besserem Lernen führen, ist eine andere Frage. Wie weit dies im übrigen auf die besonderen Effekte zurückzuführen ist, die sich aus der Durchführung eines Experimentalprogramms ergeben, ist gleichfalls ungeklärt. Eine Folgeuntersuchung in den Schulen Torontos wird zumindest einige der Fragen beantworten.

Eine oben angeführte Studie von Barker und anderen (1969) läßt vermuten, daß die Größe für die Frage entscheidend ist, ob die Schüler sich an schulischen Aktivitäten beteiligen. Obgleich es in einer sehr großen Schule mehr Dinge zu tun und mehr Möglichkeiten gibt, um sie zu tun, geschieht in einer kleinen Schule tatsächlich mehr. Dies ist der Tatsache zu verdanken, daß die kleineren schulischen Umfelder gewöhnlich „unterbelegt" sind. Nahezu jeder hat die Möglichkeit, an irgend etwas teilzunehmen. In den größeren Institutionen bleibt ein hoher Prozentsatz der Schüler ausgeschlossen zugunsten der wenigen, die hervorragende Leistungen erbringen können.

Dies ist eine Beobachtung, die genauso auf die Öffentlichkeit als Ganzes zutrifft. In *Midwest and Its Children* (1955) vermerkt Barker, daß eine Vielzahl von Umfeldern, die einer kleinen Bevölkerung zur Verfügung steht, auf jeden einzelnen Druck ausübt, sich an vielen Aktivitäten zu beteiligen. Besonders Schulkinder wurden häufig in Erwachsenenrollen gedrängt. Er wies aber auch darauf hin, daß diese Kinder die Tendenz zeigten, weniger zu leisten, als ihren Fähigkeiten entsprach. Wegen des Zwanges so viel zu tun, blieb die Chance begrenzt, in irgendeiner der Aktivitäten eine höchstmögliche Kompetenz zu erreichen.

Wie alle anderen Umfelder ist auch die Schule ein komplexes System, das jenen, die es in Anspruch nehmen, bestimmte Dienste erweist. Diese Dienste werden von der Qualität der Lehrer, von Haushaltserwägungen, verwaltungspolitischen Gesichtspunkten, der Unterrichtstheorie, der Art der Studentenschaft, öffentlichen Ansprüchen und der materiellen Struktur beeinflußt. Außerdem schafft die Kombination dieser Elemente ein psychologisches Umfeld oder einen institutionellen Stil. Dies kann wichtige Konsequenzen für die Entwicklung des Kindes haben. Kinder, die eine Schule besuchen, wo Schüler ermutigt werden, sich ihre Tage selbst einzuteilen, werden wahrscheinlich eine ganz andere Einstellung zu ihrer Rolle als Person, die sich in der Entwicklung befindet, erwerben als der Junge oder das Mädchen in einer Schule, in der Wert darauf gelegt wird, daß strenge Disziplin und gewisse etablierte Normen eingehalten werden. Unter dem Gesichtspunkt der Umwelt reagiert und verwendet jeder sein Umfeld in einer unterschiedlichen Weise.

Kognitive Entwicklung

Im Alter von sechs bis zwölf Jahren lernt das Kind, mit Ideen und Begriffen und in begrenztem Maße mit Abstraktionen umzugehen. Seine sprachliche Entwicklung vollzieht sich rascher. Als soziale Person lernt es ebenso viel oder mehr von seinen Spielkameraden und Mitschülern als von seinen Lehrern und seiner Familie.

Ist diese wachsende Fähigkeit zu denken, zu lesen, zu schreiben und Dinge zu „tun", einfach ein Ergebnis des Erziehungsprozesses selbst? Dies scheint wenig wahrscheinlich. Es wirken andere Faktoren mit. Temperament und Persönlichkeitszüge gehören sicherlich dazu; Trieb oder Ehrgeiz – die gewöhnlich in der Persönlichkeit begründet liegen – sind wichtige Faktoren. Die soziale Umwelt kann die Fähigkeit einschränken, „dem Potential zu entsprechen". (Oder dieser Fähigkeit umgekehrt eine besondere Bedeutung verleihen.) All diese Einflüsse wirken auf unser kognitives Wachstum ein, obgleich das Ausmaß, in dem sie die kognitive Fähigkeit bestimmen, ein strittiger Punkt ist. In unseren Kommentaren zum Behaviorismus (Kapitel drei) legten wir eine Lerntheorie dar, die sich auf die Fähigkeit des Individuums gründet, zwischen verschiedenen Reizen zu unterscheiden und auf jene zu reagieren, die irgendein unmittelbares oder langfristiges Bedürfnis befriedigen. Dieser Verstärkungsansatz geht von der Annahme aus, daß wir jene Erfahrungen suchen – und die Reaktionen wiederholen, die sie hervorrufen –, die die größte Befriedigung verschaffen. Gleichzeitig vermeiden wir die (aversiven) Reize, die Schmerz oder Unzufriedenheit verursachen. Diese negativen Verstärker helfen uns zu lernen, weil sie uns mitteilen, was wir nicht tun dürfen. Der klassische Behaviorismus betrachtet den neugeborenen Säugling als ein leeres Gefäß, das mit Umwelterfahrungen angefüllt wird. Die Kognition ist ein Ergebnis der Beschaffenheit und des Fortschrittes dieser Erfahrungen. Der Kontext ist alles. Eine andere Auffassung ist die genetische, die vielleicht am umfassendsten in den Schriften Piagets zum Ausdruck kommt. Es ist nicht unsere Absicht, uns hier in allen Einzelheiten mit Piagets Theorien zu beschäftigen. Wir können lediglich die Hauptgesichtspunkte umreißen, soweit sie zwei der Grundbegriffe betreffen, die wir in diesem Kapitel erörtern wollen: (1) Die Rolle der Umwelt für die Entwicklung kognitiver Prozesse; und (2) Wie das Kind lernt, Objekte und Räume wahrzunehmen und sich auf diese zu beziehen.

Wie die Behavioristen betrachtet Piaget (1970) die Kognition als das Ergebnis einer „kontinuierlichen Interaktion zwischen dem Subjekt und der externen Welt" (S. 703). Doch hier endet das Gemeinsame. Für Piaget beruht das Lernen ebensosehr auf dem, was er „fortschreitende innere Koordinationen" nennt, wie auf der „durch Erfahrung erworbenen Information". Denken lernen erklärt sich nicht einfach daraus, daß Information gesammelt wird, sondern aus der Fähigkeit, diese Information in immer komplexeren Weisen zu verarbeiten.

Um es allgemeiner auszudrücken, wir werden alle mit der Fähigkeit geboren, die Erfahrung durch bestimmte logische Verfahren zu organisieren. Das Maß, in dem wir dies tun, hängt jedoch von unserer Interaktion mit der externen Welt ab. „Biologische Reifung eröffnet lediglich bestimmte Möglichkeiten... Es liegt am Subjekt, sie zu aktualisieren..." (Piaget 1970, S. 712). Doch diese Aktualisierung kann nur in Übereinstimmung mit dem Reifestadium des Individuums stattfinden. Der Säugling hat beispielsweise noch keinen Begriff von der „Erhaltung der Objekte". Wird ihm ein Spielzeug fortgenommen, ist es für immer dahin. Die wiederholte Rückkehr (und Fortnahme) des Spielzeugs wird nichts an der Überzeugung des Säuglings ändern, daß das Objekt zu existieren aufgehört hat. Erst in einem bestimmten Alter (mit ungefähr 12 Monaten) wird diese Erfahrung in eine sehr rudimentäre Form des Denkens überführt, so daß der Säugling versteht, daß das Spielzeug einfach fortgelegt oder an einen anderen Ort bewegt wurde. Piaget nannte diese plötzliche Erleuchtung, die in immer komplexeren Situationen stattfindet, wenn wir älter werden, die „Fähigkeit zu reagieren".

Diese Fähigkeit stellt sich nicht automatisch ein, sondern beruht auf vorhergehenden Erfahrungen mit der Umwelt. Erfahrung allein schafft jedoch keine Fähigkeit, die zunimmt, wenn wir die Entwicklungskurve emporklimmen. Ein Zitat wird uns das Verständnis dieses Begriffs erleichtern: „Der entscheidende Gesichtspunkt unserer Theorie ist die Tatsache, daß die Erkenntnis aus den *Interaktionen* zwischen dem Subjekt und dem Objekt resultiert, die *reichhaltiger* sind als alles, was die Objekte bieten können" (Piaget 1970, S. 13 f.). Piaget sagt hier, daß das Denken ein kreativer Prozeß sei, der durch den Organismus angeregt werde, und nicht einfach eine „Reaktion auf den Reiz" darstelle. Wir strukturieren unsere Erfahrung und nehmen sie nicht nur passiv entgegen.

Er merkt jedoch an, daß weder die Ideen selbst noch die Logik „eingeboren" seien. In Hunderten von Experimenten hat Piaget gezeigt, daß das Kind, bevor es ein bestimmtes Entwicklungsstadium erreicht hat, nicht in der Lage ist, die wirkliche „Bedeutung" von Objekten und deren Beziehungen zu begreifen. Die gleiche Quantität Wasser wird beispielsweise als ungleiche Menge erscheinen, wenn sie in einen schmalen und in einen breiten Glasbecher gegossen wird, weil die dünnere (höhere) Wassersäule größer erscheint. Logik ist ein anderes Merkmal, das sich in Stadien entwickelt. Ebenfalls in Stadien verläuft das kindliche Verstehen der Bewegung, Geschwindigkeit, des Raumes und der Zeit. Im Falle der Zeit sind manche Dinge um so „älter", je „größer" sie sind. Im Alter von 1¹/₂ Jahren bis 6 oder 7 Jahren entwickelt das Kind eine „präoperative" Form der Intelligenz. Auf dieser Stufe muß es sein Denken in die Tat umsetzen; es vermag noch nicht, die Dinge von Handeln unabhängig wahrzunehmen. Während der Grundschuljahre erwirbt es die Fähigkeit, sein Handeln unabhängig zum Gegenstand seines schlußfolgernden Denkens zu machen, doch nur in der Weise der „konkreten" Operationen, das heißt nur bei bestimmten Objekten, Situationen und Personen (es lernt beispielsweise die Addition und Subtraktion dadurch, daß es tatsächlich mit materiellen Objekten umgeht und sie zählt.) Der Jugendliche ist zu abstrakterem Denken fähig. Den Dingen werden Begriffe zugeordnet. Er ist in der Lage, die Beziehungen zwischen den Dingen „in abstracto" zu behandeln. Dies bedeutet jedoch nicht, daß das formale Denken des Jugendlichen dem des Erwachsenen qualitativ vergleichbar wäre. Unter bestimmten Umständen ist es nicht so leistungsfähig. Die Bedeutung dieser nacheinander auftretenden Stadien liegt ganz einfach darin, daß unsere Wahrnehmung der Welt sich verändert, wenn wir lernen, die konkreten „Dinge" durch „Signifikanten" und Symbole zu ersetzen. Wie unsere Wahrnehmung verändert sich auch unser Verhalten. Die Welt, die wir formal oder begrifflich assimilieren (und der wir uns akkommodieren), ist nicht dieselbe Welt, die wir als „egozentrische" Kinder wahrgenommen hatten. Als Säugling fehlt uns eine klare Unterscheidung des Selbst von dem Raum um uns her. Unsere Erkenntnis *von* ihm ergibt sich im wesentlichen aus unseren Handlungen *in* ihm. Als Erwachsener „erkennen" wir die Welt auf abstraktere Weise, in Gestalt ihrer formalen und logischen Eigenschaften.

Dies ist eine wichtige Unterscheidung und sie ist das Herzstück von Piagets Theorie der Intelligenzentwicklung. Wir können unseren kindlichen Zustand ablegen, weil der Geist des Erwachsenen fähig ist, die Welt auf einer höheren Ebene zu erfassen. Die Objekte werden durch Begriffe ersetzt. Diese neue Wirklichkeitsordnung ist nur deshalb möglich, weil der Geist die Fähigkeit besitzt, die Realität in einem gewissen Entwicklungsstadium zu assimilieren. Doch zu diesem Entwicklungsstadium wird es natürlich nur in dem Maße kommen, in dem Umweltobjekte vorhanden sind, die das möglich machen. Kinder, denen weder Mathematik noch Logik beigebracht wird, werden keine Mathematiker und Logiker. Andererseits bleibt es nach Piagets Ansicht ohne Wirkung, wenn man „Ideen" oder Erfahrungen einführt, bevor das Kind für sie bereit ist. Es kann dann nicht zu einem völligen Verständnis kommen. Die Bedeutung dieser Erkenntnisse für die Planung von Unterrichtsstätten oder Lehrplänen ist offensichtlich.

Die Entwicklung der kognitiven Repräsentationen des Raumes wird nicht nur von der Wahrnehmung, sondern auch von der Erfahrung mit der Manipulation von Objekten ausgelöst. Außerdem werden nicht alle räumlich-geometrischen Eigenschaften zum selben Zeitpunkt erworben. Flavell (1970, S. 1016) stellt fest, daß ihre Entwicklungsfolge topologisch (Proximität, Reihenfolge und so fort), projektiv (Perspektiven und so fort) und euklidisch (geradlinige Koordination und so fort) sei. Demnach entwickelt das Kind im Alter von sieben oder acht Jahren eine begriffliche Raumvorstellung, die sich vom wahrgenommenen oder vorgestellten Raum unterscheidet, den es sich mit etwa zwei Jahren zu erwerben begonnen hatte.

Der vorgestellte Raum ist nicht einfach ein Spiegelbild dessen, was das Kind sieht, ein im Geiste aufgezeichnetes Bild, sondern das Bild, das das Kind dadurch von der Welt gewinnt, daß es sich vorstellt, *es setze sich tatsächlich in eine Handlungsbeziehung zu ihr*, obwohl dies in Wirklichkeit nicht der Fall ist. Das Handeln ist einfach implizit. Diese „imitative" Repräsentation ersetzt die motorische Aktivität (bei der sensomotorischen Wahrnehmung) durch motorische Erwartungen. Das Kind „führt" seine Wahrnehmungen geistig „aus".

Diese Repräsentation der Umwelt führt allmählich zur Konstruktion dessen, was Piaget den „begrifflichen Raum" nennt. Die Objekte und ihre Beziehungen werden nicht mehr nur als „internalisierte Nachahmungen" wahrgenommen, sondern erwerben die Eigenschaft vollständigerer Repräsentationen. Das System erscheint als unabhängig vom Beobachter. Dies sei möglich, sagt Piaget, weil das Kind im Alter von sieben oder acht Jahren „dezentriere". Es ist fähig, die Objekte in koordinierter Weise wahrzunehmen und all ihre Aspekte zu erforschen. Gleichzeitig können die Umfelder aufgrund der zu Beginn des Kapitels beschriebenen Plan- und Bedeutungseigenschaften für das Kind auf unterschiedlichen Altersstufen sehr unterschiedliche Bedeutungen gewinnen. Wie das Kind lernt, sich in den Umfeldern zu bewegen und sie zu verwenden, ist ganz offensichtlich– besonders wenn es sich um überdauernde langfristige Umfelder handelt – auf die Möglichkeit zu beziehen, die ihm diese Umfelder zur Verfügung stellen. Wenn es älter wird, hilft ihm das Verständnis der Maße, der Perspektive und der Proportionen, festzustellen, daß die sichtbare Welt für andere ebenso wie für die eigene Person existiert. Wenn dies geschieht, wird der Raum zu einem abstrakten Begriff oder einer Vorstellung, die sich unabhängig vor der eigenen Erfahrung verstehen läßt. Doch erst in der Adoleszenz oder noch später erfaßt der Mensch diesen Begriff des formal operationalen Raums gänzlich.

In Piagets Werk ist für die Umweltpsychologie die Art und Weise von besonderem Interesse, in der das Kind die größere Welt begrifflich erfaßt. Piaget meint, daß das Verständnis dieser Welt der Information voraufgehen müssen, die uns durch Vorstellungsbilder übermittelt werde. Nachahmung schafft die Ähnlichkeit zwischen der Vorstellung und der Wahrnehmung – die Ausführung dessen, was wir sehen. Der Prozeß des Kommens und Gehens im Raum führt zu einem Bezugssystem für Gedächtnisbilder von Bezirken und Landschaften (Piaget, Inhelder & Szeminska 1960).

In einem Experiment, in dem Kinder zwischen vier und zehn Jahren aufgefordert wurden, ein Sandkastenmodell von ihrer Schule und deren Umgebung anzufertigen, fanden Piaget und seine Mitarbeiter (1960) heraus, daß die Kinder im präoperativen Stadium ein handlungszentriertes Bezugssystem verwenden. Sie sind nicht in der Lage, die Einzelheiten zu einem Ganzen zu organisieren, und können an die Wege deshalb nur im Zusammenhang mit ihren eigenen Bewegungen denken. Das Kind denkt beispielsweise an seinen Schulweg und trägt erst dann die räumlichen Markierungen ein.

Der Beweis dafür, daß Umwelterfahrungen die räumlichen Fähigkeiten von Kindern beeinflussen, wurde in einer Reihe von Studien an Kindern der Gusu und Logoli in Kenia erbracht (Munroe & Munroe 1971; Nerlove u. a. 1971). Sie ermittelten eine Beziehung zwischen der Entfernung von zu Hause, in der sich das Kind befand, und seiner Fähigkeit, ausgewählte räumliche Aufgaben zu lösen. Die Kinder, die man dabei beobachten konnte, daß sie sich weiter von zu Hause entfernt herumtrieben (gewöhnlich Jungen, denen mehr Freiheit eingeräumt wurde, sich zu entfernen), zeigten bessere Leistungen im Blocktest. Nachdem die Autoren verschiedene Erklärungen erwogen hatten, kamen sie zu der Annahme, daß die Erforschung der Umwelt eine der Lernerfahrung ist, die zur Entwicklung räumlicher Fähigkeiten beitragen.

Das Kennenlernen der größeren Welt steht zu bestimmten Aspekten in der psychologischen Entwicklung des Kindes in Beziehung, beispielsweise zu seiner wachsenden Unabhängigkeit und Autonomie. Wenn der materielle Raum größer wird, innerhalb dessen es operiert, präsentieren sich ihm neue Ursachen potentieller Lernerfahrungen. Aber sie sind nicht nur dazu da, „daß nach ihnen gefragt wird". Der Raum wird kontrolliert. Zu Hause unterliegt er der Herrschaft der Eltern, doch die verfügbaren Gelegenheiten sind gleichfalls bedeutsam. Bei der Erörterung von Wohnprojekten in England kommt Madge (1950) zu folgender Auffassung:

„Es scheint wahrscheinlich, daß die Beziehung zwischen dem eigenen Zuhause und denen der Nachbarn weitreichende Bedeutung für die frühe soziale Entwicklung hat. Unter Lebensbedingungen, in denen ein Kind in der Lage ist, sich ungehindert in die Häuser und Gärten anderer Leute zu begeben und in denen andere Kinder das eigene Haus und den eigenen Garten besuchen, wird sich der elterliche Leib durch eine Reihe von Analogien so weit ausdehnen, bis er eine ganze Gruppe von Häusern und vielleicht sogar eine Wohnumgebung, eine Ortschaft oder eine Stadt umfaßt. Frühe Einschränkungen dieser

Bewegungsfreiheit würden möglicherweise eine Generation hervorbringen, in der die Familien unter sich bleiben" (S. 193).

Außerhalb des Zuhauses bestimmen verschiedene private und öffentliche Personen die Zugänglichkeit und Verwendung des Raumes. Eine bedeutende Komponente im Lernprozeß muß demzufolge in dem unmittelbaren und stellvertretenden Kontakt zu sehen sein, den das Kind mit jenen Menschen hat, die die Räume und Objekte außerhalb des eigenen Zuhauses verwenden und sie kontrollieren. Umweltlernen ist also stark verwoben mit sozialem Lernen. Einer der Autoren (Winkel) hat diese Kontrollpersonen des Raumes „Torhüter" genannt. Der Pförtner eines Wohngebäudes, die Aufsichtsperson eines Spielplatzes, ein Hausbesitzer, der Parkwächter und der Polizist reglementieren und definieren alle die räumliche Zugänglichkeit einer Vielzahl verschiedener Bereiche. Aus dieser Auffassung folgt, daß die Spannweite der Lernmöglichkeiten eines Kindes nachdrücklich von den sozialen Definitionen des Raumes und der Stimulation beeinflußt wird, die im Raum verfügbar ist.

Wenn wir die Umwelt als ein wichtiges Reservoir von Lerngelegenheiten im weitesten Sinne des Wortes verstehen, dann müssen wir den sozialen Faktoren, die in der räumlichen Wahrnehmung wirksam sind, mehr Beachtung schenken. Das Verhalten eines Kindes, das sich von zu Hause entfernt hat, kann in hohem Maße von den elterlichen Raumnormen beeinflußt werden. Ihm ist gesagt worden, wo es spielen darf und wo nicht. Auch von Altersgenossen und älteren Kindern erhält es Hinweise darauf, in welche Räume man eindringen kann, und insofern können sie Ersatztorhüter genannt werden. Der Hinweis erübrigt sich, daß ein Konflikt zwischen den wirklichen und den Ersatztorhütern nicht ungewöhnlich ist. Denken wir an den Führer der Straßengang, der seine Anhänger in ein verbotenes Territorium zwingt.

Schließlich muß noch die Rolle betrachtet werden, die sozioökonomische und ethnische Faktoren beim Umweltlernen spielen. Man könnte meinen, daß Mittelschichtkinder besonders in Städten sich einer größeren Lebensumwelt mit weit mehr Beschäftigungsmöglichkeiten erfreuen als arme Kinder. Doch darüber wissen wir wenig, insbesondere was die Einschränkungen anbelangt, die durch Torhüter und elterliche Regeln und Vorschriften auferlegt werden. Außerdem mögen ethnische Gruppen sich bemüßigt fühlen, ihre Kinder innerhalb gewisser kultureller Grenzen zu halten, so daß deren Umwelterfahrungen sehr eng bleiben. Außerdem bieten die Eltern dem Kind Verhaltensmodelle an. Die Art und Weise, in der sie den Raum verwenden, und die Verwendungshäufigkeit beeinflussen in der Folge das Raumverhalten des Kindes. Auch individuelle Faktoren der Person können wichtige Determinanten sein. Mädchen werden im allgemeinen dazu angehalten, weniger Abenteuerlust als Jungen an den Tag zu legen. In ähnlicher Weise beeinflussen frühere Umwelterfahrungen die Wahrnehmung und die Verwendung verschiedener Typen des externen Raums. Das Kind, das von der Gang in der anderen Wohnumgebung aufgenommen wurde, ist nicht in der Lage zurückzukehren – zumindest bis es älter ist oder eine eigene Gang hat.

Was wissen wir von den Fähigkeiten des Kindes, komplexe großdimensionierte Räume zu erfassen? Es gibt viele Belege in der Forschung für die Annahme, daß Kinder bereits in einem sehr frühen Alter über ziemlich außergewöhnliche kartographische Fähigkeiten verfügen, wie handlungszentriert ihr Bezugssystem auch immer sein mag. Ein Grundproblem bei der Bestimmung dessen, was ein Kind erkennt und wie es dies erkennt, stellt die Auswahl angemessener Meßtechniken dar. Die Grenzen in der Koordination, in den zeichnerischen Fähigkeiten, in der Lesefertigkeit machen die Auswahl von Versuchsanordnungen wirklich schwer. Viele der Instrumente, die in Zusammenhang mit der kognitiven Kartographie bei Erwachsenen zu erörtern sind, eignen sich nicht für die Verwendung bei Kindern.

Eine Untersuchung (Blaut u. a. 1970) an fünf, sechs und siebenjährigen Erstkläßlern in nordamerikanischen und puertorikanischen Schulen testete die Fähigkeit der Versuchspersonen, Karten zu lesen und zu verwenden, wobei man von der Annahme ausging, daß bei diesen Aufgaben eine kognitive Karte verwendet wurde. Zwei Verfahrenstypen wurden benutzt. Im ersten zeigte man den Kindern schräg oder senkrecht aufgenommene Luftbilder und forderte sie auf, irgendwelche Züge auf ihnen zu identifizieren. Die zweite Versuchsbedingung verlangte eine erste Identifikation von Merkmalen der senkrecht aufgenommenen Fotografie, die Anfertigung einer Skizze nach dem Foto, die Interpretation des skizzierten Musters, nachdem die Fotografie fortgenommen worden war, und die Verwendung der Skizze bei der Lösung eines „Navigationsproblems". Die Fotografie zeigte entweder den Schulbereich des Kindes oder einen, der diesem ähnelte. Im allgemeinen zeigten die Resultate, daß in beiden Kulturen die Erstkläßler in der Lage waren, die senkrecht aufgenommenen Luftbilder zu interpretieren, aus ihnen ein „System sehr ikonischer Kartenzeichen" zu abstrahieren, die Darstellung dazu zu verwenden, ein Wegeplanungs-Problem zu lösen, und Karten in einer sehr realistischen Weise zu lesen, anzufertigen und zu verwenden.

Bei dem Versuch, die Ursprünge dieser Fähigkeit bei Kindern zu erklären, rekurrieren die Autoren im wesentlichen auf das frühe Spielverhalten des Kindes – auf die Spiele, Zeichnungen, Gebärden und so weiter. Von grundlegender Bedeutung aber ist ihrer Meinung nach der Umgang mit Spielzeug. Studien an fünfjährigen Kindern, die in der Lage sind, Spielzeuge so anzuordnen, daß sie Landschaftszüge repräsentieren (Stea & Blaut 1970), werden zum Beleg dieser Auffassung angeführt.

Wir brauchen uns nur ins Gedächtnis zu rufen, wie der Umgang mit Spielzeug in diesen frühen Jahren aussieht, um zu verstehen, welch reiche Stimulationsquelle er für die kartographischen Fähigkeiten des Kindes darstellt. Das Kind schwebt im allgemeinen über seiner Miniaturwelt, das heißt, es nimmt sie aus der Vogelperspektive wahr. Es akkommodiert seine perspektivischen Erfahrungen, die wahrscheinlich damit beginnen, daß es auf dem Arm gehalten wird und sich von oben in der Welt der Objekte und Bereiche umsehen kann, und die es damit fortsetzt, daß es seine Spielzeuge bewegt – die Klötze, Autos und Puppen. So werden Kinder in den meisten Fällen in ihren frühen Jahren eine Vielzahl räumlicher Erfahrungen machen, zu denen auch der Umgang mit Spielzeug als konkrete Möglichkeit gehört, Erfahrungen über die Welt zu machen und zu speichern.

Interessanterweise unterschätzen wir häufig die begrifflichen Fähigkeiten von Kindern. In der Untersuchung einer neuen kinderpsychiatrischen Einrichtung (Rivlin & Wolfe 1972) befürchteten der Architekt und der neuernannte Direktor, daß der ziemlich komplexe Plan des Gebäudes mit einer spiegelbildlichen Anordnung der Lebensbereiche für die gestörten Kleinkinder, die die Patienten sein würden, und zwar besonders für jene mit Orientierungsproblemen eine Schwierigkeit darstellen könnte. Eine spätere Untersuchung der Funktionsweise des Gebäudes erbrachte, daß diese Furcht unbegründet war. Die Kinder schienen ihren Weg durch die Anstalt mit Leichtigkeit zu finden. Versuche, ihre Kenntnis des Gebäudes dadurch zu überprüfen, daß man Neuankömmlinge bat, einen der Versuchsleiter durch das Haus zu führen, erbrachten, daß sie rasch genug eine hinreichende Vorstellung von den übergreifenden räumlichen Verhältnissen gewannen, um einen Erwachsenen beinahe überall hinbringen zu können.

Kurzum, die Kinder lernen ihre Umwelt auf zwei Weisen kennen. Eine beruht auf bloßer Orientierung. Das Individuum lernt, sich zurechtzufinden, indem es sich zuerst auf bestimmte Objekte oder festgelegte Bezugspunkte bezieht, dann Objekte aufeinander bezieht und schließlich den Raum begrifflich als ein koordiniertes Bezugssystem erfaßt, wo der Ort oder die Stadt als eine Art geometrische Abstraktion gesehen wird. Zweitens lernt das Kind seine Umwelt sozial kennen, insofern es erfaßt, welche Räume ihm zugänglich und welche Aktivitätstypen ihm erlaubt sind.

Die Adoleszenz stellt ein Lebensstadium dar, dessen Beginn ungewiß ist (obgleich praktisch häufig davon ausgegangen wird, daß sie mit der Pubertät beginnt) und über dessen Ende noch weniger Klarheit herrscht. Dies hängt teilweise von der gesellschaftlichen Definition des Erwachsenenstatus ab. Noch vor sechzig Jahren war die Klassifizierung des Teenagers unbekannt (Goldberg 1969). Unter sozialer Perspektive wird diese Zeit mit einer fortwährenden Abhängigkeit verbunden, und die Termini „Übergang" und „Identitätssuche" werden gewöhnlich in ihre Beschreibung aufgenommen.

Welche Bedeutung hat diese Phase für die Umweltperspektive? Jede Generalisierung unterliegt der Gefahr, im Detail ungenau zu sein. Doch ein Überblick über die kognitiven, sozialen und materiellen Erfordernisse dieses Stadiums liefern eine Vorstellung von dem Beitrag, den die Umwelt dabei leistet. Piaget weist darauf hin, daß der Begriff des „Geburtslandes" sich erst im Alter von zwölf Jahren oder später entwickelt (Piaget & Inhelder 1972). Auch soziales Bewußtsein und soziale Ideale treten nicht vor dieser Phase auf. Es handelt sich um ein kognitives Stadium, in dem das Individuum einer Denkweise fähig wird, die symbolisch und abstrakt ist, doch – wie Piaget gezeigt hat (siehe Wadsworth 1971, S. 111 f.) – bedeutet dies nicht, daß das formale Denken des Jugendlichen immer das Niveau des Erwachsenen erreicht. Die Tendenz, Urteile eher auf das logische als auf das realistische Denken zu gründen, kann oft zu Krisen der Ideale führen. Diese Krisen werden ihre krasseste Erscheinungsform in der Beziehung des Jugendlichen zu seinen unmittelbaren Umfeldern, den Freunden und der Familie finden, deren Werte und Urteile seinen Erwartungen nicht immer entsprechen werden.

Welche Rolle spielt die Umwelt in diesem Konflikt? Der Raum kann Meinungsverschiedenheiten verschärfen oder mildern. Verfügbare und zugängliche Umfelder können dem Jugendlichen ermöglichen, sich abzusondern und diese Probleme ebenso wie jene zu verarbeiten, die sich auf die psychischen, emotionalen und sozialen Veränderungen beziehen, die das Stadium begleiten. Ein eigenes Zimmer – ein Ort, an den man sich zurückziehen kann – bedeutet möglicherweise einen Kontext zur Bewältigung von Krisen. Wenn der verfügbare Raum überfüllt, für den einzelnen also beschränkt ist, können die Konflikte stärker werden. Wenn dann z. B. das Badezimmer Zuflucht und Monopol des Jugendlichen wird, kann das zu einer weiteren Quelle der Gereiztheit und des Streites werden. Stone und Church (1968) äußern folgende Vermutung:

„Das eigene Zimmer des Jugendlichen, wenn er eines hat, oder die Privatsphäre eines heißumkämpften Badezimmers dienen als Zufluchtsort, wo er das eigene Wachstum prüfen und registrieren kann, wo er vor dem Spiegel mit den Masken, die er trägt, mit den Stilen und Images, die er zur Geltung bringen möchte, experimentieren, sie üben und perfektionieren kann" (S. 445).

Das Problem der Privatsphäre ist während dieser Phase von besonderer Bedeutung. Mit einer sich verändernden Physiologie konfrontiert, ungewiß hinsichtlich dessen, was die Zukunft bringt, und der Fragen, die die Familienwerte betreffen, empfindet der Jugendliche ein intensives Bedürfnis nach Privatsphäre. Doch zu Hause ist der Jugendliche immer noch das Kind der Familie, das nur begrenzte Rechte hinsichtlich des Raumes genießt. Oft muß er die Privatsphäre außerhalb der Familie suchen, wo selbst der Besitz eines eigenen Zimmers sie ihm möglicherweise nicht verschafft und wo auch Objekte innerhalb dieses Zimmers nicht vor der Neugier der Geschwister oder der Eltern sicher sind. Die Sorge der Eltern um den Jugendlichen, zu der auch die Angst vor Experimenten mit dem anderen Geschlecht und Drogen gehört, kann nämlich sehr wohl zur Verschärfung der Aufsicht führen, wie unauffällig dies auch geschehen mag. Eine rasche Durchsicht von Zeitungskolumnen, wie sie „Dear Abby" repräsentiert, zeigt, auf welche Art von Invasionen Jugendliche gefaßt sein müssen – Eltern, die die private Habe ihrer Kinder durchsuchen oder deren Post lesen, alles im Interesse ihrer Kinder.

Oben sprachen wir von den Sozialisationsfunktionen des Essens. Die Mahlzeit und ihr Umfeld bleibt auch weiterhin während der späteren Jahre des Wachstums eine ergiebige Quelle des sozialen Lernens. Das Abendessen in der Familie kann jedoch auch zu einer Art von Arena werden (Stone & Church 1968), in der man seinem Herzen Luft macht, was von der Zusammensetzung der Familiengruppe und vielleicht auch von dem für das Familienmahl verfügbaren Raum abhängt. Interaktion kann dazu beitragen, Probleme zu lösen, sie kann sie allerdings auch schaffen.

Wenn wir an die Phase der Adoleszenz denken, stellen wir uns häufig vor, daß man in ihr wachsende Freiheit erhält, die Umwelt zu erforschen. Die Grenzen oder der Aktionsradius des Jugendlichen weitet sich in der Tat zunehmend gegenüber dem der Kindheit aus, wobei dieser Vorgang von der Tendenz begleitet wird, daß immer weniger Zeit zu Hause zugebracht wird. Doch auch in diesem Stadium existieren die oben beschriebenen Torhüter noch immer. Sie üben weiterhin ihre Zensur aus und setzen Grenzen, obgleich es vielleicht in einer subtileren Weise als in früheren Jahren geschieht, insbesondere da Erwachsene die Tendenz zeigen, Jugendlichen gegenüber außerordentlich mißtrauisch zu sein, ob dies nun aus wirklicher Sorge oder deshalb geschieht, weil sie ihnen ihre Freiheit neiden.

Das Verhalten Jugendlicher in den Vereinigten Staaten ist beileibe nicht uniform. Es unterliegt großen Unterschieden je nach sozioökonomischer und ethnischer Zugehörigkeit. Dies läßt sich an der Subkultur der „Straßenecke" in der Stadt beobachten, wo der Status häufig dadurch erworben wird, daß man in eine Gang aufgenommen wird. Gangs üben ihre Wirkung über die räumlichen Komponenten von Stammkneipen, Ecken und freien Plätzen aus, die das Territorium einer Gruppe markieren. Leonard Bernsteins *West Side Story* ist ein dramatisches Beispiel für die Bedeutung des Hoheitsgebietes einer Gang als vermittelnder Faktor zwischen verschiedenen ethnischen Gruppen (die natürlich unterschiedliche Wertsysteme haben). Es bedarf sicherlich nicht der Erwähnung, daß dies nicht die Umwelt ist, die der Jugend in Kleinstädten oder Dörfern vertraut ist. Für diese sind andere Dinge wichtiger als Territorien. Auch sie kann ihre Stammkneipen haben – der Autoimbiß oder die Bowlingbahn – doch sie sind eher als Orte zu betrachten, an denen man sich trifft und mit den anderen interagiert, und nicht so sehr als Hoheitsgebiete, die zu verteidigen sind.

Vor allem besitzt diese mehr ländliche Jugend das Auto. Außerhalb der Großstädte sind beinahe alle Jugendlichen – ob aus der Ober-, Mittel- oder Unterschicht – selbstverständlich motorisiert (für die wenigen, die es nicht sind, gibt es in jedem Falle das Telefon. Vor allem bei weiblichen Teenagern ist die gesondert aufgeführte Telefonnummer zu dem Statussymbol geworden, das das Auto für Jungen darstellt). Das Auto hat die meisten der alten räumlichen Grenzen aufgelöst und Bewegungsfreiheit, einen sozialen Egalitarismus und eine globale Umwelt an die Stelle des festgelegten und in soziale Schichten unterteilten Universums der Billardhalle und der Eisdiele einer früheren Generation gesetzt. Die Tatsache, daß ein gut Teil dieser Bewegung rituelle Züge aufweist („cruising"), beeinträchtigt kaum den Wert des Autos als dem großen Gleichschalter der Jugendkultur.

In seiner Schrift über das Automobil als soziale Institution weist Goldberg (1969) darauf hin, daß es seine Bedeutung nicht so sehr als Instrument zum Erreichen von Orten erlangt hat, sondern weil es in vielen Gemeinden so wenig Orte für Jugendliche gibt, die sie *nur* als Jugendliche erreichen können. Inzwischen erfüllt das Rockfestival dieses Bedürfnis nach einer „vollerblühten sozialen Arena" – zumindest für den Zeitraum einiger Tage –, doch auch das Festival muß das Kriterium der Bedeutsamkeit erfüllen. Eines, das auf einem Rennplatz in einem Vorort von New York City abgehalten wurde, litt unter einem spektakulären Mangel an Besuchern. Nach den Worten eines altgedienten Festivalbesuchers war es „zu leicht erreichbar". Und war man einmal da, bot es keine „Abenteuer" – auf der Tribüne sitzen ist natürlich nicht dasselbe wie im Schlamm von Woodstock zu schlafen.

Nach Goldberg (1969) dient das „cruising" im Auto einem starken sozialen

Gesellungsbedürfnis. Die langsame Parade wird zu einem Mittel, um Angehörigen des anderen Geschlechtes zu begegnen. Sie wird auch ein Anlaß zu Konflikten mit den Erwachsenen, wenn nämlich die Verkehrsstauung den Verkehr und das Geschäftsleben behindert. Was die Suche nach einem eigenen Ort für die Jugendlichen repräsentiert, wird zu einem Ärgernis für die Erwachsenen. Wir stellen wenige Umfelder zur Verfügung, die den Bedürfnissen Jugendlicher wirklich entsprechen. In gewissem Ausmaß muß die Schule als Brennpunkt des sozialen Lebens fungieren, als eine „Stammkneipe" für Aktivitäten von Altersgenossen, obgleich ihr Raum weitgehend für formelle Zwecke in Anspruch genommen wird. Welche Bedeutung der Schulgröße dabei zukommt, den Schülern Gelegenheiten zur Teilnahme an schulischen Aktivitäten anzubieten, wurde bereits erwähnt. Viel ließe sich über die Highschool als zentrale Erfahrung für die Entwicklung des Jugendlichen schreiben. Wir können hier den Leser nur auffordern, sich an die wichtigen Einflüsse seiner eigenen Schulzeit zu erinnern, die zu seiner Reifung beitrugen. Er wird möglicherweise feststellen, daß der Unterricht und die formelle Unterweisung von geringerer Bedeutung für sein Persönlichkeitswachstum waren, als die soziale Umwelt, die sein nicht vom Lehrplan erfaßtes Selbst in Anspruch nahm.

Die reifen Jahre

Wenn uns eine normale Lebensspanne vergönnt ist, verbringen wir den größten Teil unseres Lebens als Erwachsene. Dennoch hat man das Gefühl, daß man, wenn man erwachsen geworden ist, die „Entwicklung", wenn nicht sogar die besten Jahre hinter sich hat. In Wirklichkeit hört die Entwicklung keines normalen Erwachsenen vor seinem Tode auf. Dies sind zugleich die Jahre unserer größten Produktivität und im allgemeinen unserer größten Kraft. Diese Kraft zeigt sich auf vielen Ebenen – auf der physischen, sozialen, politischen, ökonomischen – sie alle wirken auf die Weise ein, in der wir unsere Umwelt verwenden.

Unglücklicherweise wissen wir wesentlich weniger über das Erwachsenendasein als über die Kindheit und die späteren Jahre, die beide sehr viel intensiver von Psychologen und anderen Wissenschaftlern untersucht worden sind. Neugarten (1968) vermutet, daß unsere unzureichenden Kenntnisse dieses Stadiums darauf beruhen, daß nur wenig systematische Daten über den Lebenszyklus vorliegen und daß es an einer sinnvollen Theorie fehlt, auf welche bezogen sich die zentralen Fragen untersuchen ließen. Zwei dieser Fragen verdienen Erwähnung: (1) Das Bedürfnis bei Erwachsenen, enge langfristige Beziehungen zu anderen zu gründen; und (2) das Bedürfnis, eine Richtung im Leben, ein

Wertsystem und eine Möglichkeit zu finden, nach den eigenen Interessen und Talenten zu handeln. In gewissem Sinne macht dies das Leben aus, obgleich solche psychologischen Bedürfnisse von dem dauernden ökonomischen Erfordernis, den Lebensunterhalt zu verdienen, verschleiert werden können. In einer sehr realen Weise ist die Welt weitgehend so geplant, daß sie auf einer Erwachsenenebene funktioniert. Obwohl wir individuelle Unterschiede zwischen den Altersgruppen anerkennen, ist die bauliche Umwelt großenteils für die Größe und das Kompetenzniveau Erwachsener bestimmt. Umwelten werden gewöhnlich von Erwachsenen kontrolliert, die als Raumverwalter darüber entscheiden, wie, durch wen und zu welchem Zweck sie zu verwenden sind. In vieler Hinsicht ist dies einfach eine Ausdehnung der politischen, ökonomischen und sozialen Macht, die sich sowieso in den Händen der Erwachsenen befindet. Der Lehrer bestimmt, wie das Klassenzimmer verwendet wird, das Gartenbauamt und seine Beamten kontrollieren die Verwendung von Parkanlagen. Mehrere Autoren haben festgestellt, daß es in vielen Institutionen und Bürogebäuden in Wirklichkeit das Wartungspersonal ist, das die Normen der Raumverwendung durch seine Macht festsetzt, die Regeln für den Fußgängerverkehr und die Sitzordnung festzulegen und die Verwendung bestimmter Bereiche zu kontrollieren.

Erwachsene sind auch die aktivsten Türhüter gegenüber der Jugend, insofern sie deren Übergang von Raum zu Raum vermitteln. Der Nachbar am Fenster, der die Gruppe Jugendlicher unten beobachtet, und der Ladeninhaber, der die Kinder draußen sieht, zwingt der räumlichen Freiheit des Kindes definite Grenzen auf. Solche Macht ist natürlich nicht gleich verteilt – Status und Rollenunterschiede schaffen abgestufte Autoritätsgrade. Der Erwachsene baut und ordnet die Umwelt also nicht nur, sondern ist auch dafür verantwortlich, wie sie verwendet wird. Solche Macht schafft ihre eigenen Probleme, und deren Lösung gehört zu den wichtigsten Anliegen der Umweltbewegung.

Wenn eines der zentralen Probleme der Erwachsenenjahre die Gründung enger langfristiger Beziehungen ist, in welcher Weise läßt sich dann der Raum dazu verwenden, dieses Ziel zu erreichen? Das Umfeld kann Nähe oder Entfremdung fördern. Im Familienleben kann unangemessen verteilter Raum oder Raumknappheit, wie wir wissen, eine Konfliktquelle sein. Das ausgewogene Gleichgewicht zwischen Möglichkeiten, sich zurückzuziehen, und Möglichkeiten zur Kommunikation mit anderen, zur Nähe ohne Massierung, besitzt eine räumliche Komponente. Eine überfüllte Wohnung oder ein überfülltes Haus können ebenso verheerend für die interpersonalen Beziehungen sein wie die geographische Isolation. Sozialarbeiter registrieren häufig einen Zusammenhang zwischen Störungen des Familienlebens und Mangel an angemessenem Lebensraum, obgleich dies nie die ganze Ursache ist.

Hausfrauen in mehrstöckigen Häusern scheinen besonders anfällig für die Effekte erzwungener Isolation zu sein. Eine Untersuchung von Fanning (zitiert bei Michelson 1970) an Frauen und Kindern der britischen Besatzungsmacht in Deutschland nach dem zweiten Weltkrieg zeigte einen erstaunlichen Unterschied zwischen den Bewohnern von Einfamilienhäusern und mehrstöckigen Wohngebäuden. Die Krankheitsrate in der zweiten Gruppe war um 57% höher, wobei Störungen der Atemwege vorherrschten. Auch Psychoneurosen waren häufiger, und innerhalb der Gebäude variierte die Neurosenrate unmittelbar mit der Entfernung vom Erdgeschoß. Wohnungen in höheren Etagen schufen offensichtlich eine größere soziale Isolation (siehe Michelson 1970: 161–162). Eine andere Schwierigkeit dieser Vertikalität liegt darin, daß die kleinen Kinder schlecht beim Spiel zu beaufsichtigen sind. Es ist den Müttern unmöglich, sie zu beobachten. Auch dies scheint zum Streß beizutragen. Kurzum, das Wohnen in großen Blocks, insbesondere in „Projekten", trägt beim Umgang mit anderen Bewohnern zum Gefühl der Unpersönlichkeit bei. Man hält sich die Nachbarn vom Leibe, und die Auswirkung dieser Wohnweise besteht nicht so sehr darin, das Gefühl der Massierung zu schaffen, sondern das der Einsamkeit.

Ein anderer Faktor, der die Entstehung enger und überdauernder menschlicher Beziehungen verhindert, ist in Tofflers (1970) populärwissenschaftlicher Untersuchung *Der Zukunftsschock* erörtert worden. Kulturelle Veränderungen, die einst Generationen in Anspruch nahmen, werden nun in die Zeit eines einzigen Lebens gepreßt. Der stabilisierende Einfluß einer gegebenen oder sich nur langsam wandelnden Umwelt geht durch eine beschleunigende Technologie verloren, die aus jedem Tag tatsächlich in irgendeiner Hinsicht einen „neuen" macht. Und da das Lebenstempo zunimmt, laufen wir auch selbst schneller, um am Ball zu bleiben. Toffler stellt die Frage, ob es jemals ein „Jetzt" gäbe? Mobiler als jemals zuvor suchen wir unsere neuen Stellungen, machen wir weite Reisen, ändern wir den Standort aus klimatischen oder ästhetischen Gründen. Für viele Menschen hat diese Freizügigkeit sehr positive Werte, sie kann aber auch zu einer kulturellen Desorientierung führen. Man wird eine Folge von Umwelten kennenlernen, ohne vielleicht an irgendeine von ihnen irgendeine Bindung zu entwickeln. Dies ist jedoch im wesentlichen ein Mittelschichtphänomen. Die Armen erfahren eine andere Art von Mobilität und Wandel, wobei ihre Wahlfreiheit entschieden eingeschränkt ist.

Marc Fried (1963) hat die Wirkung eines städtischen Sanierungsprogramms auf die alteingesessenen Bewohner einer Wohnumgebung beschrieben, wenn sie gewaltsam entwurzelt werden. Kapitel neun erörtert das darauf folgende „Kummersyndrom" und andere Anzeichen für den Verlust der Ortsidentität. Das Phänomen hat natürlich viel mit der Auflösung von Sozialgefügen zu tun, doch auch unter dem Gesichtspunkt der Umwelt reflektiert es die Bedeutung von Orten, in denen dieses Gefüge funktionierte – die Vorderveranda, die örtlichen Geschäfte, die Straßenecke, das Wohnzimmer, in dem die Familie und die Freunde eingeladen wurden. Die Funktionen dieser Orte schlagen sich genauso in symbolischen Bedeutungen nieder und sind verwoben mit den sich über Jahre erstreckenden Personen- und Ortsbeziehungen. Bedeutsame Objekte im eigenen Leben, ein stabiles Zuhause und eine stabile Nachbarschaft, ebenso wie überdauernde persönliche Beziehungen tragen nicht nur zum Gefühl für das bei, „was ich bin", sondern auch zu einer sinnvollen Orientierung. „Ich weiß, wohin ich gehe", heißt für die meisten von uns, „ich weiß, wo ich gewesen bin". Dies ist schwierig in einem Zeitalter der Mobilität, wo es nur wenige permanente Aspekte des eigenen Lebens gibt.

Zu diesem Richtungsgefühl gehören noch zwei andere Faktoren. In welchem Ausmaße liefert das Umfeld der Person Gelegenheiten, seine unmittelbare Umwelt in einer individuellen Weise zu personalisieren? Und in welchem Ausmaße genießt er Wahlfreiheit in der Verwendung seiner Umwelt? Wahrgenommene Freiheit muß unter dem Gesichtspunkt individueller Persönlichkeitszüge und möglicher Interaktionen mit einem Umfeld beachtet werden. Wir verwirklichen unsere Ziele in einer Umwelt auf lange Sicht nur, wenn die Umwelt sie unterstützt. Umwelttradition kann für einige ein totes Geleise sein. In den Umsiedlungsstudien, zu denen jene von Fried gehört, fand man heraus, daß die jüngeren, besser ausgebildeten, aufstiegsbestrebten Bewohner die Umsiedlung bevorzugten – gewöhnlich sogar aus eigenem Antrieb in die Vorstädte umsiedelten. In ihren Augen gelang es der alten Umwelt nicht, die Bedeutungen und Richtungen, die sie in ihrem Leben suchten, zu unterstützen.

Implizit enthalten diese Studien städtischer Wohnumgebungen die Frage nach dem Lebensstil, das heißt nach der kombinierten Wirkungsweise des sozioökonomischen Status, der ethnischen oder Gruppenherkunft, des Stadiums im Lebenszyklus, der religiösen oder philosophischen Auffassung und anderer Elemente. Der Lebensstil als Verallgemeinerung impliziert eine Gruppe von Einstellungen, Bedürfnissen und Werten, hinsichtlich derer sich verschiedene Personen und vielleicht eine Person im Laufe ihres Lebens unterscheiden. Sie beziehen sich auf die Wohnung, die sie aussucht, ihren Standort und die Anordnung der Objekte und Möbel in der Wohnung, die Verwendung des Hauses und seiner Umgebung ebenso wie ein breites Spektrum von Zielen. Der „standesgemäße Bostoner" zieht Beacon Hill oder etwas Entsprechendes vor, weil es eine Umwelt ist, die seiner Lebensweise und seinem Sozialstatus entspricht. Dies beruht im wesentlichen auf Erwachsenenwahlen – Wahlmöglichkeiten, die wir erst haben, wenn wir alt genug sind, um selbst zu bestimmen, welche Wahl wir treffen wollen. Doch es gibt nur wenige Beweise dafür, daß Umwelten selbst die Lebensstile effektiv verändern. Gans (1967) hat festgestellt, daß Menschen, die in Vorstädte umziehen, nicht nur deshalb, weil sie eine Ortsveränderung vornehmen, auch hinsichtlich des Lebensstils Vorstädter werden.

Man zieht um, weil man bereits erworbene Werte verwirklichen möchte, die durch andere Umwelten verleugnet werden. Berger (1960) nennt die Kehrseite der Medaille, wenn er in Frage stellt, ob Vorstadtleben an sich aus einer nicht dem Mittelstand angehörenden Person einen homogenen Mittelschicht-Vorstädter machen könne. In seiner Untersuchung an Arbeitern in einer Vorstadt von Los Angeles stellte er fest, daß die Gruppe, selbst wenn offensichtliche wirtschaftliche Verbesserungen eingetreten waren, an einem Lebensstil festhielt, der jenem außerordentlich ähnelte, den sie vor ihrem Umzug praktiziert hatte.

Die späten Jahre

Umweltmangel ist eine häufige Erscheinung bei älteren Personen. Nachlassende Gesundheit, Unsicherheit und abnehmende Produktivität machen sie zu einer Sonderklasse, obgleich es ein Mißverständnis wäre, sie als eine monolithische Gruppe zu betrachten. Die späteren Jahre sind „später" in bezug auf einen schwer zu bestimmenden Punkt im Leben und umfassen nach ihm im allgemeinen noch viele Jahre. Welche individuellen Unterschiede sich auch immer zwischen den älteren Personen zeigen mögen – wir alle kennen Neunzigjährige, die immer noch ihr Tagwerk verrichten –, sie begegnen entscheidenden Problemen, was nicht zuletzt der Tatsache zuzuschreiben ist, daß die Umwelt ohne Frage für jüngere und in den mittleren Jahren befindliche Erwachsene organisiert ist. Beschränktere Mittel, enger definierte soziale Rollen und eine schlechtere Gesundheit beschränken die Kraft und Anpassungsfähigkeit der Älteren. Auf der materiellen Ebene ist dies in den Hindernissen zu erblicken, die durch solche Dinge wie hohe Treppenstufen in Bussen und Untergrundbahnen, schnell umschaltende Ampeln und unzureichende Beleuchtung zustande kommen. In einem beträchtlichen Maße sind die älteren Personen mit Kindern und Behinderten zusammen von den Planern und Raumverwaltern aus der Gesellschaft „ausgewiesen" worden. Ein Symptom für diese Schwierigkeiten liegt in der Zunahme der häuslichen Unfälle bei wachsendem Alter (Birren 1964), die teilweise die Tatsache belegen, daß die Umfelder nicht geeignet sind, den physischen Bedürfnissen jener Personen zu entsprechen, deren Kraft nachläßt und die in immer höherem Maße auf ihr Zuhause angewiesen sind.

Trotzdem hat die Auflösung der Großfamilie für die älteren Menschen die Notwendigkeit geschaffen, finanziell, sozial und hinsichtlich der Umwelt länger als jemals zuvor „unabhängig" zu bleiben. Das Fehlen geeigneter Beförderungsmittel für ältere Personen und ihre Abhängigkeit davon, mitgenommen zu werden, grenzt den Lebensraum ebenso wie den Lebensstil vieler ein (Nahemow & Kogan 1971). Besonders in den armen Bevölkerungsschichten wird die Isolation zum Schicksal des hohen Alters, und die Inflation hat viele der älteren Leute mit festem Einkommen in einen wirtschaftlichen Status gedrängt, der es ihnen unmöglich macht, zusätzliche Mittel aufzubringen, gerade wenn sie es am nötigsten hätten.

Psychologisch werden die älteren Personen von der Umwelt abgesondert, wenn ihre affektiven Bande schwächer werden. Cumming und Henry (1961) sprechen in diesem Zusammenhang von einem „Desengagement". Es findet ein Rückzug aus der unmittelbaren Welt statt, da ein Großteil des Lebens in der Vergangenheit oder bestenfalls stellvertretend im Leben anderer Familienmitglieder gelebt wird. Entsprechend zieht sich auch die Gesellschaft von der älteren Person zurück. Ein Ergebnis dieser Tatsache kann im Niedergang des Selbstkonzepts bestehen, im Gefühl, daß man nicht mehr die Person ist, die man gewohnt war zu sein. Doch von der größeren Gesellschaft abgesondert zu sein, ist nicht unbedingt gleichbedeutend mit einer totalen Entfremdung. Ruhestandskolonien, die aufblühende Seniorenbewegung und die säulengeschmückten Hoteleingänge entlang der Collins Avenue in Miami Beach zeugen alle von einigen Arten, mittels derer ältere Personen mit unterschiedlichem Erfolg und unterschiedlicher Befriedigung in eigenen Verhaltensumfeldern isoliert werden.

Die vielen besonderen Einrichtungen für die ältere Bevölkerung, wie z.B. Pflegeheime und Rampen in Geschäften, Sozialbauwohnungen und herabgesetzte Fahrpreise in Untergrundbahnen und Bussen, scheinen – die einen mehr, die anderen weniger – einer Vielfalt von Bedürfnissen zu entsprechen. Zuerst einmal zeigt sich darin die Erkenntnis, daß sich die räumlichen Bedürfnisse der älteren Personen von den Bedürfnissen jüngerer Jahrgänge in gewisser Hinsicht unterscheiden. Sie hat veranlaßt, was Lindsley (1964) eine „prothetische Umwelt" genannt hat, die angesichts der Behinderung im hohen Alter die Funktionen aufrechterhalten soll. Prothetischer Ersatz wurde für ein breites Spektrum von Altersstufen und körperlicher Zustände geschaffen und erstreckt sich von einer einfachen Rampe bis hin zur geriatrischen Anstalt, die über ein vollständiges Arsenal kompensatorischer Ausrüstungen verfügt. Lawton (1968) unterteilt die prothetische Umwelt in fünf funktionale Kategorien:

1. *Lebenserhaltende Aktivität.* Hierzu gehört die grundlegende körperliche Sicherheit, angefangen bei sicherem Wohnen bis hin zu trittsicheren Fußböden.

2. *Wahrnehmungsverhalten.* Mangelnde Sehfähigkeit bei vielen älteren Menschen macht beispielsweise großflächige Uhren erforderlich. Darüber hinaus kann die ästhetische Dürre institutioneller Umwelten deprimierend

sein. Hellere Muster, mehr Bilder und die Verwendung attraktiver „nicht-institutioneller" Möbel würden für mehr visuelle Annehmlichkeit sorgen.

3. *Kognitives Verhalten.* Die „kartographische" Erfassung der eigenen Umwelt kann für ältere Personen dadurch erleichtert werden, daß man Zimmertüren und Flure durch Farben kennzeichnet, um so wichtige Wege zu markieren.

4. *Selbsterhaltende Fertigkeiten.* Badezimmereinrichtungen können so angeordnet werden, daß sie die körperlichen Beschränkungen des hohen Alters antizipieren. Kücheneinrichtungen (in Einzelwohnungen) werden so geplant, daß sie leicht und mühelos zu verwenden sind.

5. *Bedeutungsvolles Verhalten* (effectance behavior). Lawton nennt Hobbies, Erholung und „unprogrammiertes Denken" als Beispiele für Beschäftigungen, die wichtig für die Moral älterer Menschen sind. Doch aus zu aktiver Beteiligung erwachsender Streß ist nicht unbedingt wünschenswert. Ein gut Teil des bedeutungsvollen Verhaltens ist stellvertretend – es besteht darin, daß man „sitzt" und aktivere Menschen „beobachtet".

Er warnt außerdem vor der „verzeichneten Vorstellung" einer prothetischen Umwelt, die mit seltsam geformten Objekten, „belebten Möbeln" und allen Arten überspannter und exotischer mechanischer Apparaturen angefüllt ist. Die räumlichen Bedeutungen des Alterns sind sowohl perzeptiver wie funktionaler Natur. Als Sanders, Laurendeau und Bergeron (1960) die experimentelle Technik, die Piaget für Kinder entwickelt hatte, auf Individuen über sechzig Jahre anwendeten, fanden sie heraus, daß die Versuchspersonen auf eine Modellandschaft weitgehend genauso reagierten, wie Piagets Kinder es im Alter unter sechs und sieben Jahren taten, das heißt nicht-analytisch. Wenn die Positionen eines Hauses innerhalb des Modells verändert wurden, meinten die Versuchspersonen, daß das Land, das als Bebauungsfläche zur Verfügung stehe, dadurch zu- oder abnehme. Wenn sich diese Ergebnisse verallgemeinern lassen, wäre das der Beweis dafür, daß die älteren Personen ihre Umwelt konkreter und weniger begrifflich wahrnehmen als Erwachsene im mittleren Alter. Auf funktionaler Ebene erleben ältere Menschen ein zunehmendes Maß an räumlicher Isolation (eine mögliche Erklärung für die oben erwähnten Ergebnisse). Teilweise ist dies auf die abnehmende Mobilität zurückzuführen, doch ist sie auch sozial bedingt und selbstgewählt. Der Aktionsradius wird auf einen immer kleineren Bereich eingeschränkt, der häufig auf die betreffende Institution zusammenschrumpft, ein Vorgang, der von der Reduktion der sozialen Beziehungen begleitet wird. Bestrebungen, einen stärker interaktiven Raum zu schaffen, ist eine Hauptsorge der Raumverwalter in Altersheimen und geriatrischen Zentren, obgleich solche Bestrebungen manchmal scheitern. Lawton (1970) erwähnt, daß bei der Umgestaltung eines Heimes für ältere Menschen in Philadelphia, deren Ziel es war, mehr Kontakte zwischen Insassen und Pflegepersonal zu schaffen und in deren Verlauf strukturelle Veränderungen herbeigeführt wurden, die die verschiedenen Bereiche sichtbarer machten, die Interaktionen zwischen Personal und Patienten schließlich weiter eingeschränkt wurden, obgleich genau das Gegenteil erreicht werden sollte. „Unser *ex post facto*-Schluß lautet, daß die erleichterte Überwachung, die das Ergebnis der besseren visuellen Kommunikation zwischen den drei Bereichstypen war, es in Wirklichkeit dem Personal erleichterte, Interaktionen zu vermeiden, während sie den Status des Patienten noch weiter verminderte" (S. 48).

Die älteren Insassen verspüren möglicherweise den ausgeprägten Wunsch nach einer Gelegenheit, andere zu beobachten – nach einem Ort, der ihnen Stimulation visuell zugänglich macht, ohne sie zu sehr in den Lärm und die Aufregung der betreffenden Aktivität einzubeziehen. Es ist in Pflege- oder Altersheimen keine ungewöhnliche Erscheinung, daß die geschützten Aufenthaltsbereiche hinter dem Gebäude nicht in Anspruch genommen werden, weil die Bewohner ihre Stühle vor die unansehnliche Front des Gebäudes gerückt haben, von wo aus sie das Geschehen „außerhalb" beobachten können. Lawton (1970) hat dies bei einem Wohnprojekt beschrieben, in dem der mit einem Fernseher ausgestattete Gesellschaftsraum zugunsten eines anderen Zimmers vernachlässigt wurde, von dem aus das Foyer einzusehen war.

Ältere Menschen erfahren häufig sowohl eine Eingrenzung ihres Aktionsradius wie auch eine Veränderung ihres Wohnsitzes. Wenn der Aktionsradius enger wird, gewinnen die Menschen und Objekte der nahen Umwelt eine zusätzliche Bedeutung. Habseligkeiten werden zu einer Quelle psychologischer Hilfe (Gelwicks 1970). Andenken und Photographien spiegeln die Vergangenheit; sie helfen, neue Umgebungen zu personalisieren und bewahren die Kontinuität des Selbst. Wenn zwar der Raum auch für die älteren Menschen eingeschränkt sein mag, so kann er doch vor allem in zu diesem Zwecke angelegten Wohneinheiten bei richtiger Aufteilung für mehr soziale Interaktion sorgen. Carp (1966) stellte fest, daß die Interaktion innerhalb einer Gruppe von älteren Personen zunahm, wenn sie aus Wohnverhältnissen, in denen die Altersgruppen gemischt lebten, in solche versetzt wurden, in denen die Altersgruppen getrennt wohnten, und Lawton (1970) beobachtet, daß soziale Aktivitäten innerhalb des Gebäudes in höherem Maße stattfinden, wenn in diesen mehr offene Türen vorhanden sind. Projekte für ältere Menschen, wie trübselig sie auch Außenstehenden erscheinen mögen, bieten ihren Insassen unter Umständen eine bessere Wahlmöglichkeit bei der Entscheidung, wann und mit wem sie interagieren möchten (obgleich Hochhäuser sicherlich nicht der einzige Weg sind, um dies zu erreichen). Die „offene Tür" symbolisiert als soziales Phänomen die Bereitschaft des Insassen, Besuche zu empfangen. Dies ist bei ausreichender Sicherheit in gutverwalteten Häusern durchaus möglich. Während also hochgeschossige Wohnhäuser ihre Insassen bei gemischter Bevölkerung zu isolieren scheinen, hat die einschließende Wirkung solcher Gebäude bei älteren Leuten die Tendenz, sie enger aneinander zu binden, obwohl dies beinahe ausschließlich auf der Ebene einzelner Stockwerke stattfindet (Lawton 1970). Nicht jeder möchte in einem „Projekt" leben, und viele ältere Personen erhalten sich in der Tat ein hohes Maß an physischer und psychischer Identifikation mit jüngeren Menschen. Aber bei dem in unserer Gesellschaft üblichen obligatorischen Ruhestandsalter und einer hohen Familienmobilität wird dies zunehmend schwierig. Besondere Umwelten für ältere Menschen können ein Weg sein, ihre Würde und ihr Wohlbefinden aufrechtzuerhalten, was früher dem Zufall oder der Familie überlassen blieb. In gewissem Sinne sind sie ebenso zu symbolischen wie zu materiellen Umwelten geworden – die „Nische", die jedermann sucht, die aber für alte Menschen bis vor kurzem nicht vorhanden war. Lawton (1970) berichtet, daß diese verschiedenen Untersuchungen an älteren Menschen offenbaren, daß sie ihre Möglichkeiten mit denen der Umwelt in Einklang bringen können. In ihrer ökologischen Theorie des Alterns äußern Nahemow und Lawton (1973) die Annahme, daß das Individuum am besten in einer „gemäßigt herausfordernden" Umwelt operiere. Es ist wohl wahrscheinlich, daß das Angebot einer Anzahl von Umweltwahlmöglichkeiten die realistischste Lösung auf der Suche nach angemessenen Umfeldern für die späteren Jahre darstellt.

Daß dies nicht immer der Fall ist, geht aus der Literatur hervor, die sich mit der Entfremdung in dieser Gruppe beschäftigt (siehe beispielsweise Granick & Nahemow 1961; Burrows & Lapides 1969). Die älteren Personen werden häufig von der Möglichkeit zur Aktivität, von der Öffentlichkeit und der Familie isoliert; aber statt dies als einen Zustand der Privatsphäre genießen zu können, sind sie dazu verurteilt, sich allein und abgesondert zu fühlen, woraus Anomie und häufig Krankheit resultieren. Besonders jenen, die sich in irgendeiner Form institutioneller Obhut befinden, geht die Privatsphäre häufig mit ihrem Statuswechsel verloren. Daraus kann besonders in einem institutionellen Kontext ein Effektivitätsverlust der Person folgen. Wenn materielle Bereiche fehlen, in denen man sich Privatsphäre verschaffen kann, stellt der psychologische Rückzug möglicherweise die einzige Abwehr gegen Invasionen dar. Wie jedoch Pastalan (1970) betont, erleichtert Privatsphäre die Aufrechterhaltung persönlicher Autonomie, die so lebenswichtig für den Individualitätssinn ist. Die von Institutionen ausgeübte Kontrolle untergräbt die Autonomie des Individuums und beschneidet dadurch seine Fähigkeit, Macht über sein Leben, über die Räume, die es bewohnt, und die Personen auszuüben, die Zugang zu ihm haben.

In der Außenwelt ist eine gewisse Bereitschaft vorhanden, das Bedürfnis älterer Menschen nach Privatsphäre ebenso zu übersehen und zu mißachten wie das von Kindern. Unsere institutionelle Architektur zeigt die Tendenz, ältere

Menschen trotz der Tatsache, daß wir wenig über ihre Bedürfnisse wissen, zusammenzuballen. Lawton (1970) ermittelte die Präferenzen für Privatzimmer bei einer umfangreichen Gruppe, zu der ältere Personen gehörten, die in Institutionen lebten, verschiedene Altersgruppen von Personen, die nicht in Institutionen lebten, und Personen, die in der Geriatrie tätig waren. Sie sollten sich vorstellen, daß sie in einem Altersheim lebten, und angeben, welche Wohnform sie vorziehen würden: ein eigenes Zimmer, ein mit einer anderen Person geteiltes Zimmer oder ein Zimmer, das mit mehr als einer Person geteilt würde. Bei Personen, die nicht in Institutionen lebten, war die Präferenz für Einzelzimmer weitgehend eine Funktion ihres Alters, das heißt, sie erstreckte sich von der Adoleszenz bis in die mittleren Jahre, und blieb auch in den höheren Altersgruppen noch ausgeprägt. Die in der Geriatrie Beschäftigten brachten in allen Altersgruppen eine ausgeprägte Präferenz für Einzelzimmer zum Ausdruck. Ältere Personen, die in Institutionen lebten, offenbarten die Tendenz, zu wählen, was sie bereits hatten. In Institutionen mit wenig Einzelzimmern wählten 62% Wohnarrangements, in denen sie mit einer oder mehreren Personen zusammenlebten; 49% derjenigen, die in Umfeldern lebten, die in erster Linie Einzelzimmer besaßen, zogen diese Regelung vor. Lawton vermutet, daß die Ergebnisse hinsichtlich anderer Variablen zu überprüfen seien (beispielsweise nach Gesundheit und kulturellen Faktoren). Doch weist er auf die Bereitschaft hin, anderen zuzumuten, mit einer oder mehreren Personen zusammenzuleben, während man dies für die eigene Person gerne von sich weist. Viele Fragen hinsichtlich materieller Umfelder in späteren Jahren bleiben noch offen, nicht zuletzt die nach einem besseren Verständnis der Eigenschaften dieses so viele Aspekte bietenden Lebensstadiums. Bevor man zu allgemeinen Schlußfolgerungen hinsichtlich der Umfelder gelangen kann, ist es notwendig, die besonderen physischen, sozialen und wirtschaftlichen Veränderungen zu klären, die diese Phase kennzeichnen.

Zusammenfassung

In diesem Kapitel haben wir die Rolle umrissen, die der Umwelt bei der kontinuierlichen Entwicklung des Individuums zufällt. Zu jedem beliebigen Zeitpunkt prägen sich in unserem Leben die früheren Interaktionen mit der Umwelt aus. Zu dieser Umwelt gehören Menschen ebenso wie Dinge und Orte. Die wichtigen Personen, mit denen wir in unserer früheren Lebensgeschichte Berührung hatten, beeinflussen ohne Frage, was für eine Person wir selbst werden, unsere Werte und in gewissem Maße unsere Persönlichkeit, unsere Ansprüche und unser intellektuelles Wachstum. Solche Einflüsse sind Sache der Entwicklungspsychologie. Wir haben sie hier kaum erwähnt, da wir uns auf die materielle Umwelt konzentrieren. Brown (1965) hat behauptet, daß das Verhalten sich als solches unter verschiedenen Umweltbedingungen verändere, obgleich der Persönlichkeitskern sehr früh gebildet werde und das ganze Leben über stabil bleibe. Der Slum und die Vorstadt werden sich auf die Persönlichkeitsentwicklung in ganz unterschiedlichen Weisen auswirken, da das Individuum sich an die Erfordernisse des Umfelds anpaßt.

Wenn wir die Bedeutung des sozialen Milieus als gegeben annehmen, bleibt die Frage, wie dieses Milieu mit der materiellen Umwelt interagiert, und darüber hinaus, wie das Individuum seine Umwelt kennenlernt und wie „Raum" und „Objekte" Eingang in seine affektive und kognitive Entwicklung finden. Diese Faktoren umfassen ein breites Spektrum von Verhaltenseinflüssen, die mit der frühesten Stimulation beginnen, die ein Säugling empfängt, und die mit den „verwalteten" Umwelten des Alters enden. Zwischen dem Säuglingsalter und dem hohen Alter liegen eine Anzahl sich ständig verlagernder Umwelterfahrungen. In dem Maße, in dem wir uns weniger auf die unmittelbare Wahrnehmung und mehr auf das begriffliche Verständnis verlassen, erwirbt die menschliche Umwelt in jedem Lebensstadium zunehmende Komplexität und neue Bedeutungen. Das Begreifen dieser Bedeutungen ist ein Maß unseres Erfolgs in unserem Bestreben, uns an eine sich ständig wandelnde Welt anzupassen.

Literaturnachweise

Bangs, H. P., & Mahler, S. Users of local parks. *Journal of the American Institute of Planners,* 1970, *36,* 330–334.

Barker, R. G., & Gump, P. *Big school, small school.* Stanford, Calif.: Stanford University Press, 1964.

Barker, R. G., & Wright, H. F. *Midwest and its children.* New York: Harper & Row, 1955.

Berger, B. *Working class suburbs: A study of auto workers in suburbia.* Berkeley, Calif.: University of California Press, 1960.

Berlyne, D. E. *Conflict, arousal and curiosity.* New York: McGraw-Hill, 1960. (Deutsch: *Konflikt, Erregung, Neugier.* Stuttgart: Klett, 1974.)

Birren, J. E. *The psychology of aging.* Englewood Cliffs, N. J.: Prentice-Hall, 1964.

Blaut, J. M., McCleary, G. S. Jr., & Blaut, A. S. Environmental mapping in young children. *Environment and Behavior,* 1970, *2,* 335–349.

Bowlby, J. *Child care and the growth of love.* Baltimore: Pelican, 1953.

Brown, C. *Manchild in the promised land.* New York: Macmillan, 1965.

Brown, R. *Social psychology.* New York: Free Press, 1965.

Brunetti, F. A. Noise, distraction and privacy in conventional and open school environments. In W. J. Mitchell (Hrsg.), *Environmental design: Research and practice,* Proceedings of EDRA 3/AR 8 Conference. Los Angeles: University of California Press, 1972.

Burrows, D., & Lapides, F. R. (Hrsg.), *Alienation: A casebook*. New York: Crowell, 1969.

Carp, F. M. *A future for the aged*. Austin, Texas: University of Texas Press, 1966.

Charlesworth, W. R. The role of surprise in cognitive development. In D. Elkind & J. H. Flavell (Hrsg.), *Studies in cognitive development*. New York: Oxford University Press, 1969. S. 257–314.

Cumming, E., & Henry, W. H. *Growing old: The process of disengagement*. New York: Basic Books, 1961.

Dee, N., & Liebman, J. C. A statistical study of attendance at urban playgrounds. *Journal of Leisure Research*, 1970, *2*, 145–159.

Durlak, J. T., Beardsley, B. E., & Murray, J. S. Observation of user activity patterns in open and traditional plan school environments. In W. J. Mitchell (Hrsg.), *Environmental design: Research and practice*, Proceedings of EDRA 3/AR 8 Conference. Los Angeles: University of California Press, 1972.

Durlak, J. T., Lehman, J., & McClain, J. *The school environment: A study of user patterns*. Ein Bericht für the Ministry of Education, Ontario, April 1973.

Ellis, M. J. Play: Theory and research. In W. J. Mitchell (Hrsg.), *Environmental design: Research and practice*, Proceedings of EDRA 3/AR 8 Conference. Los Angeles: University of California Press, 1972.

Erikson, E. H. *Childhood and society*. New York: Norton, 1950. (Deutsch: *Kindheit und Gesellschaft*. Stuttgart: Klett, 5. Aufl. 1974.)

Escalona, S. K. *The roots of individuality: Normal patterns of development in infancy*. Chicago: Aldine, 1968.

Escalona, S. K., & Heider, G. *Prediction and outcome*. New York und London: Basic Books, 1959.

Flavell, J. H. Concept development. In P. H. Mussen (Hrsg.), *Carmichael's manual of child psychology*. (3. Aufl.) New York: Wiley, 1970. S. 893–1059.

Fried, M. Grieving for a lost home. In L. Duhl (Hrsg.), *The urban condition*. New York: Basic Books, 1963. S. 151–171.

Fried, M., & Gleicher, P. Some sources of residential satisfaction in an urban slum. *Journal of the American Institute of Planners*, 1961, *27*, 305–315.

Gans, H. *The Levittowners: Ways of life and politics in a new suburban community*. New York: Pantheon, 1967. (Deutsch: *Die Levittowner. Soziographie einer ,,Schlafstadt''*. Braunschweig: Vieweg + Sohn, 1969.)

Gelwicks, L. E. Home range and the use of space by an aging population. In L. A. Pastalan & D. H. Carson (Hrsg.), *Spatial behavior of older people*. Ann Arbor, Mich.: University of Michigan Press, 1970. S. 148–161.

Gold, S. Nonuse of neighborhood parks. *Journal of the American Institute of Planners*, 1972, *38*, 369–378.

Goldberg, T. The automobile: A social institution for adolescents. *Environment and Behavior*, 1969, *1*, 157–185.

Goldfarb, W. Psychological privation in infancy and subsequent adjustment. *American Journal of Orthopsychiatry*, 1945, *15*, 247–255.

Granick, R., & Nahemow, L. Preadmission isolation as a factor in adjustment to an old age home. In P. H. Hock & J. Zubin (Hrsg.), *Psychopathology of Aging Proceedings*. Bd. 17. New York: Grune & Stratton, 1961.

Hart, R. A. Personal communication, 1973.

Hayward, D. G., Rothenberg, M., & Beasley, R. School-aged children in three urban playgrounds. Final report to the National Science Foundation, Grant No. GZ-2562. City University of New York, Environmental Psychology Program, 1973.

Housing Development Directorate. *Children at play*. London: Her Majesty's Stationery Office, 1973.

Irelan, L. M. (Hrsg.), *Low-income life styles*. Washington, D. C.: U.S. Department of Health, Education and Welfare, 1967.

Kessen, W., Haith, M. M., & Salapatek, P. H. Human infancy: A bibliography and guide. In P. H. Mussen (Hrsg.), *Carmichael's manual of child psychology*. (3. Aufl.) New York: Wiley, 1970. S. 287–445.

Lawton, M. P. Social and structural aspects of prosthetic environments for older people. Vortrag vor dem Third Annual Institute on Man's Adjustment in a Complex Environment, Veterans Administration Hospital. Brechsville, Ohio, Juni, 1968.

Lawton, M. P. Ecology and aging. In L. A. Pastalan & D. H. Carson (Hrsg.), *Spatial behavior of older people*. Ann Arbor, Mich.: University of Michigan Press, 1970. S. 40–67.

Lindsley, O. R. Geriatric behavioral prosthesis. In R. Kastenbaum (Hrsg.), *New thoughts on old age*. New York: Springer, 1964.

Lowenfeld, M. *Play in childhood*. New York: Wiley, 1967.

Madge, C. Public and private spaces. *Human Relations*, 1950, *3*, 187–199.

Michelson, W. *Man and his urban environment: A sociological approach*. Reading, Mass.: Addison-Wesley, 1970.

Munroe, R. L., & Munroe, R. H. Effect of environmental experience on spatial ability in an East African society. *Journal of Social Psychology*, 1971, *83*, 15–22.

Nahemow, L., & Kogan, L. Reduced fare for the elderly. Bericht für das Office for the Aging, Mayor's Office, City of New York. City University of New York, Center for Social Research and Ph. D. Program in Environmental Psychology, 1971.

Nahemow, L., & Lawton, M. P. Toward an ecological theory of adaptation and aging. In W. F. E. Preiser (Hrsg.), *Environmental design research*, Proceedings of the EDRA 4 Conference. Stroudsberg, Pa.: Dowden, Hutchinson and Ross, 1973.

Nerlove, S. B., Munroe, R. H., & Munroe, R. L. Effect of environmental experience on spatial ability: A replication. *Journal of Social Psychology*, 1971, *84*, 3–10.

Neugarten, B. L. *Middle age and aging*. Chicago: University of Chicago Press, 1968.

New York Times. Report on survey by P. Wedge & J. Petzing. September 13, 1970.

New York Times. Report on work of J. Kagan. December 27, 1972.

Nicholson, S. How not to cheat children: The theory of loose parts. *Landscape Architecture*, 1971, *62*, 30–34.

Parks, G. *Born black*. Philadelphia: Lippincott, 1971.

Pastalan, L. A. Privacy as an expression of human territoriality. In L. A. Pastalan & D. H. Carson (Hrsg.), *Spatial behavior of older people*. Ann Arbor, Mich.: University of Michigan Press, 1970. S. 88–101.

Piaget, J. Piaget's theory. In P. H. Mussen (Hrsg.), *Carmichael's manual of child psychology*. (3. Aufl.) New York: Wiley, 1970. S. 703–732.

Piaget, J., & Inhelder, B. *The psychology of the child*. New York: Basic Books, 1969. (Deutsch: *Die Psychologie des Kindes*. Olten: Walter, 1972)

Piaget, J., Inhelder, B., & Szeminska, A. *The child's conception of geometry*. New York: Basic Books, 1960. (Deutsch: *Die natürliche Geometrie des Kindes*. Stgt.: Klett, 1974)

Provence, S., & Lipton, R. C. *Infants in institutions*. New York: International Universities Press, 1962.

Rivlin, L. G., & Wolfe, M. The early history of a psychiatric hospital for children: Expectations and reality. *Environment and Behavior*, 1972, *4*, 33–72.

Sanders, S., Laurendeau, M., & Bergeron, J. Aging and the concept of space: The conservation of surfaces. *Gerontologist*, 1960, *1*, 281–286.

Schorr, A. L. *Slums and social insecurity. Washington, D.C.: U.S. Department of Health, Education and Welfare, 1966.*

Smith, K. V., & Smith, W. M. *Perception and motion.* Philadelphia: Saunders, 1962.

Spitz, R. Hospitalism: An inquiry into the genesis of psychiatric conditions in early childhood. *Psychoanalytic Study of the Child,* 1945, *1,* 53–74.

Stea, D., & Blaut, J. M. Notes toward a developmental theory of spatial learning. In J. Archea & C. Eastman (Hrsg.), *EDRA Two: Proceedings of 2nd annual environmental design research association.* Pittsburgh: EDRA, 1970.

Stone, L. J., & Church, J. *Childhood and adolescense: A psychology of the growing person.* (2. Aufl.) New York: Random House, 1968.

Toffler, A. *Future shock.* New York: Random House, 1970. (Deutsch: *Der Zukunftsschock.* München: Droemer, 1973.)

Wadsworth, B. J. *Piaget's theory of cognitive development.* New York: McKay, 1971.

White, R. W. Motivation reconsidered: The concept of competence. *Psychological Review,* 1959, *66,* 313–324. (Auszugsweise nachgedruckt in H. M. Proshansky et al. [Hrsg.], *Environmental psychology: Man and his physical setting.* New York: Holt, Rinehart and Winston, 1970. S. 125–134.)

Literaturempfehlungen

Aries, P. *Centuries of childhood.* New York: Random House, 1962.

Erikson, E. *Childhood and society.* New York: Norton, 1950. (Deutsch: *Kindheit und Gesellschaft,* Stuttgart: Klett, 5. Aufl. 1974)

Pastalan, L. A., & Carson, D. H. (Hrsg.) *Spatial behavior of older people.* Ann Arbor, Mich.: University of Michigan Press, 1970.

Piaget, J. & Inhelder, B. *The child's conception of space.* New York: Norton, 1967. (Deutsch: *Die Entwicklung des räumlichen Denkens beim Kinde.* Stuttgart: Klett, 1971)

Piaget, J. & Inhelder, B. *The psychology of the child.* New York: Basic Books. 1969. (Deutsch: *Die Psychologie des Kindes.* Olten: Walter, 1972)

Stone, L. J., & Church, J. *Childhood and adolescene: A psychology of the growing person* (2. Aufl.) New York: Random House, 1968.

8

**Forschungsmethoden
in der
Umweltpsychologie**

Eines der grundsätzlichen Probleme der Umweltpsychologie stellt die Auswahl einer angemessenen Strategie dar, menschliches Verhalten in verschiedenen Umfeldern zu untersuchen. Diese Methodensuche erwächst aus unserer in Kapitel 5 und andernorts in diesem Buch geäußerten Forderung, daß der Forscher sich darauf konzentrieren sollte, das Verhalten in der Makro-Umwelt zu verstehen, statt sich auf das fragmentarische Verfahren zu beschränken, das darin besteht, sehr begrenzte Verhaltensweisen in äußerst künstlichen Umfeldern wie z. B. Laboratorien zu erforschen. Wegen der komplexen Beschaffenheit der materiellen Umfelder, in denen menschliches Verhalten vorkommt, besteht unsere Aufgabe darin, Forschungstechniken zu entwickeln, die diese Komplexität erfassen können. Gleichzeitig wird unsere Suche dadurch erschwert, daß es schwierig ist, die materielle Umwelt für experimentelle Zwecke zu verändern. Die meisten Umwelten sind einfach nicht jenen experimentellen Veränderungen und Kontrollen zu unterwerfen, nach denen der forschende Psychologe gemeinhin verlangt. Diese Tatsache stellt eine Anzahl neuer methodischer Forderungen an den Umweltpsychologen.

Die Forderungen beziehen sich vor allem auf die Art und Weise, in der wir uns mit dem Verhalten befassen. Barker (1963) und Brunswik (1956) haben beide in überzeugender Weise vorgebracht, daß Techniken vonnöten sind, die uns gestatten, das Verhalten so zu erfassen, wie es unter natürlichen Bedingungen vorkommt, statt uns auf das Verhalten zu beschränken, das im Labor zu beobachten ist. Wir wissen, daß menschliches Verhalten sehr empfindlich gegenüber den Bedingungen reagiert, unter denen es erforscht wird. Es gibt keine Garantie dafür, daß die Verhaltensregelmäßigkeiten, die in Laborumfeldern beobachtet werden, in irgendeiner Form mit den Regelmäßigkeiten zu vergleichen sind, die sich im Alltag beobachten lassen. Nach Barker lassen sich diese Regelmäßigkeiten ohne die Manipulation des Psychologen beobachten. Er nennt dies *Transduktor*-Technik, bei der die Hauptfunktion des Forschers darin bestehe, die Verhaltensbeobachtungen ohne Eingriff „vorüberstreichen zu lassen". Seine Aufgabe besteht im wesentlichen darin, zu bewerten, was er sieht.

Unter bestimmten Umständen können experimentelle Verfahren jedoch unbedingt erforderlich sein. Es ist darauf hingewiesen worden, daß Pavlov seine Forschungsarbeit zum konditionierten Reflex kaum hätte durchführen können, wenn er auf Hunde, die zufällig an einer Straßenecke vorbeigekommen wären, angewiesen gewesen wäre. Man kann also auch wieder – falls erforderlich – bestimmte diskrete Verhaltensweisen nur dadurch erfolgreich untersuchen, daß man sie gegenüber Einflüssen isoliert, die von außen wirken. Wie soll man dann entscheiden, welche Verfahren Erfolg versprechen, wenn man die materielle Umwelt des Alltags und das Verhalten des Menschen in ihr verstehen möchte? Wie steht es mit besonderen Umwelten, die spezifische Forschungsstrategien nahelegen? Welches sind die besten Techniken zur Durchführung einer definierten Strategie? Dies sind einige der Fragen, mit denen wir uns in diesem Kapitel beschäftigen werden.

Bevor wir sie erörtern, sollten wir jedoch sinnvollerweise den Platz der Umweltforschung im Kontext der allgemein in den Verhaltenswissenschaften verwendeten Methoden näher bestimmen, um deutlich zu machen, welche Untersuchungsmethoden hier mit anderen Disziplinen geteilt werden und welche für die Untersuchung der Umwelt besonders nützlich erscheinen. Daran wird der Student erkennen, daß wir das Wissen über die Umwelt und die Rolle des Menschen in ihr aus vielen Quellen beziehen. Sommer (1969) untersuchte beispielsweise das räumliche Verhalten, indem er es in einem natürlichen Umfeld beobachtete. Altman (1967) widmete sich im wesentlichen demselben Forschungsgegenstand, doch beobachtete er seine Versuchspersonen in kontrollierten oder experimentellen Umwelten. Man könnte Menschen auch auffordern, ihre eigenen Reaktionen auf eine gegebene Umweltsituation zu beschreiben oder zu bewerten, indem man ihnen entweder einen Fragebogen vorlegte, die Umwelt simulierte oder sie psychologischen Tests unterzöge, die Einstellungen enthüllen, deren sich die Person möglicherweise gar nicht bewußt ist. Sicherlich kann und sollte mehr als ein Verfahren verwendet werden, um ein bestimmtes Phänomen zu untersuchen. Doch ganz gleich, welches man aussucht, es muß zu den geeigneten Daten führen, wenn die Untersuchung den erwünschten Erfolg haben soll. Eine gute Versuchsanordnung läßt (1) die Beschaffenheit der Variablen erkennen, die für das untersuchte Verhalten am relevantesten sind; wendet (2) die effektivsten Methoden zur Untersuchung dieses Verhaltens an; und vermittelt (3) sinnvolle Information über dieses Verhalten. Weiter unten werden die Untersuchungen von Makro-Umwelten – es handelt sich jeweils um Gemeinden – vier unterschiedliche Forschungsperspektiven verdeutlichen. Hier scheint es jedoch sinnvoll, die traditionellen Untersuchungsmethoden der Verhaltensforschung zu beschreiben und ihre Anwendbarkeit auf die Umweltpsychologie zu erläutern.

Experimentalforschung

Sie wird gewöhnlich in einem Laborumfeld durchgeführt. Obwohl sie genaugenommen nicht in einem Laboratorium vorgenommen werden muß, ist eine gewisse formale Kontrolle des Umfeldes und seiner Komponenten erforderlich. Die experimentelle Versuchsanlage befaßt sich mit den Beziehungen zwischen ausgesuchten Variablen eines Systems, statt in holistischer Vorgehensweise alle Variablen des Systems zu erforschen. Sie versucht die ursächlichen Beziehungen zwischen diesen Variablen zu ermitteln, indem sie sich gewöhnlich auf eine Hypothese über die Beschaffenheit dieser Beziehungen stützt. Innerhalb dieser Forschungskategorie bedient sich das *Feldexperiment* bestehender sozialer Strukturen, versucht aber Labortechniken zur Kontrolle zu verwenden.

Holistische Forschung

Dieses Verfahren setzt sich nicht das Ziel, ausgewählte Umweltvariablen zu untersuchen, sondern versucht die Beziehungen zu erfassen, die zwischen diesen Variablen als Teil einer komplexen Situation existieren. Allgemein gesehen ist diese Versuchsanordnung qualitativer Natur und sucht nach den grundlegenden Merkmalen einer Situation, statt nach den Beziehungen, die zwischen isolierten Variablen vorliegen. „Die holistische Forschung wählt sich eher die Beschaffenheit des ganzen Systems zum Problem als einen bestimmten Prozeß innerhalb der Situation" (Weiss 1968, S. 343). Wie die Experimentalforschung verfügt sie auch über eine Reihe von Verfahren, die dem Forscher ermöglichen, die Gültigkeit seiner Annahmen zu überprüfen.

Erhebungsforschung

Das Verfahren beruht auf der Anwendung von Fragebogen, Interviews, Tests und Simulationen und wird in großem Umfange verwendet, um zu ermitteln, wie Menschen hinsichtlich bestimmter Einzelfragen denken und fühlen, die leicht zu kategorisieren sind – zum Beispiel hinsichtlich politischer Kandidaten (wie in den Gallup-Umfragen) oder hinsichtlich Handelsprodukten (wie in der Marktforschung). Erhebungstechniken erfassen im allgemeinen eher Einstellungen als Verhaltensweisen. Sie lassen sich auch dazu verwenden, die Reaktionen eines Individuums auf eine Situation oder eine Umwelt zu bewerten.

Die Feldstudie

Im Unterschied zur Erhebungsforschung bedient sich die Feldstudie bereits vorliegender Daten. Deshalb wird sie oft als ex post facto-Methode bezeichnet. Demographische Information wie Regierungsstatistiken, Gesundheitsberichte und ähnliches stellen das Rohmaterial dar, auf das der Forscher natürlich keinen Einfluß hat. Feldstudien korrelieren diese sozialen, physischen und psychologischen Daten, um relevante Verknüpfungen herauszufinden, die als Hinweis auf eine ursächliche Beziehung zwischen bestimmten Variablen zu werten sind – zwischen Rauchen und Lungenkrebs beispielsweise.

Exploratorische Forschung

Wie das holistische Modell läßt sich auch dieses Verfahren zur Untersuchung komplexer Umwelten, wie etwa Städte oder ethnische Gruppen, verwenden. Das auf diese Weise zusammengetragene Material ist jedoch besser geeignet, quantifiziert und zu Feldern mit signifikanten Beziehungen zusammengefaßt zu werden. Hier heißt es nämlich: „Sehen wir uns die Situation an und entscheiden wir, welche Merkmale in späteren Untersuchungen zu berücksichtigen sind." Die exploratorische Forschung stellt deshalb in der Praxis häufig eine Vorstufe genauer formulierter und enger eingegrenzter Untersuchungsanordnungen dar, in denen man, wie man hofft, bestimmte ursächliche Beziehungen überprüfen kann.

Alle Forschung besteht einfach im Sammeln und der Interpretation von Information. Der Standpunkt des Forschers und die Untersuchungsziele bestimmen, welches Verfahren am günstigsten ist. Die Frage, wie die Daten zu beschaffen sind, beruht jedoch auf Techniken oder Methoden, die der Erfüllung der Versuchsanordnung dienen und von denen viele in mehreren oder allen oben beschriebenen Verfahren angewendet werden können.

Man kann zum Beispiel vorhandenes Archivmaterial durchsehen. In allen Verfahren lassen sich Daten durch Interviews, Fragebögen und Einstellungsskalen gewinnen. Viele Forschungsmethoden beruhen wesentlich auf der Verhaltensbeobachtung durch den Forscher. Sie kann auf verschiedenen Interaktionsniveaus erfolgen. Der Forscher kann an dem Ereignis, das er beobachtet, teilnehmen (und beeinflußt es wahrscheinlich entsprechend dieser Beteiligung) oder er kann es inaktiv beobachten und seine Beobachtungen mittels einer Kamera oder eines Tonbandgerätes exakt aufzeichnen. Er kann seine Beobachtungen dann nach vorher festgelegten Interessenkategorien oder Zeitabschnitten systematisieren und ordnen. Manchmal wird er einen Mitwirkenden verwenden, um bestimmte Verhaltensweisen anzuregen, die er zu untersuchen wünscht.

Zu den zusätzlichen Techniken, die für die Umweltforschung besonders geeignet sind, gehören die *Simulation* ausgewählter Aspekte einer Umwelt, die *kognitive Kartographie* und das *Spiel*.
Bei der Simulation versucht man eine Scheinumwelt zu schaffen, um das Verhalten in einer vergleichbaren realen Umwelt vorhersagen zu können. Die kognitive Kartographie enthüllt indirekt dadurch einiges über das Verhalten eines Individuums, daß man die Umwelt seiner Vorstellung mit der wirklich vorhandenen vergleicht. Im Spiel werden simulierte Situationen, Prozesse und Umwelten verwendet, um Verhaltenszüge sichtbar zu machen, deren sich das Individuum möglicherweise nicht immer bewußt ist, und um den Spieler mit der Komplexität der vielen Umwelten vertraut zu machen, mit denen er in Berührung kommen kann. Spiele „schaffen dramatische Repräsentationen des wirklichen Problems, das untersucht wird". (Abt 1970 : 13) Unten werden wir diese spezifischen Techniken genauer erörtern. Hier wollen wir uns mit der Anwendung der vier wesentlichen Forschungsverfahren auf die Umweltpsychologie beschäftigen.

Experimentalforschung – Kontrolle der Variablen

Ganz allgemein besteht die Forschungsarbeit in den Verhaltenswissenschaften darin, die Variablen zu ermitteln, die auf das besondere Phänomen einwirken, das Gegenstand der Untersuchung ist. Wir versuchen also bei den beobachteten Beziehungen das Wesentliche von dem Unwesentlichen zu scheiden. Experimente dieser Art beruhen häufig auf einem Ein-Variablen-Modell, in dem eine Hypothese über die ursächliche Beziehung zwischen einer Komponente und anderen zu ihr in Beziehung stehenden überprüft wird. Dies Verfahren „setzt voraus, daß die Experimente so angeordnet sind, daß mit Ausnahme einer Variablen alle anderen kontrolliert werden. Die Wirkung dieser Variablen kann so unabhängig von störenden und möglicherweise sich auswirkenden Einflüssen beurteilt werden" (Gillis & Schneider in Hammond 1966, S. 204). In dem Bemühen, größerer Komplexität Eingang in die experimentellen Verfahren zu schaffen, verwenden viele Forscher eine multivariable Versuchsanordnung, in der zahlreiche unabhängige und abhängige Variablen untersucht werden. Auch hier gilt die Aufmerksamkeit jedoch der Ermittlung und Kontrolle aller wirksamen Einflüsse, die in den Ergebnissen Verwirrung stiften könnten.
Unter einer Variablen, wie wir sie hier verstehen, ist alles zu verstehen (wie zum Beispiel ein Objekt, eine soziale Bedingung, ein Verhaltensmuster oder eine Einstellung), was unter verschiedenen Umständen verschiedene Werte

annimmt. Sie variiert also gemäß den Einflüssen, die auf sie einwirken. Variablen sind entweder unabhängig (experimentell) oder abhängig. Die ersten sind diejenigen, die der Forscher kontrolliert oder die als gegeben zu betrachten sind. Sie treten als „wirkende Kraft" auf. Die abhängigen Variablen hängen – wie das Adjektiv impliziert – hinsichtlich ihres Wertes von der unabhängigen Variablen ab.

Wenn y vorkommt, wo x vorkommt, und wenn sich bei einer Veränderung von x die Beschaffenheit von y verändert, dann „erklärt" die Veränderung in x die Veränderung in y. In der Naturwissenschaft sagen wir, daß eine solche ursächliche Beziehung das gesetzmäßige Verhalten des Organismus oder der untersuchten physikalischen Einheit beweise. Experimente werden im allgemeinen in außerordentlich kontrollierten Umwelten durchgeführt, die von dem Versuchsleiter vollständig manipuliert werden können. Untersuchungsgegenstand sind eher spezielle Verhaltensaspekte als die Gesamtreaktion der Person.

Meistens entwirft der Forscher bei diesem Verfahren eine Hypothese über die ursächliche Beziehung zwischen Variablen und entwickelt eine Strategie, die ihm zu überprüfen gestattet, ob diese Hypothese valide ist. Solch ein Verfahren ist notwendigerweise experimentell oder quasi-experimentell – das heißt, der Versuchsleiter kontrolliert die Bedingungen, unter denen die Untersuchung stattfindet, und manipuliert mehr oder weniger die unabhängigen Variablen. In dem Massierungsexperiment von Freedman u. a. (1971), das in Kapitel 6 erörtert wurde, sind die Variablen Dichte, Aufgabenerfüllung und die interpersonalen Reaktionen der Beteiligten. Freedman variierte die ersten beiden dieser Faktoren und überprüfte die Wirkung unterschiedlicher Dichten unter Verwendung der letzten beiden Faktoren.

Ein etwas komplexeres Experiment wurde von Glass und Singer (1972) gewählt, um die Wirkung von Lärm auf die Aufgabenerfüllung zu erforschen. Eine Gruppe von Collegestudenten wurde regelmäßigen und unregelmäßigen Lärmausbrüchen ausgesetzt. Wenn ein einziges Puzzle gelöst wurde, blieb der Lärm ohne Einfluß auf die Fähigkeit der Studenten, mit dem Puzzle fertigzuwerden, oder auf die Zeit, die sie dafür benötigten. Diese Erscheinung war jedoch nicht das eigentliche Anliegen des Tests. Die Tatsache, daß sich keine Verbindung zwischen x (Lärm) und y_1 (Aufgabe) ermitteln ließ, veranlaßte die Versuchsleiter, eine dritte Variable y_2 einzuführen – eine zweite, komplexere Aufgabe, die ausgeführt werden mußte, wenn der Lärm aufgehört hatte. Hierbei stellte sich ein Rückgang der Leistung bei der zweiten Aufgabe heraus. In diesem Experiment gingen die Forscher einfach von der Hypothese aus, daß die Auswirkung des Lärms sich *nach* der Anpassung zeige. Das Ergebnis, das eine Verbindung zwischen x und y_2 erwies, bestätigte die Hypothese. „...Lärm kann in der Tat ein Streßfaktor mit nachweisbaren Auswirkungen auf das Verhalten sein, doch wenn wir diese Effekte aufdecken wollen, müssen wir das Verhalten betrachten, das sich *nach* dem Lärm und *nach* der Anpassung zeigt" (Glass & Singer 1972, S. 44).

In ähnlicher Weise untersuchten Maslow und Mintz (1956) die Wirkung ästhetischer Umgebungen auf eine Gruppe von Collegestudenten in einem Experiment, in dem sie die Studenten in „schöne", „mittlere" und „häßliche" Zimmer setzten und sie aufforderten, die Photographien von menschlichen Gesichtern zu beurteilen. Allen Studenten wurde der gleiche Satz Photographien gezeigt, um alle Unterschiede auszuschließen, die sich aus der Verwendung unterschiedlicher Photographien in den drei Zimmern hätten ergeben können. Im schönen Zimmer fanden die Studenten die Gesichter in signifikantem Maße „lebendig" und „zufrieden", während die meisten im häßlichen Zimmer sie für „müde" und „gereizt" hielten. Würden die gleichen Resultate für „reale" Gesichter in „realen" Zimmern gelten? Wir wissen es nicht. Der Umweltpsychologe würde nur zu dem Schluß kommen, daß solch ein Experiment einen „hohen Grad an experimentellem, aber einen niedrigen Grad an mundanem Realismus" darstelle (Aronson & Carlsmith 1968), wobei „mundan" hier heißt: hinsichtlich der Bedingungen, die sich in der wirklichen Welt finden.

In diesem Zusammenhang treffen Campbell und Stanley (1963) eine Unterscheidung zwischen interner und externer Validität eines Experiments. Die erste liegt vor,

„... wenn der experimentelle Reiz zu irgendeinem signifikanten Aspekt innerhalb der Experimentalsituation führt. Die externe Validität bezieht sich auf die Generalisierbarkeit des Effektes – auf welche Bevölkerungskreise und Umfelder er anwendbar ist ... Die optimale Versuchsanordnung führt zu einer maximalen internen und externen Validität" (S. 24 f.).

Das ist keine leichte Aufgabe, da definitionsgemäß ein Experiment strengere Kontrollen verlangt, als die meisten Umfelder außerhalb seiner anbieten. Ein Mittel, durch das man die Repräsentativität mit einem gewissen Maß an Untersuchungskontrolle zu verbinden versucht, ist das oben erwähnte Feldexperiment. Hier sucht man nach den Ursachenbeziehungen dadurch, daß man in das Umfeld der wirklichen Welt und/oder in die Verhaltensweisen eingreift, die sich unter natürlichen Bedingungen in ihm zeigen. Eigentlich ist diese Methode quasi-experimentell, da es selten gelingt, die Dichte und allumfassende Kontrolle des Laboratoriums zu realisieren.

In einer in Baltimore durchgeführten Wohnstudie untersuchten Wilner u. a. (1962) die Auswirkung neuer Wohnungen auf frühere Slumbewohner, indem sie deren Reaktionen mit denen einer ähnlichen Gruppe verglichen, die im Slum geblieben war. Beide Gruppen wurden nach einem Zufallsverfahren aus demselben Slum ausgewählt, und die entscheidende unabhängige Variable (zugegebenermaßen eine komplexe), die getestet wurde, war die neue Wohnung.

Obwohl im strengen Sinne nichts „bewiesen" wurde, ergaben sich überzeugende Hinweise darauf, daß unter anderem angenehme Wohnungen den Menschen ein stärkeres Empfinden dafür geben, daß sie Macht über ihr Leben haben. In diesem Forschungstypus wird uns unsere experimentelle Variable gewöhnlich von Kräften geliefert, die sich unserer Kontrolle entziehen, wie es in den meisten Umfeldern der realen Welt der Fall ist.

Wir haben gesagt, daß die unabhängige Variable (die neue Wohnung) zugegebenermaßen komplex sei. Wenn solch eine Studie einen ausgeprägter experimentellen Charakter erhalten soll, muß viel Sorgfalt darauf verwendet werden, die Komponenten dieser neuen Umwelt zu identifizieren. Es wäre beispielsweise empfehlenswert, eine Kontrollgruppe anzufügen, die in andere (aber nicht unbedingt neue) Wohnungen umziehen müßte, damit man entscheiden kann, ob der Umzug selbst möglicherweise für die Unterschiede verantwortlich ist, die Wilner und seine Kollegen gefunden haben. Diese Kontrolle wäre nicht „rein", da die fragliche Gruppe auch durch die Umwelt, in die sie zieht, und durch den Umzug selbst beeinflußt würde. Es ist jedoch selten möglich, allen Erfordernissen einer klassischen Experimentalanordnung gerecht zu werden, wenn man in Feldumgebungen arbeitet. In diesem Falle sollte die Beschaffenheit der neuen für die Kontrollgruppe bestimmten Wohnung zumindest der ähneln, aus der die Versuchspersonen der Kontrollgruppe kommen.

Ein ähnliches Feldexperiment wurde von Fanning (siehe Michelson 1970, S. 161f.) ausgeführt. Es befaßte sich mit der Wirkung von Wohnungsunterschieden auf die Familien englischer Wehrpflichtiger, die in Westdeutschland stationiert waren (zitiert in Kapitel 7). Solche quasi-experimentellen Versuchsanordnungen haben gewisse Vorteile gegenüber Feldstudien. Sie erlauben die Manipulation zumindest einer der Variablen (in diesem Fall die des Wohnungstyps). Sie sind auf eine große Vielfalt von Problemen anwendbar, die sich auf konkrete Situationen beziehen. Sie verbessern auch die Möglichkeit, die Ergebnisse auf andere, ähnliche Umwelttypen zu übertragen, wodurch sie die externe Validität des Experiments erhöhen. Andererseits schafft die Komplexität solcher Umwelten immer das Problem, daß sich unkontrollierbare oder unbekannte Variablen in ihnen auswirken.

Grenzen des Laboratoriums

Es gibt Fälle, für die das Laborexperiment praktisch die einzige Methode darstellt, die gesuchte Information zu beschaffen. Natürlich weiß der Forscher im Prinzip, wie wichtig es wäre, wenn er die Ergebnisse auch auf Verhältnisse jenseits des experimentellen Umfeldes übertragen könnte (externe Validität). Häufig sieht er sich jedoch durch das Maß an Kontrolle, das die Erforschung

einer Anzahl von Variablen erforderlich macht, auf das Laboratorium angewiesen. Deshalb sind Untersuchungen wie die von Glass und Singer (1972)
häufig insofern nicht repräsentativ für natürliche Bedingungen, als die Variablen (Lärm und Aufgabenstellung) willkürlich konstruiert sind, ganz zu
schweigen davon, daß die Teilnehmer die Tendenz zeigen, sich wie die Versuchspersonen eines Experimentes statt wie Personen in einer konkreten Umwelt zu verhalten. Die Reaktionen weiblicher Personen auf Massierung (die in
Kapitel sechs beschrieben wurden) könnten anders ausfallen, wenn der Test in
einem Wohnzimmer oder in einem U-Bahnwagen stattfinden würde. In diesem Fall wurde die soziale oder symbolische Bedeutung des Raumes nicht berücksichtigt.

Aus der Perspektive der Umweltpsychologie richten sich die Einwände gegen
die experimentellen Verfahren dagegen, daß man sich in ihnen mehr diskreten
Verhaltensweisen als dem ganzen Menschen zuwendet. Im Idealfall gilt unser
Interesse nicht der Analyse isolierter psychologischer Funktionen, sondern
den intakten Verhaltensweisen und Erfahrungen von Menschen in ihrer Beziehung zu relevanten materiellen Umfeldern. Eine Methodologie der Umweltforschung muß sich aus der Natur und den Merkmalen der Phänomene ergeben, die sie untersucht. Wenn diese Phänomene komplex sind, können (und
sollten) keine isolierten Variablen ins Auge gefaßt werden. Sucht man nach Beziehungen zwischen intakten materiellen Umfeldern und den in ihnen stattfindenden integrierten Verhaltensweisen von Individuen, dann heißt das, daß man
eine strukturierte Umwelt auf ein Abfolge-Muster menschlicher Aktivität bezieht. Außerdem müssen solche Beziehungen über längere Zeiträume untersucht werden. Schließlich erweisen sie sich nur im Kontext der Gesamtumwelt
als sinnvoll – der sozialen, kulturellen und institutionellen Systeme, die die Existenz des modernen Menschen definieren.

Holistische Versuchsanordnungen – Die Suche nach Themen

Die holistische Forschung ist ihrer Methode nach im wesentlichen deskriptiv.
Sie will nicht eine Reihe bestimmter Hypothesen überprüfen, sondern die einer
komplexen Situation zugrundeliegenden Themen auffinden und deuten. Der
holistische Forscher „wird eher dazu tendieren, bestimmte Phänomene mit der
Wirkungsweise des Systems als durch einen Ausschnitt der Kausalfaktoren zu
erklären ... Indem er es insgesamt betrachtet, fragt er: „Wie funktioniert die
Gesamterscheinung?" (Weiss 1966, S. 198). Solch ein Verfahren kann sehr präzise Daten liefern, es kann aber auch bloße Eindrücke vermitteln, und es kann
Fakten und Impressionen nebeneinander enthalten (und tut es gewöhnlich),
wenn diese zu einer Erklärung der untersuchten Ereignisse beitragen. Ein ver-

trautes Beispiel ist der Feldbericht des Anthropologen. Obgleich viele Fakten zusammengetragen werden, sprechen sie nicht unbedingt „für sich selbst". Variablen können ermittelt und korreliert werden, doch entziehen sie sich natürlich häufig der Kontrolle. Die allgemeinen Beobachtungen über die Kultur, die der Anthropologe erforscht, sind von gleicher Bedeutung.

Margaret Meads Buch „Coming of Age in Samoa" ist eine Feldstudie, die sich des holistischen Ansatzes bedient. Ihre Methode ist die teilnehmende Beobachtung. Den Einsichten, die aus der erweiterten Beobachtung erwachsen, verdankt das Buch neben der literarischen Fähigkeit der Autorin seiner Wirkung. Es werden interessante Dinge in ihnen berichtet. Doch es sind Dinge, die sich auf die Eindrücke einer geübten Beobachterin gründen, die sinnvoll zu deuten wußte, was sie sah.

Insofern sich Meads persönliche Orientierung in ihrem Material niederschlägt, sind ihre Daten jedoch nur von solchen Forschern wiederholbar, die ihre Orientierung teilen. Anders als der Experimentalforscher ist der holistische Wissenschaftler nicht völlig neutral. Er beobachtet und interpretiert von einem persönlichen Standpunkt aus. Man kann also sagen, daß er seine eigenen Wertungen in das Untersuchungsmaterial einbringt, obgleich er häufig bemüht ist, solche Einflüsse zu vermeiden. Das Thema, das sich in „Coming of Age in Samoa" zeigt, ist der Umstand, daß heranwachsende Mädchen in Samoa ein ziemlich sorgen- und repressionsfreies Sexualleben führen, dessen Kennzeichen ein Minimum an jugendlichen Anpassungsproblemen und das Fehlen späterer Neurosen sind. Die Autorin wertet diesen Umstand positiv.

Viele sehr bekannte Studien des zeitgenössischen Lebens in den Vereinigten Staaten lehnen sich stark an die Methoden der Kulturanthropologie an. Man hat sogar den Terminus Stadtanthropologie entwickelt, um das Verfahren zu beschreiben, das Sozialwissenschaftler auf die Erforschung der städtischen Probleme anwenden. Ein besonders typisches Beispiel ist vielleicht Warners „Yankee City" (1963), das aus einer Reihe von fünf Untersuchungen besteht, die die gesellschaftliche Organisation eines Bostoner Vorortes analysieren. „Yankee City" ist eine reichhaltige Datensammlung, hängt jedoch ebenso von dem Klassifikationssystem und den Interpretationskategorien ab, die der Autor einführt, um sein Material zu erklären. Die Termini zur Abstufung der sozialen Schichten wie „obere Oberschicht", „obere Mittelschicht", „mittlere Mittelschicht" und so weiter sind in das ständige Repertoire, wenn schon nicht der Sozialwissenschaftler so doch der Satiriker eingegangen. Die Untersuchung ist im wesentlichen eine holistische Erhebung der städtischen Umwelt und beschäftigt sich vor allem mit den sozialen Implikationen dieser Umwelt. Eines ihrer vordringlichsten Themen ist die Bedeutung des Status für soziale Beziehungen.

Herbert Gans ,,The Urban Villagers" (1962), eine Beschreibung des Bostoner

Westends, beruht dagegen hauptsächlich auf dem engen Kontakt des Autors mit den Menschen, die er untersuchte. Die Akkumulation statistischer Daten war sekundär. Gans arbeitet überdies als einzelner (wobei ihm seine Frau informell half), während Warner ein Forschungsteam, Fragebögen und andere Erhebungstechniken verwendete. Beide Autoren verwendeten in gewissem Umfange bereits verfügbare Unterlagen, um ihre Ergebnisse zu untermauern. Dennoch ist Gans' Untersuchung im wesentlichen eine Beobachtung und Interpretation der städtischen Umwelt. Sie befaßt sich sowohl mit dem materiellen wie mit dem sozialen Umfeld.

Trotz dieser Unterschiede haben die Untersuchungen ein gemeinsames Merkmal. Ihr Ziel ist, die qualitativen und quantitativen Beziehungen zu ermitteln, die zwischen den untersuchten Bevölkerungskreisen und den verschiedenen Aspekten ihrer Umwelt bestehen. Das System interessiert und nicht seine Komponenten oder separaten Variablen. Weil sich Gans' Buch mit der Beziehung zwischen materiellem Umfeld und Verhalten beschäftigt, ist es besonders relevant für die Umweltpsychologie. Wir wollen seine Methoden kurz betrachten.

Gans' Interesse am Westend erwächst aus der Tatsache, daß in ihm ein umfangreiches städtisches Sanierungsprogramm stattfinden sollte. In seinem Projekt wollte er die Beziehung zwischen Slums und Geisteskrankheit erfassen, eine der mit der Stadtsanierung verknüpften Fragen, für die die Soziologie sich sehr interessiert. Hypothetisch zumindest sollte der Fortfall der Slumbedingungen zu einer besseren Gesundheit beitragen. Daß sich diese Hypothese nicht bestätigte – daß die Stadtsanierung sogar den gegenteiligen Effekt hat – war das entscheidende und einigermaßen unerwartete Ergebnis der Untersuchung. Natürlich bestand die Schwierigkeit darin, daß das „Slum" nicht tatsächlich ein Slum war.

Wie ein Anthropologe begab sich Gans' in das betreffende Gebiet und bezog dort einen Wohnsitz. Er teilte die Lebensbedingungen seiner Versuchspersonen. Seine Technik bestand also in der teilnehmenden Beobachtung. In „The Urban Villagers" erklärt Gans, was dies heißt:

1. Er bediente sich der Läden, Möglichkeiten und öffentlichen Einrichtungen des Gebiets, um das alltägliche Verhalten der Menschen beobachten zu können. Hierbei handelte es sich um eine im wesentlichen passive oder nicht teilnehmende Beobachtung.
2. Er besuchte Veranstaltungen und öffentliche Treffen und nahm, wenn möglich, an ihnen teil. In diesen Fällen wird der Beobachter im Interesse der Forschungsziele zum Teilnehmer; er „kann versuchen, das Gespräch auf Themen zu bringen, an denen er besonders interessiert ist".
3. Außerdem freundeten sich Gans und seine Frau mit ihren Nachbarn an und knüpften zahlreiche soziale Kontakte. Allein verbrachte er einige Zeit in Lokalen der Nachbarschaft und hörte sich die Thekengespräche an (wobei er manchmal an ihnen teil-

nahm). Manchmal gab er ihnen auch eine bestimmte Richtung. Es ist anzufügen, daß Gans sich nicht als Forscher zu erkennen gab, der diejenigen untersuchte, mit denen er in Berührung kam. Er bekennt, daß es notwendig war, diese Beziehungen auszunützen, um die gesuchte Information zu erhalten.

Neben der unmittelbaren Beobachtung verwendete Gans zwei andere Techniken, in denen er explizit als Forscher in Erscheinung trat. Er interviewte Kommunalpolitiker, städtische Autoritäten, Geistliche, Direktoren von Kulturzentren und andere Personen, die mit den Problemen und Sitten der Wohnumgebung vertraut waren. Schließlich verwendete er Informanten oder Vertraute, die er aus dem Personenkreis auswählte, den er kennenlernte, um von ihnen wichtige Information zu erhalten. Aus allen Quellen bezog Gans die Teile, die er zu einem umfassenden Bild des Lebens im Westend zusammenfügte. Er führte ein Tagebuch mit Feldnotizen, das später geordnet und analysiert wurde. Diese Daten wurden dann unter dem Gesichtspunkt des ursprünglichen Zieles des Autors interpretiert: die Verbindung zwischen Slumbedingungen und Geisteskrankheit herzustellen, soweit sie vorhanden war.

Gans kam zu dem Schluß, daß das überfüllte Umfeld an sich noch nicht eine entscheidende Ursache der Pathologie ist. Die Entwurzelung der Bewohner (im Zuge eines städtischen Sanierungsprogramms) schien eher geeignet zu sein, psychische Störungen hervorzurufen. Wegen der starken familiären und ethnischen Bande – das Gebiet wurde hauptsächlich von Italienern bewohnt – bedrohte jede Verletzung der Sozialstruktur das Sicherheitsgefühl der Bewohner. Gans kam außerdem zu dem Ergebnis, daß Nachbarschaftsumgebungen, die Stadtplaner als Slums beurteilen, nicht unbedingt in dieser Weise von ihren Bewohnern wahrgenommen werden. Eine baufällige materielle Umwelt bedeutet also nicht immer eine pathologische soziale Umwelt.

Durchgehend ermittelte Gans als Ergebnis seiner allgemeinen Beobachtungen einen Lebensstil, der jenem ähnelte, der für Menschen in Kleinstädten und Dörfern typisch ist. Sein Buch belegt die Beziehungsähnlichkeit zwischen der Kleinstadt und der Art und Weise, in der das Westend organisiert war – daher erklärt sich der Titel. Zu seinen Themen gehören Familienbande, Empfindungen hinsichtlich des Raumes, Nachbarschaftsgrenzen, soziale Kohäsivität und Gemeinsamkeit der Interessen. Dem Buch kommt insofern große Bedeutung zu, als es darlegt, daß Stadtplanung und Stadtsanierung, die die Verhaltensimplikationen ihrer Politik außer acht lassen – ihre Wirkungen auf den Lebensalltag der Menschen –, wahrscheinlich zu mangelhaften Ergebnissen führen. „Operation erfolgreich, Patient tot." Einige dieser Implikationen werden wir in unserem Kapitel über die städtische Umwelt erörtern.

Weil „The Urban Villagers" die Untersuchung eines einzigen Forschers ist, prägen sich in ihr eine einzige Persönlichkeit und ein einziger Standpunkt aus. Kurzum, es liest sich eher wie ein Buch als wie ein Forschungsdokument. Da es sich nur in geringem Maße um objektive Dokumentation bemüht, fehlt ihm die Strenge von „Yankee City" (Warner 1963). Ein in so starkem Maße persönlicher Ansatz kann jedoch intuitive Einsichten vermitteln, die häufig fehlen, wenn sich der Forscher völlig auf Fakten verläßt, um seinen Untersuchungsgegenstand zu erklären. Auch der holistische Forscher beschäftigt sich mit Fakten, doch nur im Kontext eines Systems, das mehr als die Summe seiner Teile ist[1].

Erhebungsforschung – Das Bemühen um Selbstoffenbarung

Die Erhebungsforschung ist ein Verfahren zur Datensammlung, das wahrscheinlich wegen der Umfragen des Gallup- und Harris-Instituts bestens bekannt ist. Es wird in zahlreichen Fällen verwendet, um die Einstellungen, Überzeugungen und Gefühle von Menschen zu einer Vielfalt von Themen zu ermitteln. Es verfährt nach dem Motto: Wenn Du wissen möchtest, wie eine Person zu einer bestimmten Frage steht, frage sie. Natürlich ist sich diese möglicherweise nicht über die wahre Natur ihrer Meinungen im klaren. Mit Ausnahme offensichtlicher Abweichungen von dem, was üblich ist, können neue Umfelder zum Beispiel das Verhalten der Person so beeinflussen, daß sie sich dessen kaum oder gar nicht bewußt ist. Was ihr unbewußt ist, kann sie natürlich nicht wiedergeben, obgleich sich ihr Verhalten tatsächlich verändert haben mag. Möglicherweise wird sie auch von Vorurteilen bestimmt sein. Was eine Person über irgendeinen Gegenstand denkt, passiert das Filter ihrer Vorurteile, Hoffnungen und Erwartungen.

Das heißt nicht, daß der Eigenbericht immer unzuverlässig ist. Die Vorurteile eines Menschen können genau die Information sein, die wir suchen, obgleich sie indirekt provoziert sein mögen (wie es häufig in Einstellungsfragebögen der Fall ist). Die meisten Forschungsarbeiten verwenden irgendeine Form der Erhebungstechnik als praktisches Instrument. Die sozialen Kategorien in „Yankee City" (Warner 1963) beruhen in großem Umfange auf der Selbsteinstufung der Stichprobenpopulation. Gans' Unterhaltungen mit den Bewohnern des Westends waren – wie informell er sie auch geführt haben mag – offensichtlich Erhebungen dessen, was die Menschen über ihr Leben dachten und empfanden.

---

[1] John Marquands „Point of No Return" (1947) parodiert unter anderem Warners Verfahren, die Gesellschaft in Kategorien einzuteilen. Marquands Held, Charles Gray, ist, ohne es zu wissen, ein besserer Forscher als der professionelle Anthropologe. Er erzählt uns die „wirkliche Geschichte" von Clyde in Massachusetts, und es ist die „wirkliche Geschichte", mit der sich die holistische Forschung in erster Linie beschäftigt.

Erhebungstechniken sind weder experimentell noch holistisch, obgleich sie jedem der beiden Verfahren einverleibt werden können. In komplexeren Erhebungen wird häufig der Versuch gemacht herauszufinden, wie Meinungen mit anderen Interessenindikatoren korrelieren. Man kann beispielsweise wie Costantini und Hanf (1972) fragen, ob die Meinungen, die sich auf verschiedene Aspekte der Umweltprobleme bezogen, von denen Lake Tahoe in Californien betroffen war, auf die Stellung der Befragten in der Gemeinde, ihre politische Einstellung, ihren Beruf und andere Merkmale zu beziehen seien. Eine ähnliche Erhebung, die sich mit den Einstellungen zur Umwelt im Gebiet Boulder in Colorado beschäftigte, versuchte zu bestimmen, wie verbreitet die Sorge um die Umwelt war (Tognacci u. a. 1972). Tognacci u. a. (1972) korrelierten die Antworten, die sie auf Fragebögen und in Interviews erhielten, mit verschiedenen sozialen und wirtschaftlichen Merkmalen ihrer Stichprobe und kamen zu dem Schluß, daß die ökologische Bewegung entgegen einer verbreiteten Überzeugung Menschen gegensätzlicher Standpunkte nicht vereine.

„Zumindest zum jetzigen Zeitpunkt scheinen diejenigen Personen, die sich die meisten Sorgen um Umweltprobleme machen, jene Kombination von sozialen und psychologischen Eigenschaften aufzuweisen, die schon immer die Individuen ausgezeichnet haben, die in städtischen, staatlichen und politischen Organisationen aktiv wurden – das heißt eine gute Ausbildung und ein hoher sozioökonomischer Status" (S. 85).

Es läßt sich denken, daß man dieselben Antworten auch dadurch gewinnen könnte, daß man Menschen dabei beobachtet, wie sie ihre Umwelt verwenden. In praktischer Hinsicht wäre dies jedoch mühsam und zeitraubend, wenn man dieses Verfahren auf eine Stichprobe von signifikantem Ausmaß anwenden wollte. Statt dessen geht man von der Annahme aus, daß das, was Menschen in Antwort auf eine gegebene Frage sagen, im wesentlichen widerspiegelt, wie sie ihre Überzeugungen in die Tat umsetzen, wenn sie dazu Gelegenheit erhalten. In jedem Falle würden wir unsere Beobachtungen in deskriptive Kategorien zu überführen haben, wenn wir sie zu irgendeinem Ergebnis zusammenfassen wollten. Das heißt, daß die Antworten der Befragten auf verschiedene Fragen gruppiert und gewichtet werden müssen (was gewöhnlich mittels multivariabler Analysetechniken geschieht), wenn sie verglichen und interpretiert werden sollen. Eine Schwierigkeit hierbei ist die Tatsache, daß der Forscher in der Erhebung gewöhnlich keinerlei Kontrolle über die Variablen besitzt, die zu bestimmten Reaktionen auf das Testinstrument führen. In vielen Fällen weiß er noch nicht einmal, welches die relevanten Variablen sind. Ein Ziel der Erhebung kann darin bestehen, sie zu entdecken. Korrelationen sind ein Versuch, jene Variablen zumindest zu ermitteln, die in bestimmten Situationen ursächlich wirken könnten. Wenn man in Erfahrung bringt, welche Berufsgruppen das ausgeprägteste ökologische Interesse beweisen, weiß man, an wen man sich um Hilfe wenden muß, wenn man die Qualität verbessern will.

Anweisungen: Geben Sie bitte an, wohin JEDES der Modelle auf JEDER der Skalen unten gehört; tragen Sie zu diesem Zweck die entsprechende Zahl (1–7) in das Kästchen unter dem Modell ein. Überlegen Sie bei den einzelnen Fragen nicht zu lange. Befassen Sie sich bitte mit jeder Antwort einzeln, jede scheinbare Fragewiederholung dient der statistischen Kontrolle. Vergewissern Sie sich bitte, daß Sie JEDES Item ausgefüllt haben.

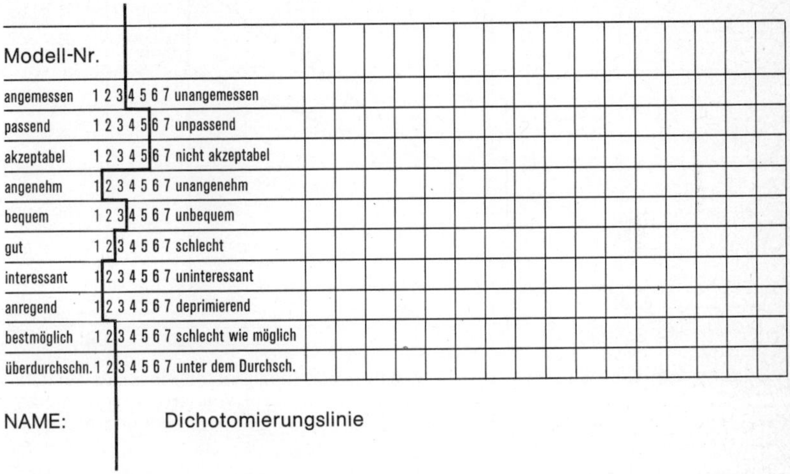
Modell-Nr.
angemessen 1 2 3 4 5 6 7 unangemessen
passend 1 2 3 4 5 6 7 unpassend
akzeptabel 1 2 3 4 5 6 7 nicht akzeptabel
angenehm 1 2 3 4 5 6 7 unangenehm
bequem 1 2 3 4 5 6 7 unbequem
gut 1 2 3 4 5 6 7 schlecht
interessant 1 2 3 4 5 6 7 uninteressant
anregend 1 2 3 4 5 6 7 deprimierend
bestmöglich 1 2 3 4 5 6 7 schlecht wie möglich
überdurchschn. 1 2 3 4 5 6 7 unter dem Durchsch.
NAME:
Dichotomierungslinie

Abbildung 8.1: Skalogramm, das auf zehn Items eines semantischen Differentials beruht (Abdruck mit Genehmigung von Canter und Thorne 1972).

Wo die Variablen dem Forscher bekannt sind und wo er sie kontrolliert, ist er in der Lage, zumindest eine quasi-experimentelle Erhebung durchzuführen. So wurden beispielsweise in einer interkulturellen Erhebung die Einstellungen von Architekturstudenten der University of Strathclyde in Glasgow, die sich im ersten Jahr des Vorstudiums befanden, mit den Einstellungen einer vergleichbaren Studentengruppe der University von Sydney in Australien verglichen. Es wurde die folgende Frage gestellt: „Zeigen unterschiedliche Menschengruppen, die in verschiedenen Ländern leben, aber sich hinsichtlich ihrer Ausbildung, ihres Alters und ihres Sozialstatus ähneln, unterschiedliche Präferenzen gegenüber Häusertypen?“ (Canter & Thorne 1972, S. 5).
Den Studenten wurden 16 farbige Dias gezeigt, die Häusertypen aus Schottland und Australien, außerdem je einen aus Italien, den Vereinigten Staaten und England zeigten. Es wurde ein Skalogramm aus zehn Dichotomien erstellt, deren jede sich von eins bis sieben erstreckte (Abb. 8.1). Die Studenten wurden aufgefordert, ihre subjektiven Reaktionen auf das Leben in jedem der Wohntypen wiederzugeben, und die Ergebnisse wurden auf einer Einstellungsskala

Zufriedenheit

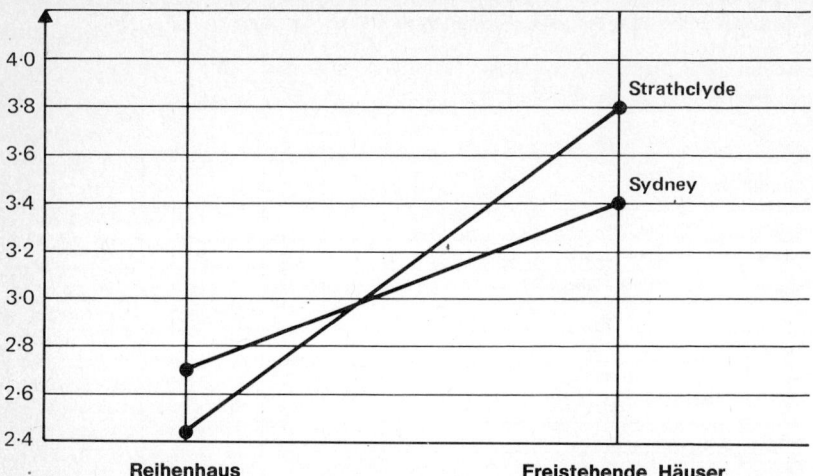

Abbildung 8.2: Die zusammengefaßten Mittelwerte der Einstellungsskala für alle Reihenhäuser und für alle freistehenden Häuser einzeln wiedergegeben für die Stichproben aus Strathclyde und Sydney. (Abdruck mit Genehmigung von Canter und Thorne 1972)

eingezeichnet (Abb. 8.2). Außerdem wurden den Studenten noch drei Satzergänzungstests vorgelegt, die ihre Reaktionen auf die Häuser beschreiben sollten. Neun der sechszehn Illustrationen erzielten signifikant unterschiedliche Reaktionen bei den beiden Gruppen, bei sieben war dies nicht der Fall.

Die Schlußfolgerungen sind interessant. Danach schuf die Vertrautheit mit bestimmten Haustypen keine Präferenzen für diese Typen. Das Gegenteil war der Fall. Die Studenten in Sydney zeigten Präferenzen für den Typ des alten Reihenhauses (wie er in Schottland anzutreffen ist) und für ein bestimmtes nicht traditionelles Haus. Im Vergleich hierzu zogen die Glasgower Studenten den traditionellen einzelstehenden Bungalowtypus vor, wie er in Australien vorkommt (Canter & Thorne 1972, S. 25).

Als Forschungsverfahren verbindet die Studie zwei Methoden: Einstellungsmessungen (Satzergänzungen und die Verwendung eines semantischen Differentials) und visuelle Simulation (Projizieren von Dias). Im wesentlichen war es natürlich eine Erhebung von Einstellungen und nicht von Verhaltensweisen. Das semantische Differential (Snider & Osgood 1969) wurde von Canter und Thorne als ein Verfahren zur Kategorisierung von Einstellungen verwendet. Diese Technik läßt sich auch an einer Erhebung von Lowenthal und Riel (1972) verdeutlichen, in der es um die Beobachtungen von Umweltmerkmalen in vier städtischen Umfeldern geht.

Die Autoren verwendeten fünfundzwanzig zweipolige Attribute, um diese Umwelten zu beschreiben. Einige Beispiele sind:

häßlich – schön
geordnet – chaotisch
sanft – rauh
alt – neu
sauber – schmutzig
ruhig – laut

Der Leser wird bemerkt haben, daß diese Wortpaare Gegensätze wiedergeben. Der Beobachter muß entscheiden, welches der beiden Wörter eines jeden Paares seine persönliche Reaktion auf das Umfeld am besten beschreibt. (Außerdem wurde er aufgefordert, niederzuschreiben, welche „Aspekte seiner Umwelterfahrung außerhalb der Wohnung er für ‚konstitutiv‘“ halte.) Verschiedene Beobachtertypen (Pfadfinder, Sekretärinnen, Krankenschwestern, Hausfrauen und ähnliche Personen) und verschiedene Ortschaften (Boston, New York, Cambridge in Massachusetts und Columbus in Ohio) wurden in die Untersuchung einbezogen. Dies ergab eine Matrix von 300 Paarbeziehungen. Es zeigte sich, daß von diesen 59 „bei allen Beobachtergruppen in allen vier Städten" korrelierten (Lowenthal & Riel 1972, S. 197). Die 59 Beziehungen ihrerseits wurden von zehn Eigenschaften und ihren zweipoligen Gegensätzen bestimmt. Städte wurden als häßlich *oder* schön, sauber *oder* schmutzig und in ähnlicher Weise beurteilt. Diese Eigenschaften wurden mit anderen Merkmalen der Städte verknüpft – „Neuheit" wurde beispielsweise mit frischen, geordneten und reichen Umwelten assoziiert. „Ruhig" wurde mit frisch, geordnet und sauber assoziiert. Wir wollen damit sagen, daß diese zweipoligen Beschreibungen über ihre faktorielle Zerlegung in Erfassungsgruppen zusammenfallen, aus denen sich eine sinnvolle Struktur gewinnen läßt. Die Untersuchung führte zu dem übergreifenden Schluß, daß unterschiedliche städtische Milieus, von unterschiedlichen Menschengruppen beobachtet, eine Gruppe von Reaktionseigenschaften gemeinsam haben. „Weder die frühere Umwelterfahrung noch irgendwelche Herkunftsunterschiede hinsichtlich des Alters, des Geschlechts, der Ausbildung oder des Berufs wirken in signifikanter Weise auf die Stärke dieser Assoziationen ein" (Lowenthal & Riel 1972, S. 197).

Diese Erhebung ist ein Beispiel für eine recht komplizierte Verwendung des semantischen Differentials. Es belegt eine Möglichkeit, eine Umwelt vom Standpunkt dessen zu beurteilen, der sie verwendet. Wie die Fragebogenerhebung ist auch dieses Verfahren subjektiv. Anders als das Interview begrenzt es jedoch die Wahlmöglichkeiten und gestattet keine gänzlich freie Antwort. Das Verhalten in einer Umwelt muß, wie wir oben bereits angemerkt haben, nicht unbedingt mit der verbalen Beurteilung dieser Umwelt konsistent sein. Die verbale Reaktion einer Person kann sich also von ihrer Verhaltensreaktion unterscheiden. Weil die Menschen sich nicht immer der Auswirkung bewußt sind, die ein Umfeld auf ihr Handeln hat, kann das Erhebungsverfahren in einigen Fällen völlig unangemessen sein. Wenn man jedoch die Einstellungen einer großen Zahl von Menschen ermitteln möchte, ist es im allgemeinen eine nützliche Methode, wenn man die Ergebnisse einer repräsentativen Stichprobe für die Bevölkerung im allgemeinen extrapoliert.

Exploratorische Forschung – Die Suche nach Fragen

Das exploratorische Verfahren beginnt eher damit, nach Fragen zu suchen, mit denen man sich beschäftigen könnte, als damit, Antwort auf solche Fragen zu suchen, die zu stellen man sich bereits geeinigt hat. Insofern ist es das am wenigsten wissenschaftliche Verfahren, obgleich es häufig eher als andere dazu angetan ist, komplexe Situationen zu untersuchen. Der Grund dafür liegt auf der Hand. „Doch wenn (experimentelle) Paradigmen das Geschehen leiten, grenzen sie es auch ein... Ein Paradigma kann der Öffentlichkeit auch den Zugang zu jenen gesellschaftlich bedeutsamen Themen verlegen, die sich nicht im erforderlichen Maße reduzieren lassen, weil sie sich nicht durch das begriffliche Instrumentarium wiedergeben lassen, das das Paradigma zur Verfügung stellt" (Kuhn 1962, S. 37). Statt eine Umwelt in ein hypothetisches Netz von Beziehungen zu zwingen, die dann im Experiment oder in der Erhebung zu überprüfen sind, sucht die exploratorische Forschung diese Beziehungen in natürlich vorkommenden Situationen zu ermitteln. Der exploratorische Forscher scheut sich nicht, auf Annahmen und Vermutungen zurückzugreifen, obgleich er eine allgemeine, auf sein besonderes Interesse gegründete Vorstellung von der Richtung hat, in die er sich bewegen will.

Erst wenn die Probleme ermittelt wurden, die seinen Interessen entsprechen, müssen seine Annahmen feiner ausgearbeitet werden.

Dann erst sind seine Forschungstechniken für das vorhandene Material zu „justieren". Dabei kann er den holistischen Weg einschlagen, oder er kann sich dafür entscheiden, bestimmte quantitative Messungen vorzunehmen. Selten bedeutet es, daß er experimentell „ins Feld" eingreift. Wichtig ist die Tatsache, daß die Techniken aus der Beschaffenheit und den Merkmalen der zu erforschenden Phänomene erwachsen oder daß sie diesen angepaßt werden.

Bei diesem Verfahren wird nicht danach gefragt, ob die vorhandenen Meßinstrumente an sich reliabel und valide sind, sondern ob sie „phänomenologische Legitimität" für das untersuchte Problem besitzen: beruhen sie auf dem menschlichen Reaktionssystem, das empirisch mit der Beschaffenheit des untersuchten Phänomens konsistent ist? Wenn wir die Reaktionen auf Streß dadurch erforschen, daß wir schwache Elektroschocks in einem Labor verabreichen (wie es häufig geschieht), erfahren wir nicht sehr viel über die mehrdeutigen Streßfaktoren, die in der wirklichen Welt vorhanden sind. Das heißt also schlicht, daß das Laboratorium, wenn es in dieser Weise verwendet wird, psychologischer Realität ermangelt. Wir weisen damit erneut auf einen Punkt hin, der schon mehrfach in diesem Buch betont würde: Unsere vordringliche Aufgabe besteht darin, die Phänomene der Mensch-Umwelt-Beziehungen in dem konkreten Kontext zu definieren und zu untersuchen, in dem sie vorkommen.

Die Interpretation der Daten

Wenn der Forscher seine Information zusammengetragen hat, stellt sich das Problem ihrer Interpretation. Welche Schlüsse können aus den Daten gewonnen werden? Wie kann das Rohmateriel der Untersuchung (die experimentellen Daten) zu einer sinnvollen oder möglicherweise „gesetzmäßigen" Struktur reduziert werden?

In der holistischen und exploratorischen Forschung wird solches Material weitgehend auf der Grundlage des persönlichen Urteils gewertet, wobei statistische Formulierungen nur eine sekundäre Rolle spielen. Obgleich es Kriterien zur Beurteilung der Angemessenheit einer holistischen Forschungsarbeit gibt (Filstead, 1970), decken sich diese Kriterien nicht vollständig mit denen, die eine Experimentalstudie verlangt. In der experimentellen Forschung macht das Bemühen des Forschers, gesetzmäßige Beziehungen zwischen den Variablen herzustellen, gewöhnlich erforderlich, daß sie in möglichst strenger Weise quantifiziert werden. Diese Quantifizierung macht die Variablen einer mathematischen oder statistischen Manipulation zugänglich, aufgrund derer sich entscheiden läßt, ob sie zueinander in Beziehung stehen oder nicht. Wenn materielle Objekte die Komponenten eines Experimentes sind, ist das verhältnismäßig leicht. Distanz, Gewicht, Größe der Objekte und die Zeit, die ein Ereignis braucht, um stattzufinden, lassen sich in quantitativen Ausdrücken niederlegen. Die Wechselwirkung zwischen den Variablen – die Gegenstand des Experimentes ist – wird empirisch gemessen und statistisch beschrieben.

Wenn man sich menschlicher Versuchspersonen bedient (wie in den außerordentlich kontrollierten psychologischen Experimenten) versucht man auch empirische Messungen vorzunehmen, doch haben diese die Tendenz, weniger reliabel zu sein, da lebende Organismen selten geschlossene Systeme und einer großen Vielfalt von Einflüssen unterworfen sind, die sich in ihrer experimentellen Leistung niederschlagen können. Der Versuchsleiter weiß natürlich selten, welche Einflüsse beteiligt sind, und er versucht, sie zu kontrollieren, indem er seine Versuchspersonen nach dem Zufallsverfahren unterschiedlichen experimentellen Bedingungen unterwirft. Das Zufallsverfahren soll systematische Fehlerquellen in der Untersuchung ausschließen.

Experimentalstudien gestatten uns, Ursachenfeststellungen hinsichtlich der Beziehungen zwischen den Variablen zu treffen. Es wurde jedoch bereits angemerkt, daß ein gut Teil der Umweltforschung nicht den Kontrollen unterworfen werden kann, die die Versuchsanordnung verlangt. Folglich muß sich der Forscher mit Aussagen über den Beziehungstypus zufriedengeben, der zwischen den Variablen vorliegt. So behandelt er häufig Korrelationen zwischen Variablen, die natürlich nicht immer Ursächlichkeit implizieren. Wie kommt er dann zu Schlußfolgerungen? Oder wenn wir annehmen, daß er mit einer Hypothese beginnt, wie überprüft er sie?

Die Antwort lautet, daß er aus der gewonnenen Information die interessanten Variablen herauszufinden sucht, die ein Beziehungsmuster zu bilden scheinen. Sie „korrelieren" also, das heißt, sie haben etwas miteinander gemein, was sie nicht mit anderen Variablen zu teilen scheinen. Diese Korrelation kann eine ursächliche Beziehung sein, obgleich der Forscher dessen im Feld nicht sicher sein kann (da noch andere Variablen beteiligt sein können). Er kann die Daten nur in statistischer Weise analysieren und feststellen, zu welcher Annahme sie Anlaß geben. Schorr (1966) korrelierte, wie wir in der Erörterung der städtischen Umwelt sehen werden, mangelhafte Wohnbedingungen mit Erkrankungen der Atemwege (Kapitel neun). Er „bewies" dies nicht im wissenschaftlichen Sinne, sondern führte beeindruckende statistische Hinweise an, die für seine Hypothese sprachen. In ähnlicher Weise korrelierte der im gleichen Kapitel erwähnte HEW-Bericht bestimmte Verbrechenstypen mit niedrigem Einkommen, hoher Bevölkerungsdichte und anderen Aspekten des Slumlebens. Die Untersuchung von Faris und Dunham (1939) über Geisteskrankheiten geht hypothetisch von einer Verknüpfung zwischen dem Vorkommen solcher Krankheiten und der Art von Wohnumgebungen aus, in denen sie am häufigsten zu finden sind. Alle diese Felduntersuchungen formulieren ihre Schlüsse eher aufgrund von statistischen als von empirischen Methoden.

Anders als der Laborforscher, der strenge Kontrolle über sein *Material* (und über die resultierenden Daten) ausübt, muß der Feldforscher sich im allgemeinen mit einer strengen Analyse der *Daten* bescheiden, da er wenig oder keine Kontrolle über die Bedingungen hat, unter denen sie zustande kommen. Wer mit Hilfe von Erhebungen forscht, korreliert seine Daten zwar auch, doch hat er keine Gewißheit dafür, daß diese Korrelation eine beweisbare ursächliche Beziehung darstellt. Wir finden die Ausdrücke „korrelieren hoch" und „stark verknüpft mit" sehr häufig dann, wenn die Ergebnisse dieses Forschungstypus zum Ausdruck gebracht werden. Statistik liefert eher Hinweise als absolute Beweise.

In dieser Hinsicht taucht für den Forscher ein neues Problem auf, wenn die Zahl der Variablen zu groß ist. Das klassische Experiment stützt sich auf eine Eins-zu-eins-Beziehung: wir kontrollieren x, um zu sehen, was mit y geschieht. Oder wenn wir ein bißchen kühner sind, messen wir den Einfluß von x auf w, y auf z. Die Feldforschung ist jedoch gewöhnlich mit einem breiten Spektrum von Verhaltensweisen und Einstellungen befaßt. In der Untersuchung von Lowenthal und Riel (1972) wurden die Reaktionen von beinahe dreihundert Beobachtern in vielen verschiedenen Umwelten beispielsweise nach fünfundzwanzig Paaren antonymer Adjektive skaliert. Die sich daraus ergebenden Daten, die natürlich in ihrem Rohzustand unhandlich waren, ließen sich nicht von allein einer einfachen Analyse unterziehen. Wie läßt sich dann ein Sinn in sie hineinbringen? Oder genauer, wie entdecken wir ein Beziehungsmuster zwischen den Beobachtern, den verschiedenen Umfeldern und den Umwelteigenschaften, die bewertet werden?

Es werden eine Anzahl von Techniken verwendet, um solche Informationen besser interpretieren zu können. Die am häufigsten verwendete Technik und diejenige, die wir hier erörtern wollen, ist die *Faktorenanalyse*. Statt die Items oder Attribute separat zu betrachten, ermittelt die Faktorenanalyse im wesentlichen diejenigen, die sich gemeinsam gruppieren (und folglich untersuchen) lassen, weil sie eine bestimmte Eigenschaft oder einen bestimmten „Faktor" gemeinsam haben. Im Idealfall grenzt sie die Anzahl der Variablen ein, mit denen man sich zu befassen hat, und vereinfacht insofern die Datenanalyse. Diese Affinitätsgruppierung wird statistisch dadurch vollzogen, daß man die Art der Korrelationen zwischen den zur Untersuchung gehörenden Items ermittelt. Da die Faktorenanalyse oft mit Dutzenden oder sogar Hunderten von Variablen zu tun hat, ist das Verfahren im einzelnen ziemlich kompliziert. Der Student sollte einfach im Gedächtnis behalten, daß es eine mathematisch exakte Weise ist, diese Items so zu gruppieren, daß sie leichter untersucht werden können. Eine Beschreibung der Untersuchung von Hendee, in der er sich mit der Einstellung zur unberührten Natur beschäftigt und die in Kapitel zehn erörtert wird, wird uns das Verständnis des Verfahrens erleichtern.

Der Zweck der Untersuchung lag in der Bestimmung der Reaktionsmuster, die sich auf die verschiedenen zur Erfahrung mit der unberührten Natur gehörenden Items zeigten. Die Autoren kamen im wesentlichen zu folgender Aussage: Es gibt eine Vielfalt von Erfahrungen, die man machen kann, wenn man in die Wildnis eindringt. Verschiedene Menschen machen einen Ausflug in ein solches Gebiet aus unterschiedlichen Gründen. Es ist zu ermitteln, ob verschiedene Erfahrungen der Tendenz nach zueinander in Beziehung stehen. Mittels eines Fragebogens, der 60 Items enthielt, hoffte man zu entdecken, welche Aspekte der unberührten Natur zur Erfahrung der Wildnis beitragen und welche nicht. Außerdem suchte man nach der relativen Bedeutung oder der „Stärke" dieser Aspekte. Der Fragebogen wurde von 1348 Campern ausgefüllt. Hier stellte sich die Aufgabe, 80 880 Antworten auszuwerten. Die Fragen selbst waren unterschiedlicher Art und beschäftigten sich mit Themen wie körperlicher Ertüchtigung, der Ruhe, dem Trinken von Bergwasser, dem Anblick der Landschaft, der Möglichkeit, etwas für die Gesundheit zu tun, der Menschenleere und den niedrigen Kosten. Die Antworten auf alle Fragen wurden nach ihrer Stärke („starke Abneigung", „neutral", „starke Neigung") in Tabellenform aufgeführt. Anhand dieser Tabellen wurde entschieden, daß die Hälfte aller Items, das heißt 30 Items nicht signifikant in der Erfahrung der Befragten in Erscheinung traten. Die Ergebnisse dieser Items wurden fallengelassen und die verbleibenden 30 Items wurden der Berechnung des Endergebnisses der Einstellung zur Wildnis zugrunde gelegt. Zu diesem Zweck korrelierte man die Reaktionen auf die verbleibenden 30 Items und unterzog diese Korrelationen einer Faktorenanalyse. Die Autoren wollten wissen, ob sich die 30 Items zu einer kleineren Zahl von Dimensionen (Faktoren) zusammenfassen ließen. Ihre Faktorenanalyse zeigte, daß sich die 30 Items zu 7 umfassenderen Kategorien oder Faktoren zusammenfassen ließen, die sich in ihrer Bedeutung für die Erfahrung der Wildnis unterschieden. So gehörten „Verbesserung der körperlichen Gesundheit", „Abenteuerlust" und „das einfache Leben" zu jenen Items, die sich zum Faktor „Spartanertum" zusammenfanden. Das Vorkommen von „Almen" und „zerklüfteter Topographie" wurde mit einer „urweltlichen" Tendenz assoziiert. Hierbei handelte es sich natürlich um willkürlich von den Forschern gewählte Termini. Der Camper selbst hat seine Erfahrung wahrscheinlich nicht mit diesen Worten definiert.

Das Analyseverfahren wollte die Dateninterpretation dadurch erleichtern, daß man anstelle von 30 Einzelitems nun nur noch 7 Faktoren zu überprüfen hatte. Es ist wichtig, darauf hinzuweisen, daß diese Faktoren nun als Hypothesen für weitere Forschungsarbeiten dienen können. Von einer Person, die einen hohen Punktwert hinsichtlich des „urweltlichen" Faktors erzielte, läßt sich beispielsweise annehmen, daß sie sich in der unberührten Natur anders verhält als jemand, der hinsichtlich dieses Faktors einen niedrigen Punktwert erhält. Die Validität dieser Faktoren muß in umfangreicheren Forschungsarbeiten überprüft werden, deren Anlage geeignet ist, weitere Information über die Variablen zu übermitteln, die der Faktor mißt.

Die Wahl der geeigneten Methode

Auf den vorhergehenden Seiten wurden die verschiedenen Ansätze und Verfahren beschrieben, die in der Umweltforschung verwendet werden. Außerdem wiesen wir kurz darauf hin, wie die erhaltenen Daten analysiert und präsentiert werden. Teilweise hängt es von der Art des untersuchten Problems ab, welche Methode gewählt wird. Die Wahl wird auch durch die Ausbildung des Forschers, seine Vorurteile und vor allem seine Werte beeinflußt werden. Schließlich ist es seine Einstellung zur Frage der Theorie überhaupt, die ihm möglicherweise vorschreibt, wie er sich die Daten verschafft. Wenn der Forscher die Auffassung hegt, daß getrennte Forschungsarbeiten, die sich mit einer begrenzten Anzahl von Variablen unter kontrollierten Bedingungen befassen, schließlich zusammengefaßt werden können (Induktionismus), dann spricht die Wahrscheinlichkeit dafür, daß er eine Experimentalanordnung vorziehen wird. Wenn er glaubt, daß die Suche nach allgemeinen Themen und Beziehungen der beste Weg ist, um die Künstlichkeit des Laboratoriums zu vermeiden, wird er sich besser für die holistische oder exploratorische Forschung entscheiden.

Der holistische Forscher kann in der Lage sein, Ja- und Nein-Antworten auf bestimmte Fragen nach den wahrscheinlichen Wirkungen einer Eingabe in ein soziales System zu geben. Es wird ihm jedoch kaum möglich sein anzugeben, welche besonderen Variablen beim Zustandekommen eines Effektes beteiligt sind, noch wird er in der Regel genaue quantitative Aussagen machen können. Andererseits ist der experimentell Forschende häufig an diejenigen Faktoren gebunden, über die er ein gewisses Maß an Kontrolle ausüben kann, ohne jedoch über sie hinaus extrapolieren zu können. Außerdem kann er natürlich überhaupt wenig aussagen, wenn es an der Kontrolle anderer Variablen fehlt, die möglicherweise in irgendeinem sozialen Umfeld wirken können. Meistens untersucht er in seinen vier Wänden in begrenzten Umfeldern isolierte Verhaltensweisen.

Wir möchten jetzt bestimmte Methoden erörtern, die sozusagen als Bausteine dienen und sich theoretisch in jeden Forschungstypus einbauen oder aus ihm herauslösen lassen. Ihre Verwendung wird von den empirischen Möglichkeiten der Situation diktiert. Einige mögen für ein experimentelles Verfahren geeigneter sein, während andere eher vom holistischen oder Erhebungsforscher verwendet werden. Eine Vorstellung von der Spannweite dieser Methoden liefert Craik (1970) im Rahmen dessen, was er ein „grundlegendes Forschungsparadigma" der Umweltpsychologie nennt. Wir wollen dieses Paradigma in kurzen Worten wiedergeben. Craik stellt fest:

Wenn ein Umweltpsychologe Anstalten macht, das Verständnis irgendeiner gegebenen Umwelt zu untersuchen, hat er es mit vier Fragen zu tun. In welcher Form soll er die Umwelt dem Beobachter darbieten (Darbietungsmedium)? Welche Verhaltensreaktionen des Beobachters will er hervorrufen und aufzeichnen (Reaktionsform)? Welches sind die für den Zusammenhang wichtigen Merkmale der gegebenen Umwelt (Umweltdimension)? Und wessen Verständnis will er untersuchen (Beobachter)?

Drei Arten von Darbietungsmedien kommen in Frage.

1. Die unmittelbare Darbietung bezieht sich auf die unmittelbare Erfahrung von Orten – auf die unmittelbaren sensorischen Reaktionen der Person.
2. *Repräsentation.* Dazu gehören Skizzen, Karten, Zeichnungen, Modelle und Kopien, ebenso wie die üblichen Medien des Films, des Fernsehens und der Photographie.
3. Die *Vorstellungsdarbietungen* verwenden nur den Namen oder eine andere Bezeichnungsform einer Umwelteinheit oder eines Ortes, um die überdauernden Erinnerungen oder Vorstellungsbilder des Individuums von ihnen wachzurufen. Die „erinnerte" oder „vor Augen gestellte" Umwelt wird aus der Vertrautheit mit der Umwelt bezogen.

Craik hält sechs Reaktionsformen für möglich:

1. *Freie Beschreibung.* Der Beobachter kann einfach mit eigenen Worten beschreiben, was er sieht.
2. *Standardisierte Beschreibung.* Er kann seine Reaktionen beispielsweise durch die Auswahl geeigneter Items auf einer Vorgabeliste von Adjektiven oder auf anderen Beschreibungsformen der Umwelt angeben.
3. *Globalreaktion.* Im allgemeinen gibt sie ein Maß der generellen Reaktion des Beobachters. Es sind Fragen im Spiel wie: Was passiert in dieser Umwelt? Welche symbolische Bedeutung besitzt sie? In welchem Maße drängen sich mir ihre konkreten Züge auf? Welche Rolle legt mir diese Umwelt nahe?
4. *Schlußfolgernde Reaktionen.* Welche persönlichen Theorien über die Struktur und die Funktionen einer Umwelt werden entwickelt? Was für Menschen werden am ehesten mit ihr assoziiert? Was würde passieren, wenn ein Fluß eingedeicht würde?
5. *Einstellungsreaktion.* Der Beobachter reagiert abhängig von früher erworbenen Einstellungen positiv oder negativ auf gewisse Züge der Umwelt. Dies hat unter Umständen wenig mit den wirklichen Qualitäten der Umwelt zu tun.
6. *Präferenzreaktion.* Die Präferenzen des Beobachters sind ein Maßstab seiner Einstellungsintensität. Dazu kann eine günstige Reaktion nicht nur auf bestimmte Umwelttypen sondern auch auf das Maß an Komplexität oder Einfachheit in den Umwelten aller Art gehören.

Indem Craik die Darbietungsmedien und die Reaktionsformen zusammenfaßt, erarbeitet er vier Kategorien oder *Dimensionen,* mittels derer ein Beobachter seine Erfahrung mit einer Umwelt aufzeichnet.

1. *Klassifizierung in der Alltagssprache.* Der Beobachter drückt sich entweder in freier oder in standardisierter Form auf „gut deutsch" aus: „Dies ist ein Mittel, um die verschiedenen Umweltdarbietungen zu ordnen" (Craik 1970, S. 79).
2. *Objektive materielle und geographische Maße.* Die topologischen Eigenschaften eines Umfeldes werden einzeln und in Beziehung zueinander gemessen. Sie haben Größe, Gewicht, Form, Farbe und Temperatur und sind von anderen Einheiten durch exakte Distanzen getrennt. Dies sind die verifizierbaren physikalischen Qualitäten einer Umwelt.
3. *Sequenzielle Notationssysteme* (Thiel 1970). Diese beschreiben die Reaktionen eines Beobachters auf eine Umwelt, der sich durch sie hindurch bewegt. Gewisse Objekte und Oberflächen fungieren als „raumkonstituierende Elemente", an denen wir unsere Bewegungen durch ein Umfeld orientieren. Die Aufrisse, Grundrisse und Per-

spektiven des Architekten bilden gemeinsam das Beispiel eines Notationssystems. Thiel (in Vorbereitung) hat sein Notationssystem so erweitert, daß es auch sensorische und psychologische Faktoren einschließt.

4. *Modale Verhaltenseigenschaften.* Hierbei geht es um die Qualitäten, die Umweltdarbietungen am häufigsten zugeschrieben werden, um die evozierten Vorstellungsbilder, die Themen, die sie anschneiden, und die Stimmungen, die wachgerufen werden. Diese Dimension beschreibt eher das Umfeld selbst und weniger das, was die Reaktion uns über den Beobachter mitteilt.

Die Bedeutung irgendeiner Reaktion auf die Umwelt hängt natürlich teilweise von demjenigen ab, der sie beobachtet. Nicht zwei Personen „sehen die Dinge gleich", weil sie nicht unbedingt den gleichen Gebrauch vom Umfeld machen. Craik berücksichtigt diese Tatsache in seinem Paradigma, wenn er die Beobachter in vier allgemeine Gruppen einteilt:

1. *Gruppen mit besonderer Kompetenz.* Dazu gehören Personen, die ein berufliches Interesse an der Umwelt haben – Architekten, Städteplaner, Grundstückschätzer und ähnliche Personenkreise.
2. *Gruppen, die die Umwelt in besonderer Weise verwenden.* Ältere Personen, Gastarbeiter und Collegestudenten sind Beispiele für sie.
3. *Persönlichkeitstypen.* Man nimmt seine Umwelt wahr und verwendet sie abhängig von seinen Persönlichkeitszügen. Der Introvertierte ist für ein Umfeld möglicherweise weniger „sensitiv" als der Extrovertierte.
4. *Jedermann.* Hierzu gehört die Öffentlichkeit im allgemeinen, die Durchschnittsperson, auf deren Beobachtungen keine besonderen Erwägungen einwirken (Craik 1970, S. 66–85).

Craik entwirft ein Bild der Umweltforschung unter dem Gesichtspunkt der Bewertung durch den Verwender. Er befaßt sich mit der perzeptiven und kognitiven Reaktion des Individuums auf eine Umwelt mehr als mit der Frage, wie andere diese Reaktion deuten. Durch die Verwendung verschiedener Testarten (wie durch die Antwortvorgabe in Form von Adjektiven oder den thematischen Apperzeptions-Tests) verschafft Craik seinen deskriptiven Reaktionen eine quasi-objektive Bedeutung. Insgesamt hängt er jedoch vom Beobachter ab, an dem es ist, die „Gegebenheiten" zu bewerten. Tabelle 8.1 gibt eine Übersicht des Paradigma.

Dieser Ansatz hat Vor- und Nachteile. Als Pluspunkt ist ihm anzurechnen, daß das Verhalten durch die Forschungssituation nicht beeinflußt wird – da die Gefahr der unkontrollierten Einwirkung geringer ist. Andererseits ist es selten möglich, vorherzusagen, was geschieht, wenn bestimmte Veränderungen in das beobachtete System eingeführt werden. Wenn die Reize komplexer und vielfältiger werden, werden die Reaktionen dem Gesamtfeld kontingenter, das methodologisch schwer zu kontrollieren ist. Häufig suchen wir nach einem Maß für die Verhaltensbeobachtung von einem objektiven Standpunkt aus, in einem natürlichen Umfeld, durch einen Beobachter, der bestimmte systematische Techniken verwendet, um zu bewerten und aufzuzeichnen, was es ist.

Tabelle 8.1: Ein Prozeßmodell für das Verständnis von Umweltgegebenheiten.

Beobachter 1	Darbietung der Umwelt 2	Natur und Form der Urteile 3	Validierungs- kriterien 4
Gruppen mit besonderer Kompetenz: Architekten, Städteplaner, Grundstückschätzer, Bühnenbildner, „Raum"-Verwalter, d.h. Hotel-, Theater-, Kurdirektoren, Hausverwalter usw.; Gruppen besonderer Verwender: ältere Personen, Gastarbeiter, Collegestudenten; auf der Grundlage relevanter Persönlichkeitsmaße gebildete Gruppen; Jedermann, die allgemeine Öffentlichkeit.	Unmittelbare Erfahrung: betrachten, entlang- und hindurchgehen, um- und hindurchfahren, Luftbilder, darin leben; simulative Exploration, filmische und photographische Studien, Skizzen und Zeichnungen, Modelle und Kopien, Tachistoskopische Darbietungen, Laserstrahl-Darbietungen, keine Darbietung.	Freie Beschreibungen, Antwortvorgaben in Form von Adjektiven, Antwortvorgaben in Form von Beschäftigungen und Stimmungen, Fragebogenbeschreibungen, Bewertungen, Analyse des thematischen Potentials, symbolische Äquivalente, multisensorische Äquivalente, emphatische Interpretation: „Rollen"-Spiele, „Rollen"-Improvisationen, stereotype soziale Hinweisreize, Überzeugungen hinsichtlich der sich für die Menschen ergebenden Konsequenzen, Zeitauffassung, „Notations"-Systeme.	Maße für die objektiven Merkmale von Umweltdarbietungen; Expertenurteile; Jede Urteilsweise aus Spalte 3, die sich auf eine bessere Bekanntschaft mit der Umweltdarbietung gründet.

Auszug aus K.H. Craik „The comprehension of the everyday physical environment". Abdruck mit Genehmigung des „Journal of the American Institute of Planners, Bd. 34, Nr. 1, Januar 1968, und mit der des Autors.

Unmittelbare Beobachtung – Ein ökologischer Ansatz

Das vielleicht am besten bekannte Forschungsprojekt, das sich der Beobachtungstechnik bedient, wurde unter der Leitung von Roger Barker an der Midwest Psychological Field Station in Oskaloosa in Kansas durchgeführt. Wir haben Barkers Theorie des „Verhaltensumfelds" in Kapitel 3 erörtert. Wir sind hier an seiner Methode interessiert – wie er das Verhalten derjenigen (es handelt sich zumeist um junge Menschen) beobachtet, die in seiner Stichprobe enthalten sind.

Der Leser wird sich daran erinnern, daß Barker mit seinen Kollegen Wright (1954) und Gump (1964) die Hypothese äußerte, daß sich das Verhalten am besten in seiner alltäglichen, „natürlichen" Umwelt untersuchen lasse. Sie nennen diesen Ansatz „ökologische Psychologie". Ohne Zweifel kann man jedoch nicht alle handelnden Menschen zugleich beobachten. Tatsächlich ereignen sich die meisten unserer Aktivitäten in sehr genau definierten materiellen Umfeldern – in einem Klassenzimmer, einem Bus, auf einem Spielplatz, in einem Park, in einem Restaurant. Jede dieser Umwelten wird zum Kontext eines sozialen Umfeldes, das denjenigen, die es betreten, einen bestimmten Verhaltenstyp nahelegt (studieren, reiten, spielen, entspannen, essen). Das Umfeld wird also durch seine sozialen und seine materiellen Eigenschaften definiert. Innerhalb des „Umwelt/Verhaltens-Milieus" liegt ein „Verhaltensstrom" vor. Diesen Strom messen Barker und seine Mitarbeiter mittels eines detaillierten Beobachtungssystems.

Für das ökologische Verfahren ist der Begriff der *Repräsentativität der Örtlichkeiten* von Wichtigkeit. In seinem Werk über Wahrnehmung und „wahrscheinliche" Hinweisvaliditäten betont Brunswik (siehe Hammond 1966) die „ökologische Samplebildung" aus der Umwelt. Dies heißt einfach, daß man Stichproben verschiedener Umwelten zugrunde legen muß, statt sich auf ein einziges Umfeld zu beschränken, wenn man die Wahrnehmung verstehen möchte. Man kann nicht erwarten, aus der Beobachtung von Menschen, die ein Konzert besuchen, schließen zu können, wie sie sich wahrscheinlich in einem Supermarkt benehmen. Das Verhalten in der Schule entspricht nicht dem beim Kartenspielen. Vor allem gelingt es, nach Barkers Worten, dem Laborumfeld nicht, die „Häufigkeit, Dauer, Spannweite, Komplexität und das Ausmaß einiger der wichtigsten menschlichen Lebensbedingungen" wiederzugeben (1968, S. 3). Die ökologische Psychologie untersucht Menschen in Drugstores, beim Chorsingen, vor Gericht, bei Pfadfindertreffen, beim Bridge – also generell, indem sie sie in ihrem Alltag aufsucht. Entscheidend an Barkers Methode ist also die Tatsache, daß die Phänomene vollständig in die Untersuchung einbezogen werden[2].

In einem Zeitraum von ungefähr vierundzwanzig Jahren hat die Forschungsgruppe um Barker (1968) viele Detailbeobachtungen über das Leben in der Gemeinde von Kansas zusammengetragen, der sie den Spitznamen „Midwest" gegeben haben. Das Verfahren besteht darin, ausgebildete Beobachter an verschiedenen Orten zu stationieren und sie aufzufordern, ausführliche Kom-

---

[2] Nicht jede Örtlichkeit konstituiert in ihrer materiellen Gegebenheit ein Verhaltensumfeld. Die Turnhalle einer Highschool kann an sich nicht so definiert werden. Sie wird zu einem Umfeld nur, wenn bestimmte Verhaltensmuster – ein Basketballspiel, eine Tanzveranstalung oder ein Treffen der Eltern-Lehrervereinigung – dort realisiert werden.

mentare über die Reize niederzuschreiben, mit denen die Versuchspersonen in Berührung kommen, und ihre Reaktionen festzuhalten. Diese Aufzeichnungen werden während dreißigminütiger Beobachtungszeiträume gemacht. Der (dreißigminütige) „Verhaltensstrom" wird in „Verhaltensepisoden" zerlegt – Ereignisse, die sich vom vorhergehenden und nachfolgenden Geschehen unterscheiden. Es folgt ein kurzes Beispiel einer solchen Beobachtung, die in einer Klasse während der täglichen Musikstunde gemacht wurde.

2:10. Die Kinder setzten sich zu einem Halbkreis im vorderen Teil des Musikraums. Anna saß rechts neben Opal Bennett und links neben Rex Graw. Alvin Stone saß einen Stuhl von Rex entfernt.
Miss Madison sagte munter: „Also, schlagen wir die Bücher auf Seite 27 auf." Anne beobachtete Miss Madison gespannt.
Anne leckte an ihrem Finger.
Sie schlug die richtige Seite auf.
Miss Madison fragte die Klasse: „Wie würdet ihr dieses Lied dirigieren?" Sofort hob Anne eifrig die Hand, bemüht, aufgerufen zu werden.
2:11. Miss Madison rief Ellen Thomas auf, damit sie zeige, wie dieses Lied dirigiert werden solle.
Ellen bewegte ihren rechten Arm im Dreivierteltakt.
Miss Madison beobachtete Ellen kritisch.
Anne blickte ernst drein, wobei sie ihre Hand immer noch in der Luft behielt. Jemand aus der Klasse wandte ein, daß Ellens Rhythmus nicht ganz richtig sei. Nachdrücklich hob Anne ihre Hand noch höher; sie wollte offensichtlich aufgerufen werden.
Miss Madison rief Stella Townsend auf.
Anne nahm ihre Hand herunter, wobei sich ihre Enttäuschung in ihrem Gesichtsausdruck zeigte.
Aufmerksam beobachtete sie Stella, die nun vorführte, wie das Lied zu dirigieren sei.
Miss Madison nahm Opal Bennett heran[3]."

Zunächst mag man fragen, was dies beweise. In der Tat wird mit diesem Verfahren nichts bewiesen, wonach gesucht wurde, doch bewirkt es, nach Barkers Worten, daß diejenigen „diskreten Phänomene, die allem Verhalten des Individuums extern sind" 1968 und die sich auf dieses Verhalten auswirken, identifiziert werden.

Der Leser wird bemerken, daß das Verhalten Annes vom Faktum der Musikstunde vorgeschrieben wird. Im Rahmen dieser Aktivität führt sie zahlreiche individuelle Verhaltensvariationen aus – sie zeigt Enttäuschung, hebt ihre Hand, leckt ihren Finger – von denen die meisten sich aus dem Kontext der Stunde ergeben. Technisch können wir diese Episoden sequenzielle Abhängigkeiten nenne. Durch Tausende solcher Beobachtungen sind Barker und

---

[3] Aus R. G. Barker, Ecological Psychology. Stanford, Californien: Stanford University Press, 1968. Abdruck mit Erlaubnis des Autors und des Verlages.

seine Mitarbeiter in der Lage, die „stehenden Verhaltensmuster" zu beschreiben, die die 220 „Umfelder" von Midwest ausmachen. Jedes von ihnen hat seine regulative, seine (wenn auch nicht im absoluten Sinne) zwingende Macht, das Verhalten in ein angemessenes Muster zu drängen.

Die ökologische Psychologie ist, wie wir bereits angemerkt haben, nach Barkers Terminus eine „Transduktor-Wissenschaft": das heißt, der psychologische Forscher ist lediglich ein Übermittler der Daten, die auf dem Schauplatz des Geschehens beobachtet wurden. Barker unterscheidet solche „T"-Daten von den experimentellen oder „O"-Daten, die „entsprechend der Interessenausrichtung der Psychologen" gewonnen werden. Insofern ist ein „T"-Verfahren „typischer" für das stattfindende Verhalten, da die Ergebnisse eines Experimentes nicht unabhängig von dem „System, das die Daten erzeugt", gesehen werden können.

Die Stärke des Verfahrens von Barker und White (1954) ist der Naturalimus. Das Verhalten „spricht für sich". Die Analyse des Verhaltens hat zu verschiedenen bedeutsamen Schlüssen geführt, von denen Stadtplaner und Erzieher Gebrauch machen konnten – das „unterbelegte Umfeld" ist ein Beispiel, das in Kapitel 7 (S. 219 ff.) erörtert wurde. Wie „Yankee City" und „The Urban Villagers" ermittelt auch „Midwest and its Children" die Verhaltensmerkmale einer Anzahl von Menschen, die in einer bestimmten Gemeinde leben. In dieser Untersuchung werden jedoch keine Schlüsse gezogen, die nicht das Ergebnis unmittelbarer Beobachtung sind.

In diesem Zusammenhang ist es von Interesse, die Methode dieser drei Bücher miteinander zu vergleichen. „Yankee City" beruht auf der quantitativen Analyse vorhandener Daten und einer Einstellungserhebung und zum anderen Teil auf Interviews. Es hängt von den interpretativen Fähigkeiten eines einzigen Menschen – des Autors – ab. In „Midwest and its Children" verwenden Barker und Wright (1954) oft die objektiven und detaillierten Beobachtungen vieler Menschen und klassifizieren ihre Daten in Verhaltenskategorien. Die drei Studien wurden natürlich unter verschiedenen Perspektiven geschrieben. Ihre Autoren suchten in den gewählten Gemeinden nach unterschiedlichen Arten von Information. Dieser Umstand schrieb die jeweils verwendeten Forschungsverfahren vor.

Meßtechniken der unmittelbaren Beobachtungen

Ein Kritikpunkt, der gegen Barkers Methode vorgebracht wird, ist die Tatsache, daß sie sich zu sehr auf die persönlichen Urteile der Beobachter gründet. Selbst trainierte Beobachter werden Verhaltensepisoden subjektiv wahrnehmen, also unterschiedlich. Der Schluß auf Stimmungen, Geisteszustände und Motivationen aus dem Anblick der Gebärden und des Gesichtsausdrucks können unzuverlässig sein. Die Ausdrücke in unserem Midwest-Beispiel wie „gespannt", „kritisch", „ernst", „wollte aufgerufen werden" und „Enttäuschung" gehen von der möglicherweise irrtümlichen Annahme aus, man wisse, was die Versuchsperson fühlt oder denkt. Wenn es sich außerdem um eine offensichtliche Beobachtung handelt, hat man es mit dem White-Problem zu tun[4]. Der Beobachtete ist versucht, den Beobachter zu beobachten.

Deswegen bemühen sich viele Psychologen – insbesondere diejenigen, die auf dem Gebiet der kindlichen Entwicklung tätig sind – um eine objektivere und weniger verzerrende Verhaltensmessung. Gesell und Ilg (1943, 1946) verwendeten bei ihrer Arbeit in Yale Filme als Grundlage einer detaillierten Analyse des Säuglingsverhaltens. Hutt und Hutt (1970), die sich in ihrer Arbeit weitgehend mit hirngeschädigten und autistischen Kindern beschäftigten, machten ihre Beobachtungen durch ein Ein-Weg-Fenster von einem angrenzenden Raum aus. In diesem Falle sprachen simultan arbeitende Beobachter ihren „Verhaltenskommentar" auf ein Tonband. Ein „Verhaltensrepertoire", das visuelle Fixationen, Haltungen, Lokomotion, Manipulation und Gebärden umfaßt, wird in „Verhaltenskategorien" aufgegliedert, die ihrerseits in gesonderte Aktionen unterteilt und auf einer Prüfliste abgehakt werden. Die Dauer einer jeden Aktivität wird mit einer Stoppuhr gemessen.

Die in bestimmten Intervallen vorgenommene Beobachtung ablaufender Aktivitätsfolgen ist als Zeit-Samplebildung bekannt. In einer Verlagerung des Akzentes kann man auch die verschiedenen Ereignisse unabhängig von der Zeitspanne messen, in der sie erfolgen. Dies ist bekannt als Ereignis-Samplebildung. Eine komplizierte Ausrüstung ermöglicht es, solche Ereignisse rasch und genau – in einigen Fällen sogar automatisch – aufzuzeichnen. Viele dieser Instrumente sind sowohl in der Lage, die Dauer wie auch die Natur des Ereignisses aufzuzeichnen.

Die Nützlichkeit dieser Methoden liegt auf der Hand. Es lassen sich Messungen mit einem Genauigkeitsgrad erzielen, der für die von Barker und Wright verwendeten lose strukturierten Verfahren nicht erreichbar ist. Was tatsächlich geschieht, wird weniger geschätzt und in größerem Umfange belegt. Gleichzeitig haben die Techniken ihre offensichtlichen Grenzen. Sie lassen sich beispielsweise unmöglich auf die in Barkers Stichprobe vorkommenden „ökologischen" Umwelten anwenden – auf die Drugstores, Kirchen, Finanzämter und Tanzlokale von Midwest. Schließlich kann man sich der Vermutung nicht erwehren, daß die bei einer solchen Beobachtung angestrebte wissenschaftliche Strenge manchmal überflüssig ist. Man zählt die Bäume und läuft Gefahr, den Wald nicht zu sehen.

---

[4] Der Humorist White antwortete auf die Frage, ob er Vögel beobachte: „Ja, und sie beobachten mich."

Eine Form unmittelbarer Beobachtung, die konkreten Umwelten angemessen ist, ist die Verhaltenskartographie. Hier verfolgen wir die Bewegungen von Menschen durch vorhandene materielle Umfelder und beobachten die Verhaltensweisen, die in Beziehung zu diesen Umfeldern vorkommen. Während die ökologische Psychologie die soziale Aktivität einer Örtlichkeit betont, sucht die Kartographie zu ermitteln, wie der Raum als ein Faktor des ablaufenden Verhaltens verwendet wird. Die beiden Methoden sind eher komplementär als inkompatibel, da der Verhaltensstrom immer von den Kontingenzen seines materiellen Umfeldes abhängt.

Indem wir genau aufzeichnen, welche Aktivitäten wo stattfinden, gestattet uns die Kartographie, das Verhalten in seiner funktionalen Beziehung zu einer bestimmten Umwelt zu untersuchen. Das Verhalten wird in Übereinstimmung mit den Möglichkeiten oder Einschränkungen des Milieus ausgeführt werden, in dem es stattfindet. Durch die Verwendung der Kartographie vermeidet man die Schwierigkeit, die darin liegt, Menschen nach ihren Reaktionen auf eine Umwelt zu befragen. Das Verfahren ist häufig unzulänglich. Viele Menschen vermögen ihre Erfahrungen nicht in befriedigender Weise zu verbalisieren. Außerdem sind sie sich unter Umständen gar nicht darüber im klaren, daß irgendeine Veränderung in ihrem Verhalten stattgefunden hat. Die Kartographie ist eine zuverlässige Technik und so streng, daß die Verhaltenskategorien als abhängige Variablen innerhalb eines experimentellen Bezugssystems verwendet werden können, doch ohne daß das Bezugssystem durch Kontrolleingriffe durcheinandergebracht werden müßte.

Das Standardverfahren der Verhaltenskartographie umfaßt vier Schritte:

1. Identifizierung der Beobachtungskategorien. Dies geschieht durch die kontinuierliche Beobachtung der kartographisch zu erfassenden Bereiche und durch die freie verbale Aufzeichnung der beobachteten Verhaltensweisen. Diese Berichte werden dann hinsichtlich der wesentlichen Verhaltenskategorien analysiert, so wie sie für die jeweilige Untersuchung relevant sind. Der Akzent liegt auf offenen, leicht kenntlichen Verhaltensweisen, die ein Minimum schlußfolgernden Denkens auf seiten des Beobachters erforderlich machen.

2. Identifizierung des kartographisch zu erfassenden materiellen Bereichs – des Raumes, Spielplatzes oder der Straße, die beobachtet werden.

3. Die Vorbereitung der Beobachteranweisungen und der Beobachtungsformen, die dazu beitragen müssen, daß sich leicht aufzeichnen läßt, wer welche der Verhaltenskategorien an welchen Orten manifestiert.

4. Vorbereitung eines Beobachtungs-Zeitplans. In den üblichen Zeitplänen wird der gesamte kartographisch zu erfassende materielle Raum mittels einer Zeit-Samplebil-

dung in fünfzehnminütigen Intervallen erfaßt. In Variationen ist die kontinuierliche Beobachtung kleinerer Bereiche ebenso wie die räumliche und zeitliche Samplebildung vorgesehen.

Tabelle 8.2 gibt die Ergebnisse wieder, die die Autoren bei der kartographischen Erfassung des Patientenverhaltens auf einer psychiatrischen Station in einem großen Stadtkrankenhaus erzielten. In diesem Fall wurden alle Bereiche der Station alle fünfzehn Minuten in Drei- bis Vier-Minuten-Intervallen beobachtet. Anders jedoch als in der von Hutt & Hutt verwendeten Methode war die Beobachtung teilnehmend. Die Beobachter verwendeten beträchtliche Zeit darauf, mit den Menschen auf der Station – den Mitarbeitern und den Patienten – bekannt zu werden. (Das Stationspersonal konnte über keine Unterschiede im Verhalten der Patienten hinsichtlich der Zeiträume der Anwesenheit der Beobachter und der Zeiträume berichten, in denen diese nicht gegenwärtig waren.) Alle materiellen Räume der Station wurden erfaßt, und alle Beobachtungen wurden auf einem Datenblatt verzeichnet. Diese Verfahren gestatteten die unmittelbare Kodierung der Daten für die statistische Analyse.
Verhaltenskarten lassen sich auf vier Weisen verwenden. Sie liefern eine kurzgefaßte Beschreibung der Art, wie sich Verhaltensweisen in einem gegebenen Raum verteilen. Sie lassen sich auch zum Vergleich von Verhaltensweisen verwenden – um beispielsweise Männer und Frauen zu vergleichen. Als Forschungsinstrument liefert die Kartographie Daten, die zur Entwicklung allgemeiner Prinzipien der Raumverwendung in einer Vielfalt von Umfeldern führen. Schließlich ermöglichen die Karten die Verhaltensvorhersage für bestimmte Raumarten und gestatten so, spezifische Einrichtungen zu schaffen, die eine effektivere Raumbelegung ermöglichen. Eine vollständige Beschreibung der Verhaltenskartographie findet sich in einem Artikel von Ittelson, Rivlin & Proshansky (1970).

Tabelle 8.2: Vergleich des Verhaltens an drei verschiedenen Tagen: Stationsdurchschnitt.

	Verkehr	Besuch	Sozial-kontakt	Gemeinsame Aktivität	Iso-lierte Akti-vität	Iso-lierte Passi-vität	Summe
Montag	3.2	3.4	20.6	11.2	10.1	14.0	62.5
Mittwoch	3.2	7.8	21.6	11.2	10.4	14.4	68.6
Freitag	3.4	8.0	20.2	9.8	14.0	12.0	67.4

Aus W. H. Ittelson, L. G. Rivlin und H. M. Proshansky, The use of behavioral maps in environmental psychology. In H. M. Proshansky, W. H. Ittelson und L. G. Rivlin (Hrsg.), Environmental psychology: Man and his physical setting. New York: Holt, Rinehart und Winston, 1970. Autorisierter Abdruck.

Ganz offensichtlich gibt es praktische Grenzen hinsichtlich der Bereichsarten, die sich kartographieren lassen. Häufig ist es einem Beobachter nicht möglich anwesend zu sein. Vielleicht existiert das reale Umfeld noch nicht, und wir sind daran interessiert festzustellen, wie Menschen darauf reagieren werden, wenn es gebaut ist. Ein Verfahren, diesem Problem zu begegnen, besteht darin, eine simulierte oder nachgebildete Umwelt zu reproduzieren und dann die Reaktion des Individuums auf sie zu beobachten. Das maßstabsgerechte Modell eines Hauses oder einer Schule – oder einer ganzen Gemeinde – ist eine solche Methode. Indem wir das Modell betrachten und unsere Reaktionen ihm gegenüber beurteilen, entscheiden wir beispielsweise, ob wir der Meinung sind, daß es attraktiv ist oder daß es unseren Bedürfnissen entspricht. Um zu sehen, welche Auswirkung ein längerer Aufenthalt in einem engen, geschlossenen Raum auf eine Besatzung hat, beobachtete die NASA über einen Zeitraum von neun Tagen das Verhalten von vier Besatzungsmitgliedern bei einem simulierten Raumflug (Collins u. a. 1971).

Dies ist eine Methode, um herauszufinden, wie Menschen auf eine Situation reagieren, wenn es praktisch nicht durchführbar ist, die reale Umwelt zu verwenden. Das Verfahren hat den weiteren Vorteil, daß es antizipatorisch eingesetzt und folglich Veränderungen der realen Umwelt einleiten kann. Wenn uns das Maßstabsmodell des Hauses nicht gefällt, fordern wir den Architekten auf, ein anderes zu entwerfen.

Die obigen Beispiele sind eher grob und ihre Wirksamkeit hängt davon ab, daß sie einen Ausschnitt der Umwelt insgesamt reproduzieren. Dies kann schwierig und teuer sein. Neuerlich sind Techniken entwickelt worden, in denen die durch die Umwelt erzeugten Beziehungen anstelle ihrer realistischen Reproduktion verwendet werden. Mit anderen Worten braucht unser Modell dem realen Objekt nicht zu ähneln. Wichtig ist jedoch, daß seine Komponenten wie in der konkreten Situation operieren. Die erfolgreiche Simulation „verlangt nur, daß man in der Lage ist, das untersuchte System so genau wie möglich zu reproduzieren, ohne daß man das System tatsächlich selbst anwendet" (siehe Winkel und Sasanoff 1966: 623). In gewissem Sinne ist das Laboratorium eine Simulation. Es abstrahiert jene Aspekte des Systems der konkreten Welt, von denen man glaubt, sie seien die entscheidenden, und kopiert sie für die Untersuchungszwecke. Wir können jedoch auch in analytischer Weise ein mathematisches Modell verwenden, das das System beschreibt. In diesem Falle wird der Computer zum Simulator. Die Systemtheorie ist im wesentlichen eine Simulationstechnik zur Untersuchung der Umwelt unter dem Gesichtspunkt der von ihr generierten Daten. Sie repräsentiert den höchsten Grad der Abstraktion von der realen Welt.

Die meisten Beispiele sind in der Mitte zwischen der „realistischen" Simulation (Maßstabsmodell; Kopie) und der analytischen angesiedelt. Ein Interessenpunkt der Umweltpsychologie ist die Frage, wie Menschen gegebene Raumtypen verwenden. Bei der Erörterung der Verhaltenskartographie konnten wir sehen, daß man dieser Frage am Ort nachging. Um herauszufinden, ob sich diese Art des Verwenderverhaltens auch aus einer simulierten Umwelt vorhersagen läßt, führten Winkel und Sasanoff (1966) eine Studie im Museum of History and Industry in Seattle in Washington durch. Hierbei wurden die Hauptgalerie und ihre Ausstellungsstücke auf farbigen Dias reproduziert. Diese wurden „Besuchern" gezeigt, die in einem Vorführraum saßen. Es wurde festgehalten, wieviel Zeit darauf verwendet wurde, die Ausstellungsstücke anzusehen, welche Präferenzen gezeigt wurden, und in welcher Reihenfolge sie betrachtet wurden. Diese Daten wurden dann mit der Erfahrung wirklicher Galeriebesucher verglichen, deren Bewegungen von Beobachtern verfolgt wurden.

Die Ergebnisse zeigten an, daß Ähnlichkeiten zwischen der realen und der simulierten Welt ähnliche Verhaltensweisen hervorrufen, obgleich dies natürlich nicht bis ins kleinste Detail hinein gilt. Der Wert eines solchen Experiments liegt darin, daß sich mit seiner Hilfe beispielsweise ein visuelles Verhalten schneller verstehen läßt, auf das Bewegung einwirkt – wie es der Fall ist, wenn wir auf der Autobahn fahren. Wenn wir überdies anhand der Reaktion auf eine simulierte Umwelt vorhersagen können, wie Menschen eine reale Umwelt verwenden werden, steht dem Planer ein praktisches Instrument zum Entwurf neuer Strukturen zur Verfügung, insbesondere wenn es sich um solche handelt, denen eine große Zahl von Menschen akkommodiert werden müssen.

Mittels Simulation lassen sich nur wenige Verhaltenstypen untersuchen. Wenn man Menschen auffordert, sich Bilder von Wohnprojekten anzusehen und zu beurteilen, wie sehr diese ihren Bedürfnissen entsprechen, wird man mit den Ergebnissen kaum etwas anfangen können: Bedürfnisbefriedigung hängt im wesentlichen vom Gebrauch ab. Das Problem läßt sich wie folgt verdeutlichen: Wir wollen annehmen, daß irgendwelche Menschen an einer neuen Kücheneinrichtung interessiert sind. Sie können sich ein Bild ansehen und danach beurteilen, ob sie funktional ist. Dieser Simulationstyp – den jedermann kennt, der jemals einen Herstellerprospekt in der Hand gehabt hat – findet seine Grenzen in dem Maß, in dem er die entscheidenden Merkmale der Situation abstrahiert (oder nicht abstrahiert). Die in diesem Falle entscheidenden Merkmale ergeben sich aus der Frage, ob man sich dort frei bewegen, ob man die Geräte leicht erreichen kann und so fort. Sie lassen sich nur praktisch beantworten. Wo dies (wie in den meisten Fällen) nicht möglich ist, läßt sich die Simulation besser dadurch erreichen, daß man Kisten so anordnet, daß sie der Küchenenrichtung entsprechen. Die Kopie braucht dem tatsächlichen Umfeld nicht zu gleichen. Es wird die Verwendungsweise des Umfeldes überprüft.

Spiel als Simulationstechnik

Mit Hilfe der Simulation läßt sich ermitteln, wie Menschen auf die materiellen Eigenschaften einer gegebenen Umwelt reagieren, wenn ein ausgewählter Teil dieser Umwelt im Hinblick auf sein Funktionsganzes modelliert wird. Doch dadurch erhalten wir nicht immer die wirkliche Komplexität des Umfeldes, die sich durch die Teilnahme anderer an ihm herstellt. Das Spiel versucht dieser Schwierigkeit dadurch zu begegnen, daß es Rollen in das Modell einführt. Wie Abt (1970) es formuliert, schaffen Spiele „dramatische Repräsentationen des realen Untersuchungsproblems. Die Spieler übernehmen realistische Rollen, stellen sich Probleme, formulieren Strategien, treffen Entscheidungen und erhalten ein rasches Feedback über die Konsequenzen ihres Handelns" (S. 13). Ein gut bekanntes, wenn auch ziemlich vereinfachtes Beispiel ist Monopoly. Dieses Brettspiel wird zum Vergnügen gespielt. Anders als die ernsthafteren Lehr- und Forschungsspiele, bezieht es das Element des Glücks ein (den Fall der Würfel). Doch die Prinzipien des Risikos und der Belohnung sind in hohem Maße für die meisten Spielsituationen typisch. Hinzu kommt die Erkenntnis, daß die Spieler ihre Rollen in umfassendere und realere soziale Situationen projizieren. Das ernsthafte Spiel soll vorhandene Probleme simulieren – beispielsweise die Probleme der städtischen Ökologie, der Raumnutzung, der Dienstleistungen, der Kosten und ähnlicher Bereiche – ohne auf die Freiheit der Intuition und die Zwanglosigkeit der Vorstellungskraft zu verzichten, die das Merkmal von Spielen sind, denen man sich zum „Spaß" widmet.
Ein unter Studenten der Städteplanung und der Architektur verbreitetes Spiel wurde von Allen G. Feldt (siehe Taylor 1971) entwickelt: CLUG (für Community Land Use Game, soviel wie „Spiel der öffentlichen Raumnutzung"). Man hat es als eine Mischung aus Schach und Monopoly bezeichnet (Taylor 1971, S. 36). Spielgeld wird an die Mannschaften ausgegeben und steht ihnen zum Kauf und Verkauf von Grundbesitz zur Verfügung. Dies muß sowohl im Interesse der Öffentlichkeit wie im eigenen Interesse geschehen – wobei das Interesse der Öffentlichkeit vom Spielleiter festgelegt wird. „Mit klugem Management können die Mannschaften ihre Investitionen vermehren und außerdem zum Wohl der Öffentlichkeit beitragen" (Taylor 1971, S. 36). Etliche Variationen des CLUG haben in verschiedene Lehrbereiche Eingang gefunden.
Der Wert des Spiels liegt in der Tatsache, daß es den Spielern gestattet, nicht nur ihr Können und ihren Mut gegeneinander auszuspielen, sondern auch ihre

jeweiligen Wertsysteme. Obgleich auch Belohnung vorgesehen ist, bleibt das Gewinnen gegenüber dem Lernen sekundär. Es geht um die Konsequenzen der Entscheidungen, die sich zeigen würden, wenn sie in konkreten Situationen getroffen würden.

Kognitive Kartographie

Die Verhaltensbeurteilung mittels der Beobachtungen in realen oder simulierten Umwelten ist eine verhältnismäßig objektive Methode. Da es undurchführbar ist, das Verhalten in irgendeinem totalen Umfeld – beispielsweise in einer ganzen Stadt – zu beobachten, sehen wir uns wieder dem Problem der Repräsentativität gegenüber. Barker versucht diesem Problem dadurch zu begegnen, daß er das Verhalten in einer großen Vielfalt von Umfeldern kontinuierlich beobachtet. Er ist in der Lage, die Verhaltensweisen zu definieren, die spezifischen Umfeldern entsprechen, und mit hinlänglicher Genauigkeit vorherzusagen, daß ähnliche Umfelder anderswo ähnliche Verhaltensweisen hervorrufen werden. Brunswik plädiert in seiner mehr experimentellen Arbeitsweise für eine repräsentative Versuchsplanung: „Die richtige Sample-Auswahl experimenteller Situationen spiegelt die Umwelt wider, auf die wir unsere Ergebnisse zu übertragen wünschen" (siehe Hochberg 1966, S. 366). Nun ließ sich ein solcher Versuch leider noch nicht realisieren. Bisher konnte man lediglich auf der Grundlage früherer Erfahrungen mit einer Umwelt vorhersagen, welches Verhalten sich wahrscheinlich manifestieren wird.

Dies geschieht – wenn auch nicht in der von Brunswik vorgesehenen Weise – durch die begriffliche Erfassung der globalen Umwelt mit Hilfe von Vorstellungsbildern oder ihrer komplexen Objekte – die Straßen, Gebäude, Wege, Hügel, Parks und ähnliche Erscheinungen, die die Karte eines Gebietes konstituieren, die jedermann im Geiste mit sich führt. Als Forschungsmethode kann die kognitive Kartographie einiges über die Art und Weise offenbaren, in der Menschen ihre Umwelt verwenden (in dem Sinne, daß sie sich in ihr zurechtfinden) und in der sie symbolische Bedeutung für sie besitzt. Sie ergibt sich aus der Tatsache, daß es unmöglich ist, sagen wir, die Stadt Boston in Massachusetts oder Middlesex County in New Jersey wahrzunehmen. Man kann nur jenen Teil von ihr erfahren, der sich zu einem gegebenen Zeitpunkt innerhalb des unmittelbaren Wahrnehmungsbereichs befindet. So „stellen wir uns vor Augen", was wir nicht wahrnehmen können. Jeder führt im Geiste viele solcher „Vorstellungsmodelle" zugleich mit sich. Gleichzeitig sind diese kognitiven Karten fast niemals Kopien der tatsächlichen Landschaft oder Stadtlandschaft, sondern ergeben sich aus nützlichen Verzerrungen der Umwelt, die auf früheren Erfahrungen mit ihr beruhen.

Als eine Strategie der Umweltbewältigung wurde die kognitive Kartographie am häufigsten im städtischen Umfeld erforscht und wird vollständiger in Kapitel neun erörtert werden. Im wesentlichen geht es darum, wie die Stadtbewohner die materielle Welt als ein „generalisiertes Vorstellungsbild" lesen (Lynch 1960). In diesem Sinne liefert sie unserer Städteforschung eine neue Perspektive, indem sie die Aufmerksamkeit auf die unmittelbare materielle Umwelt und die Verfahren lenkt, durch die sie kognitiv geordnet wird.

In seinem Buch „The Image of the City" stützt sich Lynch (1960) auf die Urteile der Verwender. Wegen der zugegeben kleinen Stichproben kommt seinen Untersuchungen über die Reaktionen von Einwohnern auf die zentralen Gebiete von Boston, Jersey City und Los Angeles eher die Bedeutung von Voruntersuchungen als von endgültigen Studien zu. Nichtsdestoweniger sind sie ein Hinweis auf den potentiellen Wert, den dieses Verfahren für Stadtplaner und Architekten haben könnte. Lynch und seine Kollegen führten zuerst eine „systematische Felderkundung" der Untersuchungsgebiete durch, indem sie die sichtbarsten und am leichtesten vorstellbaren Elemente – besonders auffällige Bauwerke zum Beispiel – und andere ins Auge fallende Merkmale wie Parks, wichtige Straßen, Hügel und Wasserstraßen kartographisch erfaßten. Mit einer Stichprobe von Stadtbewohnern wurden längere Interviews durchgeführt; man provozierte bei ihnen Vorstellungsbilder dieser Umwelt. Dann wurden aufgrund dieser Vorstellungsbilder Karten gezeichnet und mit den Originalkarten verglichen.

In diesem Forschungstypus erfahren wir, was Menschen aufgrund der Vorstellungsbilder, die für sie im Laufe der Zeit entscheidend wurden, über das Aussehen ihrer Umwelt denken, oder, mit Lynchs Worten, wie sie „aus dem verfügbaren Material Struktur und Identität gewinnen" (1960, S. 43). Dies wiederum verleiht ihnen das Gefühl der Sicherheit und der Orientierung – sie wissen, „wie sie sich zurechtfinden können". Wir abstrahieren aus dem Raum ein kohärentes Muster, das uns, ob es nun genau ist oder nicht, dabei hilft, unser Verhalten zu organisieren. Die Vorstellungsbilder versorgen die Gruppe schließlich mit einer gemeinsamen Erinnerung an die fragliche Umwelt und verstärken insofern ihre Bedeutung. Der Charakter einer Stadt besteht in großem Umfange aus ihrer Memorabilität, die sich in den unserem Geist eingeprägten Bildern manifestiert.

Wir möchten dieses Kapitel mit der Beschreibung einer Versuchsanordnung beschließen, die viele der von uns erörterten Dinge verdeutlicht. Dieses relativ einfache Design versucht eine empirische Grundlage für die Planung sinnvoller Spielbereiche für Stadtkinder zu liefern. Es ist insofern quasi-experimentell, als man als unabhängige Variablen drei unterschiedliche Typen von Spielumwelten kontrollieren konnte: (1) Den traditionellen Typ – mit Rutschen, Schaukeln, Wippen und ähnlichem Zubehör; (2) den unter ästhetischen Gesichtspunkten entworfenen Typus, der einzelne Schaukel- und Rutschelemente in einer einheitlichen Skulptur zusammenfaßt, die im Sand steht; und (3) den sogenannten Abenteuer- oder „Altmaterial"-Spielplatz, auf dem sich die Kinder ihre eigene Ausrüstung aus alten Reifen, unbrauchbarem Holz, Kisten und ähnlichem schaffen. Die Hauptanliegen des Vorhabens bestanden darin zu bestimmen, ob sich Unterschiede hinsichtlich der *Benutzungshäufigkeit* der verschiedenen Bereiche ergaben, das Spiel in den Bereichen zu analysieren, wobei man das Verhalten der Kinder und die Beziehung zugrunde legte, die zwischen der *Zeit,* die die Kinder in den Umfeldern zubrachten, und dem *Maß des Könnens* vorlag, das sich in diesen Umfeldern ausbildete, und schließlich die *spezifischen Geräte* aller drei Spielplätze zu untersuchen, um festzustellen, in welchem Umfange sie anteilig von den Kindern benutzt wurden und welche Spielmöglichkeiten sie boten. Außerdem hoffte man zu entdecken, welche der verschiedenen denkbaren Faktoren, wie zum Beispiel Bequemlichkeit und vorhandene Geräte, das Kind bei der Wahl des Spielbereichs leiteten.

Diese Informationen wurden mit Hilfe zweier Beobachtungstechniken beschafft. Außerdem wurden Interviews mit den Kindern durchgeführt. Die erste Beobachtungstechnik bezog die Verhaltenskartographie ein; dabei begab sich ein ausgebildeter Beobachter in jedem Umfeld in regelmäßigen Zeitabständen (alle zwanzig Minuten) von einem Ort zum anderen und zeichnete das Alter, Geschlecht und die Anzahl der Teilnehmer auf, die bestimmten Beschäftigungen an bestimmten Orten nachgingen. Hinzu kam eine „Verhaltens"- oder „Umfeld"-Beobachtung, bei der der Forscher die Verhaltenssequenz eines zufällig ausgesuchten Kindes über die Gesamtdauer seines Aufenthaltes auf einem bestimmten Spielplatz verfolgte. Die Beschreibung der gezeigten Aktivität und andere sachdienliche Daten – wie die Zahl anderer Kinder, die mit diesem Kind interagierten, die Dauer der Interaktion und welche Geräte benutzt wurden – wurde auf einem kleinen Tonbandgerät festgehalten. Dann wurde eine Stichprobe von annähernd dreißig (nach Zufallsverfahren ausgewählten) Kindern eines jeden Bereichs beim Verlassen des Spielplatzes interviewt. Durch diese Interviews wurde ermittelt, welche Gründe das Kind zum Besuch eines bestimmten Spielplatzes bewegt hatten, auf wessen Entscheidung der Besuch zurückging, wie oft es kam, welchen Beschäftigungen es dort nachging, welche Geräte es benutzte und welche Meinung es bezüglich der Vor- und Nachteile des Spielplatzes hegte.

Das Forschungsteam bestand aus einem Psychologen, einem Architekten und einem Pädagogen, die mit einer Gruppe ausgebildeter Beobachter arbeiteten. Es wurde ein Computerprogramm entwickelt, um die Daten zu analysieren, die mit Hilfe der Verhaltenskartographie erfaßt worden waren. Die Umfeldaufzeichnungen der Forscher wurden einer Faktorenanalyse unterzogen. So wurde von jedem Spielbereich ein Profil geschaffen, das auf der Häufigkeit, Dauer und der Art der Aktivitäten beruhte, denen die Kinder nachgingen, außerdem auf dem Ausmaß und der Form ihrer Interaktionen. Die Methodenvielfalt zeigte ihre Bedeutung insbesondere im Fortgang der Datenanalyse. Die Kartographie, die Umfeldaufzeichnungen und die Interviews lieferten alle für sich besondere Informationselemente, die ihre eigentliche Bedeutung erst unter der Perspektive der beiden anderen Methoden offenbarten. So ließen sich die Altersverteilung, die Verwendung bestimmter Bereiche oder Geräte und die Beschäftigungsarten, denen sich die Kinder im schulpflichtigen Alter widmeten, auf verschiedene Weisen bewerten. Der zeitliche Aspekt im Verhalten des Samples wurde vom kartographischen durch die Interpretation der Daten aus den Umfeldaufzeichnungen getrennt; dabei waren auch die Interviews hilfreich, insofern sie Aufschluß gaben über die Präferenzen und Spielplatzgewohnheiten.

Die allgemeinen Schlüsse aus dieser Studie besagten, daß Kinder entgegen einer allgemeinen Überzeugung in jeder Spielumwelt Erfindungsreichtum beweisen und daß die Umwelt selbst von sekundärer Bedeutung ist. Die auf den Spielplätzen vorhandenen Möglichkeiten bestimmen im wesentlichen, was dort geschieht. Die stattfindenden Beschäftigungsarten erklären sich also unmittelbar aus den verfügbaren Geräten und Materialien. Lose Teile wie Sand, Erde, Wasser, Bretter und Baumaterialien waren für Kinder im schulpflichtigen Alter wichtig. Sie sorgten für Stimulation und ermöglichten die Interaktion mit der Umwelt. Außerdem stellte sich heraus, daß das kreative Potential eines Platzes sich entscheidend auf die soziale und Umweltinteraktion auswirkt. Wo es mehr Materialien zur Kombination und zum Austausch gab, gab es auch mehr Interaktionen zwischen Gleichaltrigen und mehr reaktive Kommunikation. Uns interessiert hier die Tatsache, daß die praktischen Konsequenzen der Studie sich aus der Validität ihrer Methoden ergeben. Diese Forscher befaßten sich mit dem Problem auf der Basis des Vergleichs. Jeder Spielplatz stellte eine andere Ebene der unabhängigen Variablen dar. Hätte die Möglichkeit bestanden, in regelmäßiger Weise dieselben Kinder durch alle drei Bereiche hindurchwandern zu lassen, wäre man zu einer kontrollierteren und experimentelleren Studie gekommen. Dann aber hätte man sich mit der Neuheit verschiedener Spielplätze für die Kinder beschäftigen müssen und man hätte einen Aspekt der Studie eliminiert: Warum und wie oft die Kinder ihre Spielplätze aufsuchten. Angesichts der Ziele war eine quasi-experimentelle Versuchsanlage also angebrachter (Hayward u. a. 1973).

In diesem Kapitel wurden die wichtigsten Verfahren zur Erforschung des Verhaltens umrissen und *jenen* besondere Aufmerksamkeit geschenkt, die am ehesten auf die Untersuchung der Umwelt anwendbar zu sein schienen. Sie erstrecken sich von äußerst komplizierten Laborexperimenten bis hin zu nur lose strukturierten exploratorischen Untersuchungen. Der Student sollte im Gedächtnis behalten, in welchem Ausmaß die Art und Weise, in der ein Problem in Angriff genommen wird, die allgemeine Orientierung des Forschers wiedergibt. Ob er Experimenten oder der holistischen Perspektive, ob er Erhebungen oder exploratorischen Untersuchungen zuneigt, hängt davon ab, wie er die Bedeutung seines Untersuchungsmaterials in Beziehung zu seinen eigenen Interessen, Vorurteilen und Werten einschätzt. Er kann fragen: Nach was für Methoden verlangt das Problem und wie kann ich diese Methoden mit meinen Überzeugungen als Forscher in Einklang bringen? Aus praktischen Überlegungen werden häufig verschiedene Methoden verwendet, um ein einziges Projekt in Angriff zu nehmen. In unserem generellen Plan verwenden wir die Techniken, die die besten Resultate zu erbringen versprechen.

Bei der Erläuterung der verschiedenen Techniken zur Sammlung und Interpretation der Daten galt unsere Aufmerksamkeit notwendigerweise häufiger benutzten Beispielen. So wurden zahlreiche Skalierungstechniken außer acht gelassen, weil sie in unserem Zusammenhang nicht interessieren. Auf das soziometrische Verfahren haben wir uns nur kurz bei der Erörterung von „Yankee City" bezogen. Es befaßt sich in erster Linie mit der sozialen Interaktion zwischen Gruppen und nur gelegentlich mit der materiellen Umwelt. Jüngere Neuerungen wie unsichtbare Kameras, verborgene Mikrophone und Zeitrafferaufnahmen wurden nicht erörtert, weil sie im wesentlichen Variationen dessen sind, was bereits über die Beobachtung im allgemeinen mitgeteilt wurde, und auch, weil sie gewisse ethische Fragen hinsichtlich des Eindringens in die Privatsphäre aufwerfen. Es wurde nicht versucht, Techniken zur Wiederholung und Verifizierung der Ergebnisse einer abgeschlossenen Untersuchung zu beschreiben. Der interessierte Student mag sich an die allgemeinen Methodentexte halten, die am Ende dieses Kapitels aufgeführt sind, wenn er eine lückenlosere Beschreibung dieser Forschungsaspekte wünscht.

Wollte man einen einzelnen Punkt bei dieser Erforschung der alltäglichen materiellen Umwelt besonders hervorheben, wäre es wohl die einfache Tatsache, daß unsere Strategie gewöhnlich flexibel und pragmatisch ist – aus dem vollständigen Angebot an Methoden greifen wir uns diejenigen heraus, die uns am ehesten geeignet scheinen, die Daten zu finden, die wir suchen. Bei dieser Wahl sollten wir aber die Methoden bevorzugt behandeln, die die Ereignisse und

Umfelder intakt lassen. Diese Methoden müssen aus der Beschaffenheit und den Merkmalen der untersuchten Phänomene entwickelt und ihnen angepaßt werden. Unser Bestreben geht nämlich dahin, Dinge oder Aspekte der materiellen Umfelder nur insofern zu messen, als sie für die beteiligten Personen psychologische Realität besitzen, also Gegenstand ihrer Wünsche und Empfindungen sind und deshalb Konsequenzen für ihr Verhalten haben. In diesem Sinne verläßt sich die Umweltpsychologie als Forschungsdisziplin verhältnismäßig ungern auf das Laboratorium und ist weit mehr an exploratorischen und deskriptiven Untersuchungen interessiert.

Literaturnachweise

Abt, C. C. *Serious games.* New York: Viking, 1970.

Altman, I. The ecology of isolated groups. *Behavioral Science,* 1967, *12,* 169–182. (Nachgedruckt in H. M. Proskansky, W. H. Ittelson & L. G. Rivlin [Hrsg.], *Environmental psychology: Man and his physical setting.* New York: Holt, Rinehart and Winston, 1970. S. 226–239.)

Aronson, E., & Carlsmith, J. M. Experimentation in social psychology. In G. Lindzey & E. Aronson (Hrsg.), *The handbook of social psychology.* Bd. 2 Reading, Mass.: Addison-Wesley, 2. Aufl. 1968.

Barker, R. G., & Wright, H. F. *Midwest and its children: The psychological ecology of an American Town.* Hamden, Conn.: Shoe String Press, 1954.

Barker, R. G. *The stream of behavior.* New York: Appleton, 1963.

Barker, R. G. *Ecological psychology.* Stanford, Calif.: Stanford University Press, 1968.

Barker, R. G., & Gump, P. *Big school, small school.* Stanford: Stanford University Press, 1964.

Brunswik, E. *Perception and the representative design of psychological experiments.* Berkeley, Calif.: University of California Press, 1956.

Campbell, D., & Stanley, J. *Experimental and quasi-experimental designs for research.* Chicago: Rand McNally, 1963.

Canter, D., & Thorne, R. Attitudes to housing: A cross-cultural comparison. *Environment and Behavior,* 1972, *4,* 3–32.

Collins, B. E., Ranere, J., & Rosenthal, A. Psychological assessment of confined crews. In A. D. Pearson & D. C. Grana (Hrsg.), *Preliminary results from an operational 90-day manned test of a regenerative life support system.* Washington, D. C.: NASA, 1971.

Costantini, E., & Hanf, K. Environmental concern and Lake Tahoe: A study of elite perceptions, backgrounds and attitudes. *Environment and Behavior,* 1972, *4,* 209–242.

Craik, K. H. The comprehension of the everyday physical environment. *Journal of the American Institute of Planners,* 1968, *34,* 29–27. (Nachgedruckt in H. M. Proskansky et al. [Hrsg.], *Environmental psychology: Man and his physical setting.* New York: Holt, Rinehart and Winston, 1970. S. 646–658.)

Craik, K. H. Environment psychology. In K. H. Craik, B. Kleinmuntz, R. L. Rosnow, R. Rosenthal, J. A. Cheyne, & R. H. Walters, *New directions in psychology, 4.* New York: Holt, Rinehart and Winston, 1970.

Faris, R. E. L., & Dunham, H. W. *Mental disorders in urban areas.* Chicago: University of Chicago Press, 1939.

Filstead, W. (Hrsg.), *Qualitative methodology: Firsthand involvement with the social world.* Chicago: Markham, 1970.

Freedman, J. L., Klevansky, S., & Ehrlich, P. R. The effect of crowding on human task performance. *Journal of Applied Social Psychology,* 1971, *1,* 7–25.

Gans, H. *The urban villagers.* New York: Free Press, 1962.

Gesell, A. L., & Ilg, F. L. *Infant and child in the culture of today: The guidance of development in home and nursery school.* New York: Harper & Row, 1943.

Gesell, A. L., & Ilg, F. L. *The child from five to ten.* New York: Harper & Row, 1946. (Deutsch: *Das Kind von Fünf bis Zehn.* Hrsg.: Hochschule für Internationale Pädagogische Forschung Frankfurt/M. Bad Nauheim: Christian Verlag, 4. Aufl. o. J.)

Gillis, J., & Schneider, C. The historical preconditions of representative design. In K. R. Hammond (Hrsg.), *The psychology of Egon Brunswik.* New York: Holt, Rinehart and Winston, 1966.

Glass, D. C., & Singer, J. E. *Urban stress: Experiments on noise and social stressors.* New York: Academic Press, 1972.

Hammond, K. R. (Hrsg.), *The psychology of Egon Brunswik.* New York: Holt, Rinehart and Winston, 1966.

Hayward, D. G., Rothenberg, M., & Beasley, R. School-aged children in three urban playgrounds. Schlußbericht für die National Science Foundation, Grant Nr. GZ–2562. City University of New York, Environmental Psychology Program, 1973.

Hendee, J. C., Catton, W. R., Jr., Marlow, L. D., & Brockman, C. F. *Wilderness users in the Pacific Northwest – Their characteristics, values and management preferences.* U.S.D.A. Forest Service Research Paper PNW–61. Portland, Ore.: Pacific Northwest Forest and Range Experiment Station, U.S. Department of Agriculture, 1968.

Hochberg, J. Representative sampling and the purpose of perceptual research: Pictures of the world, and the world of pictures. In K. R. Hammond (Hrsg.), *The psychology of Egon Brunswik.* New York: Holt, Rinehart and Winston, 1966.

Hutt, S. J., & Hutt, C. H. *Direct observation and measurement of behavior.* Springfield, Ill.: Charles C. Thomas, 1970.

Ittelson, W. H., Rivlin, L. G., & Proshansky, H. M. The use of behavioral maps in environmental psychology. In H. M. Proshansky, W. H. Ittelson, & L. G. Rivlin (Hrsg.), *Environmental psychology: Man and his physical setting.* New York: Holt, Rinehart and Winston, 1970.

Kuhn, T. *The structure of scientific revolutions.* Chicago: University of Chicago Press, 1962. (Deutsch: *Die Struktur wissenschaftlicher Revolutionen.* Frankfurt a. M., Suhrkamp Taschenbuch Wissenschaft 25, 1973.)

Lowenthal, D., & Riel, M. The nature of perceived and imagined environments. *Environment and Behavior,* 1972, *4,* 189–207.

Lynch, K. *The image of the city.* Cambridge, Mass.: The M.I.T. Press, 1960 (Deutsch: *Das Bild der Stadt.* Braunschweig: Vieweg, 1971).

Marquand, J. *Point of no return.* Boston: Little, Brown, 1947.

Maslow, A. H., & Mintz, N. L. Effects of esthetic surroundings: I. Initial shortterm effects of three esthetic conditions upon perceiving „energy" and „wellbeing" in faces. *Journal of Psychology,* 1956, *41,* 247–254.

Mead, M. *Coming of age in Samoa: A psychological study of primitive youth for Western civilization.* New York: Morrow, 1929.

Michelson, W. *Man and his urban environment: A sociological approach.* Reading, Mass.: Addison-Wesley, 1970.

Schorr, A. L. *Slums and social insecurity*. Washington, D.C.: U.S. Government Printing Office, 1966.

Snider, J. G., & Osgood, C. E. (Hrsg.), *Semantic differential technique: A sourcebook*. Chicago: Aldine, 1969.

Sommer, R. *Personal space: The behavioral basis of design*. Englewood Cliffs, N.J.: Prentice-Hall, 1969.

Taylor, J. L. *Instructional planning systems*. Cambridge, England: Cambridge University Press, 1971.

Thiel, P. Notes on the description, scaling, notation and scoring of some perceptual and cognitive attributes of the physical environment. In H. M. Proshansky, W. H. Ittelson, & L. G. Rivlin (Hrsg.), *Environmental psychology: Man and his physical setting*. New York: Holt, Rinehart and Winston, 1970. S. 593–619.

Thiel, P. *Towards an experiential envirotecture*. College of Architecture. University of Washington, Seattle (forthcoming).

Tognacci, L. N., Weigel, R. H., Wideen, M. F., & Vernon, D. T. A. Environmental quality: How universal is public concern? *Environment and Behavior*, 1972, *4*, 73–86.

Warner, W. L. (Hrsg.), *Yankee city*. New Haven, Conn.: Yale University Press, 1963.

Weiss, R. S. Alternative approaches in the study of complex situations. *Human Organization*, 1966, *25*, 198–206.

Weiss, R. S. Issues in holistic research. In H. S. Becker, B. Geer, D. Reisman, & R. S. Weiss (Hrsg.), *Institutions and the person*. Chicago: Aldine, 1968.

Wilner, D. M., Walkley, R. P., Pinkerton, T. C., & Tayback, M. *The housing environment and family life: A longitudinal study of the effects of housing on morbidity and mental health*. Baltimore: Johns Hopkins Press, 1962.

Winkel, G. H., & Sasanoff, R. *An approach to an objective analysis of behavior in architectural space*. Architecture/Development, Series No. 5. Seattle, Wash.: University of Washington, 1966 (Nachgedruckt in H. M. Proshansky, W. H. Ittelson, & L. G. Rivlin [Hrsg.], *Environmental psychology: Man and his physical setting*. New York: Holt, Rinehart and Winston, 1970, S. 619–631.)

Literaturempfehlungen

Campbell, D., & Stanley, J. *Experimental and quasi-experimental design for research*. Chicago: Rand-McNally, 1963.

Filstead, W. (Hrsg.), *Qualitative methodology: Firsthand involvement with the social world*. Chicago: Markham, 1970.

Selltiz, C., Jahoda, M., Deutsch, M., & Cook, S. W. *Research methods in social relations*. New York: Holt, Rinehart and Winston, 1959.

Underwood, B. J. *Psychological research*. New York: Appleton, 1957.

Webb, E., Campbell, D., Schwartz, R., & Sechrist, L. *Unobtrusive measures*. Chicago: Rand McNally, 1966.

9

Die Stadt als unnatürliches Habitat

„Viele Menschen mögen die Stadt tatsächlich – wir haben authentische Bilder von lächelnden Menschen – wenn sie in überfüllten Gebieten zusammenkommen, folgen sie damit oft ihrem eigenen Wunsche. Mögen sie sich auch darüber beklagen, wie schrecklich das alles sei, finden sie doch Gefallen an der hektischen Betriebsamkeit. Es gefällt ihnen, den Strom der Vorübergehenden zu beobachten, es gefällt ihnen, von ihm erfaßt zu werden, es gefällt ihnen zu plaudern, die Mädchen zu betrachten, und wann immer sie irgendeinen bescheidenen offenen Raum finden, werden sie ihn rasch in ein sehr gemütliches Plätzchen verwandeln."
William H. Whyte in der New York Times vom 3. Dezember 1972.

Jeder Untersuchungsansatz der städtischen Umwelt wird dadurch erschwert, daß die Stadt von den Angehörigen unterschiedlicher Disziplinen in unterschiedliche Bezugssysteme gestellt wird. Der Politiker sieht sie als einen Komplex von Regierungsbezirken. Für den Wirtschaftswissenschaftler ist sie ein Handels- und Industriezentrum. Geographen und Bevölkerungsexperten untersuchen die Stadt hinsichtlich ihres Wachstums, der Ortsveränderung ihrer Bevölkerung und den speziellen Funktionen ihrer Zonen und Umgebungen. Die Städteplaner sehen die Stadt häufig unter dem Gesichtspunkt ihrer materiellen Merkmale, obwohl sich diese Einstellung langsam ändert. Architekten sehen sie unter der Perspektive der materiellen Beziehung zwischen Gebäuden, Straßen und Plätzen, Parks und Spielplätzen. Und natürlich ist nahezu jedermann an den kulturellen und beruflichen Möglichkeiten interessiert, die in der Stadt zur Verfügung stehen.

Die Stadt wurde auch von Soziologen und anderen Wissenschaftlern untersucht, deren Hauptinteresse der Pathologie, Morbidität und Abweichung galt, die sich im Gefolge städtischer Bedingungen zeigen. Besonders in den Vereinigten Staaten zeigt die Stadt ein widersprüchliches Bild: einerseits Verbrechen, Schmutz und Lärm, Umweltverschmutzung, hohe Bevölkerungsdichte und Verfall der zentralen Gebiete („Städtesterben"), andererseits wirtschaftliche und kulturelle Vorteile, Annehmlichkeiten, mehr Privatsphäre, Vitalität und Abwechslung. Was immer die Städte auch sein mögen, sie sind stimulierende Orte. Wirtschaftliche Faktoren spielen eine wichtige Rolle. Die häufige Berührung und der stimulierende Austausch zwischen vielen Sphären menschlicher Kreativität (Mead 1957) tragen ohne Zweifel zum Urbanisierungstrend bei. Park (1952) zitierte Spengler und merkte an: „Nationen, Regierungen, Politik und Religion – sie alle beruhen auf dem grundlegenden Phänomen menschlicher Existenz, der Stadt" (S. 15).

Es ist schwierig und vielleicht unmöglich, diese verschiedenen Vorstellungen der Stadt zu einem kohärenten und einheitlichen Bild zu fügen. Wir haben in diesem Kapitel die Absicht, uns mit der Stadt in einer etwas anderen Weise zu beschäftigen und uns den psychologischen Eingaben zuzuwenden, die auf das Verhalten ihrer Einwohner einwirken. Wie nehmen Menschen ihre städtische Umgebung wahr und wie erfassen sie sie begrifflich? Welches sind die psychologischen Ursachen ihrer Zufriedenheit und Unzufriedenheit? Inwiefern stellt die City einen physischen und emotionalen Streß dar? Wie lernt der Stadtbewohner sich in seiner sehr komplexen Umwelt orientieren? In welchem Umfange muß er sich anpassen, und womit bezahlt er diese Anpassung? Welche sozialen und symbolischen Bedeutungen sind im städtischen Habitat des Menschen von Wichtigkeit? Welche Möglichkeiten zur psychologischen Entwicklung sind vorhanden? Dies sind einige der Fragen, mit denen wir uns beschäftigen werden.

Solch eine Aufgabe bereitet Schwierigkeiten, weil die Stadt wie die natürliche Umwelt eine Geschichte ziemlich negativer Assoziationen hat. Intellektuelle im allgemeinen und Städteforscher im besonderen zeigten sich vielfach dem Vorurteil geneigt, die ländlichen über die städtischen Werte zu stellen. In jüngerer Zeit spiegelt dieses Vorurteil die Vorstellung von der natürlichen Umwelt als geeignetem Mittel einer moralischen und rechtschaffenen Lebensweise wider. Die Natur wird in gewissem Sinne als Möglichkeit begriffen, die mundane Erfahrung der Stadt zu transzendieren. Thoreau brachte diese Haltung in quasi-religiösen Worten zum Ausdruck, Thomas Jefferson in seinem Bemühen um Bürgertugenden und Theodore Roosevelt mit dem Argument, daß das freie Leben ein wesentlicher Faktor für die Entstehung des Nationalcharakters und der männlichen Tugenden gewesen sei. Green meint, daß die Amerikaner aufgrund ihrer Agrar- und Pioniervergangenheit dafür prädisponiert seien, dem ländlichen Umfeld einen höheren Wert als dem städtischen beizumessen (siehe Catton u. a. 1969). Heute stellt die Antipathie den Städten gegenüber oft eine Reaktion auf die „Lebensqualität" dar, die – wie man annimmt – in den Vorstädten und kleineren Gemeinden vorhanden ist. Aus welchem Grunde auch immer, ohne Zweifel wird die moderne Stadt weithin unter einer Perspektive gesehen, die eine antiurbane Einstellung verrät. Die Forscher suchen eher nach den Fehlern der Stadt als nach ihren Vorzügen. Und wie nicht anders zu erwarten, finden sie häufig, wonach sie suchen.

Während der letzten Jahre hat die Stadtsoziologie von der ökologischen und Tatsachen zusammentragenden Methode Abstand genommen und die Stadt mittels einer feiner strukturierten und die unmittelbare Erfahrung in höherem Maße berücksichtigenden Methode zu erfassen versucht. Das Ergebnis dieser parallelen Forschungstendenzen – deren eine sich im wesentlichen auf den Zensustyp verläßt und routinemäßig statistische Korrelationen zusammenträgt, während die andere auf Beobachtungen und Interviews vertraut – hat ein neues und großenteils ambivalentes Bild der Stadt geschaffen. Einerseits wird sie als unpersönlich und anonym beschrieben, die Quelle von psychischem Streß, als „überlastet", die ihre ärmeren Bewohner mit einer disproportionierten Krankheitsrate heimsucht, schlechte Wohnungen schafft und den Nährboden für Delinquenz und Verbrechen abgibt. Gleichzeitig können noch die in ihrer Eigenschaft als materielle Umwelten schlechtesten Wohnumgebungen der Stadt anheimelnde, menschliche, kulturell lebendige, selbständige und zusammenhängende Gebiete sein, die die soziale Identität verstärken. Diese beiden Weisen, die Stadt zu sehen, lassen sich als die pathologische und die romantische kennzeichnen. Die Annahme, daß die Wirklichkeit irgendwo zwischen ihnen zu finden sei, dürfte nicht unvernünftig sein.

Was immer die ambivalente Einstellung bedeuten mag: unzweifelhaft verstädtert Amerika in zunehmendem Maße, obwohl sich dieses Wachstum größtenteils in den Vorstädten der Metropolen vollzieht. Diese Tatsache hat wiederum neue Probleme für die Stadtbewohner geschaffen, da die City die Bevölkerung an ihre Umgebung abgibt. Der Stadt-, bzw. Vorstadttrend ist darüber hinaus ein Merkmal aller westlichen Gesellschaften und ein unmittelbares Ergebnis der industriellen Revolution. Davis (1965) hat darauf hingewiesen, daß es vor 1800 keine städtischen Gesellschaften in unserem heutigen Sinne gab und daß erst um 1900 eine einzige entstand (England). Während um 1800 nur sieben Städte über eine halbe Million Einwohner verfügten, hatten um 1900 zweiundvierzig diese Größe erreicht, und sechzig Jahre später waren es bereits mehr als 200 (siehe Gottman 1966).

Wir wollen noch einige Zahlen aufführen, die verdeutlichen, in welchem Maße der demographische Charakter der westlichen Länder sich durch die Tatsache verändert, daß die Städte größer und von immer mehr Menschen bewohnt werden, während ihre Landbevölkerung abnimmt. Heute leben mehr als 70% der Bevölkerung der Vereinigten Staaten in Städten oder Vorstädten (gegenüber 6% im Jahre 1800). In Europa einschließlich der Sowjetunion hat die Stadtbevölkerung von 1900 bis 1950 um das Zweieinhalbfache zugenommen. Ein Fünftel der amerikanischen Nation – 40 Millionen Menschen – leben heute auf 1,8% des kontinentalen Bodens der Vereinigten Staaten, und „in den meisten Ländern sind 15 bis 30% der Gesamtbevölkerung auf weniger als 5% des Grund und Bodens zusammengedrängt" (Gottman 1966, S. 14). Dieser Trend, der auch für die Entwicklungsländer charakteristisch ist, bildet für die Bevölkerung einen Streßfaktor, der das Problem der Urbanisierung noch dringender macht.

Der naheliegendste Schluß, den wir aus diesem weltweiten Trend zu ziehen haben, ist die Tatsache, daß der Mensch sein Habitat in bedeutsamer Weise verändert und daß er sich vielleicht mit verändert. Eine Umwelt, die von „natürlichen" und mehr oder weniger ökologischen Kräften beherrscht wird, macht einer „unnatürlichen" oder vom Menschen geschaffenen Umwelt Platz, die völlig neue Implikationen für das menschliche Verhalten besitzt. Die Stadt ein „unnatürliches" Habitat zu nennen, heißt jedoch nicht, ihre Lebensfähigkeit oder ihren Wert zu leugnen. Es hat immer Städte gegeben, und in ihnen wurde die Geschichte gemacht. Der Ausdruck *urban*, der soviel bedeutet wie kultiviert und gebildet, nennt die Lebensqualitäten, die der *urbanen* Person zur Verfügung stehen. Die Zivilisationen jedoch, die sich in der Antike, ausgehend von Athen, Rom und Alexandria bildeten, waren das Ergebnis einer anderen Art von Urbanisierung, als es jene ist, die die moderne Metropole kennzeichnet.

Dies trifft in mindestens doppelter Hinsicht zu: (1) Die heutige Stadt ist ein industrieller und technologischer Komplex, der sich als Umwelt gänzlich von der merkantilen und handeltreibenden Stadt unterscheidet, die es vor dem 19. Jahrhundert gab. Deshalb waren auch viele der Reize, die sich auf die Einwohner der heutigen Städte auswirken, unseren Vorfahren unbekannt. (2) Sowohl der Maßstab der modernen Metropole als auch ihre Wachstumsrate haben für das städtische Leben qualitative Veränderungen heraufgeführt, die neue Weisen der Anpassung erforderlich machen.

Unter dieser Perspektive sucht der Umweltpsychologe nach den allgemeinen Voraussetzungen, die berücksichtigt werden müssen, wenn man sich Gedanken über die kreative Nutzung der Städte durch die Menschen machen will. Obgleich die unten aufgeführten Voraussetzungen auf eine Reihe unterschiedlicher Umwelten zutreffen, sind sie in einem städtischen Kontext von besonderer Bedeutung. Sie sollen die psychologischen Bindungen zwischen den Umwelteigenschaften der Stadt und den Reaktionen ihrer Einwohner ermitteln.

1. *Streß.* Bevor der Stadtbewohner die ihm zu Gebote stehenden Möglichkeiten der psychologischen und sozialen Entwicklung nutzen kann, muß er die schädliche, Streß schaffende Reizinformation eliminieren oder kontrollieren, die ihm seine Umwelt übermittelt. Die Stadt ist sozusagen verseucht durch Lärm, verschmutzte Luft und die vielfältigen Stockungen, die durch die Anwesenheit „zu vieler Menschen" zustande kommen. Man hat gesagt, daß die städtische Umwelt ihren Bewohnern zuviel Energie für die einfache Aufgabe abfordere, mit den vielfältigen und häufig widerstreitenden Reizen fertigzuwerden, denen der Stadtbewohner begegnet (Milgram 1970, Meier 1972). Die Dichte des Zusammenlebens in der Stadt schaffe besondere Bedingungen, die insgesamt die Stadt zu einem unerfreulichen und/oder ungesunden Ort machten.

2. *Orientierung und Bewegungsfreiheit.* Ein besonderer Interessenpunkt der Stadtplaner und Stadtgeographen ist die Schwierigkeit, der man begegnet, wenn man sich in der Stadt zurechtfinden will. In gewissem Sinne ist die Les-

317

barkeit der Stadt ein wesentlicher Aspekt der Anpassung des Stadtbewohners. Im weiteren Sinne müssen wir jedoch nicht nur in der Lage sein, die Stadt „bildlich zu vergegenwärtigen" (Lynch 1960), sondern auch den Zugang zu jenen Aspekten des städtischen Lebens zu finden, die einer Person dabei helfen, die Stadt kreativ zu realisieren, um ihre Ziele zu nutzen. In dieser Hinsicht müssen wir uns nicht nur mit den Beförderungssystemen beschäftigen, sondern auch mit der Art und Weise, in der sich die Dinge, deren der Stadtbewohner bedarf, in Erfahrung bringen oder erkennen lassen. Die Bewegungsfreiheit hat neben der materiellen auch eine psychologische Dimension.

3. *Soziabilität und Öffentlichkeit.* Wir sehen die Stadt heute nicht bloß als einen Zusammenschluß von Menschen an, sondern als eine komplexe Einheit, die sich zur Erreichung bestimmter Ziele organisiert hat. Diese Einheit ist zusammengefügt aus Wohnumgebungen, Bezirken und Gebieten, die ein buntes „soziales Mosaik" bilden und hinsichtlich ihrer Funktion, ihrer materiellen Beschaffenheit und ihrer Sozialstruktur differenziert werden können. Der Terminus *Gemeinde* wurde in nicht sehr strenger Weise auf die Stadt als Ganzes und auf die Unterteilungen angewendet, die sich in der Stadtstruktur finden. Einzelne Faktoren der Stadt sollen die Menschen mit einer auf das Territorium sich gründenden Identität oder einem Ortssinn versorgen. Diese Auffassung widerspricht der üblichen Kennzeichnung der Stadtbewohner, nach der sie von dem starken Wunsch nach Anonymität beseelt seien. Tatsächlich beschäftigen sich die Menschen schon mit den Werten, die häufig mit dem Begriff der Gemeinde assoziiert werden. Viele der dem städtischen Leben zugeschriebenen Befriedigungen sind stark an die Art und Weise gebunden, in der man die sozialen und materiellen Räume seiner Nachbarschaft oder seines Bezirkes wahrnimmt und verwendet. Der Umweltpsychologe muß sich mit den Variablen, die die Gemeinde schafft, und dem Gleichgewicht befassen, das zwischen Vergesellschaftung und Privatsphäre hergestellt werden muß, wenn das Leben in der Stadt befriedigend sein soll.

4. *Kulturelle und Freizeitangebote.* Die Stadt ist seit jeher ein Zentrum der Theater, Musiksäle, Museen, Sportarenen und Freizeitaktivitäten. Doch wie im Falle der Bewegungsfreiheit dürfen die Befriedigungen, die aus diesen Annehmlichkeiten erwachsen, nicht anhand dessen gemessen werden, was vorhanden ist, sondern anhand dessen, was der Stadtbewohner als für ihn verfügbar wahrnimmt. Ausbildung, Einkommen und soziale Schicht sind Faktoren, die dazu beitragen, welche Form diese Wahrnehmung annimmt und welche Vorteile letztlich erfahren werden. Wir müssen auch die Weise betrachten, in der die materielle Umwelt zur Qualität dieser Erfahrungen beiträgt.

5. *Bereicherung der Erfahrung.* Neben den oben genannten Möglichkeiten stellt die Stadt auch ein Ambiente dar, eine sinnliche wahrnehmbare Umwelt aus Farben, Strukturen und Bildern. Vitalität, Neuheit und Bewegung, vielfäl-

tige Raum- und Bauformen, verschiedenste Töne und Gerüche, kontrastierende architektonische Stile und ein lebhaftes Straßenbild verleihen diesem
Aspekt der städtischen Erfahrung in ihrer Kombination einen stimulierenden
Charakter. Die Stadt ist lebendig. Unter dem Aspekt der Wahrnehmung sehen
Carr und Lynch (1968) sie als einen Lernkontext. Diese Bereicherung kann
auch begrifflicher Natur sein. Wir verleihen der Stadt Bedeutungen, die sich in
ihren materiellen Formen spiegeln. Sie ist eine großzügige Umwelt, ein Ort, an
dem man was werden kann, ein Umfeld des Wohllebens, ein Symbol der Kultur selbst. Für viele zumindest ist die Stadt intellektuell sehr anregend.

6. *Der Entscheidungsprozeß*. Die Stadt ist ein politischer Ort. Dies trifft nicht
nur auf diejenigen zu, die die Entscheidungen kontrollieren möchten, welche
ihnen erlauben, die vorstehenden fünf Voraussetzungen zu erfüllen. Jeder
Stadtbewohner erfährt unmittelbar oder mittelbar die Machtkämpfe, die sich
an der Frage zünden, wie die Stadt regiert werden soll. Hinsichtlich der Umwelt mag es in diesen Kämpfen um die Formen der Öffentlichkeitskontrolle,
die Versorgung mit öffentlichen Dienstleistungseinrichtungen, Verwaltungs-
reformen, Stadtsanierung, Lärmpegel, sichere Straßen oder Beförderungswege
gehen. Im allgemeinen sehen wir, daß sich unter Gemeindegruppen eine Entwicklung zu einer Partizipationstrategie abzeichnet, die häufig gegen konventionelle Planungsmethoden Front macht. In dem Maße, in dem sich die städtischen Probleme verschärfen, sucht die Bevölkerung die Macht zugunsten einer
einflußreicheren lokalen Kontrolle zu dezentralisieren. Technologisch mag
dies seine Schwierigkeiten haben, unter dem Aspekt des Verhaltens ist es eine
Reaktion auf die den Wünschen der Bevölkerung so ferne und für sie so un-
empfindlich gewordene Entscheidungsfindung auf höheren Ebenen. Der Städter ist mehr als eine statistische Größe. Er möchte die Entscheidungen auf seine
eigenen Umweltbedürfnisse beziehen.

Die dargelegte Perspektive entspricht nicht der traditionellen Beschäftigungs-
weise mit der Stadt, wie sie von Stadtplanern und Architekten entwickelt wurde, die nach Appleyards (1970) Ausdruck ihre Gemeinden so strukturieren,
„daß sie sich aus einer Höhe von zehntausend Metern gut lesen lassen"
(S. 116).

Diese Betonung der ökonomischen Aspekte der Raumnutzung, der materiellen Formen und Räume, des Beförderungsnetzes und der Verkehrsplanung behalten oft die Oberhand über die Frage, wie die persönlichen Aktivitäten der
Einwohner aussehen und wie sie sinnlich oder existentiell ihre Umwelt erfahren. Glücklicherweise wird den Stadtplanern heute die Tatsache bewußter, daß
der Mensch den Zweck des Ganzen darstellt. Sie beschäftigen sich mit der Frage, wie unmittelbar er sein Umfeld erlebt. Unter dieser Perspektive werden wir
die Stadt hier untersuchen. Da wir einen gewissen Teil unseres Materials aus
der Literatur zur Stadtsoziologie beziehen werden, insbesondere was die Streß

schaffenden und pathologisch wirkenden Aspekte der Stadt angeht, dürfte es von Nutzen sein, die Ursprünge dieses soziologischen Ansatzes nachzuzeichnen und deutlich zu machen, worin seine Relevanz für unser Thema besteht.

Der geschichtliche Hintergrund der Stadtstudien

Das akademische Interesse an der Stadt als sozialem Umfeld nahm in den Vereinigten Staaten im zweiten Jahrzehnt dieses Jahrhunderts systematische Form an. Gelehrte wie Burgess (1926), Wirth (1938) und Park (1952) von der University of Chicago untersuchten die Stadt hinsichtlich ihrer sozialen und physischen Pathologien, soweit sie sich mit verschiedenen geographischen Bereichen und sozialen Klassen korrelieren ließen. Daraus resultierte eine umfängliche Literatur, die sich im wesentlichen mit Untersuchungen zur Korrelation von Abweichungen in Slums beschäftigte. Die dem Stadtleben innewohnenden Probleme und Schwierigkeiten, wie sie im Verbrechen, der Armut, Krankheit, Geisteskrankheit, Alkoholismus und anderen Zügen zum Ausdruck kommen, wurden mit Nachdruck behandelt, was oft auf Kosten der positiven Züge der Stadt ging.

Diese Männer sahen die Stadt als ein (wenn auch nicht geschlossenes) System an, das durch die Interaktion einer Reihe spezifischer wirtschaftlicher und sozialer Funktionen lebensfähig wurde. In anderer Hinsicht war es eine Organisation klar abgegrenzter Räume und Abschnitte, die als integrative Teile des Ganzen dienten. Die Menschen leben, wie Park (1952) anmerkte, nicht deshalb zusammen, weil sie gleich sind, sondern „weil sie einander nützlich sind" (S. 80). Nach Wirth (1938) muß die Größe, Dichte und Heterogenität der Großstadt unausweichlich zu räumlicher Differenzierung führen.

Ein Ergebnis dieses Ansatzes lag darin, daß die Stadt – von Park insbesondere – unter der klassischen ökologischen Perspektive gesehen wurde. Park glaubte, daß die ökologischen Begriffe nicht nur als Analogien dienten, sondern daß sie unmittelbar auf die Veränderungen verwiesen, die in der Stadt stattfinden. Als System zeigt die Stadt sowohl die interdependente, kooperative Wirkungsweise der Natur, wie auch ihre grausamen und kompetitiven Aspekte. Die Begriffe der „Invasion" und „Nachfolge" wurden eingeführt, um die demographischen Veränderungen zu erklären, die Platz greifen, wenn niedriger einzustufende wirtschaftliche Gruppen in bestimmte Abschnitte der Metropolen „eindringen" und den Gruppen „nachfolgen", die Mobilität nach oben zeigen und ihre Nischen andernorts suchen. Die eindringende Gruppe findet im Laufe der Zeit möglicherweise selbst Nachfolger. Die Herausbildung von Ghettogebieten ist im allgemeinen das Endergebnis dieses Prozesses. Kurzum, die Chicagoer Schule lehnte sich an die Ökologie an und versuchte die Stadt mit Hilfe von Techniken und Begriffen zu erklären, die sie von den Naturwissenschaften bezog. Gleichzeitig waren diese Soziologen ebensosehr von der Kritik beeinflußt, die in der Stadt eine potentielle Ursache der Pathologie sah. Wie sonst sollte man sich das starke Interesse erklären, das sie den Problemen der Psychohygiene schenkten, welche ein Merkmal der City zu sein schienen? Diese Interessenrichtung bedeutete jedoch nicht unbedingt, daß sie die pathologischen Züge des städtischen Lebens akzeptierten. Indem sie vielmehr zeigten, daß die City tatsächlich ein Hort für alle Arten von Pathologien war, hatten die Gesellschaftskritiker großen Anteil an Gegenmaßnahmen, ob diese nun die Form der Slumbeseitigung oder der Siedlungshausbewegung von Jane Addams und Hull House annahmen.

Neuere Autoren wie Timms (1971) beschreiben die Stadt in Anlehnung an Park als ein „Mosaik sozialer Welten". In dieser Anschauung werden Zonen oder Sektionen einer Stadt nach den Funktionen, die in ihnen ausgeübt werden (Geschäftsbetriebe, Produktionsbetriebe), oder dem sozioökonomischen Status ihrer Bewohner unterschieden. Diese Zonen umfassen ihrerseits Untereinheiten oder Bezirke, die recht homogen („Klein-Italien") und deutlich gegeneinander abgegrenzt sein können. Die Probleme, denen solche Gemeinden angesichts materieller Veränderungen begegnen, sind umfänglich in der Literatur zur Stadtsanierung belegt (Wilson 1962). Im allgemeinen werden die Bewohner einer Gemeinde um so mehr unter großdimensionierten und plötzlichen materiellen Veränderungen ihrer lokalen Umgebung leiden, je enger sie an diesen besonderen Ort gebunden sind.

In gewissem Maße ist jede Wohnumgebung ein Umfeld, in dem bestimmte Verhaltenstypen mit der örtlichen Umwelt assoziiert (und ihr manchmal zugeschrieben) werden. Diese Regel bestätigen wir, wenn wir vom „Charakter der Wohngegend" sprechen. Es sind sogar psychologisch und geographisch größere Bereiche vorhanden, die als Orte in Erscheinung treten, zu denen wir „gehören", obwohl dies, wie Fried und Gleicher (1961) darlegen, sich eher für den Städter aus der Unterschicht als für den aus der Mittelschicht nachweisen läßt.

Für den Stadtökologen zeigt sich der Einfluß der Stadt auf das Verhalten weitgehend unter demographischer Perspektive. Der „Mosaikbegriff" sortiert die Menschen in wohldefinierte sozioökonomische Schichten, die, wenn auch nicht streng, mit den geographischen Gebieten zusammenfallen. Man geht davon aus, daß diese Gebiete Veränderungen erleiden und daß sich mittels ihrer der Charakter der Stadt besser verstehen läßt. Dieser Ansatz bringt eine zweifache Schwierigkeit: (1) Variablen, die für soziale Aggregate signifikant sind, sind ohne Vorhersagewert für individuelles Verhalten; und (2) ein gut Teil der von den Stadtökologen verwendeten Daten sind korrelativ und nicht kausal, so daß, wenn Veränderungen stattfinden, nicht klar ist, warum sie sich einstellen. Vor einigen Jahren hat Robinson (1950) dargelegt, daß Versuche, die Stadt mittels makro-demographischer Variablen zu erklären, nicht die individuellen und Kleingruppenphänomene erklären könnten, die für das städtische Leben charakteristisch seien. Im Bilde gesprochen bedeutet dies, daß nicht ein Teleskop sondern ein Mikroskop erforderlich ist. Wenn wir wissen, daß ein bestimmter Bezirk einer Stadt von Menschen der oberen und mittleren Einkommensschicht bewohnt wird, die zumindest über Collegebildung verfügen, können wir aufgrund dieser Tatsache nicht vorhersagen, wie irgendein Individuum oder auch nur eine Kleingruppe in diesem Bezirk auf das breite Spektrum möglicher Veränderungen reagieren wird, die diesen Abschnitt betreffen können. Wenn man verstehen will, wie Individuen und kleine Gruppen (zum Beispiel Familien, Freundesgruppen und Nachbarn) sich verhalten, benötigt man analytische Techniken, die eher der Psychologie als der Demographie angehören. Dies soll nicht heißen, daß die sich auf Aggregate beziehenden Daten des Stadtökologen nutzlos seien. Es ist vielmehr möglich, sich eine Kombination sozioökonomischer Indikatoren der Stadtgebiete und anderer statistischer Daten vorzustellen (wie zum Beispiel den materiellen Zustand der Wohnungen, die Zahl der bei der Polizei eingehenden Strafanzeigen und die Rate der Krankenhauseinlieferungen), die ein frühes Warnsystem bilden und uns rechtzeitig über den möglichen Niedergang bestimmter Wohngegenden informieren könnte. Solch ein System würde ermöglichen, Gegenmaßnahmen in einem Gebiet einzuleiten, bevor sein Zustand so pathologisch geworden ist, daß nur noch die Lösung bleibt, es völlig zu zerstören und wieder aufzubauen. Wir können uns jedoch auf ein solches System nicht ausschließlich verlassen. Gans (1972) und andere haben darauf hingewiesen, daß eine viel feiner strukturierte Analyse von Wohngegenden erforderlich ist, bevor sich politische Entscheidungen fällen lassen. Diese Analyse muß sich mit dem Leben der Individuen befassen, die im untersuchten Gebiet leben.

Die Stadtökologie muß also Modelle entwickeln, die beschreiben, wie sich städtische Bereiche im Laufe der Zeit verändern und in welcher Wechselbeziehung sie zueinander stehen. Ein Beispiel für eine mehr psychologisch orientierte Untersuchung der Beziehungen zwischen den Bezirken einer Stadt ist ein Projekt, das sich vor allem mit Seattle (Washington) befaßt (Grey u. a. 1970). Die Untersuchung hat die unterschiedliche Attraktivität des zentralen Geschäftsbezirks und eines außerhalb gelegenen Einkaufszentrums zum Gegenstand, wobei das besondere Interesse den Faktoren galt, die den schwächer werdenden Besuch des ersteren erklärten. Die Autoren griffen auf eine Vielfalt verfügbarer Unterlagen zurück (auf Raumnutzungserhebungen und ähnliche Daten), führten Fragebogenaktionen und Gruppeninterviews durch, photographierten Menschen, die durch die Bereiche des Geschäftsviertels gingen und verfolgten sie von einem Ort zum andern, „indem sie die Ergebnisse auf die in großer Vielfalt aufgezeichneten Persönlichkeits- und Verhaltensmerkmale bezogen" (S. XIII). Das Ergebnis dieser Untersuchung war eine umfassende Bewertung der Unterbezirke des zentralen Geschäftsbezirks, in der sich zeigte, wie die Menschen diese Bereiche tatsächlich verwendeten, welche Verhaltensverknüpfungen zwischen den Bereichen vorhanden waren und welche Vorstellungen die Stadtbewohner hinsichtlich des zentralen Geschäftsbezirks hegten. Damit wurde eine wichtige Abkehr vom traditionellen Ansatz der Stadtplanung vollzogen, welch letztere sich im wesentlichen statisch mit den Unterbereichen beschäftigt, indem sie die Ähnlichkeiten oder Unterschiede der materiellen Funktionen und Bedingungen, den sozioökonomischen Standard, die ethnische Zugehörigkeit und den Familienstatus ermittelt. Bei solcher Auszeichnung wird selten deutlich, wie die durch diese demographischen Variablen gekennzeichneten Menschen interagieren oder in welcher Interrelation sich die erkennbaren Unterbezirke auf der Verhaltensebene befinden. Im Vergleich dazu legt die Seattlestudie ein weit dynamischeres Modell der Wechselbeziehungen zugrunde. Damit ist sie beispielhaft für die künftige Städteforschung.

Dieses Verfahren steckt noch in den Kinderschuhen, und das meiste, was wir über die Stadt wissen, beruht auf Studien, die mehr globalen Charakter haben. Dies trifft insbesondere auf die sogenannten pathologischen Indikatoren zu – die soziale Desintegration, körperliche und geistige Krankheit und das Auftreten (oder das Fehlen) einer Prädisposition zum delinquenten und kriminellen Verhalten. Hier ist die sozialmedizinische Literatur voll mit Belegen für die Tatsache, daß die Städte in der Tat ungesunde und unsichere Orte zum Leben sind. Unsere Aufgabe ist nicht nur, diese Belege um ihrer selbst willen zu betrachten, sondern zu fragen, wie zuverlässig sie sind.

Die pathologische Stadt

Daß Städte Gesundheitsrisiken schaffen, die über diejenigen kleinerer Gemeinden hinausgehen, und daß sie auch mit hohen Raten an Sozialpathologie verknüpft sind, wird durch zahlreiche Studien belegt, die diese Variablen korrelieren. Nach einem Bericht des US-Ministeriums für Gesundheit und Erziehung (1969) leiden nur 2% der Bevölkerung des Landes an einer ausgeprägten Geisteskrankheit, doch „belaufen sich die Schätzungen für die dicht bevölkerten Stadtgebiete auf bis zu 10%" (S. 3). Im Jahre 1966 stellte das Ministerium fest, daß 98% der Rauschgiftsüchtigen, die in den öffentlichen Krankenhäusern von Lexington in Kentucky und Fort Worth in Texas behandelt wurden, Stadtbewohner waren.

Die das Verbrechen und die Delinquenz betreffenden Zahlen belasten die Städte in ähnlich disproportionierter Weise. Das Ministerium stellt fest:

„26 Städte, in denen weniger als 18% der Gesamtbevölkerung wohnen, melden mehr als die Hälfte aller schweren Verbrechen gegen Personen und mehr als 30% aller schweren Eigentumsdelikte. Jeder dritte Raubüberfall und beinahe jede fünfte Vergewaltigung geschehen in Städten mit mehr als einer Million Einwohnern. Die durchschnittliche Rate für die meisten schweren Verbrechen ist in diesen Städten ungefähr doppelt so hoch (und häufig höher) als in den Vorstädten oder ländlichen Gebieten ...
Die Ergebnisse sind bemerkenswert konsistent. Einbruch, Raub und schwere körperliche Angriffe ereignen sich in Gebieten, deren Merkmal niedriges Einkommen, hohe Bevölkerungsdichte, zerfallende Häuser, überfüllte und unterdurchschnittliche Wohnungen, Konzentration ethnischer Minoritäten, gestörte Familien, arbeitende Mütter und ähnliche Erscheinungen sind" (S. 32).

Mit bestimmten wichtigen Ausnahmen ist diese Korrelation zwischen Pathologie und Bevölkerungsdichte ein weltweites Phänomen. Die schwedischen Soziologen Carlestam und Levi (1971) berichten, daß Großstockholm zwar nur 16% der schwedischen Gesamtbevölkerung umfasse, „daß inmitten dieser 16% jedoch 39% aller Raubüberfälle stattfänden ... " (S. 4). Sie fügen hinzu, daß die Krankheitsrate in Stockholm um 30% höher liege als die durchschnittliche Rate in Schweden und daß die Sterberaten infolge bestimmter Krebsarten, erhöhten Blutdrucks und von Selbstmord signifikant höher seien, die Rate der Zuckerkrankheit allerdings beträchtlich niedriger sei. In seiner Untersuchung von Luton, einem Londoner Arbeitervorort, kam Timms (1971) zum Ergebnis, daß das Miethausgebiet, in dem etwa 5% der erwachsenen und 3% der jugendlichen Bevölkerung lebte, „30% der erwachsenen Straftäter (von Luton) stellte, 13% seiner jugendlichen Delinquenten und 12% Ersteinweisungen in psychiatrische Kliniken" (S. 29).
Zahlreiche Untersuchungen von in Anstalten lebenden Geisteskranken zeigen an, daß ihr Wohnort ein wichtiger Faktor ihrer Krankheit ist, obgleich nicht bewiesen ist, daß er auch ihre Ursache ist. Man könnte diesen Ansatz die Lokalhypothese nennen. Eine der frühesten und entschiedensten Untersuchungen, die unter dieser Perspektive stand, ist „Mental Disorders in Urban Areas" von Dunham (1939). Die Autoren nahmen Chicago und Providence als Stichproben und entdeckten hohe Raten psychotischer Erkrankungen, die mit den um das Geschäftszentrum herum gelegenen Mietshausgebieten assoziiert waren – Wohngegenden, deren Merkmal eine hohe Bevölkerungsmobilität und ein niedriger sozioökonomischer Status war. Die Raten nahmen in den Wohnsiedlungen an der Peripherie der Städte ab. Faris und Dunham erklären die Differenzen mit der sozialen Isolation, die die Bewohner von Mietshausgebieten erfahren. Eine jüngere Untersuchung in New York City, das Mid-Manhattan-Projekt (siehe Srole u. a. 1961) erhärtet frühere Befunde, denen zufolge

„Geisteskrankheit" (in Beziehung zu der durchschnittlichen Bevölkerung der Stadt) einen hohen Wert in einem zentralen Gebiet annimmt, daß durch einen hohen Anteil arbeitender Ehefrauen, Unverheirateter und/oder kleiner Familien gekennzeichnet ist. Diese Erhebung von Srole und seinen Mitarbeitern unterscheidet sich von anderen insofern, als sie sich auf die von den Betroffenen selbst genannten Symptome, statt auf die Anstaltseinweisungen als Krankheitsindizes beruft. Vielleicht gibt sie auf diese Weise besser die leichteren, neurotischen und verbreiteteren Arten von Geisteskrankheiten wieder, die sich weithin in der Bevölkerung finden.

Ein anderes interessantes statistisches Ergebnis stellt die Tatsache dar, daß sich mit wachsender Größe der Stadt die Unterschiede hinsichtlich der männlichen und weiblichen Sterblichkeitsziffern ausgleichen. Die höhere Lebenserwartung von Frauen kann nach Lewits (1971) Überzeugung eher das Ergebnis von Umweltfaktoren als biologische Faktoren sein. Unter dem Hinweis auf frühere Forschungsergebnisse, nach denen sich die unterschiedlichen Löhne von Männern und Frauen gleichfalls bei wachsender Größe einer Stadt annähern, äußert Lewit die Hypothese, daß Frauen, die in der Stadt leben, häufiger bisher Männern vorbehaltene Beschäftigungen ausüben und deshalb in einem vergleichbaren Alter sterben.

Der Leser fragt sich vielleicht, welche Eigenschaften der Stadt diese ziemlich auffälligen Züge erklären. Und, noch wichtiger, warum sich ein so großer Teil der Stadtforschung mit der Stadt als einem Nährboden sozialer Pathologie und Morbidität befaßt? Schafft die bloße Konzentration – die Bevölkerungsdichte – diese Pathologie, oder erleichtert sie nur die Tabellierung und Untersuchung der Pathologie? Sind Krankheit, Verbrechen und soziale Desintegration in den Städten besser sichtbar – verläßlicher berichtet und der Behandlung und Korrektur zugänglicher? Anders gesehen könnte man fragen: Ist die Stadt eher ein Zufluchtsort als ein wirkender Faktor – ein Umfeld, in dem bestimmte Verhaltensweisen deshalb so häufig sind, weil angeschlagene und asoziale Menschen die Stadt für eine Umwelt halten, die sie eher gewähren läßt.

Dies sind wichtige Fragen, weil sie bestimmte Aspekte der städtischen Krise einbeziehen, wie den Verfall von Wohnraum, Verbrechen, verkommene Wohngegenden und das Abdrängen rassischer Gruppen in Ghettos. Stadtsanierung, bessere Gesundheitseinrichtungen und Dezentralisierung – oder zumindest Verbesserung – der städtischen Dienstleistungen sind unmöglich, wenn die grundlegenden Ursachen der Krise nicht offengelegt werden können. Kurzum, wenn die Städte gerettet werden sollen, kann es nur dadurch geschehen, daß wir die Antworten auf die Fragen der Stadtsoziologen finden.

Bei deren Durchsicht sieht sich der Forscher jedoch einem Chaos von Argumenten und Statistiken gegenüber, die sich vielfach widersprechen. Was auf einige großstädtische Bereiche zuzutreffen scheint, erweist sich für andere als unzutreffend. Die außerordentlich komplexe Beschaffenheit der Stadt erschwert es, die beteiligten Variablen richtig zu gewichten. Und deshalb hat sich der Forscher im allgemeinen auf korrelative Untersuchungen vorhandenen Materials verlassen. Sie führten eher zu assoziativen als zu kausalen Beziehungen. Sehr wenig Forschungsarbeiten sind dem Versuch gewidmet worden zu verstehen, was es mit bestimmten Gebieten der Stadt auf sich hat, die durch das Auftreten oder das Fortbestehen pathologischer Erscheinungen in Mitleidenschaft gezogen werden.

Die Probleme, die bei Anwendung der korrelativen Methoden auftreten, werden durch die im Überfluß vorhandenen Untersuchungen der Geisteskrankheit verdeutlicht. So wurde die von Faris und Dunham (1939) und anderen geäußerte Hypothese von Hollingshead und Redlich (1958) in Frage gestellt. Ihre Studie in New Haven in Connecticut gibt zu der Vermutung Anlaß, daß die sozioökonomische Schicht ein verläßlicherer Index zur Vorhersage von Anstaltseinweisungen ist als der Wohnort. Die niedrigste sozioökonomische Gruppe (Klasse V) erwies sich als diejenige, in der stationär behandelte Krankheiten am häufigsten vorkamen. Natürlich läßt sich erwarten, daß Gruppen mit solch niedrigem Status Slum- oder Mietshausgebiete bewohnen, also „Übergangszonen", Gebiete, die sich von Mittelschichtswohnbereichen zu Slums wandeln (Timms 1971). Ein interessantes Ergebnis des New Haven Projekts offenbart, wie gefährlich es sein kann, zu allzu schnellen Schlußfolgerungen zu kommen. Die Forscher ermittelten, daß Patienten aus der Klasse V eine bessere geistige und emotionale Anpassung nach ihrer Entlassung aus dem Krankenhaus an den Tag legten als Patienten der Mittelschicht. Angesichts dieser Tatsache durfte man annehmen, daß das Individuum aus der Unterschicht zwar eher zum Zusammenbruch neige, daß es aber offensichtlich auch über eine bessere Regenerationsfähigkeit verfüge als Personen, die auf der sozioökonomischen Skala höher einzustufen sind. Ist dies der Fall? Keineswegs. Im Fortgang ihrer Untersuchung stellten die Forscher fest, daß stationär behandelte Patienten der Klasse V im Vergleich zu anderen Patienten von ihren Familien in der Regel erst dann wieder aufgenommen wurden, wenn ihr Heilprozeß ein befriedigendes Stadium erreicht hatte.

Ähnlich vermuten schwedische Forscher in einer Untersuchung über Verbrechen und Städte, daß nicht die städtische Umwelt an sich Einfluß auf Gesetzesübertretungen habe, sondern Sozialfaktoren, die Begleiterscheinungen der Umsiedlungen in die Stadt sind. Hinsichtlich asozialer Typen läßt sich die Stadt als ein „attraktives Ärgernis" bezeichnen. Es gibt in der Stadt im Vergleich zu kleineren Gemeinden weniger Kontrollen, da Primärgruppen wie die Familie – wie Wirth (1938) behauptet – in der städtischen Umwelt gegenüber der nicht städtischen eine geringere Rolle spielen, während Sekundärgruppen – Freunde, private Gruppen und ähnliche Zusammenschlüsse – größere Bedeutung für Stadtbewohner besitzen. Schließlich sind Vergleiche zwischen der Stadt und dem Land insofern mit Vorsicht zu behandeln, als Städte im allgemeinen über bessere Statistiken als kleine Gemeinden verfügen. Cappon (1971) vermutet nämlich, daß erst wenn isolierte (oder „in den Anfängen steckende") ländliche Gebiete zu größeren Verwaltungseinheiten zusammengefaßt würden, sich die Raten von Geisteskrankheit, Verbrechen und Krankheit gänzlich in den Statistiken niederschlügen. Diese „Gemeinden im Übergang" könnten zwar eine Erhöhung dieser „unerfreulichen Raten" zeigen, doch tatsächlich gesünder als zuvor sein, da die Identifizierung des Ausmaßes und der Art der Pathologie der erste Schritt zu Gegenmaßnahmen sei.

Außerdem stellen neuere Statistiken der Krankheitsraten die Vorstellung in Frage, daß die Stadt ipso facto ein weniger gesunder Ort zum Leben sei. Dohrenwend und Dohrenwend (1972) stellen fest, daß die deutliche Majorität der von ihnen berücksichtigten Studien, in denen die Psychohygiene von Stadt und Land verglichen wird, erweise, daß Psychosen in ländlichen Gebieten vorherrschten, während sowohl Neurosen wie auch Persönlichkeitsstörungen in städtischen Gebieten häufiger seien. Jüngere Studien des National Center for Health Statistics benutzten Eigenberichte von zwölf psychiatrischen Symptomen und verglichen fünf Gemeinden unterschiedlicher Größe miteinander, die von „riesigen Großstadtgebieten" (3 Millionen und mehr Einwohner) bis hin zu ländlichen Gebieten reichten. Bei Männern zeigte sich in den großen Städten eine geringere Häufigkeit selbstgenannter Symptome als bei irgendeinem anderen Gebiet. Bei Frauen schnitten nur die Städte zwischen fünfzigtausend und fünfhunderttausend Einwohnern etwas besser ab. Soweit es die körperlichen Krankheiten betrifft, ist die Rate für erhöhten Blutdruck etwas höher in New York City als sonst im Lande, während die geschätzten Raten für Arthritis, Rheumatismus und Herzkrankheiten niedriger sind (Srole 1972).

Auch hier erfahren wir aus Zahlen nicht unbedingt die ganze Wahrheit. Srole weist darauf hin, daß viele Menschen ihre Krankheit von anderen Orten mit in die Stadt bringen. Die meisten von uns haben den Gemeindetypus, den sie im Erwachsenenalter bewohnen, selbst gewählt. In seiner Mid-Manhattan Studie ermittelte Srole, daß eine große Zahl der „funktionsgestörten" Menschen vor kleineren Städten Reißaus genommen hatte. Für sie bedeutete die Metropole ein Versteck, dessen Toleranz gegenüber Abweichung die Pathologie entweder stabilisierte oder linderte. Nach dieser Auffassung ist die Stadt ein Ventil für bestimmte Verhaltensweisen, die in nur unwesentlicher oder gar keiner Verbindung zu den städtischen Streßfaktoren stehen. Wenn wir unsere Metaphern miteinander verbinden dürften, könnten wir sagen, die Stadt sei zugleich ein Versteck und ein Sicherheitsventil.

Dies sind einige der Probleme, die dem Versuch innewohnen, die Kausalstruktur des Stadtlebens dadurch zu entwirren, daß man auf die statistischen Korrelationen rekurriert. Wenn es hinsichtlich von Krankheit und Verbrechen keine Unterschiede zwischen Stadt- und Landbewohnern gibt, dann kann die Suche nach den Ursachen der Pathologie nicht auf die Stadt beschränkt werden, sondern muß sich auch auf andere Gebiete erstrecken. In jedem Fall läßt die Schwierigkeit, daß wir nicht entscheiden können, wo ländliche Gebiete aufhören und die Städte anfangen, diese Versuche, städtische und ländliche Umfelder hinsichtlich der Häufigkeit von pathologischen Erscheinungen miteinander zu vergleichen, ein wenig unproduktiv erscheinen. Mehr verspricht das Verfahren, näher zu betrachten, was in den verschiedenen Teilen der Städte selbst geschieht – und zwar in den Teilen, deren Merkmal ein hohes Maß, bzw. ein niedriges Maß an pathologischen Erscheinungen ist. Dabei ist es sinnvoll, einige Hypothesen über die möglichen Gründe zu entwickeln.

Eine Variable, die beständig mit einer Vielfalt städtischer Krankheiten in Verbindung gebracht wurde, ist die Bevölkerungsdichte. Bevor wir die Frage der Dichte im einzelnen untersuchen, ist es jedoch erforderlich anzumerken, daß wir bis jetzt nicht wissen, ob die Dichte die Wirkungen hervorruft, die ihr zugeschrieben werden, und in welcher Weise sie dies bewirkt, wenn sie tatsächlich für sie verantwortlich sein sollte. Die Arbeit auf diesem Gebiet bedeutet dennoch einen Schritt nach vorne, da eine Variable näher bestimmt wird und experimentell getestet werden kann. Für die Umweltpsychologie ist jedoch die Tatsache viel bedeutsamer, daß die Dichte, wenn sie ein wichtiger Faktor ist, zu einer Reihe von Hinweisen für die Gestaltung der baulichen Umwelt führen kann.

Effekte der Massierung und Dichte

Öffentliche Gesundheitsexperten haben die „Massierung" so definiert, daß sie sich auf die Zahl der Personen bezieht, die eine Einheit an Lebensraum innehaben – 1,5 Personen pro Zimmer wird in Amerika häufig als Schwelle angegeben. Dichte ist die Verteilung der Einheiten über einen bestimmten Bereich – eine Wohngegend oder einen Zensusbezirk. Wie in Kapitel sechs angemerkt, kann die Massierung sehr gut ein Wahrnehmungsbegriff sein. „Dichte" Umwelten sind dagegen nicht unbedingt überfüllt im Sinne der Massierung: Ein Gebiet mit vierzigstöckigen Luxusapartmenthäusern wird seinen Bewohnern wahrscheinlich sehr angemessene Lebensräume zur Verfügung stellen. In Stadtgebieten, die durch Wohnungen mit weniger als dem angemessenen Raum pro Familie charakterisiert sind, scheint Massierung eine wichtige Variable für die Erklärung bestimmter Arten der Pathologie und abweichenden Verhaltens zu sein. Das Ausmaß, in dem dies im allgemeinen der Fall ist, ist jedoch noch keineswegs belegt.

Hinsichtlich des Wohnraums kam Schorr (1963) zu dem Schluß, daß Überfüllung der bedeutendste Faktor für schädliche Effekte wie Streß, schlechte Gesundheit, zynische Einstellungen gegenüber Menschen und Organisationen, sexuelle Frustration und das Gefühl der Unzufriedenheit sei. Er weist darauf hin, daß die Infektionen der Atemwege assoziiert seien mit „der Benutzung der hygienischen Einrichtungen durch viele Menschen, unangemessene Heizung oder Ventilation, unangemessene und überfüllte Schlafmöglichkeiten" (S. 14). Loring (1956) ermittelte, daß sozial desintegrierte Familien gewöhnlich weniger Lebensraum hätten und in stärker überfüllten Gebieten lebten als die Familien der Kontrollgruppe, die im wesentlichen hinsichtlich der kulturellen und ökonomischen Variablen angepaßt waren. Das häufig untersuchte Stadtsanierungsprojekt des Westends in Boston zeigt jedoch, daß sich eher die Sozialstruktur als die Dichte positiv auf Psychohygiene und Befriedigung auswirkt (Fried und Gleicher 1961; Gans 1962).

Anders versuchte Schmitt (1966) in seiner Honolulu-Studie diese Frage zu beantworten. Schmitt verglich die Dichte von 29 Zensusbezirken in der Stadt mit den sie konstituierenden Haushalten hinsichtlich der Sozialpathologie und der physischen Gesundheit. Er wollte feststellen, was relevanter sei – hohe Dichte oder starke Massierung. Bei konstanter Dichte der Zahl der Personen pro Morgen offenbarte das Ausmaß der Massierung in den Wohnungen keine erwähnenswerte Beziehung zum Vorkommen der Pathologie. Das Ausmaß der Dichte jedoch erbrachte diese Beziehung. Eher die Bevölkerung pro Morgen als die Massierung an sich korrelierte hoch mit Häufigkeit von Familiendesintegration, Jugendlichendelinquenz, Straffälligkeit Erwachsener und mit hohen Raten physischer und psychischer Krankheit.

Warum dies so sein sollte, läßt sich nicht leicht erklären. Wir könnten vermuten, daß Wohngegenden mit hoher Dichte jene Arten sozialer Interaktionen oder „Ansteckung" begünstigen, die zu gesellschaftsfeindlichem Verhalten führen. Dann sind es wieder die Ghettos im besonderen, die eine Quelle der Frustration für ihre Bewohner bedeuten, die sich möglicherweise in verschiedenen abweichenden Verhaltensweisen ausdrückt. Eines der Elemente der Dichte in einem solchen Umfeld ist das Fehlen öffentlicher Dienstleistungen, gemessen an den Anforderungen, die an sie gestellt werden, während diese Dienstleistungen häufig in wohlhabenden Wohngegenden deutlicher in Erscheinung treten. Schließlich werden in den Städten dicht bevölkerte Umfelder gewöhnlich von den Armen, den schlechter Ausgebildeten, den Einwanderern und in gewissem Maße von den ungelernten Arbeitern bewohnt. Es ist möglich, daß diese sozialen Faktoren statt der Lebensbedingungen an sich die Häufigkeit pathologischer Erscheinungen unter der Bedingung der Dichte erklären.

Es gibt zumindest einen gewissen Anhaltspunkt dafür, daß dies der Fall ist. Als

Abbildung 9.1: Hohe Bevölkerungsdichte ist charakteristisch für das Leben in der Stadt. (Photographien von Shelly Katz, aus Black Star)

Schmitt (1966) die Maße Einkommen und Ausbildung seiner Honolulu-Studie statistisch kontrollierte, stellte er fest, daß die Selbstmordrate und Säuglingssterblichkeit nicht mehr positiv korrelierten. Andere Maße jedoch, zu Dichte und Häufigkeit pathologischer Erscheinungen in Beziehung gesetzt, korrelierten positiv. In einer ähnlichen Untersuchung korrelierte Winsborough (1965) Säuglingssterblichkeit, Sterblichkeitsziffer, öffentliche Unterstützung und die Tuberkulose-Häufigkeit mit der Dichte pro Morgen in Chicago. Als er gesonderte Korrelationen für die einzelnen Ausbildungs-, wirtschaftlichen und Mobilitätsebenen errechnete, entdeckte er, daß die Dichte tatsächlich mit geringerer Sterblichkeit, Krankheit und einem geringeren Bedürfnis nach öffentlicher Unterstützung verknüpft ist (zitiert in Freedman u. a. 1971). Als Winsborough dagegen den Wohnraum anstelle der Menschenzahl pro Morgen untersuchte, stellte er fest, daß eine Massierung von sieben Personen pro Zimmer mit der Häufigkeit pathologischer Erscheinungen korrelierte. In Schmitts Untersuchung lag eine solche Korrelation nicht vor.

Welche Schwierigkeit es bereitet, die sozialen und materiellen Übel der Stadt auf Dichte und starke Massierung zurückzuführen, zeigt sich in einer anderen von Schmitt (1963) durchgeführten Untersuchung, für die er diesmal Hongkong wählte, die dichtest bevölkerte Stadt der Welt. In Boston und New York leben auch in Gebieten mit hoher Dichte selten mehr als 450 Personen pro Morgen der Grundfläche. In Hongkong wurden in 13 Zensusbezirken mehr als 2000 Personen pro Morgen ermittelt. Doch mit Ausnahme der Tuberkulose sind die Krankheitshäufigkeiten ziemlich niedrig. Schmitt bezog seine Information aus den Volkszählungszahlen des Jahres 1961 und merkte an, daß eine Sterblichkeitsziffer von 5,9 pro tausend Einwohnern in Hongkong einer von 9,3 in den Vereinigten Staaten gegenüberstehe. Die Anstaltseinweisungen für Geisteskrankheiten betrugen mit 0,3 pro tausend Personen weniger als 10% der US-Häufigkeit. In Amerika wurden im Vergleich zu Hongkong sechsmal soviel Fälle von Mord und Totschlag berichtet, und die Häufigkeit aller schweren Verbrechen insgesamt betrug weniger als die Hälfte der amerikanischen Ziffern. Dieser Unterschied stellt so etwas wie ein Rätsel für den Stadtsoziologen dar. Raummangel an sich scheint von dem in Hongkong lebenden Chinesen nicht als ein Nachteil wahrgenommen zu werden, genauso wenig wie er sich im Verhalten ausdrückt. Wenn solchen Familien neue Wohnungen zur Verfügung gestellt wurden, vermieteten viele von ihnen den Raum in ihren Wohnungen an andere weiter. Die ausgeprägte Organisation des chinesischen Familienlebens mit seinen strengen Kontrollen kann die geringeren Verbrechenszahlen unter Umständen erklären. Wichtiger aber ist die Tatsache, daß die Studie die Schwierigkeiten offenbar macht, denen der Versuch begegnet, solche komplexen abhängigen Variablen wie verschiedene Verbrechens- und Krankheitstypen mit der Dichte allein zu erklären. In Hongkong ist das kulturelle Umfeld vielleicht der wichtigere Faktor. Sicherlich können Zahlen, Dichte und zur Verfügung stehendes Land den Einwohnern von Hongkong etwas ganz anderes bedeuten als den Stadtbewohnern von New York oder Los Angeles. Auch ethnische Merkmale können die Fähigkeit erklären, sich an die Bedingungen der Massierung anzupassen. Mitchel (1972) hat in einer umfassenden Erhebung in verschiedenen Städten des Fernen Ostens die Vermutung geäußert, daß die Chinesen im Vergleich mit anderen Gruppen in der Lage sind, die Bedingungen starker Massierung zu ertragen, weil ihr affektives und emotionales Niveau niedriger sei, was sie schützt „vor den außerordentlichen Streßsituationen, denen sie häufig brutal ausgesetzt sind" (S. 5).

Auch in Tokyo scheint hohe Dichte nicht mit hohen Raten antisozialen Verhaltens verknüpft zu sein, doch auch hier muß die Erklärung dieses Verhaltens in der Beschaffenheit der Gesamtumwelt gesucht werden. Pro Quadratmeile leben in Tokyo mehr als 20 000 Personen, was mehr als das Zehnfache des Durchschnitts vieler amerikanischer Städte bedeutet. Doch sind, wenn man David und Sandra Canter (1971) folgen darf, „Gewalt und Vandalismus selten, die Straßen sind bis spät in die Nacht hinein belebt, und die Beteiligung der Gemeinde ist ein integrierender Bestandteil der örtlichen Entscheidungsfindungen" (S. 61). Die Canters führen diesen glücklichen Umstand zumindest teilweise auf die Tatsache zurück, daß Tokyo nicht so sehr eine Großstadt ist, sondern eher eine Ansammlung „pulsierender städtischer Wohngegenden" und eine „Anhäufung kleinerer Städte und Dörfer" (S. 60). Michelson (1970) glaubt, daß die Japaner sich durch eine „Wendung nach innen" an die sehr hohen Dichten angepaßt hätten, obgleich dies möglicherweise eine umkehrbare ursächliche Beziehung ist. „Nach innen gekehrte" Menschen bedürfen intimer Umwelten. Jedenfalls steht privater offener Raum nur in minimalem Ausmaße zur Verfügung, die Wohnungen sind klein und eng möbliert. Der Raum wird intensiv genutzt. Eine übliche, wenngleich auch keineswegs bewiesene, Erklärung der bekannten Höflichkeit des japanischen Volkes geht davon aus, daß die Bedingungen außerordentlich hoher Massierung, unter denen die Japaner leben, dieses Verhalten zwangsläufig hervorrufe, denn sonst könnten sie miteinander nicht auskommen. Zeitungsberichte (1973) von einem wütenden Aufstand der Tokyoer Vorortpendler in der Untergrundbahn lassen jedoch vermuten, daß eine kritische Schwelle der Massierung erreicht werden kann und daß es selbst in Japan Grenzen der Anpassungsfähigkeit gibt. In diesem Fall waren die Waggons der Untergrundbahn buchstäblich „überlastet", und die kulturellen Normen hinderten die Benutzer nicht daran, „Dampf abzulassen". Die Form der hier beschriebenen interkulturellen Forschung ist ein dienliches Instrument zur Messung von Massierungseffekten, doch gibt es auch Schwierigkeiten auf. Wir müssen nämlich nicht nur wissen, daß unterschiedliche Kulturen unterschiedliche Massierungsgrade tolerieren, sondern genauer, wie eine bestimmte Kultur sich bei der Milderung dieser Effekte auswirkt. Solch eine kulturelle Erklärung ist auch in einer anderen Hinsicht von Wichtigkeit, insofern sie auf die Grenzen eines Verfahrens verweist, das sich nur auf materielle Faktoren stützt. Diese Erklärung geht von der Annahme aus, daß Menschen Strategien entwickeln, um mit umweltbedingten Streßfaktoren fertigzuwerden, so daß wir bei dem Versuch, widerstreitende Daten miteinander in Einklang zu bringen, sorgfältig nach einer angemessenen Erklärung der zugrundeliegenden Ereigniskette suchen müssen, die auf eine Beziehung zwischen Dichte einerseits und sozialer und physischer Gesundheit andererseits hinweisen.

Unter den Komponenten eines Ereignisses findet sich immer eine meßbare Variable. In der Winsborough Studie (Freedman u. a. 1971) könnte beispielsweise das Ergebnis, nach dem Überfüllung eines Hauses offensichtlich einen Einfluß auf die Gesundheit hat, zu einer Reihe von Untersuchungen führen, durch die festzustellen wäre, ob die Bewohner von Chicago aufgrund des Wetters mehr Zeit in geschlossenen Räumen als im Freien verbringen. Die Studie legt auch nahe, daß wir alternative Raumaufteilungen in den Wohnungen überprüfen könnten, während wir gleichzeitig die Zahl der Menschen variieren würden, die auf einem bestimmten Raum leben. Diese Untersuchungsarten betreffen den Umweltpsychologen ganz besonders, der sich mit den Beziehungen zwischen Dichte, Massierung und den Indikatoren für Sozialpathologie und körperliche Gesundheit befaßt.

Hier ist ein theoretischer Ansatz erforderlich, der erlauben würde, diese Frage in einem umfassenderen Bezugssystem zu behandeln. Ein solcher Ansatz ist das Konzept *Überlastung*, das in zunehmendem Maße die Aufmerksamkeit verschiedener Umweltforscher auf sich zieht.

Die überlastete Umwelt

Andernorts in diesem Kapitel wurde gesagt, daß die Stadt als Ort des Lebens stimulierend sei. Die Frage ist: Welchen Preis zahlt man für diese Stimulation? Selbst „erwünschte Reize" können so vielfältig und häufig sein, daß sie unerwünschte Nebeneffekte im Gefolge haben. Die Umwelt und die sozialen Erscheinungen der Stadt befinden sich ständig in einem Zustand der Veränderung, oder zumindest verschafft uns unsere Erfahrung diesen Eindruck, wenn wir uns durch die Stadt hindurchbewegen. Wenn die Reizinformation aus der materiellen Umwelt, zu der auch die Anwesenheit anderer Menschen gehört, unsere Fähigkeit übersteigt, sie aufzunehmen und zu verarbeiten, ist eine der möglichen Konsequenzen die kognitive Überlastung. Die Umwelt stellt zu viele Anforderungen an das Individuum, als daß dieses noch seinen Verhaltensnormen entsprechen könnte. Wie Miller (1961) gezeigt hat, machen steigende Reizniveaus neue Gruppen von Anpassungsstrategien erforderlich. Sie zwingen das Individuum dazu, Reaktionen zu verwenden, die die Information vereinfachen. Schwierigkeiten können sich jedoch dann einstellen, wenn diese Anpassungsweisen zu dem Ergebnis führen, daß wichtige Daten aus der Umwelt verlorengehen. Wenn der Gesamtbetrag an Reizinformation allzu groß wird, kann es einem außenstehenden Beobachter so vorkommen, als zöge sich das Individuum immer weiter zurück und als wäre sein Verhalten sehr mechanisch und vereinfacht.

Historisch läßt sich der Begriff der überlasteten Umwelt auf den Soziologen Simmel (1950) zurückführen, der bereits 1903 vorbrachte, daß das städtische Umfeld die Tendenz habe, die Menschen daran zu hindern, „normal" auf neue Stimulationen zu reagieren, weil ihre Energie dadurch verbraucht würde, daß sie mit einem Übermaß an Umweltinformation fertigwerden müssen. Das Individuum fühlt, wenn es dem Druck der Menge entgegenwirken will, sich eher dazu veranlaßt, Abstand von anderen zu halten, als den Kontakt mit ihnen zu suchen. Um die psychische Energie zu erhalten, vermeidet man alle Beziehungen zu anderen, die über den oberflächlichen Umgang hinausgehen. Ein Ergebnis dieser „Überlastung" ist die Tatsache, daß die Person jedem Kontakt mit anderen mit Ausnahme eines notwendigen Minimums ausweicht. Der Architekt Alexander (1966) hat das Vorstehende großenteils in dem Hinweis zusammengefaßt, daß es weniger der Streß als solcher sei, der die dem städtischen Leben zugeschriebenen Übel erkläre, sondern eher die Vermeidung von Streß in dem Versuch, sich selbst gegen ihn zu schützen. Diese „Abwendung" fördert nach Alexanders Überzeugung einen Rückzug vom normalen sozialen Verhalten und schafft eine Art „autonomen" Menschen. Dieses „Syndrom des autonomen Rückzugs ... vermehrt die Menschen, die die Selbstgenügsamkeit zu ihrem Ideal erheben, und läßt intimen Kontakt weniger notwendig erscheinen ..." (S. 32).

Die Theorie der kognitiven oder sensorischen Überlastung wurde am elegantesten von J. G. Miller (1961) dargelegt, der acht Gruppen von Anpassungsstrategien voneinander unterschied, die Individuen verwenden, um mit höher werdenden Stimulationsniveaus fertigzuwerden. Im allgemeinen wird das Individuum wahrscheinlich Inputs aussortieren, die ihm weniger wichtig erscheinen. Die Zeit zur Beurteilung der Umweltinformation wird knapper. Die Behandlung der Umwelt wird unpersönlicher, wenn das Individuum weniger Zeit für den einzelnen Input aufwendet und versucht, in Gestalt anderer Individuen oder Institutionen Ersatz zu schaffen, die dann die Überlastung bewältigen sollen.

Obzwar diese Strategien keine vollständige Erklärung liefern, spielen sie doch eine heuristische Rolle bei der Organisation des Materials, die durchaus von Bedeutung für die Forschung sein könnte. Milgrams (1970) Arbeit bezieht Millers begrifflichen Ansatz auf eine Reihe konkreter Stadtsituationen. Ebenso breit hat Meier (1962) Millers Theorie auf soziale Institutionen angewandt. Meier betont den systematischen Ansatz der Informationsüberlastung und bezieht ihn auf die wachsende Komplexität der Stadt, die sich in der Kommunikation zwischen ihren Mitgliedern äußert: „... die vielfältige Entwicklung der Kommunikationstechniken ist eine fundamentale Eigenschaft der Stadtkultur. Wenn wir darlegen, was maschinenvermittelte Kommunikation ist, wie sie arbeitet und wozu sie wird, tragen wir zum Verständnis der Dynamik der Städte bei" (S. 14).

Meier konzentriert sich auf die Rolle von Organisationen, die Informationseinheiten oder „bits" zwischen „Sendern" und „Empfängern" transportieren. Streß entsteht, wenn die Information einen Überhang zu bilden beginnt und die angesammelten Rückstände sich dadurch bemerkbar machen, daß die Dienstleistungen schlechter werden, sich mehr Fehler einschleichen und die Moral der Beteiligten nachläßt. Die „Back Office"-Krise bei Börsenmaklern während der Hauptgeschäftszeiten etwa rührt daher, daß sie mit den Schreibarbeiten nicht auf dem laufenden bleiben können. Oder: die gegenwärtige Unzufriedenheit mit der Post der Vereinigten Staaten läßt sich unter anderem auf ein überlastetes System zurückführen. Wenn dies geschieht, merkt Meier an, wird ein größerer Teil der Arbeit automatisiert. Wenn dieses Faktum einerseits dazu beitragen kann, das Problem zu lösen, führt es jedoch andererseits zu einem Verlust an unmittelbarem Kontakt. Die Menschen sind „in immer größerem Umfange in der Lage, ihre Aufmerksamkeit von der Frage abzuziehen, wie die Dinge sind, und sie den Techniken zur Lösung von Problemen zuzuwenden..." (S. 140) – was hauptsächlich mittels des Computers geschieht. In überlasteten Umwelten beginnt der Streß auf der institutionellen Ebene und läßt sich an der Unfähigkeit messen, die Leistungen den Erwartungen anzupassen. Wenn die Belastung stärker wird (und wenn das Problem nicht gelöst wird), wird der institutionelle Streß möglicherweise an die einzelnen Mitglieder oder Arbeitseinheiten in Gestalt schlechterer Moral und niedrigerer Effizienz weitergegeben. Institutionelles Versagen schafft auf diese Weise adaptive Strategien auf seiten der Individuen, die streßerzeugend sein können. Meier bemerkt jedoch, daß in der Stadt als Ganzem der kognitive Streß nur für jene zum Problem wird, die Verantwortung übernehmen.

Die Anfälligkeit der Stadt für Informationsüberlastung macht eine Reihe von Konsequenzen für das individuelle Verhalten wahrscheinlich. Foa (1971) glaubt beispielsweise, daß die Spezialisierung der Stadt und ihre hohe Dichte den reibungslosen Austausch dessen begünstigen, was er „universelle" Güter nennt – wie zum Beispiel – Geld, Arbeit und Information -, während sie die

Möglichkeit verringern, die „partikularen" Güter Dienstleistung, Liebe und unmittelbare persönliche Kommunikation auszutauschen. Die Stadt betont also die Belange der Alltagsexistenz auf Kosten der langfristigen und humaneren Lebensbedingungen.

Milgram (1970) erörtert ausführlich, wie sich die Umweltüberlastung auf das Individuum auswirkt. Unter den verschiedenen Strategien zur Bewältigung der Überlastung verweist Milgram besonders darauf, daß (1) jedem Input weniger Zeit gewidmet wird; (2) Inputs ohne Priorität nicht berücksichtigt werden; (3) die Verantwortung in vielen Situationen auf andere abgewälzt wird („das geht mich nichts an"); (4) soziale Schutzvorrichtungen zwischen das Individuum und die Umwelt geschoben werden („setzen Sie sich mit meiner Sekretärin in Verbindung"); (5) spezielle Institutionen geschaffen werden, um die Inputs zu absorbieren. Generell ist eine Abnahme der sozialen Verantwortung bei Stadtbewohnern zu beobachten, weil die „... moralischen und sozialen Beziehungen zu Individuen notwendigerweise eingeschränkt werden. Dies ist eine unmittelbare und notwendige Wirkung der Tatsache, daß der Input die Verarbeitungsfähigkeit überfordert" (S. 1462). Es wird im allgemeinen angenommen, daß die Menschen in Städten weniger freundlich zu Fremden sind als die Menschen in kleineren Gemeinden, daß sie weniger höflich sind, daß sie weniger Vertrauen und mehr Angst vor anderen haben. Mehrere Untersuchungen, die Milgram zitiert, haben diese verbreitete Vermutung überprüft. Danach zeigt eine überlastete soziale und materielle Umwelt die Tendenz, menschliche Beziehungen zu depersonalisieren. Milgram faßt zusammen:

„... der Überlastungsbegriff erklärt einen Teil der Kontraste zwischen dem Verhalten von Großstädtern und von Kleinstädtern: (1) Die *Rollen*differenzierung (die Tendenz des Städters, mit anderen sehr situationsabhängig und funktional umzugehen – etwa die begrenzte Zeit und die begrenzten Dienstleistungen, die das Verkaufspersonal den Kunden zur Verfügung stellt); (2) die im Vergleich zu traditionellen Kleinstadtwerten so ganz anderen Evolutionen der *städtischen Normen* (wie die Hinnahme der Nichtbeteiligung, der Unpersönlichkeit und der Distanz im städtischen Leben); (3) die Anpassung der *kognitiven Prozesse* des Stadtbewohners (seine Unfähigkeit, mehr als ein paar wenige Menschen zu identifizieren, die er täglich sieht, das Sichabschirmen gegenüber sensorischen Reizen, die Entwicklung blasierter Haltungen gegenüber abweichendem oder bizarrem Verhalten und seine Selektivität bei der Reaktion auf humane Anforderung); und (4) der weit größere Wettbewerb um nicht ausreichend vorhandene *Einrichtungen* in der Stadt (der Sturm auf die U-Bahn, der Kampf um das Taxi, das Verkehrsgewühl, das Schlangestehen um Dienstleistungen). Ich möchte annehmen, daß Gegensätze zwischen städtischem und ländlichem Verhalten wahrscheinlich die Reaktionen ähnlicher Menschen auf sehr unterschiedliche Situationen widerspiegeln und nicht inhärente Unterschiede zwischen ländlichen und städtischen Persönlichkeiten. Die Stadt ist eine Situation, auf die Individuen adaptiv reagieren" (S. 1465).

Dieser Gesichtspunkt kann auch dazu dienen, das Widerstreben des Stadtbewohners zu erklären, Fremden in einer Notlage zu helfen. In ihrer Studie über helfendes Verhalten weisen Latané und Darley (1970) auf verschiedene Feldex-perimente in New York hin, die zu bestätigen scheinen, was viele von uns be-obachtet haben: Zeugen der Notlage anderer nehmen den Zwischenfall in der Regel nicht zur Kenntnis und gehen einfach weiter. Die Autoren überprüften diese Hypothese in einer Reihe von Situationen, die von harmloseren Ersuchen um Hilfe (die Frage nach der Uhrzeit) bis zu Notfällen (in denen ein Mann auf dem Gehweg hinfiel) reichten und fanden heraus, daß zwar der Bitte in der er-sten Situation gewöhnlich Folge geleistet wird, daß aber bei den Vorfällen, in denen eine weiterreichende Intervention auf seiten des Zuschauers erforderlich würde, die Hilfe verweigert wird. Außerdem ist es um so weniger wahrschein-lich, daß irgend jemand dem Opfer Beistand leistet, je mehr Zeugen anwesend sind.

Ist dies ein ausschließlich städtisches Phänomen? Ein Grund spricht dafür. Stadtmenschen sind einander mit größerer Wahrscheinlichkeit fremd als Men-schen in kleineren Gemeinden. Es gibt weniger Solidarität unter ihnen. Das Umfeld ist ihnen wahrscheinlich nicht so vertraut, woraus folgt, daß die Situa-tion von diesem Gefühl der Unsicherheit affiziert wird. Diese Annahme wurde in einem Experiment bestätigt, in dem die Reaktionen von Menschen in einem überfüllten Untergrundwagen mit denen von Reisenden verglichen wurden, die in der Halle eines Flughafens warteten. An beiden Orten stolperte eine Testperson, die an Krücken ging und eine Bandage um ihr Bein trug, und fiel in der Gegenwart eines Mannes hin, der von den anderen so weit isoliert war, daß von ihm und ihm allein Hilfe zu erwarten war. Die Szene wurde in beiden Um-feldern sechzigmal gespielt. Ergebnis: 83 % der Untergrundbahnfahrer halfen dem Mann auf die Füße, aber nur 41 % der Menschen im Flughafen.

Latané und Darley suchten nach den Gründen dieser ausgeprägten Reaktions-unterschiede. Eine der möglichen Erklärungen war, daß die Untergrundbahn-fahrer als Gruppe einer niedrigeren sozioökonomischen Schicht als Flugrei-sende angehören und daß sie aus diesem Grunde mit „Schwierigkeiten" besser vertraut und gewöhnt sind, in Notfällen Hilfe zu leisten. Die Mittel- und Oberschicht wird durch solche Aktionen in soziale Verlegenheit gebracht. In-terviews mit den Augenzeugen bestätigten diese Annahme jedoch nicht. Ein zwingenderes Argument ist nach Ansicht der Autoren die Vermutung, daß Menschen, die mit der U-Bahn fahren, mit ihrer Umgebung vertrauter sind als die Reisenden in einer Flughafenhalle. „Sowohl im Flughafen...wie in der U-Bahn...gab es eine signifikante Korrelation zwischen Vertrautheit und Re-aktionen auf die Notlage. In keinem Fall gab es eine signifikante Korrelation zwischen sozialer Schicht und helfendem Verhalten" (S. 119).

Warum sollte Vertrautheit einen Unterschied bewirken? „Eine Person, die mit ihrer Umwelt vertrauter ist, ist sich besser über die Art und Weise im klaren, in der die Umwelt wirkt. Sie ist nicht mit Reizen überlastet; sie ist möglicherweise stärker daran interessiert, dafür zu sorgen, daß diese Umwelt sicher bleibt. Sie hat sich in Kontrolle. Deshalb ist es wahrscheinlicher, daß sie hilft" (S. 119). Die Autoren kommen zu dem Schluß, daß es den Menschen in den Städten nicht unbedingt an Menschlichkeit fehle, sondern daß sie nur mit größerer Wahrscheinlichkeit ablenkenden Situationsfaktoren ausgesetzt seien – der Gegenwart vieler anderer, der Fremdheit der Örtlichkeit, verwirrenden und ungewohnten Reizen. Das alles trägt zu einer Haltung des „das geht mich nichts an" bei, die allen humanitären Impulsen entgegenwirkt, die sie möglicherweise empfinden. In dem Maße, in dem die Stadt diese sozial- und umweltbedingten Zwänge unterstützt, schwächt sie die Tendenz, anderen zu helfen, wo die Intervention positives Handeln auf seiten des Individuums verlangt.

Andererseits fehlt helfendes Verhalten in der Stadt nicht völlig. Der Leser möge seine eigenen Erfahrungen empirisch in alltäglichen Situationen überprüfen. Einer der Autoren ging beispielsweise, nachdem er die obenstehenden Abschnitte geschrieben hatte, im Herzen Manhattans direkt am Time Square drei Block weit. Auf seinem kurzen Weg entschuldigte man sich zweimal bei ihm für so unerhebliche soziale Verstöße wie etwa, daß man seine Bahn gekreuzt hatte oder eine körperliche Berührung nicht hatte vermeiden können. Keine der beiden Personen, die sich entschuldigten, war besonders gut gekleidet. Es gibt zumindest einige, die die Erfahrung machen, daß die städtische Höflichkeit nicht ausgestorben ist und daß man also in schwierigen Situationen vor allem die Initiative ergreifen müßte.

Eine andere Schwierigkeit, die Milgrams Ansatz möglicherweise birgt, ist die Gefahr, die mit der Annahme gegeben ist, daß eine überfüllte Umwelt notwendig überlastet sei oder daß sie Menschen an sozialer Interaktion hindere. Edward T. Hall (1966) hat das „Teilnahmeverhältnis" verschiedener ethnischer Gruppen beschrieben und festgestellt, daß Schwarze und Weiße südeuropäischer Herkunft eine lange Geschichte engen Kontaktes mit anderen haben, so daß sie die Massierung zumindest psychologisch nicht unbedingt als unerwünscht betrachten. Angelsachsen und Nordeuropäer ziehen dagegen eine weniger dichte Umwelt vor. Beide Typen sichern sich ihre Distanz in Übereinstimmung mit ihren kulturellen Normen, doch für den letzteren ist es schwieriger, dies in großen Städten zu tun.

Nochmals, was sind dann die empirischen Maße für Reizüberlastung? Wenn sie auch – wie Meier feststellt – auf der Grundlage nachlassender Funktionen für Institutionen oder Systeme festgelegt werden können, sind Städte keine geschlossenen Systeme und Individuen noch weniger. Menschen haben gegenüber Streß unterschiedliche Toleranzen und begegnen Inputs aus der Umwelt mit unterschiedlicher Anregbarkeit. Alter, Zeitpunkt und Ziel tragen dazu bei, wie man mit der Reizüberlastung fertig wird. Einige Menschen „wenden sich" in der Tat von der überlasteten Umwelt „ab", doch für andere – insbesondere für junge Menschen – ist ein hohes Maß an Stimulation ein Anziehungspunkt. Für wieder andere kann die Anonymität des Großstadtlebens den Hintergrund bilden, auf dem sich gute interpersonale Beziehungen anknüpfen lassen. Schließlich bedeutet diese Besonderheit der städtischen Umwelt einen Vorteil für diejenigen, die sich in kultureller Hinsicht unterscheiden und für diejenigen, die ein hohes Maß an Privatsphäre in ihrem persönlichen Leben suchen. Die unpersönliche Stadt ist gegenüber sozialen Abweichungen toleranter und gestattet eine größere Vielfalt der Lebensstile.

Dies legt nahe, daß sich die Überlastungsforschung in Zukunft spezielleren Themen auf einer weniger globalen Skala zuwenden sollte. Diese Untersuchungen sollten stärker psychologisch ausgerichtet sein, sich mit kleineren Gruppen befassen und klarer definierte abhängige Maße verwenden. Wir benötigen also eine genauere Beobachtung dessen, was sich in bestimmten Massierungssituationen vollzieht. Wie verhalten sich Kinder auf Spielplätzen bei verschiedenen Massierungsgraden? Gibt es bei verschiedenen Massierungsgraden Unterschiede in der Fähigkeit von Menschen, Probleme zu lösen? Man sollte erwarten, daß im Vergleich zu Situationen mit geringer Dichte mehr Fehler unter der Bedingung hoher Dichte begangen werden. Obgleich die kontrollierten Experimente von Freedman u. a. (1971) diese Vermutung nicht bestätigten, kann eine solche Hypothese endgültig nur unter natürlichen Bedingungen überprüft werden. Wir können auch die kulturelle Bereicherung, die das Stadtleben zuläßt, als Kriterium für die Massierung wählen; möglicherweise ist ja unsere Fähigkeit, ein für die Wahrnehmung interessantes Gebiet der Stadt zu bewerten und zu erinnern, geringer, wenn dort viele Menschen anwesend sind. Selbst wenn die übergreifende Organisation des Gebietes für die Bedingung hoher und niedriger Dichte gleich bleibt, werden wir wahrscheinlich weniger Einzelheiten erinnern, weil ein gut Teil unserer Aufmerksamkeit notwendigerweise darauf gerichtet wäre, uns mit anderen zu befassen. Der Leser, der einmal an einer organisierten Besichtigungsfahrt teilgenommen hat, wird sehr gut wissen, daß die meist große Zahl von Teilnehmern mit dem interferiert, was wir betrachten sollen.

Streß im Stadtleben

Bis hierher haben wir uns mit Versuchen beschäftigt, die verschiedenen Unterbereiche der Stadt zu differenzieren. Außerdem haben wir einen Faktor (Dichte) näher behandelt, der sich auf die adaptiven Strategien des Menschen gegenüber dem Problem der Überlastung auswirken könnte. Eine vielleicht allgemeinere Konzeption, die uns dabei helfen kann, einige dieser Auffassungen miteinander zu verbinden, ist der Begriff des Streß. Unser Problem besteht hier darin, genauer zu bestimmen, welche Aspekte einer Umweltsituation wirklich streßerzeugend sind. Da anscheinend eine verwirrende, mit dem Stadtleben assoziierte Bedingungsvielfalt zu Streß führt, besteht eine der Aufgaben des Umweltpsychologen darin, die Streßfaktoren zu isolieren und sie auf die soziale und physische Struktur von Umweltfeldern zu beziehen. Zuerst einmal müssen wir uns darüber klar werden, was Streß überhaupt ist.

Streß läßt sich allgemein definieren als physiologische und psychologische Unlustreaktion der Person auf neue, beanspruchende und häufig überdauernde Reize. Der kanadische Naturwissenschaftler Selye (1956) hält den Streß für eine nicht spezifische Reaktion des Körpers auf Anforderungen, die an ihn gestellt werden. Weil der Mensch seinem frühen Anpassungsmuster von „Kampf oder Flucht" entwachsen ist, sind viele seiner heutigen Reaktionen auf streßerzeugende Situationen phylogenetisch unangemessen. Das Reaktionsverhalten, das vor Jahrhunderten „programmiert" wurde, steht in keiner Beziehung mehr zu den neuzeitlichen Drohungen und Wahlmöglichkeiten, denen wir uns gegenübersehen. Soziales Lernen und Anpassungsverhalten haben die Lücke in gewissem Maße geschlossen, doch hält unsere biologische Ausrüstung nicht Schritt. Das rasche Wachstum der industrialisierten städtischen Gesellschaft hat eine völlig neue Reizklasse geschaffen, an die sich der Mensch anpassen muß. Dieser Versuch löst bestimmte Streßreaktionen aus.

Selye hat sich in erster Linie mit den biologischen Reaktionen des Menschen auf Streß beschäftigt. Viele Verhaltenswissenschaftler betonen jedoch die psychologischen Aspekte im Umgang mit Streß. Dies ist eine wichtige Unterscheidung, weil sie zwischen die streßerzeugenden Reize und die Anpassung des Individuums an sie eine kognitive Vermittlung setzt. Wir lernen, die „Gefahrenhinweise" zu bewerten und mit ihnen angemessen umzugehen. Wenn Streß als schädlich wahrgenommen wird, wird irgendeine Bewältigungsstrategie gewählt werden (beispielsweise eine der Strategien, die Miller und Meier beschrieben). Wenn wir ihn für harmlos halten, können wir ihn mit einem Achselzucken abtun. Ob wir das eine oder das andere tun und wie wir es tun, wird von unserer psychischen Konstitution und der Art der Situation abhängen. Soldaten werden in der Schlacht darauf trainiert, mit Bedingungen extremen – nämlich lebensbedrohenden – Stresses fertigzuwerden. Aber ein schüchterner Mensch kann sogar bei einem Einstellungsgespräch nervös werden.

Unsere Fähigkeit, Streß zu bewältigen, ist sehr individuell ausgeprägt. Außerdem hängt sie gewöhnlich von der Frage ab, wie häufig wir ähnlichen Streßtypen bereits ausgesetzt gewesen sind. Wenn die Reize vertraut werden, gehen wir weniger bewußt und angestrengt mit ihnen um. Die Psychologen nennen diesen Anpassungsprozeß *Gewöhnung*. Harris (1943) definiert Gewöhnung als „Reaktionsrückgang infolge wiederholter Stimulation" (zitiert in Glass &

Singer 1972, S. 8). Wir wenden also weniger Zeit und Anstrengung auf, um uns an eine Situation anzupassen, wenn der Reiz vertrauter wird. Diese Erscheinung erklärt wahrscheinlich, warum der alteingesessene Stadtbewohner anscheinend den Lärm, den Schmutz, die Massierung und die atemraubende Geschwindigkeit nicht bemerkt, die Besucher unerfreulich und entnervend finden. „Der bemerkenswerteste Zug zeitgenössischen Stadtlebens ist nicht die Tatsache, wie streßerzeugend die Stadt geworden ist, sondern wie reibungslos der Stadtbewohner trotz der unwürdigen Behandlung funktioniert, die ihm zuteil wird" (Glass & Singer 1971, S. 9).

Wir sollten uns in diesem Zusammenhang daran erinnern, daß Streß auch dem Leben in der Natur innewohnt. Streß warnt uns vor Gefahr und ruft neue Verhaltensweisen wach, um mit schwierigen Situationen fertigzuwerden. Psychischer Streß in einem gewissen Umfange fördert unsere Selbstbewertung und führt zu einer Neueinschätzung unserer Beziehung zu anderen. Dies sind einige der nützlichen Aspekte aversiver Reize. Das Leben ist die unaufhörliche Verarbeitung solcher Reize in dem Bestreben, einen ausgeglichenen oder „homöostatischen" Zustand zwischen dem Individuum und seiner materiellen oder sozialen Umwelt aufrechtzuerhalten.

Wenn man die Anpassungsfähigkeit des Menschen betrachtet, ist es jedoch leicht, den möglichen biologischen und psychischen Preis für die Anpassung aus den Augen zu verlieren. Viele Psychologen beschäftigen sich heute weniger mit den unmittelbaren Auswirkungen des Stresses als mit seinen verborgenen oder langfristigen Folgen. Zumindest in einigen Situationen gelingt dem Menschen die Anpassung nicht, ohne daß er dafür bezahlt. Es ist belegt, daß in der geistigen und emotionalen Fehlanpassung des modernen Menschen, in seinem Gefühl der Entfremdung, selbst in seinen körperlichen Krankheiten die Anpassung an den Streß nachwirkt. Carlestam und Levi (1971) führen Untersuchungen an, in denen sich zeigt, daß bestimmte Erscheinungsformen zu hohen Blutdrucks und von Herzkrankheiten häufiger bei Individuen vorkommen, die sich an die Spannungen des modernen Lebens angepaßt haben, als unter denjenigen, für die eine solche Anpassung nicht notwendig war. Das Tempo, in dem die Anpassung von den technischen und sozialen Neuerungen gefordert wird, kann dazu dienen, die Überlebenschancen des Systems zu beurteilen. Auf lange Sicht wird sich der psychische Preis für die Bewältigung einer streßerzeugenden Umwelt möglicherweise darin zeigen, daß die Fähigkeit des Individuums abnimmt, den späteren Anforderungen gerecht zu werden.

Man kann mit Recht fragen, ob diese Erscheinung ausschließlich in der Stadt vorkommt. Ohne Zweifel sind es aber die Städte, in denen sich die schädlicheren Umweltstreßfaktoren konzentrieren. Physiologische Maße – ein erhöhter Puls beispielsweise – werden häufig verwendet, um das Vorkommen von Streß nachzuweisen. Die nicht-physische Reaktion auf Streß ist vielleicht schwieriger zu messen. Doch seine hypothetischen Effekte erstrecken sich von Reizbarkeit und verminderter Effizienz über die Empfindung der Entfremdung und Anonymität bis hin zu antisozialem Verhalten, Mißtrauen gegenüber anderen und einem geringeren „Gemeinschaftsgefühl". Ein häufiger, wenn auch nicht ganz zutreffender Kritikpunkt gegenüber den Städten ist die Aussage, daß dort „jeder für sich" sei.

Das oben beschriebene Modell von Miller und Meier zeigt einige der Weisen, in denen Menschen den Streß bewältigen können, der einer überlasteten Umwelt zugeschrieben wird. Andere Streßfaktoren sind von unmittelbarer physischer Wirkung. Die Luftverschmutzung soll beispielsweise kardiovaskuläre, glanduläre und Veränderungen der Luftwege hervorrufen. Es gibt einige Hinweise darauf, daß sich diese Überzeugung bestätigen läßt. Doktor Wilbert S. Aronow (siehe die New Yorker Times vom 19. November 1972) vom Veterans Administration Hospital in Long Beach (Kalifornien) untersuchte auf der Autobahn von Los Angeles die Wirkung der Autoabgase auf zehn männliche Fahrer mit Herzkrankheiten. „Als diese Patienten die verschmutzte Autobahnluft atmeten, stieg der Kohlenmonoxydspiegel ihres Blutes, wurde ihr Puls langsamer, ihr Blutdruck niedriger, ihre Lungenfunktionen nahmen ab und ihre Aufgabenerfüllung wurde schlechter." Als jedoch dieselben Freiwilligen reine Luft durch eine Maske atmeten, verschlechterten sich ihre Bedingungen nicht. Der wahrscheinlich häufigste städtische Streßfaktor ist der Lärm. Das Auto – insbesondere die Autohupe –, Bauarbeiten, Lautsprecherwagen, Martinshörner, Fabriksirenen tragen alle zum charakteristischen Lärm der Stadtzentren bei. Der Ausdruck „Lärmverseuchung" hat in den städtischen Wortschatz und in die überall neugeschaffenen Stadtverordnungen und Sondereinheiten Eingang gefunden, die die Phonzahl kontrollieren sollen. Dies zeugt von der Tatsache, daß der Lärm für den Stadtbewohner an Interesse gewonnen hat und ein möglicher Krankheitsfaktor geworden ist. Die Intensität, Häufigkeit und Intermittenz des Lärmes treten als seine wahrgenommenen Effekte in Erscheinung. Die Schlaflosigkeit, die sich aus dem gewöhnlichen Straßenlärm erklärt, kann stärkeren Streß erzeugen als ein gelegentlicher Spitzenwert des Lärms, der jedoch wiederum von tiefergehender Wirkung sein kann, als nur körperliche Müdigkeit darstellt. Für manche mag der Lärm nur das „Maß vollmachen". Er addiert sich zur allgemeinen Reizüberlastung als ein weiterer (und sinnloser) Input und interferiert mit den Bestrebungen, die Komplexität zu bewältigen. In dieser Hinsicht wird die Lärmverseuchung am häufigsten von den Stadtbewohnern erfahren.

Trotzdem scheint der Lärm ein Streßfaktor zu sein, an den sich der Mensch ziemlich leicht anpaßt. Der Preßlufthammer einen Block weiter wird irgendwie toleriert und mit der Zeit vergessen. Er kann ärgerlich sein, aber ist er schädlich? In psychologischer Hinsicht wissen wir relativ wenig über die Art und Weise, in der der Lärm in unserer alltäglichen Umwelt auf uns einwirkt, obgleich sich mit einigem Grund vermuten läßt, daß er zum Streß des modernen Lebens beiträgt. Die experimentelle Forschung läßt vermuten, daß sehr intensiver Lärm sich nachteilig auf die Ausführung komplexer Aufgaben auswirkt. In „Urban Streß" berichten Glass und Singer (1972) über eine Reihe von Studien, die sich mit der Variablen Lärm beschäftigen. Verschiedene Experimente haben beispielsweise gezeigt, daß intermittierender und nichtvorhersagbarer Lärm „die Leistung eher beeinträchtigt als gleichmäßiger Lärm" (S. 16). Die Autoren zitieren Kryter (1970) und führen aus, daß „der Kontext, in dem Lärm vorkommt, ein grundsätzlicher Bestimmungsfaktor seiner Wirkung auf die Aufgabenerfüllung ist" (S. 16). Wenn der Lärm als Bestrafung betrachtet wird, werden diejenigen, die ihm ausgesetzt sind, „eine bessere Leistung zeigen", um ihn zu reduzieren. Wenn umgekehrt der Lärm Teil des Berufs eines Menschen ist (in der sprichwörtlichen Kesselschmiede zum Beispiel), wird dieser sich um der damit verbundenen Belohnung (das heißt um des Lohnstreifens) willen „mit ihm abfinden", selbst wenn die langfristige Wirkung in einem Verlust der Hörempfindlichkeit für bestimmte Frequenzen bestehen kann.

In hohem Maße ist die Lärmtoleranz subjektiver Natur. Neurotiker sollen unter der Bedingung des Lärms mehr leiden als Normale. Die Lärmquelle kann über das Ausmaß des Ärgers entscheiden, wie zum Beispiel, wenn die Kinder des Nachbarn und nicht die eigenen die Störung verursachen. Es ist anzumerken, daß auch die Tatsache, daß der Lärm fehlt, Unbehagen verursachen kann, insbesondere, wenn man daran gewöhnt ist, mit ihm zu leben. So soll die Stillegung der Third-Avenue-Hochbahn in New York City im Jahre 1955 einige Anwohner dazu veranlaßt haben, in die Nähe anderer Hochbahnen umzuziehen, die noch in Betrieb waren.

In ihren Laborexperimenten haben Glass und Singer (1972) gezeigt, daß die postadaptive Wirkung des Lärms, wenn er intermittierend und nichtvorhersagbar erfolgt, darin besteht, die Effizienz und Genauigkeit zu reduzieren. Diese Effekte wurden jedoch nach dem Ende des Lärms gemessen – 20 Minuten bis eine halbe Stunde später. Die Langzeiteffekte wurden von Cohen, Glass und Singer (in Vorbereitung) gemessen, wobei sie sich auf 54 Kinder im Grundschulalter stützten, deren Wohnblock dem intensiven Verkehrslärm einer Schnellstraße ausgesetzt war. Das Ziel dieses Feldexperimentes bestand darin, „die Vorstellung zu überprüfen, nach der die längere Darbietung von Lärm zu verzögerten Nachwirkungen in der Form schlechterer Leseleistung in Beziehung steht" (S. 3). Dies wiederum hätte schlechte Schulleistungen erklären können.

Die Studie ist in verschiedener Hinsicht von Interesse. Beispielsweise kam man zu dem Ergebnis, daß die Unterscheidungsfähigkeit beim Hören auf die Lesefertigkeit zu beziehen ist und daß die Unterscheidungsfähigkeit ihrerseits zum Lärmniveau der häuslichen Umwelt in Beziehung steht. Kinder, die in den oberen Stockwerken des zweiunddreißiggeschossigen Gebäudes lebten, erzielten höhere Lesepunktzahlen in den schulischen Tests. Diese oberen Stockwerke waren beträchtlich ruhiger. Umgekehrt erzielten Kinder, die in den tieferen Geschossen wohnten, in denen der Lärm stärker spürbar war, verhältnismäßig schlechte Ergebnisse. Daran wurde die Hypothese geknüpft, daß diese Schüler nicht in der Lage waren, jene Hörunterscheidungen vorzunehmen, die zum Lernen verbaler Fertigkeiten notwendig sind. Darüber hinaus wirkte sich auch die Wohndauer auf die Größenordnung der Korrelation aus. Das Ergebnis, daß Kinder, die weniger als vier Jahre in dem Gebäude lebten, in ihrer Leseleistung weniger beeinträchtigt waren als jene, die dort mehr als vier Jahre lebten, gab zu der Vermutung Anlaß, daß der Lärmeffekt langfristig und manchmal recht schwierig zu erfassen ist. Die Aufteilung der Bezugspersonen nach ihrer sozialen und wirtschaftlichen Schichtzugehörigkeit beeinflußte die Ergebnisse kaum.

Ein anderes Nebenprodukt des Lärmes, dem kaum Beachtung geschenkt worden ist, ist seine Wirkung auf die sozialen Beziehungen. In einer interessanten Vorstudie in drei Wohnstraßen in San Francisco verglichen Appleyard und Lintell (1972) die unterschiedlichen Auswirkungen des Verkehrslärms auf verschiedene Aspekte des menschlichen Verhaltens. In einer „lauten" Straße, wo der Verkehr dicht und der Lärmpegel hoch war, fanden sie wenig soziale Interaktion zwischen Nachbarn, keinen „Frieden und (keine) Abgeschlossenheit", wenig lokale Verantwortlichkeit für das Erscheinungsbild der Straße und das Gefühl, in einer eingeschränkten Umwelt zu leben. Die Zufriedenheit war niedrig. Streß und Rückzug waren auf seiten der Bewohner häufige Erscheinungen. Deshalb zogen diejenigen in der Regel fort, die dazu in der Lage waren, und ließen die Alten und die Armen zurück.

In einer „gemäßigten" Straße zeigten sich die Bewohner noch unzufriedener als die Menschen in der „lauten" Straße, obgleich der Verkehrslärm beträchtlich geringer war. Dieses scheinbare Paradox erklärt sich durch die psychologischen Erwartungen, die die Bewohner an ihre Umwelt stellten. Eine „gemäßigte" Straße befindet sich im Übergangsstadium zwischen „leise" und „laut" – „eine Zwischenstraße, ohne wirkliches Gemeinschaftsgefühl". Die Menschen hatten mehr von ihr erwartet, woraus sich die Tatsache erklärte, daß ihre Enttäuschung größer war. Die Enttäuschung wurde mehr aufgrund ihrer früheren Erwartungen als ihres jetzigen Unbehagens wahrgenommen. Deswegen war aber diese Unzufriedenheit nicht weniger real.

Eine „leise" Straße erfreute sich relativer Ruhe. Ein offensichtliches Ergebnis war die Tatsache, daß Familien mit Kindern häufig in diese Straße zogen und dort länger lebten. Man war stolz auf das Aussehen der Straße. Ihre Bewohner bildeten eine lebendige, eng verbundene Gemeinschaft, hatten doppelt so viele Freunde und dreimal so viele Bekanntschaften wie die Menschen in der „lauten" Straße. Anstelle des Rückzugs zeigte sich Interaktion. Die Bewohner waren sich ihrer Umwelt vielfältiger und differenzierter bewußt.

Der Lärm an sich ist natürlich nur eine der Variablen, die in den drei Umfeldern vorlagen. Man hätte auch die Verkehrssituation und die Bevölkerungsdichte jeder der Straßen berücksichtigen müssen. Die Reaktionsunterschiede sind vielleicht auch auf einen Selbstausleseprozeß zurückzuführen, in dem die erstrebenswertesten Bedingungen jene anziehen, die am meisten bezahlen können und wollen und am meisten an ihrer Familie und an einer nachbarschaftlichen Lebensweise interessiert sind. Dennoch stellen die lärmbezogenen Variablen ein generell gültiges Merkmal der Art und Weise dar, in der Bewohner ihre Straßen wahrnehmen und verwenden. Das (wirkliche oder eingebildete) Bedürfnis, sich von dem übermäßigen Verkehr und seinen notwendigen Restriktionen für menschlichen Kontakt zu isolieren, ist wahrscheinlich bedeutsamer für die Einschränkung sozialer Interaktion als das fortgesetzte Vorkommen des Lärms selbst. Genauso ist das Fehlen des Verkehrs nur *ein* Faktor für die Herausbildung von Freundschaften und Gemeinschaftsgefühl.

Wohnen und die städtische Umwelt

Straßen und Wohngegenden sind Beispiele für spezifische Umweltfelder, die zu den oben erörterten Problemen in Beziehung stehen. Ein anderer der Faktoren, die sich auf die Wohnzufriedenheit, den Streß und ähnliche Erscheinungen auswirken, ist die Art und die Qualität des städtischen Wohnangebotes. In der Geschichte hat man eine gewisse Beziehung zwischen der Wohnungsqualität und den Pathologien gesehen, die angeblich das Merkmal der Stadt sind. So glaubt Schorr (1963) beispielsweise, daß die Art und die Qualität des Wohnens einen wichtigen Einfluß auf drei Bereiche haben kann: (1) auf die Selbstwahrnehmung des Bewohners, also auf das Bild, das er von sich selbst hat; (2) auf den subjektiven Streß; und (3) auf die körperliche Gesundheit, denn „*extrem schlechte* Wohnbedingungen beeinflussen sichtlich das Verhalten und die Einstellungen" (S. 8). Schorrs Verallgemeinerung wird von Wilner u. a. (1962) in einer Revision von fünfzig Untersuchungen bestätigt, die sich mit der Beziehung zwischen Wohnen und materiellen und sozialen Faktoren beschäftigen. Von diesen Untersuchungen erfassen sechzehn europäische und dreiundvierzig amerikanische Städte. Sechsundzwanzig der Studien offenbaren eine positive Beziehung zwischen Wohnen und Gesundheit oder zwischen Wohnen und sozialer Anpassung.

Die Selbstwahrnehmung eines Individuums ist unmittelbar auf die direkte Umwelt bezogen, in der es den größten Teil seiner Zeit verbringt. Wenn des Menschen Heim seine Burg ist, tragen die Bedingungen dieser Burg – die Tatsache, ob er sie besitzt oder nicht – und der Wohngegend, in der sie sich befindet, zum Gefühl seiner persönlichen Einschätzung bei. Die Wohnung ist eine symbolische Erweiterung seiner selbst. Insofern kann seine Beschaffenheit (Slum oder Herrenhaus) ebensosehr das Ergebnis seiner persönlichen Qualitäten (Unzulänglichkeit oder Befähigung) wie ein Verstärkungsfaktor dieser Qualitäten sein. Für viele arme Familien stellt die Beziehung von Wohnen und Armut wirklich einen Teufelskreis dar. Die geringe Selbstachtung, die die wirtschaftlichen Umstände induzieren, wird durch die Tatsache genährt, daß diese Menschen durch ihre Wohnverhältnisse ständig an ihre Lebensumstände erinnert werden. Obgleich dem Slumleben offensichtlich einige kompensierende Werte innewohnen, ist man doch generell davon überzeugt, daß bei vielen dieser Menschen ihre niedrige Moral eine Folge ihrer Wohnverhältnisse ist. Solche Faktoren können natürlich auch aus den bloß materiellen Bedingungen des Wohnens resultieren. Der verfügbare Raum, die Reparaturbedürftigkeit sanitärer Einrichtungen und ähnliche Merkmale bestimmen mit, inwieweit die Bewohner in der Lage sind, das Haus instand zu halten, Kinder aufzuziehen, Gäste zu empfangen und die für die Schularbeit oder einfach für gelegentliche Zeiten der Abgeschlossenheit erforderliche Privatsphäre anzubieten. Diese Elemente des täglichen Lebens erklären in hohem Maße den Streß, der mit dem Slumleben verknüpft ist. Schorr weist darauf hin, daß der Sekundäreffekt des Versuches, mit diesen Unzulänglichkeiten fertigzuwerden, die Erschöpfung, Reizbarkeit und Passivität hervorruft, die an Menschen in unzureichenden Wohnverhältnissen zu beobachten sind. Es sollte jedoch angemerkt werden, daß diese Verhaltensweisen im Haushalt der Vorstadt keinesfalls fehlen. Die Tatsache, daß man auf zu viele Haushaltsgeräte zu achten und drei Badezimmer aufzuwischen hat, kann ebenso erschöpfend sein wie die Tatsache, daß man weder das eine noch das andere hat. Im allgemeinen ist das Haus der Mittelschicht mit jenen Dingen „überlastet", die im Heim der wirtschaftlich schlechter gestellten Schicht fehlen.

Das Wohnen ist ein Streßfaktor, doch da die Menschen ihm gegenüber unterschiedliche Toleranzniveaus zeigen, erzeugt eine verfallene Wohnung nicht unbedingt mehr Streß als eine teure. Letztere kann unbequem und die erste recht wohnlich sein. Die Raumverteilung kann für ihre effiziente Nutzung viel wichtiger als die Quadratmeterzahl sein. In ähnlicher Weise wird das Leben in einer Wohnung von der Zahl der Bewohner, ihrem Alter, ihrem ökonomischen Status und ihren persönlichen Wertsystemen abhängen. Das Wohnen zeigt als Streßfaktor in sehr dramatischer Weise, wann die Bedingungen einen Punkt erreichen, an dem sie nicht mehr zu ertragen sind, und wann das Individuum, gleichgültig, welche persönlichen Merkmale es hat, mit den Verhältnissen nicht mehr fertig werden kann.

Darüber hinaus stellt der materielle Zustand der Wohnung nur *einen* Faktor der Wohnzufriedenheit dar. Symbolische Assoziationen („diese Orte sind keine Slums. Es sind unsere Heime, unsere Heiligtümer"), die Frage, ob man die Wohnung besitzt oder gemietet hat, seine Werte, die Nachbarn, die man hat, und die Freundschaftsbande, die man in diesem Gebiet geknüpft hat – diese subjektiven Elemente können materielle Unzulänglichkeiten oder sogar Not ausgleichen. Rossi (1955) fand in seiner Untersuchung über Wohnmuster in Philadelphia je nach der sozioökonomischen Schicht ausgeprägte Unterschiede in den Einstellungen gegenüber der eigenen Wohnung. Im allgemeinen zeigten sich die niedrigeren sozioökonomischen Gruppen subjektiv zufriedener als die objektiven Indikatoren der Wohnverhältnisse (Zahl der Zimmer, Ausmaß des Verfalls und ähnliche) vermuten ließen. Außerdem korrelierte der materielle Verfall der Wohngegenden mit niedrigem Einkommen nicht immer mit dem „sozialen Verfall". Menschen in Slumgebieten haben in der Regel viele Freunde in der unmittelbaren Wohngegend, in der sich ihr soziales Leben häufig abspielt. Von den vier untersuchten Gebieten wurde dasjenige, das den zweituntersten Rang auf einer Skala der objektiven materiellen Beschaffenheit einnahm (Kensington), von seinen Einwohnern subjektiv als das befriedigendste eingestuft. Sie zeigten sich nicht so bereit fortzuziehen wie die Bewohner von West Philadelphia, wo das sozioökonomische Niveau hoch war.

Der Leser sollte sich jedoch klarmachen, daß der unterprivilegierte Stadtbewohner häufig einfach deshalb bleibt, weil er kaum eine andere Wahl hat. Außerdem ist die Gewöhnung an einen Slum eher das Merkmal der älteren Generation. Das junge Ehepaar sucht, wenn es ehrgeizig und wirtschaftlich erfolgreich ist und kein zwingender Grund zum Bleiben vorliegt, häufig den Weg in die Vorstädte. Ein weiteres Problem bei der Deutung dieser Erhebungen zeigt sich, wenn man die Auswirkung der Umsiedlung auf das Verhalten der Betroffenen untersucht. Im allgemeinen hat der öffentliche Wohnungsbau als Institution in den Vereinigten Staaten ein schlechtes Image. (Dies sieht in England anders aus, wo die Hälfte aller Wohnungen von der Öffentlichen Hand bereitgestellt wurden.) Solche Projekte für Gruppen mit niedrigem Einkommen hat man „Expreß-Slums" genannt und ihnen vorgeworfen, daß sie in einem Gebäudekomplex die pathologischen Erscheinungen konzentrierten, die zuvor auf viele Blocks verteilt waren. Eine umfassende Studie, in der die Aspekte des sozialen Verhaltens und des öffentlichen Wohnungsbaus miteinander korreliert wurden, wurde kürzlich von Newman (1972) abgeschlossen. Newman kam zu dem Schluß, daß der Erfolg oder das Versagen im öffentlichen Wohnungsbau im wesentlichen auf die Anlage der Gebäude, die Platzverteilung und das Verhältnis des Projektes zur umgebenden Gemeinde zurückgeführt werden kann. Dies trifft insbesondere auf Verbrechen und Vandalismus zu – je höher das Gebäude, um so höher die Verbrechensrate. Bei gleicher Dichte und Zusammensetzung der Mieter erbrachten niedrige Häuser eine höhere Mieterzufriedenheit. Newman sieht vier Gründe für diese Unterschiede, die er als Territorialität, natürliche Überwachung, Bild und Milieu beschreibt.

Die Mieter in niedrigen Häusern haben einen stärker ausgeprägten *Territorialitätssinn*, im wesentlichen weil sie einander benachbart sind, statt über- und untereinander zu wohnen. Sie kennen ihre Nachbarn eher und sind leichter dazu bereit, ihrem Lebensraum gegenüber die Haltung eines Eigentümers einzunehmen. Die *Überwachung* beruht auf der Tatsache, daß alle Abschnitte des Projekts gut zu sehen sind. Newman vermerkt, daß der Raum vieler mehrgeschossiger Komplexe nicht zu „verteidigen" ist. Foyers, Fahrstühle ohne Fenster, lange Flure, abgeschlossene Feuertreppen und flache Dächer sind eine günstige Gelegenheit für Eindringlinge, sich ungesehen Zugang zu verschaffen. Das *Bild* des niedrigen oder mittelhohen Hauses läßt die Mieter positiver auf die materielle Ordnung ihres Lebens reagieren. Diese menschlicher bemessenen Gebäude wirken weniger reglementiert als der massive Komplex und scheinen – zumindest in symbolischer Weise, wenn auch nicht immer tatsächlich – eher zu einer persönlichen Beteiligung aufzufordern. Die bloße Vorstellung, daß man sich an seiner Umwelt in irgendeiner sinnvollen Weise beteiligen könne, ist wichtig, ob man dies nun tatsächlich tut oder nicht. Das *Milieu* des Projektes ist das Gesamtumfeld. In welcher Beziehung befindet es sich zur Wohngegend, deren Teil es ist? Eingezäunte Komplexe in ablehnender Umwelt schaffen ohne Zweifel Isolation. Newman würde den öffentlichen Wohnungsbau in vergleichbare Wohngegenden integrieren und prinzipiell nach den entsprechenden Grundstücken in allen Teilen der Stadt suchen, statt sie in einem Bereich zu konzentrieren. Er würde auch mehr Gebäude von geringerer Höhe bauen, was sich in den meisten Städten wirtschaftlich noch durchführen läßt.

Der völlige Mißerfolg des Pruitt-Igoe Projektes in St. Louis in Missouri, dessen erste Gebäude bereits nach neunzehn- bis zwanzigjährigem Gebrauch zerstört wurden, wird oft als abschreckendes Beispiel für das Fehlschlagen groß bemessener öffentlicher Wohnungsbauprojekte angeführt. Dieser Mammutkomplex von Einheiten wurde zu einer Zeit gebaut, als Slumbereinigung und Umsiedlung die Zauberworte im Wortschatz der Stadtsanierung waren. Effiziente, moderne, von den Städten subventionierte Gebäude sollten an die Stelle der verfallenen Ghettos gesetzt werden. Eine wohlwollende Wohnbehörde sollte den ausbeuterischen Hausbesitzer der Slums ersetzen. Die Mieten waren in erster Linie für Familien mit niedrigem und mittlerem Einkommen berechnet.

1972 wurde ein großer Abschnitt des Projektes, der weitgehend von seinen

Abbildung 9.2: Einer der Gebäudekomplexe des Pruitt-Igoe Komplexes in St. Louis, der gesprengt wurde. Die meisten der noch übrigen Gebäude dieses Wohnprojektes für Gruppen mit niedrigem Einkommen stehen leer. Dieses Projekt war ein soziales Desaster für seine Bewohner. (United Press International)

Mietern verlassen worden war, von der städtischen Behörde gesprengt (siehe Abbildung 9.2). Mit dem Bau brachen die Träume zusammen. Bei der Autopsie nahmen die Städteplaner die folgenden Gründe für das Hinscheiden von Pruitt-Igoe an: (1) Die Mieter bestanden fast nur aus Negern, wodurch das Projekt nicht weniger zum Ghetto wurde als die Wohnverhältnisse, die es ersetzte. (2) Vom umweltpsychologischen Gesichtspunkt aus versäumte es der Lageplan, die Art von Raum zur Verfügung zu stellen, der zur Entwicklung sozialer Beziehungen erforderlich ist – für die aufgrund gemeinsamer Interessen spontan auftretenden Interaktionen. Es gab wenige Orte, wo die Mieter sich treffen und Freundschaften anknüpfen könnten. Das Leben verlief in der Vertikalen und institutionell. (3) Das öffentliche Wohnungsamt erwies sich als schlecht verwaltet. Man hätte die Projekte nicht sich selbst überlassen dürfen. (4) Anstelle des halbprivaten, soziopetalen Raumes gab es das „Niemandsland" öffentlicher Eingangshallen und Plätze im Überfluß, die zu einem Schauplatz für den Vandalismus und das schlechte Benehmen Jugendlicher wurden. Diese Treppenhäuser, Flachdächer und Parkplätze wurden von den Behörden kaum beaufsichtigt, und die Eltern konnten die Aufsicht dort nur schlecht übernehmen. (5) Allein das Ausmaß dieses Projektes, die fehlenden Grünanlagen und die allgemeine Isolierung von der umgebenden Wohngegend ließ bei den Mietern kein persönliches „Zugehörigkeitsgefühl" zu dem Projekt aufkommen. Menschen aus niedrigen Slums mit durchlässigen Grenzen empfinden die abgeschlossene, senkrechte Proximität eines Hochhauses unter Umständen als zu eingegrenzt. Die sozialen Kontakte, die sich unter Nachbarn auf einer Ebene leicht herstellen lassen, werden schwieriger. Für die Mieter gibt es kein „eigenes Gebiet". Hall (1966) berichtete, daß die Umsiedlung von Schwarzen der South Side von Chicago in Hochhäuser die kulturelle Infrastruktur zerstört habe, mittels derer das Leben in den früheren Blöcken durch die dominierenden Personen des alten Systems bestimmt oder zumindest beeinflußt worden war.

Die neueren Planungen versuchen, die Fehler von Pruitt-Igoe zu vermeiden. In San Francisco setzt sich ein Projekt für Gruppen mit niedrigen Einkommen (Patri 1971), das in erster Linie für Schwarze gedacht ist, aus zweistöckigen städtischen Zweifamilienhäusern zusammen. Sie sind ansprechend gestaltet und schaffen einen privaten Bereich für die einzelne Familie, während sie den sozialen Kontakt mittels Gärten und anderer halbprivater Räume begünstigen. Man verzichtete auf institutionelle Einheitlichkeit. Ein besonderes Merkmal war, daß die künftigen Mieter an der Planung und Ausgestaltung der Häuser beteiligt wurden. Dem Bau gingen eine Reihe von „Begegnungssitzungen" voraus, in denen die Architekten sich selbst für die Bedürfnisse und Wünsche einer rassischen Gruppe sensibilisierten, über deren Lebensstil sie wenig wußten. Gleichzeitig wurden den Mietern die praktischen und ökonomischen Probleme eines solchen Projekts des sozialen Wohnungsbaus bewußtgemacht.

Nicht alle konventionellen Projekte sind Fehlschläge. Beim Vergleich einer Testgruppe von dreihundert Familien aus Baltimore, die in neue öffentliche Wohnungen umzogen, mit einer Kontrollgruppe von dreihundert, die im Slum blieben, ermittelten Wilner u. a. (1962) eine Reihe von Vorteilen für die erste Gruppe. Die Unfälle nahmen im Wohnprojekt um ein Drittel ab. Die Mieter hatten bessere Beziehungen zu ihren Nachbarn, waren eher zu gegenseitiger Hilfe bereit, fanden mehr neue Freunde und waren auf ihre unmittelbare Wohngegend und Gemeinde stolz. Die Forscher stießen auf mehr „persönliche Zufriedenheit" mit dem Leben. Beträchtlich mehr Kinder aus diesen Familien als aus der Kontrollgruppe gingen täglich zur Schule.

Die Forschungsarbeiten über die Wirkungsweise der Wohnumwelt bestätigt eine unserer Behauptungen aus Kapitel vier: Man kann das materielle Umfeld nicht betrachten, ohne das soziale Umfeld einzubeziehen und vice versa. Dies bedeutet nicht, daß wir nicht fragen dürften, ob in einer gegebenen Situation die sozialen oder die materiellen Faktoren von größerer oder geringerer Bedeutung sind. Wir müssen nur der Tatsache eingedenk sein, daß unsere Schlußfol-

Abbildung 9.3: Projekt des öffentlichen Wohnungsbaus im „Stadthaus"-Stil am Marcus Garvey Square in San Francisco. Die Gesamtzahl von 101 Einzelprojekten gestattet es, ältere und jüngere Ehepaare und einzelne Familien zusammenzuwürfeln. Photographien von Jeremia O. Bragstad. Mit Genehmigung von Whisler-Patri.

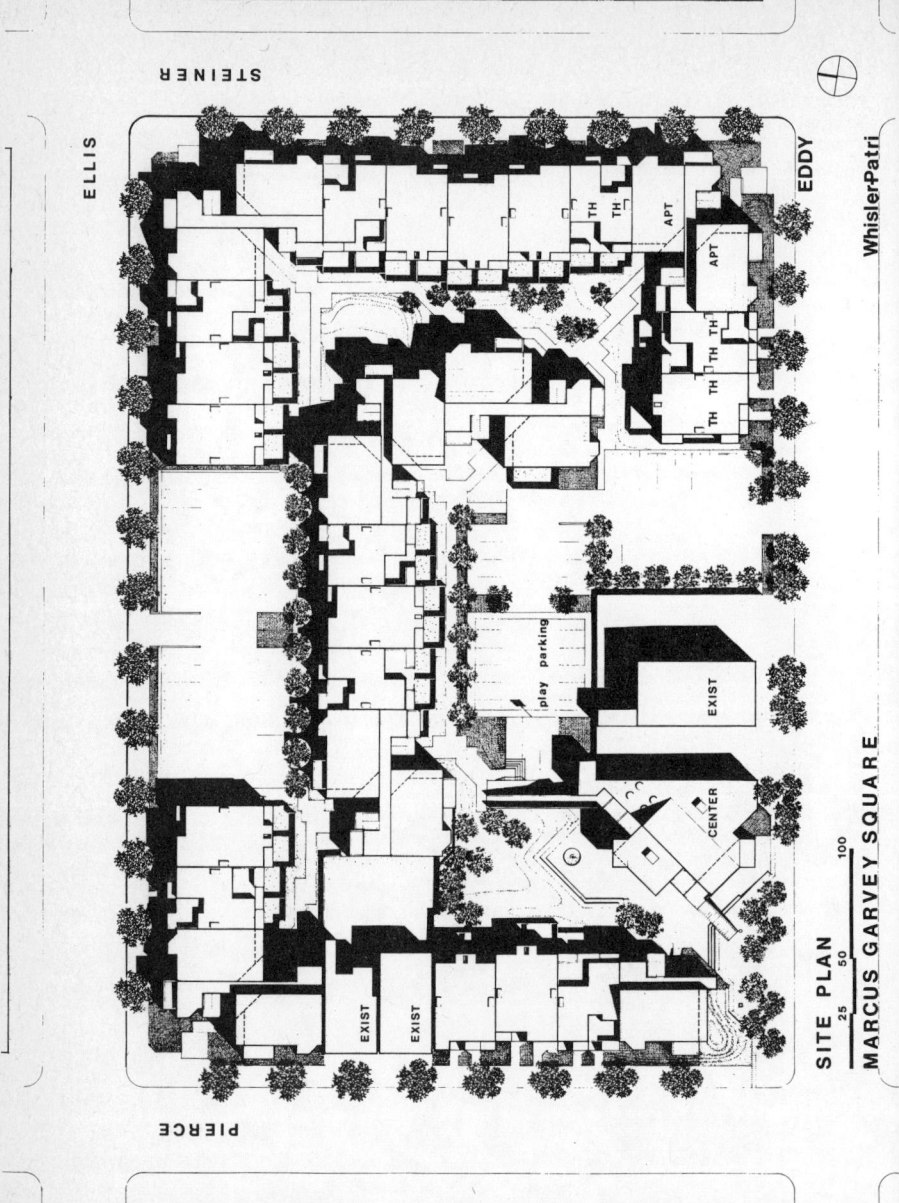

Abbildung 9.4: Lageplan des Marcus Garvey Square in San Francisco. Mit Geneh-migung von Whisler-Patri.

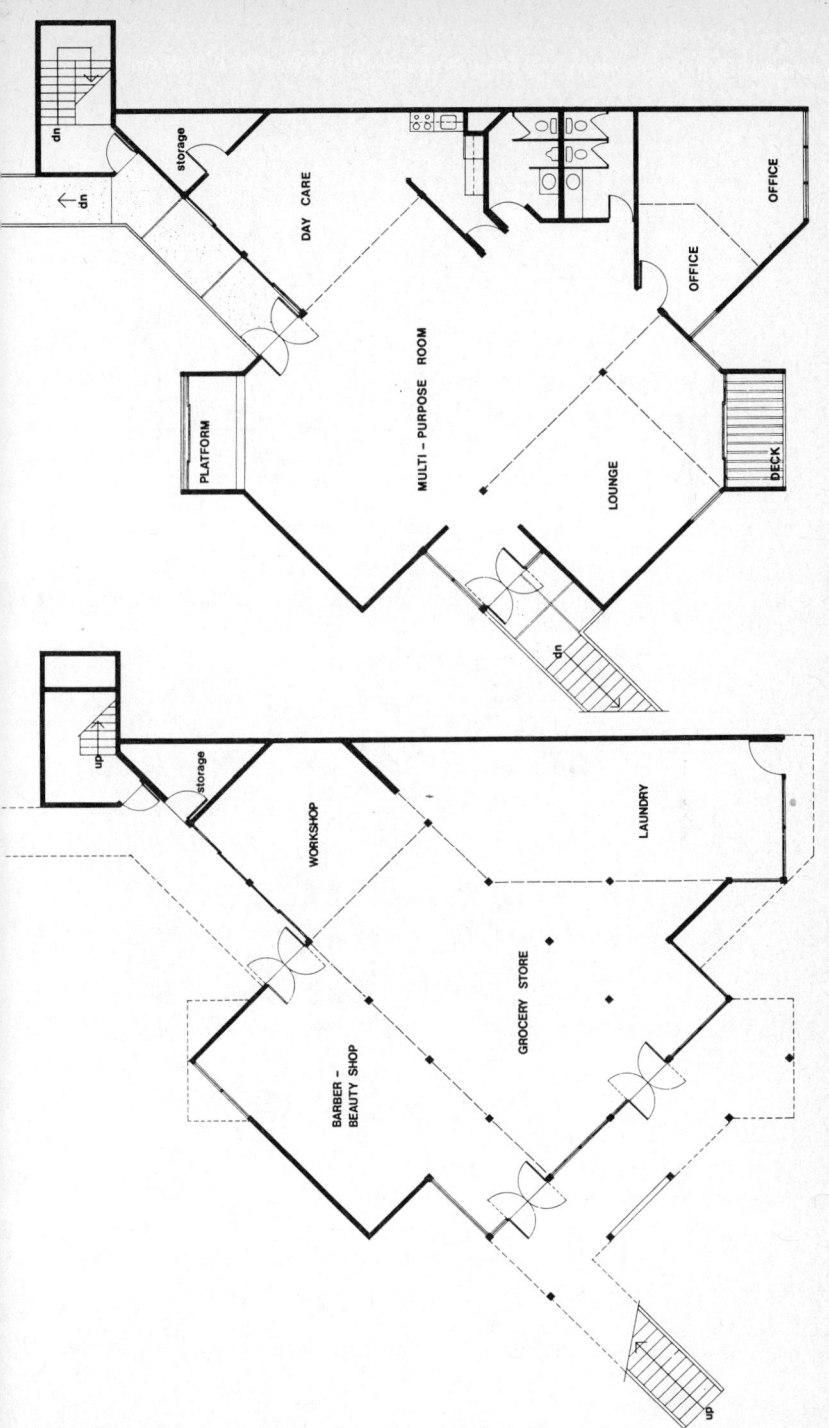

Abbildung 9.5: Plan des Einkaufs- und Begegnungszentrums von Marcus Garvey in San Francisco. Mit Genehmigung von Whisler-Patri. (Einkaufszentrum untere Ebene links und Begegnungszentrum obere Ebene rechts).

THIRD FLOOR · FOUR 1-BR UNITS

SECOND FLOOR · TWO 2-BR UNITS & TWO STUDIO UNITS

gerungen durch das Ausmaß bestimmt sein werden, in dem wir andere Faktoren identifizieren und kontrollieren können, die die Ergebnisse der Untersuchung möglicherweise beeinflußt haben.

Offene Untersuchungen sind in dieser Hinsicht häufig unzulänglich. Nicht selten scheinen viele Variablen beteiligt zu sein, und es ist nur schwer auszuma-

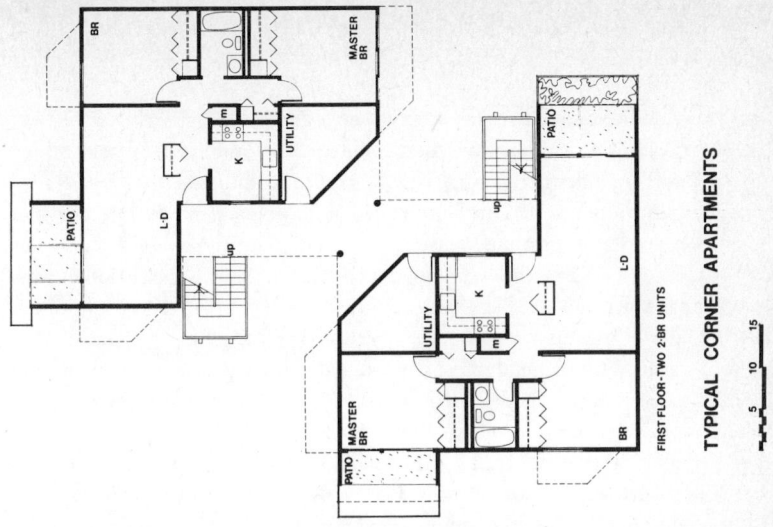

Abbildung 9.6: Pläne typischer Eckwohnungen, Marcus Garvey Square in San Francisco. Mit Genehmigung von Whisler-Patri.

chen, wie diese Variablen aufeinander zu beziehen sind. Ein experimentelleres Modell müßte einige definierte abhängige Variablen verwenden, wie den Entschluß fortzuziehen oder zu bleiben, den Umfang und die Häufigkeit sozialer Interaktionen, Anstrengungen zur Instandhaltung der Wohnung, Beschwerden bei der Verwaltung oder der Widerstand, der der Aufforderung zum Umzug entgegengesetzt wird. Diese Variablen könnten dann, wo es angebracht ist, aufeinander und auf die soziomateriellen Merkmale der Gebiete bezogen werden, in denen die Untersuchung durchgeführt wurde.

Wir wollen uns nun einem anderen Aspekt der städtischen Umwelt zuwenden, der das Urteil der Menschen über ihre Wohnsituation beeinflußt – der Wohngegend. In dieser Hinsicht wird es nützlich sein darauf zu achten, wie der Stadtbewohner seine Umwelt unter dem Blickwinkel der positiven Werte wahrnimmt, die wir zu Beginn dieses Kapitels beschrieben haben: Die verfügbaren Annehmlichkeiten, das durch sie geschaffene Gemeinschaftsgefühl, die Bedeutungen, die sie hat, und die Bereicherung, die ihren sensorischen Qualitäten zu verdanken ist.

Wenn wir diese andere Seite des städtischen Lebens betrachten, werden wir nicht überrascht sein, daß die Forscher zu einem ganz anderen Bild gekommen sind, das manchmal dem widerspricht, das unsere Aufmerksamkeit bis jetzt in Anspruch genommen hat. Die Daten der „pathologischen" Schule und der Romantiker sind an sich ohne große Unterschiede. Unterschiedlich sind nur die Werte, die diesen Ergebnissen vom einzelnen Forscher zugeschrieben werden. Dies läßt sich gelegentlich seinem ideologischen Vorurteil zuschreiben. Ein Weg, diese Diskrepanz zu mildern, kann darin bestehen, genauer zu betrachten, was in Wohngegenden passiert oder angeblich passiert. Hier könnten die abhängigen Variablen, die im Zusammenhang mit dem Wohnen betont wurden, recht nützlich sein, obgleich die Forscher sie eher vernachlässigt haben und sich statt dessen fast ausschließlich auf den Beitrag der Wohngegend zur sozialen Interaktion konzentriert haben. Auch die materielle Anlage der Wohngegend oder des Bezirks ist wichtig. Trägt der relativ homogene Charakter von Greenwich Village in New York zu einem größeren Gemeinschaftsgefühl bei als, sagen wir, der amorphe Bereich von Washington Heights? Nach der Ansicht von Gans (1962) ist die Stadt keine undifferenzierte Masse von Straßen und Gebäuden, sondern eine Ansammlung städtischer Dörfer. Jeder, der einmal in der Stadt gelebt hat, kennt die Bedeutung des Eckladens, der örtlichen Apotheke, der Gaststätte der Wohngegend. Er kennt die Menschen, die diese Einrichtungen besuchen, häufig mit Vornamen. Diese Wohngegend verleiht der Metropole überschaubare Proportionen.

Die Stadt zeigt auch in anderer Hinsicht ein freundliches Gesicht. Sie gestattet eine große Vielfalt individueller und häufig recht eigenwilliger Verhaltensweisen. Sie bietet den psychisch Gestörten und den sozialen Versagern einen Zufluchtsort, der ihnen alternative und häufig konstruktive Beschäftigungen erlaubt, die in kleineren Gemeinden nicht möglich sind. Izumi (1968) schreibt dazu: „Einer der wichtigen Gründe für die Beliebtheit von ‚Ghettos' liegt darin, daß diese Umwelt großzügig ist und eine zuträgliche psychosoziale Umwelt für die notwendige Zerstreuung und emotionale Abfuhr für jedermann erreichbar bereithält..." (S. 7). Die Einwohner unterhalten, weit davon entfernt, sich „anonym" zu fühlen, herzliche soziale und verwandtschaftliche Beziehungen und besitzen einen ausgeprägten Sinn für ihre persönliche Identität. Diese Identität ist im Vergleich zu derjenigen der mobileren und beruflich orientierten Mittelschicht im wesentlichen in der örtlichen Umwelt verwurzelt.

Der neue Akzent, der in den Vereinigten Staaten auf den kulturellen Pluralismus, auf alternative Lebensstile und ethnische Identität gelegt wird, entspricht der Auffassung, daß die Stadt eine gastliche Umwelt ist, in der man um ihrer selbst willen und nicht aus ökonomischer Notwendigkeit lebt. In beinahe allen Fällen ist diese Gastlichkeit auf bestimmte Gebiete oder Wohngegenden zu beziehen. Der Hippie in San Francisco wählt North Beach. Für die Bostoner Brahmanin ist das Entsprechende Beacon Hill. Für denjenigen, der in seiner ethnischen Zugehörigkeit verwurzelt ist, war lange Zeit das West End dieser Stadt seine Heimat. Es ist aufschlußreich zu beobachten, was sowohl den Menschen wie auch dem Gebiet selbst geschieht, wenn materielle Zerstörung diese Umwelt verändert und viele ihrer Einwohner entwurzelt. In diesem Sinne ist das Bostoner West End eine klassische Fallgeschichte für die Wirkung einer erzwungenen Stadtveränderung geworden.

Die Bedeutung dieser erzwungenen Veränderung läßt sich am besten innerhalb des Kontextes der Stadtsanierung in den Vereinigten Staaten seit dem zweiten Weltkrieg verstehen. Man nahm an, daß die Zukunft der verfallenden Städte entscheidend von der materiellen Erneuerung ihrer Zentren abhänge. Wenn sich die Städte anziehender gestalten ließen, würden ihre Bevölkerungszahlen wachsen oder zumindest würde die Bewegung in die Vorstädte zum Stillstand kommen. Es sollten günstige Bedingungen zur Ansiedlung neuer Wirtschaftsunternehmen geschaffen werden. Man meinte, man könne dieses Ziel nur erreichen, wenn man ziemlich große Gebiete saniere – und in einigen Fällen einebne. Vorhandene Baukomplexe mußten entweder zerstört oder renoviert werden, und viele ihrer Bewohner mußten in andere – bessere, wie man annahm – Häuser umgesiedelt werden.

Überall im Lande wurden diese Umfelder als ideale Gelegenheiten genutzt, um zu untersuchen, wie sich Stadtveränderungen im großen Maßstab auf die Menschen auswirken, eine Frage, die die Planer bei ihrer Konzentration auf die materielle Veränderung vernachlässigt hatten. Durch eine Reihe zufälliger Ereignisse wurde das West End von Boston zum wahrscheinlich eingehendst untersuchten Gebiet dieser Sanierungsprojekte. Zwischen 1958 und 1960 wurde der achtundvierzig Morgen umfassende Zentralbereich von der Bostoner Wohnungsbehörde dem Erdboden gleichgemacht. Sie ging davon aus, daß dieses Gebiet gekennzeichnet sei durch verfallende Häuser, vereinzelte kleine Industrieunternehmen, Eckgeschäfte und bescheidene Geschäftsbetriebe. Das Gebiet wurde also als Slum eingestuft.

Ethnisch bestand die Bevölkerung des West Ends aus 47% Italienern. Die restlichen 53% bestanden größtenteils aus Iren, Juden und anderen Gruppen, die nicht protestantischer und angelsächsischer Herkunft waren. Die Bostoner Wohnbehörde hatte die Absicht, das Gebiet mit neuen Wohnhäusern und hochgeschossigen Bürogebäuden zu überziehen. Die Umgesiedelten sollten dann zurückkehren und in den neuen Gebäuden leben können.

Nahmen die Ereignisse diesen Verlauf? Dies war die Frage, die Gans und seine

Mitarbeiter (1962) stellten. Wir können die wichtigsten Schlüsse aus ihrer Forschungsarbeit wie folgt zusammenfassen:

Für die Bewohner des Gebietes unterschied sich das West End sehr stark von den übrigen Teilen Bostons, und dies nicht nur in materieller sondern auch in sozialer Hinsicht. Als Umwelt hatte es seinen eigenen Charakter und seine besondere Atmosphäre. Die Bewohner fühlten sich dort zu Hause und sicher. Man „gehörte" entweder zum West End oder nicht. Die territoriale Identität war stark ausgeprägt. Die Menschen kannten sich dort aus. Dieser Sinn für den Ort repräsentierte die traditionelle Lebensweise der Bewohner des West Ends und bedeutete für sie die Kontinuität von Gegenwart und Vergangenheit. Die Umwelt bot ihnen wenig Ungewißheit.
Die Bewohner des West Ends waren familienzentriert und unterhielten starke Freundschaftsbeziehungen in ihrem unmittelbaren Bereich. Zwei oder drei Generationen derselben Familie lebten zusammen, und die Verwandten wohnten so nahe, daß man sie leicht besuchen konnte. Dies ist ein Faktor, der für ethnische Gruppen aus der Arbeiterschicht von besonderer Bedeutung ist. Da die Bevölkerung sich im wesentlichen aus einer einzigen sozioökonomischen Schicht zusammensetzte, waren die kulturellen Werte sehr homogen. Die Menschen „kamen miteinander aus", weil sie dieselben generellen Interessen hatten.

Der äußere Verfall von Straßen und Gebäuden spiegelte keine desorganisierte soziale Umwelt wider. Die Bewohner hingen voneinander ab und halfen sich gegenseitig. Es hatte sich eine gute Sozialstruktur entwickelt. Das West End war hinsichtlich der Dienstleistungen autark. Die Nachbarschaftsbeziehungen waren reich an Interaktion, konnten sich aber auch auf zufällige Begegnungen ohne Intimität oder Tiefe beschränken.
Die materiellen Grenzen innerhalb des Gebietes waren durchlässig. Man bemühte sich beispielsweise nicht um die Form der Zurückgezogenheit, die von Vorstädtern so hoch eingeschätzt wird. Die Straßen als öffentliche Räume wurden von den Bewohnern als Ausdehnung ihrer Wohnung in Besitz genommen. Das Straßenleben selbst war ein wichtiges Element im Umgang mit den Nachbarn und Freunden. Formelle Besuche fanden kaum statt. Der Raum im Innern der Häuser war nach objektiven Standards vielleicht überfüllt, doch genügte er offensichtlich den Bedürfnissen dieser Bewohner aus der Arbeiterklasse.
Für die größere Zahl der Einwohner, die entweder am Ort in die neuen Wohnungen oder anderswohin umgesiedelt wurden, war die Stadtsanierung ein soziales Desaster. Die Menschen fühlten sich von vielen der Dinge abgeschnitten, die ihrem Leben Bedeutung verliehen hatten. Eine verbesserte materielle Umwelt (in „besseren" Wohngegenden) konnte nicht den Verlust an persönlichen und sozialen Beziehungen eines Lebens in einem vertrauten Umfeld kompensieren, das ihnen gute Dienste geleistet hatte. Diejenigen, die in das West End zurückzogen, stellten fest, daß die Veränderungen vieles von dem zerstört hatten, was ihnen einen besonderen Lebensstil ermöglicht hatte.

Ein gut Teil der gegenwärtig zu beobachtenden toleranten Einstellungen gegenüber dem „Slum" kann auf die Bostoner Schule der Stadtsoziologie zurückgeführt werden. Sie hat gelehrt, zwischen materiellem und sozialem „Slum" zu unterscheiden. Das West End mag materiell heruntergekommen gewesen sein, doch „soziologisch" zeigte es kaum negative Auswirkungen auf seine Bewohner. Untersuchungen über Umsiedlungsbestrebungen in anderen Städten zeigen an, daß im allgemeinen die Bostoner Ergebnisse für ähnliche Bevölkerungstypen valide sind: Menschen entwurzeln, heißt eine bestimmte Lebensart zerstören. Gleichzeitig sollte angemerkt werden, daß es große Unterschiede zwischen Slums gibt. Das West End war im wesentlichen weiß. Obgleich seine Bevölkerung hauptsächlich aus Minoritäten bestand, spielte die rassische Diskriminierung, wie sie Schwarze erfahren, keine Rolle im Leben dieser Menschen.

Der Ärger begann damit, daß man beschloß, Boston solle eine „Modellstadt" werden (obgleich dies geschah, bevor das offizielle Modellstadtprogramm ins Leben gerufen wurde). Als Mittel des Bundes über die Bostoner Wohnungsbehörde in das West End gesteckt wurden, wurde das „städtische Dorf" zerstört und viele seiner Bewohner entwurzelt. Wie wenig ratsam dieses Verfahren auch in der Retrospektive erscheinen mag, war das Vorhaben doch nicht leichtfertig. In seiner materiellen Verfallenheit beherbergte das West End jene Krankheitsarten, für die Massierung und schlechte Wohnungen verantwortlich gemacht werden. Obgleich die Bewohner des West Ends, mit anderen Menschen aus Boston verglichen, freundlich gewesen sein mögen, waren sie wahrscheinlich nicht gesund. Später zusammengetragene Daten bewiesen jedoch nicht, daß der Gesundheitszustand der Bewohner des West Ends so schlecht war, wie die Wohnungsbehörde Bostons geglaubt hatte (Gans 1962).

„The Urban Villagers" von Gans (1962) war die ausführlichste Untersuchung des West Ends. Gans ermittelte beispielsweise, daß die Anzahl neuer Wohnungen, die erbaut wurden, nicht die Zahl der zerstörten Wohnungen erreichte. Viele der ursprünglichen Bewohner konnten die neuen Mieten nicht aufbringen. Und für viele, die woanders hinzogen, erwiesen sich die psychologischen Kosten der Umsiedlung als schwerwiegend. Bei der „Sanierung" des Gebietes zerrissen die Planer unwissentlich die soziale Kohäsion, die das Leben für die Bewohner befriedigend machte. Nach Frieds (1963) einprägsamer Wendung „trauerten sie um ein verlorenes Zuhause"[1].

---

[1] Frieds Erhebung unter umgesiedelten Bewohnern des West Ends brachte das Ergebnis zutage, daß 46% der Frauen und 38% der Männer „eine recht ernste Kummerreaktion oder Schlimmeres zeigten", was sich bei 76% der Frauen noch zwei Jahre später zeigte.

Der Grund hierfür wurde von Fried und Gleicher (1961) in einer anderen Untersuchung ermittelt, die sich mit dem West End Projekt beschäftigte. Diese Autoren betonen den Begriff des „heimischen Bodens", der das Leben der Armen aus der Arbeiterklasse bestimmt. Weil die Wohngegenden das Zentrum der sozialen Beziehungen sind, die in den höher einzustufenden sozioökonomischen Gruppen selektiv in der ganzen Stadt entfaltet werden, wird das Gefühl einer „lokalen Raumidentität" gefordert. Der materielle Raum um die Wohnung herum wird ein „territorialer" Raum, zu dem man gehört und dem man sich emotional verpflichtet fühlt. Ryan (1963) stellt diese „Straßeneckenfreundschaft" als Ursprung der Identität den Berufsrollen gegenüber, die entscheidend sind für die „dominierende ‚Identitätsstruktur' der Mittelschicht". Das Leben im West End sei, so stellt er fest, mehr auf unmittelbare Ereignisse als auf zukünftige Ziele ausgerichtet gewesen. Der berufliche Status habe für die Entwicklung des Stolzes und des Selbstwertes eine geringere Rolle gespielt als die Kontrolle über das Zuhause und die unmittelbare Umwelt.

Daß das West End keine vereinzelte Situation darstellt, zeigt Reynolds (1966) in einer Erhebung der Umsiedlungspräferenzen in einundvierzig Städten der Vereinigten Staaten. Reynolds berichtet, daß die Majorität aller umgesiedelten Familien Wohnungen wählten, die höchstens zwölf Häuserblocks von ihren alten Adressen entfernt lagen.

Das Widerstreben der Menschen, selbst aus schlimmsten Slumgebieten fortzuziehen, belegt eine Untersuchung des amerikanischen Wirtschaftsministeriums (1964), in der ermittelt wurde, daß die schwarzen Ghettos immer noch von der Mehrheit der in ihnen lebenden Menschen vorgezogen werden, obwohl ihnen klar ist, mit welchen Problemen sie es dort zu tun haben. „Neger ... scheinen eine stärkere emotionale und familiäre Bindung an ihre jeweiligen Wohnorte zu haben als die weiße Bevölkerung" (S. 15). Ghettos erlauben den Schwarzen auch, eigene Institutionen zu schaffen und selber die politische Macht und den wirtschaftlichen Einfluß auszuüben. Der rassische Separatismus scheint jedoch keine signifikante Rolle im Urteil der Schwarzen über das Ghetto zu spielen. In ihrer Studie über die verheerenden Ghettoaufstände von 1967 kam die Kerner Kommission (National Advisory Commission on Civil Disorders 1968) zu dem Ergebnis, daß nicht mehr als 18% der Ghettobewohner eine separatistische Haltung einnehmen.

Wir dürfen nicht den generellen Schluß ziehen, daß jeder, der aus diesen engmaschigen Wohngegenden fortzieht, notwendigerweise nicht in der Lage sei, in einem neuen Umfeld etwas zu schaffen, das der alten Sozialstruktur und dem alten Lebensstil entspräche. Offensichtlich sind einige Menschen anpassungsfähiger als andere, wie auch einige Umfelder eher dazu geeignet sind, die Schaffung neuer Sozialstrukturen zu begünstigen. Walter (1972) behandelt diese Frage am Beispiel eines öffentlichen Wohnungsprojektes in einem Bostoner

Vorort. Er ermittelte, daß das fragliche Projekt durchaus keinen Expreßslum darstellte, sondern einen Unterschichtslebensstil bewahrte, der dem der Wohngegend entsprach, die aufgegeben wurde.

„Unser Forschungsergebnis bestätigt keine der Stereotypen über den öffentlichen Wohnungsbau oder über die sogenannte Armutskultur … Wir stießen nicht auf Opfer der Armut sondern auf ein vielfältiges Leben voller Vitalität, Konflikte, Probleme und Hoffnungen – auf ein Leben voller Ressourcen, Mut, Würde und Menschlichkeit" (Walter, persönliche Mitteilung, 1972).

Walter erläutert diesen Gesichtspunkt und kritisiert die Vorstellung, daß Umfelder mit hoher Dichte notwendigerweise negative Effekte hätten. Nach seiner Überzeugung ist es nicht die Dichte an sich, sondern „die Strukturdichte", die von entscheidender Bedeutung in städtischen Umwelten ist. Strukturdichte ist die „tatsächliche Anzahl der Verbindungen zwischen Menschen (in einem gegebenen Bezirk) und die Gesamtzahl der in diesem Raum möglichen Beziehungen". Die Art des Projektes und seine Anlage können die Strukturdichte beeinflussen. Nicht weniger wichtig sind natürlich die Art der Menschen und die Bedingungen, unter denen sie in diese Projekte einziehen. Kommen sie auf ihre eigene Entscheidung hin? War es wirtschaftlich vorteilhaft für sie umzuziehen? Wie sehen ihre sozialen Ansprüche aus? Und am allerwichtigsten: Sahen die Befragten in dieser Untersuchung ihr Leben in der gleichen Weise wie Walter? Man könnte auch vorbringen, daß er mit dem Projekt Glück gehabt hat, das er sich für seine Untersuchung ausgewählt hatte. Wie typisch war dieses Beispiel für solche Projekte im allgemeinen und wie repräsentativ waren seine Mieter für die Bewohner öffentlicher Bauten? Eine ernstere Frage noch ist diejenige nach den Werten, die der Forscher möglicherweise in Form seiner (vielleicht unbewußten) Sympathien für diese besondere sozioökonomische Gruppe in die Untersuchung eingebracht hat. Dennoch beruhte Walters Untersuchung wie die von Gans auf umfangreicher teilnehmender Beobachtung (sein Forschungsstab und er lebten einige Zeit in dem Projekt) und stellt zwei den Stadtplanern ans Herz gewachsene Begriffe in Frage, die sie zur Erklärung der Fehlschläge im öffentlichen Wohnungsbau verwenden – die „Armutskultur" und das „Pathologiegeflecht". Walter kommt zu dem Schluß, daß die Schwierigkeiten, auf die Wohnungsprojekte stoßen, nicht das Ergebnis der Armut oder des Lebensstils ihrer Bewohner seien, sondern der Tatsache zugeschrieben werden müßten, daß über die Belegung einfach entschieden werde, ohne daß die früheren Beziehungen der Menschen oder ihre Vereinbarkeit berücksichtigt würden. Sie haben kaum Kontrolle über ihre Umwelt, sind von „Macht, Wohlstand und Ansehen" ausgeschlossen, und so ist ihre „Pathologie", wie wir oben bemerkt haben, zumindest teilweise die Revolte gegen ein unangemessenes Umfeld.

Die vordringliche Beschäftigung mit Slumgebieten hat in der Städteforschung generell dazu geführt, die Untersuchung der „Sonnenseite", das heißt der Mittelschichts- und Vorstadtwohngegenden, zu verdrängen. Außerdem sind die Wohngebiete der Arbeiterklasse durchaus nicht in allen Städten verfallen. Große Arbeiterviertel in Chicago und Cleveland – um nur zwei hochindustrialisierte Städte zu nennen – sind von sauberen Eigenheimen geprägt. Wir sollten uns auch daran erinnern, daß sich die Bevölkerungen von Wohngegenden nicht auf einen bestimmten Status festschreiben lassen. Selbst unter den Armen gibt es eine bemerkenswerte Mobilität (beim Berufswechsel oder der Suche nach einer besseren Umwelt). Vor allem die jungen Menschen verlassen die Slums, wenn sie die Wahl haben.

Um welchen Wohngegendtypus es sich auch immer handeln mag, das Verhalten ist weitgehend mit dem Gebiet kongruent, obwohl es vereinzelt Abweichungen geben mag. Solche Abweichungen werden, selbst wenn sie toleriert werden, der Mehrheit der Bewohner gewöhnlich unangemessen erscheinen – oder zumindest Gegenstand ihrer Neugier sein. Als der Dichter William Butler Yeats in einer heruntergekommenen Wohngegend in der Nähe des Russell Square in London lebte, wurde er von den anderen in diesem Gebiet als „der Bursche unten in der Straße, der Post bekommt", unterschieden. Besondere Interaktionsmuster, die sich auf die räumliche Beziehung der Wohnungen gründen, wurden in Wohngegenden beobachtet, in denen die Bevölkerung relativ homogen war. Untersuchungen in diesen Gebieten lassen vermuten, daß sie sich in spezifischer Weise auf die Freundschafts- und Sozialbeziehungen auswirken. Die für die Vereinigten Staaten erste und klassische Untersuchung von Proximität und Freundschaft stammt von Festinger, Schachter und Back (1950) am M.I.T. Sie befaßte sich mit einer Wohnsiedlung für verheiratete Veteranen; wir haben sie in Kapitel 6 bereits erörtert. Die Autoren kamen zu dem Schluß, daß „...diejenigen, die hinsichtlich der Distanz, der räumlichen Orientierung oder der Zugänglichkeit in größter Nähe zueinander wohnten, dazu tendierten, Freunde zu werden oder sich zu engen sozialen Einheiten zusammenzuschließen". [Schorr 1963: 26] Gans (1967) stellte fest, daß dies auch für Levittown in New Jersey in seinem frühen Stadium zutraf, merkt jedoch an, daß das „Proximitätsprinzip" gewöhnlich durch die Homogenität und durch die Jugend der Bevölkerung verstärkt wird und daß dauerhafte soziale Interaktion soziale Kompatibilität voraussetzt. So verlor die Proximität als Faktor beim Anknüpfen von Freundschaften an Bedeutung, als das Durchschnittsalter der Gemeinde stieg. In einer vergleichbaren Studie untersuchte Merton (1947) Familien, die auf gegenüberliegenden Straßenseiten wohnten.

Eckhäuser erwiesen sich in dieser Hinsicht als die zentralsten. Von allen Bewohnern kamen diejenigen, deren Türen zur Straße hin lagen, mit viel größerer Wahrscheinlichkeit mit ihren auf der anderen Seite der Straße wohnenden Nachbarn in Berührung als die Bewohner, deren Türen nicht zur Straße hin lagen – was sich in dem eindrucksvollen Verhältnis von 75% zu 4% äußerte. Die räumliche Lage erleichtert die Entstehung von Freundschaften, aber auch von Feindschaften. Miteinander in Berührung kommen, heißt nicht unbedingt, sich anfreunden. Mit dem Älterwerden der Bevölkerung von Wohngegenden kommt den selektiven Interessen des Individuums eine zunehmende Bedeutung für die Wahl ihrer Sozialkontakte zu. Hinzu kommen die ethnischen und religiösen Faktoren. Von dieser Annahme ging man in einer Untersuchung in Detroit aus, in der Lauman (1973) die Freundschaftsmuster unter Juden, Katholiken und Protestanten verglich. Es stellte sich beispielsweise heraus, daß die eng ineinandergreifenden oder abgeschlossenen Freundschaftsstrukturen, die im allgemeinen die Juden und Katholiken kennzeichneten, weitgehend auf die engen ethnischen Bande dieser Gruppe, statt auf bloße räumliche Nähe zurückzuführen waren, obgleich die Nähe diese Bande zu verstärken schien. Die Protestanten zeigten dagegen eine „radiale" oder offene Struktur, die kaum auf Proximität oder ethnischer Herkunft beruhte. Diese Menschen schienen sich in ihren Freundschaftsbeziehungen an soziokulturellen Interessen und wirtschaftlicher Vergleichbarkeit zu orientieren.

In jeder Wohngegend gibt es unabhängig von ihrer demographischen Zusammensetzung eine starke Tendenz zur Etablierung einer Verhaltensnorm, der sich die einzelnen Familien fügen – oft gegen ihr besseres Wissen. In den Vorstädten werden Raumnormen mittels verschiedener Bebauungspläne kodifiziert, die unter anderem festlegen, wieviel Mindestraum einer Familie zum Leben zur Verfügung stehen muß. Andere Regelungen geben genau an, wo die Wäsche aufgehängt wird und an welchen Tagen. Einer der anspruchsvollsten Versuche, das Verhalten in Beziehung zur Wohnumwelt zu untersuchen, unternahm Terence Lee (1968) in einer Erhebung unter 219 Hausfrauen in Cambridge in England. Lee verwendete drei Verhaltenskriterien – Freunde in der örtlichen Umgebung, Mitgliedschaft im lokalen Klub und die Benutzung örtlicher Läden. Er stützte sich auf das Argument, daß sich die „Dualität materieller und sozialer Wohngegenden" nur mittels der Wahrnehmung des Individuums, seiner „mentalen Repräsentation des soziomateriellen Raumes", vereinigen lassen. Sozialer Kontakt und die Teilhabe am öffentlichen Geschehen seien auf das Vorstellungsbild zu beziehen, das sich eine Person von ihrer Wohngegend macht. Das Vorstellungsbild kann der Wirklichkeit entsprechen oder nicht.

Obgleich Cambridge vor allem als Universitätsstadt bekannt ist, wird seine Bevölkerung (104 000) vor allem von Angehörigen der Mittelschicht und der Arbeiterklasse gebildet. Lees Ergebnisse stellen einige der Schlußfolgerungen aus amerikanischen Studien sowohl hinsichtlich des „Proximitätsprinzips" wie auch des Homogenitätsfaktors in Frage. Beispielsweise stellt er keine Beziehungen zwischen Wohndichte und örtlichen Freundschaften fest. „Das Niveau der Interaktion einer jeden Person wird allem Anschein nach eher von ihr selbst bestimmt als von der Bevölkerungsdichte oder der Proximität möglicher Freunde (S. 359). Homogene Wohngegenden, die er „unseresgleichen"-Gegenden nennt, führten zu vielen Bekanntschaften, aber zu wenig Freunden und nur zu einer schwachen Bindung an die Wohngegend. Zugehörigkeitsgefühl implizierte keine Teilnahme. Die Bewohner hatten die Tendenz, unter sich zu bleiben, und Lee vermutet, daß die treffende Beschreibung solcher Gegenden nicht lauten dürfte „Menschen wie wir", sondern „Menschen, die in Häuser wie den unseren leben".

Das höchste Niveau der Teilnahme lag in heterogenen Wohngegenden vor. Lee schreibt dies der Tatsache zu, daß in solchen Wohngegenden selbständige und andere Angehörige höherer sozioökonomischer Gruppen leben. Er stellte auch fest, daß Versuchspersonen, die in Reihenhäusern lebten, die größte Zahl von Freunden in der Nähe hatten, dann folgten diejenigen, die in einzelstehenden Häusern lebten, und schließlich diejenigen in Doppelhäusern. Auch diese Tatsache ist wahrscheinlich eher eine Funktion des wirtschaftlichen Status und der durch ihn bedingten kulturellen Beteiligung und weniger eine der räumlichen Beziehung.

Die Planer sind seit jeher daran interessiert, jene Aspekte der materiellen Anlage von Nachbarschaften zu ermitteln, die die Zufriedenheit der Bewohner bewirken, doch reicht das Problem offensichtlich über die materiellen Bedingungen hinaus. Lansing und Marans (1969) stellten beispielsweise in einer Befragung unter 1 042 Bewohnern in 99 Wohngegenden des Gebietes von Detroit fest, daß Korrelationen nur in bescheidenem Umfange zwischen der Einschätzung der Wohngegenden durch Planer und durch Bewohner vorlagen. In Wohngegenden beispielsweise, die von Planern als „unerfreulich" beurteilt wurden, zeigten sich 88 % der Bewohner mit ihren Umfeldern recht zufrieden. Die Autoren bieten zwei Erklärungen für diese Diskrepanz an. Die Planer haben die Tendenz, sich auf die materielle Anlage der Wohngegend zu konzentrieren, während die Bewohner sowohl die materielle wie die soziale Umwelt berücksichtigen. Solchen Variablen wie der Abnutzung der Gebäude, der Siedlungsdichte, der Nähe zu angrenzenden Gebäudekomplexen und den Merkmalen der Raumnutzung – die die Planer betonen – wird von den Bewohnern weniger Bedeutung beigemessen als der allgemeinen Verfassung der Wohngegend, dem Geräuschpegel und der Isolierung von den Nachbarn. Proximität selbst wird nicht als wichtig angesehen, da man von der Voraussetzung ausgeht, daß die gehäufte Anordnung der Häuser für den städtischen und vorstädtischen Bewohner durchaus akzeptabel ist, da sie durch zusätzlichen und verwendbaren offenen Raum kompensiert wird (Whyte 1968). Die zweite Erklärung dieser Ergebnisse betrifft die Unterschiede zwischen den sozialen Schichten der Bewohner. Menschen mit Collegeausbildungen stimmten eher mit der Einschätzung ihrer Nachbarschaft durch die Planer überein als die Gruppe ohne Collegeausbildung. Vielleicht haben Collegebesucher nicht nur höhere Erwartungen hinsichtlich der Umwelt, sondern sind auch empfänglicher für Veränderungen im architektonischen Stil, in der Landschaftsgestaltung und im räumlichen Charakter – für die materiellen Elemente einer Wohngegend. In jedem Falle hatten die Befragten der Studie keine andere Wahl. Dieses Fehlen von Alternativen kann die Zufriedenheit des Urteils erklären, das möglicherweise anders ausgefallen wäre, wenn andere Wahlmöglichkeiten vorhanden gewesen wären. Anpassung und Zufriedenheit sind nicht unbedingt dasselbe.

Ein zweiter und ganz anderer Ansatz zur Untersuchung der Wohnzufriedenheit ist die Studie des Wohngegendstresses, die Kasl und Harburg (1972) ebenfalls in Detroit durchgeführt haben. Ein Quergruppensample von 1 000 verheirateten Erwachsenen wurde geographisch in gleiche Gebiete mit „hohem Streß" und „niedrigem Streß" aufgeteilt. Die Gruppen wurden einander hinsichtlich Geschlecht und Rasse angeglichen. Aus jedem Gebiet wurden also schwarze und weiße Gruppen in der Stichprobe erfaßt. „Hoher Streß" wurde auf der Grundlage demographischer Daten gemessen, die ein hohes Maß an sozialer Desorganisation (Verbrechen und Slumverhältnisse) und ein niedriges sozioökonomisches Niveau aufwiesen.

Es ist nicht überraschend, daß die Weißen und die Schwarzen, die in Gegenden mit „hohem Streß" lebten, ihre Wohngegenden negativer wahrnahmen als diejenigen, die in Gegenden mit „niedrigem Streß" lebten, oder daß die Wahrnehmungen von Schwarzen negativer waren als die von Weißen. Was an den Ergebnissen jedoch auffällt, ist die Bedeutung eines sozialen Indikators, der heute von Planern oft übersehen wird: die der Sicherheit. Menschen werden eine Reihe von Mißlichkeiten in ihrer Wohngegend tolerieren, wenn sie sich zumindest sicher fühlen. Die Häufung krimineller und gewaltsamer Vorkommnisse wurde als Grund des Mißfallens genannt. Als man jedoch nach der Zufriedenheit in der Wohngegend fragte, war paradoxerweise „das Niveau der genannten Unzufriedenheit in den Gebieten mit hohem Streß nur um weniges höher als in den Gebieten mit niedrigem Streß" (S. 324). Abermals sehen wir, daß die Menschen sich anpassen, doch häufig zahlen sie dafür einen hohen Preis.

Das „Zugehörigkeitsgefühl" zur unmittelbaren Umgebung hat sich als Index für die Zufriedenheit mit einem Gebiet erwiesen. Cooper (1971) stellt dies in ihrer Untersuchung fest, in der sie die Einstellungen von Bewohnern des St.

Francis Square (eines Genossenschaftsprojektes für mittlere Einkommensgruppen) mit den Einstellungen von Mietern in zwei zwanzigstöckigen Hochhäusern verglich. Auf die Frage, wohin sie „gehörten", antworteten drei Fünftel der zweiten Gruppe „in meine Wohnung" und die verbleibenden sagten „nirgendshin". Im St. Francis Square identifizierten sich zwei Fünftel mit dem ganzen Projekt, ungefähr ein Drittel mit dem Abschnitt, in dem sie wohnten, und ungefähr ein Viertel mit dem eigenen Gebäude oder der eigenen Wohnung. Diese Unterschiede sind auf eine Reihe von Variablen zurückzuführen. Weil die Bewohner der Genossenschaft ihre Wohnungen besaßen, fühlten sie sich dauerhafter an das Gebiet gebunden und nahmen ihm gegenüber die Haltung des Besitzers ein. Die sorgfältige Anordnung der Gebäude schuf ein Gemeinschaftsgefühl. Dieses wurde außerdem durch die ansprechende Gestaltung der Grünanlagen, private Gärten für die Bewohner des Erdgeschosses und Spielplätze verstärkt. Das Projekt wurde in Zusammenarbeit mit den künftigen Besitzern und Mietern entworfen. Aufgrund dieser Faktoren verstanden sich die meisten Mieter sozial und materiell als Teil eines Gesamtumfeldes.

Vielleicht haben wir aus diesen Forschungsarbeiten die Lehre zu ziehen, daß das, was auf das Ghetto von Detroit zutrifft, nicht unbedingt für das West End von Boston gelten muß und möglicherweise noch weniger mit dem Arbeiterviertel von Cambridge in England zu tun hat. Wohngegenden sind Umfelder für Verhaltensweisen, die bereits in der Tradition begründet sind, in der Schichtzugehörigkeit, in wirtschaftlichen Bedingungen und in den Ansprüchen der Person. Die Wirkung solcher Umfelder auf Menschen entspricht deshalb fest etablierten und außerhalb der Umwelt verankerten Werten. Es geht also nicht um die Frage, ob materiellen Faktoren mehr Bedeutung als sozialen bei der Anknüpfung von Freundschaften zukommt, sondern um die Tatsache, daß jene, die die Erwartung und den Wunsch haben, mit ihren Nachbarn zu interagieren, von der materiellen Erscheinungsform ihrer Umwelt in dieser Interaktion sehr wohl behindert oder gefördert werden können. Bei Menschen, die in Straßen mit wenig oder viel Verkehrslärm wohnten, erwiesen sich die materiellen Bedingungen als bedeutsamer Faktor. In der Studie von Lansing und Marans (1969) bedeutete die materielle Gestalt vor allen Dingen den Detroitern jener Gruppe etwas, die bestimmte ästhetische und „anerzogene" Werte in ihrer Umwelt zu schätzen wußten. Für die Bewohner des St. Francis Square war es das Gefühl des Besitzes und der persönlichen Beteiligung. Auch unsere Erörterung der Studie von Athanasiou und Yoshioka (1973) in Kapitel sechs illustriert die Bedeutung des Raumes und der Form als vermittelnden und nicht so sehr als bestimmenden Faktor.

Obgleich es Beispiele für erfolgreiche Versuche gibt, das Wohnen in der Stadt zu verbessern, und obgleich sich in der Stadt möglicherweise reichhaltige Erfahrungen gewinnen lassen, verlieren die Städte ständig an Bevölkerungszahlen.

Warum ziehen Menschen fort, abgesehen von wirtschaftlichen Gründen wie zum Beispiel dem, eine neue Stellung zu bekommen? Und warum wählen sie häufig die Satellitenstadt? Die vergleichsweise wenigen empirischen Untersuchungen, die sich mit den durch den Umzug in die Vorstädte bewirkten Verhaltensveränderungen befaßt haben, lassen sich im wesentlichen in zwei Gruppen aufteilen: (1) Das Leben in der Vorstadt fördert die latenten, gewöhnlich für die Mittelschicht typischen Lebensstile, nach denen viele Menschen in der Stadt streben („Vorstädte sind gut"), und es schafft (2) in der Tat neue und möglicherweise gar nicht bewußt wahrgenommene Verhaltensweisen, die häufig Spannung und Streß erzeugen, nämlich soziale Strebungen („Vorstädte sind schlecht"). Diesem letzteren Argument zufolge verhalten sich die Menschen in den Vorstädten nicht deshalb anders, weil diesen bestimmte inhärente Merkmale eigen wären, sondern weil die neue Umwelt spezifische Verhaltensnormen aufzwingt, die es in den Städten nicht gibt. Der in der Stadt wohnende Freund eines der Autoren meint ganz unverblümt: „Ich habe keine Lust, mich an dem Wettbewerb um den schönsten Rasen des Viertels zu beteiligen." Eine dritte Haltung, die untersucht werden müßte, ist die Einstellung des Vorstädters gegenüber der Stadt, sobald er umgezogen ist. Was bedeutet ihm die Metropole als ganze aus dem Blickwinkel des Privilegierten, der in „Crestwood Acres" wohnt?

Die erste dieser beiden Positionen wird von Gans (1967) vertreten, der das vom Vorstadtbewohner zum Ausdruck gebrachte Verhalten als „Hauptgrund für den Umzug" ansieht. Wir könnten dies das Streben nach den Vorstadtidealen nennen. Die dem Umzug unmittelbar zuzuschreibenden Veränderungen sind meist positiver Art und ergeben sich aus der Zufriedenheit mit dem Hausbesitz, mit mehr Lebensraum, mit dem erweiterten sozialen Leben und der Teilnahme am kommunalen Geschehen. Die Vorstädte sind „sicherer" als die Städte, und die Schulen sind „besser". Negative Effekte sieht man für Jugendliche und kulturell Abweichende, für die es in der Vorstadt an Gelegenheit fehlt, individuelle, das heißt nicht konforme Verhaltensweisen zum Ausdruck zu bringen.

Diese Auffassung wurde von Berger (1960) in seiner Untersuchung der halbländlichen Gemeinde Milpitas in der Nähe von San José (Californien) bestätigt. Berger befragte 104 Familien von Arbeitern der Fordwerke, die dorthin überführt wurden, als Ford Werkanlagen von Richmond (Californien) dorthin verlegte; Richmond ist eine düstere Industriestadt, deren materielle Beschaffenheit und sozialer Stil sich außerordentlich von Milpitas unterschieden. Seine ursprüngliche Annahme, daß die Fordarbeiter „das Verhalten, die Überzeugungen und Ansprüche der Mittelschicht als Ergebnis des Anpassungsprozesses an die Vorstadt lernen würden" (S. V), bestätigte sich nicht. Obgleich der Anteil Hausbesitzer auf 99% gegenüber 31% vor dem Umzug anwuchs und obgleich die Familien im allgemeinen mit ihrer neuen Umgebung eher zufrieden waren, führte die materielle Beschaffenheit dieser Umgebung zu wenig oder gar keinen Veränderungen in ihrer Lebensweise und in ihren Ansprüchen. Schichtgebunden verpflanzten sie einfach eine vorhandene Lebensweise in ein neues Milieu, in der Art von Whytes (1957) „Organisationsmensch" der wie eine Topfpflanze von *einem* Country-Club-Umfeld in das andere umgepflanzt wird. Berger schreibt: „Mitgliedschaft und Teilnahme an formellen Vereinigungen sind selten. Das gleiche gilt für die halb offiziellen gegenseitigen Besuche zwischen Ehepaaren. Es gibt wenig Anzeichen für ausgeprägtes soziales Streben, Statusängstlichkeit oder Zukunftsorientiertheit ... Ihre Neigungen und Präferenzen scheinen von dem Bild ‚Suburbias' das die Massenmedien zeigen, unberührt zu sein" (S. 92). Berger kommt zu dem Schluß, daß die mancherorts geäußerten Befürchtungen, die Vorstädte könnten zu einer traurigen Uniformität des Verhaltens bei ihren Bewohnern führen, eine recht dramatische Übertreibung der tatsächlichen Situation darstelle.

Mit seinem industriellen Bevölkerungsteil und in Anbetracht der homogenen Gruppe, die Berger untersucht hat, kann Milpitas jedoch nicht als eine typische Vorstadt angesehen werden, wenn eine solche überhaupt existiert. Auch Gans (1967) beruft sich beispielsweise auf die stereotype Auffassung des Vorstadtlebens als freundliche Mischung aus sozialer Konformität, kommunaler Betätigung und nicht endenden Cocktailparties. Einigen Beobachtern erscheint diese Einstellung jedoch als zu optimistisch. Untersuchungen von Hollingshead und Redlich (1958) und Meyer und Roberts (1959; siehe Moller 1968) zeigten, daß die Vorstädter aus der White-Collar-Schicht (die die Autoren als Schicht III bezeichneten) ebenso heimgesucht werden von Spannungen und ebenso entfremdet sind wie die niedrigste sozioökonomische Gruppe in der Stadt (Schicht V). Sie führen dieses Ergebnis teilweise auf die Tatsache zurück, daß die Individuen der Schicht III damit beschäftigt waren, ihren Status zu erhalten oder zu verbessern.

„Sie waren sich ihrer Rolle ständig zu bewußt ... Die Spannung ließ nie nach ... Da die Mitglieder der Schicht III Werte wie Respektabilität und Verantwortung akzeptierten, war es bei ihnen im Unterschied zu den Angehörigen der Schicht V weniger wahrscheinlich, daß sie ihren Frustrationen in aggressivem, feindlichem oder gewalttätigem Verhalten Ausdruck verliehen. Statt dessen formten sie sie eher innerlich in psychologische

Konflikte um. Sie zeigten intensivere Gefühle der Scham, der Schuld und des inneren Konfliktes ..." (Zitiert von Moller 1968).

Zweifellos kann man die Vorstädte nicht allein für Verhaltensweisen verantwortlich machen, die von Statusbestreben oder dem Wunsch nach wirtschaftlicher Verbesserung motiviert sind. In dem Maße jedoch, in dem Wohnviertel solche Empfindung intensivieren, weil sie vorzeigbare Erfolgsbeweise verlangen oder ehrliches Verhalten angesichts von Konflikten untersagen, sind sie ohne Zweifel beteiligt. „Mit Meiers schritthalten" ist ein bekanntes Vorstadtsyndrom, das als Faktor der Verhaltensdynamik nicht unterschätzt werden dar. Moller (1968) glaubt, daß diese Tatsache für die geistige Gesundheit der privilegierten Klassen genauso schädlich sein kann wie die Entfremdung, die die schlechter verdienenden und in Ghettos wohnenden Gruppen durch ihre Absonderung erfahren. Die Menschen haben die Tendenz, die Schutzfarbe ihrer sozialen Umwelt anzunehmen, und müssen dies häufig psychisch bezahlen. Die Autoren können zwar keine empirischen Untersuchungen zu diesem Punkt anführen, doch wird vielfach berichtet, daß Einwohner, die in den Städten Demokraten sind, sich als Republikaner ausgeben, wenn sie in die Vorstädte ziehen. Doch dann nutzen sie die Zurückgezogenheit in der Wahlzelle, um ihre wahren (demokratischen) Empfindungen zum Ausdruck zu bringen. Jede Vorstadtgemeinde enthält nämlich einen beträchtlichen Anteil latenter Stadtbewohner.

Der Ton in den Vorstädten (und viele ihrer Normen) wird von den „aufstiegsorientierten Mobilen" bestimmt. Andere („die Kleinstädter") müssen aufpassen, dieses Bild der Gemeinde nicht zu beflecken und werden in diesem Maße selbst den Vorstadtnormen angepaßt. Dies ist kein ausschließlich amerikanisches Phänomen. In ihren Untersuchungen der Vorstädte von London stellten Young und Willmott (1962) deutliche Unterschiede im Lebensstil fest beim Vergleich der Bewohner von Bethnal Green, einem kleinen in sich geschlossenen Bezirk der Stadt selbst, mit denjenigen in weiter draußenliegenden Vierteln. In „Greenleigh", einem neuen öffentlichen Wohngebäude (Wohnprojekt) in den Wohnbezirken von London, „fanden wir Menschen, die von ihren Verwandten abgeschnitten, ihren Nachbarn gegenüber mißtrauisch, einsam waren. Die Atmosphäre unterschied sich sehr von der Wärme und Freundlichkeit in Bethnal Green." Die differenziertere Vorstadt von Woodford zeigte sieben spezifische Unterschiede zwischen ihren Bewohnern und denen von Bethnal Green. Beispielsweise wurde Woodford durch „hauszentrierte" (statt wohngegendzentrierte) Ehepaare gekennzeichnet. Es gab eine deutlich erkennbare Generationslücke mit weniger ausgedehnten Familien und der Tendenz, die Eltern in der Stadt zurückzulassen, wenn man nach Woodford zog. Die Bewohner kamen seltener mit ihren Verwandten zusammen, und ihr sozia-

369

les Leben spielte sich eher in organisierten als in spontanen Beschäftigungen ab. Im Unterschied zu den Ergebnissen von Lee (1968) in Cambridge wurden Freundschaften stark von der räumlichen Lage der Straßen und Häuser beeinflußt. Schließlich waren Spannungen zwischen den Schichten deutlich sichtbar. Sich behaupten, ein vernachlässigenswerter Faktor in Bethnal Green, war in Woordford von großer Bedeutung.

Wenn wir auch mit Gans annehmen, daß Menschen ihre Verhaltensweisen beim Umzug mitnehmen, möchten wir doch behaupten, daß sich aus ihnen eine Umweltsidentität formt, die mehr als die Summe vorhandener Verhaltensweisen darstellt. Neue Einstellungen kommen ins Spiel und neue Interessen treten auf, zu denen nicht zuletzt das Erscheinungsbild des eigenen Vorgartenrasens gehört. Eigentumswerte beanspruchen größere Bedeutung. Der entscheidende Charakter der Vorstadt, der sich aus diesen Faktoren ergibt, wird in den Praktiken der Bebauungsordnung gesehen, die sichern sollen, daß gleichgesinnte Menschen Eingang finden und daß die „Andersartigen" – die Armen, Schwarzen und (an manchen Orten) Juden – ausgeschlossen werden. In dem Maße, in dem diese Verhältnisse in einer zugegebenermaßen sich verändernden städtischen Gesellschaft noch vorhanden sind, erlegt die Vorstadt ihren Bewohnern noch sehr reale Verhaltensmaßregeln auf, ob sie sich dieser bewußt sind oder nicht.

Für viele Vorstädter bleibt die City natürlich die wirtschaftliche Basis. Andere sehen sie als eine leicht zugängliche Quelle der Unterhaltung und Kultur an. Wenn die Menschen in die Vorstädte ziehen, lassen sie die Stadt nicht unbedingt hinter sich. „Crestwood Acres" versorgt sie einfach mit dem Besten aus beiden Welten. Dieser „Vorstädte sind gut"-Standpunkt zeigt sich in Gans' (1967) Behauptung, daß Vorstädter in die Städte zurückkehrten, um an der städtischen Kultur teilzuhaben. Sie kaufen dort ein, besuchen Theater und Konzerte, gehen zu Vorträgen. In vielerlei Hinsicht sind sie immer noch „stadtorientiert".

Die Wahrheit dieser recht allgemein akzeptierten Vorstellung wird jedoch allmählich in Frage gestellt. Zikmund (1971) wählte als Stichprobe eine im Zuge einer Hauptverkehrsstraße liegende Vorstadt in Philadelphia (Radnor) und ermittelte, daß der Rückgriff auf die City durch die Bevölkerung dieser Satellitenstadt wesentlich geringer war, als man hätte erwarten dürfen. 29% dieser Stichprobe berichteten, daß sie mehr als einmal im Monat nach Philadelphia gingen. 19% taten es so gut wie nie. Jüngere und ältere Vorstädter ebenso wie diejenigen in den niedrigsten und höchsten Einkommensgruppen benutzten die Stadt mehr als diejenigen mittleren Alters und in mittlerer beruflicher Position. Neuankömmlinge in Radnor waren weit eher zur Fahrt in die Stadt bereit als Einwohner, die dort schon seit längerer Zeit wohnten. „Die Stadt zieht die Jungen und die Alten, die Reichen und die ‚Armen' und die Neuankömmlinge an; doch der Angehörige der Mittelschichtsfamilie zieht es vor, zu Hause zu bleiben" (S. 195).

Wie typisch Radnor für die Vorstadt im allgemeinen ist, läßt sich schwer sagen. Die Bedeutung dieser Untersuchung für die Stadtplanung ist jedoch offensichtlich. Auf die Vorstädte ist bei der Lösung der Stadtprobleme kein Verlaß. Obgleich er noch Teil der Metropole ist, neigt der Vorstädter dazu, sich in eine Subumwelt einzugrenzen – und sogar zu isolieren. Auf Kosten der Metakommune der Stadt selbst wird die Orientierung auf ein lokales Umfeld eingeengt und die öffentliche Betätigung dort gefunden. Die Auswirkung auf den beteiligten Stadtbewohner ist eine Frage, die angemessen noch zu prüfen bleibt.

Die vorgestellte Stadt

In der Erörterung auf den vorstehenden Seiten haben wir uns mit den räumlichen Aspekten der städtischen Umwelt befaßt, die den Bewohner dabei unterstützen, eine Stadt zu schaffen, in der man leben kann. Ein wesentliches Merkmal dieser räumlichen Dimension ist die Frage, wie leicht man sich in ihr orientieren und die Güter und Dienstleistungen erhalten kann, die zu den Attraktionen des Stadtlebens gehören. Wir irren nicht einfach umher. Wir müssen irgendeine Vorstellung davon haben, wohin wir gehen und wie wir dorthin kommen. Stadtplaner und Architekten interessieren sich seit langem für jene Elemente in der materiellen Umwelt der Stadt, die eine wichtige Rolle in diesem Orientierungsprozeß spielen. Auch Psychologen versuchen auf ihre Weise zu verstehen, wie Organismen etwas über ihre Umwelt lernen. Ein wesentlicher Teil dieser Arbeit besteht jedoch aus Untersuchungen des Verhaltens von Ratten in Labyrinthen. In diesen Untersuchungen ist die Frage entscheidend, ob Tiere einfache Reizreaktions-Verknüpfungen lernen, wie es das behavioristische Modell voraussetzt, oder ob sie besitzen, was Tolman (1948) „Karten" der Labyrinthe nennt. Nach Tolmans Auffassung sind die Karten übergeordnete Vorstellungen, die mitteilen, welche Gänge in den Labyrinthen wohin führen.

Lynchs (1960) Pionierarbeit über Vorstellungsbilder von Städten übernimmt Tolmans Kartenbegriff, um die kognitive Repräsentation von Gebieten – im wesentlichen von Städten – durch Menschen zu erklären. Lynch weist nachdrücklich auf das Bedürfnis des Menschen hin, eine Ordnung in seiner Umwelt zu entdecken, auf sein permanentes Bestreben, das materielle „Chaos" auf eine sinnvolle Struktur zurückzuführen. Auf die wesentlichen Elemente in Lynchs Arbeit wurde in Kapitel drei und acht hingewiesen. Hier wollen wir uns mit diesen Elementen etwas genauer befassen.

In seiner Vorstudie wählte Lynch (1960) drei Städte aus, die sich hinsichtlich der materiellen Merkmale ihrer Anlage unterschieden – Boston, Los Angeles und Jersey City. In diesen Umfeldern wurden Stichproben von Personen aus der mittleren und oberen Mittelschicht aufgefordert, Kartenskizzen der Stadt anzufertigen und die Wege zu beschreiben, auf denen sie sich hindurchbewegten. Lynchs Analyse dieser Karten und Interviews ließ vermuten, daß die Menschen bei ihrem Versuch, ihre Vorstellungen zu strukturieren, fünf Schlüsselelemente verwendeten. Diese bezeichnete er als Pfade, Ränder, Geländepunkte, Knoten und Bezirke. *Pfade* ermöglichen den Übergang von einem Teil der Stadt in den anderen. Es kann sich um Verkehrswege für Autos oder Fußgänger handeln. Schnellstraßen, Autobahnen und die wichtigen Ausfallstraßen traten häufig als Orientierungspunkte in Erscheinung. *Ränder* bezeichnen jene Teile der Stadt, die als Grenzen dienen. Flußufer, Küstenstraßen und Straßen am Stadtrand dienen als Wahrnehmungsgrenzen eines Stadtgebietes. Auffällige und weniger auffällige Geländepunkte wie Gebäude, Parks oder Denkmäler werden häufig kognitiv „kartographiert". In New York City dienen das Empire State Building, das Rockefeller Center und der Central Park als Geländepunkte für diejenigen, die sich in der Stadt zurechtfinden oder anderen mitteilen möchten, wie sie an einen bestimmten Ort kommen können. *Knoten* sind die Punkte der Stadt, wo die wichtigen Übergänge zwischen verschiedenen Aktivitäten stattfinden. Bahnhöfe, Busstationen, Flughäfen und U-Bahnstationen sind leicht zu kartographierende Knoten. Wichtige Straßenkreuzungen sind ein anderes Beispiel. *Bezirke* schließlich sind verhältnismäßig große Gebiete, denen bestimmte gemeinsame Merkmale zugeschrieben werden. Greenwich Village in New York und North Beach in San Francisco sind offensichtlich „vertraute Orte" selbst für Menschen, die noch nie dort gewesen sind. Die Methode von Lynch macht deutlich, wie sich Menschen das Aussehen ihrer Umwelt mit Hilfe der Vorstellungen einprägen, die für sie im Laufe der Zeit bedeutsam geworden sind, wie sie also, mit seinen Worten, Struktur und Identität aus dem verfügbaren Material gewinnen". Dies wiederum schärft ihren Orientierungssinn – sie wissen, „wie sie sich zurechtfinden können", sie verfügen, um Tolmans (1948) Ausdruck zu verwenden, über eine kognitive Karte des Gebietes. Man abstrahiert aus dem Raum eine kohärente Struktur, die einem, ob sie nun genau ist oder nicht, die eigene Aktivität zu organisieren hilft. Schließlich versehen die Vorstellungen die Gruppe mit einer gemeinsamen Erinnerung an die fragliche Umwelt und tragen in diesem Sinne zu deren Bedeutung bei. Der „Charakter" einer Stadt ist im großen Umfange ihre Memorabilität, wie sie sich in den unserem Geiste eingeprägten Vorstellungsbildern manifestiert.

In Anlehnung an Lynchs Arbeit wurden eine Reihe ähnlicher Untersuchungen des Vorstellungsbildes der Stadt entwickelt. Lowenthal (1968) befaßt sich mit

Abbildung 9.7: Das kompakte Erscheinungsbild von New York City trägt wesentlich zu seiner Vorstellbarkeit bei. Die Ränder der Stadt werden vom Hudson River und East River bezeichnet. Geländepunkte wie das Empire State Building dienen der Orientierung. Mit Genehmigung des Aero Service.

den Wahrnehmungspräferenzen und kommt zu dem Schluß, daß Menschen Umwelten mögen, über deren Charakter die Meinungen auseinandergehen. Einförmigkeit ist uninteressant und schränkt die Fähigkeit des Individuums ein, eine eigene Bedeutung in einem Umfeld zu entdecken. Die Planer sind eher an der Lesbarkeit städtischer Umwelten interessiert, von der abhängt, wie leicht man sich in ihnen orientieren und bewegen kann. Die Stadt sollte ebenso klar wie interessant sein. Zwei Studien von Appleyard (1969, 1970) in Ciudad Guayana in Venezuela befaßten sich mit dieser Frage auf der Ebene der Eigenschaften von Gebäuden und der übergeordneten Stadtstruktur oder Gestalt. In der ersten Studie wurde ein ausgewähltes Sample von 320 Bewohnern über die Art und Weise befragt, in der sie einzelne Gebäude identifizieren und ins Gedächtnis zurückrufen. Fünf Haupteigenschaften stellten sich als bedeutsam heraus: (1) Bewegung – das Ausmaß der Aktivität, die sich in der Nähe des Gebäudes ereignet; (2) Vorstellbarkeit – besondere Züge, wie Größe und Anlage, die das Gebäude herausheben; (3) Sichtbarkeit – die Rolle der Struktur als Umfeld für persönliche Aktivitäten – seine Bedeutung unter dem Gesichtspunkt des Gebrauchs; (4) die kulturelle Bedeutung des Gebäudes für die Bevölkerung im allgemeinen. Geländepunkte, eine große Talsperre und Denkmäler gehören in diese Kategorie. Der Country Club, obwohl nur von wenigen Menschen benutzt, war allen bekannt.

Appleyard nennt zwei Merkmale von Gebäuden, die bei ihrer Reproduktion im allgemeinen eine besondere Bedeutung haben. Eine von ihnen nennt er „Besonderheit der Gestalt"; die ungewöhnlich angelegte oder dekorierte Struktur hebt sich heraus, selbst wenn sie kaum verwendet wird. Wir alle kennen solche Gebäude in unserer eigenen Umgebung. Sie sind wichtige Bezugspunkte. Außerdem stellt Appleyard fest, daß die Reproduktion eines Gebäudes „ebensosehr von ihrer Beziehung zum Kontext wie von irgendeiner absoluten Qualität abhängt". Der Augenschein läßt vermuten, so fügt er hinzu, „daß der Wortschatz von Architekten und Stadtplanern, zur Bezeichnung städtischer Phänomene und Probleme, für manche ihrer Zwecke zwar ausreichen mag, tatsächlich jedoch ganz und gar nicht dem entsprechenden Wortschatz der Öffentlichkeit entspricht" (S. 155).

Appleyards anschließende Untersuchung vom Ciudad Guayana beschäftigte sich mit der Frage, wie die Einwohner die Stadt als Ganzes wahrnahmen und kartographierten. Es ist interessant, daß nur 15% der Stichprobe genaue Kar-

Abbildung 9.8: Die horizontale Ausdehnung von Los Angeles erschwert die Orientierung. Das breit angelegte Schnellstraßen-System dominiert in hohem Maße das Stadtbild. (Bild: Aero Service)

ten anfertigten. Bei der Majorität herrschte ein sequenzielles oder Pfadsystem vor, das jedoch einen verzerrten Eindruck von den Gebieten vermittelte, die den häufig benutzten Straßen nicht unmittelbar benachbart waren. Räumliche Konzeptionen der Stadt waren weniger häufig, obgleich solche Elemente in den Karten von den eigenen Gebieten der Einwohner vorherrschten. Einige der Versuchspersonen zogen Schlüsse aus früheren Erfahrungen mit anderen Städten, die auf Ciudad Guayana nicht zutrafen. Schließlich wirkte sich auch die soziale Bedeutung entstellend auf die individuellen Wahrnehmungen der Entfernungen aus. Die soziale Distanzierung trug nämlich zu einem falschen Empfinden für die räumliche Distanz bei. So sahen die Gruppen der Oberschicht ihre Wohngegend weiter von den Slumgebieten entfernt und näher an erwünschten Wohngegenden, als es tatsächlich der Fall war.

In verschiedenen Untersuchungen wurde dieser Ansatz auch auf die Vereinigten Staaten ausgedehnt. Carr und Schissler (1969) betonten diejenigen Aspekte der Stadtgestalt, die von den Menschen, die sich durch sie hindurchbewegten, erinnert wurden. Drei Gruppen – Fahrer, die mit der Straße (einer erhöhten Schnellstraße, die nach Boston hineinführt) nicht vertraut waren, ihre Passagiere und regelmäßige Vorortpendler – zeigten eine Reproduktion derselben generellen Züge, obgleich nur die Vorortpendler mit der Straße vertraut waren. Diese Überlappung der Vorstellungsbilder von Menschen, von denen man hätte erwarten dürfen, daß sie sich in dieser Hinsicht unterscheiden würden, läßt vermuten, daß sich der Planungsprozeß in dem Maße vereinfachen läßt, in dem ausgeprägte individuelle Differenzen nicht berücksichtigt werden müssen. Wichtiger ist die Beschaffenheit der reproduzierten Züge selbst. Wenn sie leicht zu benennen sind, sich aufgrund ihrer Größe oder Besonderheit vom Hintergrund abheben und für die meisten Menschen zu erkennen sind, die mit der Stadt vertraut sind, werden sie erinnert werden. Diese auf einer Straßenperspektive beruhenden Studien geben einen Eindruck davon, wie die Orientierung in der Stadt durch den selektiven Einfluß dominierender Elemente, die von der Straße aus zu sehen sind, und durch den Verlauf der Straße selbst unterstützt werden können.

Das Problem wird jedoch besonders akut, wenn die beiden Seiten der Straße in ihrer ganzen Länge aus einem wirren Durcheinander von Objekten bestehen. In einer Untersuchung dieses Aspektes der Reaktion auf die städtischen Adern verwendeten Winkel u. a. (1970) ein visuelles Simulationsmittel, mit dessen Hilfe es möglich war, nach Belieben Elemente des Erscheinungsbildes hinzuzufügen und fortzunehmen. Sie überprüften den positiven und negativen Beitrag bestimmter Züge und des gesamten Erscheinungsbildes. Indem sie (durch Retusche) Plakate, Telegraphenmasten, Überleitungen und Wegweiser nacheinander entfernten, riefen sie Reaktionen bei den Betrachtern hervor, die Aufschluß über ihre Präferenzen hinsichtlich einer „landschaftlichen" oder einer

„gewerblichen" Straße gaben. Im allgemeinen führte die Entfernung der Plakate und Telegraphenmasten zu einer positiven Reaktion, doch wenn das ganze „Durcheinander" fortgenommen wurde, zeigte sich eine merkwürdige Tendenz, die Straße als extrem monoton und deprimierend zu sehen. Das Phänomen der „Autobahnhypnose" ist ein Beispiel für das, was geschehen kann, wenn überhaupt keine ablenkenden, vom Menschen geschaffenen Elemente mehr vorhanden sind. In Texas hat man jetzt bestimmte lange flache Straßenabschnitte mit Kunstwerken in Plakatgröße ausgestattet.

Auch Kepes (1960) erinnert uns daran, daß unsere Vorstellung von der Stadt nicht statisch ist, sondern sich ständig verändert, wenn wir uns durch sie hindurchbewegen. „Die Grundeinheit unserer Stadtansicht ist nicht der fixierte räumliche Standpunkt, sondern die von den Verkehrsmitteln definierte Struktur einer Perspektivensequenz" (S. 193). Hohe Gebäude, komplexe Gebiete, Helligkeitsunterschiede, Parks und offene Räume sind wiederholt auftretende Elemente, die die Umwelt mit einer rhythmischen Struktur versehen. Solche Variationen werden durch unsere eigene Bewegung zusammengefaßt. Zu geordnete Umwelten – große Gebiete mit Reihenhäusern beispielsweise – sind (neben anderen Gründen) deshalb uninteressant, weil es ihnen an der Mehrdeutigkeit fehlt, die das Gesichtsfeld in einem Zustand der „Wahrnehmungsspannung" hält. In dem Maße, in dem Elemente des Erscheinungsbildes überraschend sind oder uns dazu zwingen, Entscheidungen zu treffen, sind sie sichtbarer als die einförmige Struktur, die wenig oder keine Wahlmöglichkeit bietet.

Obgleich die Forschungsarbeiten über die Vorstellungsbilder von Städten größtenteils mit der materiellen Gestalt befaßt waren, sind andere Faktoren von gleicher Bedeutung. Zu ihnen gehört vor allem die Rolle, die die psychologische Reaktion hinsichtlich jener Aspekte der Stadt spielt, die erfahren und erinnert werden. Die meisten Städte erwerben beispielsweise mit Hilfe ihrer vorstellbaren Züge einen psychologischen Kern oder ein psychologisches Zentrum – örtliche Bereiche, die nicht unbedingt mit dem zentralen Geschäftsbezirk zusammenfallen. Obgleich das Herz von Chicago der Loop ist, orientiert sich die Stadt psychologisch zum Seeufer hin mit seiner beeindruckenden Gegenüberstellung von Wolkenkratzern, offenem Parkgebiet und Wasser. In vielen Städten fungieren die öffentlichen Räume oder Plätze als Zentralpunkte und ermöglichen es den Menschen, sich in weniger lesbaren Umgebungen zu orientieren. Das Stadtzentrum (wie es sich in vielen europäischen Großstädten ausgeschildert findet), das häufig nach der Lage der großen Stationen der Verkehrsmittel (Knoten) bestimmt wird, steht nicht unbedingt in irgendeiner Beziehung zum kognitiven Zentrum. Gleichzeitig konnte gezeigt werden, daß die kognitive Anziehungskraft des zentralen Geschäftsbezirks beträchtlichen Einfluß auf die Distanzwahrnehmung nimmt. Golledge und Zannaras (1973) er-

Abbildung 9.9:
Eine typische Schnellstraße in einem Großstadtgebiet.

Abbildung 9.10:
Die gleiche Straße ohne Plakate.

Abbildung 9.11:
Die gleiche Straße ohne Telegraphenmasten und Drähte.

Abbildung 9.12:
Die gleiche Straße ohne Telegraphenmasten, Drähte und Plakate.

Abbildung 9.13:
Die gleiche Straße ohne Telegraphenmasten, Drähte, Plakate und Firmenschilder.

mittelten in einer Studie der Einkaufsgewohnheiten von Hausfrauen, daß Frauen in Columbus in Ohio gerne in Supermärkten einkauften, die in Richtung des zentralen Geschäftsbezirks lagen, selbst wenn leichter erreichbare Geschäfte am Stadtrand vorhanden waren. Wie Lee (1968), der eine ähnliche Präferenz in Cambridge in England feststellte, schreiben sie dies der Tatsache zu, daß die mit dem Geschäftsviertel assoziierten Werte und Befriedigungen die in dieser Richtung wahrgenommene Distanz verkürzten.

Andere Faktoren, die möglicherweise die Reaktion auf die Stadt beeinflussen, können auf Variablen wie Alter, Geschlecht, Beruf und Rasse zurückgeführt werden. Kulturelle Untergruppen neigen beispielsweise dazu, die Stadt aus ihrer besonderen Perspektive zu erfassen. Als Studenten an der Universität von Californien aufgefordert wurden, aus dem Gedächtnis eine Karte von Los Angeles anzufertigen, sahen sie es als Ganzes. In Watts, einem zentral gelegenen Stadtteil von Los Angeles, stellten sich die schwarzen Bewohner die Stadt im wesentlichen bezogen auf das Landeskrankenhaus und das Gefängnis vor. Schwarze Kinder in Roxbury, einem völlig schwarzen Ghetto in Boston, hatten dieses Gebiet mit heruntergekommenen Häusern als das für ihr Leben zentrale vor Augen. Man geht davon aus, daß der weiße Jugendliche seine Umwelt als Teil eines größeren Kontextes sieht, weil er mehr Gelegenheit hat, sie zu entdecken und über sie zu lernen.

All diese Elemente tragen zum Vorstellungsbild der Stadt bei. Sie tragen auch zu der besonderen Bereicherung bei, die die städtische Umwelt ermöglicht. Der Planer hilft dem Bewohner nicht nur dadurch sich zurechtzufinden, daß er ihm Orientierungshinweise liefert, sondern er möchte die Stadt auch attraktiver und visuell anregender, sinnlich faßbarer und interessanter gestalten. Diese Versuche gehen über das Bestreben hinaus, einfach die offensichtlichsten Konflikt- und Streßursachen in der Stadt zu beseitigen. Sie sind positive Bemühungen, dort Bedeutung und Erfüllung möglich zu machen.

So lobenswert das Verfahren auch sein mag, ist es doch nicht problemlos. Eines der Probleme ist methodologischer Art. Wie angemerkt, wird in diesen Untersuchungen vor allem die sogenannte kognitive Karte verwendet, deren Einzelheiten als Indikatoren für die Repräsentation des materiellen Schemas der Stadt gewertet werden. Doch es liegt auf der Hand, daß diese Karten auf vielfältige Weise interpretiert werden können. Sie stellen sozusagen subjektive Städte dar – in Carrs (1970) Wendung „Städte im Geist" – und besitzen als solche unterschiedliche Bedeutung für verschiedene Menschen. Unabhängig vom Informationswert der „mentalen Karte" teilt sie unter anderem möglicherweise nur die Tatsache mit, daß manche Menschen besser als andere Karten zu zeichnen vermögen. Deshalb besteht eines der Forschungsprobleme darin zu bestimmen, wie gut die Menschen sich zu orientieren vermögen, selbst wenn sie nicht in der Lage sind, ihr Wissen auf einer Karte wiederzugeben.

Wenn sich beweisen läßt, daß es Unterschiede zwischen den Karten der Menschen und ihrer tatsächlichen Verwendung der Stadt gibt, können wir daraus einen von zwei möglichen Schlüssen ziehen. Entweder ist die Karte kein ganz angemessenes Mittel, um die Kenntnis zu prüfen, die der Stadtbewohner von seiner Stadt besitzt, oder deren materielle Form ist so schwer zu beschreiben, daß die Menschen wirklich Orientierungsschwierigkeiten haben, ob wir die Karte dafür nun als Beweis werten wollen oder nicht. Natürlich können beide Interpretationen richtig sein. Deshalb benötigen wir Untersuchungen, die über jene hinausgehen, die wir erörtert haben, feiner strukturierte Verfahren, die neben den bereits verwendeten eine Reihe unterschiedlicher abhängiger Maße für die Vorstellbarkeit von Städten erfassen können. Diese Studien müßten sowohl die Vorstellbarkeit der Umwelt wie auch die Maße variieren, die verwendet werden, um die Kenntnis der Stadt festzuhalten. Gegenwärtig wird die Versuchsperson zu stark gewichtet, insofern ihre Fähigkeit, Karten anzufertigen, als Beweis ihrer Kenntnis gewertet wird.

Die Bewohnbarkeit der Städte

Was macht eine Stadt bewohnbar? Zu Beginn dieses Kapitels beantworteten wir diese Frage vorläufig dadurch, daß wir sechs ziemlich grundlegende Voraussetzungen nannten. Diese lassen sich wie folgt zusammenfassen:

Streßreduktion: Lärm- und Luftverschmutzung; schlechte Wohnungen; Massierung; Reizüberlastung.
Soziabilität und Öffentlichkeit: Die Rolle der materiellen Umwelt für die Förderung oder Behinderung sozialer und kommunaler Interaktion. Die Wichtigkeit der Wohngegend und des Ortes für die Definition der Wohnzufriedenheit.
Orientierung und Bewegungsfreiheit: Die auf der Vorstellbarkeit beruhende Verwendung einer Stadt durch ihre Bewohner.
Bereicherung durch die Umwelt: Die ästhetischen und Reizqualitäten, die zur Zufriedenheit und Annehmlichkeit des Stadtlebens beitragen – zu seiner Vielfalt, Schönheit, „Lebendigkeit", seinen symbolischen Bedeutungen.
Kulturelles Leben und Freizeit: Die Funktion der Stadt, die darin besteht, daß sie intellektuelle Stimulation, Unterhaltung, Sportstätten und Bildungsmöglichkeiten anbietet.
Der Entscheidungsprozeß: Wie der Stadtbewohner die Umweltentscheidungen wahrnimmt, die sich auf seinen Alltag auswirken.

Bei der Erörterung dieser Voraussetzungen haben wir notwendigerweise jene betont, die sich am unmittelbarsten auf die Stadt als materielle Umwelt beziehen. So haben wir wenig über die kulturellen Annehmlichkeiten gesagt, weil sie außerhalb des Blickwinkels unserer Untersuchung liegen, obgleich sie für viele Stadtbewohner sehr wichtig sind. In ähnlicher Weise mögen an dem Entscheidungsprozeß vergleichsweise wenig Menschen beteiligt sein, doch wirkt er sich auf viele aus. In diesem Zusammenhang hat man viele Anregungen aus Wohngegend- und Stadtvierteluntersuchungen sowohl in den Vereinigten Staaten wie in England gewonnen, besonders soweit es aufgezwungene Veränderungen der Stadt betrifft.

Im nächsten Kapitel werden wir einige sehr präzise Verfahren kennenlernen, durch die sich individuelle Umweltpräferenzen skalieren lassen, so daß die Teilnahme am Entscheidungsprozeß möglicherweise sinnvoller werden kann, als es jetzt im allgemeinen der Fall ist. Ursprünglich für die natürliche Umwelt entwickelt, haben diese Verfahren wichtige Implikationen für das städtische Umfeld. Obgleich die politischen Elemente, die die Entscheidungsfindung einschließen, vielleicht die Vorstellung der Menschen beherrschen, ist keines von ihnen von großem Wert, wenn die Verhaltenskonsequenzen der materiellen Veränderungen nicht verstanden werden. Das Bemühen um Effizienz auf seiten des Planers bedeutet nicht immer Bewohnbarkeit für den Benutzer. Was seine Bedeutung im Alltag der Menschen erweist, nicht was der Plan oder das Modell ihm mitzuteilen hat, entscheidet über die Reaktion. Die Angleichung der Expertenentscheidungen an die existentielle Erfahrung jener, die von ihnen betroffen sind, ist sicherlich eine entscheidende Voraussetzung für die Bewohnbarkeit der Städte.

Wir wollen dieses Kapitel damit beschließen, die unbestimmteste aller Voraussetzungen, die Bereicherung durch die Umwelt, zu erörtern. Einerseits gehört hierher beinahe alles, worüber wir gesprochen haben, da dieser Faktor mit Streß, mit dem „Orts"- oder Wohngegendsinn, den Annehmlichkeiten und der Lesbarkeit der Stadt zu tun hat. Doch zu einer bewohnbaren Umwelt kann auch das Klima, die Sicherheit der Straßen, die optische Schönheit und selbst die vorhandenen wirtschaftlichen Möglichkeiten gehören. Darüber hinaus assoziieren wir mit bestimmten Städten ihr Ambiente oder ihre Atmosphäre, das Gefühl, das wir ihnen gegenüber empfinden. Paris ist verlockend, London gelassen, New York frenetisch, Dublin freundlich. Als Reisender oder Bewohner empfinden wir ihre Stimmungen. Kognitiv mögen wir in unseren Wahrnehmungen durch das Wissen beeinflußt werden, das wir über den Ruf einer Stadt in ihrer Geschichte besitzen. In Rom werden wir nicht so sehr daran interessiert sein, was die heutigen Römer tun, sondern eher danach suchen, was die alten Römer taten. Dieser symbolische Aspekt, der auf soziokulturellen Assoziationen beruht, trägt sehr zum Stolz der Bürger auf ihre Stadt bei und hilft ihnen, ihren Charakter zu bewahren. Unglücklicherweise trifft dies nicht immer zu. In Rom befindet sich die Geschichte mit einer unglaublich lauten, verkehrsreichen Gegenwart im Kriegszustand. Ein deskriptives Profil von New York City, das sich auf Interviews gründet, die Feldman (1967) im Zuge seiner Dissertation durchführte, wird von Milgram (1970) angeführt. Hier sind einige der häufig verwendeten Adjektive:

Sensorisch	Tempo	Verhalten
groß	schnell	zurückhaltend
unermeßlich	geschäftig	anonym
gewaltig	hastig	unpersönlich
riesig	jagend	kalt
monumental	frenetisch	rauh
hoch	aktiv	
überragend	wimmelnd	
verstopft		
übervölkert	dynamisch	
	beschleunigt	
geräuschvoll	intensiv	
laut		

Milgram fügt hinzu:

„Ein dazu im Widerspruch stehendes Profil ergibt sich für London, wo die Befragten viel größeren Nachdruck auf ihre Interaktionen mit den Bewohnern legten als auf die materielle Umgebung. London provozierte Bereiche wie Vielfalt und Individualität, doch diese Eindrücke scheinen weit häufiger von der Eigenschaft der Londoner selbst als aus der Wahrnehmung der Institutionen oder der materiellen Anlage der Stadt bezogen zu werden. Bei manchen Themen herrschte nahezu Einmütigkeit: das heißt bei jenen, die die Toleranz und Höflichkeit Londons betrafen" (S. 1465).

In allen großen Städten ist die ins Auge fallende Umwelt gewöhnlich das unmittelbare Umfeld. Ein Großteil der dem Stadtleben zugeschriebenen Anonymität beruht auf der Unfähigkeit der Menschen, sich selbst in Umwelten zu lokalisieren, die visuelle und/oder symbolische Identität besitzen. Im Idealfalle erfüllen Wohnumgebungen diese Funktion dadurch, daß sie den Raum zu einer Erweiterung des Selbst machen: Dies ist „meine" Wohngegend. Je größer die Metropole ist – je weniger wir in der Lage sind, uns mit ihr als Ganzem zu identifizieren –, um so mehr zerfällt sie in einzelne Erscheinungssegmente. Der Romancier Lawrence Durrell (1972) schreibt über London und Paris, daß „man jetzt kleine Stücke von ihnen liebt, nicht das ganze". Affektion und Intimität lassen sich nur für Städte aufbringen, deren Bauweise dem Menschenmaß entspricht. Durrell vermutet, daß „ihr Zusammenhalt verlorengeht, sobald sie über ein gewisses Maß anwachsen; man sich ihnen dann nicht mehr in derselben Weise verbunden fühlen kann".
Vielleicht sollte man dieses Thema besser dem Romancier und Dichter überlassen. Dickens Beschreibungen der Art und Weise, wie das materielle London auf seine Einwohner wirkte, sagen uns mehr als alle Führer und parlamentarischen Studien der Zeit. Der Päan von Wordsworth auf London „Earth has not anything to show more fair" ist die Liebeserklärung eines Mannes an eine Stadt, der im allgemeinen in Städten nicht glücklich war. Von allen Aspekten

der Stadt, die von Soziologen, Historikern und Stadtplanern untersucht wurden, wurde die Empfindungsqualität – die taktilen, strukturellen, klingenden und atmosphärischen Werte der städtischen Umwelt – am sträflichsten vernachlässigt. Und doch kennen wir diese „phänomenale" Stadt am besten. Ein Beispiel dafür, wie man sich mit dieser Frage empirisch beschäftigen kann, zeigt Southworth (1969), der die „Schallumwelt" von Städten und ihre Beziehungen zu visuellen Gestalten untersuchte. Eine Stadt verschafft sowohl Schall-Ärger (Preßlufthämmer, quietschende Bremsen, Hupen) wie auch Schall-Vergnügen (Schiffssirenen, plätschernde Fontänen, Kirchenglocken). Erfreuliche und unerfreuliche Gerüche werden mit bestimmten Abschnitten der Stadt assoziiert. Southworth wollte insbesondere bestimmen, wie visuelle Umweltinformation verwendet werden könnte, um die Umweltqualität zu verbessern. In welchem Umfange vermag eine Person die Geräusche der Stadt zu identifizieren, wie unverwechselbar sind diese Geräusche und inwieweit informieren sie über die Aktivität und Raumgestalt der Stadt?
Architekturstudenten dienten bei dieser Studie als Beobachter. Sie wurden in drei Gruppen unterteilt: diejenigen, die sehen, aber nicht hören konnten, diejenigen, die hören, aber nicht sehen konnten, und diejenigen, die sowohl hören als auch sehen konnten. Jede Person machte einen Ausflug von viereinhalb Kilometern durch Boston und wurde dann aufgefordert, spontan ihre Eindrücke von den besuchten Orten wiederzugeben. Wie nicht anders zu erwarten, fehlt es den meisten Stadtgeräuschen an Einheitlichkeit und Informativität. In hohem Maße lag dies an der Tatsache, daß die durch Autos oder Fußgänger verursachten Geräusche im allgemeinen die informativen Geräusche überlagerten. Obwohl sie die meiste Aufmerksamkeit beanspruchten, waren sie die am wenigsten informativen Geräusche.
Die Geräuschbezirke, die am leichtesten identifiziert wurden, waren diejenigen, die äußerlich sichtbare Aktivität umschlossen. Häufig besaßen sie besondere räumliche Merkmale wie dichte, enge Straßen (Beacon Hill) oder eng begrenzte Räume wie Alleen oder Tunnels. Am anderen Ende des Spektrums wurden große offene Räume wie der Uferbereich oder die Bostoner Commons leicht erkannt. Im allgemeinen erwiesen sich die Räume als bedeutungsvoller, wenn die Person die Echos ihrer eigenen Geräusche vernehmen konnte. Wenn es sich um unerwartete oder neue Geräusche handelte, verbesserte sich die Erfassung des Bereichs erheblich. Die angenehmsten Geräusche waren die niedriger Frequenz und Intensität. Wenn Geräusche überraschend, informativ für das persönliche Handeln und kulturell gebilligt waren (Vögel und Kirchenglocken), stieg ihre wahrgenommene Annehmlichkeit sogar noch deutlicher an.
Auf der Grundlage dieser vorläufigen Ergebnisse brachte Southworth einige Planungstechniken in Vorschlag, die zur Verbesserung der Schallumwelt der

Stadt verwendet werden sollen. Informative Töne sollen die Unterscheidbarkeit visuell eintöniger Gebiete erhöhen. Viele Versuchspersonen, die sehen, aber nicht hören konnten, äußerten sich über den langweiligen Eindruck der Bostoner Uferzone, während diejenigen, die hören, aber nicht sehen konnten, das Ufergebiet wegen seiner Geräusche, wie der Glocken, des niederfallenden Wassers und der Schiffssirenen für sehr ansprechend hielten. In Geschäftsvierteln sollen Schallzeichen an die Stelle der Sichtzeichen treten. Die Bezirke, deren visuelle Artikulation nicht sehr deutlich ausfällt, sollen mittels des Schalls eine Identität erhalten, während die Bedeutung von bereits klar abgehobenen Gebieten durch eine entsprechende Schallinformation unterstützt werden kann.

Southworth wollte symbolische Geräusche verwenden, um Fußgänger über das Nahen von Bussen und sogar bei Wetterveränderungen zu informieren. Herolde sollen in den Straßen öffentliche Verlautbarungen verkünden. Belebte Skulpturen in Parks und auf Plätzen sollen „antworten", wenn die Menschen an ihnen vorbeigehen. In optisch abstoßenden Gebieten soll ein speziell konstruierter Untergrund rasseln, platschen, knallen und quietschen, um auf diese Weise für Vielfalt zu sorgen. Fantastisch? Vielleicht. Doch die Absicht ist bedenkenswert genug. Schallplanung ist ein Verfahren, durch das die Stadt vielfältiger, interessanter und damit menschlicher werden könnte.

Zusammenfassung und Schluß

Das Stadtleben ist komplex. Es gibt kein einzelnes theoretisches Modell, das alle Aspekte der städtischen Erfahrung begrifflich vereinen würde, noch liegt ein solches Modell im Bereich der Wahrscheinlichkeit. Vielmehr ist es die jeweilige Wahrnehmung des Individuums, die das scheinbare Chaos der Stadtszenerie vereinheitlicht. Weil die Menschen unterschiedliche materielle, soziale und kulturelle Bedeutungen in der Umwelt wahrnehmen, wird die Stadt von jedem ihrer Einwohner unterschiedlich erfahren.

Bei der Darlegung dieser Auffassung sind viele Aspekte des Stadtlebens, die Schlagzeilen machen, absichtlich vermieden worden. Die finanziellen Schwierigkeiten der Städte, ihre Verwaltungsprobleme, ihre Bildungskontroversen, ihre Gesetzesanwendung und ihre Verbrechensquoten gehören zu den Faktoren, die auf die Bewohnbarkeit der städtischen Umwelt einwirken, obwohl ihre Verhaltensresultate weithin indirekt sein mögen. Statt dessen haben wir die Stadt als psychologisches Umfeld betrachtet, das durch die Haltung des Individuums gegenüber der Wohnumgebung, das von ihm empfundene Ausmaß der Massierung, seine Gefühle der sozialen Identität und durch die physiognomischen Merkmale der Stadt erfahren wird, Merkmale, die ihr kartographische und symbolische Bedeutung verleihen.

Auf der Suche nach einer Struktur für die Stadt erörterten wir den Mosaikbegriff, demzufolge die sozioökonomische Klasse und die ethnischen Gruppierungen die prinzipielle Dynamik der räumlichen Organisation der Bewohner bilden. Als Ergänzungen fügten wir psychologische Gesichtspunkte hinzu. Welche Verhaltensweisen zeigen sich in welchen Umfeldern, und welche zeigen sich dort nicht? Die pathologischen Erscheinungen, die mit bestimmten Gebieten (insbesondere Slums) assoziiert wurden, wurden zitiert, und diese Tatsache wurde ihrerseits auf Bevölkerungsdichte, Wohnbedingungen und erzwungene Wohnveränderungen bezogen. Gleichzeitig wiesen wir auf die Ursachen der von den Bewohnern solcher Umwelten wahrgenommenen Befriedigung hin. Diese örtlichen Strukturen ergänzten wir durch die allgemeineren Effekte des Umweltstresses, des Lärms, der Luftverschmutzung und der Informationsüberlastung. Schließlich erwies sich die räumliche Gestalt der Stadt als wichtiger Faktor, der die Menschen befähigte, ihre Stadt zu erkennen und, was noch wichtiger war, sie mit den Symbolen versorgte, die ihnen gestatteten, sie auszuhalten oder sogar als angenehm zu empfinden.

Menschen, die in Städten leben, stürzen sich nicht auf statistische Jahrbücher, um herauszufinden, wie es ihnen geht, sondern sie haben es im Gefühl. Der Forscher sollte sich selbst fragen, wie bewohnbar ist meine eigene Stadt? Inwieweit werden Lärm, Schmutz und Verkehrsverschmutzungen durch die kulturellen Vorteile, die Stimulation und Nachbarschaftsgefühle in der Stadt ausgeglichen? Wie leicht und angenehm kann man sich in ihr orientieren? Wie ist das Klima? Was ist mit der Stadt los, daß ich mich in ihr zu Hause oder als Fremder fühle? Wie ist das Ambiente, der Stil der Stadt? Wie schön oder häßlich ist sie? Welches sind ihre Annehmlichkeiten? Wie viele der sechs Grundvoraussetzungen der Bewohnbarkeit lassen sich positiv erfahren? Die psychologische Stadt – die Stadt als erfahrenes Phänomen – betrifft uns im wesentlichen, und in gewissem Sinne ist sie die einzige Stadt, die wir wirklich kennen.

Literaturnachweise

Alexander, C. The city as a mechanism for sustaining human contact. Working paper No. 50. Berkeley, Calif.: Institute of Urban and Regional Development, University of California, 1966.

Appleyard, D. Why buildings are known: A predictive tool for architects and planners. *Environment and Behavior*, 1969, *1*, 131–156.

Appleyard, D. Styles and methods of structuring a city. *Environment and Behavior*. 1970, *2*, 100–118.

Appleyard, D., & Lintell, M. Environmental quality of city streets: The residents' viewpoint. *Journal of the American Institute of Planners,* 1972, *38.* 84–101.

Athanasiou, R., & Yoshioka, G. A. The spatial character of friendship formation. *Environment and Behavior,* 1973, *5,* 43–65.

Berger, B. M. *Working-class suburb.* Berkeley and Los Angeles: University of California Press, 1960.

Burgess, E. W. (Hrsg.), *The Urban Community.* Chicago: University of Chicago Press, 1926.

Canter, D., & Canter, S. Close together in Tokyo. *Design and Environment,* 1971, *2,* (2), 60–63.

Cappon, D. Health, malaise and the promise of cities. *Ekistics,* 1971, *32,* 48–50.

Carlestam, G., & Levi, L. Urban conglomerates as psychosocial human stressors. Bericht an die Swedish Preparatory Committee for the United Nations Conference on the Human Environment, Stockholm, Oktober, 1971.

Carr, S. The city of the mind. In W. R. Ewald, Jr. (Hrsg.), *Environment for man: The next fifty years.* Bloomington, Ind.: Indiana University Press, 1967. (Nachgedruckt in H. M. Proshansky, W. H. Ittelson & L. G. Rivlin [Hrsg.], *Environmental psychology: Man and his physical setting.* New York: Holt, Rinehart and Winston, 1970. S. 518–533.)

Carr, S., & Lynch, K. Where learning happens. *Daedalus,* 1968, *97,* 1277–1291.

Carr, S., & Schissler, D. The city as a trip: Perceptual selection and meaning in the view from the road. *Environment and Behavior,* 1969, *1,* 7–36.

Catton, W. R., Jr., Hendee, J. C., & Steinburn, T. W. *Urbanism and the natural environment: An attitude study.* Seattle, Wash.: Institute for Sociological Research, University of Washington, 1969.

Cohen, S., Glass, D. C., & Singer, J. E. Apartment noise, auditory discrimination and reading ability in children. *Journal of Experimental Social Psychology,* in press.

Cooper, C. St. Francis Square: Attitudes of its residents. *A.I.A. Journal,* 1971, *56,* 22–27.

Davis, K. The urbanization of the human population. *Scientific American,* 1965, *213,* 40–53.

Dohrenwend, B. S., & Dohrenwend, B. P. Psychiatric disorder in urban settings. In G. Caplan (Hrsg.), *American handbook of psychiatry. Bd. III.* Rev. Aufl., New York: Basic Books, 1972.

Durrell, L. The poetic obsession of Dublin. *Travel and Leisure,* 2 (4), 1972, 33–36, 69–70.

Faris, R. E. L., & Dunham, H. W. *Mental disorders in urban areas.* Chicago: University of Chicago Press, 1939.

Festinger, L., Schachter, S., & Back, K. *Social pressures in informal groups.* Stanford, Calif.: Stanford University Press, 1950.

Foa, U. G. Interpersonal and economic resources. *Science,* 1971, *171,* 345–351.

Freedman, J. L., Klevansky, S., & Ehrlich, P. R. The effect of crowding on human task performance. *Journal of Applied Social Psychology,* 1971, *1,* 7–25.

Fried, M. Grieving for a lost home. In L. J. Duhl (Hrsg.), *The urban condition.* New York: Basic Books, 1963.

Fried, M., & Gleicher, P. Some sources of residential satisfaction in an urban slum. *Journal of the American Institute of Planners,* 1961, *27,* 305–315.

Gans, H. *The urban villagers.* New York: Free Press, 1962.

Gans, H. *The Levittowners.* New York: Pantheon, 1967. (Deutsch: *Die Levittowner. Soziographie einer „Schlafstadt".* Braunschweig: Vieweg + Sohn, 1969.)

Glass, D. C., & Singer, J. E. *Urban stress.* New York: Academic Press, 1972.

Golledge, R. G., & Zannaras, G. Cognitive approaches to the analysis of human spatial behavior. In W. H. Ittelson (Hrsg.), *Environment and cognition.* New York: Seminar Press, 1973.

Gottman, J. The growing city as a social and political process. *Transactions of the Bartlett Society,* 1966, *5,* 9–46.

Grey, A., Bonsteel, D., Winkel, G., & Parker, R. People and downtown: Use, attitudes, settings. Seattle, Wash.: College of Architecture and Urban Planning, University of Washington, 1970.

Hall, E. T. *The hidden dimension.* Garden City, N.Y.: Doubleday, 1966.

Harris, J. D. Habituatory response decrement in the intact organism. *Psychological Bulletin,* 1943, *40,* 385–422. (Zitiert nach Glass & Singer, 1972.)

Hollingshead, A. B., & Redlich, F. C. *Social class and mental illness.* New York: Wiley, 1958.

Izumi, K. Draft of brief to Hellyer task force on housing. Unveröffentlichtes Manuskript, University of Saskatchewan, 1968.

Kasl, S. V., & Harburg, E. Perceptions of the neighborhood and the desire to move out. *Journal of the American Institute of Planners,* 1972, *38,* 318–324.

Kepes, C. Notes on expression and communication in the cityscape. In L. Rodwin (Hrsg.), *The future metropolis.* New York: Braziller, 1960.

Kryter, K. D. *The effects of noise on man.* New York: Academic Press, 1970. (Zitiert nach Glass & Singer, 1972.)

Lansing, J. B., & Marans, R. W. Evaluation of neighborhoods. *Journal of the American Institute of Planners,* 1969, *35,* 195–199.

Latané, B., & Darley, J. *The unresponsive bystander.* New York: Meredith, 1970.

Lauman, E. O. *Bonds of pluralism: The form and substance of urban social networks.* New York: Wiley, 1973.

Lee, T. Urban neighborhoods as a socio-spatial schema. *Human Relations,* 1968, *21,* 241–268. (Nachgedruckt in H. M. Proshansky, W. H. Ittelson, & L. G. Rivlin [Hrsg.], *Environmental psychology: Man and his physical setting.* New York: Holt, Rinehart and Winston, 1970. S. 349–370.)

Lewit, E. Male and female mortality rates in the U.S. *51st annual report: New directions in economic research.* New York: National Bureau of Economic Research, 1971.

Loring, W. C. Housing and social problems. *Social Problems,* 1956, *3,* 160–168.

Lowenthal, D. Environmental perception project: Relevance of research hypotheses for environmental design. *Man and His Environment Newsletter,* 1968, *1,* 3–6.

Lynch, K. *The image of the city.* Cambridge, Mass.: The M.I.T. Press, 1960. (Deutsch: *Das Bild der Stadt.* Braunschweig: Vieweg, 1971.)

Mead, M. Values for urban living. *Annals of the American Academy of Political and Social Science,* 1957, *314,* 10–14.

Meier, R. *A communications theory of urban growth.* Cambridge, Mass.: The M.I.T. Press, 1962.

Merton, R. K. The social psychology of housing. In W. Dennis (Hrsg.), *Current trends in social psychology.* Pittsburgh, Pa.: University of Pittsburgh Press, 1947.

Michelson, W. *Man and his urban environment: A sociological approach.* Reading, Mass.: Addison-Wesley, 1970.

Milgram, S. The experience of living in cities. *Science,* 1970, *167,* 1461–1468.

Miller, J. G. Sensory overloading. In B. E. Flaherty (Hrsg.), *Psychophysiological aspects of space flight.* New York: Columbia University Press, 1961.

Mitchell, R. E. Affect among the poor of Hong Kong and other cities. Vortrag vor dem Kongreß: Cognitive and Emotional Aspects of Urban Life, Center for Research in Cognition and Affect, The City University of New York, June, 1972.

Moller, C. B. *Architectural environment and our mental health*. New York: Horizon Press, 1968.

National Advisory Commission on Civil Disorders. *The Kerner report*. New York: Bantam, 1968.

Newman, O. *Defensible space*. New York: Macmillan, 1972.

The New York Times. A study of freeway links exhaust fumes to angina. November 1972.

The New York Times. Article on W. H. Whyte. Dezember 1972.

Park, R. *Human communities*. Chicago: University of Chicago Press, 1952.

Patri, P. Personal communication, 1971.

Reynolds, H. W., Jr. The human element in urban renewal. *Public Welfare*, 1961, *19*, 71–73, 82. Zitiert nach C. Hartman, The housing of relocated families. In J. Q. Wilson (Hrsg.), *Urban renewal: The record and the controversy*. Cambridge, Mass.: The M.I.T. Press, 1966.

Robinson, W. S. Ecological correlations and the behavior of individuals. *American Sociological Review*, 1950, *15*, 351–356.

Rossi, P. H. *Why families move: A study in the social psychology of urban residential mobility*. New York: Free Press, 1955.

Ryan, E. J. Personality identity in an urban slum. In L. J. Duhl (Hrsg.), *The urban condition*. New York: Basic Books, 1963.

Schmitt, R. C. Implications of density in Hong Kong. *Journal of the American Institute of Planners*, 1963, *24*, 210–217.

Schmitt, R. C. Density, health and social organization. *Journal of the American Institute of Planners*, 1966, *32*, 38–40.

Schorr, A. L. *Slums and social insecurity*. Washington, D.C.: U.S. Government Printing Office, 1963.

Selye, H. *The stress of life*. New York: McGraw-Hill, 1956. (Deutsch: *Streß beherrscht unser Leben*. Düsseldorf: Econ, 2. Aufl. 1957.)

Simmel, G. *The sociology of Georg Simmel*. New York: Free Press, 1950.

Southworth, M. The sonic environment of cities. *Environment and Behavior, 1969, 1,* 49–70.

Srole, L. Urban life and mental health. Vortrag vor dem Kongress: Cognitive and Emotional Aspects of Urban Life, Center for Resarch in Cognition and Affect, The City University of New York, June, 1972.

Srole, L., Langner, T.S., Michael, S.T., Opler, M.K., & Rennie, T. A. C. *Mental health in the metropolis*. Vol. 1. New York: McGraw-Hill, 1961.

Timms, D. W. G. *The urban mosaic*. Cambridge, Mass.: Harvard University Press, 1971.

Tolman, E.C. Cognitive maps in rats and men. *Psychological Review*, 1948, *55*, 189–208.

U.S. Department of Commerce. *Negro-white differentials in geographic mobility*. Washington, D.C.: Area Development Administration, 1964.

U.S. Department of Health, Education and Welfare. *The mental health of urban America: The urban programs of the National Institute of Mental Health*. Public Health Service Publication No. 1906. Washington, D.C.: U.S. Government Printing Office, 1969.

Walter, E. V. Dreadful enclosures: Detoxifying an urban myth. Paper presented at conference: Cognitive and Emotional Aspects of Urban Life, Center for Research in Cognition and Affect, The City University of New York, June, 1972.

Webber, M.M., & Webber, C.C. Culture, territoriality and the elastic mile. In H. W. Eldredge (Hrsg.), *Taming megalopolis*. Bd. 1. Garden City, N.Y.: Doubleday, 1967.

Whyte, W.H. *The organization man*. Garden City, N.Y.: Doubleday, 1957.

Whyte, W.H. *The last landscape*. Garden City, N.Y.: Doubleday, 1968.

Wilner, D.L., Walkley, R. P., Pinkerton, T. C., & Tayback, M. *The housing environment and family life*. Baltimore, Md.: Johns Hopkins Press, 1962.

Wilson, R. L. Livability of the city: Attitudes and urban development. In F.S. Chapin, Jr., & S.F. Weiss (Hrsg.), *Urban growth dynamics*. New York: Wiley, 1962.

Winkel, G., Malek, R., & Thiel, P. Community response to the design features of roads: A technique for measurement. *Highway Research Record*, 1970, *305*, 133–145.

Wirth, L. Urbanism and the American way of life. *American Journal of Sociology*. 1938, *44*, 1–24.

Young, M., & Willmott, P. *Family and kinship in East London*. Baltimore, Md.: Penguin, 1962.

Zikmund, J. Do suburbanites use the central city? *Journal of the American Institute of Planners*, 1971, *37*, 192–195.

Literaturempfehlungen

Gans, H. *The urban villagers*. New York: Free Press, 1962.

Gans, H. *The Levittowners*. New York: Pantheon, 1967. (Deutsch: *Die Levittowner. Soziographie einer ,,Schlafstadt"*. Braunschweig: Vieweg + Sohn, 1969.)

Lynch, K. *The image of the city*. Cambridge, Mass.: The M.I.T. Press, 1960. (Deutsch: *Das Bild der Stadt*. Braunschweig: Vieweg, 1971)

Michelson, W. *Man and his urban environment: A sociological approach*. Reading, Mass.: Adison-Wesley, 1970.

Perloff, H.S. *The quality of the urban environment*. Los Angeles: Resources for the Future, Inc., 1969. (Vertrieb über die Johns Hopkins Press, Baltimore, Md.)

Schorr, A. *Slums and social insecurity*. Washington, D.C.: The U.S. Government Printing Office, 1963.

In Kapitel 2 haben wir die natürliche Umwelt unter dem Gesichtspunkt der Einstellungen und symbolischen Bedeutungen erörtert, die in ihrer jahrhundertelangen Entwicklung den jeweiligen Bedürfnissen bestimmter Zeitalter oder Orte zu entsprechen schienen. So machte die animistische Naturschau, die dem primitiven Menschen eigen war, späteren und künstlicheren Wahrnehmungen der Realität Platz, die die zunehmende Tendenz zeigten, die Umwelt in unterscheidbare Bruchstücke zu

10
Wahrnehmung und Verwendung der natürlichen Umwelt

fragmentarisieren und sie als der Person äußerlich zu erfassen. Dieser Orientierungswandel legte das Fundament für eine mechanistische Wissenschaft, die die Welt eher unter dem Gesichtspunkt ihrer Teile, als ihres Ganzen behandelte. Wir stellten einander die östliche und die westliche Einstellung zur Natur gegenüber, wobei wir den idealen östlichen Menschen insofern als der Natur näher beschrieben, als er sich selbst als Teil eines organischen Ganzen ansieht. Der abendländische Mensch hat sich dagegen in wissenschaftliche Distanz zu seiner Umwelt begeben und legt Wert auf deren technische Kontrolle. Aus dieser Auffassung haben sich viele der sozialen und wirtschaftlichen Einstellungen ergeben, die sich heute auf die Verwendung der natürlichen Welt auswirken. Mit dieser Frage wollen wir uns hier beschäftigen. Wir möchten eine Verbindung zwischen den oben sehr eingehend dargelegten Einstellungen und den spezifischen Umweltproblemen herstellen, die uns gegenwärtig betreffen.

Nützlichkeitsprinzip versus Erhaltung

Durch die Zunahme der Bevölkerung wurde der Druck auf die natürliche Umwelt immer größer. Teilweise ist daran unser scheinbar unersättlicher Hunger nach Land und nach Ausbeutung der Naturvorkommen im Dienste der Technologie Schuld, der so charakteristisch für unsere Gesellschaft ist. Diese Faktoren haben in Verbindung mit einem raschen Schrumpfen unserer natürlichen Lebensräume zu einer nicht ungerechtfertigten Sorge um die Zukunft unserer Umwelt geführt.

Angesichts dieser Situation sind im wesentlichen zwei Standpunkte gegenüber der natürlichen Umwelt bezogen worden. Der eine läßt sich instrumentell nennen – die Natur wird in erster Linie unter der Perspektive der Nutzung

389

durch den Menschen und/oder als seiner technischen Kontrolle unterworfen gesehen. Der andere und dieser Auffassung widersprechende Standpunkt gründet sich auf das ethische Prinzip der Erhaltung, das die ökologische Integrität der Natur betont. Die unberührte Natur insbesondere ist das augenfälligste Beispiel für den Abstand zwischen diesen beiden Wertsystemen. Diejenigen, die sich beispielsweise an einer instrumentellen Nutzung der Umwelt orientieren, halten den Holzgewinn oder den Bergbau in Gebieten unberührter Natur unter dem Gesichtspunkt wirtschaftlichen Wachstums für absolut notwendig. Es sei, so bringen sie vor, eine Frage der Prioritäten, und wenn der ästhetische oder Erholungswert der Umwelt darunter leide, sei dies der Preis, den man zahlen müsse, um die industrielle Produktivität und die ökonomische Unabhängigkeit von anderen Nationen zu erhalten.

Die Umweltschützer führen dagegen an, daß anhaltendes wirtschaftliches Wachstum bedeutungslos sei, wenn das Ergebnis eine ausgelaugte und verunstaltete Landschaft sei. Wir werden eine Erbschaft vertan haben, die in vielerlei Hinsicht nicht ersetzt oder wiedererworben werden kann. Wir sind möglicherweise in materieller Hinsicht reich, doch wir werden die geistigen Werte verloren haben, die durch die unmittelbare Berührung mit einer vom Menschen nicht verdorbenen Natur genährt wurden. Was nützen uns zwei Autos in jeder Garage, eine Vielzahl elektrischer Geräte und unerschöpfliche Geldquellen, wenn unsere Luft und unser Wasser vergiftet sind, unsere Wälder sich in Ödland verwandelt haben, das natürliche Leben in der Natur dahin ist, weil ihm kein Ort mehr blieb, und unsere Landschaft von Tagebau und Erosion aufgefressen wird? Dieses Argument der Umweltschützer ist uns allen vertraut.

Die ethische Position, der es um die Erhaltung der Umwelt geht, umfaßt jedoch mehr als nur die Sorge um den Schutz der natürlichen Ressourcen, die Schönheit eines Panoramas und den Symbol- und Erholungswert der Umwelt. Von gleicher Bedeutung ist die Überzeugung, daß wir durch den Schutz der Natur besser imstande seien, alle Ziele zu erreichen, die immer wir uns setzen mögen. Dies mag zum Teil ein instrumenteller Gesichtspunkt sein. Denn die natürliche Umwelt kann nicht endlos belastet werden durch Dinge, die Menschen produziert haben. So ist eine Position der Umweltschützer diejenige, daß wir die Quantität unserer Produktion der Qualität opfern und lernen müssen, mit den Mitteln unseres Planeten zu leben, selbst wenn dies zu einigen drastischen Veränderungen unserer Lebensweise führen sollte.

Ein geläufiges Beispiel – die „Energiekrise" – soll diesen Punkt erläutern. Die Möglichkeit, daß die erforderlichen Benzinmengen nicht zu beschaffen sind, kann insofern zu einem Mobilitätsverlust führen, als das private Automobil betroffen ist. Außerdem hat eine Knappheit des Heizöls zu einer Rationierung der Vorräte geführt, die vielen Haushalten mehr kalte Tage beschert hat. Bei einer instrumentellen Einstellung gegenüber der Umwelt würde man davon ausgehen, daß die angemessene Reaktion auf die Energiekrise in einem verstärkten Bemühen um neue Ölvorkommen bestünde, selbst wenn dies bedeuten würde, daß die küstennahen Ölreserven der Vereinigten Staaten noch stärker ausgebeutet werden müßten. Die verheerende Ölpest in Santa Barbara im Jahre 1969 zeigt jedoch, welche Risiken ein solches Unternehmen mit sich bringen kann. Die Reaktion eines Umweltschützers auf die Energiekrise würde eine Reihe weitgespannter Maßnahmen umfassen. Dazu würde der Versuch gehören, die Gewohnheiten der Benutzung von Automobilen dadurch zu verändern, daß man die Schnellverkehrssysteme ausbauen und die Autofahrer dazu erziehen würde, ihre Autos seltener zu benützen und sogar Strafen androhen würde für die unnötige Benutzung von Autos.

Die vielleicht wichtigste Lehre, die wir aus der Krise zu ziehen haben, lautet, daß wir keineswegs sicher sein können, daß die technologischen Ersatzstoffe, die an die Stelle der verlorenen Naturvorkommen treten, den menschlichen Bedürfnissen angemessen sein werden. Teilweise mag die Technologie gut genug entwickelt sein. Sie kann aber – wie wir später zeigen werden – auch zu einer Reihe nicht antizipierter und/oder unerwünschter Nebeneffekte führen. Wir müssen vor allem zu einigen der Werte zurückkehren, die wir in Kapitel zwei erörtert haben. Diese lassen sich dahingehend zusammenfassen, daß wir unsere Abhängigkeit von der Umwelt, in der wir leben, erkennen müssen, daß wir Abschied von der Vorstellung nehmen müssen, die Technologie sei in der Lage, all die Probleme zu lösen, die sich aus der blinden Ausbeutung der Umwelt ergeben, daß wir unseren Naturvorkommen gegenüber die Haltung eines sorgfältigen Vermögensverwalters einnehmen und daß wir generell davon Abstand nehmen müssen, die Umwelt als einen Gegenstand unabsehbarer Ausbeutung anzusehen, der separat und unabhängig von uns vorhanden ist.

Große Teile unserer weiteren Erörterungen beziehen sich unmittelbar oder mittelbar auf die generelle Wertorientierung, die wir hier darlegen. Es wäre jedoch ein Mißverständnis, wenn man annehmen würde, daß dies die einzigen Belange der Menschen gegenüber der natürlichen Umwelt wären oder daß sie die einzigen Gründe zur Untersuchung des Gegenstandes darstellten. In Kapitel zwei wurden einige der *symbolischen Haltungen* des Menschen gegenüber der externen Umwelt dargelegt, die die Art und Weise beeinflussen, in der er sie verwendet und begreift. Eine dieser Einstellungen erwächst aus dem angenommenen moralischen Nutzen des Lebens auf dem Lande. Thomas Jefferson, der den Städten (ihrer Künstlichkeit wegen) mißtraute, wie die frühen Puritaner der Natur mißtraut hatten, empfand das Land als einen Hort der kulturellen Werte. Thoreau und anderen bedeutete Naturnähe, daß sie auf sich selbst vertrauten und die Maschinen ablehnten. Diese Einstellungen lassen sich heute in den Schriften von Lewis Mumford finden, für den die ländliche oder kleinstädtische Lebensweise ein umweltschützerisch gesehen „moralisches" Leben bleibt.

Andererseits hat man in der natürlichen Umwelt einen Weg zur mystischen Vereinigung mit Gott erblickt. Der Naturalist John Muir (1838–1914) brachte diesen Standpunkt zum Ausdruck, als er in den Gletscherformationen und botanischen Wundern des Yosemite Valley in Californien seine Person transzendiert sah und einen nahezu pantheistischen Glauben an die Göttlichkeit der Natur gewann. Ernest Seton-Thompson (1860–1946), der Jagd- und Forstautor, dessen Untersuchungen sich die amerikanischen Pfadfinder zu eigen machten, betrachtete die Berührung mit der Natur als ein Mittel zur Charaktererziehung Jugendlicher. Interessanterweise ist jedoch die Vorstellung, daß die unberührte Natur ein Ort der Buße und Strafe oder die symbolische Quelle des Bösen sei, weitgehend verlorengegangen – vielleicht in dem Maße, in dem die unberührte Natur eine Seltenheit zu werden droht. Heute ist die Wildnis „gut".

Andere Perspektiven der natürlichen Umwelt

Die der Natur innewohnenden symbolischen Bedeutungen wirken sich auf die Art und Weise aus, in der man sich seiner Umwelt gegenüber verhält. Dies trifft in gleicher Weise für die Erholung in der externen Umwelt, das Problem möglicher Naturkatastrophen und auf Konstrukte wie Umweltqualität zu. Es dürfte nützlich sein, zu definieren, was mit diesen Termini im Kontext dieses Kapitels gemeint ist.

Als *Erholungsgebiet* kommt der natürlichen Umwelt die Funktion eines Spielplatzes zu. Picknicker, Vogelbeobachter und Camper in der Wildnis sind alle auf dem Weg „zurück zur Natur", wenn auch nicht alle mit der gleichen Überzeugung. Die Beliebtheit der Erholung im Freien läßt sich auf mehr Freizeit, den Wunsch, der Stadt zu entfliehen, und Statusmotivationen zurückführen, die bestimmte Freizeitaktivitäten (Skilaufen zum Beispiel) einem bestimmten sozialen Standard zuordnen. Einige Psychologen glauben, daß das Bedürfnis nach offenem Raum selbst tief im Menschen verwurzelt sei. Viel wahrscheinlicher ist allerdings, daß die Art der gewählten Beschäftigung, die Abwechslung gegenüber der Arbeitsroutine diese Bedürfnisse viel eher befriedigen als der Kontakt mit der Natur. In dem Maße jedoch, in dem das Spiel therapeutischen Wert hat, übernimmt die natürliche Umwelt häufig eine aktive Rolle in diesem Prozeß. Andere (Burch 1965; Klausner 1971) sehen in diesem Umfeld eine Möglichkeit zum Rollenspiel. Mit dieser Frage werden wir uns eingehender bei der Erörterung des Verhaltens in der unberührten Natur beschäftigen.

Die Möglichkeit von Naturkatastrophen bedingt besondere Anpassungsprobleme. Hier haben wir es mit der Sicherheit der menschlichen Umwelt zu tun, von der auch ihre Qualität und Integrität betroffen wird. Allgemein sind diese Wechselfälle eher „Ereignisse" als „Umwelten". Wenn wir sie kontrollieren, schaffen wir nicht nur eine bewohnbarere Umwelt, sondern beschützen die Natur auch in gewissem Sinne vor sich selbst. Entscheidend ist aber, daß der Mensch weiß, wann er zu weit geht. Die technische Intervention kann neue Probleme schaffen. Die Eindeichung der Flüsse hat in vielen Gebieten zu einer raschen Besiedlung der Flußebenen geführt, in denen die Überschwemmungsgefahr außerordentlich hoch ist. Das Löschen von Waldbränden kann die Natur daran hindern, das natürliche Wachstum aus ökologischen Gründen einzudämmen.

Umweltqualität realisieren heißt, mehr tun als nur ökologischen Standards zu entsprechen. Wir müssen entscheiden, was die Qualität kostet und wer für sie bezahlen muß. Voraussetzung ist auch, daß die Verantwortlichkeit des Menschen für seine Beziehung zu seiner Welt größer wird. Diese Fragen bilden den Kern einer psychologischen Beschäftigung mit der natürlichen Umwelt. Durch unsere Einmischung in die Natur zerstören wir nicht nur das Ökosystem sondern auch die natürliche Ordnung oder die Umweltgegebenheiten, die so wichtig sind für die Frage, in welcher Beziehung die Menschen zueinander stehen und wie sie letztlich ihre Stellung im Universum bewerten. In der griechischen Mythologie verlor Anteus seine Stärke, als ihm die Berührung mit der Erde verlorenging. Dem Umweltmenschen geht es nicht so sehr um die Berührung mit der Erde, sondern um die Qualität der natürlichen Umwelt, die solcher Berührung erst Bedeutung verleiht. Die Frage der Qualität wird gewöhnlich an Standards gemessen, über die man sich einig ist. Die meisten Menschen halten Smog für unerfreulich und gefährlich und finden, die Schönheit der Landschaft sei etwas Gutes. Außerdem wird angenommen, daß allgemein anerkannte Standards politischer und/oder wirtschaftlicher Kontrolle zugänglich gemacht werden können. Der Konflikt entzündet sich auf zwei Ebenen: (1) Wie kommt es zu einem Standard, das heißt, wie einigt man sich auf seiner subjektiven Ebene; und (2) welche Kosten und welcher Nutzen verbinden sich mit der Realisierung dieser Standards in spezifischen Situationen. Allzuoft beschäftigt man sich mit diesen Problemen erst, nachdem man festgestellt hat, wie erstrebenswert die Standards sind. Zwei Beispiele sollen diesen Punkt verdeutlichen.

In Los Angeles sammelt sich das Kohlenmonoxid von sechs Millionen Automobilen auf einem Gebiet von 54 000 km², das außerordentlich anfällig für Smogverhältnisse ist. Aufgrund der kalifornischen Sonneneinwirkung werden die Autoabgase in noch weit gefährlichere photochemische Oxidationsmittel verwandelt. Die durch Bundesgesetz festgelegte Grenze von 0,08 Millionstel wird an mehr als 200 Tagen im Jahr überschritten. Die offiziell mit der Luftverschmutzung befaßten Stellen im Bereich von Los Angeles führen 90% des Smogs dieses Gebietes auf die Kraftfahrzeuge zurück. Aus diesem Grunde hat der Leiter des Bundesamtes für Umweltschutz eine Benzinrationierung vorgeschlagen, die die Verwendung des Autos um 80% reduzieren würde. Nach seiner Auffassung läßt sich nur durch diese Maßnahme der Standard der Luftreinheit erzielen, der ab 1977 gesetzlich vorgeschrieben ist.

Solch ein Verfahren ist sicherlich logisch, doch läßt es sich akzeptieren? Werden Menschen saubere Luft mit einer drastischen Veränderung ihrer Gewohnheiten bezahlen? Der frühere Bürgermeister von Los Angeles, Sam Yorty (1973), bezweifelt es. „Ich glaube nicht, daß die Luft so schlecht ist, daß die Menschen bereit sind, zu 80% auf das Auto zu verzichten, die gesamte Wirtschaft lahmzulegen und jedermann der Arbeit zu berauben, um die Luft zu verbessern." Ob Yortys Äußerung nun zutrifft oder nicht, sie stellt die entscheidende Frage danach, wer für die Qualität der Luft bezahlt und wie er dafür bezahlt. Während reine Luft das Anliegen von jedermann ist, stehen spezielle Interessen (die der Öl- und Autoindustrie), verfestigte Gewohnheiten und (im Falle von Los Angeles, wo es keine Untergrundbahn und kein ausreichendes Busnetz gibt) logistische Erfordernisse gegen eine solche Veränderung. Die Kosten werden zumindest gegenwärtig als zu hoch empfunden.

Ein anderes Beispiel für eine subjektive Wahrnehmung der Umweltqualität zeigt sich in Boron in Californien, das in der Mojave Wüste wenige Meilen von der Luftwaffenbasis Edwards entfernt liegt. Die Basis ist (unter anderem) eine Test- und Entwicklungsstation für Militärflugzeuge mit Überschallgeschwindigkeit. Während die meisten Gemeinden im Lande versuchen, den Flughafenlärm einzuschränken, haben sich die Bewohner von Boron an ihn gewöhnt und schätzen ihn sogar. Zudem haben sie es nicht nur mit dem gewöhnlichen Lärm, sondern auch mit dem häusererschütternden, ohrenbetäubenden Knall beim Durchstoßen der Schallmauer zu tun. William Murray berichtet in einem Artikel in „The New Yorker" (16. September 1972):

„Trotz der Tatsache, daß am Tage durchschnittlich vierhundert Flüge von Edwards gestartet werden und es nicht ungewöhnlich ist, daß die Stadt zwischen morgens und abends zwanzig- bis dreißigmal vom Knall erschüttert wird, erhebt eigentlich niemand Einwände dagegen. Statt dessen macht die Stadt eine Tugend aus ihrer Heimsuchung. ‚Täglich wird im Gebiet von Boron Luftfahrtgeschichte gemacht', verkündet eine Broschüre, die von der Handelskammer herausgegeben wird. Boron, so fährt sie fort, müsse ‚die Fluglärmhauptstadt der Welt' genannt werden" (S. 89).

„Solch ein Enthusiasmus hat natürlich", so fährt der Autor fort, „starke wirtschaftliche Wurzeln."

Man strebt die Kontrolle der Umweltqualität auf verschiedene Weisen an. Die

Gesetzgebung ist eines der Hauptinstrumente: Wir senken den Bleigehalt des Benzins. Die Steuer wird zur Bestrafung der Verschmutzer verwendet, das heißt, die Benzinsteuer wird angehoben. Die Drohung mit gesetzlichen Strafen ist manchmal recht wirksam. Die öffentliche Meinung spielt eine zunehmende Rolle, insofern z. B. Bürgerinitiativen rechtliche Maßnahmen gegen Umweltsünder einleiten. Doch wieder erweisen sich die unterschiedlichen Auffassungen über die Kriterien als der springende Punkt. Die Entscheidung, fiskalische Maßnahmen zur Anhebung der Lebensqualität einzusetzen, hängt davon ab, daß man bestimmte Standards setzt, anhand derer sich entscheiden läßt, wann und wieviel Steuern zu zahlen sind. Auf den folgenden Seiten werden uns diese Fragen erneut beschäftigen. Wie wir sehen werden, gibt es viele Fragen, doch wenige Antworten. Eine der Aufgaben der Umweltpsychologie besteht also darin, unser Verständnis für die Faktoren zu erweitern, die zu diesen unterschiedlichen Konzeptionen der natürlichen Welt beitragen. Wir hoffen, daß bessere Kenntnisse uns dabei helfen werden, die Probleme zu lösen, denen wir jetzt und in der unmittelbaren Zukunft gegenüberstehen.

Die Wahrnehmung der Möglichkeit von Naturkatastrophen und die Reaktion darauf

„Als am Freitag der Sturm, der Geschwindigkeiten bis zu 80 Stundenkilometern erreichte, Bäume entwurzelte und mehr als 5 cm Niederschlag die Keller in Westchester vollaufen ließ, wurden sich viele Einwohner darüber klar, daß sie das alles im letzten Juni schon mal durchgemacht hatten, als der Hurrikan Agnes dort Überschwemmungsschäden im Wert von vielen tausend Dollar angerichtet hatte.

‚Man glaubte, daß dieser Mißstand schon vor zwanzig Jahren beseitigt worden sei‘, äußerte sich Mrs. Amy Sullo, wohnhaft in Babbit Court 34 in Elmsford, voller Wut. ‚Ich möchte nur wissen, wohin die Steuergelder fließen. Jedesmal, wenn wir starke Regenfälle haben, tritt der Saw Mill River über die Ufer. Wieviel kann ein Mensch ertragen?‘

‚Während der letzten Überschwemmung‘, erinnerte sich Mrs. Sullo, ‚fand ich drei Schlangen in meinem Keller. Ich weiß nicht, woher sie kamen. Ich kann Schlangen nicht ausstehen.‘ “(The Daily Item, Port Chester, New York, 3. Februar 1973).

Auf keinem anderen Gebiet haben unsere Entscheidungen hinsichtlich der Verwendung der Umwelt wichtigere Konsequenzen als auf demjenigen der Naturkatastrophen. Der Mensch wird ständig von den Exzessen und den Knappheiten der Natur bedroht. In den Jahren 1955 bis 1964 wurden in den

Vereinigten Staaten durchschnittlich 70 Todesfälle im Jahr durch Überschwemmungen verursacht. Von 1915 bis 1964 gab es durchschnittlich 110 Tote durch Hurrikane und von 1916 bis 1964 194 durch Tornados. Tabelle 10–1 gibt Schätzungen der durch diese und andere extreme geophysikalische Ereignisse verursachten Sachschäden wieder. Burton, Kates und White (1968) kommen auf eine Zahl von drei Milliarden Dollar für die durch diese Katastrophen verursachten Kosten, und Burton (1970) vermutet, daß sich die jährliche Zahl der Naturkatastrophen am Ende des Jahrhunderts verdoppelt haben wird.

Obwohl wir diese Katastrophen „natürlich" nennen, resultieren viele von ihnen aus dem Handeln des Menschen. Wenn der Mensch sich und die Produkte seiner Arbeit über größere Bereiche ausbreitet, wenn er Flüsse eindämmt, die Erde zupflastert, Wälder rodet und immer größere Städte baut, nimmt sowohl seine Anfälligkeit gegenüber Naturkatastrophen wie auch die potentielle

Tabelle 10.1: Schätzungen der durchschnittlichen jährlichen Verluste durch ausgewählte geophysikalische Katastrophen in den Vereinigten Staaten[a]

Katastrophe	Todesfälle		Sachschaden	
	Zahl	Zeitraum	Betrag	Zeitraum
Überschwemmungen	70	1955–64	1000	1966
			350–1000	1964
			290	1955–64
Hurricane	110	1915–64	250–500[b]	1966
			100	1964
			89	1915–64
Tornados	194	1916–64	100–200[b]	1966
			40	1944–64
Hagel, Sturm und Gewitter			300	1967
			125–250[b]	1966
			53	1944–53
Blitzschläge und Feuer	160	1953–63	100	1965
Erdbeben	3	1945–64	15	1945–64
Seebeben	18	1945–64	9	1945–64
Hitze und Isolation	238	1955–64		
Kälte	313	1955–64		
SUMME	1106		621–2174	

[a] Die Schätzungen für die einzelnen Jahre beruhen auf den durchschnittlichen Verlusten des angegebenen Zeitraums. Die Zahlen der Sachschäden sind in Millionen Dollar der nicht regulierten Schäden wiedergegeben.

[b] Nur versicherte Verluste

Aus I. Burton, R. Kates und G. White, The human ecology of extreme geographical events. Natural Hazard Research Working Paper No. 1. Toronto: Department of Geography, University of Toronto, 1968. Mit Erlaubnis der Autoren.

Größe der Verluste zu. Annähernd 200 Städte liegen in den Vereinigten Staaten in Überschwemmungsgebieten. Zwischen 1940 und 1960 wurden mehr Gebäude unterhalb der mittleren Hochwassermarke rund um unsere großen Städte gebaut als in Gebieten, die über dieser Marke liegen. Die Folgen dieses Vorgehens zeigten sich im Frühjahr 1973 in erschreckender Weise bei der verheerenden Überschwemmung am Mississippi. Etwa 11 Millionen Morgen in sieben Staaten wurden unter Wasser gesetzt. Man schätzte den Schaden auf 322 Millionen Dollar, und 35000 Personen wurden obdachlos. In solchen Fällen scheint die Natur außer Kontrolle zu geraten. Tatsächlich setzt sich jedoch der Mensch selbst ihren Wechselfällen aus. Trotz immer wieder erfolgter Überschwemmungen wird das Verhaltensmuster, das die Geographen „Reinvasion" der Überschwemmungsgebiete nennen, nicht abgeschwächt sondern eher verstärkt. Dieses Muster läßt sich in gleicher Regelmäßigkeit dort beobachten, wo Erdbeben oder Hurrikane gewütet haben.

Auf einer theoretischen Ebene sind sich die Menschen wahrscheinlich dieser Risiken bewußter als jemals zuvor. Dennoch straft ihr Verhalten dieses Bewußtsein oft Lügen. In den letzten Jahren wurde diese interessante Situation von zahlreichen Geographen, insbesondere von der Universität Chicago, der Clark Universität und der Universität von Toronto in einem Forschungsprogramm untersucht, das sich mit dem Katastrophenrisiko beschäftigt. Aufgrund dieser Studien können wir zumindest vier wesentliche Gründe unterscheiden, aufgrund derer sich die menschliche Reaktion auf die Risikoumwelt wesentlich von den Wahrnehmungen der normalen Umwelt unterscheidet:

1. In den meisten Gebieten ereignen sich die Katastrophen relativ selten. Sie sind nicht Teil unseres Alltags. Die seltene Wahrnehmung von Risikobedingungen führt zu Verzerrungen in der begrifflichen Erfassung der Umwelt. Die Bedrohung (der Reiz) wird als potentiell und fernliegend statt als unmittelbar und real erfaßt.
2. Wir haben es mit Ereignissen zu tun, die der Mensch nach allgemeiner Überzeugung nur begrenzt kontrollieren kann.
3. Diese Ereignisse verlangen in der Lebensweise häufig eine Form der Anpassung, zu der die Menschen nur ungern bereit sind.
4. Die Information aus der Risikoumwelt ist häufig mehrdeutig. Sie liefert uns nur eine unzureichende Menge verläßlicher Hinweisreize. Folglich sind die Urteile weniger genau, als es in anderen Umwelten gewöhnlich der Fall ist.

Tabelle 10.2 enthält einen Katalog möglicher Formen der Anpassung an diese Risiken.

Angesichts dieser Möglichkeiten ist es nicht überraschend, daß die Strategien, für die sich die Menschen im Umgang mit Risiken der Natur entscheiden, erheblich variieren. Wir wissen beispielsweise, daß viele Individuen die Bedrohung aus ihren Wahrnehmungen gänzlich ausschließen („es wird nicht passieren"). Andere sehen vielleicht die Gefahr, doch fühlen sie sich nicht in der

Tabelle 10.2: Theoretisches Spektrum möglicher Formen der Anpassung an geophysikalische Ereignisse.

Anpassungs-klasse	Ereignisse		
	Erdbeben	Überschwemmungen	Schnee
Einwirkung auf die Ursache	Kein Verfahren bekannt, auf den Mechanismus von Erdbeben einzuwirken	Reduktion von Überschwemmungen durch: Veränderte Nutzung des Landes, Abregnen von Wolken	Veränderung der geographischen Verteilung durch das Abregnen von Wolken
Modifizierung der Katastrophe	Wahl eines stabilen Standortes: Stabilisierung des Bodens und des Gefälles; Wellenbrecher; Feuerschutz	Kontrolle der Überschwemmungen durch Staubecken; Dämme, Kanalisierung; Flutbekämpfung	Eingeschränkte Wirkung durch Schneezäune; Räumung; das Streuen von Salz und Sand auf den Straßen
Modifizierung des potentiellen Verlustes	Warnsysteme; Notevakuierung und Vorkehrungsmaßnahmen; Planung der Gebäude; veränderte Nutzung des Landes; ständige Evakuierung	Warnsysteme; Notevakuierung und Sicherheitsvorkehrungen; Planung der Gebäude; veränderte Nutzung des Landes; ständige Evakuierung	Wettervorhersage; tabellarische Erfassung; Vorratskontrolle; Planung der Gebäude; jahreszeitliche Maßnahmen (Schneereifen, Schneeketten); jahreszeitliche Umzüge; die Bezeichnung schneebedrohter Straßen
Anpassung an Verluste: Verteilung der Verluste	Öffentliche Unterstützung; subventionierte Versicherung	Öffentliche Unterstützung; subventionierte Versicherung	Öffentliche Unterstützung; subventionierte Versicherung
Planung des Verlustfalles	Versicherung und Rücklagen	Versicherung und Rücklagen	Versicherung und Rücklagen
Ertragen der Verluste	Individuelle Hinnahme der Verluste	Individuelle Hinnahme der Verluste	Individuelle Hinnahme der Verluste

Aus I. Burton, R. Kates und G. White. The human ecology of extreme geographical events. Natural Hazard Research Working Paper No. 1. Toronto: Fachbereich Geographie, Universität von Toronto 1968. Mit Erlaubnis der Autoren.

Lage, irgend etwas dagegen zu tun, auch wenn sie dazu möglicherweise durchaus fähig wären („Ich werde es schon durchstehen"). Das vorherrschende Verhalten scheint jedoch in Ungewißheit begründet zu sein. Die Katastrophe wird unter dem Gesichtspunkt der Wahrscheinlichkeit wahrgenommen. In diesem Fall berechnen wir unsere Chancen, die möglicherweise recht hoch sind („Mir wird es nicht passieren"). Schließlich wird die Wahrnehmung des Risikos durch das Vertrauen auf Hilfe von außen eingeschränkt. Wir sind zunehmend intoleranter geworden gegenüber den „Wechselfällen der Natur im Zeitalter einer mächtigen Technologie" (Burton u. a. 1968 : 4). Die Technologie gibt zu der Vermutung Anlaß, daß zumindest gewisse Risiken kontrolliert werden können („soll die Regierung es machen"). Offensichtlich war dies die Einstellung von Frau Sullo. Zwanzig Jahre Überschwemmungen konnten ihr Vertrauen nicht besiegen.

Wir können viel von Menschen wie Frau Sullo lernen. Aus 2 000 Tiefeninterviews mit Bewohnern von durch Flüsse oder Gezeiten bedrohten Überschwemmungsgebieten ermittelten Burton und seine Mitarbeiter die Art und Weise, in der verschiedene Individuen Überschwemmungsrisiken besonders hinsichtlich der Vorkommenshäufigkeit wahrnehmen. Ein Schluß, zu dem sie kamen, besagt, daß die Einschätzung jener Menschen, die mit Überschwemmungen beruflich zu tun haben, kaum jemals mit den Einschätzungen der übrigen Menschen übereinstimmt. Diese sind über die Häufigkeit von Katastrophen nicht so genau informiert und sind daher geneigt, sich selbst aus dem Risiko auszuschließen oder es überhaupt zu leugnen. Tabelle 10.3 zeigt einige der Verfahren, mittels derer Menschen psychologisch das Element der Ungewißheit im Umgang mit Überschwemmungen behandeln. Im allgemeinen zeigen sie die Tendenz, die Möglichkeit der Umweltkontrolle kaum zu berücksichtigen. Dies heißt nicht, daß die Menschen nicht handeln, wenn sie sich ständigen Bedrohungen gegenübersehen, wenn also die Gewißheit der Ungewißheit in der Wahrnehmung des Risikos entspricht oder wenn das Ausmaß der Gefahr eine Krisenreaktion hervorruft. Burton u. a. (1968) nennen dies die „es wird passieren"-Haltung. Dagegen sind die Vorsorgemaßnahmen selten, wo die wahrgenommene Häufigkeit und die geringe Wahrscheinlichkeit sich zu einer negativen Gewißheit zusammenschließen. Dort heißt es „es wird nicht passieren". Zwischen diesen Extremen ist die Wahrscheinlichkeit ungewiß, und es zeigt sich eine „große Vielfalt wahrgenommener Wahrscheinlichkeiten in der Bevölkerung" (S. 19). Zwischen diesen Extremen läßt sich die Reaktion des Menschen noch am schlechtesten voraussagen.

Aus den Interviews ergab sich, daß keine der oben genannten Einstellungen in irgendeiner signifikanten Beziehung zum Alter oder der Ausbildung steht. Auch der sozioökonomische Status tritt mit Ausnahme der Fälle, in der die Kosten für die Beseitigung des Problems hoch sind, nicht als Faktor in Erscheinung. In solchen Fällen sind die Menschen eher zum Handeln bereit, wenn sie zu den mittleren oder oberen Einkommensgruppen gehören. Frühere Erfahrung mit einer von Katastrophen schwer betroffenen Region hat nur einen geringen Effekt auf die Wahl neuer Strategien. Wenn die tatsächliche Häufigkeit der Katastrophen der wahrgenommenen Häufigkeit gleichkommt, wird Handeln am wahrscheinlichsten. Dem Psychologen stellt sich die Frage, warum die tatsächliche Häufigkeit nicht immer so wahrgenommen wird, oder – anders gesagt – warum die Katastrophenwahrscheinlichkeit in die Kategorie der Ungewißheit verlagert wird.

In Erweiterung dieser Beobachtung vermutet Kates (1968), daß neben der Häufigkeit und dem Ausmaß noch zwei andere Merkmale von Naturrisiken auf die Wahl der Anpassungsweise einwirkten. Eines von ihnen ist die Plötzlichkeit des Ausbruchs. Eine Katastrophe, die sich kaum oder gar nicht vorher anzeigt, läßt uns wenig Wahlmöglichkeiten. Ein zweites Merkmal ist die Beziehung des Risikos zu einer spezifischen Umwelt – ist es verknüpft mit der Art, in der der Standort verwendet wird? Überschwemmungen werden eher als wahrscheinlich angesehen – und man versucht eher, sich vor ihnen zu schützen – wo Schwemmland bebaut wird, wie es im Mississippital häufig der Fall ist. Andererseits können Trockenheiten hingenommen werden, das heißt, ihr Risikocharakter geht verloren, wo Farmer allein vom Niederschlag abhängig sind, da man in diesen Gebieten offenbar wenig dagegen tun kann.

Diesen Faktoren fügt Kates das Element der persönlichen Anfälligkeit hinzu, das teilweise von der Natur des Ereignisses – seiner Neuheit, Häufigkeit und Intensität – teilweise auch von den unterschiedlichen Naturanschauungen der Menschen beeinflußt wird. Die technische Machbarkeit von Veränderungen (um die Anfälligkeit zu reduzieren) kann erheblich von Individuum zu Individuum variieren. Auch der wirtschaftliche Nutzen, der an einer solchen Veränderung hängt, wird sich unterscheiden. Nicht jeder muß bei einer Katastrophe

Tabelle 10.3: Übliche Reaktionen auf die Ungewißheit möglicher Naturkatastrophen.

Ausschluß des Risikos		Ausschluß der Ungewißheit	
Leugnen seiner Existenz	Leugnen der Wiederholungsmöglichkeit	Seine Festlegung und seine Berechnung	Die Übertragung der Ungewißheit auf eine höhere Macht
„Hier gibt's keine Überschwemmungen, nur Hochwasser."	„Der Blitz schlägt niemals zweimal am selben Ort ein."	„Sieben fette Jahre . . . danach sieben magere Jahre."	„Es liegt in der Hand Gottes."
„Es kann hier nicht passieren."	„Es ist eine Laune der Natur."	„Überschwemmungen kommen alle fünf Jahre."	„Die Regierung kümmert sich darum."

Aus I. Burton, R. Kates und G. White. The human ecology of extreme geographical events. Natural Hazards Research Working Paper No. 1. Toronto: Department of Geography, University of Toronto, 1968. Mit Erlaubnis der Autoren.

Verluste erleiden. Dies führt zu unterschiedlichen Einschätzungen der persönlichen Anfälligkeit. „In ähnlicher Weise ist die soziale Konformität – so zu handeln, wie der Vater es auch schon tat – in vielen Gebieten ein wichtiger Orientierungsmaßstab" (S. 18).

In seiner Arbeit über Farmer in Trockengebieten vermerkte Saarinen (1966) die optimistische Einstellung bezüglich der häufigen Trockenheit. Die Farmer erwarteten viel mehr gute Jahre als trockene Jahre, wie immer auch ihre tatsächliche Erfahrung aussehen mochte. Mit Ausnahme extremer Fälle wurden die Trockenheiten im allgemeinen vergessen. Vielleicht lag dies daran, daß das Eingeständnis eines Risikos Vorkehrungen von ihnen verlangt hätte, die zu treffen sie nicht bereit waren. Die psychologische Anpassung fällt leichter als die physische. Saarinen fand jedoch, daß die Wahrnehmung des Risikos bis ins hohe Alter hinein mit den Jahren zunimmt.

Wenn wir uns mit irgendeiner Region beschäftigen, die von Naturkatastrophen bedroht ist, sollten wir daran denken, daß viele der Einwohner aus eigenem Entschluß dort leben. Vorausgesetzt, sie wußten, daß die Region von diesen Risiken bedroht wird, haben sie sich entschieden, die Gefahr auf sich zu nehmen, sie zu mißachten, Veränderungen vorzunehmen oder die Situation perzeptiv zu modifizieren. Ein vielleicht genauso zwingender Faktor wie die Entscheidung, in einem Risikogebiet zu leben, ist das Vertrauen dieser risikobereiten Siedler auf die technologischen Möglichkeiten. Die Wetterveränderung (durch das Abregnen von Wolken), Barrieren wie Dämme und Deiche und die Entwicklung trockenheitsresistenter Getreidearten vermindern das Gefühl der Anfälligkeit, selbst wenn solche Bemühungen nicht von Erfolg gekrönt werden. Das Wissen, daß solch ein Kompromiß mit der Natur möglich ist, sogar der Glaube an Wünschelrutengänger oder die Wirksamkeit des Gebetes können eine realistische Einschätzung des Risikos vermindern.

Man könnte vermuten, daß Menschen, die bereits Katastrophen erlebt haben, die wissen, „was sie erwartet", eher bereit sind, ihre Anfälligkeit einzugestehen. Die Einstellung wird zweifellos davon abhängen, wie ernst die Erfahrung war. Sie ist eine Form der Anpassung. Golant und Burton (1969) ermittelten in einer Fragebogenerhebung zur „Vermeidungsreaktion auf die Risikoumwelt", daß bei einer statistisch signifikanten Zahl von Befragten die Vermeidung am stärksten war, bei denen, die keine Erfahrung mit Katastrophen hatten. Vielleicht zeigt sich darin lediglich, daß Menschen eher vor dem Unbekannten Angst haben. In jedem Falle legen die Ergebnisse die Vermutung nahe, daß die Erfahrung – insbesondere diejenige, die einem sagt, daß man die Katastrophe überstehen kann – tatsächlich die Wahrnehmung der eigenen Anfälligkeit schwächen kann.

Eine Schlußfolgerung von gleichem Interesse, die aus dieser Studie zu gewinnen ist, läßt vermuten, daß es keine Beziehung zwischen Persönlichkeitsfaktoren wie Extroversion beziehungsweise Introversion und Neurotizismus beziehungsweise Stabilität einerseits und dem Wunsch andererseits gibt, Risiken zu vermeiden. Hieraus folgt, daß wir Reaktionsunterschiede nicht einfach irgendwelchen Persönlichkeitsakzidenzien zuschreiben können. Dies ist eine wichtige Einsicht über die Beschaffenheit menschlicher Reaktionen auf Risikosituationen überhaupt. Angesichts der Umweltverschmutzung können die Menschen beispielsweise sehr gut das Gefühl haben, daß die Situation aufgrund der Allgegenwärtigkeit des Problems hoffnungslos sei. Wenn andererseits die Menschen das Problem wahrnehmen als eines, das vom Menschen geschaffen wurde, halten sie es auch eher für möglich, daß es von Menschen kontrolliert werden kann. Burton, Kates und White (1968) gehen jedoch von der Hypothese eines „Naturrisikensyndroms" aus, aufgrund dessen die Menschen auf „verschiedene Risiken der Natur in gewissen *ähnlichen* Weisen" reagierten (S. 27, Hervorhebung durch die Autoren), die sich dennoch nicht von den Reaktionen auf Risiken nicht-natürlichen Ursprungs unterschieden. Sie führen Belege an, die zeigen, daß die Angst vor Katastrophen, die Menschen verursachen, wie z. B. Brände und Verkehrsunfälle, größer ist, als die vor Überschwemmungen, Tornados und Schneestürmen.

Schließlich wird bei ernsteren Naturkatastrophen der Verlust entweder durch die Versicherung oder durch von außen erfolgende Unterstützung gemildert. In diesem Zusammenhang spielt es eine Rolle, wenn eine betroffene Region durch die Bundesregierung zum „Katastrophengebiet" erklärt wird. Dadurch wird zwar nicht das Risiko gemindert, aber doch die Aufmerksamkeit, die man ihm widmet. Aus diesem Grund wird das Risiko selbst unter Umständen niedriger eingestuft.

Kurzum, die Reaktion auf Risikoumwelten beruht auf einer globalen Einschätzung von Verhältnissen, die kaum eine Entsprechung in der alltäglichen Umwelt haben. Unter dieser Perspektive beeinflussen zahlreiche Variablen die Entscheidungen, die angesichts von Risikosituationen getroffen werden. Die Vorkommenswahrscheinlichkeit ist gewiß ein wichtiger Faktor, wie es auch die Neuheit und die Intensität sind. Der Sinn für die eigene Anfälligkeit ist ein weiterer Faktor. Darüber hinaus werden die Einstellungen von der vorhandenen Technologie und ihrer Anwendbarkeit beeinflußt. Die Reaktion wird je nach der früheren Erfahrung und den sozialen Bedingungen variieren. Diese Variationen sind ausgeprägter bei Laien als bei Personen, die sich beruflich mit diesen Dingen beschäftigen. Erstere haben die Tendenz, das Risiko über ein weites Spektrum von Verhaltensanpassung und Einstellungen „zu verteilen". Der beruflich interessierte Personenkreis sucht spezifische (gewöhnlich technologische) Veränderungen in der Umwelt vorzunehmen. Politische Planung zur Verminderung der Risiken und des Schadens sind ein Weg, die Wahrnehmung eines jeden zu verändern, indem ihm eine Reihe angemessenerer Anpassungsformen verfügbar gemacht werden. Solch ein theoretisches Spektrum wird für drei Ereignistypen in Tabelle 10.3 dargestellt. In dem Maße, in dem die Risiken vom Menschen geschaffen werden, das heißt, in dem sie das Ergebnis der Eindeichung von Schwemmland oder des Tagebaus in großen Gebieten sind, können sie als eine Form der Gefährdung durch die Umwelt angesehen werden, die sich korrigieren läßt.

Ein letzter und vielleicht der wichtigste Gesichtspunkt ist die Tatsache, daß sich die Risiken der Natur häufig aus dem Mangel an vernünftiger ökologischer Planung ergeben. Die Sandstürme der dreißiger Jahre, die Steinbeck so anschaulich in „Die Früchte des Zorns" beschreibt, waren teilweise auf das Verschulden des Menschen zurückzuführen. Die maßlose Bebauung der Prärien und unkluge landwirtschaftliche Methoden führten dazu, daß die Erde bei Trockenheit fortgeweht wurde. Ökologen wie McHarg (1969) weisen nachdrücklich auf die Interdependenz in der Natur hin, in der der Mensch den gleichen Gesetzen wie alle anderen Komponenten der Biosphäre unterworfen ist. Alles, was innerhalb des ökologischen Systems mit den geordneten Wechselbeziehungen der Elemente interferiert, wirkt zerstörerisch.

In seiner Arbeit als Landschaftsarchitekt und Planer hat McHarg (siehe Darling & Milton 1966) gezeigt, daß es möglich ist, beispielsweise Häuser auf den Dünen von New Jersey zu bauen, ohne den Schutzwall zu zerstören, den die Dünen von Natur aus in der Topographie bilden. Ähnliche Möglichkeiten hat er für das Gebiet von Brandywine Creek in der Nähe von Philadelphia aufgezeigt, wo sein Plan zur Umwandlung des Gebietes in einen Wohnbereich sich als vereinbar mit einer minimalen Schädigung der natürlichen Ökologie erwies. Da er im wesentlichen ein konzeptueller Ansatz ist, hat der ökologische Standpunkt erst seit kurzem Bedeutung für die Wahrnehmung der Risiken durch den Menschen gewonnen. Doch da die Konsequenzen des Mißbrauchs der Natur durch bestimmte Menschen im allgemeinen andere Menschen zu spüren bekommen oder doch von ihnen erst nach einiger Zeit erlebt werden, wird die ursächliche Beziehung kaum wahrgenommen. Darüber hinaus betrachtet das Individuum die ökologische Planung als zu umfassend für die eigene Person. Diese wird zu einer Angelegenheit der Regierung.

Variationen in der individuellen Reaktion

Im vorangehenden Abschnitt lag der Nachdruck im wesentlichen auf den Unterschieden, die Menschen im Umgang mit häufigen Umweltsituationen zeigen. Genauso wie die Landschaft ihre materielle Gestalt (ihre Reizinformationsqualitäten) und eine soziale oder symbolische Bedeutung besitzt, so begegnet ihr der einzelne mit bestimmten persönlichen Qualitäten, die seine Wahrnehmung von ihr färben. Hierauf gingen wir recht ausführlich in Kapitel fünf ein, als wir die Vorstellung erläuterten, daß die Realität insofern vom Individuum konstruiert werde, als die Umwelt das Rohmaterial darstelle, aus dem es sich seine Ansicht von der Welt forme.

Solch eine Ansicht wird von den Werten und Einstellungen beeinflußt, die einem Individuum eigen sind und durch die Intentionen, die es an die Welt heranträgt – in welcher Weise plant es, die Umwelt zu verwenden? Wie aber erklären wir, daß sich Menschen hinsichtlich der Werte und Einstellungen unterscheiden, die sie zum Ausdruck bringen? Warum ziehen einige Männer und Frauen das Wandern dem Fahrradfahren vor? Zur Erklärung dieses Verhaltens hat die Forschung sich in den Sozialwissenschaften bisher auf die leicht meßbaren Aspekte des Individuums konzentriert – auf den Beruf, das Einkommen, die Ausbildung, die sozialen Rollen und ähnliche Aspekte. Dieser allgemeine Ansatz ist typisch für die Weise, in der ein gut Teil der Umweltforschung durchgeführt wird. Deshalb haben viele Forscher versucht, persönliche Korrelate des umweltbezogenen Handelns zu ermitteln, wobei sie hofften, daß sie auch die Beschaffenheit unserer Auffassungen, Einstellungen und Verhaltensweisen bezüglich der Umwelt erklären könnten.

Diese Messungen lassen sich großenteils als demographisch bezeichnen. Demographische Information beschreibt die Einstellungen und Verhaltensweisen, die wahrscheinlich mit bestimmten Dingen, die manche Menschen gemeinsam haben, verknüpft sind. Sie können zum Beispiel im Alter, dem Geschlecht oder der geographischen Lage bestehen. Auch der Beruf kann wichtig sein. Taxifahrer neigen dazu, eine Umwelt linear zu erfassen, während Verkehrspiloten sie räumlich sehen (Rand 1969).

In einer Untersuchung unter den Bewohnern von zehn Gemeinden, die die im Freien gesuchte Erholung zum Gegenstand hatte, konnte Marans (1972) beispielsweise zeigen, daß das Einkommen eng mit Golf und Segeln verknüpft ist, und daß bei Männern Golf eine Sportart mit „hohem Status" ist, während dies bei Frauen nicht der Fall ist. Beim Tennis waren Geschlecht, Statusstreben und Ausbildungsniveau die Korrelate. Shafer (1966) und Lucas (1966) ermittelten, daß Menschen mit hohem Ausbildungsstand und überdurchschnittlichem Einkommen eine positivere Einstellung zur Natur hatten und mehr Sorge um deren ökologische Werte zeigten als Personen mit niedriger Ausbildung und niedrigem Einkommen.

Offensichtlich erklären diese demographischen Merkmale jedoch nicht alle Unterschiede im menschlichen Verhalten. Beispielsweise liebt nicht jeder Collegeabsolvent die Wildnis und nicht jeder Taxifahrer ist dagegen gefeit, den Weg zu verlieren. Außerdem teilen uns die demographischen Variablen nicht immer mit, warum sie mit bestimmten Interessenvariablen korrelieren. Warum führt beispielsweise die Ausbildung zu einer positiveren Einstellung gegenüber der Natur? Der Forscher sucht deshalb nach tiefer liegenden Analyseebenen, mit deren Hilfe er erklären kann, warum diese Unterschiede innerhalb einer demographischen Gruppe vorliegen. Unter dieser Perspektive verlagert sich die Untersuchung von Faktoren wie Beruf, Alter und Status zu weniger offensichtlichen Qualitäten, die menschliches Verhalten beschreiben. Eine solche Qualität ist der motivationale Antrieb. Einer der Faktoren ist die Intelligenz. Die psychologische Stabilität spielt eine Rolle – eine unsichere Person mag sich von Umwelten bedroht fühlen, die andere als anregend empfinden. Die kulturellen Verhältnisse, die für das Wertsystem, das man besitzt, verantwortlich sind, stehen sicherlich in einer engen Beziehung zum Verhalten. Es sollte jedoch darüber keinen Zweifel geben, daß demographische Information und Persönlichkeitszüge eng miteinander verbunden sind. Aus den letzteren können wir sogar manchmal auf die ersteren schließen. Manche Menschen leben in Städten, weil sie bestimmte Ziele haben. Als Stadtbewohner erwerben sie Einstellungen, die für eine städtische Umwelt charakteristisch sind. Demographische Daten lassen sich deshalb am ehesten vor dem Hintergrund des betreffenden Wertsystems oder des allgemeinen Selbstverständnisses beurteilen. Eine weitere Unterscheidung hat man zwischen der Wertorientierung einer Person und ihren Einstellungen getroffen. Clyde Kluckhohn (1951) hat die Einstellungen als Faktoren definiert, die sich ohne Einschränkungen auf das Individuum beziehen lassen. Werte dagegen reflektieren eine „generalisierte und organisierte Konzeption" der Dinge. Sie implizieren die Unterscheidung zwischen dem, was erwünscht, und dem, was nicht erwünscht ist. Einstellungen entstehen eher aus der unmittelbaren Situation und verändern sich mit den Umständen, während Werte in Beziehung zu den persönlichen oder kulturellen Standards stehen und dauerhafter in unser Leben eingebettet sind. In Wahrheit zeigen sich die meisten unserer Einstellungen innerhalb irgendeines wertorientierten Kontextes.

Des Menschen Ort in der Natur

In Kapitel 2 wurden die historischen Veränderungen, die sich in der Einstellung des Menschen gegenüber der natürlichen Welt gezeigt haben, als Funktionen seiner religiösen Überzeugung, der kulturellen und philosophischen Unterschiede zwischen Völkern, der wissenschaftlichen Entwicklung und ästhetischer Präferenzen gesehen. Es wurde auf den Unterschied zwischen östlichen und abendländischen Betrachtungsweisen der Umwelt hingewiesen. In ausgesprochen ökologischer Terminologie hat Florence Kluckhohn (1959) eine Typologie der Wertorientierung entwickelt, die sich im wesentlichen mit der

Kontrolle der natürlichen Umwelt durch den Menschen befaßt. Sie unterscheidet drei Typen: (1) der Mensch *unter* der Natur (ihr unterworfen); (2) der Mensch (in Harmonie) *mit* der Natur; und (3) der Mensch *über* der Natur (sie beherrschend).

Kluckhohn (1959) belegt den ersten dieser Typen, indem sie die spanisch-amerikanische Kultur im Südwesten der Vereinigten Staaten beschreibt, wo es für den typischen Schafzüchter „wenig oder nichts gibt, was sich tun läßt, wenn ein Sturm sein Weidegebiet heimsucht oder seine Herden vernichtet. Er nimmt das Unvermeidliche einfach als unvermeidlich hin. Seine Einstellung zu Krankheit und Tod ist vom gleichen Fatalismus geprägt" (S. 347). Saarinen (1966) fand ähnliche Einstellungen bei den Weizenfarmern der Great Plains, für die die Trockenheit ein ständig wiederkehrendes Risiko darstellte. Zwei Drittel der Interviewten brachten ihre Resignation angesichts der Bedrohung durch die Natur zum Ausdruck. Die Umwelt wird als übermächtig empfunden. Diese Orientierung könnte man eine fatalistische nennen.

Die Orientierung, in der der Mensch *mit* der Natur lebt, geht von einer harmonischen Beziehung zwischen den natürlichen Mächten und der menschlichen Umweltverwendung aus. Das Wertsystem im China früherer Jahrhunderte läßt sich als Beispiel für diese Orientierung anführen. Der Umweltforscher und Umweltschützer unserer Zeit wählt lieber einen rationalen als einen mystischen Ansatz, obgleich dieser letztere in gewissem Maße von der Landkommunenbewegung und von westlichen Anhängern des Zen wie Alan Watts vertreten wird. Generell beruht diese Orientierung auf einer kooperativen Einstellung gegenüber der Umwelt – eine Einstellung, die mit größerer Wahrscheinlichkeit zu einer sinnvolleren Nutzung der Umwelt führen kann. Die Richtung, die Ian McHarg (1966) und seine Mitarbeiter bei der Umweltplanung einschlugen, ist ein Beispiel für eine rationale Planung, die in hohem Maße die ökologischen Erfordernisse des gewählten Standortes berücksichtigt.

Die Orientierung, in der der Mensch *über* der Natur steht, beruht auf der Überzeugung, daß die Umwelt unterworfen werden müsse. Die Natur soll ausschließlich im Interesse menschlicher Ziele kontrolliert werden. Sie ist ein Hindernis, das überwunden werden muß. Andernorts haben wir diese Einstellung instrumental genannt. Sie spiegelt zweifellos unsere westliche Industriekultur wider. In bedeutendem Maße hat die moderne Technologie zur Glaubwürdigkeit dieser Anschauung beigetragen, obwohl die vielfältigen Eingriffe in die Umwelt zu allen möglichen Arten unvorhergesehener negativer Ergebnisse geführt haben. Immer noch herrscht diese Anschauung in den technologisch entwickelten Ländern vor; sie wird mit einer Fortschritts- und Leistungsphilosophie verknüpft, die vielleicht eine wichtigere Rolle spielt als die technologischen Prozesse selbst.

Die Gefahr einer solchen Typologie besteht darin, daß sie allzu leicht verallge-

meinert wird. Nicht jeder paßt mühelos in die „unter"-, „mit"- oder „über"-
Schubladen. Bei verhältnismäßig „primitiven" Völkern wie den spanisch-ame-
rikanischen Schafzüchtern mag eine einzige Orientierung vorherrschen, obgleich die Belege der Anthropologen die Vermutung nahelegen, daß sogenannte „Primitive" erhebliche Unterschiede untereinander aufweisen. Andererseits weiß man, daß aufgeklärte Individuen die Natur magisch beschworen
haben (durch Wünschelrutengängerei oder durch das Gebet). Saarinen (1966)
stellte fest, daß eine fatalistische Einstellung zur Trockenheit die Entschlossen-
heit der Weizenfarmer nicht schwächte, es „durchzustehen". Obwohl sie die
Natur als übermächtig anerkannten, übertrugen sie ganz offensichtlich diese
Resignation nicht auf solche Unwägbarkeiten wie Krankheit oder Tod. In dieser Beziehung bewahrten sie sich gewissermaßen den Glauben daran, daß es
eine Kontrollmöglichkeit gäbe. Ein Umweltforscher, der seine Position *mit*
der Natur sieht, leugnet keinesfalls, daß es wichtig sei, im Interesse gewisser
Ziele handelnd auf sie einzuwirken.

Die Typologie Eingeborene/Nichteingeborene

Die oben erörterten Kategorien spiegeln bestenfalls allgemeine Orientierungen
wider, die der soziokulturelle Hintergrund geschaffen hat. Was ohne Frage benötigt wird, ist eine feinere Differenzierung der Individuen, mit welcher Prädisposition ihre Kultur sie auch versehen haben mag. Ein solches Verfahren,
das eher die Wahrnehmungspräferenzen als die Werte betont, entwickelt Sonnenfeld (1964), wobei er sich auf die Vertrautheit einer Person mit einer gegebenen Umwelt stützt. Im allgemeinen wird eine Person, die in einem bestimmten Gebiet geboren wurde, anders auf dessen materielle Merkmale reagieren als
jemand, der dort nicht geboren wurde, unabhängig davon, welche anderen Eigenschaften der Eingeborene und der Nichteingeborene gemeinsam haben
mögen.
Bei der Entwicklung dieser Hypothese zeigte Sonnenfeld Paare von Photodia-
positiven Eskimos (Eingeborenen) und Nichteingeborenen des arktischen
Alaskas. „Vier Umweltelemente – Vegetation, Topographie, Wassermerkmale
und Temperatur – wurden systematisch variiert" (S. 1). Die gleichen Dias wurden außerdem einer Studentenpopulation in Delaware gezeigt. Sonnenfeld berichtet, daß „die in einem Gebiet geborenen Menschen – ob es sich nun um
Alaska oder Delaware handelt – im allgemeinen Landschaften vorziehen, die
ihren heimatlichen Umwelten ähnelten" (S. 2). Auf der Grundlage dieser Beobachtung schlägt er vor, die Typologie Eingeborene/Nichteingeborene als
Maßstab zur Messung der Umweltsensitivität zu verwenden.
Sonnenfelds Dichotomie überschneidet sich mit anderen demographischen

Variablen, die auf die Anregbarkeit einwirken. Man ermittelte beispielsweise, daß bei seinen Versuchspersonen in Alaska und Delaware meßbare Unterschiede auftraten, wenn Geschlecht und Alter berücksichtigt wurden. Männliche Versuchspersonen zogen entbehrungsreichere oder rauhere Umwelten vor, während die weiblichen Versuchspersonen eine Vorliebe für die abwechslungsreicheren und wärmeren Orte zeigten. Jüngere Altersgruppen bevorzugten im Gegensatz zu ihrer heimatlichen Umgebung die exotische: diejenigen auf dem Flachland zogen die Bergwelt den Prärien vor, während diejenigen aus gebirgigen Gebieten ein weniger rauhes Terrain bevorzugten.

Aus all dem folgt, daß jede Umwelt eine konnotative Dimension besitzt, die durch ihre visuellen Merkmale gebildet wird, aber darüber hinausgeht. Der Eingeborene reagiert wahrscheinlich auf Assoziationen, die durch den Ort ausgelöst werden, an dem er aufgewachsen ist oder an dem sich sein Leben außerordentlich günstig gestaltete. Craik (1968) nennt diese Bindung „eine latente affektive Anregbarkeit" (S. 15). Für Eingeborene und Nichteingeborene gleichermaßen teilt sie uns mit, was wir von einem gegebenen Milieu erwarten dürfen. Eine längere Erfahrung mit einer Umwelt hat tendenziell die Wirkung, die Wahrnehmung ihrer weniger offensichtlichen Qualitäten abzustumpfen, oder, genauer, sie verschiebt die gesamte Sensitivitätsschwelle. Man ist sich dieser Verschiebung der Schwelle bewußt und doch fähig, seine Wahrnehmungen in ein allgemeineres Bild dessen einzuordnen, was passiert, und deshalb das Umfeld in einem neuen Licht zu interpretieren.

Insofern sind wir alle Nichteingeborene, wenn wir reisen oder an einem fremden Ort Urlaub machen oder den Beruf wechseln. Doch Umweltunterschiede sind weniger auffällig in einer fließenden und homogenen Gesellschaft. Beförderungssystem, Massenkommunikation und die überall im Lande festzustellende Ähnlichkeit der sozialen Sitten und der Planungsaspekte der baulichen Umwelt schränken die regionalen Unterschiede auf ein Minimum ein, die früher ein erhebliches Anpassungsbemühen erforderten. In einer populärwissenschaftlichen Untersuchung beschäftigt sich Alvin Toffler (1970) mit der Mobilität der Nichteingeborenen als Symptom der Wurzellosigkeit. Die Identität wird wechselnden Akkulturationen, einer ständig sich wiederholenden Anpassung an neue Orte untergeordnet, was zu dem Ergebnis führt, daß die Menschen sich so an die rasche Veränderung ihrer Umwelt gewöhnen, daß sie gar nicht mehr im erforderlichen Maße zwischen verschiedenen Umwelten differenzieren können. Insofern spiegelt die Unterscheidung zwischen Eingeborenen und Nichteingeborenen auch die sozialen Kräfte wider und nicht nur Eigenschaften der Persönlichkeit oder das Ausmaß der Vertrautheit mit der Umwelt.

Sonnenfeld hat sich in erster Linie mit den visuellen und sensorischen Dimensionen der Umwelt beschäftigt – dem Aspekt, der sich in der Topographie, der Vegetation, dem Wasser, dem Klima und ähnlichen materiellen Zügen zeigt, insofern diese mit Vertrautheit oder mangelnder Vertrautheit auf seiten der Beobachter korrelierten. Andere Forscher haben sich mit der Landschaft an sich und ihrem Vermögen beschäftigt, eine ästhetische Reaktion hervorzurufen. Litton (1968) entwickelte ein Bewertungsschema für den Landschaftsaspekt, das sich auf die Blickweite, topographische Variationen zwischen Vordergrund, Mittelgrund und Hintergrund, die Beleuchtung, den Grad der Abgeschlossenheit, das Vorkommen isolierter Formen (wie zum Beispiel von Gebäuden) und Oberflächenkonturen gründet. Dies entspricht weitgehend der Art und Weise, in der wir ein Bild der Landschaftsmalerei betrachten. Sie ist auch die Grundlage der Landschaftsarchitektur und erlaubt uns, ein prognostisches Modell einer „landschaftlich ansprechenden" Umwelt zu entwickeln, das empirische Standards verwendet. Wenn wir wissen, welche Elemente in welcher Anordnung einem Betrachter gefallen, sind wir eher in der Lage, offene Räume zu entwerfen, die nicht bloß den persönlichen Geschmack des Architekten widerspiegeln. Es gibt jedoch einige Anhaltspunkte dafür, daß die Meinung von „Laien" kaum dem Urteil der „Experten" in diesen Fragen entspricht. Die wenigen Übereinstimmungen gehen darauf zurück, daß die Auffassung des Laien mit den entsprechenden Standards in den Massenmedien, in Erziehungsumfeldern und in planvoll gestalteten Landschaften in Berührung gekommen ist (Craik 1968).

Diese Wechselbeziehung überlagert theoretisch andere Bedeutungen in einer Umwelt und ist insofern auf eine einzige Reaktionsweise eingeschränkt. Wir fragen natürlich zu Recht, ob eine Landschaft jemals rein wahrgenommen wird, obgleich kaum Zweifel daran bestehen kann, daß für die meisten von uns ein Besuch des Grand Canyon (natürlichen Ursprungs) oder des Jardin du Luxembourg (vom Menschen geschaffen) zumindest im Anfangsstadium in erster Linie eine ästhetische Erfahrung darstellt. Dies bedeutet nicht, daß solche Umfelder keinem anderen Zweck dienen, sondern daß die ästhetische Bewußtheit nach ihrem Beitrag für die Gesamterfahrung beurteilt wird. In diesem Zusammenhang stellten Shafer und Mietz (1969), als sie sich in einer Untersuchung mit Wanderern in der Wildnis des Nordostens beschäftigten, fest, daß ästhetisch-emotionale Werte in der Zufriedenheitsskala am höchsten rangierten, obgleich das Wandern das eigentliche Ziel des Ausflugs war.

Umweltinteraktionen sind auch unter dem Gesichtspunkt der Rollentheorie untersucht worden. Verbinden wir mit dem Umfeld gewisse Absichten, insofern wir eine bestimmte Rolle in ihm zu spielen hoffen? Rollenverhalten meint sozial definierte Verhaltensweisen. Man verhält sich in einer Weise, die dem entspricht, was andere erwarten. Rollen können als Adelstitel oder Vermögen ererbt oder als Fähigkeit erworben werden. Ärzte „agieren" als Ärzte. Aber die Rolle ändert sich, wenn man „Vater" zu Hause und vielleicht „Diakon" am Mittwochabend bei Ausübung des Predigeramtes ist. Kinder spielen Erwachsenenrollen. Rollen sind an die Sanktionen und Erwartungen einer bestimmten Kultur gebunden, und sie können uns durch bestimmte Umfelder vorgeschrieben werden, wie Barker (1968) in seiner Theorie der Verhaltensumfelder illustriert. Rollen können angenommen werden, wie es bei Nicht-Studenten der Fall ist, die die Kleidung und Lebensgewohnheiten von Studenten annehmen, oder bei Reisenden, die in einer fremden Kultur die „Zivilisation" abstreifen. Nach Ansicht vieler Soziologen bedeutet die Rollentaxonomie eine zufriedenstellendere Erklärung des alltäglichen Verhaltens als die Persönlichkeitstheorie. Ob wir dem zustimmen oder nicht, es besteht kein Zweifel daran, daß Rollen helfen, die Identität in der größeren Gesellschaft zu definieren.

Auf die natürliche Umwelt angewendet, kann die Rollentheorie ein nützliches Erklärungsinstrument für bestimmte Formen des Erholungsverhaltens sein. Die Wildnis ist ein Umfeld zur Regeneration von Rollen, die verlorengegangen sind – wie der des Pioniers – oder die anderswo nicht zu realisieren sind. Bei der „Rückkehr zur Natur" schüttelt der Camper seine alltäglichen Verhaltensweisen aus der Stadt zugunsten einer „Spielwelt" mit ihren „separaten Spielfeldern" ab, „die es deutlich gegen den Alltag abgrenzen" (Burch 1965:605). Dieses Verhalten läßt sich großenteils als symbolisches Rollenverhalten bezeichnen – Haushaltsführung („Versorgungsspiel"); Jagen, Fischen und Steinesammeln (symbolische Arbeit); Wasserskifahren und Bäumeklettern („expressives Spiel").

„Die Vorliebe der Camper für den Bau massiver Anlegestege, Regale, Kühlbehälter, Anbauten und ähnlicher Dinge ist ein ständiger Anlaß des Entsetzens für Forstverwaltungen... Ich vermute, daß diese im Walde hergestellten ‚Notbehelfe' einen inhärenten Wert haben, der weit über ihren Nutzwert hinausgeht, und daß die Befriedigung, die sie verschaffen, teilweise dem Gefühl der Beteiligten entspringt, sie seien von der Gegenwart unabhängig und hätten sich jene Autarkie wieder errungen, über die, wie sie annehmen, frühere Generationen verfügt haben" (S. 611).

In der Wildnis „wählen die Spieler frei, was sie spielen wollen". Die Rollen werden neu verteilt, so daß der Vorortpendler zum Waldläufer wird und seine Frau zur „derben, aber freundlichen Pioniermutter" (S. 607).

Klausner (1971) sieht in dieser Aktivitätsform eine psychodynamische Bedeutung und registriert die Verknüpfung zwischen „Ich-Kompetenz" und den männlichen Freiluftbetätigungen. Seiner Meinung nach befähigt der aktive Urlaub, sagen wir, ein Campingausflug in die Wildnis, dazu, bestimmte, mit dem Campen verbundene Fertigkeiten auszuüben, die ein Leistungsgefühl vermitteln, das sich im Alltag nicht erwerben läßt; das Vorbild solcher Aktivität findet sich gerade nicht dort, sondern in der Zeit der Grenzer und „rauhen Individualisten". Unglücklicherweise ist dieser Form des Rollenverhaltens bisher kaum empirische Forschungsarbeit gewidmet worden.

Spekulativ möchten wir hier auf die Rolle des „Rucksackträgers" hinweisen, die von vielen jungen Leuten in den Vereinigten Staaten übernommen wurde. Ursprünglich ein Abzeichen des Anhalters und des Reisenden, hat sich der Rucksack jetzt selbst in den Großstädten weithin durchgesetzt. Es ist spürbar, daß es dabei um mehr als bloße Bequemlichkeit geht. Wie die Jeansmode (die traditionelle Country- und Westerntracht) stellt der Rucksack sehr wahrscheinlich einen Protest gegen städtische Lebensweisen im allgemeinen und gegen die Aktentasche (als ein Symbol des Stadtstatus) im besonderen dar – ein Protest, der nicht der Flucht in die Wildnis bedarf. Im Gegenteil: dieser Aspekt des Verhaltens in der Wildnis wird zu einem Teil des städtischen Schauplatzes gemacht.

Die Natur als Umfeld für Gruppenverhalten

Klausner (1971) vermutet, daß natürliche Umfelder als Bühnen dienen, auf denen entsprechende Soziodramen aufgeführt werden. Gruppen, die mit „Fröhlichkeit und Sexualität" assoziiert werden, „werden eher dazu tendieren, sich das Strandumfeld zu wählen, während jene, die mit Ernst und Arbeit assoziiert werden, eher dazu neigen, sich in den Wald zu begeben" (S. 148). Natur wird zu einer Bühne für gewisse zeremonielle Verhaltensweisen (wie zum Beispiel junge Leute den Strand von Fort Lauderdale während der Osterferien benutzen), doch sie kann auch zum Kontext werden, in dem schwierige soziale Probleme verarbeitet werden.

Die typische matriarchalische Vorstadtfamilie kann auf einem Campingausflug so reorganisiert werden, daß sie wieder der Führung des Vaters untersteht. So berichtet Klausner (1971) und führt diesen Umstand zurück auf die „Arbeits- und Fertigkeitstypen, die zum Überleben im Walde erforderlich sind... Die Wiedergeburt durch das Campingleben ist durch eine Restitution der patriarchalischen Kontrolle gekennzeichnet" (S. 158). In weniger spekulativer Weise betont Burch (1965) die Selbständigkeit, die das Camping bei den Familienmitgliedern fördert. Diesem können wir die „Gemeinsamkeit" hinzufügen, die durch das Campingleben verstärkt wird, die Möglichkeit, etwas als Gruppe zu unternehmen. Für viele Familien ist der Ruf der Wildnis eigentlich ein Ruf, die familiären Beziehungen zu erneuern.

Ein Schluß, der aus diesen Studien zu ziehen ist, besagt, daß die Nutzung der Umwelt zu Erholungszwecken gewöhnlich auf andere Faktoren zu beziehen ist. Statusstreben ist ein Beispiel. Persönlichkeitsdynamik ist ein anderes. Für einige Menschen steht die Möglichkeit an erster Stelle, gewisse Fähigkeiten zu erwerben, die für das Leben unter freiem Himmel wichtig sind. Für andere bedeutet das Verlangen nach Abenteuern wie dem Wildwasserkanusport oder dem Bergsteigen ein expressives psychologisches Bedürfnis, das nur in zweiter Linie Erholungswert besitzt. Besonders die Wildnis stellt eine Möglichkeit dar, Rollen zu verändern; sie kann, nach Klausners Formulierung, die Bühne für ganz besondere Arten von Soziodramen werden. Obgleich die unberührte Natur „keine persönliche Botschaft übermittelt" (Yi-Fu Tuan, 1972:248), hilft sie uns mehr als die meisten anderen Umwelten dabei, die Botschaft zu überbringen, die wir mit uns führen. Dieser Gegenstand wird mit größerer Ausführlichkeit im folgenden Abschnitt behandelt werden.

Die Wildnis und das Erholungsverhalten

Als Symbol der Pioniervergangenheit dieses Landes ist die Wildnis von zwingendem historischem Interesse. Sie ist das amerikanische Gegenstück zur europäischen Verehrung alter Städte und für die Zeugnisse einstiger Kulturen. Anders als die Stadt, die mit einer Vielfalt praktischer Bedeutungen beladen ist, gestattet uns die Wildnis, wenn auch nur kurzzeitig, eine Lebensweise wieder aufzunehmen, die uns die Zivilisation untersagt. Unsere Nationalparks und Wälder sind riesige Spielplätze geworden, die aufgrund ihrer landschaftlichen Schönheit, ihrer ehrfurchteinflößenden Großartigkeit und des durch sie vermittelten Gefühls geschätzt werden, daß wir mit einer Kraft in Berührung kommen, die unendlich viel größer als das menschliche Leben ist – mit der natürlichen Ordnung der Dinge, die dem Menschen seinen Platz auf der Erde zuweist.

Vielleicht ist jedoch die wirkliche Bedeutung der Wildnis heute in der Tatsache zu sehen, daß sie ein Modell der ökologischen Integrität repräsentiert, das zur Erhaltung unseres gesamten Umweltsystems beiträgt. Viele Menschen nehmen heute die religiösen Bedeutungen, die einst angesichts der ehrfurchteinflößenden Natur empfunden wurden, eher als ökologische Einsichten wahr. Die Wildnis insbesondere ist ein Umfeld geworden, in dem sich der Widerstreit der die Verwendung der natürlichen Umwelt betreffenden Werte am schärfsten zeigt. Der Künstler und Umweltschützer Alan Gussow (1969) faßt diesen Standpunkt wie folgt zusammen:

„Offener Raum bietet eine Möglichkeit der Konfrontation – nicht der Konfrontation einer neuen Politik, sondern einen unmittelbaren Einblick in ein System, von dem der Mensch nur ein Teil ist. Offener Raum – offener Raum in der Natur – bietet die Umfelder für die Entdeckung, daß alle Dinge aufeinander einwirken. Wenn wir ökologisches Bewußtsein erwerben, werden wir auch zwangsläufig bescheidener und bemerken, daß der Mensch ein Teil der Natur und nicht ihr Gegenpart ist, daß wir nichts als ein Glied in einer langen Kette sind" (S. 36).

Die wachsende Nutzung der Wildnis

Die Rolle der Nationalparks für die Entwicklung der mit der Wildnis verbundenen Werte ist gut bekannt. Seit dem Jahre 1832, als das Hot Springs Gebiet in Arkansas als nationales Schutzgebiet abgetrennt wurde, hat die Vorstellung weithin Anerkennung gefunden, daß man Gebiete von ungewöhnlicher Schönheit schützen und daß man sowohl der erholungsuchenden wie der entdeckungsfreudigen Bevölkerung Betätigungsfelder zur Verfügung stellen müsse. Das Yosemite Valley in Californien wurde vom Staat 1864 und von der Bundesregierung 1890 unter Schutz gestellt. Die zwei Millionen Morgen des Yellowstone Nationalparks hat Präsident Grant 1872 für schutzwürdig erklärt. Weniger bekannte Gebiete wie der Adirondack Staatspark (1885) wurden als Wasser- und Waldschutzgebiete geschaffen. Der Bryce Canyon Nationalpark in Utah ist wegen seiner auffälligen geologischen Formation bemerkenswert. All diese Parks erfüllen zahlreiche Erholungsfunktionen, vom Wandern und Camping bis hin zu Besichtigungsfahrten und zum Photographieren. Die Wilderness Act von 1964 bestätigt diese Politik dadurch, daß sie 8,9 Millionen Morgen bezeichnet, die „für immer" dem menschlichen Einwirken entzogen bleiben sollen. Weitere 5,4 Millionen Morgen verbleiben in unberührtem Zustand, wodurch sie möglicherweise als Schutzgebiete klassifiziert werden können. Ein annähernd gleich großes Gebiet umfassen unsere Nationalparks und Landschaftsdenkmäler, so daß unser nationales System zum Schutze der Wildnis 1980 voraussichtlich eine Größe von 40 Millionen Morgen erreicht haben wird (Stanley 1969). Bis dahin wird also jeder fünfzigste Morgen des Festlandes der Vereinigten Staaten in irgendeiner Form zur Wildnis erklärt worden sein.

Die Bedeutung dieser Tatsache wird in der erweiterten Möglichkeit zur Erholung in der Wildnis gesehen, die rascher zunimmt als irgendein anderer Typus der Erholungssuche im Freien. Cole und Wilkins (1971) haben errechnet, daß 14 Millionen Personen im Alter von 12 Jahren und darüber, oder 10% der Bevölkerung dieses Alters, 1965 gecampt haben. Man hat geschätzt (Stanley 1969), daß ungefähr „2% der amerikanischen Öffentlichkeit 1960 ein Wildnisgebiet besucht haben" (S. 11). Noch bedeutsamer ist die Wachstumsrate dieser Nutzung. Die Besuche der amerikanischen Nationalparks haben sich zwischen 1960 und 1970 fast verdoppelt. Wenn man nach der Belegung der Campingplätze geht, hat die Verwendung der Wildnis im allgemeinen von 5% der Bevölkerung im Jahre 1946 auf mehr als 15% im Jahre 1967 zugenommen. Das Wildland Research Center (Outdoor Recreation Resources Review Commission 1962) nimmt an, daß diese Form der Erholungssuche im Freien sich (ausgehend vom Jahr 1959) im Jahre 1976 vervierfacht haben wird und daß sie im Jahre 2000 zehnmal so groß sein wird. Alles deutet darauf hin, daß in dem Maße, in dem mehr Gebiete als Wildnis verfügbar werden, mehr Menschen sie aufsuchen werden.

Vielleicht sollten wir aber nicht danach fragen, wie viele Menschen die Parks oder Camps im Hinterland besuchen, sondern ob die Werte, die sie bei ihren Besuchen finden, den zum Ausdruck gebrachten Überzeugungen der Befürworter der Wildnis entsprechen, ob diese Besuche mit den Erwartungen der Nutzer übereinstimmen und ob die Umwelt wirklich bei solch einer Nutzung erhalten bleiben kann. Neben diesen Fragen ist die übergreifende diejenige nach der Qualität. In welchem Maße können und sollen Wildnisgebiete Schutzwälle gegen die Manipulation und Verschmutzung der Umwelt durch den Menschen sein? Wie wirksam sind sie als Modelle ökologischer Integrität? In Kenntnis dieser Gründe, die Männer und Frauen in die Wildnis führen, hat der Politiker zumindest den partiellen Auftrag, ein System zu erhalten, das der Verwendungsvielfalt entspricht, die zum Vergnügen an der Wildnis beiträgt wie auch dazu, die Qualität zu erhalten, die für den Status eines Naturschutzgebietes erforderlich ist. Es ist deshalb ein Unterschied, ob man den Campingplatz beispielsweise als das Umfeld eines Soziodramas und als die Möglichkeit zur Neuorganisation von Rollen betrachtet, ob es individuelle Freizeiterfahrungen ermöglicht oder ob all diese Aktivitäten unter einer einzigen Funktion subsumiert werden.

Demographische Merkmale der Nutzer

Man hat einige interessante Fakten über die Menschentypen zusammengetragen, die es zu dieser Art des Urlaubs im Freien zieht. Als Gruppe verfügen sie beispielsweise über einen hohen Ausbildungsstand. Menschen mit zumindest etwas Collegeerfahrung besuchen mit viel größerer Wahrscheinlichkeit die Wildnis als Personen, die nur eine Highschoolausbildung oder weniger haben. Dies führt zu der Vermutung, daß die Wildnis eine besondere Anziehungskraft auf jene ausübt, die über ein breites Spektrum intellektueller Erfahrung verfügen, doch kann es auch anzeigen, daß die auf dem Lande wohnenden Personen ohne Collegeausbildung eher „im Garten hinterm Haus" fischen und campen. Andererseits stellt Marans (1972) fest, daß das Wandern – um nur eine Aktivität zu nennen (obgleich sie sich nicht auf die Wildnis beschränkt) – kaum in Beziehung zum Statusstreben steht. Es läßt sich wohl mit Sicherheit feststellen, daß die meisten Camper vergleichsweise mehr die Erfahrung um ihrer selbst willen, als den Eindruck suchen, den sie mit ihrer Freizeitaktivität auf andere machen können.

Auf der Grundlage von Daten, die Burch und Wenger (1967), Roenigk und Cole (1968) und andere zusammengetragen haben, zeigt ein Merkmalsprofil des Campers, daß ein unverhältnismäßig hoher Anteil aller Camper in den Vorstädten lebt; daß unabhängig von ihrem aktuellen Wohnort Menschen, die in ländlichen Gebieten aufgewachsen sind, eher „echte" oder „Hinterland"-Camper als andere sind; daß Camper im allgemeinen über höhere Einkommen als die übrige Bevölkerung verfügen, obwohl solche Ausflüge zu den billigeren Formen der Erholung im Freien gehören; daß die Erholung in der Wildnis in erster Linie eine Familienaktivität ist; daß sich ihr Personen jugendlichen und mittleren Alters (30–49) unterziehen und daß vor allem die Nutzung der Wildnis eher in ihrer „leicht zugänglichen" als in ihrer „auf jede Bequemlichkeit verzichtenden" Form erfolgt. Aufgrund einer Erhebung in sieben verschiedenen Gebieten kam die Outdoor Recreation Resources Review Commission (ORRRC) 1962 zu dem Schluß, daß der „typische" Nutzer der Wildnis eine freiberufliche Person mit hohem Ausbildungsstand und überdurchschnittlichem Einkommen war, die in einem städtischen Gebiet mit einer Einwohnerzahl von 100 000 oder mehr lebte.

Vielleicht passen diese Merkmale nicht zum konventionellen Bild des „Freiluftmenschen", der, einer anstrengenden Lebensform verpflichtet, im Walde zu Hause, ein trefflicher Jäger und ein Verächter der Zivilisation ist. Sicherlich sind für die meisten Nutzer die Besuche in der Wildnis an Erholungszwecke gebunden. Nichtsdestoweniger scheinen sie bestimmte psychologische Bedürfnisse zu befriedigen und in gewissem Maße ihre eigenen Verhaltensnormen zu schaffen. Welches sind die besonderen Aspekte der Wildnis, die diese Aktivitäten befriedigend erscheinen lassen?

Warum Menschen die Wildnis besuchen

Was Menschen in den Wäldern suchen und was sie dort finden, ist häufig nicht dasselbe. Die Motive sind vielfältig und die Zufriedenheit wird unter verschiedenen Umweltbedingungen und an unterschiedlichen persönlichen Vorstellungen vom Nutzen der Wildnis gemessen. Außerdem schätzt nicht jeder Camper die Erfahrung positiv ein. Frauen beklagen häufig, daß sie „zuviel Arbeit in der Küche" haben. Im Wald kann ein mutwilliger Bär den Ausflug verderben. Die Fahrt im Paddelboot (und sein Transport) kann sich zu einer Anstrengung auswachsen, mit der man nicht gerechnet hat. Dennoch weist die Information, die wir besitzen, auf bestimmte Werte hin, die von der Mehrheit der Nutzer der Wildnis gemeinsam anerkannt werden.

Eine der frühesten Studien zu diesem Gegenstande wurde von Bultena und Taves (1961) durchgeführt; sie stützte sich auf 428 Interviews mit Campern und Paddlern in dem Wassersportgebiet der Boundary Waters zwischen Minnesota und Ontario in Kanada. Die Forscher konnten fünf deutlich unterscheidbare Gründe für Ausflüge in die Wildnis ermitteln: (1) Sport und Spiel; (2) Faszination durch die Wildnis; (3) die Wildnis als Heiligtum; (4) die Wildnis als Erbe und (5) persönliche Genugtuung. Interessanterweise wußten Camper, die Item (1) betonten, zu berichten, daß der Ausflug ihnen die Möglichkeit zum Rollenwechsel verschaffe – aus der des typischen Zuschauers in die des Teilnehmers. Hinzu kam das Empfinden vieler Befragter, daß „ein Ergebnis des Ausflugs in die Wildnis die Tatsache sei, daß sie gelernt hätten, die Dinge aus eigener Kraft zu bewältigen" (S. 169). Es ist jedoch interessant, daß die Camper auf die Frage nach der Vorstellung, die sie sich vor dem Ausflug von dem Gebiet gemacht hatten, nur zu einem Siebtel „Sport und Spiel" erwähnten. Dagegen machten „Wildnis" und „Faszination" zusammen 40% der Nennungen aus. Bei der Interpretation ihrer Ergebnisse kamen Bultena und Taves zu dem Schluß, daß in der Vorstellung vieler Camper ein Konflikt hinsichtlich ihrer Erfahrung vorliege. Während sie einerseits die Vorstellung vom einfachen Leben pflegten, vermißten sie andererseits die Annehmlichkeiten der baulichen Umwelt und brachten den Wunsch nach mehr vom Menschen geschaffenen Annehmlichkeiten zum Ausdruck.

„Einige Urlauber...hängen immer noch ihrer ursprünglichen Vorstellung von der Wildnis an und äußern zugleich den Wunsch nach mehr Einrichtungen... Auf einer Ebene der Erkenntnis wird die Wildnis als Faszination, Attraktion und Wunschbild wahrgenommen, während sie auf einer anderen Ebene etwas repräsentiert, was man zu fürchten oder zu erobern hat. Diese gegensätzlichen Haltungen werden nicht bewußt in Einklang gebracht..." (1961, S. 170).

Wie immer dieser Konflikt aussehen mag, die Autoren kommen zu der folgenden Vermutung: „Es ist psychologisch belohnend, das Gefühl zu haben, daß man in gewissem Sinne erfolgreich mit den Elementen gekämpft und den Gefahren der Wildnis getrotzt hat. Aus der Tatsache, daß man mit den Dingen aus eigener Kraft fertig wird, erwächst das Selbstgefühl" (S. 170). Das entscheidende Wort ist hier *Gefühl*. Ob der Camper tatsächlich „kämpft" und „den

Gefahren trotzt", ist vielleicht nicht so wichtig wie die Tatsache, daß er denkt, er habe eine Situation erlebt, in der er mit diesen Dingen fertig werden mußte. Das Umfeld ermöglicht ihm, eine Rolle zu spielen, deren Geltung vor allem psychologischer Art ist.

Eine ehrgeizigere und kompliziertere Untersuchung wurde von Catton u. a. (1969) anhand von 1345 Fragebogen durchgeführt, die von den Besuchern dreier Wildnisgebiete im Pazifischen Nordwesten ausgefüllt wurden. Das Ziel der Untersuchung war, festzustellen, wie sich Menschen, die in städtischen beziehungsweise ländlichen Umwelten aufgewachsen waren, hinsichtlich ihrer Einstellungen zur Wildnis unterschieden. Die Autoren wählten „Wildnisorientierung" als klassifizierbare Variable und ordneten die Befragten entsprechend der Wichtigkeit ein, die sie solchen Merkmalen wie schroffer Topographie, Wasserfällen, Urwäldern, Zivilisationsferne, Menschenleere, Bergsteigen und Pioniergeist zuschrieben. Als Spiegel eher stadtorientierter Einstellungen überprüften sie die relative Gleichgültigkeit auf Campingplätzen gegenüber sanitären Einrichtungen, privaten Sommerhäusern, Souvenirständen, Motorbooten und Autofahrten – und nannten die Faktoren Urbanismus. Unter Verwendung einer Faktorenanalyse wurden die Ergebnisse in sieben Dimensionen zusammengefaßt, in denen sich „wildnisorientierte" (oder puristische) Einstellungen von „urbanistischen" (oder stadtorientierten) unterscheiden ließen.

An der Spitze der Liste der wildnisorientierten Präferenzen befand sich „Spartanismus" – die Vorstellung von der Wildnis als Umfeld der „Körperertüchtigung, Standhaftigkeit und Tapferkeit". Das zweitstärkste Item, „Antikünstlichkeit", stellte die Ablehnung der vom Menschen geschaffenen Züge oder der menschlichen Verbesserungen in der Wildnis dar. Diese wurden gefolgt von positiven Empfindungen für „Urzeitlichkeit", der in ihrem ursprünglichen Zustand belassenen Umwelt. Die Faktoren „Demut", „Freiluftmenschentum", „Aversion gegen soziale Interaktion" und „Eskapismus" wurden in dieser Reihenfolge mit abnehmender Häufigkeit registriert.

In gewissem Gegensatz zu anderen Ergebnissen, denen zufolge Menschen aus ländlichen Gebieten mit größerer Wahrscheinlichkeit den „Wildnistyp" statt den „leichter zugängliche" Gebiete wählenden Typ des Campers stellen, zeigte sich im Sample von Catton u. a. eine der Wildnis zuneigende Wertorientiertheit vorherrschend bei in Städten aufgewachsenen und besser ausgebildeten Personen. Von 409 Befragten mit diesen Merkmalen offenbarten 67% eine gemäßigte oder ausgeprägte Wildnisorientiertheit. Nur 6,3% waren urbanistisch oder neutral in ihrer Wertorientierung. Es sollte jedoch darauf hingewiesen werden, daß Catton u. a. Stadtmenschen wählten, die die Wildnis aufsuchten. Die Mehrheit der Stadtcamper gehört wahrscheinlich zu denen, die in „leicht zugänglichen" Gebieten zu finden sind, doch diejenigen, die nicht zu diesem Personenkreis gehören, neigen zu positiveren Gefühlen gegenüber der „wirklichen Wildnis" als Menschen aus ländlichen Gebieten. Jedenfalls unterscheiden sich die beiden Gruppen nicht völlig in ihren Einstellungen zur Natur. Hendee u. a. (1968) ermittelten, daß Camper insgesamt in dieser Hinsicht dazu neigen, eine entschiedenere „Naturschutzhaltung" zu vertreten als Nichtcamper.

Hendees Gruppe erforschte auch bestimmte Normen des Wildnisverhaltens. Beispielsweise fand sie heraus, daß Camper Einschränkungen hinnehmen, die sie unter anderen Umständen ablehnen würden. Die Mitnahme von Radios und unnötiges Eindringen der Technik stößt auf Mißbilligung. Es wird eine kooperative Einstellung gepflegt und man erwartet von den Campern, daß sie ihren Beitrag zum Wohlergehen der anderen leisten. Die für das Campingleben erforderlichen Fertigkeiten werden als Zeichen eines ernsthaften Engagements für die Wildnis angesehen. Schließlich wird erwartet, daß die Qualität des Campingplatzes erhalten wird. „Mehr als 8 von 10 Personen waren der Meinung, daß eine wichtige Regel in der Wildnis sei, nur Photographien mitzunehmen und nur Fußabdrücke zu hinterlassen" (S. 43). Kurzum, die Wildnis erlegt ihren Nutzern einen informellen Sittenkodex auf. Sie ist ein Ort, für den angemessene und unangemessene Verhaltensweisen sehr genau definiert sind. Lucas (1966) hat vermutet, daß die Wildnis das Verhalten vereinfache. Da die zwischenmenschlichen Beziehungen (mit Ausnahme der zu unserer Familie) auf ein Minimum eingeschränkt sind, sind wir frei von den sozialen Rollen, die uns unser berufliches und öffentliches Leben auferlegt. Auch die Umwelt ist zumindest in symbolischer Hinsicht „einfach". Die Komplexität städtischer Verhältnisse gehört zu den Dingen, die wir zurückzulassen hoffen, wenn wir die Wildnis betreten. Vielleicht ist es ein neu- und fremdartiges Umfeld von visueller Komplexität, doch ist es nicht befrachtet mit dunklen oder schwimmenden Bedeutungen. Außerdem ist es frei von sozialen Anforderungen.

Wie kann man Verhalten in der Wildnis definieren?

Da die Maße in den angeführten Studien gewisse Unterschiede aufweisen, ist es schwer, aus ihnen vergleichbare Definitionen der Wildnisbenutzung zu gewinnen. Außerdem wird sich der Typus der untersuchten Benutzer auf das Ergebnis der Forschungsarbeiten auswirken. 1960 verwendeten Glock und Selznick (1962) zur Ermittlung von Campermotivationen fünf Reaktionskategorien: Zivilisationsflucht (Eskapismus); ästhetisch-religiöse Motive; Gesundheit (Wiederherstellung der Gesundheit); Soziabilität; Pioniergeist (Überlebensfähigkeit). Die beiden ersten dieser Gründe erwiesen sich als die wirksamsten. Als die Befragten nach ihrer sozialen Herkunft klassifiziert wurden, zeigten sich jedoch signifikante Abweichungen. Beispielsweise empfanden Personen, die nicht Mitglieder einer Kirche waren, „Zivilisationsflucht" als zwingenderes Motiv, die Wildnis aufzusuchen, als Kirchenmitglieder. Warum dies der Fall war, ist nicht bekannt.

Ein interessanter Gegensatz zeigt sich im Vergleich der ORRRC-Studie mit derjenigen von Hendee u. a., in der der Eskapismus als Grund zum Besuch der Wildnis am wenigsten ins Gewicht fiel. (Die Autoren merken jedoch an, daß die Vorstellung des Eskapismus in den meisten Kategorien enthalten sei und möglicherweise von ihnen überschattet werde.) Außerdem war der „Spartanismus", der ganz oben in der Liste der Vorzüge bei Hendee rangierte, in der Studie von Shafer und Mietz nur als mäßig wichtig beurteilt. Seine Anziehungskraft war nur halb so groß wie die des ästhetisch-emotionalen Faktors. Und obgleich soziale Werte nur als relativ unbedeutend angesehen wurden, wurde die „Einsamkeit" um ihrer selbst willen selten gesucht. Nur ein Zehntel der Wanderer bewerteten sie genauso hoch wie die emotionale Erfahrung – die Empfindungen, die von der Berührung mit der Umwelt ausgelöst wurden. Trotz dieser vielfältigen (und manchmal widersprüchlichen) Ergebnisse, lassen sich einige generelle Schlußfolgerungen gewinnen. Bei Campern, Wanderern und Wassersportlern lassen sich sehr grob zwei Typen unterscheiden – die stark engagierten und jene mit schwachem oder gemäßigtem Engagement. Die ersteren brauchen die Erfahrung einer gewissen Mühsal und den Verzicht auf Bequemlichkeit. In Hendees Studie äußerten 71 Prozent der Befragten übereinstimmend die Meinung, daß eine Straße, die in die Wildnis führe, dem Wandern dort seinen eigentlichen Reiz raube. Beinahe 60 Prozent meinten, daß ständige Feuerstellen sich nicht mit dem Charakter wirklicher Wildnis vertrügen. Wanderer gehen weiter in die Wälder hinein als Personen auf Pferden. Paddler wagen sich weiter in unzugängliche Seengebiete hinein als Motorbootbenutzer. Generell läßt sich sagen, daß je länger die Anreise eines Besuchers ist, er um so tiefer in die Wildnis eindringt. Ob die Erfahrung nun als ästhetisch-emotional oder als physisch-pionierhaft beschrieben wird, ist vielleicht nicht so wichtig wie die Hingabe an Werte der Wildnis, die sie für den Camper darstellt.

Dies ist *eine* Weise, die Gründe für das Aufsuchen der Wildnis zu messen, doch teilt sie uns keineswegs alles über die Vorteile der Wildnis mit, was wir wissen möchten. Für eine Mehrheit von Campern bedeutet „Wildnis" ausgebaute Campingplätze, die fünfzehnmal so häufig belegt werden wie nicht ausgebaute Plätze. Obgleich der schwächer engagierte Camper weniger Kontakt mit der unberührten Natur als der „Purist" haben mag, kann seine Erfahrung in anderer Hinsicht durchaus Belohnungswert haben. Das Maß, in dem er zuvor Wildnisumwelten ausgesetzt war, wird sich ebenfalls auf seinen Genuß auswirken. Jemand, der noch niemals einen Wald gesehen hat, wird schon ein kleines Wäldchen recht wild finden, wie für den sozial gesinnten Dichter „a Jug

of Wine, a Loaf of Bread – and Thou/beside me singing in the Wilderness/Oh,
Wilderness is Paradise enow!"

Wahrnehmung der Wildnis

Eine der Annahmen der ORRRC-Studie besagte, daß die Anziehungskraft der
Wildnis nur wenig durch die materiellen Merkmale erklärter Naturschutzge-
biete verändert werde. Ein Gebiet mag „wilder" als das andere oder wilder in
anderer Hinsicht sein, erfahren aber wird das Gefühl der Wildnis, das sich aus
der vorhandenen Vielfalt, Großartigkeit und „Natürlichkeit" herleitet.
Unsere eigene Vermutung ist, daß die Züge der Wildnis auch eine psychologische Dimension haben. Innerhalb eines gegebenen Gebiets sind die Wahrnehmungen relativ. Je schroffer das Erscheinungsbild der Topographie ist, um so
größer ist die Wahrscheinlichkeit, daß sie als wild angesehen wird. Mit Ausnahme schroffer Gebirge, wird baumbestandenes Gelände in dieser Hinsicht
höher eingestuft werden als ein kahles Umfeld, wie „natürlich" es auch immer
sein mag. (Die Heide von Yorkshire, die oft als wild beschrieben wird, vermittelt kaum das Gefühl, wirklich eine Wildnis zu sein.) Urwald wird als wilder
wahrgenommen werden als ein nachgewachsener Baumbestand. Vom Menschen geschaffene Züge werden das Urteil abschwächen, doch die physische
Anwesenheit von Menschen wird sich kaum auswirken, vorausgesetzt daß
keine vom Menschen geschaffenen Gegenstände vorhanden sind. Abgelegen-
heit scheint ein anderer Faktor zu sein. Die Wildnis muß sich in einiger Entfernung von Ansiedlungen befinden.
Das Gebiet muß jedoch nicht als „spektakulär" wahrgenommen werden. Die
Kentucky Appalachians bieten keine geringere Vielfalt an landschaftlicher
Schönheit und an Erholungsmöglichkeiten als die Rocky Mountains, obwohl
sie sich hinsichtlich der Merkmale und Größe doch sehr unterscheiden. Man
entdeckt ein Gebiet unter dem Eindruck des Vorhandenen. Calvin u. a. (1962)
zeigten eine Reihe von Landschaften in Kentucky auf Diapositiven. Dabei
verwendeten sie ein Semantisches Differential zur Ermittlung von Land-
schaftspräferenzen. Die Prognose dürfte zu vertreten sein, daß ihre Ergebnisse
auch für andere Landschaftsumwelten zutreffen, die nach den von uns genannten Definitionen als wild zu bezeichnen sind. Die Betrachter beurteilten gewisse Landschaftszüge als „farbig, schön, natürlich und primitiv" und bezeichneten damit das eine Extrem, während sie auf dem anderen Extrem zu den
Urteilen „eintönig, häßlich, künstlich und zivilisiert" kamen. Diese wurden als
passive Eigenschaften gesehen, die sich auf die „natürliche Schönheit der Landschaft" bezogen und ungefähr 62 Prozent der Gesamtunterschiede zwischen
den Landschaften erklärten. Das ist keine überraschende Reaktion, da wir an

Landschaften gewöhnlich unter dem Gesichtspunkt ihrer visuellen Erscheinung denken.

Weniger zu erwarten war das Ergebnis, daß Beobachter auch eine den Landschaftszügen zugrundeliegende dynamische Qualität wahrnehmen. Dieser „Naturkraft"-Faktor erklärt weitere 24 Prozent der Unterschiede zwischen den Landschaften, die entweder als „turbulent, laut, rauh und komplex" oder als „ruhig, still, sanft und einfach" beurteilt wurden. Man könnte diese Forschungsrichtung zur Definition der Umweltreaktion noch weiterführen. Auditive, olfaktorische und taktile Empfindungen werden selten berücksichtigt, obwohl doch die Wildnis eine angenehme – oft kurzlebige – Mischung aus Tönen, Gerüchen, Tasterlebnissen und Bildern ist. Inwieweit trägt das Plätschern eines Wasserfalls in der Ferne, das Rieseln eines Baches, die Empfindung der Tannennadeln unter den Füßen, der Geruch eines Holzfeuers und das Echo von Schritten zum Vergnügen an der Wildnis bei? Kaum hat man bisher Forschungsarbeiten dem Ziel gewidmet, solche nichtvisuellen Elemente auf die gesamte Wahrnehmungserfahrung zu beziehen. Auf einer Werteskala wären jedoch die meisten von ihnen als wichtig einzustufen.

Ein dritter Bereich, der Beachtung verdient, ist der der wahrgenommenen Erholungsmöglichkeiten. In einer Untersuchung unter Adirondack-Campern nahmen Shafer und Tompson (1968) die Fläche ausgebauter Badeanstalten, die Wasserfläche an diesen Küstenstreifen, die Gesamtzahl der Campingplätze und die Zahl der mit Außenbordmotorbooten erreichbaren Inseln als Maß dafür, in welcher Beziehung eine Kombination von Variablen zur „Nutzungsintensität der Gesamtumwelt steht" (Shafer 1969, S. 76). Doch erklärt dies nicht, wie Shafer (1969) anmerkt, „das gesamte Wahrnehmungsspektrum, das Teil einer Campingerfahrung sein kann" (S. 76).

In der Adirondackstudie konnten Shafer und Thompson (1968) aus vierzig Variablen neun herauszuziehen, die Campingplatzumwelten „beschrieben" und vermutlich ihre Verwendung beeinflußten. Neben Wassersportmöglichkeiten gehörten dazu die Gesamtausdehnung des Gebietes, die Vorherrschaft von Birken, die Zugänglichkeit und landschaftliche Schönheit der Plätze, sowie ihr „touristischer Wert" – das Vorhandensein anderer Attraktionen. Die meisten dieser neun Faktoren sind nicht landschaftlicher Natur, doch ist die Annahme vertretbar, daß eine übergeordnete landschaftliche Dimension stark zum Vergnügen an allen Faktoren beiträgt. Von gleicher Bedeutung ist die Umweltvielfalt. Ein Gebiet, das Seen und Bergpfade, Wiesen und Wälder, Wasserfälle und fischreiche Flüsse umfaßt, wird der Wahrnehmung und Nutzung weitreichende Möglichkeiten bieten.

Die ziemlich ausführliche Erörterung der oben angeführten Wildnisstudien zeigt einen Weg, der „Wildniserfahrung" habhaft zu werden. Dies ist im wesentlichen ein Erhebungs- und Analyseverfahren. Als solches scheint es vielem von dem zu widersprechen, was wir über die holistische Wahrnehmung der Makro-Umwelt durch den Menschen gesagt haben. Eine Schwäche dieser Methode liegt darin, daß der Forscher und nicht der Wildnisbenutzer die Termini definiert. Für den Forscher bedeutet in diesen Untersuchungen „Engagement" in der Regel den Wunsch nach einer ursprünglichen Erfahrung. Für den Camper mag das Wort nur den Wunsch bedeuten, die Wildnis „wild" zu erhalten, ganz unabhängig davon, wie man sie verwendet. „Antikünstlichkeit" gehört sicherlich nicht zum Wortschatz des durchschnittlichen Besuchers eines Wildnisgebietes, noch hat er von sich selbst die Vorstellung, daß er ein „Soziodrama" aufführe. Diese ex post facto-Interpretationen geben zu bestimmten Vermutungen darüber Anlaß, warum Menschen die Wildnis aufsuchen und was sie dort tun. Keinesfalls liefern sie uns aber eine vollständige Information über den Gegenstand.

Der Leser sollte sich lieber an seine eigene „ganzheitliche" Erfahrung während eines Camping- oder Wanderurlaubs erinnern, um festzustellen, was ihn motivierte und welche Aspekte seiner Erfahrung ihm am meisten Befriedigung eintrugen. In diesem Zusammenhang schlägt Burch (1964) ein Beobachtungsverfahren der Wildnisnutzung mit freien Interviews anstelle der Fragebogen vor. Wenig ist in dieser Richtung getan worden, doch es ist möglich, daß ein ganz anderes Bild entstehen würde. Es lassen sich auch Vergleiche mit den mehr populären Beiträgen zum Thema Wildnis anstellen, die von Autoren stammen, deren Beruf es ist, sich mit diesem Thema zu beschäftigen. Die zahlreichen Bücher von Olson (insbesondere „The Singing Wilderness", 1959), sind mit Nutzen und Vergnügen zu lesen, weil sie sich mit dem Wassersportgebiet der Boundary Waters befassen, dessen sich viele der oben genannten Forscher bedienten. Olson rühmt die Werte der Wildnis in einer Weise, die der des Naturalisten John Muir näher steht als dem analytischen Verfahren des außenstehenden Forschers. Für diese Reaktion Worte zu finden, bereitet dem Durchschnittsmenschen oft Mühe.

Kontrolle der Wildnisbenutzung

Sowohl die Definitionen des Wildnisverhaltens wie auch die Standards der Umweltqualität sind oft in der Umweltpolitik vernachlässigt worden. Während einige Faktoren weitgehend ökologischen Charakter haben (die Wildnis als Wasserreservoire, die Erhaltung der natürlichen Ressourcen usw.), sucht der Besucher dieser Gebiete eher persönliche und intime Vorzüge. Für denjenigen, der zu entscheiden hat, stellt sich folglich das Problem, den Erholungssuchenden an das Bezugssystem der übergeordneten Wildniswerte zu akkommodieren. Die Erholung selbst kann den Wert der Natur mindern – wie „wild" bleibt das Leben in der Natur, wenn jeder Campingplatz überfüllt ist oder Motorboote die Wasserwege beherrschen? In welchem Ausmaß wird städtischer Komfort auf Campingplätzen heimisch gemacht, um mehr Besucher anzulocken? Wie läßt sich die optimale Nutzung eines Wildnisgebietes messen, um entscheiden zu können, wann seine Tore geschlossen werden müssen? Auf einigen Campingplätzen im Staate New York wird der Besucher durch folgendes Verbotsschild empfangen: „Das Campen jenseits dieses Schildes ist verboten!" Dies ermutigt kaum dazu, Pioniererfahrungen zu sammeln.

Die Anziehungskraft und den Charakter der Wildnis zu erhalten, stellt eines der Hauptziele der Naturparkverwaltungen dar. Diesem Ziel läßt sich mittels zweier Maßnahmen näherkommen: Weitere Forschungsarbeiten über die Verwendung der natürlichen Umwelt durch den Menschen sind erforderlich, und es sind Kontrollmechanismen zu entwickeln, die sensibler als die augenblicklichen für das empfindliche Gleichgewicht in der Beziehung zwischen dem Menschen und seiner natürlichen Umwelt sind. Wir müssen wissen, wie angenommene Wildniswerte mit tatsächlichen Verhaltensmustern korrelieren, wie die Gegenwart anderer Menschen auf diese Werte einwirkt, inwieweit die Nutzer glauben, daß Wildniswerte auch in Umwelten zu finden sind, die keine Wildnis sind. Gegenwärtig sind die Definitionen zu lückenhaft und unscharf, um uns ein genaues Bild von der Beziehung zwischen der Wildnis und dem durchschnittlichen Wildnisbesucher vermitteln zu können.

In diesem Zusammenhang ist ein Gesichtspunkt, daß die Benutzung sowohl im Interesse ökologischer Zielsetzungen wie auch des humanen Nutzens kontrolliert werden müsse. Wir müssen versuchen, die Schwelle festzulegen, bis zu der solche Kontrolle akzeptierbar ist – den Punkt, an dem Vorschriften widersinnig werden. Welches Maß an Kontrolle nehmen Menschen hin, bevor sie sich anderen Erholungsmöglichkeiten zuwenden? Die Forschungsergebnisse deuten darauf hin, daß die Reaktion auf bestimmte Gebiete sowohl die Präferenz für die Verwaltungspolitik wie auch für die materielle Beschaffenheit der Umwelt spiegelt. Wir wissen auch, daß „echte" Wildniscamper sich im Interesse der Ökologie und ihres eigenen Engagements gewissen Vorschriften fügen. Lucas (1966) weist darauf hin, daß „wir wählen müssen zwischen nicht geplanten, unbeabsichtigten, vom Menschen geschaffenen Veränderungen und bewußter Kontrolle zugunsten einer maximalen Natürlichkeit und Befriedigung" (S. 122). Nur wenn wir anhand eines breiten Spektrums von Wahrnehmungen in Erfahrung bringen, was „Natürlichkeit" und „Befriedigung" den Menschen bedeutet, läßt sich eine Politik konzipieren, die dem Menschen dient und die Natur schützt.

Der Schutz von Wildnisgebieten, städtische Raumnutzung, die Kontrolle der Rauch- und Abgasentwicklung, Müllbeseitigung und Gewässerverschmutzung und Abwasserklärung sind Bereiche, in denen Menschen Entscheidungen fällen, die die Verwendung und Qualität ihrer Umwelt beeinflussen. Welche Faktoren sind an diesem Prozeß beteiligt? Wie werden Einstellungen gebildet, die zu Entscheidungen führen? Wer trifft diese Entscheidungen? Umweltpolitik ist ein Teil des demokratischen Prozesses; auch sie muß die politischen Kanäle benutzen. Gelegentlich ist die Politik ein Ergebnis des Drucks, den die allgemeine Öffentlichkeit ausübt. Häufiger setzen sich spezielle Interessengruppen wie die Highway-Lobby oder der Sierra Club durch. Nicht selten wird sie durch entsprechende Institutionen wie das US Army Corps of Engineers oder durch das Amt für Umweltschutz gefördert, das verpflichtet ist, auf die Erfüllung der Politik zu drängen, die es empfiehlt. In einer zusammenfassenden Erläuterung des Prozesses definiert White (1966) einige der Faktoren, die den Vorgang auf der Entscheidungsebene beeinflussen:

„Es scheint kein Zweifel daran zu bestehen, daß der einzelne, dem die Entscheidung für einen Sektor der Umwelt obliegt, in irgendeiner Form die Vielfalt möglicher Nutzungen, die Beschaffenheit der Umwelt selbst, die Technologie, die ihm für die Nutzung der Umwelt zur Verfügung steht, und die Gewinne und Verluste berücksichtigt, die sich aus möglichen Handlungen für ihn und andere erwarten lassen. Seine Wahrnehmung eines jeden Punktes und sein Urteil über ihn müssen im Rahmen gewohnheitsmäßigen Verhaltens und einer durch Zwänge und Verlockungsmittel ausgeübten sozialen Steuerung erfolgen" (S. 108).

In einigen Fällen werden die Entscheidungen von einem einzigen Individuum getroffen – sagen wir dem Wächter eines Naturschutzparks. Die politische Verwaltung ist jedoch gewöhnlich in der Hand einer Kommission. Diese Gruppe wird nicht nur von der Beschaffenheit der Umwelt, die ihrer Entscheidungsgewalt anheimgestellt wurde, beeinflußt werden, sondern zumindest theoretisch auch durch die Einstellung jener, die die Umwelt verwenden. Die Ziele der Nutzer werden jedoch nicht immer mit denen der offiziellen Politik übereinstimmen. „... häufig werden Standards ohne Wissen darüber festgelegt, ob sie öffentlich gebilligt werden", schreibt Sewell (1971a : 120). „Dies erklärt natürlich die Tatsache, daß sie häufig mißachtet werden oder zu Verhaltensweisen führen, die nicht beabsichtigt waren!" Vom Standpunkt des Verwenders wird die Umwelt unter dem Gesichtspunkt der erfahrenen Befriedigung beurteilt, die die politische Zielsetzung erleichtern kann oder nicht. Auch der für die Entscheidung Verantwortliche ist an den Präferenzen der Verwender interessiert, doch versucht er auch – nach Whites Ausdruck – zu ermitteln, „was andere vorziehen *sollten*" (1966, S. 109; Hervorhebung von den Autoren). Er befaßt sich damit, die Umwelt effizient zu nutzen, die natürlichen Ressourcen zu erhalten und vielleicht gewisse historische und symbolische Werte zu bewahren, die mit einem bestimmten Ort assoziiert werden. Viele dieser Ziele können bis zu einem gewissen Punkt durch empirische Standards definiert werden. Luftreinheit wird anhand des Anteils vorhandener Partikel und gasförmiger Elemente gemessen. Andere sind subjektiverer Natur und beruhen auf dem Feedback der Nutzer. Die oben angeführten Wildniserhebungen machen diesen Punkt deutlich.

Die Entscheidungssituation ist der Kontext, in dem ein Kompromiß zwischen Nutzerpräferenz und Verwaltungsexpertise gefunden werden muß. White sieht drei Faktoren, die sich auf diesen Prozeß auswirken: die Erfahrung des Individuums mit der Umwelt; wie es seine Rolle wahrnimmt -wieviel „Entscheidungsfreudigkeit" man von ihm erwartet; und seine Zuversicht, mit der Komplexität der Umwelt fertig zu werden. Für Landwirte ist es nicht schwer, die Bewässerung eines Gebietes zu organisieren. Das Kommunikationsnetz ist einfach, und die unmittelbare Erfahrung des Individuums, seine Rollenwahrnehmung und sein Selbstvertrauen entsprechen der Aufgabe. Den Eriesee zu säubern, ist nicht so einfach, da dieses Vorhaben auf Interessenkonflikte stößt, eine komplexere Technologie verlangt, ein ausgedehnteres Kommunikationsnetz voraussetzt und nicht auf allgemein akzeptierten Kriterien fußen kann, wie zum Beispiel der Feststellung, welche Wasserqualität für diesen besonderen See zu verlangen sei. Außerdem müssen die Vereinigten Staaten und Kanada zu einer gemeinsamen Entscheidung kommen.

Im Zentrum vieler dieser Kontroversen stehen die Einstellungen der Nutzer von natürlichen Ressourcen wie Luft und Wasser. Die Menschen gehen gerne davon aus, daß solche Vorkommen sich ständig erneuern und haben sie behandelt, als stünden sie zur freien Verfügung. Damit Hand in Hand geht eine allgemeine Aversion gegen Kontrollen in einer pluralistischen Gesellschaft. Warum den Rückgriff auf Vorkommen einschränken, die anscheinend unbegrenzt sind und in der Geschichte auch so verstanden wurden? An diesem Punkt wird der mit der Entscheidung Betraute zum Schiedsrichter; es ist zwar zu hoffen, daß er im Einverständnis mit seinen Wählern handelt und Verständnis hat für deren Wünsche, praktisch aber setzt er seine Entscheidungen kraft seines Amtes durch. Das 1972 durch ein US-Amtsgericht ausgesprochene Verbot weiterer Erzabbaus im Boundary Waters Canoe Area, das auf eine Klage der Isaak Walton League (The New York Times vom 20. Januar 1973) zurückgeht, ist ein Beispiel für die Entscheidungsfindung auf gerichtlicher Ebene.

Die Entscheidungsfindung wurde oben unter allgemeinen Gesichtspunkten und aus der Perspektive des für die Naturvorkommen Verantwortlichen erörtert. Im Folgenden werden wir einige Faktoren darstellen, die dazu beitragen, daß sich bestimmte Einstellungen in der breiten Öffentlichkeit bilden.

Die Rolle des Experten

In den technologischen Gesellschaften sind die politischen Prozesse weitgehend institutionalisiert. Vom Fachmann für Bodenerhaltung bis zum Raumordnungsplaner, vom Förster bis zum Hydrologen beruht die Kontrolle oder Modifikation der Umwelt auf der Information, die der Experte zur Verfügung stellt. Dieser kann auch aufgrund seiner beruflichen Beschäftigung mit bestimmten Umweltproblemen die Notwendigkeit zum Handeln näher bestimmen. Dies hat sich auch gezeigt bei der Annahme des Gesetzes zur Kontrolle der Umweltqualität im Jahre 1964. Je nach der Art des Problems werden die Umstände definiert, die sich in einem der wichtigen Bereiche der Umweltbeeinträchtigung auswirken, und Abhilfevorschläge auf den höheren Regierungsebenen eingebracht.

Versuche, diese Gutachten zu demokratisieren, sind von unterschiedlichem Erfolg gekrönt, doch theoretisch sind die Menschen durch Verfahren wie öffentliche Hearings beteiligt. Der Zweck solcher Hearings besteht darin, das allgemeine öffentliche Interesse mit örtlichen Präferenzen in Einklang zu bringen. Eine Schwierigkeit, auf die White hinweist, ist die Frage, ob der Spezialist die Bedürfnisse und das Verhalten seiner Auftraggeber hinreichend versteht, und ob der Auftraggeber die Notwendigkeit zum Handeln akzeptiert. Lösungen, die eine öffentliche Institution aufzwingt, schaffen Mißtrauen. Das Hearing selbst kann lediglich eine kosmetische Maßnahme für eine Politik sein, über die bereits entschieden wurde. Ein ernster zu nehmendes Problem stellt jedoch der fragmentarische Charakter der meisten Sachverständigengutachten dar, da die Fachleute die Umweltqualität aus der Perspektive ihrer eigenen Rollen und nicht als ein integriertes und allgemeingültiges Problem wahrnehmen. Wasser-, Luft- und Bodenverschmutzung werden zu Einzelanliegen, die in keiner Beziehung mehr zur ökologischen Interrelation stehen.

Die städtische Mehrheit

Viele Umweltprogramme erfordern große Geldausgaben, die entweder durch direkte Steuern oder aus andern Einkünften bestritten werden müssen. In den meisten Staaten stellen die Stadtbewohner das größere Steueraufkommen, obgleich sich in der staatlichen Gesetzgebung die Interessen ländlicher Gebiete durchsetzen. In dem Maße, in dem die ökologische Bewegung an Geltung gewinnt, dürfen wir erwarten, daß Partikularinteressen in der Gesetzgebung an Bedeutung verlieren, auch wenn es um Probleme von regionalem Belang geht. Die von der städtischen Mehrheit gebildeten Interessengruppen werden zunehmenden Einfluß gewinnen.

Aus der Sicht des Ökologen ist diese Situation nicht unbedingt schlecht. Da die meisten Stadtbewohner durch Eingriffe in die Umwelt wenig zu verlieren (zumeist viel zu gewinnen) haben, geht ihre Tendenz dahin, Anliegen wie saubere Gewässer, Beschränkung der Schürfkonzessionen und Umwelterhaltung im allgemeinen zu unterstützen (ganz abgesehen von den städtischen Smog- und Lärmproblemen). So schlug sich bei den Wahlen im Staate New York des Jahres 1972 eine Partei zur Umweltverbesserung in den Städten recht gut, während sie in den ländlichen Gebieten, wo die Interessen stärker lokal ausgerichtet sind, keinen Erfolg hatte. Der Umweltschützer hat gelernt, daß er sich, wenn er die größeren Probleme in Angriff nehmen will, eher dorthin zu wenden hat, wo er Stimmen findet, als dorthin, wo das Problem liegt.

Die artikulierten Minderheiten

O'Riordan (1971) stellt fest, daß „die Entscheidung über die Naturvorkommen im wesentlichen ein Prozeß pluralistischer Gruppenübereinkunft sei ...“ (S. 203). Es gibt genügend Beispiele: Die Kontroverse um den Tagebau; „rettet die Sumpfgebiete“; die Alaska-Pipeline; das Automobil und die Luftverschmutzung; der Überschallflugverkehr. Diese in aller Öffentlichkeit ausgetragenen Fragen haben Konflikte geschaffen, die sich nicht leicht lösen lassen. Das Verbot des Tagebaus bedeutet eine Zunahme des gefährlichen Abbaus unter Tage. Die Verknappung des Öls bedeutet höhere Preise für den Verbraucher. Für die Bewohner von Boron in Californien ist der Schallknall assoziiert mit dem Klingeln der Ladenkassen. Das Abwägen unvereinbarer Alternativen gehört zur Entscheidungsfindung. In zunehmendem Maße nehmen sich dieser Fragen organisierte Interessengruppen an, die miteinander um öffentliche Unterstützung wetteifern [1].

Aus der Sicht des Umweltpolitikers ist es wichtig zu wissen, auf welchen Wegen solche Unterstützung erfolgt. Menschen, die auf politischer oder kommunaler Ebene oder im Staatsdienst sind, stellen einen unverhältnismäßig hohen Anteil der Mitglieder der ökologischen und Umweltschutzgruppen. In solchen Bewegungen engagieren sich im wesentlichen gut ausgebildete, auch beruflich

---

[1] „Wir sind stolz darauf, daß sich die Umweltaktion nicht (von der Steuer) absetzen läßt“, so liest man in einer Broschüre, die von einer dieser Organisationen herausgegeben wird. „Wir sind eine entschlossene politische Aktionsgruppe, kein Wohlfahrtsverband“ (1973).

mit Umweltproblemen befaßte Menschen aus der Mittelklasse (McEvoy 1971; Harry u. a. 1969; Tognacci u. a. 1972). Andernorts haben wir festgestellt, daß die ökologische Bewegung an sich nicht diejenigen Menschen zu vereinigen mag, deren wirtschaftliche Interessen möglicherweise durch die Umweltveränderung beeinträchtigt werden.

In einer Erhebung, in der sie die Einstellungen zur Zukunft des Lake Tahoe Beckens in Californien erfaßten, ermittelten Costantini und Hanf (1972), daß Geschäftsleute (eine Gruppe mit hohem Einkommen bei relativ niedriger Ausbildung) mit 38 gegenüber 21 Prozent eher in eine Kategorie mit „niedrigem Umweltinteresse" als in eine mit „hohem Interesse" fielen. Obgleich das Tahoe Becken eine rasche Entwicklung zum Erholungsgebiet durchgemacht hat und die Wasserverschmutzung zu einem immer wichtigeren Problem geworden war, glaubten die Geschäftsleute in dieser Untersuchung, daß die weitere Entwicklung die landschaftlichen Qualitäten des Sees nicht beeinträchtigen würde. Sie behaupteten auch, daß das Wasser nur dann als verschmutzt anzusehen sei, wenn es ein Gesundheitsrisiko darstelle, während die Umweltschützer vorbrachten, daß die zunehmende Eintrübung des Wassers Verschmutzung anzeige und seine Attraktivität vermindere.

Die Frage, ob die Geschäftsleute oder die Umweltschützer recht haben, läßt sich nur schwer beantworten, wenn wir uns auf Berufs- oder Einkommenskategorien beschränken. Wir müssen wissen, ob die Ziele der beiden Gruppen sich radikal unterscheiden oder ob sie einfach hinsichtlich der Mittel unterschiedlicher Meinung sind, die anzuwenden sind, um das Becken als wirtschaftlich lebensfähiges Erholungsgebiet zu erhalten, ohne seine landschaftlichen Qualitäten zu vernichten. Angesichts der Probleme, die mit der Lösung einiger dieser Differenzen verbunden sind, legen die Umweltschützer immer weniger Wert auf die örtliche Kontrolle solcher Gebiete. Die Gründe für diese Haltung sah man auch in der Untersuchung von Constantini und Hanf (1972). Diese ermittelten, daß „die Verantwortlichen um so aufgeschlossener für Fragen der Umwelt sind, je größer das geographische Gebiet ist, das Gegenstand der Rechtsprechung ist ... Innerhalb der Struktur der Beamtenschaft scheint es der örtliche Beamte zu sein, bei dem die Wahrscheinlichkeit eines entsprechenden Interesses am geringsten ist..." (S. 227). Die California Coastal Zone Conservation Commission, die das Vetorecht für beinahe alle im Küstenbereich vorgesehenen Veränderungen hat, wurde gegen den Widerstand vieler örtlicher (Küsten-)Gruppen von einer den gesamten Staat umfassenden, im wesentlichen städtischen Mehrheit gewählt. Die Entfernung von ihr erhöht nicht nur den Zauber einer Landschaft, sondern sorgt manchmal auch für eine vernünftige ökologische Einstellung.

428

Demographische Merkmale der Individuen stellen eine Weise dar, die Ursachen des Umweltinteresses zu ermitteln. Auf der Grundlage dieser Methode haben Morrison u. a. (1972) eine Theorie der „relativen Deprivation" vorgeschlagen. Aus zahlreichen Gründen – so schreiben diese Autoren – seien diejenigen, die am wenigsten unter Umweltentzug litten, eher dazu geneigt, sich am Entscheidungsprozeß zu beteiligen, als diejenigen, deren Erwartung mehr oder weniger andauernd blockiert würde. „In diesem Lande sind die Hauptbeteiligten der Umweltbewegung die Personen, die tatsächlich oder potentiell in den besseren statt den ärmeren Umwelten leben oder zu ihnen Zugang haben" (S. 272). Die berufliche Elite – Wissenschaftler, Regierungsbeamte, Juristen, Ärzte und Lehrer – nehmen die Umwelt in Form eines „abstrakten Wunsches" und auf der Grundlage ihres verallgemeinerten Wissens von dem wahr, was unter optimalen Bedingungen möglich wäre. Das deprivierte Individuum hat keine solche Perspektive. Nur wenn die Blockierung der Ziele „plötzlich und unerwartet" erfolgt, handeln gemäß dieser Theorie die betroffenen Gruppen. Vielleicht heißt dies nur, daß Ghettobewohner ganz unabhängig von ihren Erwartungen gelernt haben, das Beste aus ihrer schlechten Umwelt zu machen. Es sollte in diesem Zusammenhang auch berücksichtigt werden, daß es dem Umweltdeprivierten häufig an politischer Macht gebricht und daß er keinen Zugang zum „Kommunikationsnetz" besitzt. Abgesehen davon bleiben aber nicht alle betroffenen Gruppen angesichts ständiger Deprivation passiv. Berufs- und Amateurfischer und nicht Professoren und Wissenschaftler waren lange Zeit das Rückgrat der Kampagne für saubere Flüsse. Die Untätigkeit anderer ist nicht der Tatsache zu verdanken, daß sie das Problem nicht sehen würden, sondern daß sie keine Notwendigkeit zum Handeln sehen. Für den Arbeiter in einem Stahlwerk ist die verschmutzte Luft der Preis, den man für seinen Arbeitsplatz bezahlt. Seine Abhängigkeit vom Milieu verstellt ihm den Blick für alternative Lösungen, die der Außenseiter unbefangener fordern kann.

Einen anderen Gesichtspunkt bei der Einstellungsbildung stellen die externen Faktoren dar, die auf spezifische Umweltprobleme einwirken. Viele Fragen sind „sozial" nicht „isoliert", sondern an andere Werte gebunden, hinsichtlich derer die Menschen starke Überzeugungen hegen. Klausner (1971) merkt an, daß sich in einem solchen Fall die Gruppeninteressen eher auf das soziale als auf das Umweltproblem richten. Statt daß die Frage die Menschen quer zu den wirtschaftlichen, durch die Ausbildung oder durch die Schichtzugehörigkeit bestimmten Grenzen in unterschiedliche Lager unterteilt, wird sie als der entscheidende Punkt einer umfassenderen sozialen Uneinigkeit angesehen. So wird die Anreicherung des Trinkwassers mit Fluor von gewissen Gruppen als eine „kommunistische Verschwörung" bekämpft. Einige Umweltschützer haben die Bewegung dazu benutzt, die Vorstellung zu verbreiten, daß natürliche Ressourcen der Öffentlichkeit gehören müßten. „Offener Raum" in den Vorstädten wurde zu einem Instrument zum Ausschluß der Armen und der Schwarzen und offenbarte so latente soziale Gegensätze, die man übertüncht hatte. Jedermann ist sich darüber einig, daß radioaktive Strahlen schädlich sind. Aus ideologischen Gründen sind sich jedoch viele über die Notwendigkeit von Atomwaffentests uneins. In solchen Fällen wird das Umweltproblem häufig den sozialen Konflikten untergeordnet. Unter ihrer Perspektive wird das Problem gelöst. In einer Demokratie sind solche Konflikte dem Entscheidungsprozeß inhärent. Unglücklicherweise geht die Umwelt nicht immer als Sieger hervor.

Einstellungsbildung bei Fachleuten

Die meisten vorgeschlagenen Umweltveränderungen werden der Öffentlichkeit als *faits accomplis* präsentiert. Es herrscht die Meinung vor, daß „der Experte es schon am besten wissen wird". Mangelnde Vertrautheit mit den komplexen Problemen bei den Laien und das Prestige des Ingenieurs und Wissenschaftlers begünstigen ein solches Verfahren, wenn sie auch nicht immer zu seiner Begründung beitragen. Im Gesamtzusammenhang der Entscheidungsfindung sollte deshalb nicht einfach danach gefragt werden, wie öffentliche Einstellungen sich herausbilden, sondern wie die Fachleute zu ihren Einstellungen kommen. In einer interessanten Erhebung unter zwei Gruppen von Fachleuten in British Columbia – Ingenieuren und Beamten des öffentlichen Gesundheitsdienstes, deren Arbeit in enger Beziehung zu Umweltproblemen steht – untersuchte Sewell (1971b) Daten, die in Beziehung zu drei Faktoren in der Entscheidungssituation standen: Die Wahrnehmung der Probleme, die Wahrnehmung der Lösungen und die Einstellungen gegenüber den Rollen der Öffentlichkeit und der Fachleute auf der einen Seite und dem Einfluß möglicher externer Faktoren auf diese Einstellungen andererseits. Sewell stellte fest, daß erhebliche Unterschiede zwischen Ingenieuren und Beamten des öffentlichen Gesundheitsdienstes hinsichtlich sozialer und umweltbezogener Fragen im allgemeinen vorlagen und daß sich auch eine signifikante Variation zwischen den Mitgliedern einer jeden Gruppe zeigte, wenn man das Dienstalter, den Dienstgrad, Stellung und Mobilität und die allgemeine Einstellung gegenüber der Natur entsprechend der oben erwähnten Werthypothese von Kluckhohn zugrunde legte. Die Entscheidungen ergaben sich nicht aus einer einfachen Anwendung des vorhandenen Wissens auf ein bestimmtes Problem, sondern durch die Interaktion zahlreicher sozialer und persönlicher Einstellungen, die in keiner Beziehung zu dem Problem stehen. Wie in vielen solchen Situationen wurde die allgemeine Richtung des Denkens durch die Art bestimmt, in der der Beamte seine Rolle verstand und das Problem wahrnahm. Einige der Schlußfolgerungen von Sewell werden diesen Punkt verständlich machen. Während die Beamten des öffentlichen Gesundheitsdienstes die Umweltbeeinträchtigung als das wichtigste Problem anführten, vor dem die Provinz stehe, stuften die Ingenieure das Problem niedrig ein. (Umgekehrt waren nach Ansicht der Gesundheitsbeamten die Sorgen der Ingenieure – Unruhe unter den Arbeitern, Jugendlichendelinquenz und Arbeitslosigkeit – im Vergleich mit den Umweltproblemen zweitrangig.) Die Bedeutung dieses Unterschieds ist interessant: Die Angehörigen des Gesundheitsdienstes nehmen eine enge Beziehung zwischen den Problemen, an denen sie arbeiten, und der Bedeutung dieser Probleme wahr. Die Ingenieure tun es im großen und ganzen nicht. Die Tatsache, daß jemand ein Fachmann ist, bedeutet nicht unbedingt, daß er ein verantwortungsvoller Fachmann ist.

Obgleich sich keine der beiden Gruppen der Öffentlichkeit gegenüber völlig gleichgültig zeigte, wurde das öffentliche Bewußtsein für das Problem oder die öffentliche Propagierung einer Veränderung nicht als Index für den Ernst eines Problems gewertet. Als Maß gelten vielmehr physikalisch meßbare Eigenschaften wie Trübung und Geruch des Wassers und der Anteil von Bakterien. Im allgemeinen verlangen Fachleute quantifizierbare Belege, bevor sie zum Handeln bereit sind.

Auch die Lösungsansätze der beiden Gruppen unterschieden sich. Gesundheitsbeamte neigen dazu, Warnungen und Verordnungen zu erlassen, während Ingenieure eher bereit sind, mehr technische Einrichtungen zu schaffen. Keine der beiden Gruppen schlug jedoch „eine radikale Abkehr von der bisherigen Politik oder bereits angewendeten Verfahren ..." vor. Die Lösungen wurden wahrgenommen „aus einer sehr konventionellen Perspektive, in der sich die üblichen Praktiken der Berufsgruppe ... und eine Bindung an die etablierte Regierungspolitik spiegeln ..." (Sewell, 1971b, S. 36). Unter dem Gesichtspunkt der Rollenwahrnehmung ist eine gewisse Eifersucht gegenüber dem Außenseiter zu registrieren. Die Gutachtertätigkeit bedeutet Macht, und es zeigte sich kaum der Wunsch, sie mit der Öffentlichkeit im ganzen zu teilen. Die Entscheidung über die Naturvorkommen vollzieht sich im großen und ganzen als geschlossenes System.

Dieses Merkmal variiert jedoch je nach Dienstalter und Dienstgrad. Bei den Gesundheitsbeamten zeigten sich die jungen Männer für Anregungen von außen aufgeschlossener, sie waren sich der Bedingungen der Umweltbeeinträchtigung am ehesten bewußt und trauten den vorhandenen Einrichtungen am wenigsten zu, diese Bedingungen abzuschaffen. Je dienstälter der Beamte war, um so ausgeprägter war seine Tendenz, das soziale Problem, mit dem er es zu tun hatte, sehr voreingenommen zu beurteilen. „Es ist keine Frage", merkt Sewell (1971b) an, „daß Experten nicht gerne sehen, wenn Institutionen sich verändern, insbesondere dann nicht, wenn das bedeutet, daß ihre eigene Rolle sich verändern soll" (S. 58). Dies gibt eine gewisse Vorstellung von der Schwierigkeit, die damit verbunden ist, daß man den Fachmann um Lösungen bittet. Natürlich darf er nicht ausgeschlossen werden. Doch kann er zu mehr Verantwortlichkeit bewegt werden? Wird er lernen, ein technisches Problem in seinem sozialen Kontext zu sehen?

Die Rolle der öffentlichen Meinung

Wie sehr es der Öffentlichkeit in Umweltfragen auch immer an Sachverstand fehlen mag – und das ist häufig in beträchtlichem Maße der Fall, so besteht in diesem Land doch eine Grundlage gemeinsamen Interesses, die ohne historisches Vorbild ist. Man hat es Umweltbewußtsein genannt. Die Umweltkrise in der Ökologie hat dieses Bewußtsein weitgehend selbst ausgelöst. Es wurde durch Interessengruppen, Beziehungskampagnen, Slogans (Earth Day) und durch die Politik der Regierung genährt. Wie die „Konsumeinstellung" wurde die Umwelteinstellung zur Mode. Bürgerinitiativen bildeten sich spontan anläßlich bestimmter örtlicher Umweltfragen, und selbst individuelle Kreuzzüge waren erfolgreich.

„Eine Hausfrau mittleren Alters aus Houston war die treibende Kraft in einer Bewegung, die sich zur Rettung eines kurzen Flusses in unberührter Wildnis gebildet hatte, der kanalisiert werden sollte... Nach Monaten verbissener Anstrengung, 2000 Briefen und wer weiß wievielen Reden wird nun Armand Bayou ein unberührter Fluß bleiben und werden die Pläne für Bauten entlang dem Fluß fallengelassen („The New York Times", 3. Januar, 1972).

Klausner (1971) weist darauf hin, daß der Terminus „Ökologie", der gewöhnlich ein biologisches Thema wertfrei beschreibt, „zu einem Slogan ausgeweitet wurde... Die aktuelle Verwendung erhält die Warnung, daß das Gleichgewicht des Systems verlorenzugehen droht" (S. 169). Wie sehr die Menschen auch immer engagiert sein mögen, sie sind in zunehmendem Maße darüber einig, daß ein Problem vorliegt und daß Maßnahmen ergriffen werden müssen, es zu bewältigen. Und obgleich eine Mehrheit von ihnen niemals unmittelbar am Entscheidungsprozeß beteiligt ist, wird ihre Meinung registriert (beispielsweise in den Umfragen oder indem sie verschiedene Interessengruppen unterstützen). Selbst auf der lokalen Ebene, wo Lösungen mit Hilfe von Bürgerversammlungen möglich sind, bringt die engagierte Gruppe gewöhnlich ein bestimmtes Problem ins Gespräch und der Sachverständige schlägt die Lösung vor. „Die Entscheidung ist am Ende häufig ein Kompromiß, durch den realisiert wird, was erwünscht und nicht was optimal ist" (O'Riordan 1971, S. 204). Das heißt nicht, daß man sich über die Öffentlichkeit einfach hinwegsetzt, sondern daß sie häufig nicht für kompetent gehalten wird, ein technisches Problem zu beurteilen. Häufig führt dies zu einer Entfremdung vom Entscheidungsprozeß und zur Ablehnung der daraus resultierenden Politik. Man wendet sich nicht an die Öffentlichkeit, um gemeinsam Lösungen zu erarbeiten, sondern um festzustellen, an welchen für die Lösung wichtigen Werten sie sich orientiert. Augenblicklich ist die öffentliche Meinung am bedeutungsvollsten als Volksentscheid, durch den die Bemühungen gemessen werden, mit unseren Umweltproblemen fertig zu werden.

Zusammenfassung und Schluß

Die Beziehungen des Menschen zu der natürlichen Umwelt lassen sich als instrumental, ökologisch und symbolisch klassifizieren. Instrumentale Verwendung der Landschaft beruht auf der Ausbeutung der natürlichen Ressourcen. Sie ist im wesentlichen ein wirtschaftliches Verfahren. Die Ökologie beschäftigt sich mit Naturkatastrophen, dem Schutz der natürlichen Ressourcen und kümmert sich um die Umweltqualität. Symbolische Reaktionen werden in erster Linie durch den vorausgesetzten moralischen und geistigen Nutzen eines natürlichen Umfeldes und durch zahlreiche der Erholung dienende ästhetische und psychologische Verhaltensweisen hervorgerufen, die in der baulichen Umwelt weitgehend nicht realisiert werden können.

Zwei Aspekten der natürlichen Umwelt wurde besondere Bedeutung für die Beziehung zwischen Mensch und Natur beigemessen. Einer, das Phänomen der *Risiken, die die Natur birgt,* zeigt, mit welchen Verzerrungen Individuen extreme geophysikalische Ereignisse wahrnehmen und wie sie sich an sie anpassen, und er zeigt auch, wie sich diese Wahrnehmungen auf die Erhaltung einer sicheren und stabilen Umwelt auswirken. Hierbei ging es um die extrem subjektive Beschaffenheit des Verhaltens in einem Umfeld, dessen Hinweisreize häufig mehrdeutig sind. Eine andere Umwelt, die *Wildnis,* wurde wegen ihrer symbolischen Bedeutung, ihres Erholungswertes und ihres Beitrags zum Standard der ökologischen Integrität untersucht. Diese Aspekte erhellen den gegenwärtig zu beobachtenden Zusammenprall unterschiedlicher Wertsysteme, die die Verwendung und den Schutz der natürlichen Umwelt als unersetzliche Ressource betreffen. In diesem Zusammenhang wurde das Problem der Definition der Umweltqualität in seiner Beziehung zu den vielfältigen Ansprüchen betrachtet, die von Individuen und Interessengruppen in bezug auf unsere natürlichen Ressourcen vorgetragen werden.

Als wir die Wahrnehmung der Verwendung der natürlichen Umwelt durch den Menschen betrachteten, widmeten wir unsere Aufmerksamkeit den Faktoren, die über Unterschiede in der individuellen Reaktion entscheiden. Wir erörterten verschiedene Typologien, die sich mit der Stellung des Menschen in der Natur beschäftigen, darunter auch die sehr allgemeinen Typen, nach denen der Mensch sich der Natur unterwirft, im Einklang mit ihr lebt oder sie sich unterwirft. Begrenztere Ansätze ergeben sich aus der Vertrautheit mit einer Umwelt („eingeboren/nicht eingeboren") und der Verwendung eines natürlichen Umfeldes zur Realisierung von individuellen Rollen und „Soziodramen". Die individuelle Reaktion auf die Natur variiert auch abhängig von Parametern wie ästhetischer Unterscheidung, Statusstreben, Persönlichkeitsfaktoren und ökologischem Bedürfnis. Das Problem der Umweltqualität wurde teilweise auf eine westliche Kulturtradition zurückgeführt, die den Menschen gänzlich außerhalb der natürlichen Welt sieht.

Schließlich wandten wir unsere Aufmerksamkeit dem Entscheidungsprozeß zu, in dem über die Verwendung und Verwaltung der natürlichen Umwelt bestimmt wird. Die Rolle der Fachleute, die für die Entscheidung über die Naturvorkommen zuständig sind, wurde in ihrer Beziehung zu öffentlichen Einstellungen und Bedürfnissen erörtert. Demographische, soziale und verhaltensbezogene Variablen wurden als wesentlich für den Versuch erkannt, menschliche Zufriedenheit mit ökologischen Werten in Einklang zu bringen. Jedem Bemühen, eine Umweltethik zu schaffen, muß ein Verständnis dieses Prozesses vorausgehen.

Literaturnachweise

Barker, R. G. *Ecological psychology*. Stanford, Calif.: Stanford University Press, 1968.

Bultena, G. L., & Taves, M. J. Changing wilderness images and forestry policy. *Journal of Forestry*, 1961, *59*, 167–171.

Burch, W. R., Jr. *Observation as a technique for recreation research*. U. S. Department of Agriculture, Forest Service, Portland, Ore.: Pacific Northwest Forest and Range Experiment Station, 1964.

Burch, W. R., Jr. The play world of camping: Research into the social meaning of outdoor recreation. *American Journal of Sociology*, 1965, *70*, 604–612.

Burch, W. R., Jr., & Wenger, W. D. *The social characteristics of participants in three styles of family camping*. U.S. Department of agriculture, Forest Service Paper PNW-48. Portland, Ore.: Northwest Forest and Range Experiment Station, 1967.

Burton, I. Cultural and personality variables in the perception of natural hazards. Vortrag vor der American Psychological Association, Miami, Florida, September, 1970.

Burton, I., Kates, R. W., & White, G. F. *The human ecology of extreme geographical events*. Natural Hazard Research Working Paper No. 1. Toronto: Department of Geography, University of Toronto, 1968.

Calvin, J. S., Dearinger, J. A., & Curtin, M. E. An attempt at assessing preferences for natural landscapes. *Environment and Behavior*, 1972, *4*, 447–470.

Catton, W. R., Jr., Hendee, J. C., & Steinburn, T. W. Urbanism and the natural environment. Unveröffentlichtes Manuskript, Institute for Sociological Research. University of Washington, 1969.

Cole, G. L., & Wilkins, B. T. The camper. In W. T. Doolittle & R. E. Getty (Chairmen), *Recreation symposium proceedings*. Syracuse, N. Y.: College of Forestry, State University of New York, 1971.

Costantini, E., & Hanf, K. Environmental concern and Lake Tahoe: A study of elite perceptions, backgrounds and attitudes. *Environment and Behavior*, 1972, *4*, 209–242.

Craik, K. H. Human responsiveness to landscape: An environmental psychological perspective. *Student Publication of the School of Design* (special issue). Raleigh, N. C.: North Carolina State University, 1968.

The Daily Item. Port Chester, N. Y., 3. Februar 1973, S. 1.

Darling, F. & Milton, J. P. (Hrsg.), *Future environments of North America.* Garden City, N. Y.: Natural History Press, 1966.

Environmental Action. *Environmental action now.* Washington, D.C.: Environmental Action, 1973.

Glock, C. Y., & Selznick, G. The wilderness vacationist. In Outdoor Recreation Resources Review Commission Study Report No. 3, *Wilderness and recreation: A report on resources, values and problems.* Washington, D.C.: Government Printing Office, 1962.

Golant, S., & Burton, I. *Avoidance response to the risk environment.* Natural Hazard Research Working Paper No. 6 Toronto: Department of Geography, University of Toronto, 1969.

Gussow, A. Where lifestyle counts, who needs nature? *Open Space Action*, 1969, *1*, 34–36.

Harry, J., Gale, R., & Hendee, J. Conservation: An upper-middle class social movement. *Journal of Leisure Research*, 1969, *3*, 246–254.

Hendee, J. C., Catton, W. R., J., Marlow, L. D., & Brockman, C. F. *Wilderness users in the Pacific Northwest: Their characteristics, values and management preferences.* U. S. Department of Agriculture, Forest Service Research Paper PNW-61. Portland, Ore.: Pacific Northwest Forest and Range Experiment Station, 1968.

Kates, R. W. *Natural hazards in human ecological perspective: Hypotheses and models.* Natural Hazard Research Working Paper No. 14. Toronto: Department of Geography, University of Toronto, 1968.

Klausner, S. L. *On man in his environment.* San Francisco: Jossey-Bass, 1971.

Kluckhohn, C. Values and value orientations in the theory of action: An exploration in definition and classification. In T. Parsons & Shils (Hrsg.), *Towards a general theory of action.* Cambridge, Mass.: Harvard University Press, 1951.

Kluckhohn, F. R. Dominant and variant valuce orientations. In C. Kluckhohn, H. A. Murray, & D. M. Schneider (Hrsg.), *Personality in nature, culture and society.* New York: Knopf, 1959.

Litton, R. B., Jr. Landscape vocabulary and landscape inventories. Unveröffentlicher Bericht, Department of Landscape Architecture, University of California, Berkeley, 1968.

Lucas, R. C. The contributions of environmental research to wilderness policy decisions. *Journal of Social Issues*, 1966, *22*, 116–126.

Marans, R. W. Outdoor recreation behaviors in residential environments. In J. F. Wohlwill & D. H. Carson (Hrsg.) *Environment and the social sciences: Perspectives and applications.* Washington, D. C.: American Psychological Association, 1972.

McEvoy, J., III. *The American public's concern with the environment.* Environmental Quality Series 4. Davis, Calif.: Institute of Governmental Affairs, University of California, 1971.

McHarg, I. L. *Design with nature.* Garden City, N. Y.: Natural History Press, 1969.

Morrison, D. E., Hornback, K. E., & Warner, W. K. The environmental movement: Some preliminary observations and predictions. In W. R. Burch, Jr., N. H. Cheek, Jr., & L. Taylor (Hrsg.), *Social behavior, natural resources and the environment.* New York: Harper & Row, 1972.

Murray, W. The sound of the future. *The New Yorker,* 16. September 1972, 85–93.

The New York Times. Report on Armand Bayou. 3. Januar 1972.

The New York Times. Report on suit. 20. Januar 1973.

Olson, S. F. *The singing wilderness.* New York: Knopf, 1959.

O'Riordan, T. Public opinion and environmental quality. *Environment and Behavior,* 1971, *3,* 191–214.

Outdoor Recreation Resources Review Commission. *Wilderness and recreation: A report on resources, values and problems.* Report No. 3, The Wildland Research Center, University of California. Washington, D. (.: U. S. Government Printing Office, 1962.

Rand, G. Some Copernican views of the city. *Architectural Forum,* 1969, *9,* 77–81.

Roenigk, W. P., & Cole, G. L. A profile of Delaware campers. *Agriculture Experiment Station Bulletin 370,* 1968.

Saarinen, T. F. *Perception of the drought hazard on the Great Plains.* Chicago: Department of Geography, University of Chicago, 1966.

Sewell, W. R. D. Behavioral responses to changing environmental quality. *Environment and Behavior,* 1971, *3,* 119–122. (a)

Sewell, W. R. D. Environmental perceptions and attitudes of engineers and public health officials. *Environment and Behavior,* 1971, *3,* 23–59. (b)

Shafer, E. L., Jr. Perception of natural environments. *Environment and Behavior,* 1969, *1,* 71–82.

Shafer, E. L., Jr., & Mietz, J. Aesthetic and emotional experiences rate high with northeast wilderness hikers. *Environment and Behavior,* 1969, *1,* 186–197.

Shafer, E. L., Jr., & Thompson, R. C. Models that describe use of Adirondack campgrounds. *Forest Science,* 1968, *14,* 383–391.

Sonnenfeld, J. Variable values in space and landscape: An inquiry into the nature of environmental necessity. Unveröffentlichtes Manuskript, University of Delaware, 1964.

Stanley, G. H. Myths of wilderness use and management. Review draft. Missoula, Mont.: Intermountain Forest and Range Experiment Station, 1969.

Toffler, A. *Future Shock.* New York: Random House, 1970. (Deutsch: *Der Zukunftsschock.* München: Droemer, 1973.)

Tognacci, L. N., Weigel, R. H., Wideen, M. F., & Vernon, D. T. A. Environmental quality: How universal is public concern? *Environment and Behavior,* 1972, *4,* 73–86.

Tuan, Y.-F. Environmental psychology: A review. *Geographical Review,* 1972, *62,* 245–256.

White, G. F. Formation and role of public attitudes. In H. Jarrett (Hrsg.), *Environmental quality in a growing economy.* Baltimore: Johns Hopkins Press, 1966.

Yorty, S. Quoted in R. Trubo. United Features Syndicate. *The Daily Item,* Port Chester, New York, 7. Mai 1973, S. 19.

Darling, F., & Milton, J. P. (Hrsg.) *Future environments of North America*. Garden City, N.Y.: Natural History Press, 1966.

Detwyler, R. (Hrsg.) *Man's impact on the environment*. New York: McGraw-Hill, 1971.

McHarg, I. *Design with nature*. Garden City, N.Y.: Natural History Press, 1969.

Smith, R. (Hrsg.) *Ecology of man: An ecosystem approach*. New York: Harper & Row, 1972.

11

Die bauliche Umwelt

„Im modernen Leben herrscht die Situation vor,
daß Individuen in einem Umfeld leben, das
nicht für sie entworfen wurde."

Serge Boutourline

Alle Umwelten haben in gewissem Sinne eine physikalische Grundlage. Selbst
die natürliche Welt ist in dem Maße, in dem wir sie kontrollieren oder modifizieren, das Ergebnis menschlichen Einfallsreichtums und menschlicher Erfin-
dungskraft. Indem der Mensch ihre Ressourcen umformt, teilt er ihnen auch
neue Bedeutungen und Verwendungsweisen, neue Formen und Erscheinungs-
bilder zu. Diese vom Menschen geschaffene Umwelt unterliegt einem ständigen Wandel, insofern sich Veränderungen in menschlichen Bedürfnissen und
Zielsetzungen ergeben, von denen viele ihrerseits das Ergebnis früherer Veränderungen in der baulichen Umwelt sind. Die Verwendung von Stahlkonstruk-
tionen macht beispielsweise die Wolkenkratzer und hochgeschossigen Wohnhäuser möglich, die beide wichtige Veränderungen für die Lebensgewohnheiten von Millionen von Menschen geschaffen haben, die ihrerseits wieder neue
Anforderungen an die Umwelt stellten, beispielsweise brauchte man Fahrstühle. Der Kreislauf ist ohne Ende.
Viele von uns sind dieser baulichen Welt viel näher und abhängiger von ihr als
von der materiellen Welt der Natur. Wir verbringen unser Leben in Häusern,
Büros, Institutionen, Fabriken und auf dem größeren Schauplatz der Kommu-
ne. Anders als die Menschen früherer Zeiten, die ihre Welt mit sehr begrenzten
und einfachen Mitteln bauten, verfügt der moderne Mensch über den Vorteil
einer außerordentlichen hoch entwickelten Maschinentechnologie. Er hat die
Umwelt weit mehr unter seiner Kontrolle.
Dieses Schlußkapitel beschäftigt sich mit der Frage, wie der Mensch seine
Umwelt bewußt entwirft, um sie einer großen Vielfalt menschlicher Verhal-
tensweisen zu akkommodieren. Dieses Entwerfen oder diese Planung beruhen
auf zahlreichen offensichtlichen und weniger offensichtlichen Faktoren. Wie
Fitch (1972) annimmt, ist die neue Umwelt auf die spezifischen Bedürfnisse des
Menschen zugeschnitten und dient seinen Zwecken. Sie ist also eine „,dritte'
Umwelt, die zwischen ihm und der Welt steht" (S. 9).
Außerdem drückt die bauliche Umwelt aber mehr aus als nur die erklärten Ab-

sichten des Architekten oder Planers. Dieser bringt, wie alle schöpferischen Menschen, nicht nur die allgemeinen Werte und Einstellungen seiner Gesellschaft, sondern auch seine besondere Persönlichkeit, seine individuellen Vorlieben und seine Weltanschauung zum Ausdruck. Insofern ist der Architekt in der Lage, den Umfeldern, in denen andere Menschen leben, seine eigene Auffassung von der Form, Struktur und dem Erscheinungsbild aufzuprägen. Er bekommt sogar in gewissem Sinne dafür sein Geld.

Wir müssen uns jedoch auch klarmachen, daß selbst in diesem Beispiel das, was als „gebaut für spezifische Bedürfnisse" in Erscheinung tritt, weit mehr umfaßt, als die Wünsche des Architekten und die Dinge, die er im Interesse eines optimalen Ergebnisses für notwendig und wesentlich erachtet. Die „dritte Umwelt" ist auch das Produkt vieler anderer Kräfte, unter anderem der Kunden und Verbraucher, der Wirtschaftsfachleute, der gesetzlichen Vorschriften, der Bauunternehmer oder der Zulieferungsindustrie. Unmittelbar oder mittelbar sind an jedem Aspekt der baulichen Umwelt viele Menschen beteiligt. In ihm konkretisiert sich die Interaktion und das Zusammenwirken einer Reihe von Einflüssen, die in keiner unmittelbaren Beziehung zur Planung selbst stehen. Schließlich können sich aus allem, was der Architekt tut, unbeabsichtigte wie beabsichtigte Folgen ergeben. Mit einer bestimmten Zielsetzung planen, heißt ein materielles Umfeld schaffen, in dem eines oder mehrere der menschlichen Bedürfnisse als primär angesehen werden. Andere werden als sekundär betrachtet, für hinreichend berücksichtigt gehalten oder überhaupt nicht bedacht. Planung dieser Art bedeutet, daß viele Vermutungen darüber angestellt werden, wie der Mensch ist, wie er auf bestimmte Umwelten reagiert und was er ihnen gegenüber empfindet. Häufig zeigt sich, daß die erklärten Ziele eines bestimmtes Umfeldes nicht erreicht werden, weil diese Voraussetzungen sich als falsch erweisen oder weil der Entwurf selbst den Voraussetzungen nicht entspricht. Außerdem haben Umfelder unbeabsichtigte Konsequenzen, insofern sie unangemessene Verhaltensweisen auf seiten des Verwenders hervorrufen. Dies ist der Fall, wenn menschliche Bedürfnisse und Tendenzen, die im Planungsprozeß nicht berücksichtigt wurden, sich als inkompatibel mit dem aus diesem Planungsprozeß entstandenen Umfeld erweisen. Wie wir später zeigen werden, führt der Entwurf des Großraumbüros zu einer Verbesserung im Arbeitsfluß und der Effizienz – was dem Zweck der Planung entspricht. Da aber viele dieser Büros das Bedürfnis der Menschen nach territoraler Zuständigkeit und Zurückgezogenheit vernachlässigen, empfanden sie viele der Menschen, die in ihnen arbeiten, als verhaltensunangemessen. In dieser Hinsicht hatten die Planer es nicht verstanden, die Wünsche ihrer Kunden mit gewissen Grundvoraussetzungen der Angestellten zu vereinbaren.

In Übereinstimmung mit diesem allgemeinen Überblick haben wir vor, die bauliche Umwelt auf vier Ebenen zu untersuchen: (1) Die Person in ihrer Beziehung zu Objekten und Räumen; (2) die kleine Gruppe mit unmittelbarem Kontakt als Grundlage der sozialen Interaktion in ihrem relevanten materiellen Umfeld; (3) Interaktionen zwischen Individuen und Gruppen im Kontext größerer sozialer Organisationen wie Schulen, Büros und Krankenhäusern; und (4) menschliche Interaktionen, die diese Institutionen und sozialen Organisationen auf städtischer und regionaler Ebene einbeziehen.

Alle diese Umwelten sind schon oben behandelt worden, im wesentlichen aus der theoretischen Sicht der Wahrnehmungsmerkmale des Menschen, der sozialen Normen, die auf seine Raumverwendung einwirken, der historischen Einstellungen zur Umwelt, der Rollen, die er in verschiedenen Umfeldern annimmt, und solcher Grundbedürfnisse wie der Privatsphäre, des sozialen Kontakts und der individuellen Entwicklung. Hier wollen wir uns vor allem den architektonischen und planerischen Aspekten dieser Umfelder zuwenden, insofern sie Rückwirkungen auf die erörterten sozialen und psychologischen Verhaltensweisen haben. Eben dieser komplexen Gruppe von Bedürfnissen, Einstellungen, Erfahrungen und Wahlhandlungen soll die erbaute Umwelt abgesehen von ihrer vordergründigen Schutzfunktion dienen.

Wir haben bereits erwähnt, daß der moderne Architekt und Planer weit mehr Instrumente und ein erheblich größeres Wissen als seine Vorgänger zur Verfügung hat. Drei Beobachtungen ergeben sich aus dieser evolutionären Veränderung seiner Techniken:

Erstens bilden die systematischen und in Wechselwirkung stehenden Merkmale dieser technologisch fortgeschrittenen Umwelt auf einer Verhaltensebene eine eigene Ökologie – eine Ökologie der Strukturen, Dinge und Prozesse, mit denen sich das Verhalten des Menschen im Interesse seines Überlebens und seiner Entwicklungs immer enger verbunden hat. Anders als die natürliche Ökologie befindet sich dieses System weitgehend unter der Kontrolle des Menschen, obgleich der Wettlauf um diese Kontrolle weltweit zu schwerwiegenden Problemen geführt hat, die das Überleben des Menschen in anderer Hinsicht bedrohen.

Zweitens sind die ökologischen Implikationen unserer baulichen Umwelt in zunehmendem Maße verwickelter, komplexer und weithin unabsehbar geworden. Für die Primitiven befand sich das Geheimnis außerhalb der unmittelbaren Umwelt, in erster Linie in der natürlichen Welt. Für uns liegt das Mysterium eher in den dynamischen Prozessen, die sozusagen die Mechanismen der Umwelt darstellen. Genaugenommen gehört die Elektrizität zur baulichen Umwelt, obgleich wir sie niemals sehen. Dies trifft in gleicher Weise für viele andere Bereiche zu. Fernsehen und Datenverarbeitung sind wie die Radarüberwachung, die Satellitenkommunikation und Laserstrahlen Teil des technologischen Prozesses. Viele dieser Prozesse sind für unser Leben von gleicher Bedeutung wie die Häuser, in denen wir leben.

Der dritte Punkt ist, daß die bauliche Umwelt mehr als nur den Versuch darstellt, vorhandenen menschlichen Bedürfnissen zu entsprechen. Sie kann mit unterschiedlichem Erfolg das Verhalten beeinflussen und verändern. Niemand wird behaupten wollen, daß die Erfindung des Fernsehens nicht weitreichende Bedeutung für die Lebensgewohnheiten der Menschen hat, so wie es mit der Ausbreitung des Automobils früher der Fall war. Doch deutlicher wird das bei der Reform des Strafvollzugs: Das Stigma der Strafe, das mit den alten Bastille-Strukturen assoziiert ist, soll aufgehoben, die Zellen sollen durch Schlafsäle und die kargen Tagesräume durch gemütliche Gemeinschaftsräume ersetzt werden, um die Moral der Gefangenen zu heben und dadurch die Chancen der Resozialisierung zu erhöhen.

In großem Maßstab versucht man mit Stadtsanierungsprogrammen – der „Slumbereinigung" früherer Tage – die physischen und sozialen Pathologien durch eine Neuplanung und Umstrukturierung der baulichen Umwelt zu beseitigen. Ebenso lädt die Bewegung „Neue Stadt" die Planer ein, auf eine große Vielfalt sozialer Verhaltensweisen durch den Bau völlig neuer Städte wie Columbia, Maryland oder Reston in Virginia einzuwirken. Die Utopias einer früheren Zeit, die die gemeinsamen Ideale ihrer Mitglieder betonten, wurden durch ein neues Konzept ersetzt, das heterogene individuelle und soziale Befriedigungen durch Lageplanung, den Standort der privaten und öffentlichen Dienstleistungseinrichtungen und durch eine ästhetische Auflockerung zu erreichen sucht. Eine wesentliche Grundlage der neuen Städte besteht darin, daß sie den Gemeinsinn fördern.

Die vorstehende Erörterung vermittelt einen gewissen Eindruck von der komplexen Natur der baulichen Umwelt. Im vordergründigsten Sinne ist diese Umwelt *materiell*; der Architekt schafft rund um die Menschen räumliche Grenzen, um Grundbedürfnisse des menschlichen Körpers zu befriedigen. In einem anderen Sinne ist diese Umwelt jedoch *affektiv*. Schönheit, Ordnung und Bequemlichkeit sind Teil der Planungsziele. Sie hat auch *funktional* zu sein – der Aufgabe angemessen, für die sie bestimmt ist. Auf einer *kognitiven* Ebene liefert diese Umwelt ein Kontinuum von Bedeutungen oder Botschaften darüber, wie sie zu verwenden und zu deuten ist. Schließlich hat sie eine integrierende oder *soziale* Funktion. Sie liefert Hinweisreize für soziales Verhalten und hilft dadurch die Aktivität von Gruppen oder, wie im Falle von Städten, ganzer Bevölkerungen zu organisieren und zu regulieren. Dieser letzte Aspekt der baulichen Umwelt ist von besonderem Interesse für die Umweltpsychologie. Er läßt sich vielleicht am leichtesten im Falle von Institutionen verstehen, in denen die Verhaltensweisen oft in hohem Maße reguliert werden. In solchen Fällen wird das Umfeld zum Instrument des Regulationsprozesses.

Noch eine letzte Beobachtung ist von Bedeutung: die sich entwickelnden Technologien der baulichen Umwelt stellen neue Alternativen für das Habitat des Menschen zur Verfügung. Auf der materiellen Seite wurden Schutz und Bequemlichkeit durch eine Vielzahl neuer Annehmlichkeiten verbessert: Klimaanlagen, Schalldämmung, Thermostaten, neue Baumaterialien, Freizeiteinrichtungen im Hause, mobile Häuser und ähnliches. Arbeitsparende Apparate ermöglichen dem Individuum effizienteres und ergiebigeres Wirtschaften und mehr Freizeit. Der Mensch erwartet von seiner Umwelt mehr, weil sie mehr zu bieten hat. Da jetzt seinen materiellen Bedürfnissen besser entsprochen wird, verlagert sich der Akzent auf die sozialen und psychologischen Aspekte von Gebäuden und Kommunen. Die größere Zahl von Wahlmöglichkeiten, die uns die Technologie zur Verfügung stellt, führen zu einem Maß von Umweltmanipulation, die ohne Beispiel ist. In welchem Umfange führt die Tatsache, daß der Mensch seine Umwelt wie nie zuvor kontrolliert, zu einem größeren Einfluß auf das menschliche Verhalten?

Determinismus und Planung

Wenn wir die obenstehende Frage stellen wollen, müssen wir uns mit einem zentralen Problem der Umwelttheorie beschäftigen, mit der Rolle des Umweltdeterminismus. Dieser Begriff läßt sich historisch zurückführen auf frühe Untersuchungen von Zoologen, Pflanzenökologen und Naturalisten, die zeigen wollten, inwieweit die Verhaltensmuster lebender Organismen unmittelbar von den Merkmalen der materiellen Umfelder beeinflußt werden, in denen sie leben. In diesem Schema ließ sich zeigen, daß Veränderungen von Umweltfaktoren wie dem Wetter, dem Raum, verfügbaren Nährstoffen und Bodenbedingungen in systematischer Weise mit den Typen der Tier- und Pflanzenpopulation verknüpft sind, die für irgendein Ökosystem repräsentativ sind. Wenn sich beispielsweise bestimmte Tierarten in einem Maße vermehren, daß Nahrungs- und Raumkapazität der Umwelt überschritten werden, wird die Stärke der Population entweder durch Tod oder Auswanderung vermindert. In jedem Falle wird das Gleichgewicht im ökologischen System wiederhergestellt.

Der Erfolg, mit dem Ökologen in der Lage waren, Gesetze über die Veränderungen aufzustellen, die sich in einem natürlichen Umfeld erwarten lassen, führten zu der Vorstellung, daß die Umwelt von außerordentlich großem Einfluß auf das Verhalten lebender Organismen sei. Es kann deshalb nicht überraschen, daß der Umweltdeterminismus auch die Frage beantworten sollte, warum menschliche Lebewesen bestimmte Verhaltensmuster entwickeln. Beispielsweise glaubte der Geograph Huntington (1915), daß Zivilisationen entsprechend klimatischer Veränderungen in Raum und Zeit entstehen und zugrunde gehen. Man stellte sich das menschliche Verhalten in großem Maßstabe als das Resultat ökologischer Kräfte vor, die dem Menschen die Grenzen dessen diktierten, was er unabhängig von seinen Zielen erreichen konnte. Obgleich er die Möglichkeit zur Wahl hat, schränkt sein geographisches Habitat seine Fähigkeit ein, diese Wahlhandlungen vorzunehmen. Nach Huntingtons Auffassung findet man die produktivsten Menschen in gemäßigten Klimata. Dieses ideale Klima herrschte in New Haven in Connecticut, wo er lehrte. Heute findet er kaum noch Fürsprecher, und ein Determinismus dieser Observanz wird nicht mehr ernstgenommen.

Der sogenannte architektonische Determinismus ist ganz anderer Art. Damit ist, vereinfacht gesehen, gemeint, daß der Mensch Umwelten so manipulieren kann, daß sie bestimmte Verhaltensweisen schaffen. Der theoretische Hintergrund dieses Ansatzes ist im Behaviorismus und neuerlich in der Version des Behaviorismus zu finden, die als operante Konditionierung bekannt ist. Im wesentlichen geht man in dieser Theorie (die in Kapitel drei erörtert wurde) davon aus, daß Objekte in der materiellen Umwelt als positive und negative Verstärker angeborener Verhaltenstendenzen wirken. In dem Maße also, in dem wir aversive Reize vermeiden und von belohnenden Reizen angezogen werden, „determiniert" die Beschaffenheit des Reizes die Beschaffenheit der Reaktion. Es läßt sich jedoch nicht generell behaupten, daß dies automatisch geschehe. Gewöhnlich fällt ein anderes Agens, wie zum Beispiel ein menschliches Lebewesen, das Urteil und teilt dem das Verhalten offenbarenden Organismus dann selektiv eine Belohnung oder Bestrafung zu.

Diese Theorie wurde auf die Umweltplanung nur in sehr eingeschränkter Weise angewendet. Die wichtigsten Beispiele sind bestimmte Lernsituationen und die Experimente zur Verhaltensmodifikation, die in einigen Gefängnissen und Irrenanstalten durchgeführt wurden. Selbst in diesen Beispielen versucht man eher durch die Manipulation naher Umweltobjekte von kleinerer Dimension als durch die Manipulation der Umwelt als ganzer den Reagierenden zu „konditionieren". Immerhin haben die Planer von offiziellen Einrichtungen die allgemeine Vorstellung des Determinismus benutzt, um Umwelten zu schaffen, von denen sie annahmen, daß sie dazu angetan seien, das Ziel der Institution zu realisieren, wie es zum Beispiel im Falle der Schule mit offenen Klassenzimmern geschah. Bei diesen Umfeldern ist es jedoch nicht erwiesen, daß die materielle Umwelt allein als verstärkender „Reiz" operiert. Vielmehr kann man die Umwelt als ein „Umfeldereignis" ansehen, das heißt, es schafft die Bedingungen, unter denen die Reaktion erfolgt. Wenn die „angemessene"

Reaktion erscheint, kann sie belohnt werden oder nicht, denn die Entscheidung, sie zu belohnen, wird gewöhnlich von einem sozialen Agens getroffen. Ob die Architekten und Planer nun Deterministen sind oder nicht, sie gehen häufig von der Voraussetzung aus, daß empirische Verknüpfungen zwischen phychologischen Ereignissen und Umweltfaktoren vorliegen. Wir nehmen beispielsweise an, daß bestimmte Farben „fröhlich" und andere „traurig" sind. Frank Lloyd Wright zwang so gelegentlich Menschen dazu, durch sehr enge Flure zu gehen, so daß, wenn sie dann schließlich in einen offenen Raum gelangten, dessen Weite und Helligkeit verstärkt auf ihre Erfahrung einwirkten. Auf kaum merkliche Weise machen sich diese Aspekte der geplanten Welt tatsächlich in den Reaktionsweisen der Menschen bemerkbar, wenn sie dadurch auch nicht notwendigerweise determiniert werden. Parsons (1970) berichtet von Aversivitätseffekten in Umfeldern und beschreibt den Entwurf für die Innenausstattung von großen Schnellrestaurants, in denen man hinreichend unbequeme Stühle aufstellt, damit die Kunden nicht zu lange verweilen.

In dieser Wechselwirkung wird die Umwelt als unabhängige und der Mensch als abhängige Variable betrachtet. In größeren und komplexeren Umfeldern, die für eine große Vielfalt menschlicher Verhaltensweisen entworfen werden – in der Stadt zum Beispiel –, lassen sich solche ursächlichen Beziehungen schwerer ausfindig machen, obgleich es falsch wäre, anzunehmen, daß die Komplexität selbst der entscheidende Faktor sei. Größere und komplexere Umfelder lassen uns oft Varietät vermuten, setzen jedoch in Wirklichkeit Grenzen, die in Mikroumwelten nicht zu finden sind. Ein Krankenhaus oder ein Bürohaus ist eine komplexe Institution, die nur begrenzt Spielraum läßt für die Wahl von Handlungen. Das eigene Wohnzimmer dagegen bietet viele solche Wahlmöglichkeiten.

In sehr technischen Umfeldern – zum Beispiel im U-Boot oder im Raumschiff – setzt eine Vielfalt mechanischer Einrichtungen, die man in freistehenden Umwelten kaum findet, den Wahlmöglichkeiten noch engere Grenzen. Es findet also eine stärkere Verhaltenskontrolle statt. Umfelder wie diese kommen jedoch nicht von allein zustande. Sie sind Instrumente stärkerer Kräfte, die sie notwendig oder wünschenswert machen. In letzter Konsequenz muß die bauliche Umwelt auf ihren wirtschaftlichen und sozialen Ursprung zurückgeführt werden.

Dem operanten Verständnis der Planung widmete Studer (1970) erhebliche theoretische Aufmerksamkeit. Er betrachtete Umwelten als „Lernsysteme, die dazu eingerichtet wurden, spezifische Verhaltenstopographien zu schaffen und zu erhalten".

„Die Ergebnisse der operanten Konditionierung lassen unter anderem vermuten, daß Ereignisse, die traditionell als die *Ziele* des Planungsprozesses angesehen wurden, das heißt die angenehmen, aufregenden, stimulierenden Züge, die Bequemlichkeit, die Neigungen und Abneigungen der Beteiligten, neu zu klassifizieren sind. Sie sind keinesfalls Ziele, sondern wertvolle *Mittel*, die sorgfältig einzusetzen sind, um eine angemessenere übergreifende Verhaltensstruktur zu erhalten. Sie sind Elemente einer Klasse von ... Verstärkungsreizen...

Ein zentrales Problem der Verhaltensakkommodation liegt also darin, eine Klasse von Elementen in der geplanten Umwelt zu ermitteln, die aller Wahrscheinlichkeit nach Verstärkungspotential enthalten" (S. 116).

Ein Merkmal strikt deterministischer Theorie ist die Vorstellung von einer Kausalität, die nur in eine Richtung wirkt: Der Reiz (die Umwelt) wirkt auf das Subjekt ein und ruft bestimmte Verhaltensweisen, Gefühle oder Einstellungen hervor. Dieser Standpunkt ist ein rein planerischer; psychologisch ist er wenig fruchtbar, da er die Feedbackrolle des Teilnehmers außer acht läßt, also das Ausmaß, in dem dessen eigene Wahrnehmungen einer Situation und seine Reaktionen auf sie den ursprünglichen Reiz, auf den er reagiert, modifiziert. Auch kann diese Sichtweise keine Erklärung für die Ziele liefern, die die Person, die das Verhalten offenbart, in eine Umwelt einbringt. Beispielsweise nimmt man einen fröhlich dekorierten Raum nicht *unbedingt* als fröhlich wahr, wenn man in trauriger Stimmung ist. Möglicherweise betrachtet man den Schmuck als völlig unangemessen oder bestenfalls als neutral. Kasmar u. a. (1968), die Wartezimmerreaktionen bei psychiatrischen Patienten in der Praxis eines Psychiaters in Los Angeles untersuchten, ermittelten, daß die meisten Patienten die attraktive Umgebung nicht zur Kenntnis nahmen, die zu ihrer Behaglichkeit entworfen war. Sie waren mit dringenderen Dingen beschäftigt.

Das Problem der Entsprechung

Studer (1970) hat untersucht, in welcher Weise die Mensch/Umweltinteraktion im Gleichgewicht gehalten wird. Wie die Umweltreize verändern sich auch die menschlichen Bedürfnisse ständig. Die Planung trägt durch geeignete Umwelthilfen dazu bei, dieses verhaltenskontingente materielle System im Gleichgewicht zu halten. Wenn das Gleichgewicht zusammenbricht, ist es beispielsweise häufig möglich, es dadurch wiederherzustellen, daß man „bestimmte territoriale Grenzen neu strukturiert und/oder wiederherstellt...". Menschen können sich an „dissonante" oder funktionsgestörte Umwelten anpassen und tun es auch, doch sind diesen adaptiven Kräften Grenzen gesetzt, und möglicherweise geschieht auch die Anpassung auf Kosten physischen und geistigen Stresses oder der Preisgabe erklärter Ziele. Ein ihm entsprechendes materielles System ist deshalb auf allen Ebenen entscheidend für das Funktionieren des Menschen. Dabei ist von großer Wichtigkeit, daß dieses selbst „adaptiv" gegenüber den Verhaltensweisen ist, die es unterstützt. In diesem Sinne gestattet die „offene" Umwelt dem Benutzer – und nicht dem Planer oder Architekten – in optimaler Weise, die intendierten Verhaltensweisen zu realisieren.

Das Verhalten sollte also – in dieser Beziehung – die Umwelt determinieren, und nicht umgekehrt. Studer (1970) stellt fest, daß ein aller Planung wesentliches Problem die Tendenz menschlicher Bedürfnisse sei, sich zu verändern, bevor sich materielle Lösungen realisieren lassen. Wir leben in hohem Maße in Umfeldern, die entworfen wurden, um die Probleme früherer Generationen zu lösen. „Die Planungsaufgabe der Öffentlichkeit besteht nicht darin, ‚zeitlose‘ Artefakte oder selbst ‚optimale‘ Befriedigungen der menschlichen Bedürfnisse zu schaffen. Die eigentliche Aufgabe besteht darin, die technischen und begrifflichen Instrumente zu entwickeln, mit deren Hilfe sich das Gleichgewicht zwischen Verhaltenszielen und der unterstützenden Umwelt *kontinuierlich* erhalten läßt" (S. 120). Studer sieht als eigentliche Herausforderung der Umweltplanung die Tatsache an, daß sich das Verhalten ständig verlagert und verändert.

Mehr an der Gesellschaft orientieren sich Barker (1968) und sein Kollege Gump (1971), wenn sie die Frage des Determinismus mit Hilfe der ökologischen Psychologie zu klären versuchen. Beide berücksichtigen den Beitrag des Individuums zur Umweltsituation. Das Umfeld wird nach Gumps Formulierung als das „stehende Verhaltensmuster" bezeichnet, das sich in ihr zeigt. Der nichtmenschliche Kontext eines Umfeldes entscheidet nicht über die Aktivitäten, die sich in ihm ereignen. Er kann jedoch einen angemessenen oder unangemessenen Umweltrahmen darstellen. Gump nennt diese Beziehung zwischen Verhalten und Milieu „synomorph", was „hinsichtlich der Form ähnlich" heißt. Eine Person, die auf einem Stuhl sitzt, entspricht der Form, mit der sie interagiert. Ein Mann, der einen Rasenmäher schiebt, muß sich bis zur Höhe des Gerätes hinabbeugen. Die mögliche Vielfalt der Körperhaltungen im Bett („Liegeverhalten") hängt von der Breite und Länge des Bettes ab. Wie Kleidung kann auch die Umwelt gut oder schlecht „passen". Die Planer sind großenteils mit eben solchen anthropometrischen Beziehungen zwischen Person und Objekt beschäftigt, einem Thema, mit dem wir uns im Verlaufe des Kapitels noch genauer auseinandersetzen werden.

Gump (1971) weist darauf hin, daß in größeren Umweltfeldern dieser Einfluß nicht unmittelbar ist, obwohl der Planer die Bewohner durch die Effekte beeinflußt, die das Milieu auf die Verhaltensmuster hat. Er entwirft nämlich nicht den Raum und sagt dabei: „Dies ist das Verhalten, das sich in ihnen ereignen wird", sondern das Verhalten wird durch die Aktivitäten vermittelt, die sich im Umfeld ereignen, und sie sind es, nicht die materielle Umwelt als solche, die zur unabhängigen Variablen werden. „Das Milieu ermöglicht oder verhindert – effizient oder ineffizient – gewisse Verhaltensmuster" (S. 50). Diese Muster sind nicht zufällig oder probabilistisch, sondern in hohem Maße für konkrete Um-

446

felder vorhersagbar. So „determiniert" ein Klassenzimmer ein bestimmtes Unterrichtsverhalten, doch nur in dem Maße, in dem der Lehrer es verlangt oder gestattet. Der Raum kann jedoch über eine „Aufforderungsqualität" verfügen, die voraussetzt, daß bestimmte Verhaltensweisen angemessener als andere sind. Das Laboratorium und das Musikzimmer sind einleuchtende Beispiele.

In für spezielle Zwecke bestimmten oder in hohem Maße kontrollierten Umfeldern übernimmt die Planung eine Einflußrolle, insofern die Teilnehmer sich der materiellen Beschaffenheit des Umfeldes unterwerfen. Zum Beispiel erzwingt das Fließband vorgeschriebene Aktionen zu bestimmten Zeitpunkten. Diese Umwelt ist wirklich ein „System", obgleich anzumerken ist, daß die Unterwerfung in Wirklichkeit eine Unterwerfung unter die Anordnungen der Direktion ist, deren Instrument das Umfeld ist. Dies ist in weit geringerem Maße der Fall bei Wohnprojekten, Wohnumgebungen und Kommunen. In diesen Fällen determinieren die Umfelder nicht die Menschen, die in ihnen leben, sondern sind eher „kongruent mit" ihnen. Michelson (1970) hat diesen Ansatz eine „Kongruenz zwischen Systemen" genannt. Gemeinden, in denen vorwiegend ältere Leute wohnen, sind beispielsweise ihren Bewohnern „kongruent", weil die verfügbaren Einrichtungen und Dienstleistungsbetriebe so angeordnet sind, daß sie die Art sozialer Beziehungen und materieller Hilfen fördern, die die Menschen in solchen Gemeinden wünschen. „Das Modell, das ich vorschlage, ist also nicht eines des Determinismus oder der Dominanz eines Systems über das andere, sondern eines der *Kongruenz* – in dem die Zustände der Variablen im einen System besser mit Zuständen von Variablen im anderen System koexistieren als mit anderen, alternativen Zuständen" (S. 26).

Zu häufig haben Planer und Designer fälschlicherweise eine deterministische Position eingenommen. Sie gehen davon aus, daß die materielle Umwelt an sich über genügend Macht verfüge, um die sozialen und kulturellen Merkmale der Benutzer dieser Umwelten zu überwinden. Es läßt sich jedoch nicht leugnen, daß die materiellen Eigenschaften von Makro-Umwelten über längere Zeiträume tatsächlich soziales Verhalten modifizieren können. Erfahrungen mit der Stadtsanierung und dem Bau von wichtigen Schnellstraßen durch die Zentralbereiche von Städten haben gezeigt, daß solche Maßnahmen empfindliche Sozialstrukturen zerschlagen und zerstückeln (Gans 1962; Fellman und Brandt 1970, 1971; Wilson 1967). In England gewonnene Belege zeigen, daß die Pub-Kultur der Londoner Arbeiter, die in neuen Wohnprojekten außerhalb der Stadt untergebracht wurden, erhebliche Veränderung erlitt, teilweise weil die Umweltwahlmöglichkeiten, die ihnen zur Verfügung standen, sich deutlich von denen unterschieden, die ihnen in der Stadt offenstanden (Young und Willmott 1957).

Doch die Effekte solcher materiellen Veränderungen müssen im Lichte der soziokulturellen Merkmale der Verwender der verschiedenen Umwelten interpretiert werden. Die Kultur ist ein Filter, den die verschiedenen Umwelterfahrungen erst passieren müssen. Nirgends zeigt sich das deutlicher als in den Effekten, mit denen die Vorstadtumwelt angeblich an den Verhaltensveränderungen der Menschen beteiligt ist. Die Kritik an den Vorstädten wandte sich gegen die krebsartige Überwucherung der Landschaft, gegen die hoffnungslose Gleichförmigkeit der Hausformen, gegen die tödliche Uniformität der Landschaft und ähnliche Aspekte. Doch die Belege, die Berger (1960) fand, stellen die Vorstellung in Frage, daß das Wohnen in der Vorstadt an sich eine Person, die nicht dem Mittelstand angehört, in einen völlig angepaßten Vorstädter der Mittelschicht umformt. In einer Untersuchung von Einwohnern einer Vorstadt von San Fransisco, die der Arbeiterschicht angehörten, fand Berger, daß diese Gruppe selbst bei erheblichen Verbesserungen in ihrem ökonomischen Status Praktiken ihres Lebensstils beibehielten, die jenen sehr ähnlich waren, die sie vor ihrem Umzug geübt hatten. Die Mitgliedschaft in formellen Organisationen war selten, und halboffizielle Besuche zwischen Ehepaaren fanden kaum statt. Im Unterschied zu den aus der Mittel- und Oberschicht stammenden Bewohnern von Crestwood Heights (Seeley u. a. 1956) brachten die Bewohner aus der Arbeiterschicht, die Berger beschrieben hat, wenig Interesse an einer Verbesserung ihrer Statusposition zum Ausdruck und machten beinahe keine Anstrengungen, in die Mittelschicht aufzusteigen.

An diesem Punkt werden zwei weitere Gesichtspunkte unseren Gedankengang noch verdeutlichen: (1) Bei der Einschätzung des „Erfolgs" eines Bauwerks befinden sich der Architekt/Planer und der Benutzer/Bewohner häufig im Widerspruch. Zumindest ihre Urteile über das Umfeld weisen erhebliche Diskrepanzen auf. Der Architekt nimmt seine Aufgabe objektiv (als technisches oder ästhetisches Problem) in Angriff. Der Benutzer urteilt subjektiv (so wie er das Gebäude erfährt). (2) Selbst wenn der Planer eine deutliche Vorstellung von dem hat, was hinsichtlich eines Umfeldes zu wünschen ist, ist er sich häufig nur ungenügend der Grenzen bewußt, die der baulichen Umwelt gezogen sind, wenn sie tief verwurzelte Verhaltensmuster modifizieren oder sich einer Vielfalt von Verhaltensweisen akkommodieren soll.

Planer und Benutzer

In seiner Ausbildung befaßt sich der Architekt in erster Linie mit den technischen und ästhetischen Aspekten von Bauwerken. Sind die mechanischen Voraussetzungen, mit denen man umgeht, effizient und ökonomisch? Hat man die Lage optimal genutzt? Ist die Raumverteilung „funktional"? Ist ein Maximum an Raum mit den niedrigst möglichen Kosten erstellt worden? Paßt das Gebäude in den Kontext? Diese Standards dienen unmittelbar zur Erfüllung der materiellen und wirtschaftlichen Voraussetzungen und in geringerem Maße der der ästhetischen Ansprüche des Benutzers. Der Planer ist also auf sein Wissen angewiesen, das selten die kulturellen Aspekte der Nutzung einschließt, welche beispielsweise auf dem Bedürfnis nach Zurückgezogenheit, Territorialität, auf Interaktionsdistanzen, auf Gewohnheit und Brauch beruht. Nach Zeisels (1971) Formulierung muß die *manifeste* Verwendung des Raumes unterschieden werden von seiner *latenten* Bedeutung – der Bedeutung, die er für die Insassen abgesehen von seiner praktischen Funktion besitzt. Die mangelnde Berücksichtigung der soziokulturellen Voraussetzungen der Verwender von Umwelten erklärt viele der Probleme, die Menschen bei der Benutzung von Gebäuden erfahren.

Zeisel vermutet, daß bei puertorikanischen Frauen in New York die Küche zu dem Statussymbol geworden ist, das ein neues Auto für ihre Männer darstellt. Beide teilen dem Außenstehenden mit, daß diese Familienmitglieder ihre Aufgabe erfüllen. Von gleicher Bedeutung ist vielleicht die soziale Funktion der Küche. Solch ein Raum ist mit all seinen glänzenden Apparaturen oft entworfen, als sei er für Roboter gedacht. Doch wir wissen, daß er auch ein Zentrum vieler Familienaktivitäten ist, zu denen auch die Schularbeiten der Kinder und das Basteln von Modellflugzeugen gehören. Wie viele Küchen sind aber so entworfen, daß sie mehr als die manifeste Funktion der Essenzubereitung wahrnehmen könnten?

Ein interessantes Beispiel für die Beziehung zwischen Lebensstil und Häuserplanung wird von Patri (1971) berichtet. Er erhielt den Auftrag, ein von der Regierung subventioniertes Wohnprojekt auf Guam zu planen und stellte fest, daß die Eingeborenen der Stadt, in der das Projekt gebaut werden sollte, größtenteils in Einzimmerhäusern lebten. Sie verfügten also im üblichen Sinne über keine wirkliche Privatsphäre. Als die neuen Wohnungen jedoch größer gebaut wurden und sie über zusätzliche Zimmer verfügten, lebten viele Familien weiterhin im Haupt- oder „großen" Zimmer und ließen die anderen unbenutzt. Deshalb wurde das Projekt mit einer Reihe von „Schalen" oder Einzimmerhäusern (mit Ausnahme eines angefügten Badezimmers) beendet. Das ursprüngliche Bemühen ist ein schönes Beispiel dafür, wie ein Versuch scheitern kann, mit abweichender „westlicher" Planung Verhalten zu ändern.

Rapoport (1969) beschreibt das Haus „nicht nur als eine Konstruktion sondern auch als Institution..., die für eine Reihe komplexer Ziele geschaffen ist. Da der Bau eines Hauses ein kulturelles Phänomen ist, werden seine Form und Organisation weitgehend von dem kulturellen Milieu beeinflußt, zu dem es gehört... Wenn der Schutz die passive Funktion des Hauses ist, dann ist sein positives Ziel die Schaffung einer Umwelt, die der Lebensweise eines Volkes optimal entspricht – mit anderen Worten einer sozialen Raumeinheit" (S. 46). Die zur Verfügung stehenden Baumaterialien, die technischen Fertigkeiten und klimatischen Bedingungen sind wichtige Komponenten des Planungsprozesses, doch die soziokulturellen Bedürfnisse bestimmen, wie sie gehandhabt werden.

Die Unterschiede zwischen den Planern und den Raumverwendern sind durchaus nicht zufällig. Es gibt Anhaltspunkte dafür, daß Architekten die materielle Welt in einer Art und Weise wahrnehmen, die sich von der des allgemeinen Publikums sehr unterscheidet (Canter 1961, 1969; Hershberger 1968; Payne 1969). Canter (1969) ermittelte in einer Erhebung unter Studenten der Architektur, beziehungsweise anderer Fächer, daß für den Architekten die *Freundlichkeit, Kohärenz* und die *Beschaffenheit* eines Baues wichtig sind, wohingegen nur die ersten beiden dieser Faktoren von den Studenten anderer Fächer für wichtig gehalten wurden. In einer ähnlichen Erhebung zur externen Wohnqualität berichteten Peterson u. a. (1969), daß Lärm, materielle Qualität und Harmonie mit der Natur signifikante Faktoren für Wohnpräferenzen sind, während Vielfalt und Reichhaltigkeit – die von Architekten geschätzten „Planungs"- oder ästhetischen Qualitäten – in ihrer Bedeutung erst an dritter Stelle fungierten.

Die Frage nach den Unterschieden zwischen Planern und Benutzern ist allzu komplex, als daß sie durch solche etwas problematischen engen Forschungsarbeiten gänzlich entschieden werden könnte. Wir sollten uns auch daran erinnern, daß nicht mehr als 5 % aller Häuser in den Vereinigten Staaten in traditioneller Weise entworfen worden sind. Der Benutzer kann sein eigener Architekt sein oder er kauft möglicherweise Standardpläne und versucht sie seinen Erfordernissen anzupassen. In anderen Fällen hat der Architekt/Planer bestenfalls eine begrenzte Vorstellung von den wirklichen Bedürfnissen seines Kunden, zum Teil auch deshalb, weil der Kunde sich ihrer möglicherweise gar nicht bewußt ist oder weil er nicht in der Lage ist, sie dem Architekten mitzuteilen. Die Frage, ob diese Bedürfnisse befriedigt werden, muß letztlich durch den Gebrauch beantwortet werden. Die Erfahrung von Benutzern bleibt den Planern jedoch häufig unbekannt. Wenn die Gebäude erst einmal fertig sind, werden sie von denen, die sie geplant haben, selten noch einmal in Augenschein genommen.

Selbst wenn die individuellen und sozialen Bedürfnisse gänzlich verstanden werden, ist zu fragen, ob der Entwurf in der Lage ist, sie zu realisieren. Alltägliche Makro-Umwelten sind im allgemeinen zu komplex, um solche Kongruenz mühelos herstellen zu können, ganz zu schweigen davon, daß sie Verhalten einseitig „determinieren" könnten. Die Komplexität der in solche Umwelten einbezogenen Verhaltensweisen wird nur deutlich, wenn eine dramatische Veränderung hervorgerufen wird, wie es bei der Stadtsanierung der Fall ist oder wenn das Individuum in eine neue Umwelt einwandert. Dann lassen sich die tatsächlichen Effekte der vom Menschen geschaffenen Welt am leichtesten erkennen.

Wir kennen viele Beispiele städtischer Umfelder, die von ihren Bewohnern abgelehnt wurden, weil die Planer die menschliche Kultur, besonders auf einer subkulturellen Ebene, nicht berücksichtigt hatten. Turner (1972) merkt an, daß das Widerstreben vieler Familien niedrigen Einkommens, ihre mangelhaften Wohnungen gegen Wohnraum in mehrgeschossigen Gebäuden einzutauschen, sich aus der Tatsache ergibt, daß sie finanzielle und persönliche Anstrengungen unternommen haben, um ihre eigene Wohnung zu verbessern. Das Haus, wie armselig es auch immer sein mag, hat eine existentielle Bedeutung für sie, die dem mehrgeschossigen Wohngebäude abgeht. Natürlich enden nicht alle Fälle großdimensionierter Veränderung im Desaster. Wilner u. a. (1962) konnten Fälle anführen, wo die Veränderung zu positiven Ergebnissen für Bewohner niedrigen Einkommens geführt hat. Doch sind diese Beispiele zu selten, als daß man annehmen dürfte, daß die Planer der baulichen Umwelt im allgemeinen für die Vielfalt von Bedürfnissen empfänglich sind, die diese Gruppe kennzeichnet.

Die Person und die bauliche Umwelt

Bis hierhin haben wir uns mit zwei Begriffen beschäftigt, mit dem Umweltdeterminismus und der „Entsprechung". Der zweite Begriff beschreibt die Kongruenz zwischen dem Individuum oder der Gruppe auf der einen Seite und dem Umfeld auf der anderen, ob es sich nun um den Stuhl handelt, auf dem man sitzt, oder um das Haus, in dem eine Familie wohnt. Der Determinismus behauptet eine erkennbare ursächliche Beziehung zwischen dem materiellen Umfeld und dem, was in ihm stattfindet. Wir haben gesehen, auf welche Schwierigkeiten der Versuch stößt, eine solche Beziehung herzustellen, wenn viele Variablen beteiligt sind. Eine leichter zu beweisende Erklärung des offensichtlichen Determinismus, der sich in manchen Situationen beobachten läßt, ist die folgende: Wenn wir Verhaltensveränderungen beobachten, die durch irgendeine Umwelt verursacht zu sein scheinen, ist diese Veränderung das Ergebnis einer Wechselwirkung zwischen früheren Verhaltensbedürfnissen und Werten und dem Vermögen des Umfeldes, diesen Bedürfnissen gerecht zu werden. Die Umwelt determiniert nicht die Verhaltenstypen, die sich manifestieren, sondern operiert in Verbindung mit oder getrennt von den Werten und Bedürfnissen, die die Menschen in dieser Umwelt zu realisieren versuchen.

Doch trifft dies auch für eins-zu-eins-Beziehungen zu, in denen die Person als physikalisches Objekt auf unmittelbare Berührungen mit der Umwelt reagiert?

451

Läßt uns nicht der zu enge Schuh hinken, der harte Stuhl hin- und herrutschen? Die Planer sind in dieser Welt der biotechnischen Umwelten zu Hause, da es offensichtlich leichter ist, für eine gute „Entsprechung" zwischen, sagen wir einer Person und einem Anzug zu sorgen, als zwischen der Person und einem Zimmer oder einem Gebäude. Die sichtbaren physiologischen Prozesse und die Eigenschaften des Bewegungsapparates des Menschen sind genauer Messung zugänglich, und ihnen kann deshalb in sehr genauer Weise entsprochen werden – wenn diese Entsprechungen nicht sogar mit Notwendigkeit vorgeschrieben sind.

Die allgemeine Bezeichnung für diese Planungsphase ist *Anthropometrie*. Als Technik versucht sie die objektiven anatomischen Maße verschiedener Bevölkerungen zu ermitteln, wie auch subjektive Reaktionen auf spezifische Umweltmerkmale wie Temperatur, Schall und Beleuchtung. Die mittels dieser Messung zusammengetragenen Daten sind die Grundlage, auf der Kleidung, Ausrüstung, Möbel und Räume entworfen werden, um dem menschlichen Körper zu entsprechen. In Gestalt von Bauvorschriften und Handbüchern der Architektur gewinnen diese Daten den Status von Standards oder Normen. Die Sitzhöhe eines Stuhls beträgt beispielsweise 45 cm. Die meisten Türen sind 2 m hoch. In der Praxis basieren die anthropometrischen Standards auf dem statistischen Durchschnitt, daher erklärt es sich, warum sehr große Menschen sich bücken müssen, wenn sie durch Türen hindurch wollen, und warum die Älteren und Behinderten ihre materielle Umwelt großenteils unangemessen finden. Die scherzhafte Bemerkung, mit der Rekruten vor dem zweiten Weltkrieg begrüßt wurden – daß Uniformen in zwei Größen geliefert würden: zu groß oder zu klein – war nicht unberechtigt, wie viele Veteranen früherer Kriege bezeugen können.

Anthropometrische Standards werden auf spezifische Umwelten angewendet. Im Umfeld der Industrie und des Büros werden sie mit dem Terminus „Ergonomie" belegt, was heißt, daß die Messungen auf bestimmte Arbeitsaufgaben angewendet werden. Wie weit entspricht der Angestellte der Maschine, die er bedient, oder dem Schreibtisch, an dem er sitzt? Sind Licht, Temperatur und Geräuschpegel optimal für die zu bewältigende Aufgabe? Ist die Ausrüstung sicher? Die Standards des Zuhauses unterscheiden sich im allgemeinen erheblich von Arbeitsumwelten aufgrund des Elementes der persönlichen Wahl. Operationale Effizienz ist nicht unbedingt das einzige Kriterium, mit dessen Hilfe Menschen ihre Beziehung zum Wohnzimmer oder zur Küche beurteilen. Außerdem ist die Ausstattung der Wohnung nicht nur vielfältiger als die des typischen Arbeitsumfeldes – weniger durch eine einzige Aufgabe definiert – sondern spiegelt auch eine größere Gruppe sozialer Rollen. Es müssen mehr Möglichkeiten für den Bewohner vorhanden sein. Öffentliche Umfelder zeigen eine größere Vielfalt der Standards. Es ist an dem Benutzer, sich dem zu akkommodieren, was vorhanden ist. „Gedämpfte Beleuchtung" wird oft für Bars als wünschenswert erachtet. Aus wirtschaftlichen Erwägungen lassen viele Theater zu wenig Raum für die Füße zwischen den Sitzreihen. Andererseits ist eine gute Akustik entscheidend für den Konzertsaal, und alles, was einen bestimmten Standard unterschreitet, wird nicht toleriert werden. Wenn in diese Beziehung zwischen dem Menschen und seiner nahen Umwelt nur materielle Faktoren einbezogen wären, läge kaum ein Grund vor, sie hier zu erörtern. Doch kann Entsprechung auch psychologisch und sozial erfahren werden. Wheeler (1967) hat geschrieben:

„Es gibt ganz offensichtlich gesunde und ungesunde Gebäude in medizinischer, psychologischer und soziologischer Hinsicht. Unsere Anpassungsfähigkeit ist wahrscheinlich der Grund für die Tatsache, daß schlechte Architektur in so großem Umfange toleriert wird. Nach einer gewissen Zeit werden ihre negativen Aspekte von denen nicht mehr zur Kenntnis genommen, die ihnen ständig ausgesetzt sind. Dies heißt jedoch nicht, daß die Anpassung nicht auf Kosten der Menschen ginge. Es kostet Energie, sich auf eine neue Anpassungsebene zu begeben, und Energie kostet es auch, auf ihr zu bleiben. Umweltfaktoren, die nicht einem gewissen modalen Wert in jeder der Wahrnehmungsdimensionen angemessen sind, sind zu aufwendig, als daß sich mit ihnen leben ließe. Unser Preis dafür, daß wir sie ausblenden, besteht in einem größeren Aufwand an Energie oder in geringerer Effektivität bei Arbeit und Spiel" (S. 4).

Auf der materiellen Ebene muß eine generelle Kongruenz zwischen dem Objekt und dem Verwender vorliegen. Der Handschuh muß Finger haben oder – wenn es ein Fausthandschuh ist – Platz für den Daumen. Die Hemdsärmel sollten nicht bis zu den Fingerspitzen gehen. Augengläser müssen dem Träger passen und, was noch wichtiger ist, die Linsen müssen den Sehfehler genau korrigieren. In all diesen Beziehungen werden – wie Rapoport und Watson (1972) anmerken – bestimmte Grenzen und Spannweiten durch die physiologischen und anatomischen Merkmale des Menschen gesetzt. Die Variablen, die möglicherweise nur eine relative Entsprechung implizieren, sind „kulturell definierte Wahlmöglichkeiten". In weniger wichtigen Fällen – wo wir ohne genaue Entsprechung zurechtkommen – kommt der Wahlhandlung eine wichtigere Rolle zu. Kritischer liegen die Dinge im Falle der prothetischen Apparate, die von Behinderten verwendet werden. Das Objekt muß in hohem Maße der Behinderung des Benutzers entsprechen, wenn es richtig funktionieren soll. Selbst wo Planungsstandards als konkret und quantifizierbar angesehen werden, reflektieren sie möglicherweise nur die kulturellen Merkmale der Bevölkerung der Zeit, zu der sie erstellt wurden. Diese Planungsverzögerung wird evident, wenn Einstellungen und physische Dimensionen sich verändern. Contini (1965) hat festgestellt, daß die zeitgenössischen Entwürfe großenteils für die Bevölkerung, die vor fünfzig oder fünfundsiebzig Jahren lebte, gemacht wurden, als die Menschen im Durchschnitt sieben bis acht Zentimeter kleiner waren als heute. In vielerlei Hinsicht leben wir in einer materiellen Umwelt, die für frühere Generationen mit ganz anderen Voraussetzungen entworfen wurde. Wie Kennedy und Highlands (1964) zusammenfassen, „...vollzieht sich der Umbau oder die Umformung langsamer als die Veränderungen, die die Menschen in der Benutzung ihrer Gebäude vornehmen ... die Bewohner werden teilweise von Formen eingeengt, die für die Bedürfnisse früherer Generationen entworfen und konstruiert wurden" (S. 1). Von gleicher Bedeutung ist – wie Rapoport (1969) feststellt, die Tendenz von Einwanderern in die Vereinigten Staaten, die architektonischen Formen zu verwenden, die sie aus ihrer Heimat kennen, selbst wenn sie häufig dem Gebiet nicht angemessen sind, das sie sich zum Leben gewählt haben.

Erst seit einigen Jahren wendet sich die Anthropometrie nicht mehr nur militärischen und Arbeitsumwelten, sondern auch dem privaten Wohnen zu. „The Bathroom" von Kira (1967) untersucht beispielsweise die Standards materieller Einrichtungen zur Ausscheidung und persönlichen Hygiene auf der Grundlage von anatomischen und einstellungsbedingten Unterschieden zwischen Männern und Frauen. Kira hält das Badezimmer für einen Kompromiß, der sich für beide Teile als nicht sehr günstig erweist. Aus der Sicht des Planers liegt die Bedeutung der Studie jedoch darin, daß sie zeigt, wie die alltägliche Umwelt eines einzelnen Zimmers einer detaillierten Analyse der sozial und physiologisch bedingten Verhaltensweise zugänglich gemacht werden kann, die ihrerseits Empfehlungen für die Planung ermöglicht. Parsons (1972) hat das Schlafzimmer in ähnlicher Weise untersucht.

Geschlechtsspezifische Unterschiede erklären häufig die materiellen Standards, die in vielen Haushalten die Aktivitätsmuster bestimmen, besonders jene, die in der Küche stattfinden. Roland (1965) merkt an, daß der durchschnittliche Haushalt eine Kombination aus Erholungsgebiet, Krankenhaus, Abwaschküche, Bücherei, Theater, Schule, Wäscherei, Kläranlage, Garage und ähnlichem sei, die alle den Bewohnern angepaßt werden müßten, die sich nicht nur hinsichtlich des Geschlechtes, sondern auch der Zahl, des Alters und der Größe unterscheiden.

Abgesehen von sehr wichtigen Fällen sind nur wenige physische Standards absolut. Beleuchtung und Temperatur sind beispielsweise Bereiche, die erheblich variieren können. Die empfohlenen Tageslichtstandards für englische Klassenzimmer wurden fünfmal zwischen 1863 und 1951 geändert (Rapoport und Watson 1972). Ähnliche Modifikationen fanden in den Vereinigten Staaten statt, als die Beleuchtungsforschung intensiviert und neue Techniken in der Verwendung von Dickglas entwickelt wurden. In jüngeren Jahren ist jedoch die Tendenz der Verglasung von Büro- und Schulgebäuden rückläufig, um die Überhitzung im Sommer zu vermeiden. Gleichzeitig wurde das künstliche Licht verbessert. Auch hier sind die Standards beständig im Verlaufe dieses

Jahrhunderts angehoben worden. Doch in gewissem Maße spiegeln sich darin auch die Überzeugungskraft der Werbeleute und Hersteller, die Moden (Neonlicht) und die Kaufkraft der Konsumenten. Auch in den Temperaturpräferenzen zeigen sich erhebliche Unterschiede zwischen Kulturen. In Großbritannien wurde als Komfortzone ungefähr 17° ermittelt; in den Vereinigten Staaten – oft auch von Gesetzes wegen in den Apartmenthäusern und Geschäftsgebäuden festgesetzt – ungefähr 22°. Ein Resultat dieses Unterschiedes ist die Tatsache, daß die Amerikaner dazu neigen, sich im Winter leichter anzuziehen.

Es ist anzuzweifeln, daß diese Unterschiede sich gänzlich auf materielle Faktoren zurückführen lassen. In beiden Ländern spielen Lebensstandard und soziale Erwartung eine gewisse Rolle bei der Definition der Komfortzone. Die Energiekrise von 1973/74 in den Vereinigten Staaten, deren Folgeerscheinung eine Energieverminderung in vielen Teilen des Landes war, zeigte, in welchem Maße viele Büros und Wohnungen über das tatsächliche Bedürfnis hinaus geheizt und beleuchtet wurden – und daß wir fähig sind, „Komfort" neu zu definieren.

Diese psychosoziale Verwendung der Umwelt wirkt sich ständig bei der Bestimmung materieller Standards aus. Großenteils ist die Beziehung der Person zum Objekt nicht in biologischer Notwendigkeit oder selbst im Komfort verwurzelt, sondern in unseren vorbewußten kulturellen Prozessen, den etablierten Verhaltensnormen, die wir als gegeben hinnehmen. Solche Normen schreiben vor, daß die meisten Japaner bei sich zu Hause auf dem Fußboden sitzen und schlafen, während abendländische Menschen auf Stühlen sitzen und in Betten schlafen. Irische Badewannen sind traditionell kürzer als amerikanische. Der Badende hat nicht die Gewohnheit, sich auszustrecken. Rapoport und Watson (1972) führen Vergleichsstudien der anthropometrischen Standards in Großbritannien, Indien, Westdeutschland und den Vereinigten Staaten an und stellen fest, daß die Unterschiede zwischen den vier Ländern nur zum Teil das Ergebnis physischer Unterschiede in den Bevölkerungen sind. Offensichtlich erklären Raumnormen, aber auch andere Gründe die Tatsache, daß Inder, die einander an dem Eßtisch gegenübersitzen, sich 20 cm näher sind als Amerikaner. In diesem Lande ist der Eßtisch, der Mann und Frau auf eine Länge von 2,40 m voneinander trennt, nicht so funktional (es sei denn, sie hätten Diener) wie die Frühstücksecke. Er ist jedoch ein soziales Emblem. Dies läßt sich auch von bestimmten Arten zeitgenössischer Möbel sagen, bei denen sich der Stil gegen die Bequemlichkeit durchsetzt. Couches sind beispielsweise oft so breit, daß man darauf nicht gerade sitzen kann, während es unbequem ist, sich anzulehnen. Treppenaufgänge sind manchmal eher geeignet, uns etwas über den Wohlstand des Hauseigentümers mitzuteilen, als uns den Aufstieg zu erleichtern. „In den verschiedenen Handbüchern zur Planung von Treppenhäusern variieren die vorgeschlagenen Proportionen abhängig von der Frage, ob die Treppe innen oder außen liegt, ob sie privat oder ‚repräsentativ' sein soll, woraus die Annahme folgt, daß die Grenzen nicht *physischer*, sondern *kontextueller* Art sind" (S. 41).

Auf einer sozialen Ebene lassen sich innerkulturelle Faktoren im Einfluß der Modeschöpfer auf die Kleidung beobachten. Es dürfte ziemlich unbestritten sein, daß Bequemlichkeit und guter Sitz häufig eine zweitrangige Rolle spielen, wenn wir einen Anzug oder ein Kleid wählen. Der Stil, wie ihn die Mächtigen der Modeindustrie für bestimmte Zeiträume vorschreiben, wird zum bestimmenden Faktor. Hochhackige Schuhe, auf denen sich nur mit Mühe gehen läßt, sind ein besonders schönes Beispiel für die „unnatürliche" Anpassung des menschlichen Körpers an soziale Erfordernisse, die auf Kosten der physischen gehen. Solche Faktoren wirken auch bei der Festlegung des Maßes mit, in dem das natürliche Licht zugänglich gemacht wird. Zu einem gut Teil wird es davon abhängen, wie der Hauseigentümer den Blick nach draußen schätzt (und in welchem Maße er Zugang zu ihm hat). Hopkinson, Petherbridge und Longmore schreiben: „Da die augenblickliche Mode ‚Panoramafenster' begünstigt und das Leben im Freien hoch bewertet, liegt der Tageslichtstandard, der für die Bequemlichkeit als notwendig erachtet wird, weit höher als in einer Gesellschaft, in der die Elemente außerhalb des Hauses als grausam und dem menschlichen Wohlergehen abträglich empfunden werden" (siehe Rapoport und Watson 1972:49). Diesem läßt sich noch hinzufügen, daß in vielen Wohngegenden die Panoramafenster, obgleich sie theoretisch höhere Tageslichtniveaus gestatten, selten zu diesem Zweck verwendet werden. Um die Privatsphäre zu schützen, sind die Jalousien häufig heruntergezogen, und das Fenster selbst ist nur dazu da, die Nachbarn zu beeindrucken.

Wir fassen zusammen: Unser Ziel in diesem Anschnitt war es, einige der sozialen und psychologischen Bestimmungsfaktoren zu betrachten, die dem zugrunde liegen, was allgemein als physische Standards akzeptiert wird. Dazu gehören Brauch, Mode, kulturelle Präferenzen, Status, Geschmack und individuelle Verhaltensmerkmale, die auf dem Alter, dem Geschlecht und der Persönlichkeit beruhen. In dieser Weise betrachtet ist der Interaktionsbereich kein exakt meßbares Leitprinzip zur Aufstellung dauerhafter Standards, sondern ein flexibler Begriff, der auch unter dem Gesichtspunkt psychologischer Erfahrung seine Bedeutung hat. Unterhalb einer bestimmten kritischen Schwelle wird angemessene Beleuchtung also auf der Grundlage verschiedener Variablen wahrgenommen, die wenig oder gar nichts mit guter Sicht zu tun haben. In der Verwendung bestimmter Möbeltypen (moderner gegenüber traditioneller beispielsweise) spiegeln sich wahrscheinlich kulturelle Einstellungen und der Lebensstil. Die „Entsprechung" ist eine psychosoziale.

Bis jetzt haben wir den Entwurf von Umweltfeldern unter dem Gesichtspunkt der „durchschnittlichen" oder „normalen" Person erörtert. Wenig wurde über die entweder physischen oder psychologischen menschlichen Variablen gesagt, die in die Erfahrung des einzelnen Benutzers eingehen. Genausowenig haben wir uns mit den Planungsimplikationen größerer Umfelder beschäftigt, wie Wohnumwelten und Institutionen, in denen räumliche Beziehungen wie nahe Objekte zu einer ausreichenden Entsprechung beitragen. Es dürfte angebracht sein, bereits jetzt einige der Probleme zu betrachten, die sich bei der Verwendung von Umfeldern stellen, auch wenn sie unten in diesem Kapitel noch behandelt werden. Wir können diese Kapitel mit der Frage beginnen, wie angemessen die Umwelthilfen sind, um das Spiel bestimmter Rollen und die Ausführung verschiedener Interaktionen zu gestatten. Nirgends zeigt sich dies so deutlich wie in der Erfahrung von Kindern, älteren Menschen und Behinderten. Sie alle sind bezüglich der Umwelt in gewissem Umfange entrechtet, da die meisten Umfelder voraussetzen, daß ihre Benutzer über eine normale Größe, alle ihre Kräfte, eine gewisse „durchschnittliche" Fortbewegungsgeschwindigkeit, das volle Maß der Wahrnehmungskräfte und den geeigneten Status verfügen, um diese Kräfte in Anwendung zu bringen. In Wirklichkeit genügen nur wenige Menschen allen Anforderungen ihrer Umwelt. Der Farbenblinde und der Kurzsichtige werden nicht anders als das Kleinkind und der Behinderte manchen Situationen nicht gerecht werden können.

Nur sehr wenige Umfelder bieten entweder alternative Verwendungsweisen oder zusätzliche Hilfen für jene, die ihrer bedürfen. Ob das Trittbrett des Busses für das Kleinkind oder den älteren Menschen zu hoch ist, die Tür zu niedrig für den 2 m großen Basketballspieler, das Badezimmer für die Person im Rollstuhl nicht zu benutzen ist – all diese Dinge erschweren es der Person, sich reibungslos und ohne viel Überlegung durch die verschiedenen Situationen und Beziehungen eines Tages hindurchzubewegen. Diese Einschränkungen unterhöhlen die Rolle, die man spielt, beeinträchtigen das Gefühl der Kompetenz und weisen das Individuum sozusagen „in seine Grenzen". Uns ist der Kommentar eines aufgeschlossenen Architekten in Erinnerung, nachdem er eine psychiatrische Anstalt für Kinder fertiggestellt hatte. Erst als er seine eigenen Kinder vor der offiziellen Eröffnung hatte durch das Gebäude gehen lassen, entdeckte er einige ernsthafte Mängel. Als sein fünfjähriger Sohn Schwierigkeiten hatte, die Türen zu bedienen, erkannte er, daß er die Fähigkeiten der Kinder überschätzt hatte. Diese Anstalt hatte wie die meisten solcher Institutionen viele Türen.

Unser Überblick über die Proximitätsstudien hat gezeigt, welche Bedeutung

457

die Planung unter dem Gesichtspunkt der Förderung sozialer Interaktion hat. In diesem Zusammenhang möchten wir zusätzlich auf die Umfelder hinweisen, die administrativ oder symbolisch die Interaktion begünstigen, aber es versäumen, geeignete Einrichtungen oder Räume zur Verfügung zu stellen. Eine in einem Hochhaus untergebrachte Stadtschule ist ein Beispiel. Bei der besonderen Bedeutung des Raumes werden soziale Bereiche häufig eliminiert, wodurch die zufälligen Begegnungen unterbunden werden, die zur intellektuellen und sozialen Entwicklung der Schüler beitragen. Wenige Häuser verfügen noch über den altmodischen Küchen-Begegnungs-Eß-Kampf-Spiel-Sprech-Raum. Das der Repräsentation dienende Wohnzimmer kann kein adäquater Ersatz sein. Die von Architekten geschaffene Konzeption eines psychologischen Zentrums, des Allzweckfamilienraums, ist auch kein Ersatz, vielleicht weil er meist keine dauerhafte und regelmäßige Funktion wie die der Nahrungszubereitung und des Essens erfüllt. Außerdem wird er häufig in den Keller oder einen entlegenen Teil des Hauses verbannt. Für den Wohnungsinhaber und in noch größerem Maße für den Bewohner einer Sozialwohnung ist dies ein irrelevanter Gesichtspunkt. Sie verfügen weder über die altmodische Küche noch über den Familienraum – noch über eine Terrasse für informelle Kontakte mit den Nachbarn – ein Punkt, der weitgehend für die Unzufriedenheit und Fehlentwicklungen in öffentlichen Wohnprojekten verantwortlich ist.

Ein anderer potentieller Problembereich betrifft den Konflikt zwischen dem, was an Absicht in der Interaktion angelegt ist, und dem, was das Umfeld erlaubt. Zwei separate Probleme sind hier von Bedeutung, die Tatsache, daß es an Entsprechung zwischen Interaktion und Umfeld fehlt, und die Frage territorialer Konflikte. Das erste Problem führt zu der Frage, in welcher Weise soziale Interaktion entweder durch Umfelder modifiziert wird, die nicht mehr funktionieren, oder durch Veränderungen in den Motiven und Intentionen der Bewohner. Wie bereits erwähnt, leben wir alle in den Überresten der Vergangenheit. Dies ist möglicherweise wichtig für das, was wir gerade tun, oder auch nicht, doch läßt sich kaum vorstellen, daß es auf lange Sicht nicht irgendwelche kaum merklichen Effekte auf das Verhalten hat. Das altmodische Büro mit separaten Räumen mag einige positive Gefühle hervorrufen – etwa die Empfindung, einen erkennbaren Raum zu haben, in den man gehört – doch wird es kaum zur Kommunikation und Verteilung der Verantwortung beitragen, wo sie erwünscht werden. Das traditionelle, mit Tischen und Stühlen gefüllte Klassenzimmer hat sicherlich jeden Schüler mit seinem eigenen Platz versorgt, doch auch Gruppenarbeit und Einzelunterricht erschwert, wenn nicht unmöglich gemacht.

In gewissem Maße hängt der Erfolg dieser Überreste davon ab, wie gut die Bewohner ihre eigenen Ziele verstehen und ob sie die Umwelt so manipulieren oder verändern, daß sie zu ihnen paßt, oder ob die Bewohner vielleicht die Ziele revidieren und verändern. Wenn die Lehrerin sich beispielsweise vom traditionellen Klassenzimmer unterkriegen läßt, wenn sie nicht mit ihm zu arbeiten versucht oder ihre Kinder nicht dazu bekommt, mit ihm zu arbeiten, dann kann das Umfeld eine Entschuldigung für das Mißlingen des Unterrichts sein. Zu häufig nehmen Menschen ihre Umwelt nicht als Teil einer sich vollziehenden Aktivität oder einer Beziehung wahr und versäumen es, von den verfügbaren Wahlmöglichkeiten Gebrauch zu machen, da selbst die archaischsten Gebäude eine gewisse Wahlfreiheit bieten, wenn die Person diese Freiheit zu nutzen versteht. Menschen, die in viktorianische Sandsteingebäude oder Bauernhäuser aus der Zeit des Befreiungskrieges ziehen, tun dies gewöhnlich mit einer Vorstellung vom Potential ihrer baulichen Umwelt und mit großem Enthusiasmus, diese Überreste mit ihrem eigenen Lebensstil in Einklang bringen zu können.

Soziale Konflikte in bestimmten Umfeldern werfen Fragen der Massierung, Territorialität und Privatsphäre auf. Sie werden im einzelnen im Zusammenhang mit den Büroumwelten erörtert, doch sind sie von gleicher Relevanz für das Zuhause, die Schule und die Wohnumgebung. Menschen haben ein Bedürfnis, Raum zu erwerben, zu personalisieren und sich mit ihm zu identifizieren. Manchmal kommen das Umfeld und die Rollenvoraussetzungen diesem Bedürfnis entgegen. In manchen Situationen und für manche Personen ist der Konflikt jedoch unausweichlich. Eine überfüllte Wohnung kann das einzelne Familienmitglied daran hindern, seinen eigenen Platz zu finden. Ähnlich schwierig sind jene Situationen, in denen Raum zwar verfügbar ist, doch die Möglichkeit, ihn zu behalten, von der sozialen Realität aufgehoben wird. Es lassen sich Familien vorstellen, deren Mitglieder wenig Achtung für Räume, Privatsphäre und Besitz der anderen haben, in denen es kein Gewohnheitsrecht auf die Benutzung eines bestimmten Bereiches gibt. Die sehr große Institution ist vielleicht ein besonders augenfälliges Beispiel für den Mangel an Privatsphäre und an territorialem Raum, doch wäre es falsch, wollte man daraus schließen, daß dies nur auf Makro-Umfelder zutrifft. Diese Erscheinungen sind wahrscheinlich zu Hause oder in der Wohnumgebung noch fataler, weil man dort ein Gefühl der Zugehörigkeit erwartet. Wie können wir durch Planung diese Möglichkeit reduzieren, und wie können Menschen andererseits für die Wahrnehmung dieser Bedürfnisse empfänglicher gemacht werden, die sich in ihren Beziehungen zu anderen auswirken?

Die sozialen Wirkungen der Planung: Die Kleingruppe

Die theoretische Grundlage dessen, was in etwa „Sozial-Planung" genannt werden könnte, wurde in Kapitel sechs behandelt. In diesem Ansatz geht man davon aus, daß es nicht genügt, wetterfeste, gut beleuchtete und vielleicht ästhetisch gefällige Bauwerke zu errichten, sondern daß auch dafür gesorgt werden muß, daß Privatsphären abgrenzbar sind und sozialer Austausch möglich ist. Das Gebäude darf die Kommunikation nicht erschweren und die Bewohner nicht einengen; es soll ihnen die Freiheit lassen, eigene symbolische Bezüge einzubringen. Die Planung soll die Benutzer eines Gebäudes nicht in eine rigide Beziehung zu ihm zwingen. Das Umfeld sollte mit den in ihm manifest werdenden Verhaltensweisen kongruent sein, sie aber nicht vorschreiben. Wie Zeisel (1971) sagt, „sollte es so wenig wie möglich mit der Lebensweise der Menschen interferieren..." und eine materielle Gestalt besitzen, „die sich mit den vorherrschenden sozialen Verhaltensmustern verträgt" (S. 29).

Wenn wir von einem gegebenen „sozialen Verhaltensmuster" oder einer Norm ausgehen, welches sind dann die planungsbedingten Effekte bei den Benutzern bestimmter Umfelder? Auf einer ganz vordergründigen Ebene wirkt – wie im vorigen Abschnitt berichtet wurde – der Entwurf eines Bauwerks auf (1) physiologische Prozesse ein. Dieses Gebiet läßt dem Architekten ganz offensichtlich großen Spielraum. Auf einer psychologischen Ebene kann die Planung auch (2) das offene individuelle Verhalten und (3) die soziale Aktivität beeinflussen. Schlecht organisierte Räume können zum Beispiel bei der Arbeit Streß erzeugen, das Individuum seinem Umfeld entfremden und seine Effizienz vermindern. In sozialer Hinsicht kann die Raumverteilung entweder kooperative Einstellungen fördern oder zu Reibungen zwischen den Verwendern führen. Schließlich (4) wirkt die Planung auf Reaktionen ein, die schwer zu verbalisieren sind. Die Farben der Wände und ähnliche ästhetische Gesichtspunkte konstituieren unabhängige Variablen, die anders als die Größe oder Form eines Zimmers, von den Benutzern nicht unbedingt zum Gegenstand ihrer Wünsche gemacht werden. Doch die Zufriedenheit oder der Verdruß, den sie hervorrufen, sind wichtige Funktionen des Planungsprozesses. Visuelle Anregung, Größenwahrnehmung und Stimmung werden beispielsweise durch die Farbgebung beeinflußt. Man „erkennt", ob man in einer angenehmen oder häßlichen Umgebung ist. Diese ästhetische Reaktion kann auch auf die Art und Weise einwirken, in der man andere beurteilt (Maslow & Mintz 1956).

Alle Gebäude implizieren zumindest eine gewisse Form sozialer Aktivität, die von ihrer intendierten Funktion und den zufälligen Begegnungen herrührt, die sie bewirken. Die Anordnung der Unterteilungen, der Zimmer, Türen, Fenster und Flure fördert oder erschwert die Kommunikation und wirkt sich insofern auf die soziale Interaktion aus. Dies kann auf allen Ebenen geschehen. Der Planer kann dies offensichtlich insoweit kontrollieren, als er die Kontaktpunkte und Zugangswege plant, die über die Zusammenführung der Menschen entscheiden. Er könnte auch, vielleicht mit weniger Gewißheit, über die Wünschbarkeit solcher Kontakte entscheiden.

Ein Beispiel für negative Wirkungen der Planung auf die soziale Interaktion liefert Miller in seiner Beschreibung eines neuen Studentenwohnheims der Indiana Staatsuniversität, der Terre Haute (siehe Wheeler 1967). Um den Lärm der Eingangshalle zu dämpfen, hatte man dort, wo normalerweise ein zentraler Flur verlaufen wäre, eine Unterteilung errichtet, in der der Maschinentrakt und Dienstleistungseinrichtungen untergebracht waren. „Diese Lösung schuf jedoch ein neues psychisches oder soziales Problem: Die Bildung von Freundschaften wurde durch die neue Raumverteilung erheblich behindert" (S. 12). Später entwarf Miller eine Reihe von Wohnheimen, in denen die Schalldämpfung und die Interaktionsfaktoren dadurch berücksichtigt wurden, daß die Dienstleistungseinrichtungen in einem quadratischen Kern untergebracht wurden, der durch einen Aufenthaltsraum für die Studenten umgeben war. Dieser wurde seinerseits von einem Flur eingefaßt, von dem aus die Zimmer zu erreichen waren. Das Hin und Her auf den Fluren, das vorher für den Lärm in den Hallen und Gängen verantwortlich war, wurde erheblich reduziert, da die Studenten beim Betreten und Verlassen des Gebäudes viel weniger Korridorraum zu durchqueren hatten.

Eine ungünstig wirkende Planung (wie Millers ursprüngliche Entwürfe) kann zu Wirkungen führen, die in anderer Hinsicht nützlich sein mögen. Taylor (von Parsons 1970 zitiert) merkt bezüglich des offenen Klassenzimmers an, daß

„...aus vielerlei Gründen der Lärm geringer ist. Einer ist die Tatsache, daß es weniger reflektierende Wände gibt. Überraschenderweise wird es gewöhnlich schwerer (Unterrichtsgespräche) zu verstehen, was zu einem unbeabsichtigten positiven Ergebnis führt: Lehrer und Schüler neigen dazu, physisch und psychologisch näher zusammenzurükken. Die Situation in der Klasse wird informeller, die Schüler sitzen eher auf dem Boden als auf den Stühlen" (1970, S. 2).

Man könnte den Nutzen dieser Raumaufteilung in Frage stellen, wenn man keinen Wert auf Zwanglosigkeit legt. Parsons stellt außerdem die Frage, ob es nicht vielleicht das Fehlen der Wände – das Gefühl, von zuviel Raum überwältigt zu sein – und nicht so sehr die Verständigungsschwierigkeit sei, was die Menschen näher zusammenrücken ließ. Wenn Intimität für wünschenswert gehalten wird, kann sie durch solch offene Klassenzimmer paradoxerweise begünstigt werden.

Das Problem der Größe und der Raumaufteilung stellt sich häufig bei der Planung von Büroraum. Da es sich um ein sehr eingehend untersuchtes Gebiet handelt – man hat sich mit dem Büro beispielsweise mehr als mit der Wohnung beschäftigt –, stammt vieles von dem, was wir empirisch über die Beziehung von Raum und Gruppenaktivität wissen, aus Büroumfeldern. Ohne Frage handelt es sich um eine spezielle Umwelt. Die Insassen sind in einem gemeinsamen Bemühen vereinigt und verbringen sieben oder acht Stunden in erzwungener Nähe. Unter welchen Umständen führt dies dazu, daß im Büro Intrigen gesponnen, Freundschaften angeknüpft, Bündnisse gebildet werden und sich ein „Gruppengeist" herausbildet?

Wells (1972) untersuchte die Raumaufteilung in einem Versicherungsbüro in Manchester in England und fand heraus, daß die „Aufteilung in kleine Büros die beste Möglichkeit zur Bildung einer Gruppe bildet, die über eine eindeutige Identität und die Vorstellung von sich selbst als einer unterscheidbaren und geschlossenen Einheit verfügt. Andererseits bietet das Großraumbüro mehr *Möglichkeiten* zu zwischenmenschlichem Kontakt und Gruppenbildung" (S. 103). Wells stellt fest, daß die Präferenzen hinsichtlich der beiden Formen der Raumgebung in erster Linie vom Geschlecht und Alter der Angestellten bestimmt wurden, kam aber auch zu dem Schluß, daß räumliche Variablen eine signifikante Rolle spielen.

Menschen in Großraumbüros hatten mehr Kontakt mit anderen im weiteren Bereich, ihre Beziehungen waren aber auch diffuser. Angestellte, die in kleineren Einheiten arbeiteten, hatten mehr Freunde innerhalb ihres eigenen Abschnitts und, in geringerem Maße, innerhalb ihrer eigenen Abteilung. Auch war das Ausmaß an internem Zusammenhalt größer. Interessanterweise zeigte sich jedoch innerhalb der kleinen Büros eine größere Zahl isolierter Personen. Da der Druck, am Gruppengeist teilzunehmen, spürbarer als in den großen Einheiten war, sahen sich die Angestellten vor der Alternative, sich anzuschließen oder sich abzusondern. Wells weist darauf hin, daß in beiden Formen der Raumgliederung die „Zahl der Wahlhandlungen, in denen sich sozial orientierte Präferenzen ausdrücken, mit wachsender Distanz stetig abnimmt" (S. 112). Räumliche Anordnungen liegen also in dem Maße, in dem sie Menschen zusammenführen, und durch die Art und Weise, in dem sie dies bewerkstelligen, dem sozialen Leben des Büros wesentlich zugrunde.

In welchem Umfange soziales Leben allerdings wünschenswert ist, ist eine andere Frage. Unter funktioneller Perspektive und im Hinblick auf die Arbeitsaufgabe können zu viele Kontaktgelegenheiten mit der Effizienz interferieren, doch genauso läßt sich denken, daß eine bessere Moral den Angestellten eine verantwortlichere Position gegenüber seiner Aufgabe beziehen läßt, besonders in Routinesituationen, wo der Sozialkontakt als Mittel gegen die Langeweile wirkt. Jedenfalls geht man solche Probleme häufig rein administrativ an und denkt nur an Kontrolle; der Raum wird reglementiert – lange Reihen von Schreibtischen stehen dicht an dicht – und jede Möglichkeit zur Zurückgezogenheit oder Soziabilität wird ausgeschlossen. Das ist der typische Schreibsaal, den jeder Büroangestellte minderen Status nur allzugut kennt.

Versuche, diesem Problem mittels neuartiger Entwürfe zu begegnen, dokumentieren Brookes und Kaplan (1970) in ihrer Untersuchung der sogenannten *Bürolandschaft*. In dieser Raumaufteilung (Abbildung 11.1) arbeiten Gruppen, die über den Großraum verteilt sind. Es gibt keine fixen Unterteilungen, obgleich die Anordnung von Möbeln und Topfpflanzen dazu verwendet wird, Gruppenräume zu definieren. Leitende Angestellte teilen den Bereich mit ihren Untergebenen. In einer Felduntersuchung über die Auswirkung der Büroplanung auf 120 Angestellte nach der Umstellung von einer konventionellen Mischung aus rechteckigen Großraumbüros, halbprivaten und privaten Büros auf ein „landschaftlich" entworfenes Büro, fanden Brookes und Kaplan signifikante Zunahmen in Urteilen über den ästhetischen Wert und Abnahmen in Urteilen über die funktionale Effizienz. Eine wahrgenommene Zunahme des Geräuschpegels, der Verlust der Privatsphäre und eine vermehrte visuelle Ablenkung bildeten vor allem den Gegenstand von Klagen. Es gab einige positive Veränderungen in der Gruppensoziabilität (S. 373).

Die Autoren kamen zu der generellen Schlußfolgerung, daß der neue Raum nicht so gut zu funktionieren scheine wie der alte. Er sah zwar besser aus, doch erfüllte er seine Aufgabe nicht besser, obgleich dieser Faktor in gewissem Maße auf die Verwaltungspolitik zurückführbar schien, die den Raum natürlich im Hinblick auf die Firmenziele verwaltete. Die Autoren zitieren die Studie von Hundert und Greenfield, in der eine Bürolandschaft mit konventionellen Bürogruppen verglichen wird, und in der sich zeigte, daß nur der Informationsfluß durch die Einführung der neuen Raumverteilung verbessert wurde. „Die Privatsphäre ging verloren. Man war der Ansicht, daß die Ablenkungen und Störungen zugenommen hatten...". Zeitlin (zitiert in Brookes und Kaplan 1972, S. 378) merkt in seinem Bericht über die Verwendung dieser Büroformen durch die New Yorker Hafenbehörde an, daß „die Einstellungsveränderungen hinsichtlich der Arbeit selbst, der Art der Arbeit und hinsichtlich der Rolle des Individuums in Beziehung zu seiner Arbeit sich nur minimal veränderten. Es wird deutlich, daß die materielle Planung des Büros, ob sie nun landschaftlich oder anders ausfällt, die Belegschaft nicht motivieren kann."

Vielleicht spiegeln die negativen Resultate, die aus diesen Studien gewonnen wurden, das Gefühl auf seiten des Angestellten, daß er keine wirkliche Kontrolle über das Umfeld hat, wie angenehm es auch immer sein mag. Es ist leider typisch für das total geplante moderne Bürogebäude, daß es seine Benutzer zu einem Leben nach seinen eigenen Bedingungen zwingt. Viele Büros räumen dem Angestellten, ob es sich nun um einen leitenden Angestellten oder um eine Schreibkraft handelt, nicht die Möglichkeit ein, in seinem Büro oder in den als privat markierten Bereichen das Licht ein- oder auszuschalten. Wie die Heizung und die Klimaanlage wird es von einem zentralen Punkt aus kontrolliert. Eine der ausführlichsten Studien auf dem Gebiet der Büroplanung wurde von der Pilkington-Forschungsgruppe in England durchgeführt (Manning 1965). Diese gründliche Arbeit über Planungselemente und Benutzereinstellungen erfaßte viele Büros und schloß Tiefeninterviews in einem neuen Bürogebäude ein. Eine entscheidende Frage in diesen Interviews war die nach der Reaktion der Angestellten, wenn sie aus einer alten Einrichtung in ein neues Großraumbüro transferiert wurden. Das Erscheinungsbild und die Unpersönlichkeit des Umfeldes schienen eine gewisse Unzufriedenheit zu schaffen. Häufig wurde das alte Gebäude romantisch verklärt, wo die Angestellten ihrer Meinung nach mehr Zurückgezogenheit genossen hatten. Diese Reaktionen zeigten sich jedoch sehr bald nach dem Umzug und sind möglicherweise nicht ungewöhnlich, wenn eine vertraute Umwelt für eine neue aufgegeben wird. Eine Nachuntersuchung ungefähr ein Jahr später zeigte, daß das Interesse an dem Gebäude sehr nachgelassen hatte. Ob die Raumverteilung geeignet war, soziale Beziehungen zu erleichtern, blieb eine offene Frage, doch schien die Einstellung des Managements entspannter zu sein, und das Unternehmen erhielt sehr viel mehr Stellungsgesuche als früher. Es waren auch Anzeichen für einen generellen Stolz bei der Belegschaft vorhanden. Vielleicht ist die Vermutung nicht zu hoch gegriffen, daß sich ein neues Gefühl der Ortsidentität entwickelt hatte.

Eine dezidiert positive Einstellung gegenüber der Bürolandschaft wird von Zanardelli (1969) aufgrund seiner Erfahrung bei den Ford-Autowerken berichtet. Als Leiter der technischen Abteilung registrierte Zanardelli:

„... sehr viel mehr unmittelbaren Kontakt, als sich in einem konventionellen Büro gezeigt hätte – die Menschen konnten das ganze Team, zu dem sie gehörten, besser sehen und empfinden. Das Büro wurde eine Einheit; es hatte sich eine Gemeinschaft zwischen Angestellten und Managern entwickelt" (S. 39).

An den Arbeitsplätzen häuften sich nicht mehr so leicht veraltete und unnötige Papiere. Die persönliche Anerkennung und die Rangunterschiede wurden durch die Zahl und die Farbe der Möbelstücke und durch die Pflanzenarten zum Ausdruck gebracht, die einem Individuum in seinem Arbeitsbereich aufgestellt wurden. Unerwünschte Störungen ereigneten sich sehr viel seltener. Der Arbeitsfluß verlief reibungsloser, und das, was Zanardelli die „Höhlenmentalität" des Kleinbüros nennt, machte einer produktiven Zugänglichkeit bei Belegschaft und leitenden Angestellten Platz. „Es war leichter, die Kommunikation mit Menschen herzustellen, denen es sonst widerstrebt hätte, bei mir vorzusprechen. Ich lernte meine Leute besser kennen, und unsere Beziehung wurde nicht durch künstliche materielle Bedingungen behindert" (S. 39f.). Es ist allerdings darauf hinzuweisen, daß Zanardelli vom Standpunkt des Managements aus spricht. Dennoch glaubt er, daß sich diese Raumaufteilung zu nahezu jedermanns Zufriedenheit auswirke.

In ganz anderer Weise beschäftigt sich Joiner (1971) in seinem Vergleich gewerblicher, behördlicher und akademischer Umfelder in England und Schweden mit der Büroplanung. In diesen Studien wurden sowohl die funktionalen wie auch die symbolischen Werte der Raumaufteilung betrachtet. Joiner beschränkte sich auf Einzelbüros und bemühte sich, die Position im Raum, die Distanz und die symbolische Ausstattung auf das territoriale Empfinden zu beziehen, das beim Insassen entstand. Er fand, wie eigentlich nicht verwunderlich, daß für die Person, die in der Wirtschaft und beim Staat beschäftigt war, der Status ein wichtiger Faktor bei der Bestimmung der Büroarrangements war. Dies galt nicht für akademische Umfelder. Personen mit hohem Status (leitende Angestellte), die nicht in akademischen Umfeldern arbeiteten, neigten dazu, ihre Schreibtische mit der Front zur Tür zu stellen, während Angestellte mit niedrigerem Status häufiger in einer Raumaufteilung anzutreffen waren, wo sie neben der Tür saßen.

Wenn man der Tür gegenüber sitzt, teilt man Besuchern auf diese Weise mit, auf Distanz zu bleiben. Der Insasse erfährt rechtzeitig, wenn jemand in sein Gebiet eindringt. Personen, die in akademischen Umfeldern oder bei niedrigerem Status in der Wirtschaft oder beim Staat beschäftigt sind und neben ihrer Tür sitzen, müssen eher die Nähe anderer hinnehmen. Im Falle der Universitätslehrer, die ein Großteil ihrer Zeit mit ihren Studenten verbringen, dient die Raumaufteilung dazu, ihr Image als Autoritätsfiguren abzubauen und auf diese Weise die soziale Distanz zu verringern. Joiner nimmt an, daß auch die Zeit einen Einflußfaktor bei der Raumaufteilung des Büros sei. Diejenigen, die mehr Zeit in ihren Büros verbringen, werden sie wahrscheinlich eher mit Hilfe der Möblierung, geringfügiger Details, persönlicher Zeichen (Familienphotographien) und ähnlichem personalisieren. Im Großraumbüro wird dieser Versuch, symbolischen Raum zu schaffen, schwerer.

Hieraus ist ganz einfach der Schluß zu ziehen, daß der Entwurf des inneren Raumes die Menschen auf vielen Ebenen beeinflußt. Er setzt der Häufigkeit der Kontakte, die wir haben, gewisse Grenzen und beeinflußt gleichzeitig die Anknüpfung lang- oder kurzfristiger Freundschaften. Er liefert das notwendige Bezugssystem für funktionale Beziehungen – für den Arbeitsfluß in einem Büro. Auf einer tieferen Ebene hat er symbolische Bedeutung, indem er andere auf unsere Intentionen hinweist (indem das Büro etwa zu sagen scheint: „Herein" oder „Bleib fort"). Er begünstigt oder begrenzt die Personalisierung des Raumes und hilft uns dabei, unsere Rolle in der Organisation zu definieren.

Soziale Planung und Lageplanung

Wir wollen jetzt einige der Planungselemente untersuchen, die das Verhalten in externen Räumen beeinflussen, in größeren Umfeldern wie Institutionen und in geplanten Kommunen. Eines dieser Elemente ist der Lageplan. In welcher

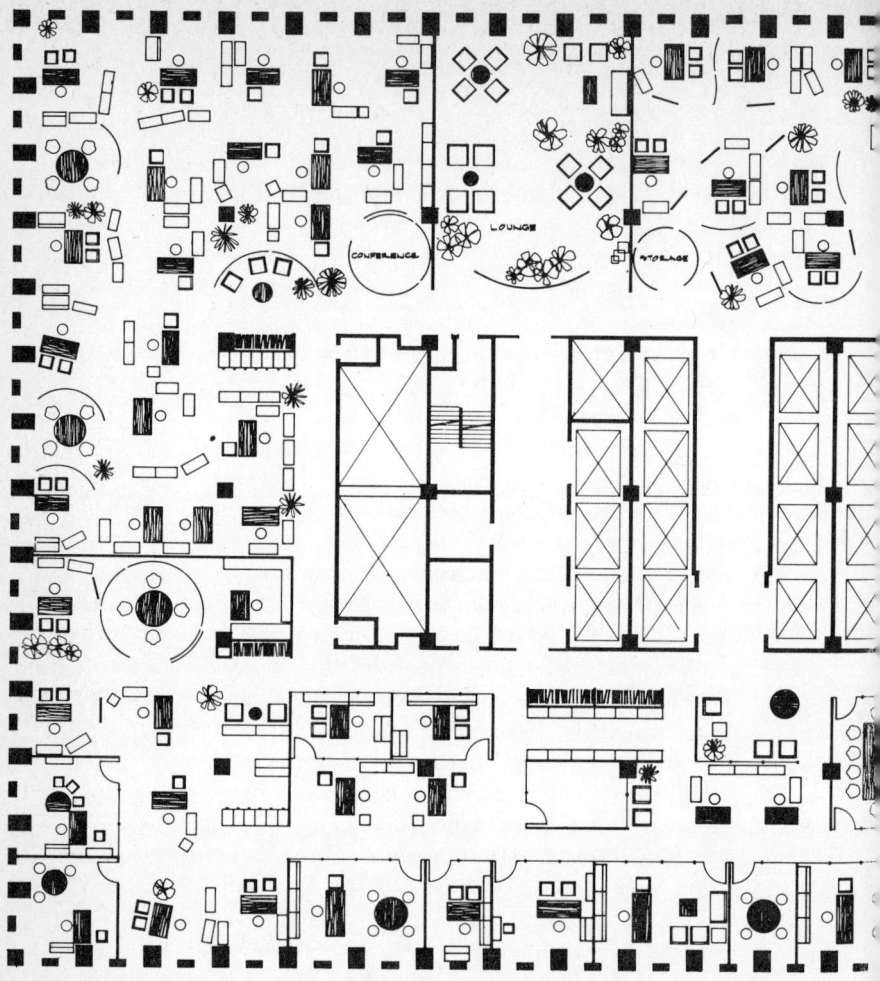

Abbildung 11.1: Plan eines Großraumbüros. Entwurf: JFN Associates, New York, N.Y.

Weise wirken sich die Lokalisierung und die Anordnung der Gebäude auf die Fragen aus, die wir soeben erörtert haben – auf das Bedürfnis nach sozialem und territorialem Raum, nach Privatsphäre und nach Interaktion mit anderen Menschen?

Wenn man die Stellung eines Gebäudes plant, setzt man es in Beziehung zum eigenen externen Raum (zum Grundstück), zu anderen Gebäuden im unmittelbaren Bereich und zur näheren Wohnumgebung. Lagepläne werden gewöhnlich auf die Merkmale des Geländes, die Menge des verfügbaren Landes, die Wechselbeziehungen der Bauwerke der Siedlung, die erwünschte Wetterla-

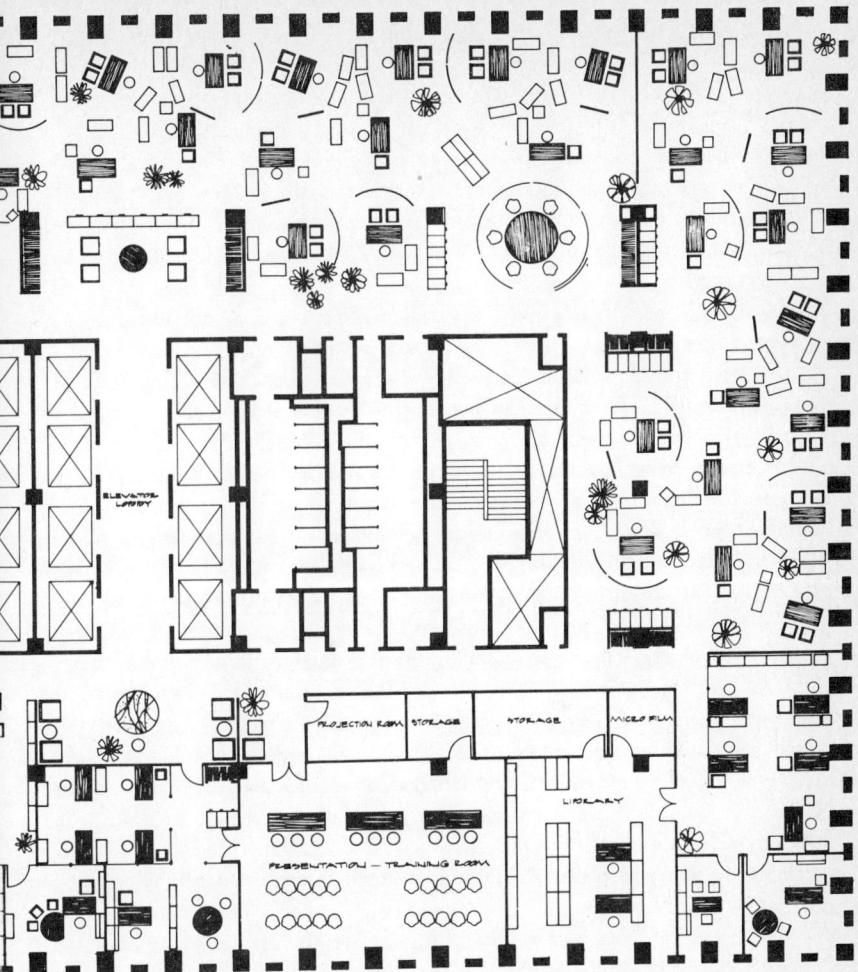

ge, das Umfeld und auf den Anblick abgestellt, den es von der Straße aus bieten soll. Diese Gesichtspunkte können die materiellen Aspekte des Plans genannt werden. Ihre Bedeutung als soziale Vermittlungsfaktoren lassen sich durch einen Blick auf die Verhaltensmuster in der eigenen Wohnumgebung erkennen. Ist der Wohnblock um eine Sackgasse angeordnet, führt diese Raumaufteilung die Bewohner in der Regel näher zusammen, und wenn nur deshalb, weil sie die Grenzen ihres unmittelbaren Lebensbereichs besser definiert. Das Wohnen in Häusergruppen unterscheidet sich von dem Wohnen in den konventionell über den Raum verstreuten Häusern durch seine Beziehung zum offenen kommunalen Raum. Die Bewohner bilden eine Minigemeinde innerhalb des größeren

467

Gebietes. Reihenhäuser entsprechen wiederum einem anderen Lageplan, der sich ebenfalls auf die Interaktion der Bewohner auswirken kann. Die Untersuchung von Merton (1948) (in Kapitel neun zitiert) legt die Vermutung nahe, daß die Lage der Vordertüren ein wichtiger Faktor für die Kontakte zwischen den Nachbarn ist. Um ein ganz anderes Umfeld zu wählen: Das typische College-Viereck schafft zumindest auf materieller Basis ein gewisses Gemeinschaftsgefühl, weil sich die Gebäude innen gegenüberstehen. Ob es zu weitreichender sozialer Kommunikation zwischen den Gebäuden kommt, bleibt allerdings fraglich.

Gutman (1966) befaßt sich mit den sozialen Aspekten der Lageplanung und stellt zwei Fragen: (1) Durch welchen Prozeß können Lagepläne das Verhalten beeinflussen; und (2) welche Verhaltensweisen werden nachweislich durch den Lageplan beeinflußt? Seiner Ansicht nach verläuft der Prozeß sowohl auf der primitiven Ebene der menschlichen Physiologie (Beleuchtung, sanitäre Anlagen, Temperaturregelung, Luftzirkulation) als auch auf der wichtigeren Ebene der individuellen und Gruppeninteraktion, was er soziale Effizienz nennt. Die materielle Struktur des Plans bahnt oder hemmt die Kommunikation zwischen den Bewohnern abhängig von dem Ort, den sie im Schema einnehmen. Kurzum, Nachbarn hören und sehen einander. Außerdem nimmt der Plan eine symbolische Bedeutung an (das landschaftlich sorgfältig gestaltete, geräumige Grundstück weist auf einen gewissen Status hin) und einen ästhetischen Wert. Das Wohn-„Projekt" kann also durch seine Raumaufteilung attraktiv sein und zur positiven Einschätzung des Raumes durch die Verwender beitragen.

Darauf wies die Environmental Research and Development Foundation (1969) in ihrer Untersuchung eines öffentlichen Wohnprojektes in Kansas City in Kansas hin. Man hob die Notwendigkeit hervor, „die Lebensqualität für die Bewohner eher zu stark zu berücksichtigen als sie zu gefährden", indem man sich um eine bessere Standortwahl und Planung bemühe, um das Stigma zu beseitigen, das dem Wohnen in öffentlichen Projekten anhänge. In vielen amerikanischen Städten wird nun die Streuung der Wohnungen als die günstigste Lösung für die Probleme des sozialen Wohnungsbaus angesehen. Indem man kleinere Bauwerke in verschiedenen Wohnumgebungen verteilt, sind die Projekte nicht nur weniger auffällig und von geringerer Dichte, sondern es werden auch (wie man hofft) einige der in mittelständischen Wohngebieten vorausgesetzten Werte auf die neuen Mieter abfärben. Der Widerstand gegen die Streuung des sozialen Wohnungsbaus in den meisten amerikanischen Städten macht deutlich, daß diese Lösung bei den eingesessenen Bewohnern auf Skepsis stößt. Soziale, ethnische und schichtbedingte Vorurteile spielen dabei eine wichtige Rolle.

Einige dieser Schwierigkeiten bei der sozialen Planung können genauso sehr den Architekten und Planern wie den städtischen Wohnbehörden zur Last gelegt werden. Im allgemeinen zeigt sich ein gewisser Mangel an Flexibilität im Planungsstadium des Projektes. Gutman (1972) führt das Beispiel eines großen Stadtsanierungsprojektes in einem Gebiet von Chicago an, das wegen seiner Jugendlichendelinquenz bekannt war. Reihenhäuser sollten auf drei Seiten eine große zentrale Rasenfläche umgeben, die als öffentliches Gebiet zum Spiel, zur Erholung und für kommunale Aktivitäten zur Verfügung stehen sollte. Die Frage war, ob man das Gebiet einzäunen und mit einem verschließbaren Tor versehen sollte, für das nur die Bewohner einen Schlüssel haben sollten. Das Dilemma war klar. Wenn man den öffentlichen Raum nicht einzäunte und abschloß, würden ihn die Banden der Wohnumgebung zu ihrem Hoheitsgebiet erklären. Wenn man ihn jedoch abschloß, hätte dies möglicherweise den Mietern nicht nur die Lust genommen, den Bereich zu benutzen, sondern würde sie auch in ihrer Furcht vor den Gefahren ihrer Wohnumgebung bestärkt haben. Gutman, den man für dieses Projekt als Berater konsultierte, schlug vor, die Mieter nach ihrem Einzug selbst entscheiden zu lassen. Sie konnten die Tore verschließen, wenn es ihnen notwendig erschien, oder den Zaun vollständig entfernen. Um die Ergebnisse miteinander vergleichen zu können, sollten sogar in einigen der Gebäudegruppen Zäune aufgestellt werden, in anderen dagegen nicht. Interessanterweise wiesen die Architekten diesen Vorschlag zurück. Wie Gutman feststellt, wollten sie die Lösung im voraus haben.

In einer vergleichenden Studie über die Effekte von Lageplan und Gebäudeform, in der sie ein Wohnhochhaus und ein zweistöckiges Gartenhaus einander gegenüberstellten, äußerten Boyd u. a. (1965) die Hypothese, daß das höhere Gebäude weniger Gelegenheit zu sozialen Interaktionen böte als der Flachbau und daß folglich die Bewohner des Hochhauses weniger „Zugehörigkeit zu anderen" oder Verbindung mit der Außenwelt zeigen würden. Man trug auch Informationen darüber zusammen, in welchem Maße bei den Mietern das Gefühl der Entfremdung, der sozialen Isolation, der Anomie, der Machtlosigkeit und des Normverlustes vorlag. Im allgemeinen bestätigten die Testergebnisse, daß Menschen, die im Gartenkomplex lebten, dreimal soviel Freunde in ihrem Gebäudebereich hatten, wie die Bewohner des Hochhauses. Das Gefühl der „Zugehörigkeit" – gemessen an Gefühlen wie „Entfremdung", „Anomie", „Machtlosigkeit" und „Normverlust" – war deutlich geringer ausgeprägt bei den Hochhausbewohnern. Das Empfinden der sozialen Isolation schien hier jedoch nicht als Faktor in Erscheinung zu treten, und die Autoren weisen darauf hin, daß viele ältere Leute das höhere Gebäude vorzogen, wahrscheinlich, weil es sicherer erschien. Tatsächlich mag es, wie wir aus Newmans (1972) Studie wissen, durchaus nicht sicherer gewesen sein. Wir müssen uns auch daran erinnern, daß sich solche Populationen im allgemeinen selbst auswählen, wobei die jüngeren aktiveren Familien die Flachbauten vorziehen. In welchem Maße der Lageplan die Anknüpfung von Freundschaften förderte, geht aus dieser

Studie nicht hervor, obgleich das Ausmaß, in dem der Typus der Gartenwohnung bestimmte Typen und Altersgruppen anzog, selbst als positiver Faktor anzusehen ist.

Zu den Verhaltensweisen, die durch die Lage der Gebäude beeinflußt werden können, gehört die psychische Gesundheit der einzelnen Bewohner, die Familienorganisation und das häusliche Leben, die soziale Organisation der Bewohner dieses Projektes und die Beziehung des Projektes zur größeren Siedlung (Gutman 1972). Die Forschung hat sich jedoch größtenteils auf die beiden letzteren Faktoren konzentriert. Viele dieser Forschungsarbeiten (Cooper 1971; Lee 1968; Merton 1948) sind im Zusammenhang mit der städtischen Umwelt erörtert worden. Selbst hier sind die Beweise bei weitem nicht zwingend. Während das kommunale Engagement und die Benutzung von Einkaufs- und Erholungseinrichtungen von der Lage abhängen können (Buttimer 1972; Lee 1968), betont Gutman (1966), daß

„... daraus nicht folgt, daß, wenn öffentliche Einrichtungen fehlen ... es der Bewohnergruppe an Kohäsion mangelt. In der Literatur zeigt sich vielmehr, daß sich die Bewohner, wenn die Wohneinheiten sich in größerer Entfernung zu Lebensmittelläden befinden, mit weit größerer Wahrscheinlichkeit Nahrungsmittel und Küchenvorräte voneinander ausborgen, während das Fehlen eines Kindergartens in der Nähe der Ansiedlung die Bewohner dazu bewegt, ihre Nachbarn zu bitten, auf ihre Säuglinge und Kleinkinder aufzupassen" (S. 111).

Madge (1950) teilt diese Ansicht nicht, wenn er feststellt, daß Wohngegenden in England, die den Einkaufs- und Freizeiteinrichtungen häufig fernliegen, die Wirkung haben, „daß ein Rückzug auf die Bindung an das Haus selbst und seine Einrichtung stattfindet, wobei jede Bindung an die Umgebung nahezu aufgegeben wird. Interesse und Bindung beschränken sich auf das Innere des Hauses, ohne die Außenwelt zu berücksichtigen" (S. 191). Wenn in den Städten, so führt Madge aus, die Gärten hinter den Häusern aneinander grenzen, können zum Beispiel Samen ausgetauscht werden; es bilden sich „Flower Guilds" und ähnliche freiwillige Vereinigungen.

Buttimer (1972) weist darauf hin, daß die Lage der Gebäude eine ähnliche Rolle spielt bei der Art, wie die Bewohner den sozialen Raum in Wohnsiedlungen verwenden. Er vergleicht „geplante" mit „weniger geplanten" Siedlungen in zentralen und peripheren Gebieten von Glasgow und versucht, die konventionellen Standards der Architekten und Planer den Einstellungen und Urteilen gegenüberzustellen, die die Bewohner über ihr Wohngebiet selber hegten. Da in dieser Untersuchung die meisten der Konstrukte in Erscheinung treten, mit denen wir uns beschäftigt haben, lohnt es sich, sie etwas näher zu betrachten. Vier Bezirke wurden ausgesucht, die alle in die niedrigste sozioökonomische Kategorie der Stadt gehörten. Drei Fragen wurden gestellt:

1. Waren die Bewohner geplanter Bezirke im allgemeinen zufriedener als Bewohner weniger geplanter Bezirke?
2. Inwiefern ließ sich das Urteil externer Beobachter mit der Einschätzung der gleichen Merkmale durch die Bewohner vergleichen und inwiefern widersprach es ihnen? Waren Kriterien wie optimale Dichte, Erreichbarkeit der verschiedenen Dienstleistungseinrichtungen, Planungsnormen für Häusergröße und Raumaufteilung und Sicherheit – die Elemente, die die Architekten betonten – auch Maße für die Mieterzufriedenheit?
3. Ließ sich die Zufriedenheit der Mieter mit ihrer Umwelt aus der Einschätzung der externen Beobachter erschließen – aus Urteilen, die sich auf objektive Kriterien gründeten?

Als Antwort auf die erste Frage fand Buttimer heraus, daß die Bewohner der zentral gelegenen „geplanten" Siedlung die glücklichsten waren. Es lag ein hohes Maß an territorialer Identifikation vor. Priorität hatten Sauberkeit, der Blick aus dem Wohnzimmer, Nachbarschaftskontakte und Grünanlagen. Obgleich die Lage des weniger geplanten zentral gelegenen Wohnbereichs in einem weniger wünschenswerten Gebiet lag, empfanden auch diese Bewohner interessanterweise ein hohes Maß an Zufriedenheit mit dem „Leben in der Siedlung" (58%), wenn man dieses Ergebnis mit ihrer Zufriedenheit mit der Siedlung selbst verglich (40%). Buttimer vermutet, daß dies an der Vertrautheit mit der Umgebung lag, dem Gefühl, zum Ort zu gehören. Die Menschen leugnen die Probleme und die Spannung nicht, doch kompensieren andere Faktoren den Mangel an Annehmlichkeiten.

Im Vergleich der beiden zugrundegelegten Siedlungen, erwies sich der geplante oder weniger geplante Charakter der beiden als reliabler Zufriedenheitsindex. Die geplante Siedlung in peripherer Lage mißbilligte man nur wegen ihrer Distanz von Freunden und Verwandten. „Das hohe Maß an Zufriedenheit mit der Siedlung (81%) und mit dem Leben in der Siedlung (65%) spiegelt die Kongruenz von Bewohneransprüchen und Leistung" (S. 305). Andererseits legte die weniger geplante Siedlung, die beinahe dreimal so groß war, ihren Mietern auch mehr physische und soziale Isolierung auf und erklärte insofern den relativ niedrigen Grad territorialer Identifikation: 65% von ihnen wollten fortziehen. Die zweite und dritte Frage ließe sich also durch die Aussage beantworten, daß eine optimale Dichte, die Erreichbarkeit der Dienstleistungseinrichtungen, Sicherheit und Raumaufteilung in die Planung einer Umwelt eingebracht werden können, und daß diese Elemente von den Bewohnern positiv beurteilt werden können. Die Lage selbst ist jedoch kein absolutes Kriterium. Die isolierte, weniger geplante Siedlung in einer ordentlichen Nachbarschaft schuf mehr Unzufriedenheit als die zentral gelegene weniger geplante Siedlung in einer verfallenden Umgebung. Beide geplanten Projekte wurden jedoch besser beurteilt als ihre Pendants, zum Teil, weil das Zugehörigkeitsgefühl – das Buttimer die „existentielle Variable" nennt – nicht in die Planung des

Umfelds eingegangen war. Besser ließe sich dieser Faktor, wie sie glaubt, bei der Umsiedlung dadurch berücksichtigen, daß man den prospektiven Mietern etwa ein Jahr vorher einen Teil der verfügbaren Wahlmöglichkeiten vorlegte. Dadurch würden dem Planer die Wünsche hinsichtlich der Annehmlichkeiten und Einrichtungen zur Kenntnis gelangen, bevor er noch die Pläne entwickelt hätte. Über kommunale Zentren, Badeanstalten, Grünflächen, Gärten, Spazierwege und ähnliches „würde man entscheiden können, wenn sich das Bedürfnis dazu abzeichnen würde und soweit es das Budget und andere Bedingungen erlaubten" (S. 312). Die Vervollständigung des Siedlungsentwurfes würde also zu einer kollektiven Entscheidung – etwas, was den Bewohnern von Gutmans Chicagoer Projekt vorenthalten wurde.

Institutionelle Umfelder

Die Umweltpsychologie verdankt ihre Entstehung zu einem guten Teil der Untersuchung institutioneller Umfelder. Man könnte die Tatsache sogar kritisieren, daß ein so großer Teil der empirischen Feldarbeit in Institutionen, besonders in psychiatrischen Anstalten stattgefunden hat. In diesem Zusammenhang sind erwähnenswert Sommers Arbeit über Sitzverhalten (Sommer & Ross 1958), über Rauminvasionen (Sommer 1969), Horowitz' Studien zur Körperpufferzone (Horowitz u. a. 1964) und die früheren Arbeiten der Autoren selbst (Ittelson, Proshansky & Rivlin 1970a, 1970b), die alle in institutionellen Umfeldern durchgeführt wurden. In den meisten dieser Untersuchungen war man sich der Gefahr bewußt, die in der Verallgemeinerung über die spezifischen Umfelder hinaus lag. Doch wurden auch Fragen aufgeworfen, die die Bedeutung der Beziehungen zwischen Verhalten und Umwelt und die Legitimität betrafen, mit der sie als Beispiel eines allgemeineren Umweltverhaltens zu betrachten seien. Die Tatsache, daß ein vorhersagbares Geschehen in einem institutionellen Umfeld stattfindet, schließt generellere Implikationen nicht notwendig aus. Wir verbringen nämlich einen großen Teil unseres Lebens in institutionellen Umfeldern der einen oder anderen Art, und die Merkmale, die einem Umfeld seinen institutionellen Charakter verleihen, wirken sich sehr ähnlich auf das Verhalten aus.

In diesem Abschnitt werden wir vier Institutionstypen untersuchen, zwei partielle und zwei totale (Goffman 1962). Hinsichtlich eines jeden Typus werden die folgenden Fragen zu stellen sein:

1. Welche Beziehung besteht zwischen der materiellen Form der Institution und den Zielen oder dem Programm (Unterricht, Therapie, Rehabilitation, Produktion), die es realisieren soll?

2. Welche Anhaltspunkte empirischer oder anderer Art besitzen wir, aus denen wir entnehmen können, wie sich diese spezifische institutionelle Form auf die Aktivitäten, die Zufriedenheitsniveaus und die Ziele der Insassen auswirkt?
3. Welche Bedeutung, wenn von einer solchen überhaupt die Rede sein kann, besitzt unser gegenwärtiger Wissensstand für die Planung dieser institutionellen Formen?

Dies soll keineswegs eine vollständige Untersuchung aller Institutionstypen sein. Diese Aufgabe allein würde ein Extrabuch verlangen. Wir werfen nur ein Streiflicht auf einen ausgewählten Querschnitt, der eine gewisse Vorstellung von der Art der zur Verfügung stehenden Daten und ein Bild von der Anwendung dieser Daten geben kann. Die totalen Institutionen, die wir betrachten werden, sind die psychiatrische Anstalt und das Gefängnis; die partiellen Institutionen sind die Tagesstätte und die Schule.

Wir müssen unser Interesse hier notwendig auf die Aspekte der materiellen Planung der Institutionen eingrenzen und können nicht ihre administrativen Praktiken auch noch erfassen, obgleich beide ohne Frage in einer gewissen Beziehung zueinander stehen. Die materielle Gestalt kann die Auffassung verstärken, die die Institution hinsichtlich der Therapie oder der Resozialisierung hegt, doch wenn die Planung hinter neueren Ansätzen der institutionellen Behandlung zurückbleibt, kann sie der Verwirklichung dieser Auffassung hinderlich sein. Außerdem spiegelt die Planung institutioneller Gebäude gewöhnlich die Einstellungen der Gesellschaft im allgemeinen gegenüber jenen, die in den Institutionen erfaßt werden. Das auf maximale Sicherheit hin angelegte Gefängnis ähnelt beispielsweise häufig einer Festung und legt nahe, daß sich sowohl die sozialen Einstellungen wie auch die Verwaltungspraxis am Strafgedanken orientieren. Die Einrichtung, die vergleichsweise wenig Wert auf Sicherheit legt, läßt vermuten, daß man sich in ihr eher um die Resozialisierung bemüht.

Wir können sogar die Geschichte der gesellschaftlichen Gefühle gegenüber dem Kranken, dem Abweichenden, dem Kriminellen und dem Soldaten an den verschiedenen Bauformen ablesen, in denen sie erfaßt wurden. In Europa konnte sich das Kloster aus dem 14. Jahrhundert nacheinander im 16. Jahrhundert in eine Festung, im 18. Jahrhundert in ein Armenhaus und im 19. Jahrhundert in eine Irrenanstalt verwandeln (Rothman 1971). Alle besaßen im wesentlichen dieselbe materielle Struktur, dienten jedoch ganz unterschiedlichen Zwecken. In den vereinigten Staaten die nur wenige alte Gemäuer besitzen, die sich für bestimmte Zwecke umbauen lassen, entwickelte jeder Institutionstypus zu einem Zeitpunkt der Geschichte seine eigene Gestalt, da die institutionelle Architektur noch nicht formal als Spezialgebiet verstanden wurde. Man experimentierte viel und gewann im allgemeinen eine stark deterministische Auffassung von der Rolle der materiellen Planung in der Behandlung, der Erziehung oder Resozialisierung der Insassen.

Goffman (1962) vermutet, daß das moderne Leben im allgemeinen auf sozialen Arrangements beruhe, die die Arbeit, das Spiel und den Schlaf des Individuums verschiedenen Umfeldern zuweise, die jeweils andere Personen als Teilnehmer hätten, über eine andere Autoritätsstruktur verfügten und denen es an „einem übergeordneten rationalen Plan" fehle (S. 6). Dies trifft nicht auf das institutionelle Leben zu, wo Arbeit, Erholung und Schlaf am selben Ort stattfinden, wo ein und dieselbe große Personengruppe sich durch einen mehr oder minder programmierten Tag hindurch bewegt. Von jedermann wird erwartet, daß er im wesentlichen das gleiche zur gleichen Zeit tut, wobei das Tagesprogramm von einer Autoritätsstruktur bedingt ist, die im allgemeinen jenen Zielen entspricht, die „Behandlung", „Resozialisierung" oder ähnlich genannt werden. Der totalen Institution inhärent ist die ausdrückliche Unterscheidung zwischen Mitarbeitern, deren Aufgabe wesentlich in der Beaufsichtigung besteht, und jenen, deren Leben verwaltet wird und die im allgemeinen Insassen heißen. Wie Goffmann (1962) es beschreibt, lassen sich bei der totalen Institution verschiedene Typen unterscheiden. Einige beschützen Personen, die nicht in der Lage sind, für sich selbst zu sorgen (alte Menschen, Arme, Waisen oder körperlich Behinderte); andere kümmern sich um jene Personen, die nicht für sich selber sorgen können und die ohne Absicht eine Bedrohung der Gemeinschaft darstellen (Personen mit schweren ansteckenden Leiden wie der Tuberkulose, Geisteskranke), um jene, die als Bedrohung für die Gemeinschaft betrachtet werden (die gewöhnlichen oder Kriegsverbrecher) und um jene, die bestimmte Umfelder brauchen, um eine bestimmte Aufgabe ausführen zu können (zu dieser Gruppe gehören Kasernen, Internate und Quartiere für Diener und die Einwohner von Kolonien). Schließlich gehört zum Typus der totalen Institution auch noch solche Umfelder, in die sich Menschen von der äußeren Welt zurückziehen können, um wie im Falle der Klöster religiösen Übungen oder auch anderen Beschäftigungen nachzugehen.

Goffman (1962) hat sich ausführlich über die Effekte der Institutionalisierung auf Insassen, insbesondere auf Geisteskranke geäußert. Danach wird das Verhalten im wesentlichen in zweierlei Hinsicht affiziert: erstens erfolgt eine Diskulturation oder ein „Verlernen", das den Patienten zumindest zeitweise außerstand setzt, viele Situationen des Lebens außerhalb der Institution zu bewältigen, wenn er jemals in dieses zurückkehrt. Zweitens wird das Selbstgefühl der Person möglicherweise unabsichtlich durch eine Reihe von abwertenden und erniedrigenden Verfahren beeinträchtigt. Autonomie, Handlungsfreiheit und Selbstbestimmung werden an die Verwaltung der Institution abgegeben. Der Patient wird so zu einer Nichtperson.

Ganz offensichtlich können nicht alle Patienten den übermächtigen Bedingungen der totalen Institution in gleicher Weise entsprechen. In einer kürzlich durchgeführten Untersuchung (Braginsky u. a. 1969) wurden die unterschiedlichen Stile dokumentiert, in der Patienten sich an die Anstalt anpaßten – die wichtigsten waren „Wärter“, „Arbeiter“ und „mobile Sozialisationsagenten“. Jeder Stil wurde mit verschiedenen Patientenmerkmalen verknüpft (mit Alter, Einstellungen zur Anstaltsbehandlung und zum Patientendasein, mit Zielen und Interessen). Jeder Stil führte zu einem unterschiedlichen Behandlungsergebnis, besondern hinsichtlich der Information, die der Patient erwarb, der Entlassungshäufigkeit, der Dauer des Anstaltsaufenthaltes und der Therapiebeteiligung. Interessanterweise wurden diese Stile nicht auf Indizes der Hospitalzwänge bezogen. Die Autoren vertreten in diesem Zusammenhang die Auffassung, daß man auf die Patienten im wesentlichen das gleiche Begriffssystem anwenden könne, das man auch auf normale Menschen anwende.

Die Beschreibung der institutionellen Erfahrung von Sommer und Osmond (1961) umfaßt neben der Diskulturation Faktoren wie *Entpersönlichung* – die Beeinträchtigung des Denkens und Handelns, psychologische oder physische Schädigung, die auf den Anstaltserfahrungen beruht – *Entfremdung* von der bürgerlichen Welt, *Isolation* von Freunden und Familie, und *Reizdeprivation*, die aus dem Tempo des Anstaltsleben folgt, das sich häufig deutlich von dem der Außenwelt unterscheidet. Nach Meinung einiger Psychotherapeuten (siehe beispielsweise Laing 1969) verlängert die Einschließung in psychiatrische Anstalten nur die Krankheit des Patienten.

Das Unerfreuliche, das man bei Goffman und anderen lesen kann, sollte den Blick auf die positiven Aspekte des institutionellen Lebens nicht verstellen. In jedem Falle wenden die Insassen, wie Goffman und Braginsky u. a. feststellen, unterschiedliche adaptive Strategien an, um mit ihrem Umfeld zurechtzukommen. Ganz offensichtlich unterscheiden sich auch die Institutionen hinsichtlich ihrer Qualität nicht zuletzt dadurch, daß sie den Insassen in unterschiedlichem Maße als Individuum respektieren. Schließlich ist darauf hinzuweisen, daß zahlreiche Untersuchungen im Laufe der Jahre die Tatsache bestätigen, daß ungefähr die Hälfte aller in Irrenanstalten eingewiesenen Partienten *trotz des Fehlens irgendeiner Behandlung eine deutlich Verbesserung zeigen.* Für solche Personen mag die Anstalt wirklich eine Zuflucht vor der streßerzeugenden Situation sein, die zu ihrer Krankheit beitrug; sie mag ein Ort sein, an dem die Person ihre Kräfte zu einem neuen Versuch sammeln kann, mit dem Leben fertigzuwerden. Die Umwelt scheint als Umwelt schon die Therapie zu sein.

Natürlich ist die Macht der Institution nur zu gut bekannt, gewisse Verhaltensweisen zu erzwingen – Verhaltensweisen, die eher dem Wohl der Institution als dem des Insassen dienen. Das Überleben hängt von der Unterwerfung unter die institutionellen Verhaltensnormen ab. Die Weigerung oder der Widerstand gegenüber einer solchen Norm wird als Beweis für die Krankheit oder als ein Anzeichen dafür angesehen, daß es dem Insassen an der rechten Einstellung fehle und daß sich sein Befinden nicht verbessere. Dies kann tatsächlich der Fall sein. Aber es kann wiederum auch ein Zeichen dafür sein, daß die Person verzweifelt versucht, die Integrität des eigenen Ichs zu bewahren oder wiederzugewinnen. Hier wirkt sich anscheinend die Größe der Institution als entscheidender Faktor aus. Allein aus Verwaltungsgründen ist die große Institution häufig darauf angewiesen, ihre Insassen in einem Maße zu reglementieren, das in kleineren Institutionen nicht notwendig ist. Wie Ullman (1967) vermutet, scheinen die verfügbaren Daten die Hypothese zu bestätigen, daß ein geringeres Ausmaß der Institution und günstige Effekte miteinander verknüpft sind. Daß institutionelle Verhaltensweisen großenteils aus dem Eigeninteresse der Institutionen erwachsen, zeigt sich in einem Vorfall im Napa Valley State Hospital in Californien während des Erdbebens im Jahre 1906. Den Berichten zufolge zwang die Beschädigung der Anstaltseinrichtungen die Patienten und die Mitarbeiter in Behelfsunterkünfte aus Zelten umzuziehen. Sowohl die Moral der Mitarbeiter wie auch die Kooperationsbereitschaft der Patienten verbesserten sich merklich. Epileptische Insassen hatten erheblich weniger Anfälle. Dieser unerwartete Stand der Dinge fand ein Ende, als Insassen und Mitarbeiter wieder in die ausgebesserten Gebäude einzogen. Das Verhalten wurde rasch wieder „normal" (Agron 1971).

Die Bedeutung der materiellen Umwelt in psychiatrischen Anstalten

Es gibt nicht nur ein einziges Modell für die psychiatrische Anstalt als Verhaltensumfeld. Im Laufe der Geschichte haben die Erklärungen für Geisteskrankheiten, die empfohlenen Behandlungen und die materiellen Kontexte der Behandlung viele unterschiedliche Formen angenommen. Der Patient wurde als göttlich, verhext, krank, böse und unglücklich betrachtet. Man glaubte, daß er Schutz, Ruhe, Behandlung, Umerziehung, Strafe, Arbeit und viele andere Dinge nötig habe. Man hat eine große Vielfalt von Umfeldern entwickelt, die von den Tempeln im alten Griechenland über die Klöster im Mittelalter bis hin zu den riesigen staatlichen Anstalten von heute reichen. „Moderne" Behandlungstechniken und die Entwicklung einer „moralischen" Auffassung von der Behandlung, die Vorstellung daß der Patient unglücklich sei und Hilfe brauche, um ins normale Leben zurückzukehren, gibt es nach allgemeiner Auffassung erst im 19. Jahrhundert. Mit Sorgfalt wurden Einzelheiten des Umfeldes und das Behandlungspersonal ausgewählt. Ein wichtiger Name dieses Zeitraums ist der des Psychiaters Thomas Kirkbride, der das Pennsylvania Hospital für Geisteskranke von 1840 bis 1883 leitete. Kirkbride und sein Architekt Samuel Sloane erarbeiteten detaillierte Pläne, die viele heute noch benutzte Einrichtungen beeinflußten, obgleich viele ihrer ursprünglichen Ideen in den

Jahren der Erneuerung und des Wachstums verloren gegangen sind (Goshen 1961). Kirkbride wollte die Anstalt mit nicht mehr als 250 Patienten belegen und sie in der Nähe der Gemeinde errichten. Die lineare Planung führte zu einer raschen Ausdehnung und verfälschte die ursprüngliche Auffassung. Heute sind die meisten Anstalten zu groß, zu isoliert und beschäftigen sich häufig mehr mit der Aufsicht als mit der Therapie.

Obgleich die Erfahrung von Napa Valley von kurzer Dauer und von nur anekdotischem Wert ist, zeigt sie, welche Rolle das materielle Umfeld innerhalb der sogenannten therapeutischen Umwelt spielen kann. Um die Möglichkeiten für die Interaktion von Patienten zu vervielfältigen, entwarf der Psychiater Humphry Osmond einen Lageplan für eine psychiatrische Anstalt in Saskatoon in Canada (1957), der anbot, was er soziopetalen Raum nannte, das heißt, Bereiche, die Menschen zusammenführten. Die Stationen wurden um zentrale Bereiche herum angeordnet und unterschieden sich insofern von der „linearen Sterilität" (Fields 1971) der konventionellen, sich auf Korridore gründenden Raumverteilung. Doch Osmond weist darauf hin, daß solche zentralen Tagesräume den Patienten nicht mit zuviel Raum oder mit zu vielen Möglichkeiten zu Zwei-Personenbeziehungen bedrängen sollte. Auch Sommer (1969) vertritt diese Auffassung, wenn er dafür plädiert, daß man die Legitimität des Bedürfnisses Schizophrener nach Isolation bei der Planung von Anstalten für Geisteskranke berücksichtigen müsse. Institutionelle Umfelder jeder Form organisieren den Raum im allgemeinen so, daß es den Insassen schwer wird, einen Platz zu finden, an den sie sich zurückziehen können. Dadurch soll dem Personal im allgemeinen die Aufsicht erleichtert werden. Sommer weist darauf hin, wie wesentlich es für Schizophrene ist, daß sie sich zurückziehen können, wenn sie Ruhe finden sollen.

Wir wissen nur wenig über die Rolle bestimmter Planungsfaktoren im Patientenverhalten, obgleich man viel über „angemessene" Planung hören und lesen kann – was häufig auf unüberprüften Annahmen oder auf den Vorstellungen erfolgreicher Planer und Praktiker beruht. Hierzu gehört die Arbeit von Bettelheim, dessen Orthogenic School in Chicago extrem gestörte Kinder stationär behandelt. Obgleich in Bettelheims Behandlungstheorie psychodynamischen Faktoren eine besondere Bedeutung zukommt, gehört auch die Umwelt zur Therapie. In „Truants from Life" (Deutsch: „So können sie nicht leben") schreibt Bettelheim (1955):

„Der physische Rahmen einer Anstalt gewinnt erst dann seine größte persönliche Bedeutung für die Kinder, wenn er immer mehr zu der Umwelt wird, in der konstruktives Leben vor sich gehen kann – zum sicheren Mittelpunkt ihres Lebens, in dessen Sicherheit sie von Ausflügen in die Außenwelt zurückkehren können und in dessen Mauern sie das Gefühl haben, daß nichts wirklich Schlimmes geschehen kann" (deutsche Ausgabe S. 24).

477

Sicherlich sind die Eigenschaften, die Bettelheim beschreibt, ebenso sehr auf das Personal wie auf die Gebäude zurückzuführen, doch Planung und Behandlung stehen in Wechselwirkung zueinander. Wenn Wohnen, Unterrichts- und Erholungsbereiche eng beieinander liegen, wird die physische Nähe gefördert. Bettelheim nimmt an, daß eine Anordnung von Einzelhäusern zwar attraktiver wäre, doch daß die Räume zwischen den einzelnen Gebieten für jedes Kind, und für das gestörte besonders erschreckend sein könnten, obgleich diese Auffassung nicht allgemein geteilt wird.

Es ist schwierig solche Schlußfolgerungen einzuschätzen, wie hilfreich sie sich in der Praxis auch erweisen mögen. Doch systematische empirische Belege sind in Hinblick auf materielle Faktoren wirklich nicht verfügbar. Beispielsweise untersuchte Bayes (1967), ein englischer Architekt, die Rolle von Farbe und Form bei der Behandlung gestörter Kinder. In seinem Überblick der vorhandenen Information herrscht kein Mangel an unterschiedlichen Meinungen und einander widersprechenden Schlußfolgerungen. Der Bedarf an entsprechenden Forschungsarbeiten müßte eigentlich jedermann einsichtig sein. In einer späteren Arbeit von Bayes und Francklin (1971) wurden das retardierte, das geisteskranke, das nicht-adaptierte, ebenso wie das behinderte und begabte Kind erfaßt, wobei räumliche Faktoren wie persönlicher Raum, Privatsphäre und Territorialität in größerem Umfange berücksichtigt wurden. Als Beispiel beschreiben Bayes und Francklin, welche außerordentlich schwierigen Probleme sich bei der Planung für Retardierte ergeben. Wie läßt sich in der Anstalt das Gefühl für das eigene Selbst und die Privatsphäre beim Retardierten durch die Raumplanung fördern? Bei Personen mit eingeschränkter Fähigkeit, auf Reize zu reagieren, die Privatsphäre signalisieren, ist dies außerordentlich schwierig. Wie läßt sich die Sicherheit eines unveränderlichen Umfeldes mit der Vielfalt und Komplexität vereinen, die exploratives Verhalten ermutigen? Die Fragen, die die Autoren hier stellen, gehen weit über die isolierten materiellen Komponenten des therapeutischen Umfeldes hinaus.

Für das Kind in einer Institution spielt die Umwelt vielleicht mehr als für den Erwachsenen eine wichtige Rolle. Während der Erwachsene lernt, die Umwelt zu manipulieren oder sich ihr anzupassen, ermöglichen die begrenzten Kräfte des Kindes der Umwelt eher, einen deutlicheren Einfluß auf das Verhalten auszuüben. Dies macht sich in verwalteten Umfeldern noch nachdrücklicher bemerkbar. Tars und Appleby (1973) verglichen das Verhalten eines zehnjährigen Jungen vor und nach seiner Anstaltseinweisung. In der Anstalt war sein Verhalten weit strukturierter. Der Junge wurde in mehr Aktivitäten einbezogen, doch für kürzere Zeitdauer. Trotz der Tatsache, daß er im Anstaltsumfeld von mehr Leuten umgeben war, sank im Vergleich zu seiner häuslichen Umgebung die Wahrscheinlichkeit, daß er mit ihnen interagierte. Außerdem gingen in der Anstalt solche Interaktionen seltener auf die Eigeninitiative zurück. Die

Autoren vermuten, daß das Zuhause mehr Gelegenheiten zu explorativem Verhalten und Zurückgezogenheit ohne Störungen biete und daß der programmierte Anstaltstag Initiative und Kreativität nicht zur Entfaltung kommen lasse. Diese Mischung aus Einschränkung der Wahlfreiheit und wenig Gelegenheit zur Zurückgezogenheit ist das wesentliche Merkmal des institutionellen Lebens.

Doch wie total eine Institution auch sein mag, ist sie doch nicht deterministisch. Nicht jeder verhält sich in der gleichen Weise oder verwendet den verfügbaren Raum in identischer Art. Die Umweltwahlmöglichkeiten sind auch hier vorhanden. So untersuchten Rivlin und Wolfe (1972) in einer nur teilweise belegten psychiatrischen Anstalt für Kindern die Raumverwendung in dem großen, unterbelegten Gebäude. Häufig begaben sich die Kinder aus eigenem Antrieb in Bereiche, die verboten waren. Das Verfahren der Milieutherapie ließ ihnen beträchtliche Freiheit. Um die Kindern am Umherwandern zu hindern und um den Schwierigkeiten zu begegnen, auf die der Versuch stieß, sie zu irgendwelchen Aktivitäten zu bewegen, verfügten die Mitarbeiter eine Reihe von teils materiellen, zum größten Teil aber administrativen Veränderungen. Türen wurden abgeschlossen, die Zeit der Kinder programmiert und ihre Freiheit eingeschränkt. Die Verwendung der verschiedenen Bereiche wurde institutionalisiert und ihre Qualitäten definiert. Das Haus wurde ein Ort des Rückzugs. Es ließ sich beobachten, daß nun weniger zufällige soziale Begegnungen und weniger Gespräche mit dem Personal und anderen Kindern stattfanden.

Wir wollen anhand dieser Erfahrungen kein Werturteil fällen, dürfen aber doch darüber spekuliern, wie sich solche Probleme auf andere Weise lösen lassen. Wenn es möglich wäre, die Bewegung aktiver Kleinkindern in einer zum Teil nicht belegten Anstalt durch architektonische Mittel statt durch Vorschriften zu kontrollieren – indem man die nicht verwendeten Räume abtrennt oder indem man funktionelle Gebiete in unmittelbarer Nähe anbietet –, dürfte man von einer anderen Verwendungsgeschichte ausgehen. Denn selbst nachdem die Ereignisse, die zur Änderung der Vorschriften geführt haben, lange vorbei sind, werden die Verwendungsmuster, die einmal geschaffen wurden, wahrscheinlich fortbestehen. Diesem Aspekt der materiellen Umwelt als einer Bedingung des institutionellen Lebens wurde bisher sehr wenig Aufmerksamkeit geschenkt. Das Verhalten, das wir in Institutionen wahrnehmen können, scheint großenteils ebensosehr durch das Umfeld wie durch die Merkmale der Insassen stimuliert zu sein. Das Einhertrotten, das sich als schizophrene Aktivität ansehen läßt, ist möglicherweise auch das Ergebnis der physischen und sozialen Monotonie und der Existenz langer Flure. Es ist eines der wenigen Dinge, die man in dem vorhandenen soziomateriellen Umfeld tun kann. Häufig klagt die Verwaltung, das Pflegepersonal und andere Angestellte in psychiatrischen Anstalten darüber, daß die Patienten sich in den Fluren versammeln und die dafür vorgesehenen Sozial- und Aktivitätsbereiche kaum benutzen. Doch gerade der Korridor ist vielerorts tatsächlich der potentiell interessanteste und sicherlich der abwechslungsreichste Aufenthaltsort.

Die Art, wie Räume gestaltet werden, um die Behandlung von Geisteskranken zu verbessern, beruht häufig auf der irrigen Vorstellung, daß die Vermehrung der Kontakte zwischen den Patienten auf jeden Fall eine gute Sache sei. Wirklich wichtig ist nur die Wahlfreiheit des Patienten. Privater Raum kann zwar den Kontakt steigern (Ittelson, Proshansky und Rivlin 1970a, 1970b), doch in jedem Falle trifft der Patient die Entscheidung, ob er Kontakte will. Der französische Psychiater Paul Sivadon (1970) hat das Problem in anderer Weise in Angriff genommen, zumindest bei der Behandlung akuter Stadien von Schizophrenie. Ein Teil seines therapeutischen Verfahrens beruht darauf, daß er die Patienten je nach ihren therapeutischen Bedürfnissen dazu bewegt, immer größere und größere Bereiche mit immer mehr Kontaktgelegenheiten zu benutzen.

Den Manipulationsstudien verdanken wir natürliche empirische Daten über verschiedene Planungselemente. In einer Untersuchung über die Auswirkung der Umgestaltung eines Bereichs einer psychiatrischen Station (Ittelson, Proshansky und Rivlin 1970c) wurden die Verhaltensweisen vor und nach den Veränderungen beobachtet. Es wurde deutlich, daß sich die Unterschiede nicht nur im umgestalteten Bereich, sondern noch ausgeprägter in den anderen Abschnitten der Station zeigten. Der neu eingerichtete Bereich, der vorher ein beliebter Ort für eher isolierte Beschäftigungen war, war nach der Ausstattung mit bequemen Sitzmöbeln weniger geeignet, sich zurückzuziehen. Die isolierten Aktivitäten wurden zwar nicht aufgegeben, doch suchten die Patienten nun eher andere Orte auf, um sich auszudrücken – das Ende des Flurs, den Tagesraum und einige Schlafräume. Das Verhalten hatte sich selbst umverteilt.

Eine andere Manipulationsstudie (Holahan & Saegert 1973) verglich zwei identische Aufnahmestationen in einer großen städtischen psychiatrischen Anstalt. Die eine Station war weitgehend umgestaltet worden, wozu auch eine neue Farbgebung und die Farbkodierung der Türen gehörte. Man hatte den Tagesraum und die Schlafzimmer vollständiger möbiliert und den Patienten dadurch eine Reihe von Wahlmöglichkeiten angeboten, daß man die Schlafzimmer unterteilt und Sitzbereiche in einer Ecke jedes Zimmers und in den Tagesräumen eingerichtet hatte. Die Zimmer der anderen Station hatten die gleiche Form, blieben aber ansonsten unverändert. Die Patienten wurden den beiden Stationen nach einem Zufallsverfahren zugewiesen. Beobachtungen auf den Stationen und Interviews mit den Patienten erbrachten, daß sich auf der umgestalteten Station signifikant mehr sozialisierte und signifikant weniger isolierte passive Verhaltensweisen zeigten. Die Autoren weisen darauf hin, daß dieses Umfeld möglicherweise eine wichtige Rolle bei der Herausbildung einer neuen adaptiven Verhaltensweise spielen kann, im Unterschied zu einem Umfeld, das jene Verhaltensform fördert, die in erster Linie zur Einweisung in die Anstalt geführt hat.

Die Stimulusqualitäten einer institutionellen Umwelt können eine andere Ursache der Zufriedenheit oder des Mißbehagens sein. Osmond (1957) hat darauf hingewiesen, wie wichtig es sei, alles zu eliminieren, was ungewöhnliche Wahrnehmungsanforderungen an die Patienten stellen könnte. Izumi (1967) bestätigt die Beobachtung anhand eines selbstinduzierten LSD-„Trips", der ihn, seiner Meinung nach, zur schizophrenen Wahrnehmung einer Anstaltsumwelt anregte: „Der ‚Schrecken' der Monotonie einer Farbe, wie zum Beispiel des Beige, die sich durch die ganze Anstalt hindurchzog, war ein Phänomen, das den Patienten immobilisieren konnte... Der allgegenwärtige Terrazofußboden, Hängedecken und ähnliche ‚Uniformität' trugen zur Schwierigkeit des Patienten bei, sich selbst zu Zeit und Raum in Beziehung zu setzen" (S. 4). Izumis Empfehlung für die Planung einer Irrenanstalt besteht darin, Vertrautheit (und Sicherheit) in den verschiedenen Bauelementen zu betonen und alle illusionären Eigenschaften zu vermeiden, die den ohnehin gestörten Realitätssinn des Patienten noch mehr verwirren könnten. Eine dieser Illusionen besteht einfach darin, daß man einen Raum größer aussehen läßt, als er ist. Eine andere besteht in der Verwendung von „Uhren oder Zeichen, die verunsichern, die zu schweben oder der Schwerkraft zu spotten scheinen" (S. 8).

Der Effekt, den die Größe der Institution auf die Erfahrung eines Patienten haben kann, wurde bereits erwähnt. Schon der gesunde Menschenverstand sagt uns, daß eine große staatliche Anstalt mit 10 000 Insassen zu ganz anderen Verhaltensweisen anregen wird als die private Anstalt mit 100 Betten. Datenmaterial, das Hyde über psychiatrische Anstalten in Massachusetts zusammengetragen hat (berichtet von Kennedy und Highlands 1964), zeigt, daß sich Patienten in kleinen Anstalten schneller erholen, möglicherweise weil diese Einrichtungen, wie sich feststellen ließ, über bessere fachliche und materielle Voraussetzungen verfügen. Außerdem ließ sich die bürokratische Unbeweglichkeit der Superanstalten in der Regel in den kleineren Umfeldern nicht beobachten. Ein Versuch, dem Umfeld eine aktivere Rolle bei der Therapie insbesondere unter dem Gesichtspunkt der Lageplanung zuzuweisen, stellen die sogenannte therapeutische Gemeinschaft und die jüngeren Versuche dar, kleine gemeinschaftlich organisierte Anstalten zu schaffen. In dieser Form der Milieutherapie ist die Institution kein Ort des Rückzugs von der Welt, sondern bleibt in lebendiger Verbindung mit ihr und hält ihre sozialen, psychologischen und kulturellen Werte lebendig. Die Milieutherapie betont den Wert des Individuums, die Wichtigkeit von Gruppenprozessen, die Notwendigkeit von unmittelbaren zwischenmenschlichen Beziehungen. Sivadon (1970) betrachtet die Anstalt beispielsweise als ein natürliches Habitat, das die in der Alltagswelt verfügbaren Gelegenheiten zum persönlichen Wachstum verdoppelt. Und obgleich dies alles sehr neu erscheinen mag, gleicht es in vielerlei Hinsicht bemerkenswert der „moralischen Behandlung", die bereits vor 150 Jahre praktiziert wurde.

Auf welchen Ansatz man auch immer den Akzent bei der Behandlung des Geisteskranken legt, die materielle Umwelt ist eine unabhängige Variable, die sich auf den Behandlungserfolg auswirkt. Er wird angenommen, daß die Größe der Anstalt ihren Zielen entgegenwirkt. Das Umfeld selbst kann unabsichtlich die therapeutische Philosophie ganz oder teilweise vorschreiben. Es kann als bloßer Aufbewahrungsort für Menschen funktionieren, die einer Behandlung unterzogen werden, oder es kann in seiner räumlichen Anordnung und in seinen ästhetischen Eigenschaften selbst ein therapeutisches Instrument sein. Das Problem wird ebenso sehr durch die Vielfalt der zu behandelnden Krankheiten erschwert, wie durch die verschiedenartigen Auffassungen von der Behandlung. Trotzdem lernen die Spezialisten für Geisteskrankheiten allmählich, daß die Institution dem Patienten nicht gleichzeitig seine Menschenwürde absprechen und ihn heilen kann.

Das Gefängnis als eine totale Institution

Vieles von dem, was über Irrenanstalten gesagt wurde, trifft auch auf die Gefängnisumwelt zu. Sicherlich überschneidet sich ihre geschichtliche Entwicklung in vielen Einzelheiten. Der Insasse ist der Kontrolle anderer unterworfen, sein Verhalten läßt sich auf institutionelle Regeln und Vorschriften zurückführen und obgleich er offensichtlich resozialisiert wird, wird er auch bestraft (wie in der Tat einige geisteskranke Patienten für die Tatsache bestraft werden, daß sie krank sind). Vor allem haben Gefängnisse wie Anstalten eine ausgeprägte symbolische Nebenbedeutung: Die massiven festungsartigen Bauwerke mit ihren Steinmauern und Wachtürmen repräsentieren Orte, denen man fernzubleiben hat und die einschließen. Sie sind abschreckende Umwelten. Wittman (1972) hat festgestellt, daß Gefängnisse auch eine residuale Funktion wahrnehmen: „... ihr erstes Ziel kann darin bestehen, zu verhindern, daß gewisse soziale Handlungsweisen sich außerhalb ihrer Mauern ereignen. Wo Besserungsvorhaben jedoch in einer Einrichtung, die zu diesem Zwecke erbaut wurde, nicht ausgeführt werden können, funktioniert die Einrichtung als eine residuale soziale Umwelt" (S. 12–1–5).

Hier ist nicht der Ort, die verschiedenen Auffassungen vom Gefängnis und die Probleme der Resozialisierung zu erörtern. Die Aufstände, die in vielen amerikanischen Gefängnissen stattgefunden haben und die ihren Höhepunkt 1971 in der Revolte in Attica in New York fanden, brachten auch den Protest gegen

Umweltbedingungen, besonders gegen die Überfülltheit der Gefängnisse zum Ausdruck. Abgesehen davon gibt es Anhaltspunkte dafür, daß das Empfinden des modernen Gefangenen für seine Menschenrechte den unmenschlichen Aspekten des Umfeldes widersprechen. Die fünfreihigen Zellenblöcke nach dem Vorbild von Sing Sing (einem Gefängnis, das 1828 erbaut wurde) kommen offensichtlich dem administrativen Befürfnis nach Bequemlichkeit und Sicherheit entgegen. Unter dem Gesichtspunkt der Umwelt sind sie gigantische Verließe. „Die Gitter sind in solchen Gefängnissen zweimal so lang und mehr als zeimal so dick wie diejenigen, die in zoologischen Gärten dazu verwendet werden, Löwen oder riesige Eisbären zurückzuhalten", merkt eine Veröffentlichung des U. S. Büro of Prisons (1949) an. Nach Auffassung dieser Stelle herrscht „eine Kluft zwischen den Vorstellungen vom Strafvollzug und der Bauweise der Gefängnisse". Der Zweck der Gefängnisfestung kann nur in der Selbstverteidigung zu sehen sein.

„Das bloße Vorhandensein düsterer Gefängnisse mit dicken Mauern schafft unvermeidlich bei der Verwaltung und bei den Insassen geistige Einstellungen, die sich sehr ungünstig auf die Möglichkeit auswirken, die Resozialisierung voranzutreiben... Wenn die Insassen in ihrer Vorstellung von einer Umgebung mit Verbots- und Repressionscharakter überwältigt und abgewertet werden, darf man kaum von ihnen erwarten, daß sie mit Eifer oder Verständnis auf eine Reformpolitik reagieren" (S. 2).

Im Sinne von Erneuerungsbestrebungen geschaffene Einrichtungen, die sich auf ein Minimum an Sicherheitsvorkehrungen beschränken, wie zum Beispiel Gefängnisfarmen, deuten darauf hin, daß man der Bedeutung des Umfeldes für die Resozialisierung Rechnung trägt. Einige der neueren Gefängnisse, die mittlere Sicherheitsvorkehrungen treffen, legen die Insassen eher in Schlafsäle als in Zellen. In Massachusetts schloß der Regierungsbeauftragte für das Jugendamt fünf der staatlichen Besserungsanstalten und überführte ihre Zöglinge in Wohngemeinschaften, Pflegefamilien und in die Gemeinden eingegliederte Einrichtungen, „in denen sie jederzeit Ausgang hatten". (The New York Times, 1. September 1972). Der Regierungsbeauftragte Dr. Jerome G. Miller stellt fest, daß 1970 die Rückfallquote in Boston unter dem alten Gefängnissystem 71% betrug, 1971 fiel sie auf 42% – „ein Rückgang, der mit der immer deutlicheren Entscheidung für Alternativen zur Heimunterbringung zusammenfällt". Das Leesburg Gefängnis in New Jersey versucht sich vom Festungsimage dadurch zu befreien, daß es die traurigen und reizlosen Einrichtungen, die den meisten Institutionen des Strafvollzugs eigen sind, durch hell eingerichtete Aufenthaltsräume, „häuslich" ausgestattete Zellen mit Ausblick auf einen Innengarten und ansprechende Eßpavillons ersetzt. Wir wagen die Vermutung, daß „Verließe" die Gefangenen in ihrer gesellschaftsfeindlichen Haltung bestärken und zur Gleichgültigkeit des Wachpersonals beitragen, das in einer solchen Umgebung arbeiten muß. Menschliche Umwelten stärken die Selbstachtung, doch es muß eine eindeutige Übereinstimmung zwischen der Art und Weise der Behandlung und dem Umfeld vorhanden sein. Wir stellen fest, daß solche Modellgefängnisse noch immer eine Seltenheit sind.

Viele der Fragen, die in Zusammenhang mit psychiatrischen Anstalten aufgeworfen wurden, sind für jede totale Institution von Wichtigkeit. Beispielsweise haben die Fragen nach der Sicherheit, der Schlafraumgröße und der Intimsphäre, der Wahlfreiheit und der Territorialität ihre Parallelen im Gefängnis. Doch unterscheiden sich Gefängnisse erheblich hinsichtlich der Sicherheitsvorkehrungen. Die Spannweite erstreckt sich von maximaler bis zu minimaler Sicherheit. Wahrscheinlich ist die Meinungsvielfalt bezüglich der planerischen Lösungen ebenso groß. Ein Grundproblem scheint sich zu stellen, wenn es um die Definition der Haftziele und eine Erklärung der Resozialisierungspolitik geht. Es zeigen sich im administrativen Wertsystem erhebliche Widersprüche. Für den einen Offiziellen ist das Merkal eines guten Gefängnisses eine gute Sicherheitsstatistik, ein anderer legt Wert auf die niedrige Quote von Rückfälligen, wieder andere interessieren sich vor allem für die Frage der Selbstversorgung. Einige dieser Probleme sind planungsrelevant. Gilbert (1972) nennt nach der Besichtigung einer Reihe von Gefängnissen die Tendenz, die sich auch in anderen Institutionen (beispielsweise in Schulen und psychiatrischen Anstalten) feststellen läßt, überalterte architektonische Formen bestehen zu lassen. Das Gefängnisleben ist seiner eigentlichen Natur nach unpersönlich und anonym. Der Insasse hat wenig Gelegenheit zu individuellen Wahlhandlungen. Vor allem aber wird er von einer unveränderlichen Umwelt umschlossen und innerhalb dieses Umfeldes wiederum in eine Zelle eingesperrt. Bei der Behandlung der Zellengröße stellte Gilbert (1972) fest, daß das Maß der Einschließung der entscheidende Faktor war. Wenn es dem Gefangenen freisteht, sich in andere Bereiche des Gefängnisses zu begeben, verliert die tatsächliche Zellengröße für ihn an Wichtigkeit. Dann zeigt sich eher die Tendenz, über mangelnde Sauberkeit zu klagen. Wichtiger sind auch die materiellen und programmatischen Restriktionen, wie sie sich beispielhaft in der Zahl der verschlossenen Türen zeigen, die sich zwischen dem Gefangenen und der Außenwelt befinden. Gilbert schreibt: „Gewöhnlich ist es so, daß die internen Trennungen strikt eingehalten werden, weil man der Überzeugung ist, daß es eine ursächliche Beziehung zwischen Trennung und Sicherheit gibt" (S. 11). Die Welle von Revolten, die selbst in Gefängnissen mit maximalen Sicherheitsvorkehrungen stattfanden, macht deutlich, daß materielle Restriktionen alleine nicht vor Unruhe bewahren. Die können im Gegenteil zu den Aufständen beitragen. Die Tendenz, Gesamtkomplexe zu errichten, die über ein gemeinsames Sicherheitsniveau verfügen – das im allgemeinen maximalen Anforderungen entspricht –, schließt ein zumindest unter dem Gesichtspunkt der Umwelt flexibleren Ansatz der Gefängnisreform aus.

Diesen Faktoren der Einschließung und Restriktion fügt Sommer (1972) die Massierung, den Mangel an Privatsphäre und die sensorische Deprivation hinzu. Gefängnisse leiden im allgemeinen an Stimulusmangel. Aus diesem Grunde erleben manche Gefangene vielleicht eine Art „sensorischer Intensivierung", aufgrund derer sie Töne und Gerüche als außerordentlich störend empfinden. Sommer glaubt, daß der Mangel an Privatsphäre bei den Insassen in Verbindung mit den materiellen Barrieren zwischen Insassen und Wachpersonal die Entwicklung einer Subkultur „krimineller Werte" bei den Insassen begünstige. Er zitiert, daß sich Norman Johnson gegen „Ehren-Schlafsäle" ausgesprochen habe, weil sie die Macht dieser Insassenkultur bestärkten. Sommer schlägt Mikroumwelten vor, die im Gruppenleben ein gewisses Maß an Zurückgezogenheit gestatten würden. Glaser (1964) führt jedoch Belege dafür an, daß die Sozialisation zwischen älteren Insassen kriminelle Einstellungen nicht in dem Maße verbreite wie die Sozialisation zwischen jüngeren. Doch werden nach gegenwärtig geübter Praxis gerade jugendliche Straffällige in Schlafsälen untergebracht, die ihnen kaum Gelegenheit bieten, sich zurückzuziehen. Er empfiehlt für alle Gefangenen Einzelzimmer oder Zellen, damit während der nichtprogrammierten Tageszeiten Kontakte vermieden werden können.

Urteilt man anhand der Zeitungen, liegt das Problem heute vor allem in der Massierung und dem Mangel an Privatsphäre. Dies ist nicht nur an sich ein Streßfaktor; es begünstigt auch die Bildung von Gefangenencliquen und gefährdet die Disziplin der Gefangenen. Die Einzelzelle muß nicht unmenschlich sein. Wichtiger ist die Zeit, die in ihr verbracht wird, und die Gelegenheit für Übungen, Erholung, Bildung und Arbeit, die im Gesamtumfeld zur Verfügung stehen. Der Architekt kann diese Einrichtungen in den Gefängniskomplex einplanen. Natürlich kann er ihre Benutzung nicht kontrollieren – kurzum, die Planung allein wird nicht das „Gefängnisproblem" lösen. Sie kann aber anderen die Lösungen erleichtern oder erschweren.

Die partielle Institution

Es ist nicht immer leicht zu bestimmen, wo die „Außenwelt" endet und wo das institutionelle Leben beginnt. Einige Gefängnisse beurlauben vertrauenswürdige Insassen. Der Patient einer psychiatrischen Anstalt, der seine Wochenenden zu Hause verbringt, wird von der Institution nur partiell erfaßt – das Bestreben geht hier nämlich dahin, ihn von der Institution unabhängig zu machen. Wohnheime für kürzlich entlassene psychiatrische Patienten, für frühere Rauschgiftsüchtige oder ehemalige Strafgefangene vereinen die Sicherheit und das therapeutische Bemühen der Institution mit der Freiheit und Verantwortung des normalen Gesellschaftsmitglieds.

Auf einer andere Ebene werden die meisten von uns zu irgendeiner Zeit des Lebens von bestimmten Institutionen erfaßt. Viele Arbeitsumfelder sind institutionell hinsichtlich der Reglementierung der Zeit, der Aktivität und der Benutzung der Umwelt – hinsichtlich dessen, was wir nicht tun dürfen und was wir tun sollen. Große Gesellschaften erlegen ihren Angestellten ganz bestimmte Einschränkungen auf und erzwingen sogar unterschiedliche Kleiderordnungen, angefangen beim Kittel, den manche Büroangestellte tragen, bis hin zu Schlips und Anzug, der für den aufstiegsorientierten leitenden Angestellten als unabdingbar angesehen wird. Ferienlager für Kinder und Erwachsene sind ein Beispiel für ein bestimmtes Maß an kurzfristigem institutionellem Leben. Die Wohngemeinschaft, obgleich sie für ihre Mitglieder ein Freiheitsideal darstellt, reglementiert deren Beschäftigungsplan, Pflichten und die Benutzung der Einrichtung. Wo immer Männer und Frauen für ein gemeinsames Ziel zusammen leben oder arbeiten müssen, ist ein gewisses Maß interner sozialer Kontrolle erforderlich. Wir sind hier daran interessiert, wie dieser institutionell geschaffene soziale Faktor mit den materiellen Komponenten eines bestimmten Umfeldes interagiert.

Ein Beispiel, das wir bereits recht genau betrachtet haben, ist die Bürowelt. Zwei andere partielle Institutionen sollen hier kurz erörtert werden – die Tagesstätte und die Schule. Die erste wurde deshalb gewählt, weil sie ein relativ neuer Typus von Verhaltensumfeld ist, das buchstäblich noch nach einer angemessenen Form sucht und das in dem Maße seine eigene Umwelt schafft, in dem es wächst. Den Schulen, über die wir bereits in den früheren Abschnitten dieses Buches geschrieben haben, werden wir noch einmal unsere Aufmerksamkeit zuwenden, weil ihre Planung sich in den letzten Jahren eng an eine im Wandel begriffene Erziehungstheorie anschloß, die sich ihrerseits wieder sehr ausgeprägt an der Beschaffenheit des Umfeldes orientiert.

Die Tagesstätte. Obgleich viele unterschiedliche Umfelder sich heute als Tagesstätten verstehen, sieht der Prototyp der Schule ähnlicher als irgend einem anderen Vorbild. Es handelt sich um Einrichtungen, in denen sehr kleine Kinder für einen langen Zeitraum beaufsichtigt werden. Die Tagesstätte ist zu einer ganztägigen Dienstleistung geworden. Sie nimmt sich des Kindes an, bald nachdem es morgens erwacht ist, und betreut es bis spät in den Nachmittag hinein, wenn die Eltern von der Arbeit kommen. Einige Vierundzwanzigstunden-Stätten werden von Eltern in Anspruch genommen, die nachts arbeiten. Die Tagesstätte, die nur ein anderes Wort für Kindergarten zu sein scheint, zeigt also in Wirklichkeit viele Komponenten eines Zuhauses. Diese Tatsache impliziert, daß die materielle Form und das Programm über eine große Vielfalt von Stimulationen verfügen müssen, die sich den Entwicklungsbedürfnissen der Kinder anpassen und zugleich den unterschiedlichen Lebensstilen der Benutzergruppen Rechnung tragen müssen.

Zwei grundlegende Umweltprobleme sind hier von Bedeutung: Größe und Qualität von Ausstattung und Raum einerseits und deren Organisation andererseits. Wir können die Forschungsergebnisse hinsichtlich der Größe dadurch zusammenfassen, daß wir die Resultate einer umfangreichen Erhebung in 50 Tagesstätten im Regierungsbezirk Los Angeles wiedergeben (siehe Prescott u. a. 1971; Prescott & Jones 1971; Prescott 1970). Die Größe, gemessen an der Zahl der Kinder, erwies sich als ein zuverlässiges Vorhersageinstrument der Programmqualität. Die Forscher zeigten, daß die größeren Tagesstätten die Kinder nicht besser betreuten, obgleich sie im allgemeinen über größere Mittel, bessere materielle Bedingungen, ein besser ausgebildetes Personal verfügten und weniger Kosten pro Kind hatten. Tagesstätten, die dreißig bis sechzig Kinder betreuten, waren im allgemeinen denen überlegen, die sich um mehr als sechzig Kinder kümmerten. Diese großen Tagesstätten legten mehr Wert auf Vorschriften und Einschränkungen. Kleinere Tagesstätten betonten eher Spaß, Kreativität und soziale Interaktion bei den Kindern, die begeisterter und interessierter schienen. Auch die Betreuer unterschieden sich, wobei diejenigen in den kleineren Einrichtungen als sensitiver beurteilt wurden. Die Kinder in den kleineren Tagesstätten wurden nicht so häufig in Altersgruppen unterteilt und eher für die verschiedenen Beschäftigungen in Gruppen gemischt.

Die Größe des Raumes ist natürlich nur in Beziehung zur Benutzerzahl sinnvoll. Ein großer Raum kann unpersönlicher erscheinen, wenn sich nur eine geringe Zahl von Kindern in ihm aufhalten. Überfüllt kann er unerwünscht wettbewerbsorientierte und territoriale Zwänge schaffen. Chapman und Lazar (1971) liefern Anhaltspunkte dafür, daß sich die Rollenidentifikation bei wachsender Gruppengröße von den Erwachsenen auf die gleichaltrigen verlagert, doch handelt es sich dabei keineswegs um ein eindeutiges Ergebnis. Hutt und Vaizey (1966) fanden beispielsweise heraus, daß wachsende Gruppengröße größere Abhängigkeit von Erwachsenen bewirkte und zur Abnahme von sozialen Interaktionen und allgemein zu negativen Verhaltensweisen führte, die als Aggressivität und territoriale Konflikte in Erscheinung traten, obgleich keines dieser Merkmale besonderen Kindertypen eigen war. Andererseits kann weniger Aufsicht durch Erwachsene mehr Privatsphäre für die Kinder bedeuten, obgleich, wie Chapman und Lazar (1971) anmerken, europäische Studien zeigen, daß Kinder, die schon sehr früh in Gruppen erzogen wurden, häufig keine Achtung für den kollektiven Besitz entwickeln.

Bislang läßt sich eine klare Antwort weder auf die Frage nach der optimalen Gruppengröße geben (wobei die entsprechende Beschäftigung sicherlich zu berücksichtigen ist), noch nach dem Zahlenverhältnis von Kindern und Personal oder nach der Gesamtgröße der Institution. Auch die Meinung über den Raumbedarf pro Kind innerhalb und außerhalb des Gebäudes bieten kein einheitliches Bild, obgleich dieser Frage in den staatlichen Vorschriften im allgemeinen Rechung getragen wird. Die Voraussetzungen variieren jedoch von Staat zu Staat.

Die Raumorganisation innerhalb der Tagesstätte ist ein ebenso schwieriges Problem, in das großenteils die Kontroversen über die Frage hineinspielen, ob offene oder geschlossene Schulumfelder vorteilhafter sind. Bei Prescott u. a. (1967) wurde auf die Rolle deutlicher Wege als Komponente kindlicher Aktivität und Beteiligung hingewiesen. Häufig nahm man an, daß ein reichhaltiges und vielfältiges Umfeld, das über eine große Vielfalt natürlicher Materialien und Tiere verfügt, häufig mit Beteiligung und Interesse bei Lehrern und Kinder verknüpft sei. Die Beschaffenheit und die Art der Möblierung wirft die Frage nach der Größenordnung auf. Sollen die Proportionen der Einrichtung normal oder auf Kinder zugeschnitten sein? Wenn das Umfeld der Tagesstätte die Eigenschaften des Zuhauses haben soll, müssen zumindest einige normal proportionierte Gegenstände vorhanden sein, um den Kindern das Gefühl zu geben, sie seien zu Hause, und um ihnen die Fertigkeiten zu vermitteln, die sie brauchen, um Möbel normaler Größe benutzen zu können. Häufig führt die Bequemlichkeit des Personals zu einer Welt in kindlichem Maßstab, weil man vermutet, daß die Kinder sich in einer solchen Welt besser ohne Aufsicht zurechtfinden. Das trifft auch zu. Wo die Dinge in Übereinstimmung mit den Größenverhältnisse des Erwachsenen geschaffen, placiert und angeordnet werden, müssen sie dem Kind durch den Erwachsenen vermittelt werden, bevor dieses mit ihnen umgehen kann. Diese Macht und Aufsicht kann die Verwendung durch das Kind eingrenzen und zu einem Gefühl der Machtlosigkeit führen. Offenbar besteht die vernünftige Lösung in einem Gleichgewicht zwischen der Herausforderung, die das normale „der wirklichen Welt" entsprechende Umfeld darstellt, und der größeren Gefügigkeit kleiner proportionierter Dinge.

Die Schule. Wenn wir uns den Schulen zuwenden, stoßen wir auf eine lange Tradition von Experimenten mit architektonischen Formen – mit Formen, die wie das Curriculum selbst die Ansichten der Gesellschaft zur Erziehung widerspiegeln. Die Griechen und Römer betrachteten das Lernen der Anfangsgründe als einen schmerzhaften Eingliederungsprozeß in die Gemeinschaft der Gelehrten. Die Schüler in einer normalen römischen Schule saßen auf Hockern ohne Lehne, schrieben auf Wachstafeln, die sich auf ihren Knien befanden, und waren dem Lehrer zugewandt, der auf einem Podium in einem Lehnstuhl saß (Marrow 1956). Der amerikanische Unterricht früherer Zeiten beschäftigte sich vor allem mit den Klassikern und der Bibel. Der Unterricht dauerte nicht lange und fand häufig beim Lehrer zu Hause statt, der möglicherweise ein Geistlicher war. In der Zeit nach der Revolution befaßte sich das Curriculum im wesentlichen mit Lesen, Schreiben und Rechnen, und das materielle Umfeld hatte sich zum berühmten einklassigen Schulhaus gewandelt, das häufig baufällig, zugig, schlecht beleuchtet, überfüllt und farblos war. Um die verschiedenen Altersgruppen in den überfüllten Räumlichkeiten unterzubringen (manchmal befanden sich bis zu hundert Schüler in einem Raum von 10 m Länge und Breite) saßen die älteren Schüler auf langen Bänken mit dem Gesicht zur Wand, an denen schräge Regalplatten als Auflage für ihre Hefte oder Schiefertafeln angebracht waren. Die jüngeren Kinder saßen auf niedrigen Bänken innerhalb des auf diese Art von drei Seiten eingegrenzten Bereiches. Im allgemeinen war die Erziehung während dieses Zeitraumes kaum umweltgestützt. Das industrialisierte Amerika brauchte technologisch und wissenschaftlich besser qualifizierte Bürger. Die Schulen wurden vergrößert, die Klassenräume unterteilt, der Lehrplan organisiert, die Lehrer ausgebildet (Cremin 1968). Am auffälligsten war vielleicht die monumentale Bauweise vieler Schulen. Obgleich das Unterrichtsverfahren sich nicht wesentlich von dem unterschied, das man zuvor benutzt hatte, wurden diese „Lernsäle" zum konkreten Emblem für die Bedeutung, die die Gesellschaft der Erziehung ihrer Jugend beimaß. Das Verfahren betonte den vorbereitenden Charakter des Schulbesuchs – und die passive Rolle des Schülers. Es kamen jedoch viele außerplanmäßige Aktivitäten hinzu, von der Leichtathletik und dem Führen des Tambourstocks bis zum Gesellschaftstanz und Schulorchester. Die Schulen wurden größer, erhielten speziellere Curricula und entsprachen nun nach der Meinung einiger Kritiker den Bedürfnissen des Kindes eher weniger als mehr. Das Kleine Rote Schulhaus schien trotz all seiner Fehler zu einer individuelleren Unterweisung in der Lage zu sein als die Fabrikschule, die ihm nachfolgte.

John Dewey (1938) äußerte seine Zweifel an den Zielen unseres Erziehungssystems und stellte den einzelnen Schüler nachdrücklich in das Zentrum seiner Überlegungen. Er war der Auffassung, daß das Leben des Kindes in der Schule so wirklich und wichtig wie sein Leben zu Hause, in der Wohnumgebung und auf dem Spielplatz sein müsse. Diese Auffassung ist derjenigen sehr verwandt, die Fröbel im 19. Jahrundert und später Montessori zum Ausdruck brachten. Wenn dem Rechnung getragen werden sollte, mußte die Schule als „Umwelt zum Lernen" grundlegend verändert werden. Nach Deweys pragmatischer Auffassung lernt das Kind nicht dadurch, daß man ihm lediglich Vorlesungen hält, sondern indem es an der Welt, von der es umgeben ist, teilnimmt, konkret mit ihr umgeht und mit ihr experimentiert. Die Schulen haben ihm dabei zu helfen.

Vor diesem Hintergrund begann sich auch die Planung zu verändern, wenn auch nicht immer aus Gründen, die aus Deweys Unterrichtstheorie folgten. Schulen sollten weniger „institutionell" aussehen. Die Backsteinfassaden sollten Glaswänden Platz machen, flache, campusartige Bauten sollten die alten „Spritzenhäuser" ersetzen, die noch in den meisten Städten anzutreffen sind. Die Schulen sind zumindest angenehmere Aufenthaltsorte geworden – „sie riechen nicht mehr nach Schule", wie einer unserer Nachbarn dazu anmerkte. Ob sie dem Unterricht besser dienen, ist eine Streitfrage. Das letzte Jahrzehnt hat eine stürmische Kritik an den immer noch vorherrschenden passiven Lernmethoden, der vom Strafgedanken bestimmten Atmosphäre und der minderwertigen Unterrichtsqualität in den Schulen erlebt (Holt 1970; Kohl 1967; Kozol 1967; Silberman 1970). Ein neues Gebäude heißt nicht unbedingt, daß auch besser unterrichtet wird, besonders wenn es, wie viele heutzutage, groß und überfüllt ist.

Starker Einfluß hat heute auf das amerikanische Erziehungssystem der englische „offene Klassenraum". Das Open Space School Project (1970) zeigte, daß mehr als die Hälfte aller seit 1967 gebauten Schulen von dieser Art sind. Das auffälligste Merkmal der offenen Planung liegt in der Theorie, daß Kinder am besten lernen, wenn es ihnen freisteht, ihren Interessen nachzugehen und gemäß dem eigenen Lerntempo voranzuschreiten (Blackie 1971; Plowden 1967). Obgleich viele der offenen Klassen in England in traditionellen Schulgebäuden untergebracht sind, unterstreicht der Nachdruck, den man auf die Benutzung des Außenraums, der Flure und eigentlich des gesamten verfügbaren Schulraums legt, die Rolle der materiellen Umwelt als wichtiges Element der Theorie des offenen Klassenraums. Die neueren Schulgebäude in England werden gewöhnlich auf Aktivitätsmuster abgestellt, die die planenden Architekten beobachtet haben. Mittels der Planung versucht man also eher Verhalten widerzuspiegeln als es zu antizipieren. In dieser Weise beschreibt der Plowden Bericht (1967) eine neue Schule:

„Als ‚Unterrichtsbereich' wurde die gesamte Schulumwelt und nicht nur eine Reihe individueller Räume angesehen... Außen- und Innenraum stellten eine integrierte Lernumwelt dar. Im Inneren gab es kleine Arbeitsbereiche, die alle ein gewisses Maß an Zurückgezogenheit und einen eigenen Charakter besaßen, die sich jedoch immer in einen größeren Raum öffneten, in dem nichts die Kinder daran hinderte, zu klettern und zu springen, zu tanzen und kleine Spiele aufzuführen. Zwischen den kleinen Arbeitsräumen befindet sich ein Aufenthaltsraum, eine Bücherei, zwei Werkräume mit Wasseranschluß, eine Küche und drei Gruppenarbeitsplätze" (Band 2, Paragraph 1094, 1967).

Wir haben uns mit einigen der Implikationen des offenen Klassenraums für das amerikanische Erziehungssystem bereits beschäftigt. Generell können wir das Vorgesagte in der Feststellung zusammenfassen, daß die neuen Schulen nicht das erhoffte Allheilmittel darstellen. Ein Grund dafür liegt in der Schwierigkeit, eine Unterrichtstheorie, die sich in einer anderen Kultur als erfolgreich erwiesen hat, zu importieren und neu zu interpretieren. Ein anderer liegt in der Reihenfolge der Ereignisse. In England folgte die bauliche Umgestaltung auf die Veränderung des Lehrplans und in vielen Fällen auf die Ausbildung der Lehrer. Hier führt man den Lehrplan der offenen Schulen häufig erst nach dem Umzug in eine völlig andere Umwelt und nach einer minimalen Vorbereitung von Lehrern und Schülern ein. In anderen Fällen wird der Lehrplan einem Umfeld und einem Personal aufgezwungen, die sich an ganz anderen Theorien orientieren. Die Tatsache, daß die Lehrer in den verordneten offenen Schulen Geräuschpegel und Ablenkung beklagen, obwohl tatsächlich die Geräuschpegel zurückgegangen sind, zeigt, welche Bedeutung den Einstellungen der Lehrer für ihre Wahrnehmungen zukommt. In der Untersuchung von Brunetti (1972) erwies sich der Ablenkungscharakter des Lärms als abhängig von den besonderen Aufgaben, denen die Schüler nachgingen. Auch hohe Dichte trug zum Ausmaß wahrgenommener Ablenkung bei.

Ein anderes Problem liegt in der Tatsache, daß nicht alle offenen Schulen ihren Raum auf vorteilhafteste Art verwenden. Hier dürfte sich die Führung des Personals als entscheidender Faktor bemerkbar machen. Denn nicht die Umwelten unterrichten, sondern die Lehrer in ihrer Interaktion mit Schülern und stimulierenden Materialien. Umwelten können zum Erfolg besserer Lernverfahren beitragen. Ganz konkret müssen Lehrer und Schüler lernen, ihre Umwelten im Interesse ihrer unmittelbaren und langfristigen Ziele zu verwenden. Dies ist eine besondere Fähigkeit, die möglicherweise eine neue Form der Ausbildung zu Umweltbewußtheit erfordert. Die offene Planung der Räume wird unter Umständen zeigen, daß die Bewegungsfreiheit tatsächlich die Gewandtheit des Kindes fördert, seine Fähigkeiten anzuwenden. Zum jetzigen Zeitpunkt wissen wir es ganz einfach noch nicht. Erst einmal ist es erforderlich, daß die verschiedenen, im offenen Klassenraum stattfindenden Aktivitäten genauer untersucht werden; es muß ermittelt werden, wo sie stattfinden und wie das besondere materielle Umfeld die Teilnehmer, also Lehrer und Schüler, unterstützt oder hindert, ihre Ziele zu erreichen. Wenn dies bekannt ist, kann der Architekt in der Planung seine Entscheidungen mit größerer Zuversicht treffen, als dies jetzt der Fall ist.

Neue Städte und Modellstädte

Institutionelle Umfelder stellen einen Typus von Umwelt dar, in dem die materielle Planung eine regulative Funktion ausübt. Sie sind sozusagen geschlossene Umwelten. In gewissem Maße trifft dies auch auf Subumwelten, wie das Wohnprojekt oder selbst die Alterssiedlung mit ihren Spezialeinrichtungen für bestimmte Altersgruppen zu. Ist es möglich, diesen Begriff auf die Stadt als Ganze auszudehnen – den sozialen Effekt in komplexeren Umfeldern zu planen, und doch die Freiheit zu erhalten, die in der nichtinstitutionellen Welt so geschätzt wird? Wir haben gesehen, auf welche Schwierigkeiten die Planung auf der Ebene der Stadtsanierung stößt, wenn sie, an die Gebote der Wirt-

491

schaftlichkeit, der Verwaltung und des Budgets gebunden, die psychologischen Implikationen vernachlässigt, die der Veränderung der städtischen Umwelt inhärent sind (Gans 1962; Newman 1972). Mussen und Slyper (1972) empfehlen in ihren Stadtsanierungsplanungen in Israel „sehr viel genauere Definitionen und Messungen dessen, was die ‚erfolgreiche Gemeinde' konstituiert... Man wird besser verstehen müssen, welche Wahlmöglichkeiten und Abwechslungen Stadtbewohner wünschen und welche Elemente und welches Zusammenwirken von Elementen die Zufriedenheit der Menschen im städtischen Umfeld schafft" (S. 124). Die Autoren wiesen darauf hin, wie wichtig es sei, daß die Projekte während des Baus und nach ihrer Fertigstellung häufig einer sozialen Beurteilung und Überwachung zugänglich gemacht werden. Das Programm zur Sanierung eines Wohngebietes sollte eher als kooperative Entwicklung und nicht als fertiger „Bausatz" betrachtet werden. In dem Maße, in dem Leben und Lebensstil sich verändern, und mit ihnen die sozialen und wirtschaftlichen Kontingenzen, die unausweichlich an diese Veränderungen gebunden sind, hat sich die Stadtplanung an das neue Verhalten anzupassen: „...man sollte sich weniger auf die Vorurteile der Planer hinsichtlich dessen verlassen, was eine ‚gute Siedlung' ausmacht."

In den Vereinigten Staaten bemüht man sich, die Stadtsanierung ebenso als soziales wie als materielles Problem zu sehen. In dem 1966 vom Kongreß gebilligten Model Cities Program sind eine bessere Ausbildung, eine bessere Gesundheitspflege, erhöhte Einkommens- und Arbeitsmöglichkeiten, ein besseres Beförderungssystem und geringere Kriminalität dem sozialen Handeln als Ziele gesetzt worden. Es geht nicht um die Slumbereinigung an sich, sondern um eine bessere Lebensqualität. Diese läßt sich am ehesten dadurch erreichen, daß man jene beteiligt, denen das Programm helfen soll.

Bei einer Analyse von elf der hundertfünfzig Städte, die Subventionen aus den Mitteln dieses Programms erhalten hatten, stellte man im Ministerium für Housing and Urban Development (HUD) fest, daß die wahrgenommenen Bedürfnisse der Bewohner in allen Städten, wenn man von dreien absieht, eher sozialen Dienstleistungen als wirtschaftlichen Projekten galt. Ein anderes interessantes Ergebnis des HUD ist die Feststellung, daß in Wohnumgebungen mit großer sozialer Unruhe die Bewohner meist mehr Einfluß auf den Planungsprozeß haben. Wo Bewohner „kohäsiv" und politisch organisiert sind, wirken sie mehr auf die Planung ein und sind in der Lage, ein lebhafteres Interesse auf seiten der Stadtverwaltung hervorzurufen. Unter dieser Perspektive demokratischer Beteiligung hat die Stadtsanierung die besten Chancen und nehmen die Planer am ehesten die vielfältigen Bedürfnisse der Bevölkerung in der Stadt zur Kenntnis. Ob wir unsere Städte tatsächlich durch Slumbereinigung und Wiederaufbau retten können, wird in zunehmendem Maße in Frage gestellt. Doch ist die Frage nicht neu. Die Städte haben immer anscheinend unlösbare Probleme aufgegeben, die sich dann am besten dadurch lösen ließen, daß man sie einfach in Angriff nahm. Die neue Stadt-Bewegung, die beinahe ein dreiviertel Jahrhundert zurückreicht, versuchte der Frage durch eben diesen radikalen Ansatz zu begegnen. Neue Städte wurden als Alternative zur überlasteten Industriestadt geplant, als Utopien, die die Vorteile des Landlebens boten, ohne die wirtschaftliche Leistungsfähigkeit der Stadt im eigentlichen Sinne aufzugeben. Die alten Städte sollten natürlich nicht verschwinden, doch sollte der Druck in ihnen nachlassen, wenn die Menschen in diese Modellkommunen zogen.

Von dem Engländer Ebenezer Howard erdacht, der den Ausdruck „Gartenstadt" prägte, um diese ideale Siedlung zu beschreiben, wurde die erste Neue Stadt 1904 unter privater Ägide in Letchworth in England erbaut. Howard war einer der ersten Städteplaner und in seiner Zeit so etwas wie ein Visionär. Er glaubte wie die alten Griechen, daß es eine natürliche „Größe" gäbe, bis zu der eine Organisation optimal funktionieren könne. Nach Mumfords (1961) Worten, wollte er „das menschliche Maß im neuen Bild der Stadt" wiedererstehen lassen. Er glaubte jedoch auch, daß solche Gemeinden, deren ideale Größe etwa bei 32000 Einwohnern liegen sollte, autark sein sollten. Anders als die Fürsprecher der Vorstädte wollte er die Industrie aus seinen Gartenstädten nicht eliminieren. Er wollte sie an dem einseitigen und spezialisierten Wachstum hindern, das das industrielle Wachstum der großen Metropole kennzeichnet.

Howards zweite Neue Stadt, Welwyn, wurde erst 1954 begonnen. Seine Vorstellungen wurden 1928 in kleinerem Maßstabe von Stein und Wright in Radburn in New Jersey auf die Vereinigten Staaten übertragen. Doch das Saatkorn war gelegt und gegen Ende des zweiten Weltkrieges machte die englische Labour Regierung zum ersten Mal in Englands Geschichte den bewußten Versuch, die Stadtbevölkerung zu dezentralisieren. Die New Towns Act von 1946 sah einen Grüngürtel um London vor, der eine weitere Expansion verhindern und für die vorhandene Bevölkerung Erholungsgebiete bereitstellen sollte. Der Bau neuer und die Expansion kleinerer Gemeinden sollte Wohnung für eine Million Personen bieten, von denen drei Viertel aus London selbst kommen sollten. 1968 hatte man in England achtundzwanzig neue Städte geplant oder fertiggestellt und die Bewegung hatte auf Westdeutschland, Finnland (Tapiola), Brasilien (Brasilia) und die Vereinigten Staaten übergegriffen, in denen Reston in Virginia und Columbia in Maryland zu Schaufenstern eines neuen städtischen Lebensstils geworden sind.

Auf ihrem heutigen Entwicklungsstand haben die neuen Städte viele der Vorstellungen von Howard modifiziert. Einige der englischen Gemeinden werden nun bald eine halbe Million Einwohnern haben. Andere dienen tatsächlich als Vorstädte, wobei ihr Schwerpunkt auf dem Vorortverkehr liegt. Gleichzeitig sehen die modernen Planer die Neuen Städte als eine Gelegenheit an, die sozialen Verhaltensweisen ihrer Bewohner zu verändern. Fava (1970) faßt viele der sozialen Fragestellungen zusammen, die nur zum Teil von Howard stammen und zu denen auch die Beschaffenheit der Interaktion in der Wohnumgebung gehören, der Vergleich zwischen vielgeschossigen Mehrfamilien- und niedrigen Einfamilienhäusern, die Effekte von Dichte und Gemeindegröße auf die psychologischen Funktionen des Individuums, die Bedeutung der Nähe auf die zwischenmenschlichen Kontakte, aber auch der Wert, den die Selbstversorgung für die Gemeinden hat, der Wert von Gleichgewicht und Vielfältigkeit, der Art, in der die Wohnung ausgewählt wird, der Wert der Dezentralisation und die Teilnahme am örtlichen Leben.

Kritik an den neuen Städten

Die Geschichte dieser Utopias ist eine Geschichte von fruchtbaren Irrtümern. Obgleich sie in mancher Beziehung die Träume ihrer Planer nicht verwirklicht haben, sind die neuen Städte keine Fehlschläge. Paradoxerweise sind sie eher noch utopischer geworden, als in der ihnen zugrundeliegenden Theorie angelegt war. Was Howard als materielles Umfeld für eine rationale und angenehme Lebensweise ansah, wird nun als das kulturelle und soziale Umfeld betrachtet, das die vielfältigen Berufsinteressen, die künstlerische Selbstdarstellung und die Freizeithobbies der Menschen fördern kann. Konzerte, Kunstausstellungen und das öffentliche Leben gedeihen. Doch die Neuen Städte sollten auch klassenlose Städte werden, und es läßt sich nicht sagen, daß sich dieses Ideal verwirklicht habe.

Psychologen und Sozialkritiker stellen außerdem übereinstimmend fest, daß die neuen Städte, welche Vorteile sie auch sonst haben mögen, bestimmte Verhaltensbedürfnisse nicht berücksichtigen, für die die ungeplante Stadt häufig sorgt. Das Planen an sich – genauer das allzu perfekte Planen – hat die Tendenz, die Wahlfreiheit einzuschränken. Der Mangel an Abwechslung und architektonischer Vielfalt dämpfen die Reaktion auf die materielle Umwelt. Die meisten Neuen Städte halten kaum Überraschungen oder Gelegenheit zur Exploration bereit. Unter dem Gesichtspunkt der Stimulation sind sie häufig „ausgelaugt" und ohne Neuheit. In einigen Neuen Städten scheint das Leben nicht spontan, sondern in Übereinstimmung mit einem allgegenwärtigen Plan geführt zu werden.

Wie stichhaltig sind diese Kritikpunkte? Da sich nicht zwei Neue Städte völlig gleichen, können wir nicht verallgemeinern. Ganz allgemein scheint der Vorwurf etwas für sich zu haben, daß eine Siedlung, die gänzlich unter der Perspektive einer rationalen Lebensform geplant wird – eine Gemeinde, die Ordnung und ästhetische Gesichtspunkte berücksichtigt und den spontaneren Neigungen der Bewohner jede Ausdrucksmöglichkeit nimmt –, nicht als ganz befriedigend erlebt wird. Besonders Kinder mögen von einer Umwelt betroffen sein, die sie nicht herausfordert. In der Bundesrepublik verglichen Erziehungswissenschaftler die gemalten und gezeichneten Bilder von Kleinkindern in drei Neuen Städten mit solchen, die von Kindern in traditionellen Städten angefertigt wurden (siehe Fellows 1971). Sie kamen zu dem Schluß, daß sich in der ersten Gruppe zeige, wie der geplante Charakter der Umwelt das Kind in seiner natürlichen Neugier hemme und seine Kreativität abstumpfe. Stadtkinder dagegen wurden eher durch ihre Umgebung stimuliert.

Ein etwas extremes Beispiel für die Reaktion auf eine geplante Umwelt stellt die neue Hauptstadt von Brasilien dar. Während des Baus von Brasilia entstand die Behelfsstadt Ciadade Libre („Freie Stadt"), um die Arbeiter und ihre Familien aufzunehmen. In diese Barackenstadt flohen viele Einwohner der Hauptstadt, um abends etwas Ablenkung zu finden. Nach Izumis (1969) Worten verfügte Brasilia über eine „visuelle Ordnung", doch fehlte es ihr an der „Vielfalt psychischer Rhythmen, deren wir für unsere Erfahrung in jeder Umwelt bedürfen". Daraus ergab sich, daß nach Fertigstellung von Brasilia Ciadade Libre der Hauptstadt als Satellitenstadt einverleibt wurde. Speziellere Einwendungen hat man gegen die Trennung der Lebens- und Arbeitsgebiete und gegen die in einigen neuen Städten zu beobachtende Isolierung des Einkaufsbezirks vom Rest der Gemeinde vorgebracht. In einer Erhebung von Wolverhampton stellte sich heraus, daß Familien, deren Hauptverdiener außerhalb des Gebietes arbeitete, Läden, Bücherei, Jugendklub, Klinik und ähnliche Einrichtungen in geringerem Maße benutzten als Familien, deren Hauptverdiener am Ort beschäftigt war, „obgleich die betroffenen Familienmitglieder die Hausfrau und die Kinder, nicht der Hauptverdiener selbst waren" (Madge 1950).

Versuche, die soziale Homogenität durch die Ansiedlung verschiedener Gruppen in räumlicher Nähe zu fördern, blieben in den Neuen Städten ohne Erfolg, obgleich ihre Planer große Hoffnungen darauf gesetzt hatten. In England hat sich die selbst gesuchte Absonderung als ein bemerkenswerter Charakterzug dieser Gemeinden erwiesen und wird nun „eingeplant". Das sollte nicht zu sehr überraschen. Es gibt kaum Zweifel darüber, daß der Mensch das Bedürfnis hat, zu sozialen Gruppen, in denen er bekannt ist, und in stabile Umfelder zu gehören, in denen er das Gefühl erwerben kann, sich mit einem Ort zu identifizieren. Davon abgesehen ist wohl soziale Exklusivität nicht sehr wünschenswert. Fava (1970) glaubt, daß die neuen Städte in den Vereinigten Staaten im Begriff sind, ökonomische Paradiese für die Mittel- und Oberschicht zu werden. Sie führt Tiefeninterviews unter 800 Bewohnern zweier Neuer Städte in Californien an, aus denen zu entnehmen war, daß „ein Hauptgrund für die Ansiedlung in neuen Städten die Überzeugung war, daß ‚Planung' die Gemeinde gegen das Eindringen wirtschaftlich und rassisch anders gearteter Gruppen schütze". Das ist natürlich ein zweischneidiges Schwert. Die Autorin merkt weiterhin an, daß der schwarze Aktivist und Unternehmer Floyd B. McKissick eine neue Stadt namens Soul City in der Nähe von Raleigh in North Carolina vorschlägt. Sie ist für eine rein schwarze Bevölkerung bestimmt.

Die „neue" neue Stadt: Milton Keynes

Die neue Stadtbewegung war nicht zu dem Entstädterungsprozeß geworden, der von den frühen Planern ins Auge gefaßt worden war, sondern wurde eher ein Experiment zur Umgestaltung urbanen Wohnens, mit expliziten und deutlichen sozialen Zielen. Städte mit 500 000 Einwohnern werden heute als akzeptabel betrachtet. Vorhandene Kleinstädte werden zusammenhängend gruppiert, so daß sie den Grundstock einer neuen Gemeinde bilden können. Eines der bestbekannten Beispiele dieser Neuen Städte ist Milton Keynes, ein Gebiet im Nordwesten von London, das mehrere kleine Städte umschließt, deren Gesamteinwohnerschaft sich auf etwa 100 000 Menschen beläuft. Milton Keynes, das sich in der Entwicklung befindet, soll 1981 70 000 und 1990 150 000 neue Bewohner haben. Nach Angaben ihrer Planer (siehe Llewelyn-Davies u. a. 1970) beruht die materielle Anlage der neuen Stadt „nicht auf irgendeiner fixen Vorstellung von der Art und Weise, wie die Menschen zu leben haben. Noch handelt es sich um einen Plan für eine Superstadt des ‚Raumzeitalters', der dem technologischen Determinismus huldigte" (S. 23). Milton Keynes läßt sich viemehr in sehr allgemeiner Weise als eine existentielle Gemeinde beschreiben. Variable Planungen verlangen eine kontinuierliche Überwachung und Einschätzung der Zufriedenheit, die die Bewohner gegenüber allen Aspekten der sozialen und materiellen Umwelt empfinden. Dieser Umstand läßt, wenn die Stadt wächst, notwendige Änderungen in der Planung zu. Gleichzeitig werden die Mängel der älteren Neuen Städte berücksichtigt und alle Anstrengungen unternommen, um ihre Wiederholung zu vermeiden. Man berücksichtigt, daß Menschen genausosehr Unordnung wie Ordnung in ihrer Umwelt wünschen. Den Planern zufolge sollen in Milton Keynes „Überraschung, zufällige Ereignisse, unvorhergesehene Zusammenkünfte und aufregende Entdeckungen" möglich sein.

Es ist uns nicht möglich, auf so knappem Raum die Konzeption dieser Neuen Stadt in allen Einzelheiten darzulegen. Für denjenigen, der sich mit der Umweltpsychologie beschäftigt, ergeben sich jedoch fünf wesentliche Themen, die unsere Hinweise zur sozialen Planung verdeutlichen.

1. Wahlmöglichkeiten und Wahlfreiheit werden auf den Gebieten der Erziehung, des Berufes, des Wohnens, der Gesundheitspflege und so weiter verfügbar gemacht. Kein

„Lebensstil" wird verordnet. Die Dichte der Wohngebiete soll eine beträchtliche Vielfalt bieten. Um die Interaktion zu fördern, werden die Häuser auf zahlreiche „Aktivitätszentren" ausgerichtet, statt daß man sie so anordnet, daß sie „eine nach innen gerichtete Einheit der Wohnumgebung" bilden. Milton Keynes erkennt die Wohnumgebung als eine natürliche ökologische Einheit an, hütet sich aber davor, aus ihr ein Heiligtum zu machen.

2. Es wird ein gutes Beförderungs- und Kommunikationssystem geplant. Obgleich die öffentlichen Beförderungsmittel hohen Ansprüchen genügen, nehmen die Planer zur Kenntnis, daß das Auto immer noch von vielen vorgezogen wird und man macht keinerlei Anstrengungen, die Gemeinde zu einer „autolosen" Stadt zu machen. Alle Straßen der Wohnumgebung werden aber vom Durchgangsverkehr freigehalten. Die Stadt soll ausgewogen und vielfältig sein. Die ausgeprägte Absonderung unterschiedlicher Menschengruppen soll dadurch vermieden werden, daß man unterschiedliche Wohnformen über die ganze Stadt verteilt anbietet.

3. Milton Keynes soll attraktiv sein. Kein architektonischer Stil soll vorherrschen und es wird sich eine Vielfalt unterschiedlicher Bautypen und Bauformen zeigen. „Die Gesellschaft wird den individuellen Geschmack nicht zu entmutigen suchen". Die Hauptstraßen sollen so angelegt werden, daß sie dem Auge eine Bildsequenz präsentieren. Außerdem werden sie zu ebener Erde verlaufen, so daß Reisende „sich in enger Berührung mit der Stadt und als Teil von ihr empfinden werden". Ältere historische Bauten sollen erhalten bleiben und das Stadtzentrum soll wie jedes gute Geschäftsviertel dynamisch und vital erscheinen. Man bemüht sich um einen überschaubaren Maßstab.

4. Die Stadt wird dafür Sorge tragen, daß man ihre materielle Gestalt bewußt wahrnimmt – sie soll leicht zu erfassen sein. „Die Stadt soll sich selbst sprechen, durch ihre Anlage und durch ihre Architektur". Die Menschen sollen durch unmittelbare Erfahrung eine funktionelle Kenntnis der Stadt und ihrer Gestalt erwerben. Leichtindustrie und Büros sollen in gewissem Maße in Wohngebieten angesiedelt werden, um die Umwelt mannigfaltiger zu machen.

Inzwischen haben finanzielle Erwägungen verhindert, daß alle Aspekte dieser Planung realisiert werden konnten. Dennoch sucht Milton Keynes einen Ausgleich zwischen einem zu hohen Maß an vorgeplanter Zweckmäßigkeit und der „Toleranz", die die älteren, chaotischen Städte kennzeichnet. Das bedeutet für seine Einwohner nicht nur einen materiellen sondern auch einen psychologischen Neuanfang. Darin liegt möglicherweise eine der Hauptattraktionen der neuen Stadtbewegung. Schließlich konnten solche Städte zu Modellen des städtischen Wandlungsprozesses werden, wenn die vorhandenen Städte in den kommenden Jahrzehnten in erheblichem Maße umgebaut werden müssen.

Die Umwelt der Zukunft

Neue Städte sind ein tastender Schritt in die Zukunft. Damit soll nicht gesagt sein, daß der Mensch noch niemals zuvor in irgendeinem Sinne seine Städte geplant hätte. Die mittelalterliche Stadt wurde beispielsweise häufig um den

Marktplatz angelegt und auf die Burg ausgerichtet. Die Wohnbezirke waren für die einzelnen sozialen Klassen deutlich abgegrenzt. Zum Schutz wurden Mauern errichtet. Doch blieb solche Planung im besten Falle grob. Häufiger war wie im Falle von Paris und Rom das Wachstum planlos, und was sich an Planung ergab, entstand in dem Bemühen, die Fehler einer früheren und unsystematischen Entwicklung zu korrigieren. Wie meistens lernte der Mensch auch beim Städtebau aus den eigenen Fehlern.

Wie weit aber darf die Planung gehen? In welchem Maße können wir die Umweltbedürfnisse im städtischen oder in irgendeinem anderen Maßstabe völlig antizipieren? Auf einer rein technischen Ebene gibt es in der Tat kaum etwas, was sich in dieser Beziehung nicht bewerkstelligen ließe. Wir wissen, daß Menschen für kurze Zeit sogar auf dem Mond und im Raum leben können. Für Forschungszwecke hat man am Südpol Ansiedlungen geschaffen. Sie sind natürlich in hohem Maße künstlich und nur deshalb existenzfähig, weil sie von konventionell angelegten Siedlungen getragen wurden. Dennoch besteht die Herausforderung, solche Umwelten bewohnbar zu machen, wie man einst dem Dschungel und der Wildnis Gebiete abgerungen hat. Beim gegenwärtigen Stand der technologischen Entwicklung ist das nicht nur ein Traum.

Es stellt sich ein doppeltes Problem: Die Baukosten solcher Kommunen übersteigen möglicherweise das, was wir zu zahlen bereit sind. Und die Verhaltensanforderungen, die das Leben in ihnen stellt, übersteigen möglicherweise unsere Bereitschaft oder auch unsere Fähigkeit zur Anpassung. Uns ist jedoch bekannt, daß eine der wichtigsten Bedingungen unserer Zeit die Bevölkerungsexplosion ist, die nicht nur in zunehmendem Maße die Naturvorkommen unserer Welt gefährdet, sondern auch zur sozialen und psychologischen Erfahrungskomplexität beiträgt. Viele Städte haben anscheinend die Grenze ihres Vermögens erreicht, weiter zu expandieren und gleichzeitig noch jene Dienstleistungen und jene Lebensqualität zu garantieren, um deretwillen sie geschaffen worden waren. Dezentralisierung wird von vielen Städteplanern als nächster Schritt vorgeschlagen. Ein Prototyp dafür ist das Experimental City Project (Spilhaus 1968), daß in Zusammenarbeit mit der University of Minnesota von Regierungsstellen und Wirtschaftskreisen finanziert wird.

Das wichtigste Merkmal des Projektes ist ein System verstreut liegender Städte, deren Größe auf ungefähr 250 000 Bewohner begrenzt wird und die von offener Landschaft umgeben sind. Wirtschafts- und Industriebetriebe sollen in diesen Städten wie zum gegenwärtigen Zeitpunkt untergebracht werden, doch nahezu alle Dienstleistungseinrichtungen einschließlich der Fuhrunternehmen und anderer Wirtschaftsbeförderungssysteme sollen in den Untergrund verlegt werden. Es sollen so gut wie keine Fahrzeuge auf den Straßen zu ebener Erde vorhanden sein. Für die Personenbeförderung sollen Autos und Busse „computergesteuerten, halb privaten Kabinen ohne Motor, ohne Fahrer, ohne

Lärm" Platz machen..." (S. 713). Die Dichte soll durch die Größe der Zonen und Gebäude reguliert werden. Veränderungen in den Funktionsansprüchen werden dadurch antizipiert, daß eine erhebliche Flexibilität in die Konstruktion selbst aufgenommen wird, indem veränderbare Fußböden, Deckenhöhen und Mauern verwendet werden. Einer der spektakulären Vorschläge der Experimental City sieht aufblasbare Gebäude vor, die sich leicht zusammenfalten lassen. Teile der Stadt sollen möglicherweise auch überdacht werden. Technologisch lassen sich eigentlich alle Elemente einer solchen Stadt realisieren. Die Entscheidung, solche Städte zu bauen, liegt eher bei den sozialen und wirtschaftlichen Planungsinstanzen als bei den Städteplanern, bei der Bereitschaft der Grundstücksmakler, sich zu beteiligen, und bei der Auffassung der Benutzer, daß sie sich nicht nur einer neuen Art von städtischem Albtraum gegenübersehen – einem, der diesmal auf zuviel statt auf zu wenig Planung beruht. In jedem Fall handelt es sich hierbei um eine verhältnismäßig konservative Planung, wenn man sie mit vielen der theoretischen Modelle vergleicht, die in den letzten Jahren auf dem Reißbrett entwickelt worden sind (siehe Dahinden 1972). Die von Herron 1964 entworfene Fußgängerstadt sieht einen Stadtkomplex vor, der aus einem halben Dutzend mobiler, mehrgeschossiger, durch röhrenförmige miteinander verbundene Behälter auf Pfeilern besteht. Das Atelier Warmbronn hat eine aufblasbare, transparente Membrane entworfen, die sich in der Arktis über ein 3 km² großes Gebiet spannen läßt und innerhalb derer sich die Außenluft auf eine Temperatur erwärmen läßt, die der eines gemäßigten Klimas entspricht. Eine bewegliche elektrische Lampe soll die Sonne während der langen Winternächte ersetzen. Das Kuppeldach von Fuller, das alle Bereiche der Städte überspannen soll, ist gut bekannt. Fuller hat auch eine tetraeder- oder pyramidenförmige Stadt entworfen, die einer Million Menschen Raum bieten soll. Die Wohneinheiten mit einem Gartengebiet sollen terrassenförmig an den Außenseiten der Pyramide untergebracht werden. Fullers Triton City besteht aus dreieckigen „Inseln", die über Wasser gebaut und untereinander und mit dem Festland durch Fahrbahnen verbunden werden sollen. Die Inseln sollen selbständige Siedlungen mit nicht mehr als 6500 Bewohnern sein.

Man stellte sich solche künftigen Städte auch trichterförmig vor (Jonas) oder als Mammutbrücken (Shibuya), dreibeinig (Sailer u. a.), als Gitterkonstruktionen, die vorgefertigte Zellen tragen (Cook), als Masten mit leicht fixier- und lösbaren Häusern (Quarmby) und als Krater (Chaneac), an deren Abhänge Terrassengebäude gebaut würden. Weniger futuristisch, aber vielleicht realisierbarer ist die Wohneinheit Habitat, der Entwurf zum Bewohnen von Felswänden, der auf der Weltausstellung 67 in Montreal gezeigt und nun ständig bewohnt wird. Diese Liste ließe sich durch viele weitere Beispiele ergänzen. Vielleicht der radikalste Innovator unter allen Planern futuristischer Städte ist

Paolo Soleri (siehe Moholy Nagy 1970), dessen Arcology – ein Terminus, der eine Verbindung aus architecture und ecology schafft – eine detaillierte Theorie für neue und radikale Wohnformen in städtischer Umgebung liefert. Eines seiner dreißig Projekte, Acrosanti, wird jetzt in Arizona erbaut. Soleri betrachtet seine Städte als Biostrukturen, die entsprechend den sich wandelnden kulturellen und industriellen Erfordernissen und den Lebens- und Freizeitbedürfnissen ihrer Bewohner „wachsen". Sie sind vollständige, doch künstliche Ökosysteme. Eine von ihnen, Asteromo, ist buchstäblich ein Raumschiff mit eigenem Gärtnerei- und Landwirtschaftsbetrieb. Dieses Projekt soll Raum für 170000 Bewohner bieten.

Abgesehen davon, daß diese Alternativen utopischen Absichten dienen und stark an Science-fiction-Literatur erinnern, besitzen sie doch einige wichtige Merkmale. Beispielsweise sehen viele von ihnen eine Bevölkerung sehr hoher Dichte vor. In der einen oder anderen Weise sind sie vielstöckige Städte in sehr kompakter Form. Der Stadtkomplex wird auf überschaubare Dimensionen „eingeschrumpft" und befindet sich insofern im Gegensatz zu dem, was Soleri die Automystik und den Asphaltalptraum nennt. Eine seiner Städte ist geformt wie ein Würfel und für 200 Bewohner pro Morgen vorgesehen (New York City hat im Durchschnitt 33 Bewohner pro Morgen). Die meisten visionären Städte sind auch um funktionelle Autonomie bemüht. Der Bewohner ist ein relativ passives Objekt einer Umwelt, die auf Knopfdruck funktioniert.

Diese Beispiele hochautomatisierter und selbständiger Städte gehen auf Le Corbusiers (1963) Prämisse zurück, daß Gebäude Wohnmaschinen seien. Es läßt sich deshalb fragen, in welchem Maße der Mensch der Zukunft bereit sein wird, die bauliche Umwelt als eine Totalität hinzunehmen, für die er kaum persönliche Gefühle aufbringen kann. Überall in der visionären Stadt, bei all ihrem technischen Aufwand, ihrer Bequemlichkeit und Effizienz besteht die Gefahr, daß die Einwohner dort möglicherweise wenig finden, womit sie sich in einer persönlichen und kreativen Weise identifizieren können und noch weniger, das auf menschliche Maße zugeschnitten wäre. Wird es dort Vielfalt und Herausforderung in ausreichendem Maße geben? Wird das Leben in solchen Städten eine stimulierende Erfahrung sein? Werden die Bewohner in der Lage sein, inmitten einer funktionellen Totalität den sozialen Raum für ihr Leben zu finden? Da diese Städte noch nicht existieren, gibt es auch bis jetzt keine Antworten auf unsere Fragen. Die Vision des Planers ermöglicht uns lediglich, die Zukunft unter theoretischen Gesichtspunkten zu prüfen. Doch ohne diese Vision würde es wenig Fortschritt geben.

Die Planung wird der menschlichen Gesellschaft nicht aufgezwungen, sondern erwächst in einem Umkreis kultureller und sozialer Bedürfnisse (Rapoport 1969). Und nur in dem Maße, in dem diese Bedürfnisse sich antizipieren lassen, werden die technischen Möglichkeiten jene Entsprechungen im Verhalten verfügbar machen, die ihnen ihren Wert verleihen. Hier begegnen wir aber einem Paradox: Alle Zeiten zeichnen sich dadurch aus, daß die Technologie des Zeitalters in großem Maße bestimmt, welche Bedürfnisse in dieser Zeit auftreten. So ist der Planer zukünftiger Umwelten in der schwierigen Situation, daß er Lösungen für Probleme entwerfen soll, die seine Technologie möglicherweise schafft. Unabsichtlich schafft er ebensosehr neue Schwierigkeiten, wie er neue Antworten liefert. Vor allem wirft er möglicherweise durch die Beschleunigung technischer Weltbeherrschung den Menschen in die Zukunft, bevor dieser für sie bereit ist.

Doch vielleicht besteht die eigentliche Gefahr, die die Zukunft für die Menschheit bereithält, nicht so sehr darin, daß die Welt zu perfekt geplant sein wird, sondern daß die Planung – wie in der Vergangenheit – zugunsten angenehmer Lösungen vernachlässigt wird. Ein Merkmal der Welt von morgen wird mit einiger Sicherheit ein hohes Maß an Mobilität und dynamischer Veränderung sein. Die Tatsache, daß sich die Einrichtung mobiler Heime in unserem Lande so rasch verbreitet hat, macht deutlich, auf welche Schwierigkeiten das Bemühen stößt, das langfristige Bevölkerungswachstum planerisch zu bewältigen. Wenn die Bewohner ihre Zelte abbrechen und ihr Habitat mit sich führen können, wird ein Großteil des städtischen Umfeldes dadurch in seinen Konturen fließend, ungeplant und nach Ansicht vieler wenig attraktiv sein.

Dann wiederum läßt sich ein wachsender Trend zu altersspezifischen Kommunen beobachten, zu „Freizeitdörfern" und Ferienstädten, in denen die Zukunft von ihren Bewohnern in völlig unterschiedlicher Weise ins Auge gefaßt wird. An solchen Orten wird die Planung auf spezielle Funktionen bezogen sein, und die Umfelder werden weniger gegeneinander austauschbar sein als zuvor. Der Pluralismus, der in der Geschichte die Gestalt unserer erbauten Umwelt geprägt hat, wird an Bedeutung verlieren.

Ein weiterer Aspekt dieses Trends liegt in der Konzentration der technologischen Funktion in immer weniger Händen. Das Individuum verliert die fähige Beziehung zu seiner Umwelt. Obwohl es über viel freie Zeit verfügen wird, wird ihm möglicherweise das Gefühl der Zugehörigkeit und einer sinnvollen Teilnahme verlorengehen. Boguslaw hat geschrieben: „Die gegenwärtige Beschäftigung mit computergesteuerten Systemen und Automation hat unglücklicherweise... die überwältigende Mehrheit unserer Bevölkerung in die Rolle unbeteiligter Zuschauer gedrängt. Die Leute werden typischerweise in die Bemühungen zur Systemplanung erst *ex post facto* einbezogen, und diese Tatsache läßt schon wesentlich erkennen, welche Einflußmöglichkeiten sie haben" (zitiert von Sarason S. 278). Das Dilemma besteht dann möglicherweise in einer Zukunft, die einerseits gänzlich geplant und andererseits chaotisch ist. Irgendwo dazwischen würde eine Welt liegen, die unseren Bedürfnissen optimal entspräche. Welcher Kompromiß ist möglich zwischen einer Umwelt mit völlig neuen Formen und Instrumenten einerseits und dem erdgebundenen Individuum andererseits, dessen Werte, Kräfte und Ziele immer in gewissem Maße in der Vergangenheit verwurzelt sein werden? Wir können den Menschen nicht von der Geschichte abtrennen und ihn in dieser Weise verstümmelt der Zukunft überantworten.

Wir begannen dieses Buch damit, daß wir das theoretische Modell eines Umweltmenschen beschrieben. Wir sahen ihn als einen neuen Typus des Menschen, der sich aus der Gebundenheit an die religiösen, ökonomischen und psychologischen Identitäten vergangener Zeitalter befreit hatte und sich an eine gesunde ökologische Beziehung mit der Gegenwart hielt. Die geschichtlichen Haltungen, die in diese sich wandelnde Perspektive eingingen, wurden erörtert, und wir vermuteten, daß der Mensch unserer Tage vor der Aufgabe stehe, die „Bruchstücke und Teile" einer nach wissenschaftlichem Modell geschaffenen Welt zu einem Ganzen zu fügen, in dessen organischem Zusammenhang er seinen Platz finde. Seine Wahrnehmungsfunktionen und sein soziales Verhalten wurden in ihrer Beziehung zu diesem holistischen Begriff der Umwelt gesehen. Zwei weithin kontrastierende Milieus, das städtische und das natürliche, wurden als Umfelder dargestellt, die den Menschen mit spezifischen Problemen konfrontieren, wenn er seinen biologischen Bedürfnissen entsprechen und seine sozialen und individuellen Ziele verwirklichen möchte. In diesem Kapitel haben wir danach gefragt, wie der Mensch bewußt eine Umwelt zu seinem eigenen Nutzen plant.

Nun da wir den Umweltmenschen einer Zukunft von anscheinend unbegrenzten Möglichkeiten und unabsehbaren Konsequenzen überantwortet haben, möchten wir damit schließen, daß wir ihm dort eine sanfte Landung ermöglichen. Diese Zukunft liegt nicht völlig im ungewissen, da der Mensch sie, zwar metaphorisch gesprochen, nach seinem eigenen Bilde erbauen wird. In vieler Hinsicht wird unsere Umwelt noch spezialisierter und funktionaler als die gegenwärtige sein. Sie wird mehr für uns tun. Doch es besteht kein Grund anzunehmen, alle Menschen würden dieser Zukunft in der gleichen Weise begegnen. Aus vielerlei Gründen wird der Mensch wahrscheinlich jene Merkmale der augenblicklichen Welt zu bewahren suchen, die sich als psychologisch befriedigend erwiesen haben. Welche Wunder sie auch immer wirken mag, die bauliche Umwelt wird nicht nur eine Maschine, sondern auch ein Habitat sein, ein Kontext der Teilnahme und Herausforderung, der Vielfalt und der persönlichen Bedeutungen, der unmittelbaren und der Gruppenbeziehungen, die den reinen Nützlichkeitsaspekt des Lebens transzendieren und diesem Wert verleihen. Denn welche äußere Gestalt die Zukunft auch annehmen mag, sie muß eine Welt umschließen, in der wir uns selbst erkennen.

Agron, G. Some observations on behavior in institutional settings. *Environment and Behavior*, 1971, *3*, 103–114.

Barker, R. *Ecological psychology*. Stanford, Calif.: Stanford University Press, 1968.

Bayes, K. *The therapeutic effect of environment on emotionally disturbed and mentally subnormal children*. London: Gresham Press, 1967.

Bayes, K., & Francklin, S. The therapeutic environment. In K. Bayes & S. Francklin (Hrsg.), *Designing for the handicapped*. London: George Godwin, 1971.

Berger, B. *Working class suburb: A study of auto workers in suburbia*. Berkeley, Calif.: University of California Press, 1960.

Bettelheim, B. *Truants from life*. New York: The Free Press, 1955. (Deutsch: *So können sie nicht leben*. Stuttgart: Klett, 1973)

Blackie, J. *Inside the primary school*. New York: Schocken Books, 1971.

Boyd, D., Morris, D., & Peel, T. S. Selected social characteristics and multi-family living environment: A pilot study. *Milieu*, 1965, *1*, 5. (News report of the Environmental Research Foundation.)

Braginsky, B. M., Braginsky, D. D., & Ring, K. *Methods of madness: The mental hospital as a last resort*. New York: Holt, Rinehart and Winston, 1969.

Brookes, M., & Kaplan, A. The office environment: Space planning and affective behavior. *Human Factors*, 1972, *14*, 373–391.

Brunetti, F. A. Noise, distraction and privacy in conventional and open school environments. In W. J. Mitchell (Hrsg.), *Environmental design: Research and practice. Proceedings of the EDRA 3/AR 8 Conference*. Los Angeles: University of California Press, 1972.

Buttimer, A. Social space and the planning of residential areas. *Environment and Behavior*, 1972, *4*, 279–318.

Canter, D. An intergroup comparison of connotative dimensions in architecture. *Environment and Behavior*, 1969, *1*, 37–48.

Canter, D. Attitudes and perception in architecture. *Architectural Association Quarterly*, 1961, *1*, 24–31.

Chapman, J. E., & Lazar, J. B. A review of the present status and future needs in day care research. Washington, D.C.: Interagency Panel on Early Childhood Research and Development, November 1971.

Contini, R. Human behavior and building: An engineer's view. *Building Research*, 1965, *2*, 15.

Cooper, C. St. Francis Square: Attitudes of its residents. *Journal of American Institute of Architects*, 1971, *58*, 22–27.

Cremin, L. A. *Transformation of the school*. New York: Knopf, 1968.

Dahinden, J. *Urban structures for the future*. New York: Praeger, 1972.

Dewey, J. *Experience and education*. New York: Macmillan, 1938.

Environmental Research and Development Foundation. St. Margaret's Park public housing project: an architectural and behavioral description. Mimeographed report. Kansas City, Mo., 1969.

Fava, S. The sociology of new towns in the U.S.: „Balance" of racial and income groups. Paper presented at the meeting of the American Institute of Planners, Minneapolis-St. Paul, Minnesota, October 1970.

Fellman, G., & Brandt, B. A neighborhood a highway would destroy. *Environment and Behavior*, 1970, *2*, 281–301.

Fellman, G., & Brandt, B. Working-class protest against an urban highway: Some meanings, limits and problems. *Environment and Behavior*, 1971, *3*, 61–79.

Fellows, L. Psychological report finds new town in West Germany boring to children. *New York Times*, March 13, 1971, Teil I, S. 14.

Fields, H. Environmental design implications of a changing health care system. In W. H. Ittelson (Hrsg.), *Environment and cognition*. New York: Seminar Press, 1973.

Fitch, J. M. The aesthetics of function. In R. Gutman (Hrsg.), *People and buildings*. New York: Basic Books, 1972.

Gans, H. *The urban villagers*. New York: The Free Press, 1962.

Gilbert, A. Observations and recent correctional architecture. In National Institute of Law Enforcement and Criminal Justice, *New environments for the encarcerated*. Washington, D.C.: National Institute of Law Enforcement and Criminal Justice, 1972.

Glaser, D. *The effectiveness of a prison and parole system*. Indianapolis: Bobbs-Merrill, 1964. (Auszüge in H. M. Proshansky, W. H. Ittelson, & L. G. Rivlin [Hrsg.], *Environmental psychology: Man and his physical setting*. New York: Holt, Rinehart and Winston, 1970. S. 445–463.)

Goffman, E. *Asylums*. Chicago: Aldine, 1962. (Deutsch: *Asyle*. Frankfurt/M.: Suhrkamp 1974.)

Goshen, C. E. A review of psychiatric architecture in the principles of design. In C. E. Goshen (Hrsg.), *Psychiatric architecture*. Washington, D.C.: American Psychiatric Association, 1961.

Gump, P. Milieu, environment and behavior. *Design and Environment*, 1971, *2*, No. 4, 48–52.

Gutman, R. Site planning and social behavior. *Journal of Social Issues*, 1966, *22*, 103–105. (Nachgedruckt in H. M. Proshansky, W. H. Ittelson, & L. G. Rivlin [Hrsg.], *Environmental psychology: Man and his physical setting*. New York: Holt, Rinehart and Winston, 1970. S. 509–517.)

Gutman, R. The questions architects ask. In R. Gutman (Hrsg.), *People and buildings*. New York: Basic Books, 1972. (Original erschienen in *Transactions of the Bartlett Society* [Bartlett School of Architecture, University College, London], 1965–1966, *4*, 49–82.)

Hershberger, R. G. A study of meaning and architecture. *Man and His Environment Newsletter*, 1968, *1*, 6–7.

Holahan, C. J., & Saegert, S. Behavioral and attitudinal effects of large-scale variation in the physical environment of psychiatric wards. *Journal of Abnormal Psychology*, 1973, *82*, 454–462.

Holt, J. *How children fail*. New York: Dell, 1970.

Horowitz, M. J., Duff, D. F., & Stratton, L. O. Body buffer zone: Exploration of personal space. *Archives of General Psychiatry*, 1964, *11*, 651–656. (Nachgedruckt als Personal space and the body-buffer zone. In H. M. Proshansky, W. H. Ittelson, & L. G. Rivlin [Hrsg.], *Environmental psychology: Man and his physical setting*. New York: Holt, Rinehart and Winston, 1970. S. 214–220.)

Huntington, E. *Civilization and climate*. New Haven: Yale University Press, 1915.

Hutt, C., & Vaizey, M. J. Differential effects of group density on social behavior. *Nature*, 1966, *209*, 1371–1372.

Ittelson, W. H., Proshansky, H. M., & Rivlin, L. G. A study of bedroom use on two psychiatric wards. *Hospital and Community Psychiatry*, 1970a, *21*, 177–180.

Ittelson, W. H., Proshansky, H. M., & Rivlin, L. G. Bedroom size and social interaction of the psychiatric ward. *Environment and Behavior*, 1970b, *2*, 255–270.

Ittelson, W. H., Proshansky, H. M., & Rivlin, L. G. The environmental psychology of the psychiatric ward. In H. M. Proshansky, W. H. Ittelson, & L. G. Rivlin (Hrsg.), *Environmental psychology: Man and his physical setting.* New York: Holt, Rinehart and Winston, 1970c.

Izumi, K. LSD and architectural design. Mimeographed paper, 1967.

Izumi, K. Some psycho-social aspects of environmental design. Mimeographed paper, 1969.

Joiner, D. Office territory. *New Society,* 1971, *23,* 660–663.

Kasmar, J. V., Griffin, W. V., & Mauritzen, J. H. Effect of environmental surroundings on outpatients' mood and perception of psychiatrists. *Journal of Consulting and Clinical Psychology,* 1968, *32,* 223–226.

Kennedy, D., & Highlands, D. Buildings and organizational effectiveness. Referat bei der 63. Jahrestagung der American Anthropological Association, Detroit, Michigan, November, 1964.

Kira, A. *The bathroom: Criteria for design.* New York: Basic Books, 1967.

Kohl, H. *Thirty-six children.* New York: New American Library, 1967.

Kozol, J. *Death at an early age.* Boston: Houghton Mifflin, 1967.

Laing, R. D. *The divided self.* London: Tavistock Publications, 1969.

Le Corbusier (Jeanneret, C. E.) *Towards a new architecture.* New York: Praeger, 1963.

Lee, T. Urban neighbourhood as a socio-spatial schema. *Human Relations,* 1968, *21,* 241–268. (Nachgedruckt in H. M. Proshansky, W. H. Ittelson, & L. G. Rivlin [Hrsg.], *Environmental psychology: Man and his physical setting.* New York: Holt, Rinehart and Winston, 1970. S. 349–370.)

Llewelyn-Davies, Weeks, Forestier-Walker, and Bor. *The plan for Milton Keynes.* Wavendon, England: Milton Keynes Development Corp., 1970.2

Madge, C. Private and public places. *Human Relations,* 1950, *3,* 187–199.

Manning, P. (Ed.) *Office design: A study of environment.* Liverpool, England: University of Liverpool, The Pilkington Research Unit, 1965. (Auszüge in H. M. Proshansky, W. H. Ittelson, & L. G. Rivlin [Hrsg.], *Environmental psychology: Man and his physical setting.* New York: Holt, Rinehart and Winston, 1970. S. 463–483.)

Marrow, H. I. *A history of education in antiquity.* New York: Sheed and Ward, 1956.

Maslow, A. H., & Mintz, L. Effects of esthetic surroundings: 1. Initial short-term effects of three esthetic conditions upon perceiving „energy" and „wellbeing" in faces. *Journal of Psychology,* 1956, *41,* 247–254.

Merton, R. K. The social psychology of housing. In W. Dennis (Hrsg.), *Current trends in social psychology.* Pittsburgh: University of Pittsburgh Press, 1948.

Michelson, W. *Man and his urban environment: A sociological approach.* Reading, Mass.: Addison-Wesley, 1970.

Moholy-Nagy, S. The arcology of Paolo Soleri. *Architectural Forum,* 1970, *132,* 70–74.

Mumford, L. *The city in history.* New York: Harcourt, Brace & World, 1961.

Mussen, I., & Slyper, J. L. Urban conservation in the context of social improvement and development strategies for the towns of Israel. In R. Alterman with A. Kirschenbaum (Hrsg.)*; Urban renewal planning in Israel.* Haifa, Israel: Center for Urban and Regional Studies, Technion Institute for Research and Development, 1972.

Newman, O. *Defensible space.* New York: Macmillan, 1972.

New York Times. Alternatives to reformatories hailed amid controversy in Massachusetts. September 1, 1972, S. 8.

Open Space School Project Bulletin, School Planning Laboratory, Stanford University, March 1970.

Osmond, H. Function as the basis of psychiatric ward design. *Mental Hospitals* (Architectural Supplement), 1957, *8*, 23–29. (Eine kondensierte Fassung erschien in H. M. Proshansky, W. H. Ittelson, & L. G. Rivlin [Hrsg.], *Environmental psychology: Man and his physical setting.* New York: Holt, Rinehart and Winston, 1970. S. 560–569.)

Parsons, H. M. Human factors in environmental design: The state of the art. Vortrag vor der Metropolitan Chapter of the Human Factors Society, 1970.

Parsons, H. M. The bedroom. *Human Factors,* 1972, *14,* 421–450.

Patri, P. Personal communication, 1971.

Payne, I. Pupillary responses to architectural stimuli. *Man-Environment Systems,* 1969, S 11.

Peterson, G. L., Bishop, R. L., & Fitzgerald, R. W. The quality of visual residential environments: Perspectives and preferences. *Man-Environment Systems,* 1969, S 13.

Plowden Report. *Children and their primary schools.* Bd. 1. London: Her Majesty's Stationery Office, 1967.

Prescott, E. The large day care center as a child-rearing environment. *Voice for Children,* 1970, *2* (4).

Prescott, E., & Jones, E. Day care for children: Assets and liabilities. *Children,* 1971, *18* (2), 54–58.

Prescott, E., Jones, E., & Kritchevsky, S. *Group day care as a childrearing environment.* Pasadena, Calif.: Pacific Oaks College, 1967.

Prescott, E., Jones, E., & Kritchevsky, S. Assessment of child-rearing environments: An ecological approach. Report prepared for the Children's Bureau, Office of Child Development, U.S. Department of Health, Education and Welfare, June 1971.

Rapoport, A., & Watson, N. Cultural variability in physical standards. In R. Gutman (Hrsg.), *People and buildings.* New York: Basic Books, 1972.

Rapoport, A. *House form and culture.* Englewood Cliffs, N.J.: Prentice-Hall, 1969.

Rivlin, L. G., & Wolfe, M. The early history of a psychiatric hospital for children: Expectations and reality. *Environment and Behavior,* 1972, *4,* 33–72.

Roland, G. E. Human factors and building design. *Building Research,* 1965, *2,* 12–14.

Rothman, D. *The discovery of the asylum: Social order and disorder in the new republic.* Boston: Little, Brown, 1971.

Sarason, S. *The creation of new settings and future societies.* San Francisco: Jossey-Bass, 1972.

Seeley, J. R., Sim, R. A., & Loosley, E. W. *Crestwood Heights.* New York: Basic Books, 1956.

Silberman, C. *Crisis in the classroom.* New York: Random House, 1970. (Deutsch: *Die Krise der Erziehung.* Weinheim: Beltz, 1973.)

Sivadon, P. Space as experienced: Therapeutic implications. In H. M. Proshansky, W. H. Ittelson, & L. G. Rivlin (Hrsg.), *Environmental psychology: Man and his physical setting.* New York: Holt, Rinehart and Winston, 1970.

Sommer, R. *Personal space.* Englewood Cliffs, N.J.: Prentice-Hall, 1969.

Sommer, R. The social psychology of the cell environment. In National Institute of Law Enforcement and Criminal Justice, *New environments for the incarcerated.* Washington, D.C.: National Institute of Law Enforcement and Criminal Justice, 1972.

Sommer R., & Osmond, H. Symptoms of institutional care. *Social Problems,* 1961, *8,* 254–263.

Sommer, R., & Ross, H. Social interaction on a geriatrics ward. *International Journal of Social Psychiatry,* 1958, *4,* 128–133.

Spilhaus, A. The experimental city. *Science,* 1968, *159,* 710–715.

Sprout, H., & Sprout, M. *The ecological perspective on human affairs.* Princeton, N.J.: Princeton University Press, 1965.

Studer, R. The organization of spatial stimuli. In L. Pastalan & D. Carson (Hrsg.), *The spatial behavior of older people.* Ann Arbor, Mich.: University of Michigan Press, 1970.

Tars, S. E., & Appleby, L. The same child in home and institution: An observational study. *Environment and Behavior,* 1973, 5, 3–28.

Turner, J. F. C. Housing as a verb. In J. F. C. Turner & R. Fichter (Hrsg.), *Freedom to build.* New York: Macmillan, 1972.

Ullman, L. *Institution and outcome: A comparative study of psychiatric hospitals.* New York: Pergamon Press, 1967.

U.S. Bureau of Prisons. *Handbook of correctional institution design and construction.* Washington, D.C., 1949.

Wells, B. W. P. The psycho-social influence of building environment: Sociometric findings in large and small office spaces. In R. Gutman (Hrsg.), *People and buildings.* New York: Basic Books, 1972.

Wheeler, L. *Behavioral research for architectural planning and design.* Terre Haute, Ind.: Ewing Miller Associates, 1967.

Wilner, D. M., Walkley, R. P., Pinkerton, T. C., & Tayback, M. *The housing environment and family life.* Baltimore, Md.: Johns Hopkins Press, 1962.

Wilson, J. *Urban renewal: The record and the controversy.* New York: The Free Press, 1967.

Wittman, F. D. Alcoholism and architecture: The myth of specialized treatment facilities. In W. J. Mitchell (Hrsg.), *Environmental design: Research and practice. Proceedings of EDRA 3/AR 8 Conference.* Los Angeles: University of California Press, 1972.

Young, M., & Willmott, P. *Family and kinship in East London.* New York: The Free Press, 1957.

Zanardelli, H. A. Life in a landscape office. In N. Polites (Hrsg.), *Improving office environment.* Elmhurst, Ill.: The Business Press, 1969.

Zeisel, J. Fundamental values in planning with the non-paying client. In *Architecture for human behavior: Collected papers from a mini-conference.* Philadelphia: Philadelphia Chapter/The American Institute of Architects, 1971.

Zeisel, J. Sociology and architectural planning: Working book 4. Mimeographed paper, 1970.

Literaturempfehlungen

Fitch, J. M. *American building II: The environmental forces that shape it.* Boston: Houghton Mifflin, 1972.

Gutman, R. (Hrsg.), *People and buildings.* New York: Basic Books, 1972.

Newman, O. *Defensible space.* New York: Macmillan, 1972.

Sommer, R. *Design awareness.* San Francisco: Rinehart Press, 1972.

515

Sachregister

Konzepte der Humanwissenschaften

Gerhard Kaminski (Hrsg.)
Umweltpsychologie

Perspektiven – Probleme – Praxis
Mit Beiträgen von Lutz H. Eckensberger, Joachim Franke, Carl F. Graumann, Gerhard Kaminski, Kurt Pawlik, Hugo Schmale, Kurt H. Stapf und 14 weiteren Autoren
1976, 270 Seiten, kartoniert, DM 24,– (3-12-924810-2)

Im Jahre 1974 war die Umweltpsychologie im deutschen Sprachgebiet zum ersten Mal Thema eines psychologischen Kongresses. Dieser Band gibt einen umfassenden Überblick über dieses neue Feld der Psychologie und die ersten Forschungsergebnisse. Die Autoren des ersten Teils beschreiben Aufgaben und Möglichkeiten einer Umweltpsychologie. Die folgenden Teile geben Einblick in die konkrete Arbeit an verschiedenen psychologischen Instituten.

Urie Bronfenbrenner
Ökologische Sozialisationsforschung

Herausgegeben und mit einer Einführung von Kurt Lüscher
1976, 234 Seiten, kartoniert, DM 24,– (3-12-921530-1)

Bronfenbrenners zentrales Thema ist die Sorge um die nächste Generation. Seine vorsichtig positive Einschätzung der Familie als Ort des Heranwachsens von Kindern ist empirisch wohlbegründet: Demographische Sachverhalte werden nach allen Regeln der statistischen Kunst ausgewertet; ihre Auswirkungen auf die Familienstruktur werden sorgfältig untersucht. Es geht ihm letztlich darum, optimale Voraussetzungen für die Entwicklung des physischen und psychischen Potentials jedes Einzelnen zu schaffen.

Helmut Skowronek (Hrsg.)
Umwelt und Begabung

Mit Beiträgen von A. Anastasi, R. B. Cattell, A. R. Jensen, H. von Hentig, D. Hopf, R. B. Hess und V. C. Shipman, S. W. Gray und R. A. Klaus, H. Skowronek
2. Auflage 1976, 239 Seiten, kartoniert, DM 22,– (3-12-927170-8)

Kernstück des Bandes ist Arthur Jensens Aufsatz „Wie sehr können wir IQ und schulische Leistung steigern?". 1969 in den USA veröffentlicht, hat Jensens auf empirische Belege, von denen neuerdings behauptet wird, sie seien gefälscht, gestützte These von der Dominanz genetischer Bedingungen für die Intelligenzunterschiede zwischen rassischen und sozialen Gruppen Gegendarstellungen und Relativierungen provoziert, wie die hier vorgelegten Aufsätze von Cattell, Gray & Klaus, von Hentig, Hess & Shipman, Hopf und Skowronek zeigen.
Deshalb ist diese Sammlung von Arbeiten für Soziologen, Genetiker und Bildungsforscher ebenso aufschlußreich wie für Praktiker und in der Ausbildung stehende Angehörige der Sozial- und Erziehungsberufe.

Stand: 1.8.1977

Konzepte der Humanwissenschaften

Alfred J. Marrow

Kurt Lewin – Leben und Werk

Aus dem Amerikanischen von Hainer Kober
1977, 260 Seiten, kartoniert, DM 26,– (3-12-924970-2)

Kurt Lewin ist nach Sigmund Freud vielleicht der wichtigste der Väter der modernen Psychologie. Alfred Marrow hat viele Gespräche mit Kollegen und Schülern Lewins geführt und, darauf gestützt, eine authentische Darstellung dieses Forscherlebens geschrieben.

Uwe Laucken

Naive Verhaltenstheorie

Ein Ansatz zur Analyse des Konzeptrepertoires, mit dem im alltäglichen Lebensvollzug das Verhalten der Mitmenschen erklärt und vorhergesagt wird.
Mit einem Vorwort von Gerhard Kaminski
1974, 249 Seiten, kartoniert, DM 22,– (3-12-925260-6)

„Laucken versucht hier den Entwurf eines wissenschaftlichen Rahmengefüges, das erlauben soll, naive Verhaltenstheorien zum Gegenstand wissenschaftlicher Untersuchungen zu machen.
Lauckens Buch erschließt der Psychologie einen neuen Forschungsbereich, es ist hervorragend dokumentiert, klar argumentiert, brillant geschrieben."
(Schweizerische Zeitschrift für Psychologie und ihre Anwendungen)

Fritz Heider

Psychologie der interpersonalen Beziehungen

1977, 370 Seiten, kartoniert, DM 28,– (3-12-923410-1)

Mit diesem Buch hat Heider die Attribuierungstheorie begründet. Die Analyse des psychologischen Alltagswissens dient ihm als Ausgangsbasis für die Konstruktion eines kognitiven Verhaltensmodells. Sein neues Verständnis der menschlichen Interaktion hat Wesentliches beigetragen zur Weiterentwicklung einer realitätsnahen Sozialpsychologie.

Stand: 1. 8. 1977